大新明仕田园风光

自治区主席陈武到自治区环境保护厅进行污染减排专题调研

2014年4月4日，自治区主席陈武到自治区环境保护厅就推进污染减排工作进行专题调研。强调要加强环保基础设施建设和环境监管、应急处置能力建设，坚守发展和生态两条底线，把加快发展和保护环境有机统一起来，做到“两不误、两促进”；要明确市、县、乡（镇）各级政府的主体责任，进一步加强领导，强力推进污染减排和环境保护各项工作。自治区副主席黄道伟、蓝天立，自治区人民政府秘书长莫恭明等参加调研和座谈会。

① 自治区主席陈武在专题座谈会上作重要讲话
② 自治区副主席黄道伟在会上作重要讲话
③ 自治区副主席蓝天立在会上作重要讲话
④ 自治区环境保护厅厅长檀庆瑞在座谈会上汇报工作
⑤ 调研座谈会现场

自治区主席陈武调研环境应急处置能力建设情况

自治区主席陈武参观环境应急监测车

自治区主席陈武参观考察自治区环境监测中心站实验室

自治区党委常委、自治区副主席林念修出席广西近岸海域环境保护现场会

2014年1月22日，广西近岸海域环境保护工作现场会在钦州市召开，自治区人民政府与北海、钦州、防城港和玉林市人民政府签订了北部湾近岸海域及南流江流域环境保护目标责任书，督促落实近岸海域污染防治任务。

自治区党委常委、自治区副主席林念修出席会议并强调，各相关地方和部门要全面审视广西海洋保护工作，科学评价北部湾海域生态环境状况，进一步采取有力的措施加强近岸海域环境保护工作；要坚持突出重点，综合施策，打好近岸海域生态保卫战；要加快健全海洋环境保护体系，建立海洋保护长效机制，为建设美丽广西而努力奋斗。

①

②

③

④

① 自治区党委常委、自治区副主席林念修在会上作重要讲话

② 自治区环境保护厅厅长檀庆瑞在会上发言

③ 自治区海洋局局长张创智在会上发言

④ 会议现场

⑤ 参加会议的自治区相关厅局及单位

⑥ 林念修率与会人员进行现场考察

⑤

⑥

粤桂签署九洲江流域跨界水环境保护合作协议

九洲江跨界水环境保护合作协议签署现场

广西壮族自治区党委常委、自治区副主席唐仁健（右）与广东省副省长许瑞生（左）签署合作协议

2014年8月6日，广西壮族自治区党委常委、自治区副主席唐仁健与广东省副省长许瑞生在广州市共同签署《九洲江流域跨界水环境保护合作协议》（以下简称《协议》）。环境保护部华南督查中心主任岳建华，广西壮族自治区人民政府副秘书长陈幸良，两省（区）环境保护、发展改革、财政等部门及湛江市、玉林市人民政府负责人出席签约仪式。

《协议》的签订，标志着广西、广东两省区共同推进九洲江流域水环境综合治理的合作正式拉开帷幕，有力维护两省区交界地区人民群众的环境权益和社会和谐稳定，促进两省区经济社会可持续发展。

两省区有关部门负责人出席签署仪式

广西壮族自治区环境保护厅与环境保护部华南督查中心座谈

广西壮族自治区环境保护厅厅长檀庆瑞（左）会见环境保护部华南督查中心主任岳建华（右）

自治区党委常委、自治区副主席唐仁健调研环保工作

2014年5月7日，自治区党委常委、自治区副主席唐仁健到自治区环境保护厅调研。先后视察环境应急监测车，听取工作人员的情况介绍，召开调研座谈会，自治区环境保护厅厅长檀庆瑞作专题工作汇报。唐仁健对自治区环境保护厅的全年工作思路予以肯定，指出当前全自治区环境保护工作所面临的形势仍然十分严峻，存在减排任务艰巨、发展与保护矛盾突出、环境事件高发频发、环境质量存在下降趋势等问题，环保工作人员必须以高度警觉、高度负责的态度，全力以赴打赢“五场战役”，守护好广西“山青水秀”的生态环境。

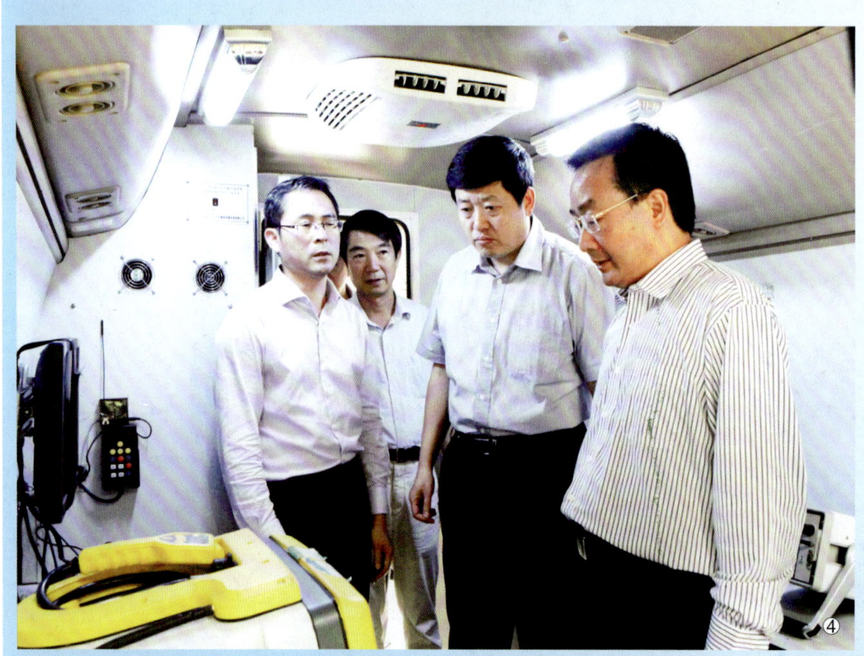

① 自治区党委常委、自治区副主席唐仁健在调研座谈会上作重要讲话

② 自治区环境保护厅厅长檀庆瑞在调研座谈会上作专题工作汇报

③ 自治区环境保护厅调研座谈会现场

④ 唐仁健一行检查环境应急监测车

2014年6月5日，自治区党委常委、自治区副主席唐仁健前往自治区环境保护科学研究院、南宁市环境保护监测站、南宁市机动车排气污染管理中心调研，慰问环保一线干部职工。强调各地各部门要通力协作，齐抓共管，全力做好环保工作。

自治区党委常委、自治区副主席唐仁健在座谈会上讲话

南宁市副市长魏凤君在座谈会上汇报南宁市环境保护工作

唐仁健在南宁市环境保护监测站调研

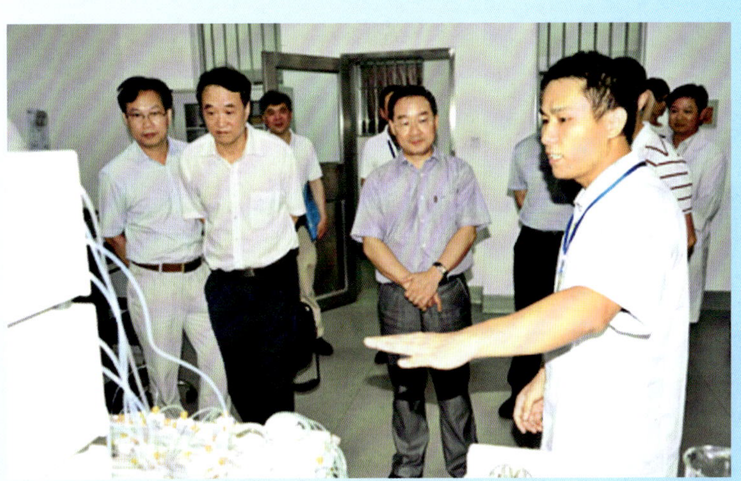

唐仁健在南宁市环境保护监测站听取技术人员介绍

唐仁健在自治区环境保护科学研究院调研

2014年中国—东盟环境合作论坛

2014年9月17日，第四届中国—东盟环境合作论坛在南宁市举办，论坛由环境保护部与广西壮族自治区人民政府、东盟秘书处联合主办，中国—东盟环境保护合作中心与广西壮族自治区环境保护厅承办。环境保护部副部长李干杰、广西壮族自治区党委常委、自治区副主席唐仁健、东盟成员国环境部门副部级官员应邀出席论坛并发表演讲。东盟成员国和东盟秘书处、联合国环境规划署、联合国工业发展组织、亚洲开发银行、瑞典斯德哥尔摩环境研究所、世界自然基金会等国际合作伙伴代表，以及环境保护部、广西壮族自治区人民政府、国内相关机构和地方政府官员、学者和企业界代表近300人出席论坛。

本届论坛在以“可持续发展的国家战略和区域合作：新挑战和新机遇”为主题的主论坛背景下，设立3个分论坛，从国家、城市、企业等3个不同层次、不同角度开展中国—东盟环境保护合作探讨。

出席论坛期间，环境保护部副部长李干杰一行到南宁市良庆区大塘镇那团新村和南荣村，考察广西农村环境连片综合整治示范工作进展情况，并与广西壮族自治区党委常委、自治区副主席唐仁健共同为中国—东盟环境保护合作中心广西办公室揭牌。

环境保护部副部长李干杰在论坛开幕式上作主旨演讲

自治区党委常委、自治区副主席唐仁健在论坛开幕式上致辞

2014年中国—东盟环境合作论坛开幕式现场

中国—东盟环境合作论坛分论坛现场

李干杰一行在南宁市良庆区大塘镇南荣村考察

中国—东盟环境保护合作中心广西办公室揭牌仪式

李干杰（右一）、唐仁健（左一）观看广西环保基层建设年板报

论坛代表参观南宁市江南污水处理厂

广西组团参加2014年澳门国际环保合作发展论坛及展览

2014年3月27~29日，2014年澳门国际环保合作发展论坛及展览在澳门举行。自治区副主席黄日波率广西政府代表团出席论坛及展览活动。

本届论坛以“跃动中的绿色商机”为主题，通过绿色展览、绿色论坛以及绿色公众日等一系列活动，促进国际先进环保商务与技术交流，推动国际环保事业合作发展，为环保业界创造商机，宣传环保理念。来自中国内地、美国、澳大利亚、西班牙等13个国家和地区的50名专家学者在论坛上发表了专题演讲，20个国家和地区近400家企业和机构参加展览。自治区环境保护厅组织广西鸿生源环保科技有限公司、广西博世科环保科技股份有限公司等区内19家环保企业参展，获得好评。

自治区副主席黄日波（左四）视察广西展馆

自治区副主席黄日波（左）会见澳门运输工务司司长刘仕尧（右）

自治区副主席黄日波（右二）参观澳门路水城生态保护区

2014年澳门国际环保合作发展论坛及展览开幕式

广西展馆外景

广西展馆荣获环保展台嘉许奖颁奖现场

广西博世科环保科技股份有限公司负责人与客商洽谈

广西鸿生源环保科技有限公司向客商推介城镇生活垃圾微生物处理全资源化利用技术

广西展馆荣获 2014 年澳门国际环保合作发展论坛及展览环保展台嘉许奖

自治区环境保护厅专题学习习近平总书记在党的群众路线教育实践活动总结大会上重要讲话精神

2014年10月16日，自治区环境保护厅党组中心组召开会议，专题学习贯彻习近平总书记在党的群众路线教育实践活动总结大会上的重要讲话精神，会议由自治区环境保护厅党组书记、厅长檀庆瑞主持，副厅长黎敏、粟定成、蹇兴超，纪检组组长梁远略，副巡视员邓超冰、李一平以及机关处室、直属单位主要负责人参加了学习会。厅机关各支部以党日活动形式，认真学习贯彻习近平总书记在党的群众路线教育实践活动总结大会上重要讲话精神。

自治区环境保护厅党组中心组开展党的群众路线教育实践活动专题学习会

自治区环境保护厅厅长檀庆瑞在专题会上对贯彻学习习近平总书记重要讲话精神作部署

厅人事处开展党的群众路线教育实践活动专题学习会

厅机关第三支部开展党的群众路线教育实践活动专题学习会

自治区环境监察总队开展党的群众路线教育实践活动专题学习会

自治区环境保护厅机关服务中心开展党的群众路线教育实践活动专题学习会

自治环境保护科学研究院开展党的群众路线教育实践活动专题学习会

自治区环境应急与事故调查中心开展党的群众路线教育实践活动专题学习会

自治区环境监测中心站开展党的群众路线教育实践活动专题学习会

“绿色卫士·2014”行动——广西辐射事故应急演习

“绿色卫士·2014”行动——广西辐射事故应急演习指挥部现场

2014年8月22日，自治区环境保护厅会同公安厅、卫生计生委举行辐射事故应急演习。此次演习是全国首次“脏弹”爆炸的辐射事故应急演习。

自治区党委常委、自治区副主席唐仁健亲临演习指挥部进行指导，环境保护部核与辐射安全监管一司司长郭承站观摩演习，环境保护部华南、华北、华东、东北、西北、西南核与辐射安全监督站，环境保护部辐射环境监测技术中心、核安全中心，全国15个省（自治区、直辖市）环境保护厅（局）代表85人，以及广西各设区市环境保护局和公安局56名代表观摩了演习。

环境保护部核与辐射安全监管一司司长郭承站（左三）在自治区环境保护厅副厅长黎敏（左二）的陪同下慰问参演工作人员

自治区党委常委、自治区副主席唐仁健（持话筒者）到指挥部看望全体工作人员

环境保护部核与辐射安全监管一司司长郭承站对演习予以高度评价

卫生救援组与安保警戒组正在抢救“伤员”

卫生救援组正在检查群众受辐射影响情况

应急监测组成员整装待发

应急监测组在开展巡测工作

应急监测组在搜寻放射性物质碎块

广西贯彻实施新《环境保护法》新闻发布会

2014年12月16日，自治区人民政府召开广西贯彻实施新《环境保护法》新闻发布会。自治区环境保护厅厅长檀庆瑞，副厅长钟兵、蹇兴超出席会议，会议由自治区人民政府办公厅副主任唐宁主持。

自治区环境保护厅厅长檀庆瑞指出，新《环境保护法》于2014年4月24日正式颁布后，自治区环境保护厅迅速开展新法实施前准备工作，通过加强学习培训宣传，提高新法认识和运用能力；加强地方立法，确保新《环境保护法》更好实施；大力开展"未批先建"和"久试不验"项目排查和处理工作；开展排污许可证规范工作；大力开展环保能力建设，为新法实施打下坚实基础。檀庆瑞还就如何贯彻实施新《环境保护法》作了部署，副厅长钟兵通报了广西2014年查处的10起重点环境违法案件，与会厅领导回答了媒体记者提出的有关贯彻实施新《环境保护法》问题。

新华社、《广西日报》、广西电视台等24家区内外主流媒体记者，自治区环境保护厅相关处室及直属单位负责人参加会议。

① 自治区环境保护厅厅长檀庆瑞介绍新《环境保护法》实施前准备工作及下步措施

② 自治区人民政府办公厅副主任唐宁主持新闻发布会

③ 自治区环境保护厅副厅长钟兵通报2014年广西10起环境违法案件

④ 自治区环境保护厅副厅长蹇兴超回答记者提问

⑤ 新闻发布会现场

①

②

③

④

⑤

参加新闻发布会的媒体记者

自治区环境保护厅机关各处室、直属单位负责人参加新闻发布会

新华社广西分社记者提问

中央人民广播电台广西记者站记者提问

自治区环境保护厅开展新《环境保护法》“五进”活动

2014年，自治区环境保护厅围绕新修订《环境保护法》，在全自治区开展新《环境保护法》学习宣传进社区、进乡镇、进企业、进学校、进环保组织等“五进”活动，制作宣传折页2万册，宣传品近2万份，宣传教育人员达10多万人，为新《环境保护法》正式实施营造良好的宣传氛围。

2014年11月9日，新《环境保护法》宣传进广西师范学院明秀校区

自治区环境保护厅副厅长蹇兴超（右一）在广西师范学院明秀校区向学生发放宣传资料

2014年11月11日，新《环境保护法》宣传进玉林市陆川县新洲社区

新《环境保护法》宣传进玉林市陆川县新洲社区现场

玉林市陆川县新洲社区居民踊跃参与环境有奖问答

2014 年 11 月 12 日，新《环境保护法》宣传进桂林理工大学现场

自治区环境保护厅副巡视员李一平（左二）为桂林理工大学学生发放宣传资料

2014 年 11 月 15 日，新《环境保护法》宣传进柳州上汽通用五菱宝骏汽车公司

自治区环境保护厅副巡视员邓超冰（左二）给柳州上汽通用五菱宝骏汽车公司员工发放宣传资料

新《环境保护法》展板

自治区环境保护厅开展"下基层、接地气、保安全"大调研

自治区环境保护厅厅长檀庆瑞（右二）率调研组到百色市乐业县调研

2014年，自治区环境保护厅以"基层建设年"为主题全面开展基层环保能力建设工作，采取各项措施加强和提升基层能力建设，力争打造一支专业化、高素质的环境监管队伍，以适应环境保护工作新要求，为实现广西"两个建成"目标提供有力保障。1月，自治区环境保护厅开展"下基层、接地气、保安全"大调研活动，分9个调研组赴全自治区14个设区市50个县开展调查研究，与全自治区百名环境保护局局长、百名环境监测站站长、百名环境监察支队（大队）长面对面交流，实地考察基层业务用房、水质自动监测站等场所，基本摸清广西基层环境监管能力现状。

自治区环境保护厅副厅长钟兵（右三）率调研组到来宾市环境保护局新业务用房新址调研

自治区环境保护厅副厅长黎敏（右二）率调研组实地察看贺州市昭平县环境保护局新业务办公用地

自治区环境保护厅副厅长粟定成（右一）率调研组到桂林市调研环境保护部门应急物资储备情况

自治区环境保护厅副厅长蹇兴超（前一）率调研组到东兴市调研

调研座谈会现场

调研组与基层环境保护局座谈交流

自治区环境保护厅总工程师陈晓菲（左二）率调研组到玉林市了解环保应急设备情况

自治区环境保护厅纪检组组长梁远略（左三）率调研组到贵港市环境监测站了解软硬件建设情况

自治区环境保护厅副巡视员邓超冰（左三）率调研组到崇左市天等县环境保护局了解该局业务用房情况

自治区环境保护厅副巡视员李一平（左三）率调研组到钦州市灵山县环境保护局调研

图书在版编目(CIP)数据

广西环境年鉴·2015/广西壮族自治区环境保护厅编.—南宁:广西人民出版社,2016.9
ISBN 978-7-219-09781-6

Ⅰ.①广… Ⅱ.①广… Ⅲ.①区域环境—环境保护—广西—2015—年鉴 Ⅳ.①X321.267—54

中国版本图书馆 CIP 数据核字(2016)第 022465 号

广西环境年鉴·2015

责任编辑:李带舅
责任校对:邓 韬
封面设计:蔡 英
出版发行:广西人民出版社
社 址:广西南宁市桂春路 6 号
邮 编:530028
印 刷:广西民族印刷包装集团有限公司
开 本:890mm×1240mm 1/16
印 张:27.5
字 数:972 千字
版 次:2016 年 9 月第 1 版
印 次:2016 年 9 月第 1 次印刷
书 号:ISBN 978-7-219-09781-6/X·20

定 价:200.00 元

编写说明

一、《广西环境年鉴》是广西壮族自治区环境保护厅（以下简称“环境保护厅”）主办的地方专业年鉴。它是一部资料性工具书，是广西环境保护事业年度资料、信息和经验的总汇。

二、《广西环境年鉴·2015》（以下简称“本年鉴”）主要反映2014年的广西环境保护工作，同时对2015年的一些重要工作也有所反映。本年鉴收录有关环境保护方面的信息、资料和数据，为各级领导、各条战线、环保系统各个岗位的工作人员，以及企事业单位、学校等各阶层人员研究广西经济、社会与环境协调发展的经验和规律提供重要的参考依据。

三、本年鉴按前几卷格式排版，设24个基本栏目，各栏目设书眉。全卷按内容分自治区、市排序，以条目为基础（条目以【 】为标志）撰写。

四、环境保护厅各处室、各直属单位、各设区市环境保护局和自治区人大环资委、自治区发展改革委、国土资源厅、住房城乡建设厅、水利厅、农业厅、林业厅、自治区海洋局、自治区气象局、南宁铁路局的特约编辑，负责有关基本栏目、条目稿件的编辑工作，成稿后经所在部门和编委会成员及有关领导审查定稿，最后由编辑部汇总编纂。因此，年鉴中的各种资料、信息、数据均力求全面、准确、翔实、可靠。

五、欢迎广大读者对本年鉴的编辑、出版工作提出宝贵意见，使《广西环境年鉴》收录的内容更丰富，编排更科学、更规范化。

《广西环境年鉴·2015》编辑委员会成员名单

编 委 会 主 任：檀庆瑞

编委会副主任：钟　兵　黎　敏　粟定成　蹇兴超　欧　波　梁远略
邓超冰　李一平　曹伯翔

委　　　　员：（排名不分先后）
伍　毅　周平顺　胡永东　李新平　曾　辉　韦杰宏
陈祖芬　陈继波　潘国尧　宁　耘　胡展章　李亮光
廖居卫　蒙美福　廖平德　谭　良　宋红军　罗金福
梁雅丽　杨宏斌　郭　辰　黄　勇　黎一盈　赖春苗
韦好鹏　龚继冬　邓学云　苏　颖　黄　坚　蔡　明
吴　飞　覃志坚　覃献生　阮高利　宋　毅　符锦成
甘炳洪　玉　德

《广西环境年鉴》编辑部

主　　　编：梁雅丽

副　主　编：郭建强

执 行 主 编：韦建华

责 任 编 辑：高永珍　黄予淑　黄志宁　李　龙　陆　娟　李春桦

校　　　对：王梦雨　刘正钟　詹　琴

摄　　　影：唐　杰　董祖敬　郭子华　计韦杰　江灿桂　秦　辉
麦安明

特约编辑

（排名不分先后）

协办单位

自治区人大环境与资源保护委员会

自治区发展和改革委员会

自治区国土资源厅

自治区住房和城乡建设厅

自治区水利厅

自治区农业厅

自治区林业厅

自治区海洋局

自治区气象局

南宁铁路局

目　录

特　辑

规划与投资

政策与法规

机构改革与人事

环境科研与管理

环境质量

污染物减排

环境影响评价

环境监测

污染防治

生态保护和建设

核与辐射安全管理

环境监察

环境应急与事故调查

环境宣传教育

对外合作与交流

信息公开与环境信访

信息化建设

党的建设与纪检监察

部门与行业环境保护

人大环资委环境保护

发展改革委环境保护

国土资源厅环境保护

住房城乡建设厅环境保护

水利厅环境保护

农业厅环境保护

林业厅环境保护

海洋局环境保护

气象局环境保护

南宁铁路局环境保护

各市环境保护

环保大事记

附　录

索　引

特 辑

深入贯彻党的十八届三中全会精神 以改革创新为动力推进 美丽中国建设
——环境保护部部长周生贤在2014年全国环境保护工作会议上的讲话

（2014年1月9日）

这次全国环境保护工作会议的主要任务是，全面学习贯彻党的十八大、十八届三中全会、中央经济工作会议精神和习近平总书记、李克强总理系列重要讲话，总结2013年工作，部署2014年任务。

下面，我讲三个方面的意见。

一、深入贯彻习近平总书记系列重要讲话和十八届三中全会精神，积极推进生态环境保护领域改革

党的十八大以来，习近平总书记对生态文明建设和环境保护提出了一系列新思想新论断新要求，特别是在中央政治局第六次集体学习以及中央政治局常委会听取《大气污染防治行动计划》（以下简称《大气十条》）汇报、参加河北省委常委班子党的群众路线教育实践活动专题民主生活会时的重要讲话，为进一步加强环境保护，建设美丽中国，走向生态文明新时代，指明了前进方向。李克强总理、张高丽副总理都对生态环境保护提出了很多明确要求。党的十八届三中全会作出《中共中央关于全面深化改革若干重大问题的决定》（以下简称《决定》），要求紧紧围绕建设美丽中国深化生态文明体制改革，加快建立生态文明制度，健全国土空间开发、资源节约利用、生态环境保护的体制机制，推动形成人与自然和谐发展现代化建设新格局。中央在经济工作会议和城镇化工作会议上，再次对生态文明建设和环境保护作出部署。

总的来看，党中央、国务院领导同志对推进生态文明建设和加强环境保护，认识上更加清醒，态度上更加坚定，内容上更加丰富，要求上更加明确。具体来说，主要集中在以下几个方面。

第一，探索环境保护新路。习近平总书记指出，破坏环境的老路不能再走了，也走不通了。用生态文明的理念来看环境问题，其本质是经济结构、生产方式和消费模式问题。要从宏观战略层面切入，搞好顶层设计，从生产、流通、分配、消费的再生产全过程入手，制定和完善环境经济政策，形成激励与约束并举的环境保护长效机制，探索走出一条环境保护新路。李克强总理强调，决不能以牺牲结构和环境换速度，在保护生态中实现经济发展和民生改善。

第二，划定并严守生态红线，让生态系统休养生息。习近平总书记强调，生态红线观念一定要牢固树立起来，列入后全党全国就要一体遵行，决不能逾越。总书记还指出，要让透支的资源环境逐步休养生息，扩大森林、湖泊、湿地等绿色生态空间，增强水源涵养能力和环境容量。要把城市放在大自然中，把绿水青山保留给城市居民。《决定》提出，要划定生态保护红线，建立国土空间开发保护制度，严格按照主体功能区定位推动发展，有序实现耕地、河湖休养生息。

第三，加快健全生态文明制度。习近平总书记强调，加强生态环境保护，推进制度创新，努力从根本上扭转环境质量恶化趋势。李克强总理强调，要完善生态补偿机制，实行最严格的源头保护制度、损害赔偿制度、责任追究制度，切实做到用制度保护生态环境。要抓紧修订相关法律法规，提高相关标准，加大执法力度，对破坏生态环境的要严惩重罚。加快环境保护税立法，提高主要污染物排污费标准。

第四，认真解决关系民生的大气污染等突出环境问题。习近平总书记把环境保护作为保障和改善民生的一项重要任务，指出雾霾天气多发频发，既是环境问题，也是重大民生问题，发展下去也必然是重大政治问题。解决环境问题既要迈出更大步伐，也要有耐心定力。总书记强调，要加大环境治理和生态保护工作力度、投资力度、政策力度。以解决损害群众健康突出环境问题为重点，坚持预防为主、综合治理，强化水、大气、土壤等污染防治，着力推进重点流域和区域水污染防治，着力推进重点行业和重点区域大气污染治理。李克强总理指出，《大气十条》是生态文明建设的重要举措，提出明确的落实要求：一要积极调整能源结构；二要大幅提高煤炭清洁利用水平；三要切实落实环境污染防治责任。总理强调，冰冻三尺非一日之寒，治理雾霾也非一日之功。一定要让群众感到，我们决心大、措施硬，雷声大、雨点急，只要坚持不懈做下去，一定能收到实实在在的成效。张高丽副总理指出，必须采取稳、准、狠的措施，重拳出击、重点治污，把环境治理同经济结构调整、创新驱动发展结合起来，努力实现环境效益、经济效益和社会效益的多赢。

第五，狠抓节能减排。习近平总书记强调，要加强污染物减排，减少主要污染物排放总量，不断改善环境质量。李克强总理强调，继续推进"十二五"规划确定的工业、建筑、交通和公共机构节能，实施节能、循环经济、环境治理三大类重点工程，推进企业清洁生产。国有企业要带头保护环境、承担社会责任。大力发展节能环保产业，注重运用价格机制和市场办法推进节能减排。张高丽副总理指出，节能减排是硬任务、硬指标，必须切实完成，把能效提上去，把排污总量降下来。

第六，严格考核问责。习近平总书记强调，再也不能简单以国内生产总值增长率论英雄，要把资源消耗、环境损害、生态效益等体现生态文明建设状况的指标纳入经济社会评价体系，建立体现生态文明要求的目标体系、考核办法、奖惩机制。对那些不顾生态环境盲目决策、造成严重后果的人，必须追究其责任，而且应该是终身追究。中央组织部近日印发《关于改进地方党政领导班子和领导干部政绩考核工作的通知》，要求完善政绩考核评价指标，不搞地区生产总值及增长率排名。

部党组把深入学习贯彻习近平总书记系列重要讲话、十八届三中全会、中央经济工作会议精神和李克强总理在全国"两会"期间的《政府工作报告》，作为当前和今后的一项重大政治任务来抓，紧密结合党的群众路线教育实践活动，通过多种形式，集中进行传达学习，深入开展讨论，切实做到把思想认识和行动统一到中央的决策部署上来。2013 年 10 月，中央办公厅《工作情况交流》第 85 期专题刊载了环境保护部的做法和成效。

经过认真学习和深入研讨，我们对习近平总书记关于生态文明建设的重大战略思想在认识上有新提高。一是对生态文明建设重大意义的认识更加清醒。生态文明建设是经济持续健康发展的关键保障，是民意所在民心所向，是党提高执政能力的重要体现。二是对生态文明建设根本要求的领会更加深入。必须正确处理一对关系，即经济发展与环境保护的关系；牢固树立一种观念，即生态保护红线观念；积极探索一条新路，即环境保护新路；着力解决一个问题，即损害群众健康的突出环境问题；努力完善一套制度，即生态文明制度体系。三是对生态文明建设重大任务的把握更加清晰。从宏观战略层面切入，搞好顶层设计；立足再生产全过程，制定完善环境经济政策；强化制度建设，构建有利于生态文明建设的激励约束机制；发挥主阵地作用，用新思路新举措推动环境保护新发展。四是对生态文明建设有效路径的理解更加透彻。环境保护是生态文明建设的主阵地，探索环境保护新路是推进生态文明建设的有效路径，其核心要求在于处理好环境保护与经济发展的关系，关键在于加快实现环境管理战略转型，根本目的在于改善环境质量。五是对生态文明建设的责任担当更加坚定。环保部门要用生态文明统一思想、凝聚力量、攻坚克难，做推进生态文明的引领者、推动者、实践者。

学习贯彻习近平总书记系列重要讲话和十八届三中全会精神，必须深化认识、全面把握、狠抓落实。当前和今后一段时期，尤其要集中智慧和力量，着重抓好生态环境保护领域改革。

习近平总书记在中央经济工作会议上强调，各项改革要区分情况、分类推进。一是对方向明、见效快的改革，2014 年和近期就可以加快推进。二是对涉及面广、需要中央决策的改革，要加快研究提出改革方案，中央统筹和审定后，2014 年适时加以推进。三是对认识还不深入、但又必须推进的改革，要大胆探索、试点先行。四是对一些制度性建设，需要修改完善法律的也要加强研究、尽快启动。总书记专门强调，生态文明领域改革，三中全会明确了改革目标和方向，但基础性制度建设比较薄弱，形成总体方案需要做些功课，要研究提出如何创造条件加以推进的思路。我们要按照总书记的指示精神，抓住突出矛盾和关键问题，抓紧进行系统、全面、深入的研究，拿出总体思路，明确改革方向和重点，设定路线图和时间表，积极有序推进。环境保护部要抓紧成立环保改革领导小组，负责环保领域改革总体设计、统筹协调、整体推进、督促落实。

目前，有几个关键问题，要深化研究、明确要求、加以推进。

（一）进一步明确改革的指导思想

贯彻落实中央要求，推进生态环境保护领域改革，要以邓小平理论、"三个代表"重要思想、科学发展观为指导，按照"源头严防、过程严管、后果严惩"的总体思路，以推进生态文明、建设美丽中国为根本指向，坚持新型工业化、城镇化、农业现代化、信息化和生态化"五化"同步，牢固树立保护生态环境就是保护生产力、改

善生态环境就是发展生产力的理念，从宏观战略层面切入，从再生产全过程着手，从形成山顶到海洋、天上到地下的所有污染物严格监管制度和一体化污染防治管理模式着力，主动遵循、准确把握生态环境特点和规律，维护生态环境的系统性、多样性和可持续性，增强生态环境监管的统一性和有效性。

（二）进一步明确改革的目标模式

就生态环境保护管理体制而言，改革目标是根据生态文明建设的新要求，从落实《决定》提出的有关制度入手，破除现行环境保护管理体制的弊端，加大生态环保职能和相关资源的整合力度，建立职能有机统一、运行协调高效的环境管理体制。主要包括：

一是建立和完善严格的污染防治监管体制。对所有污染物，以及点源（矿山等）、面源（农业等）、固定源（工厂等）、移动源（车、船、飞机等）等所有污染源，地表水、地下水、海洋、大气、土壤等所有纳污介质的污染防治实施严格监管，实现环境污染的全防全控。

二是建立和完善严格的生态保护监管体制。对草原、森林、湿地、海洋、河流等所有自然生态系统，野生动植物、生物物种、生物安全等生物多样性，以及自然保护区、森林公园、自然遗迹等所有保护区域进行整合，实施监管。

三是建立和完善严格的核与辐射安全监管体制。统一监管民用核设施、核技术利用、铀矿冶、核与辐射事故，建立统一的核与辐射安全监管及应急响应体系，形成独立、权威的核与辐射安全监管体制。

四是建立和完善严格的环境影响评价体制。对战略环评、规划环评、项目环评，以及海洋工程、海岸工程、水土保持等领域环境污染和生态影响的环评进行管理，避免多头负责、重复审批。

五是建立和完善严格的环境执法体制。将环境执法力量进行整合，明确环境执法地位，强化环境执法权威，建立监督有力、独立高效的环境执法体制。改革完善“国家监察、地方监管、单位负责”的环境监管体制。

六是建立和完善严格的环境监测预警体制。将地表水、地下水、海洋等环境监测资源进行整合，建立陆海统筹、天地一体的环境监测预警体制，为环境管理提供有力的基础保障。

这些目标，有些当前就可以抓紧做起来，有些还需要深入研究、提出方案，按程序报批。

（三）进一步明确改革的路线图和时间表

全面贯彻落实三中全会部署的改革任务，实现《决定》确定的改革目标是一个过程，但不积跬步无以至千里，不积小流无以成江河，必须一步一个脚印、稳扎稳打向前走，确保每走一步都是对目标的接近。因此，必须科学把握改革的战略重点、优先顺序、主攻方向，大胆探索实践，做到分层次、有秩序、积极推进。

第一个层次，对于方向明确又立即可行的，要加快推进。今年要争取在以下重点领域和关键环节上有新举措新突破新成效。

一是制定实施生态文明建设目标体系。习近平总书记、李克强总理多次强调，要抓紧制定和组织实施生态文明建设目标体系。要将生态空间、生态经济、生态环境、生态生活、生态制度和生态文化等内容纳入其中，力争今年上半年报国务院审议。

二是推进生态保护红线划定工作。按照生态保护红线由生态功能红线、环境质量红线和资源利用红线构成的基本思路，研究编制关于构建国家生态保护红线的指导意见。抓紧推进试点城市环境总体规划编制。研究提出城市之间最小生态安全距离，减少城镇化进程中的环境问题。

三是深化环评审批制度改革。修订《建设项目环境影响评价分类管理名录》，调整和简化建设项目环评分类管理，简化审批流程。发布《建设项目环境影响后评价办法》，研究修订《建设项目环境保护管理条例》，加强事中事后监管。按照2015年底前全面完成环保系统事业单位环评机构脱钩改制的目标，倒排时限，着力形成与行政主管部门脱钩，按照现代企业制度运行的环评机构。

四是进一步减少和下放行政审批事项。通过修改有关法律法规等程序，取消“进入环境保护部门管理的国家级自然保护区实验区开展参观、旅游审批”、“环境保护（污染治理）设施运营单位甲级资质认定”、“列入自动许可进口目录的固体废物进口许可”等3项审批事项，将“列入限制进口目录的固体废物进口许可”下放至地方环保部门。

五是建立健全生态补偿机制。在23个省（区、市）和新疆生产建设兵团492个县全面开展县域生态环境质量的监测、评价和考核工作，着力推进国家重点生态功能区生态补偿。在新安江流域跨界水环境补偿试点基础上，启动东江流域等生态补偿试点。

六是完善排污许可制度和企事业单位污染物排放总量控制制度。我国已有20多个省（区、市）开展排污许可证核发工作，但国家层面的统一规范缺失。要研究制定《排污许可证管理办法》。制定《建设项目主要污染物总量指标管理办法》，落实企事业单位污染物排放总量控制制度。加快出台排污权有偿使用和交易试点工作指导意见，研究成立国家排污权交易中心。

七是完善环境政策法规。修改《环境保护法》，增强环境保护的综合协调和宏观管理职能，在体现生态文明理念、政策环评、公益诉讼、查封扣押、按日计罚、行政拘留等多个方面实现明显突破。开展环境保护领域的社会信用体系建设，逐步建立“守信激励、失信惩戒”的环境保护社会监督机制。推进绿色保险，深化环境健康、环境风险与损害评估研究，为完善生态环境损害赔偿制度奠定基础。提高排污费征收标准，将挥发性有机物纳入排污费征收范围，研究制定非电行业环保税收优惠政策。

第二个层次，对于认识还不深入，但又必须推进的，要加强调查研究，大胆探索，有的要先行试点。要在研究试点的基础上，总结经验，凝聚共识，为全面推进创造条件。

一是推进环境管理战略转型。以改善环境质量为目标导向，研究构建以环境质量为核心的环境管理体系，统筹协调污染治理、总量减排、环境风险防范和环境质量改善的关系。如研究以环境质量为约束性指标对政府环保工作进行考核；研究以环境质量为标准实施区域流域限批；研究总量减排与质量挂钩问题，改进总量减排工作方式和方法。

二是发挥市场机制在环保工作中的作用。搭建环保投融资管理平台，吸引银行等社会资本进入生态环境保护领域，研究建立环保基金。研究推进环境污染第三方治理，向社会购买服务特别是环境监测社会化。统筹推进环境税费体制改革，研究提出费改税后环保部门经费保障措施，研究把高耗能、高污染产品纳入消费税征收范围。

三是强化责任考核和追究制度。综合环境经济核算、生态资源资产评估、绿色发展指数、生态综合指数等研究成果，着眼于生态型环境资产，主要包括环境容量资源和生态产品资源，积极探索编制国家环境资产负债表，经过一段时间，初步建立适应我国国情的环境资产核算与应用长效机制。研究推行环境审计制度，尤其是溯源审计，落实排污者责任。

第三个层次，对涉及面广、基础又很薄弱，需要中央决策的，要加快研究提出改革思路。生态环境保护管理体制的改革就属于此类。

当前，要重点研究两大问题。

一是建立和完善严格监管所有污染物排放的环境保护管理制度。污染物由污染源产生，通过环境介质传播和消纳，必须将三者统筹考虑。要按照生态系统管理方式要求，对工业点源、农业面源、交通移动源等全部污染源排放的所有污染物，对大气、土壤、地表水、地下水和海洋等所有纳污介质，加强统一监管。同时，要重视生态系统的整体性规律，充分认识污染防治与生态保护的内在必然联系，增强二者监管的协调性和统一性，建立污染防治和生态保护的联动机制。

二是独立进行环境监管和行政执法。由于职能交叉，造成执法主体和监测力量分散，环保领域多头执法问题突出。要健全“统一监管、分工负责”和“国家监察、地方监管、单位负责”的监管体系，有序整合不同领域、不同部门、不同层次的监管力量，完善监管的法律授权，建立独立而统一的环境监管体制。

总之，全面深化改革的号角已经吹响。我们要把思想和认识统一到中央决策部署上来，把智慧和力量凝聚到支持和参与改革上来，按照正确改革、准确改革、有序改革、协调改革的要求，争当改革的坚定拥护者和积极实践者，用一点一滴的努力推动环保改革实践，推进美丽中国建设。

二、2013年主要工作进展

2013年，全国环保系统坚决贯彻党中央、国务院关于环境保护的决策部署，认真落实党的十八大精神，在创造亮点、抓住重点、突破难点、应对热点上狠下功夫，较好地完成了年初环保工作会议部署的十项重点任务。

（一）制定实施《大气污染防治行动计划》

认真贯彻落实习近平总书记、李克强总理的指示精神，在张高丽副总理的直接领导和重要指导下，我部会同有关部门共同编制《大气十条》，提出十条35项具体措施，着重强化细颗粒物($PM_{2.5}$)为重点的大气污染防治。中央政治局常委会听取了汇报，国务院常务会进行了审议，2013年9月10日国务院印发实施。

我部认真贯彻落实，主要做了以下工作：

一是分解落实责任。国务院办公厅印发重点工作部门分工方案。我部联合有关部门印发《京津冀及周边地区落实大气污染防治行动计划实施细则》，与31个省（区、市）签订大气污染防治目标责任书。

二是细化配套政策标准。提出22项配套政策措施，其中环保电价、新能源汽车等4项政策措施已出台。需要出台的25项污染物排放标准已发布18项；需要出台的9项污染防治技术政策、19项保护技术规范已全部发布。

三是完善监测预警应急体系。组织实施《空气质量新标准第二阶段监测实施方案》，推进环保重点城市和环保模范城市$PM_{2.5}$监测点建设。联合气象局印发《京津冀及周边地区重污染天气监测预警工作方案》。出台《关于加强重污染天气应急管理工作的指导意见》，印发《城市大气重污染应急预案编制指南》。

四是加强大气环境执法监管。开展大气污染防治专项检查，仅去年11月份全国就出动执法人员7.14万人次，检查企业2.9余万家、施工场地近9200个；发现涉及环境违法的企业9377家、环保不达标施工场地719个，取缔关闭小作坊890家。对京津冀及周边地区6省（区、市）的19个市开展两次督查行动，检查企业403家，对199家现场提出整改要求。

五是推进区域协作机制。牵头组建全国大气污染防治部际协调小组，京津冀及周边地区、长三角区域大气污染防治协作小组已经成立。

六是强化各项保障措施。中央财政新增设立大气污染防治专项资金，首批安排50亿元支持北京、天津、河北等五省（区、市）大气污染治理。继续安排6.4亿元支持12个重点城市燃煤锅炉烟尘治理。启动实施"清洁空气研究计划"。

全国各省（区、市）十分重视，迅速行动。以京津冀及周边地区为例，北京市召开大气污染防治工作动员大会，出台清洁空气行动计划；天津市印发清新空气行动方案，与各区县和有关单位签订美丽天津一号工程目标责任书；河北省委省政府召开大气污染防治工作大会，印发大气污染防治行动计划实施方案及任务分工；山西、内蒙古、山东也都采取了有力举措。

在贯彻落实《大气十条》的同时，抓紧编制《清洁水行动计划》和《土壤环境保护和污染治理行动计划》，正在修改完善，将尽快形成送审稿报国务院。

（二）扎实推进主要污染物减排

强化考核严格问责。国务院办公厅转发"十二五"总量减排考核办法，我部会同有关部门印发减排统计和监测办法。对未通过减排年度考核或目标责任书重点项目未落实的3省（区）、3个企业集团和6个城市实行环评限批，对43家企业挂牌督办、责令限期整改。

强力推进工程减排。全年新增城镇污水日处理能力超过1400万吨；1.9亿千瓦燃煤机组建成脱硝设施，脱硝机组比例超过50%；500万千瓦燃煤机组脱硫设施实施增容改造，燃煤电厂脱硫机组比例超过90%；1.5亿千瓦现役机组拆除烟气旁路，取消烟气旁路火电机组比例达37%；新型干法水泥脱硝比例达60%。

完善政策形成合力。脱硝电价由每千瓦时0.8分提高到1分，实施除尘电价每千瓦时0.2分。全国排污权有偿使用和交易金额累计超过30亿元。各地累计投入40多亿元用于畜禽规模养殖污染治理。

预计年度减排任务可以全面完成，尤其是氮氧化物有望下降3.5%以上，排放量首次降至2010年减排基数以下。

（三）生态文明建设的研究、示范和宣传工作取得新进展

我部把贯彻习近平总书记在中央政治局第六次集体学习时的重要讲话，分解细化成16项任务，落实到分管部领导和相关司局。研究制定生态文明建设目标体系，正在充分征求意见的基础上修改完善。按照中财办统一安排，完成加强生态文明建设、我国水安全战略、环境保护和污染治理等三大课题研究。我国生态文明理念引起国际社会关注，在2013年2月召开的联合国环境规划署第27次理事会上，被正式写入决定案文。

经中央批准，我部组织开展的"生态建设示范区"正式更名为"生态文明建设示范区"。这集中体现了中央对充分发挥环境保护在生态文明建设中主阵地作用的高度重视。生态文明建设示范区是现阶段大力推进生态文明建设的重要载体和有效途径。中央批准更名后，我部印发《关于大力推进生态文明建设示范区工作的意见》，发布《生态文明建设试点示范区指标》，新增第五批、第六批共72个生态文明建设试点。全国已有海南、黑龙江、安徽等16个省（区）开展生态省（区）建设，1000多个市（县）开展生态市（县）建设，建成国家级生态市（县）55个、国家级生态乡镇2986个。

（四）进一步发挥环境保护优化经济发展作用

强化环评管理。完成西部大开发战略环评，启动中部地区发展战略环评。我部共批复项目环评文件241件，涉及总投资1.9万亿元；其中民生工程、基础设施、生态环保等项目106个，约占总投资的64%。对不符合要求的32个项目退回报告书、不予审批或暂缓审批，涉及总投资1184亿元。

推进环评审批改革。制订《环境影响评价审批改革和职能转变方案》。对基础设施类和环境影响较小的25项建设项目，下放环评文件审批权限。印发《关于切实加强环境影响评价监督管理工作的通知》，强化全过程监管。深化事业单位环评机构改革，103家改革试点单位中47家完成改制，16家退出环评市场。

完善环境标准体系。发布国家环保标准135项，现行有效国家环保标准达1499项。对重点控制区火电、钢铁、石化、水泥、有色、化工等六大行业以及燃煤锅炉项目执行大气污染物特别排放限值。

（五）更加突出源头预防和生态保护

积极推进生态红线划定工作。在内蒙古、江西、广西和湖北4省区开展生态红线划定技术试点。启动第二批10个省（区）环境功能区划编制试点。江苏印发生态红线区域保护规划，在全国率先将全省面积的22.2%划定为生态红线区域。

加强水质良好湖泊保护。国务院常务会议审议通过《水质较好湖泊生态环境保护总体规划》。中央投入资金16亿元，新增试点湖泊27个。中央财政整合设立江河湖泊生态环境保护专项，2014年将重点支持15个湖泊，每个湖泊年度投资金额达2~3亿元。

不断强化生态环境保护。落实生物多样性保护战略与行动计划。国务院印发《国家级自然保护区调整管理规定》，新建国家级自然保护区21处。印发《关于加强国家重点生态功能区环境保护和管理的意见》，开展生态保护全过程管理试点。

推动建立生态补偿机制。2013年国家重点生态功能区转移支付资金达423亿元，范围扩大到492个县。对其中452个县域的监测评价显示，2010~2012年生态环境质量得到改善的31个，占6.9%；保持基本稳定的412个，占91.1%。继续推进新安江流域跨界水环

境补偿试点，三年累计安排资金9亿元。

(六)强化执法监管解决关系民生的突出环境问题

加大环境执法力度。研究制定《关于进一步加强环境监管的意见》，与公安部联合印发《关于加强环境保护与公安部门执法衔接配合工作的意见》。继续开展环保专项行动，全国共出动执法人员183万余人(次)，检查企业71万余家(次)，查处环境违法问题6499件，挂牌督办1523件。开展华北地区地下水污染专项检查，检查涉水排污企业2.59万家，查处各类环境违法行为558件。河北省在公安系统组建环境安全保卫总队，全省环境安全保卫警力达300余人。福建省出台加强环境监管意见，明确6个方面28项严管源措施。

严格环境应急管理。我部调度处置突发环境事件达192起。开展环境安全大检查，共检查企业10万余家，发现重大环境风险隐患3700多个，整改3600多个，挂牌督办230余个。

强化饮用水源保护和地下水污染防治。组织评估地级及以上328个城市844个集中式饮用水水源2012年度环境状况。经国务院同意印发了《华北平原地下水污染防治工作方案》。

推进重金属、固体废物和化学品污染防治。中央安排重金属专项治理资金34亿元。对2012年度考核不合格的16个地市实行环评限批。新处置铬渣30余万吨，基本实现铬渣当年产生当年利用处置完毕。开展进口固体废物专项整治，阻止17批次固体废物向我国非法出口。完善废弃电器电子产品处理基金政策，去年支持优质拆解企业处理废弃电器电子产品4028万台，拨付补贴6.29亿元。印发实施《化学品环境风险防控“十二五”规划》。

加强环境信息公开。印发《关于当前环境保护信息公开重点工作安排的通知》。发布《建设项目环境影响评价政府信息公开指南(试行)》，实行环评报告书(表)全本、政府承诺文件、审批文件全文、环评机构和从业人员诚信信息全公开。印发《关于加强污染源环境监管信息公开工作的通知》和《污染源环境监管信息公开目录》(第一批)，出台国家重点监控企业污染源监督性监测、自行监测及信息公开办法。在第一批74城市496个监测点位实时发布$PM_{2.5}$等六项污染物监测数据的同时，完成第二批116个城市开展$PM_{2.5}$等污染物监测点位的建设任务，并开始实时发布监测数据。公布城市空气质量排名。推进污染源清单编制，筛选发布一批重点企业名单。

(七)持续推进重点流域海域和农村污染防治

深化重点流域海域水污染防治。开展《重点流域水污染防治规划(2011~2015年)》实施情况考核，截至2012年底，治污工程项目已完成26.9%。2013年，七大水系监测的577个国控断面中，Ⅰ～Ⅲ类水质断面占66.7%，劣Ⅴ类占10.8%，分别比2012年上升2.6个百分点，下降1.5个百分点。

深入实施“以奖促治”政策措施。中央财政安排60亿元专项资金，支持农村环境综合整治，选择江苏、宁夏两省(区)进行拉网式全覆盖连片整治试点。积极落实国务院办公厅《近期土壤环境保护和综合治理工作安排》，印发《土壤环境保护和综合治理方案编制指南》，制定目标责任书和考核办法。

(八)核与辐射安全监管工作稳步推进

圆满完成东北边境朝核试验和四川芦山7.0级地震辐射应急响应任务。组织实施福岛核事故后安全改进活动，全国运行的17台核电机组、19座研究堆安全状况良好，31台在建核电机组建造质量处于可控状态。辐射安全水平进一步提高，全国放射源事件发生率降至每万枚1起以下。稳步推进交流输变电和核技术利用审批权限下放，强化核燃料循环设施与放射性物品运输监管，加大放射性废物治理力度，优化铀矿冶辐射环境安全监管模式。全国人大启动核安全法立法程序，国家核与辐射安全研发基地建设项目获得发展改革委批准。

(九)环保能力和队伍建设进一步加强

环保投入继续增加。我部直接分配的中央环保投资达229亿元，比2012年增长17.4%。印发《国家环境监管能力建设“十二五”规划》，实施基础、保障、人才三大工程，总投资400亿元。积极协调推进第二阶段基层环保监测执法业务用房项目。福建省政府批转实施环境监管能力建设三年行动方案，河南、青海印发本省能力建设规划。

机构人才队伍建设继续加强。事业单位分类改革取得积极进展。组建中国—东盟中心(中国—上海合作组织)环境保护合作中心、固体废物与化学品管理技术中心，理顺政研中心管理体制。出台专业技术领军人才和青年拔尖人才选拔培养办法、引进高层次专业技术人才实施办法，遴选第一批国家环境保护专业技术领军人才19名、青年拔尖人才45名。

(十)深入开展党的群众路线教育实践活动

按照中央统一部署，在中央第30督导组的具体指导下，紧紧围绕为民务实清廉主要内容，坚持“照镜子、正衣冠、洗洗澡、治治病”总要求，我部于2013年7月～2014年1月，深入开展党的群众路线教育实践活动。部党组把群众路线作为政治素养来秉持，把八项规定作为廉政底线来坚守，把反对“四风”作为规范来约束，把服务群众作为职业操守来践行，精心组织安排，落实三个环节要求，在深入学习、听取意见的基础上，查找出班子存在的17个“四风”方面的突出问题，提出采取8项34条整改措施，召开了高质量的部党组专

题民主生活会，得到中央督导组的充分肯定。会后发出部党组专题民主生活会评价调查问卷173份，收回154份，各项评价和总评价"好"和"较好"等次均超过97%；部党组成员围绕6个方面逐项开展"回头看"，填写了自查情况表进行自我评价，各项评价和总评价均为"好"。在整改落实、建章立制环节，部党组制度建设计划中明确的21项规章制度，有7项已经完成。部机关制度建设中，目前已经制定完善38项，正在制定的有47项。同时，积极开展"文山会海、检查评比过多"、"大气污染防治行动计划贯彻落实"专项整治。坚持边整边改，积极帮助格林美(武汉)城市矿产循环产业园开发有限公司解决政策扶持问题。

坚决贯彻落实中央八项规定。制定环境保护部贯彻落实中央八项规定的实施办法。部机关2013年发文指标、会议计划、活动计划、因公出国(境)人次同比分别减少34%、34%、54%和18.9%，公车配备减为25辆，减少45.7%。

党风廉政建设不断深化。贯彻落实党风廉政建设责任制，进一步加强反腐倡廉制度建设，完善权力运行制约和监督机制，加强党风廉政教育。开展环境监察专项执法检查，督促10省(区)抽查执法档案1.4万余份，发现问题9864个，纠正7152个。开展会员卡专项清退活动，部机关和部属单位全体党员干部做出会员卡零持有报告。

政策法制、科技支撑、环境监测、宣传教育和国际合作等工作全面推进。国务院颁布《畜禽规模养殖污染防治条例》，"两高"联合发布《关于办理环境污染刑事案件适用法律若干问题的解释》。会同有关部门分别印发污染强制责任保险试点、企业环境信用评价、对外投资环保指南、环保综合名录等指导性文件，环境经济政策不断完善。强化水专项成果和资金管理，开展产业技术创新联盟试点建设。围绕"同呼吸　共奋斗"主题，开展"六五"世界环境日宣传活动。组团赴美国、欧盟交流大气污染防治政策，为出台《大气十条》治理$PM_{2.5}$提供国际经验。积极参与《关于汞的水俣公约》政府间谈判，在联合国外交全权代表大会上签署《公约》。成功举办国合会2013年年会。

这些成绩的取得，是党中央、国务院科学决策、正确领导的结果，是各地区各部门协调配合、大力支持的结果，是全国环保系统齐心协力、狠抓落实的结果。这里，我代表部党组和部领导班子向出席今天会议的各位代表、老领导们，以及环保系统广大干部职工表示衷心感谢！

我们也清醒地看到，环保工作中还存在一些突出问题。一是对基础性、全局性、前瞻性工作研究不够，对一些重大决策调研论证不够，缺乏解决问题、推动工作的具体措施。环境管理战略转型不到位，环保工作与群众期盼存在较大差距。二是狠抓落实不够有力，重事前审批、轻事中事后监管，有的部门和单位对解决群众反映强烈的突出环境问题工作不及时、措施不得力、服务不周到、解释不到位，引起群众不满。三是综合协调和宏观调控能力不强，缺乏灵活多样的环境治理协调机制，特别是针对一些难点问题，主动出面与相关部门沟通协调不够。四是回应社会各界关切不及时，与公众沟通交流的渠道不宽，对一些热点、焦点问题缺少正面声音，环保知识的科学普及、教育引导难以适应经济社会发展新要求和广大人民群众新期待。五是执法不严、失职渎职现象依然存在，一些部门和单位人情执法、协商执法，甚至执法犯法。我们必须全面落实好部教育实践活动整改方案，围绕突出问题集中整治，不断提高环保工作水平。

三、全力完成2014年重点任务

今年环保工作的总体要求是：深入贯彻落实党的十八届三中全会、中央经济工作会议精神和习近平总书记、李克强总理系列重要讲话，积极探索环境保护新路，改革生态环境保护管理体制，着力解决影响科学发展和损害群众健康突出环境问题，努力改善生态环境质量。

2014年要在全面深化生态环境保护领域改革的同时，着重做好以下工作：

(一)全力推进三项重点工作

兴业之举在于抓重点。大气、水体、土壤污染治理，是国务院确定的本届政府环境保护三项重点工作。我们必须以壮士断腕的决心和气魄，打好污染治理的攻坚战和持久战。

深化大气污染防治。当前和今后一个时期，要深入落实《大气十条》各项政策措施，尤其是突出抓好京津冀及周边地区大气污染治理这一重中之重。我们要不为任何干扰所惑，不为任何风险所惧，坚决做到在思想认识上不偏，在主攻方向上不变，在政策措施上不软。加快推动出台考核办法，开展实施情况年度考核。协调、配合有关部门制定配套政策措施。推进区域大气污染防治协作，发挥全国大气污染防治部际协调小组、京津冀及周边地区、长三角区域大气污染防治协作机制作用，解决区域突出问题。

组织实施第三阶段空气质量新标准监测，推动京津冀及周边地区、长三角、珠三角等重点区域空气质量联动监测，抓好空气质量预报和重污染天气预警体系建设。推动地方政府建立重污染天气应急管理体系，落实应急管理措施。

强化水污染防治。加快编制《清洁水行动计划》并组织实施，重点是保护饮用水水源地、生态良好湖泊等高功能水体，消灭劣V类等污染严重水体。加强饮用水环境安全保障，开展集中式饮用水水源地和规划考核断面水质监测。进一步落实《全国农村饮水安全工程“十二五”规划》。推进重点流域水污染防治，配合做好南水北调中线通水工作。深入贯彻《水质较好湖泊生态环境保护总体规划》，有序推进湖泊休养生息。坚持陆海统筹，进一步强化海洋环境保护。督促华北六省（市）及相关部门落实《华北平原地下水污染防治工作方案》，重点治理重金属和有机物污染。推进全国地下水基础环境状况调查评估。

推进土壤污染治理。土壤污染来源广泛，成因复杂。要编制《土壤环境保护和污染治理行动计划》并组织实施。启动全国土壤污染状况详细调查和土壤环境保护工程第一批重点项目，积极推进土壤污染治理与修复。深化农村“以奖促治”政策，进一步扩大农村环境连片整治范围。推进省（区）农村环境连片整治全覆盖试点，提高农村环保专项资金效益。健全农村环境综合整治目标责任制。抓好《畜禽规模养殖污染防治条例》宣传贯彻工作。

（二）毫不放松抓好主要污染物总量减排

污染减排任何时候都不能有一丝一毫的懈怠。全国化学需氧量、二氧化硫减排进展超过预期，氨氮减排进度与时间进度基本同步，而氮氧化物后两年需年均削减4.8%左右，才能完成“十二五”减排目标，今后两年减排任务艰巨。

2014年确定的年度减排任务是：与2013年相比，二氧化硫、化学需氧量和氨氮排放量分别减少2%，氮氧化物排放量减少5%。要强化减排目标责任制，严格考核减排目标完成情况。指导督促各地和中央企业编制年度减排计划，分解落实2014年度减排任务和“六厂（场）一车”重点工程措施，全面推进1379个目标责任书项目顺利完成，力争新增城镇污水日处理能力1000万吨、烧结机烟气脱硫1.5万平方米、燃煤机组脱硝1.3亿千瓦，淘汰黄标车300万辆以上。加快出台《燃煤发电机组环保电价及环保设施运行监管办法》、《排污许可证管理办法》等文件，完善重点行业排放标准。推进农业源减排、黄标车和落后产能淘汰。

要着重从三个方面抓好今年的污染减排工作。第一，认真总结“十一五”以来污染减排工作经验，加大改革力度，实现管理对象由目前以企业为主向以地方政府为主转变。第二，突出以“六厂（场）一车”为减排重点，督促国有企业带头落实减排任务，切实履行社会责任。第三，继续改进污染减排工作方式和方法，充分调动国家和地方两个积极性。一是改进核查方式，采用地方核查、国家抽查相结合的方式，对工作进展较好的省（区、市），委托省（区、市）里自行组织核查，部里组织对减排项目抽查，严防弄虚作假。二是改进重点核查内容，重点核查各地减排政策措施落实情况、重点项目完成情况和监测监控体系建设运行情况。三是改进减排量核定方式，对现场核查属实的减排措施或减排量予以认可。

（三）采取综合措施优化经济发展

严格环评管理。研究制定《关于进一步加强规划环境影响评价工作的意见》。推动建立规划环评部门联动机制，开展能源、城镇化等政策环评试点。完成中部地区发展战略环评工作，扎实推进产业园区、轨道交通等领域规划环评。继续强化建设项目环评，从严从紧控制“两高一资”、低水平重复建设和产能过剩项目建设，对符合扩大内需政策和环保准入要求的项目做好服务。

推进产业结构调整。完善污染物排放标准体系，出台关于加强地方环保标准工作的意见。健全环保产业发展机制，引导环保技术示范推广和应用。进一步加强行业环保核查，持续推进强制性清洁生产审核。

（四）深化生态保护

全面开展生态文明建设示范创建。深入做好生态文明建设示范区创建这篇大文章。加快完善国家生态文明建设示范区管理规程和建设指标体系，健全生态文明建设示范区工作体系。大力推进生态省建设，加大直辖市、计划单列市和省会城市建设生态市力度。探索跨区域生态文明建设协调工作机制，推动建立行业生态文明建设示范基地。组织开展试点地区生态文明建设情况评估。

深入实施生物多样性保护战略行动计划。筹备召开生物多样性保护国家委员会全体会议。启动生物多样性保护重大工程。开展国家公园试点工作，研究制定全国自然保护区发展规划。继续开展全国生态环境十年变化（2000~2010年）遥感调查与评估，研究启动长江、黄河流域生态健康评估。

（五）加强环境风险管理

强化企业环境安全隐患排查整治，推动流域上下游间建立健全应急联动协作机制，妥善处置突发环境事件。完成《重金属污染综合防治“十二五”规划》中期评估和年度考核，加强重点企业、重点区域监管。推进全国危险废物专项整治，规范废弃电器电子产品回收处理。以环境风险防控制度建设、化工园区等重点区域管理及重点化学品监管为重点，探索化学品全生命周期风险防控管理模式。提高环境与健康风险管理能力，推动环境与健康综合监测网络建设。

（六）确保核与辐射安全

日本福岛核事故后，社会公众对核与辐射安全十分关注，必须进一步严格监管，确保安全。加强运行核电厂日常核安全监管。做好核电厂建造许可证、首次装料批准书等技术审评，强化建造和调试阶段控制点监督检查，进一步加强核安全设备监管。做好在役研究堆的日常安全监督管理，确保研究堆安全受控。加大核燃料循环设施、铀矿冶和放射性物品运输监管力度，督促放射性废物治理工作进度，大力推进废旧放射源回收再利用，做好电磁项目全过程环境管理。

（七）全面强化保障措施

在政策法规方面，要全力推动《环境保护法》的修改。积极配合全国人大法工委，做好《环保法》修改的调研、审查、论证工作。加快推进大气污染防治、土壤环境保护、核安全、环境监测管理等方面法律法规的制修订。深化环境经济政策，修订环保综合名录。继续推进环境污染强制责任保险试点，在涉重金属、铅蓄电池、皮革、化学原料及化学品制造业等行业，扩大强制试点范围，引导高环境风险企业积极投保。

在规划财务方面，坚持以大工程带动大发展，加大环境整治投入力度。组织实施《国家环境监管能力建设"十二五"规划》，加强环保基础能力建设。强化部门预算项目、重大专项绩效评价，加强审计，完善资金绩效评价指标和办法，公开评价结果，保证资金安全，提高资金使用绩效。

在科技和监测方面，全力推进水专项和清洁空气研究计划实施。加强环境基准研究，推动我国环境质量和污染物排放标准制定更加科学。加强监测数据质量监督，开展农村环境质量监测与评价试点。

在宣传教育和国际合作方面，统筹传统媒体和新媒体，组织好环保宣传，继续推进环境文化体制改革。筹办好国合会2014年年会和圆桌会等重要活动，全面拓展多边、双边、区域环境、核安全国际合作，做好环境与贸易相关谈判工作。

（八）开展"十二五"环保规划中期评估

中期评估是推进环保规划实施、考核地方政府政绩的重要举措。要全面启动"十二五"环保规划以及核安全规划的中期评估工作，深刻剖析规划实施中的成功经验和存在的主要问题，提出后两年工作重点和思路，向国务院汇报评估结果。着手组织研究"十三五"环保规划重点问题和路线图，年底前拟订提出国家环境保护"十三五"规划编制基本思路。

（九）加强干部队伍和人才队伍建设

加强机构和干部队伍建设。坚持德才兼备、以德为先的用人标准，统筹使用机关和部属单位的干部，调整充实领导班子，重点选好配强主要负责人和基层党组织专职负责人。探索建立干部交流机制，稳妥推动干部交流轮岗，推动干部多岗位锻炼。加大优秀年轻干部培养力度，鼓励年轻干部到基层和艰苦地区接受锻炼。切实加强干部双重管理工作。大力提高机构编制能力，认真做好事业单位分类和社团脱钩改革工作。落实好进一步加强新形势下离退休干部工作的意见。

大力推进人才队伍建设。统筹考虑基础工程、保障工程和人才工程建设，推进落实《生态环境保护人才发展中长期规划(2010~2020年)》。总结第一批国家环保专业技术领军人才和青年拔尖人才选拔的经验，推动部系统高层次专业技术人才的引进。加大人才技术援助力度，加强对中西部地区人才培养。出版一批干部教材，丰富干部选学网环保专业内容。加强环境监测队伍和环境监察队伍建设，针对面临的环境问题，能够做到说得清、查得出、管得住。

（十）抓好教育实践活动成果转化和廉政建设

深入实施党的群众路线教育实践活动整改方案、开展"四风"突出问题专项整治方案和制度建设计划，对常规性问题加大力度解决、遗留问题集中攻坚解决、新发现问题及时跟进解决，着力构建改进作风、坚持党的群众路线的长效机制，让环保系统干部职工和社会公众感受到教育实践活动、工作作风转变的成效，确保教育实践活动善始善终、善做善成。继续培育和践行社会主义核心价值观，不断总结、提升和弘扬中国环保精神，积极推进全系统行风政风作风建设。

深入学习贯彻即将召开的十八届中央纪委第三次全体会议和国务院第二次廉政会议精神，抓紧制定环境保护部贯彻落实中央《建立健全惩治和预防腐败体系2013~2017年工作规划》实施办法。持之以恒抓好中央八项规定和《党政机关厉行节约反对浪费条例》的贯彻落实。各级党组织要进一步落实党风廉政建设主体责任，纪检监察部门要担负起监督责任，切实加强对党员干部的监督、管理和教育，加强对权力运行的制约和监督，加大环保违纪违法案件查办的力度，努力为环保改革发展营造风清气正的环境。

最后我要特别强调一下，工作中还存在贯彻落实不到位、监督执法不到位、信息公开不到位问题。当前，必须把环境执法和信息公开抓紧抓好抓实。

一要强化环境执法监管。加快出台《关于进一步加强环境保护监督管理的意见》，标本兼治打击环境违法行为。深入开展《大气十条》贯彻落实情况专项督查，对京津冀及周边地区、长三角、珠三角等重点区域进行重点督查。继续开展整治违法排污企业保障群众健康环保专项行动，对重金属排放企业和医药制造行业进行"回头看"。严格执行"两高"司法解释，强化环境行政执法与刑事司法衔接，推进环保与公安联勤联动执法。加强生态和农村环境监察，开展区域联合执法、跨地区交叉执法。

二要推进环境信息公开。落实《关于当前环境信息公开重点工作安排的通知》，及时公开环境质量监测、建设项目环境影响评价信息、环境违法案件及查处、主要污染物总量减排数据、重点减排项目和减排工程建设进展等环境信息，主动向社会通报环境状况、重要政策措施和突发环境事件及其应急处置信息。组织实施生态环境保护信息化工程，强化信息公开渠道建设，完善信息公开督促与审查机制。

同志们，“雄关漫道真如铁，而今迈步从头越”。站在新的历史起点上，让我们紧密团结在以习近平同志为总书记的党中央周围，全面落实党的十八届三中全会和中央经济工作会议精神，改革创新，攻坚克难，奋力拼搏，积极探索环境保护新路，大力推进生态文明建设，为建设美丽中国作出更大贡献！

以中央领导同志重要指示精神为统领 开创生态文明建设示范区工作新局面

——环境保护部部长周生贤在全国生态文明建设现场会上的讲话

（2014 年 5 月 20 日）

同志们：

今天召开的全国生态文明建设现场会是经张高丽副总理批准的。张高丽副总理十分重视，会前专门作出重要批示，充分肯定环境保护部门和各地推进生态文明建设示范区创建取得的明显成效，要求学习推广浙江生态省建设经验，大力推进生态文明建设。我们要认真领会、抓好贯彻落实。

这次会议的主要任务是，贯彻落实党的十八大、十八届三中全会和中央领导同志重要指示精神，学习推广浙江省大力开展生态省建设的鲜活实践，交流湖州等地方加强生态环境整治和生态文明建设的典型经验，带动更多地区广泛深入开展生态文明建设示范区创建。

刚才，黄旭明副省长发表了热情洋溢的致辞并介绍了生态省建设情况，湖州市、珠海市、张家港市和成都市温江区的同志作了经验交流发言，反映了生态兴则地方兴、经济兴的规律，反映了不同地区在一定时期所做的工作，讲得都很好，听了很受启发。

下面，我讲三点意见。

一、深入贯彻落实党中央、国务院关于生态文明建设和环境保护的新思想新论断新要求

党的十八大以来，习近平总书记、李克强总理、张高丽副总理对生态文明建设和环境保护提出了一系列新思想新论断新要求，主要集中在六个方面：

一是深刻认识生态文明建设和环境保护重大意义。习近平总书记指出，走向生态文明新时代，建设美丽中国，是实现中华民族伟大复兴的中国梦的重要内容；建设生态文明是关系人民福祉、关系民族未来的大计；保护生态环境就是保护生产力，改善生态环境就是发展生产力；既要绿水青山也要金山银山，绿水青山就是金山银山；要清醒认识保护生态环境、治理环境污染的紧迫性和艰巨性，清醒认识加强生态文明建设的重要性和必要性，以对人民群众、对子孙后代高度负责的态度，真正下决心把环境污染治理好、把生态环境建设好。

二是作出生态文明建设总体部署。习近平总书记强调，推进生态文明建设，必须树立尊重自然、顺应自然、保护自然的生态文明理念，坚持节约资源和保护环境的基本国策，坚持节约优先、保护优先、自然恢复为主的方针，着力树立生态观念、完善生态制度、维护生态安全、优化生态环境，形成节约资源和保护环境的空间格局、产业结构、生产方式、生活方式。

三是积极探索环境保护新路。习近平总书记指出，绝不以牺牲环境为代价去换取一时的经济增长；用生态文明的理念来看环境问题，其本质是经济结构、生产方式和消费模式问题；从宏观战略层面切入，搞好顶层设计，从生产、流通、分配、消费的再生产全过程入手，制定和完善环境经济政策，形成激励与约束并举的环境保护长效机制，探索走出一条环境保护新路。李克强总理强调，绝不能以牺牲结构和环境换速度，在保护生态中实现经济发展和民生改善。

四是让生态系统休养生息。习近平总书记指出，要让透支的资源环境逐步休养生息，扩大森林、湖泊、湿地等绿色生态空间，增强水源涵养能力和环境容量。科学布局生产空间、生活空间、生态空间，给自然留下更多修复空间，划定并严守生态红线。生态红线观念一定要牢固树立起来，列入后全党全国就要一体遵行，绝不能逾越。

五是认真解决关系民生的突出环境问题。习近平总书记指出，良好生态环境是最公平的公共产品，是最普惠的民生福祉。加大环境治理和生态保护工作力度、投资力度、政策力度；以解决损害群众健康突出环境问题为重点，坚持预防为主、综合治理，强化水、大气、土壤等污染防治，着力推进重点流域和区域水污染防治，着力推进重点行业和重点区域大气污染治理；加强污染物减排，减少主要污染物排放总量，不断改善环境质量。李克强总理强调，要像对贫困宣战一样，坚决向污染宣战，铁腕治污加铁规治污，用硬措施完成硬任务。张高丽副总理指出，必须采取稳、准、狠的措施，重拳出击、重点治污。

六是完善生态文明建设制度体系。习近平总书记强调，只有实行最严格的制度、最严密的法治，才能为生态文明建设提供可靠保障；再也不能简单以国内生产总值增长率来论英雄，要建立体现生态文明要求的目标体系、考核办法、奖惩机制。对那些不顾生态环境

盲目决策、造成严重后果的人，必须追究其责任，而且应该是终身追究。李克强总理强调，要实行最严格的源头保护制度、损害赔偿制度、责任追究制度，切实做到用制度保护生态环境。

这些新思想新论断新要求，是对中国特色社会主义事业“五位一体”总体布局和走向社会主义生态文明新时代理论的丰富完善与拓展深化，是提高我们党执政能力和执政水平的目标指向与现实要求，是指导生态文明建设和环境保护的思想武器与根本遵循。

为深入贯彻落实党中央、国务院关于生态文明建设和环境保护的决策部署，环境保护部印发《关于贯彻落实习近平总书记重要讲话精神的任务分工》，把学习贯彻讲话精神特别是有关生态文明建设的重要指示，分解细化成16项任务，落实到分管部领导和相关责任单位。经过认真学习和深入研讨，我们有以下几点体会：

一是对生态文明建设重大意义的认识更加清醒。生态文明建设是经济持续健康发展的关键保障，是民意所在民心所向，是党提高执政能力的重要体现。二是对生态文明建设根本要求的领会更加深入。必须正确处理一对关系，即经济发展与环境保护的关系；牢固树立一种观念，即生态保护红线观念；积极探索一条新路，即环境保护新路；着力解决一个问题，即损害群众健康的突出环境问题；努力完善一套制度，即生态文明建设制度体系。三是对生态文明建设重大任务的把握更加清晰。从宏观战略层面切入，搞好顶层设计；立足再生产全过程，制定完善环境经济政策；强化制度建设，构建有利于生态文明建设的激励约束机制；发挥生态文明建设主阵地作用，用新思路新举措推动环境保护新发展。四是对生态文明建设的责任担当更加坚定。环保部门要用生态文明统一思想、凝聚力量、攻坚克难，做好推进生态文明建设的引领者、推动者和实践者。

二、着力构建推进生态文明建设和环境保护的四梁八柱

在2011年12月召开的全国环境保护工作会议上，我提出“十二五”期间要重点抓好四件大事：一是以积极探索环境保护新路为实践主体，丰富完善环境保护的理论体系；二是以修改《环境保护法》为龙头，全面构建环境法律法规框架；三是以大力推进生态文明建设为契机，理顺健全环境保护职能和组织系统；四是以完成节能减排为主要任务，着力推进环境质量改善。这四件大事的有序推进，推动“十二五”以来环境保护事业持续发展。

随着实践和认识的不断深入，推进生态文明建设和环境保护面临一些新形势新任务。党的十八大把生态文明建设纳入中国特色社会主义事业“五位一体”总体布局，党的十八届三中全会提出全面深化改革的总目标是完善和发展中国特色社会主义制度，推进国家治理体系和治理能力现代化，要求紧紧围绕建设美丽中国深化生态文明体制改革，加快生态文明制度建设，推动形成人与自然和谐发展现代化建设新格局。

生态文明建设是一项复杂庞大的系统工程。面对新形势新任务，我们要站在推进国家生态环境治理体系和治理能力现代化的高度，着力构建推进生态文明建设和环境保护的四梁八柱，做到纲举目张。四梁八柱是一个形象说法，用来描述生态文明建设和环境保护的宏观性、系统性、轮廓性的整体架构。它既是党中央、国务院决策部署的具体化，也是各地区和环保部门一段时期以来探索实践的总结概括；既是客观的，也是主观的；既是无形的，也是有形的；既是定量的，也是定性的，是宏观与微观、实践与认识、可能性与现实性的高度统一。

一是以积极探索环境保护新路为实践主体，进一步丰富环境保护的理论体系。这是推进生态文明建设的有效路径，理论是行动的指南。习近平总书记系列重要讲话精神，为积极探索环境保护新路指明了方向，丰富了内涵。我们既要借鉴西方发达国家治理污染的经验教训，又要结合我国国情和发展阶段，改革创新，发挥体制和制度优势，尽量缩短污染治理进程，努力改善环境质量，造福全体人民。

探索环境保护新路必须用新的理念进一步深化对环境问题的认识，用新的视野把握环境保护事业发展的机遇，用新的实践推动环保事业取得更大成效，用新的体制保障环保事业持续推进，用新的思路指导当前谋划未来，以最小的资源环境代价支撑更大规模的经济社会发展，使经济社会活动对生态环境的损害降低到最低程度，实现经济效益、社会效益和生态环境效益多赢。

探索环境保护新路的根本要求是正确处理经济发展与环境保护的关系。脱离环境保护搞经济发展是“竭泽而渔”，离开经济发展抓环境保护是“缘木求鱼”。如果竭泽而渔，最后必然是什么鱼也没有了。必须牢固树立保护生态环境就是保护生产力、改善生态环境就是发展生产力的理念，坚持保护优先方针，利用好环境保护对发展方式转变和经济结构调整的倒逼机制，把调整优化结构、强化创新驱动和保护生态环境结合起来，推动绿色发展、循环发展、低碳发展。

探索环境保护新路的着眼点是加快推进环境管理战略转型。以改善生态环境质量为目标导向，从单纯防治一次污染物向既防治一次污染物又防治二次污染物转变，从单独控制个别污染物向多种污染物协同控制转变，统筹协调污染治理、总量减排、环境风险防范

和环境质量改善的关系。推进环境管理战略转型,迫切需要提高环境治理体系和治理能力现代化水平。当前环境质量与人民群众期待还有很大差距,原因是多方面的,其中,环境治理体系不完善、治理能力现代化水平不高是深层次原因。以提高环境治理体系和治理能力现代化为重点,尽快把环保部门各级领导班子和领导干部的思想政治素质、科学文化素养、工作本领都提升到一个新的高度,环境管理战略转型才有可靠的基础和保障。

二是以新修订的《环境保护法》实施为龙头,形成有力保护生态环境的法律法规体系。这是推进生态文明建设的强大武器。《环境保护法》是环境领域内的基础性、综合性法律。4月24日,十二届全国人大常委会第八次会议审议通过了新修订的《环境保护法》,自2015年1月1日起施行。

新修订的《环境保护法》在理念、制度、保障措施等方面都有重大突破和创新。在创新理念方面,将"推进生态文明建设,促进经济社会可持续发展"列入立法目的,提出了促进人与自然和谐的理念和保护优先的基本原则,明确要求经济社会发展与环境保护相协调。在完善制度方面,要求建立资源环境承载能力监测预警机制,实行环保目标责任制和考核评价制度,制定经济政策充分考虑对环境的影响,建立跨区联合防治协调机制,划定生态保护红线,建立环境与健康风险评估制度,实行总量控制和排污许可管理制度,建立环境污染公共监测预警机制。注重运用市场手段和经济政策,明确提出了财政、税收、价格、生态补偿、环境保护税、环境污染责任保险、重污染企业退出激励机制,以及作为绿色信贷基础的企业环保诚信制度。在多元共治方面,不仅强化了政府环境责任,还新增专章规定信息公开和公众参与,赋予公民环境知情权、参与权和监督权,并明确提起环境公益诉讼的社会组织范围。在强化执法方面,首次明确了"环境监察机构"的法律地位,授予环保部门许多新的监管权力。这既是权利,更是义务、责任和担当。

法律的生命在于实施。新修订的《环境保护法》的出台为进一步保护和改善环境,保障公众健康,推进生态文明建设提供了有力的法制保障。

要广泛宣传。通过召开新闻发布会、举办讲座、发表文章、编写书籍及宣传图册等多种形式,广泛宣传新修订的《环境保护法》新规定新要求,大力增强社会各界的环境法治意识。

要组织培训轮训。协调各级党校、行政学院组织党政机关领导干部学习贯彻新修订的《环境保护法》,组织开展对环保系统工作人员培训轮训,熟悉并掌握新制度新措施,全面提升相关人员依法决策、依法管理水平。加强对企业单位及其负责人培训,提高企业单位环保守法自觉性。

要完善相关法律法规。加快推进大气污染防治、水污染防治、土壤环境保护、核与辐射安全等专项法律法规的制修订,全面推进环境保护法律法规、政策制度和环境标准建设。及时总结新法实施过程中出现的突出问题,组织制定相关执法解释、指导意见及配套措施,确保实施工作有序进行。

要做好实施基础工作。研究制定按日计罚、查封扣押等新措施的执法规范。配合组织人事部门制定完善环境目标责任制和考核评价制度的具体规定,将政府责任落到实处。加强与公安机关、人民法院、人民检察院等司法部门的沟通和交流,做好公益诉讼、行政拘留、环境刑事案件办理等工作的协调和衔接。配合纪检监察机关做好行政追责的有关工作,明确环保部门应当承担的责任范围和形式,确保环保工作正常有效开展。

三是以深化生态环保体制改革为契机,建立严格监管所有污染物的环境保护组织制度体系。这是推进生态文明建设的组织保障。生态环保体制改革是促进经济转型升级的重要抓手,是解决损害群众健康突出环境问题的有力举措,是转变政府职能、加快环境管理战略转型的必然要求,其主攻方向和着力点是建立和完善严格的污染防治监管体制、生态保护监管体制、核与辐射安全监管体制、环境影响评价体制、环境执法体制、环境监测预警体制。

深化生态环保体制改革,要以改革创新为动力,从宏观战略层面切入,从再生产全过程着手,从形成山顶到海洋、天上到地下的所有污染物严格监管制度和一体化污染防治管理模式着力,主动遵循、准确把握生态环境特点和规律,维护生态环境的系统性、多样性和可持续性,增强生态环境监管的统一性和有效性。对于方向明确又立即可行的,要加快推进;对于认识还不深入,但又必须推进的,要加强调查研究,大胆探索,有的要先行试点;对涉及面广、基础又很薄弱,需要中央决策的,要加快研究提出改革思路。

通过体制创新,建立统一监管所有污染物排放的环境保护管理制度,对所有污染物,以及点源(矿山等)、面源(农业等)、固定源(工厂等)、移动源(车、船、飞机等)等所有污染源,大气、土壤、地表水、地下水、海洋等所有污染介质,实行统一监管。独立进行环境监管和行政执法,切实加强对有关部门和地方政府执行国家环境法律法规和政策的监督,纠正其执行不到位,以及一些地方政府对环境保护的不当干预行为。

改革是今年工作的重中之重。环境保护部2014年全面深化改革重点工作要点、任务分工方案和各专题工作班子方案已经明确,要加快节奏,加大力度,确保今年十项改革重点任务全部落地。这十项任务包括:

一是严格监管所有污染物排放的环境保护管理制度；二是及时公布环境信息，健全举报制度；三是完善污染物排放许可制，实行企事业单位污染物排放总量控制制度；四是对造成生态环境损害的责任者严格实行赔偿制度；五是建立陆海统筹的生态系统保护修复和污染防治区域联动机制；六是完善发展成果考核评价体系，建立生态文明建设目标体系；七是建立空间规划体系，划定生态保护红线；八是实施主体功能区制度，建立国家公园体制；九是探索编制自然资源资产负债表，开展国家环境资产核算方法体系研究；十是发展环保市场，推行排污权交易制度。其中，提出生态文明体制改革和生态环境保护管理体制改革的顶层设计方案，是块硬骨头，要集中力量，善借外脑，拿出高质量、有见地、能落地的方案，下半年尽快报中央全面深化改革领导小组审议。

四是以打好大气、水、土壤污染防治三大战役为抓手，构建改善环境质量的工作体系。这是推进生态文明建设的主战场。保护和改善环境质量是各级政府应当提供的基本公共服务。面对艰巨复杂的生态环境问题，我们既要从容淡定、科学理性，又要敢于担当、有所作为，既要打好攻坚战，也要打好持久战，坚持源头严防、过程严管、后果严惩，用铁规铁腕强化大气、水、土壤污染防治，优先解决损害群众健康的突出环境问题，以实际行动逐步改善环境质量。

继续把大气污染防治作为重中之重。深入实施《大气污染防治行动计划》，以雾霾频发的特大城市和区域为重点，以细颗粒物($PM_{2.5}$)和可吸入颗粒物($PM_{2.5}$)治理为突破口，做好源解析这个基础，抓住产业结构、能源效率、尾气排放和扬尘等关键环节，健全政府、企业、公众共同参与新机制，实行区域联防联控，在大气污染防治上下大力、出真招、见实效。

强化水污染防治。编制实施《水污染防治行动计划》，抓“两头”、带“中间”，在确保饮用水水源地等水质较好水体稳定达标、水质不退化的同时，集中力量把劣V类水体治好，尤其是消灭一批影响群众多、公众关注高的城镇黑臭水体，带动一般水体污染防治。推进重点流域和地下水污染防治，加强水质较好湖泊生态环境保护，综合防控海洋环境污染和生态破坏。

抓好土壤污染治理。编制实施《土壤污染防治行动计划》，加强监督管理，切断各类污染源；深入推进土壤污染治理修复，实施土壤修复工程，逐步改善土壤环境质量；加强污染场地开发利用监管，维护人居环境健康。深化以奖促治政策，继续推进农村环境连片整治，治理农业面源污染。

用好环境执法和信息公开两个手段。强化环境执法监管，做到“三不”、“三直”，即“不定时间、不打招呼、不听汇报、直奔现场、直接督查、直接曝光”，保持执法检查高压态势，对环境违法行为“零容忍”，执法必严、违法必究。全面推进环境信息公开，及时公开环境质量监测、建设项目环境影响评价、环境违法案件及查处等方面的环境信息，主动向社会通报环境状况、重要政策措施和突发环境事件及其应急处置信息，保障公众的环境知情权、表达权和监督权。

这四大体系，也是我们向污染宣战的行动指南、有力武器、组织保障和重大举措。向污染宣战，反映了党的意志、国家的意志、人民的意志。推进生态文明建设与向污染宣战内在一致，两者统一于建设美丽中国、走向社会主义生态文明新时代的伟大实践中。推进生态文明建设，为人民群众创造良好生产生活环境，必须向污染宣战；向污染宣战，破解经济社会发展的资源环境瓶颈制约，会有力推进生态文明建设进程。构建好这四梁八柱，推动形成人与自然和谐发展现代化新格局，环保部门使命光荣，责无旁贷，要做到驰而不息、持之以恒、干有所成。

三、深入总结生态文明建设示范区创建成效和经验，在新的起点上全面加以推进

生态文明建设示范区创建是大力推进生态文明建设的重要载体，是加强生态环境保护的有力抓手，是实践环保为民惠民的生动体现，得到了党中央、国务院充分肯定，得到了地方各级党委、政府积极响应，也得到了广大人民群众真心欢迎。

（一）认真学习习近平总书记、李克强总理、张高丽副总理高度重视生态省建设的重要论断和指示

习近平总书记在福建省、浙江省工作期间，就启动了生态省建设。李克强总理在辽宁省工作期间启动了辽宁生态省建设，张高丽副总理在天津工作时启动了天津生态市建设。

习近平总书记在福建省工作期间，明确提出建设生态省的战略构想，强调任何形式的开发利用都要在保护生态的前提下进行，使八闽大地更加山清水秀，使经济社会在资源的永续利用中良性发展。在浙江省工作期间多次指出，建设生态省是一个全局性、长远性、战略性的重大决策，直接关系到浙江经济社会全面协调可持续发展，关系到浙江人与自然的和谐发展，关系到浙江人民群众的根本利益；保护环境、建设生态省，是一项功在当代、利在千秋、功德无量的大事；发挥生态优势、建设生态省、打造绿色浙江。2006年到湖州南太湖调研时进一步指出，既要保护生态，也要发展经济，经济发展不能以牺牲生态为代价，强调南太湖开发治理要以生态保护为前提，构建浙江省生态屏障。

2003年，浙江省委、省人民政府作出建设生态省决定，制定实施《浙江省生态省建设规划纲要》。成立生态省建设工作领导小组，书记任组长、省长任常务副组

长，形成党委领导、政府负责、部门联动、社会参与工作机制，为生态省建设提供组织保障。建立严格的生态文明建设考核机制，每年下达生态文明建设工作任务书，开展中期评估与专项督查，年底进行考核，把考核结果作为评价党政领导班子实绩和领导干部任用与奖惩的重要依据。健全科学的评价体系，制定《浙江生态文明建设评价体系（试行）》，对县（市、区）生态文明建设情况进行全面量化评价，落实各级领导对生态文明建设的责任。完善相关的工作机制，着力构建组织协调、指导服务、督办、考核激励、全民参与、宣传教育等六大推进机制，强化跟踪督查和示范引领，深入探索并丰富生态省建设实现形式与内容。

十多年来，浙江省委、省政府始终坚持生态立省方略，一张蓝图抓到底，一任接着一任干，“功成不必在我任期”，生态文明建设取得明显成效，生态省建设走在全国前列。

（二）生态建设示范区创建为生态文明建设示范区创建打下了坚实基础

1995年，环保部门启动实施生态建设示范区。2000年以来，环保部门以生态省、生态市、生态县、生态乡镇、生态村、生态工业园区等6个层级建设为主要内容，构建工作体系、制定量化指标、出台管理规程，积极推进生态建设示范区创建工作。目前，全国有16个省正在开展生态省建设，1000多个县、市、区在开展生态市、县建设。从全国来看，已形成生态建设示范区创建梯次推进格局。东部沿海地区自北向南，生态建设示范区创建全面展开，辽宁、山东、江苏、浙江和福建连成一片；中部稳步推进，安徽、河南、湖南、湖北等省生态建设示范区创建活动正在大力实施；西部地区四川、陕西、贵州等省生态建设示范区创建开局良好，形势喜人。

经过各地多年积极探索，生态建设示范区创建形成了不少可复制、可推广的实践成果，为生态文明建设示范区创建奠定了坚实基础。

一是推动区域经济转型升级。浙江省从2004年开始，持续开展“811生态环保专项行动”，强力推进重点流域区域、行业企业污染整治，对铅蓄电池、电镀、印染、化工、制革、造纸等六大行业进行重点整治，实施腾笼换鸟、转型升级，成效明显。辽宁省启动环境保护加快经济发展方式转变十大专项工程，通过严格环境准入，促进铁合金、焦化、电石等行业提标升级。山西省抓住进行资源型转型综合配套改革试验机遇，大力促进经济转型发展，新能源、新材料、节能环保、高端装备制造等九大战略新兴产业发展势头强劲。

二是优化国土空间开发格局。江苏省率先在全国制定出台省级生态红线区域保护规划，划出15种类型生态红线区域，出台补偿政策和管控制度。天津市出台《生态用地保护红线划定方案》，明确红线区内禁止一切与保护无关建设活动，黄线区内从事各项建设活动必须经市政府审查同意。福建省对河口湿地、沿海红树林采取重点保护，全省森林覆盖率达到65.95%，始终保持全国第一。宁夏回族自治区优化生产空间、生活空间、生态空间格局，形成以宁东、石嘴山为主的重点开发区，以沿黄经济带为主的优化开发区，以大六盘生态系统等重点生态功能区为主的限制开发区，以自然保护区、饮用水水源地等为主的禁止开发区。内蒙古、江西、湖北、广西等四省（区）正积极开展生态保护红线划定试点工作。在国土空间开发中，要高度注意新型城镇化建设和沿江开发中的环境问题，把好环境关口。

三是促进生态环境质量改善。天津市自2008年开始，连续实施两轮生态市建设三年行动计划，推进清新空气、清水河道、清洁村庄、清洁社区，绿化美化“四清”行动，不断改善生产生活环境。海南省强化重点区域生态保护与重点领域污染防治，加强海域、海岛、海岸生态整治修复，保护海洋生态环境。江西省划定源头保护区，建立激励机制，制定考核办法，推进“五河一湖”和东江源头保护，确保鄱阳湖“一湖清水”。四川省主要河流断面水质达标率由2000年40.3%上升到70.5%，涌现了双流、浦江、大邑等生态文明建设示范先进典型。

四是推动生态文明制度建设。贵州省正在制定《贵州省生态文明建设促进条例》，将为生态文明建设及示范创建提供有力法律法规保障。河北省对全省七大水系201个断面实施跨界断面水质责任目标考核，并与财政转移支付挂钩。天津市调整党政领导班子和领导干部综合考核评价机制，进一步提高资源环境指标权重，充分发挥考核考评正能量作用。湖北省创新企业环境信用评价体系，制定全省企业环境信用评价管理暂行办法和评价标准。河南省推进生态市、生态县创建制度化，半数省辖市正在编制生态市建设规划，全省45%的县已启动并开展生态县建设。安徽省强化生态文明制度和机制的顶层设计，积极推进生态文明建设示范创建细胞工程。

各地开展生态建设示范区创建的实践，归纳起来，主要有四条经验：一是坚持党政主导、环保牵头、社会参与，系统构建示范创建的推进机制。二是坚持环境优先、绿色发展，把经济社会发展与生态环境协调共赢作为示范创建的鲜明导向。三是坚持科学规划、统筹推进，切实解决损害人民群众健康的突出环境问题。四是坚持工程带动、严格考核，确保示范创建具体化、责任化、时限化。

（三）中央批准更名为全面推进生态文明建设示范区创建工作创造了良好条件

2013年6月，中央批准将“生态建设示范区”正式更名为“生态文明建设示范区”。这是中央对环保部门和地方各级党委政府以“生态建设示范区”为平台推进生态文明建设所取得成效的充分肯定，也是对进一步发挥环境保护在生态文明建设中主阵地作用的殷切希望。

生态文明建设示范区相对生态建设示范区而言，是全面深化和提标升级，实现了质的提升与超越。在认识理念上，生态文明建设示范区立足于人与自然、环境与经济、人与社会和谐发展的生态文明新高度，来审视解决资源环境问题，强调把生态文明建设融入经济建设、政治建设、文化建设、社会建设各方面和全过程。在基本内涵上，生态文明建设示范区以实现人与自然和谐发展和建设美丽中国的新要求为目标，在价值取向、建设目标、基本原则、实现途径和保障举措等方面，更全面、系统和深入。在建设内容上，生态文明建设示范区强调在区域内新型工业化、城镇化、农业现代化、信息化和生态化“五化”同步，统筹城乡协调发展，系统建立安全的生态空间、发达的生态经济、良好的生态环境、适度的生态生活、完善的生态制度和先进的生态文化等六大体系。在方式方法上，生态文明建设示范区大都以地方党委政府为主导，环保部门牵头，多部门联动，不仅借助必要的行政手段，更强调体制机制创新和政策法规引导推动。

中央批准更名后，环境保护部印发《关于大力推进生态文明建设示范区工作的意见》，出台《国家生态文明建设试点示范区指标（试行）》，设定生态经济、生态环境、生态人居、生态制度和生态文化等五方面 28 项指标，各项工作在积极有序推进。

同时，我们清醒地认识到，生态文明建设示范区创建工作中还存在一些不足：一是在特定区域开展生态文明建设的理论支撑不充分。对分区域开展生态文明建设的研究不够，分类管理有待加强。二是有针对性的政策支持不足。生态补偿机制尚不健全，“以奖代补”、生态环保项目和资金向生态文明建设示范区倾斜等激励机制尚未到位。三是对地方的指导有待进一步加强。生态文明建设示范区有详细的指标体系以及明确的申报、评估和考核要求。各地对指标内涵、考核要求理解有差异，在具体工作中需要进一步加强指导。四是工作开展尚不平衡。从地域分布上看，开展生态文明建设示范区工作的，大多在沿海和东部地区，西部地区较少；从工作力度来看，一些地区形成了扎实推进、上下联动、广泛参与的良好局面，也有一些地区的工作进展缓慢。此外，生态文明建设示范区创建、考核周期较长，从启动到最终命名往往要五六年甚至更长时间，与地方政府和职能部门工作周期衔接性不强，影响了部分地区积极性、主动性。这些问题需要我们认真加以解决。

（四）全力做好新阶段生态文明建设示范区创建各项工作

发展无止境，生态文明建设也无止境。要全面规划、统筹安排，切实做到想抓、能抓、真抓、善抓。现在，生态文明建设示范区总体上结束了阶段性的试点示范，进入了在更高层次、更高目标上全面推进、拓展提升、深化固化的新阶段。我们要抓住机遇、乘势而上、积极作为，以中央领导同志重要指示批示为统领，充分发挥地方首创精神，积极探索符合国情省情又有地域特色的生态文明建设新途径新模式，着力构建人与自然和谐发展的空间格局、经济结构、生产方式和生活方式，使越来越多的美丽城市乡村成为创建示范样本。当前，要集中力量抓好以下五项工作：

一是大力推进生态省建设。生态省是推动省域开展生态文明建设的示范区和样本，工作重点在市县、在基层，必须继续把它抓紧抓好，争取早出成效，出好成果。希望浙江、福建、江苏、辽宁、天津等 16 个正开展生态省建设的省（区、市），按照习近平总书记、李克强总理、张高丽副总理要求，发挥生态文明建设领跑者作用，进一步明确创建目标任务，丰富创建内涵，拓宽创建领域，加快形成示范创建有效构架。

二是尽快实现提档升级。这次会议宣布对通过验收的 37 个生态市、县（区），直接命名为“全国生态文明建设示范区（生态市、县）”。对此前已命名的生态市、县（区），要抓紧复核后，按此更名。环境保护部将尽快明确直辖市、计划单列市和省会城市等条件较好、实力较强的地区达到生态文明建设示范区标准的时间表。各省、自治区也要对所辖市、县做出相应的明确要求。要抓紧修改完善相关指标体系、标准和管理规程，进一步提高生态文明建设示范区规范化和制度化水平。

三是加强跨部门协作配合。应该说，一些开展生态省、市、县建设的地区开了个好头，提供了样板。比如，浙江省率先成立生态省建设领导小组，并由环保部门承担领导小组办公室的具体事务。这个模式行之有效，后来很多省（区、市）都学习采用。我们要努力构建上下左右、横向纵向协同联动的创建格局，形成推进示范区创建的强大合力。

四是加大改革创新力度。随着生态文明建设深入推进、建设水平进一步提升，我们将面对越来越多理论与实践挑战。比如，“五位一体”如何落实到位？“四个融入”怎样全面实现？“五化”并举怎样确保？节约资源、保护环境的生产生活方式怎么来构建？产业的生态化和法律的生态化怎么来推进？环保产业发展如何推进，第三方治理和服务模式如何构建等等。要借助生态文明建设示范区这个平台，对这些问题加以研究和探索。其中有些问题不是短期所能解决的，需要长期面对，进行反复研究、实践、总结和深化。环保部门要走在前列，精心组织，主动参与，提高推动引领生态文明建设的能力。

五是切实强化“细胞工程”。生态文明建设示范区创建离不开广大人民群众的支持和参与。通过强化“细胞工程”，开展各种活动和行动，让生态文明建设进学校、进社区、进工厂，鼓励更多公众参与。及时宣传推广生态文明建设示范区创建的做法、成效和经验，营造良好的氛围和条件。适时启动重点行业生态文明建设示范工作，推动节能减排，促进清洁生产，建立和完善企业环境行为自我约束机制。抓紧研究制定行业生态文明建设目标模式、考核评价体系，推动建立一批重点行业生态文明建设示范基地。

同志们，“一分部署，九分落实”。让我们紧密团结在以习近平同志为总书记的党中央周围，以改革创新的勇气，以抓铁有痕的干劲，以持之以恒的精神，立足新起点，瞄准新目标，聚焦突出问题，全面开创生态文明建设示范区创建新局面，大力推进生态文明建设，为明显改善生态环境质量，让人民群众早日享有优美的生产生活环境作出更大贡献！

环境保护部部长周生贤在全国环保系统电视电话会议上的讲话

（2014年11月14日）

同志们：

今天，我们召开全国环保系统电视电话会议，主要任务是：贯彻落实党的十八届四中全会精神，传达学习习近平总书记在2014年APEC会议期间关于环境保护的重要讲话，以及《中共中央办公厅、国务院办公厅关于腾格里沙漠污染问题处理情况的通报》、《国务院办公厅关于加强环境监管执法的通知》精神，对近期重点工作作出安排部署。

下面，我就贯彻落实近期党中央、国务院重要决策部署，总结APEC会议期间空气质量保障经验，全力做好当前和今后一个时期的环境保护工作，讲三点意见。

一、深刻领会、坚决贯彻党中央国务院关于生态文明建设和环境保护的最新部署最新举措

近期，党的十八届四中全会、习近平总书记在APEC会议期间的重要讲话、《中共中央办公厅、国务院办公厅关于腾格里沙漠污染问题处理情况的通报》（以下简称“两办”《通报》）和《国务院办公厅关于加强环境监管执法的通知》（以下简称国办《通知》），都对生态文明建设和环境保护作出新部署，提出新举措，环境保护迎来了新的发展机遇。我们必须认真学习，深刻领会，坚决贯彻。

第一，全面把握十八届四中全会主要精神。党的十八届四中全会审议通过《中共中央关于全面推进依法治国若干重大问题的决定》（以下简称《决定》），在深刻总结我国社会主义法治建设成功经验的基础上，明确提出全面推进依法治国的总目标、基本原则、工作布局和重点任务，对于坚定不移走中国特色社会主义法治道路，在法治轨道上推进国家治理体系和治理能力现代化，实现经济发展、政治清明、文化昌盛、社会公正、生态良好具有重大而深远的意义。

深刻领会党的十八届四中全会精神需要做到三个准确把握：

一是准确把握推进依法治国的重大决策。全会提出全面推进依法治国总目标、五个体系和六项重大任务。总目标是建设中国特色社会主义法治体系，建设社会主义法治国家。五个体系是完备的法律规范体系、高效的法治实施体系、严密的法治监督体系、有力的法治保障体系、完善的党内法规体系。六项重大任务是完善以宪法为核心的中国特色社会主义法律体系，加强宪法实施；深入推进依法行政，加快建设法治政府；保证公正司法，提高司法公信力；增强全民法治观念，推进法治社会建设；加强法治工作队伍建设；加强和改进党对全面推进依法治国的领导。

二是准确把握建设法治政府的重大部署。全会提出各级政府必须坚持在党的领导下、在法制轨道上开展工作，加快建设职能科学、权贵法定、执法严明、公正公开、廉洁高效、守法诚信的政府。要推进机构、职能、权限、程序、责任法定化；健全依法决策机制，建立行政机关内部重大决策合法性审查机制，建立重大决策终身责任追究制度及责任倒查机制；深化行政执法体制改革，健全行政执法和刑事司法衔接机制；加大关系群众切身利益的重点领域执法力度，全面落实行政执法责任制；强化对行政权力的制约和监督，全面推进政务公开。

三是准确把握坚持依法执政的重大要求。全会提出坚持依法执政，各级领导干部要带头遵守法律，带头依法办事，不得违法行使权力，更不能以言代法、以权压法、徇私枉法；各级党组织要领导和监督本单位模范遵守宪法法律，坚决查处执法犯法、违法用权等行为；提高党员干部法治思维和依法办事能力，把法制建设成效作为衡量各级领导班子和领导干部工作实绩重要内容、纳入政绩考核指标体系，把能不能遵守法律、依法办事作为考察干部重要内容。

习近平总书记在全会上的重要讲话和《决定》中多次强调生态环境保护，明确提出用严格的法律制度保护生态环境，加快建立有效约束开发行为和促进绿

色发展、循环发展、低碳发展的生态文明法律制度，强化生产者环境保护的法律责任，大幅度提高违法成本。建立健全自然资源产权法律制度，完善国土空间开发保护方面的法律制度，制定完善生态补偿和土壤、水、大气污染防治及海洋生态环境保护等法律法规，促进生态文明建设。这些充分体现了党中央对生态文明建设和环境保护的高度重视。

传达好、学习好、贯彻好全会精神是当前的首要政治任务。各级环保部门要紧密结合环保实际，认真领会贯彻精神，切实做到“五个结合”：一要与实施好新修订的《环境保护法》结合起来；二要与严格落实“两办”《通报》和国办《通知》精神结合起来；三要与深化环保领域改革结合起来；四要与做好年终总结、谋划明年工作和制定“十三五”规划结合起来；五要与落实党风廉政建设两个责任结合起来。

第二，深入学习贯彻习近平总书记在APEC会议期间关于环境保护的重要讲话。习近平总书记在APEC欢迎宴会上的致辞中，浓墨重彩地提到APEC会议期间空气质量保障工作，充分展现了党中央、国务院加强环境治理的坚定意志，为推进生态文明建设和环境保护指明了前进方向。

一是非常关心会议期间空气质量状况。习近平总书记说，每天早晨起来以后的第一件事，就是看北京空气质量如何，希望雾霾小一些。总书记时刻关心空气质量状况，是对我们极大的鞭策，既为我们做好工作提供了强大动力，也对我们的工作提出了更高要求。我们必须以更大的决心，更有力的举措，敢于担当，凝神聚力，攻坚克难，做好推进生态文明、建设美丽中国的引领者推动者实践者。

二是充分肯定空气质量保障工作。习近平总书记指出，这几天北京空气质量好，是我们有关地方和部门共同努力的结果，来之不易。这次会议让我们下了更大的决心，来保护生态环境，有利于我们今后把生态环境工作做得更好。总书记的充分肯定，表明这次空气质量保障工作经受住了考验，取得了成功，对我们是巨大的鼓舞。实践已经证明并将继续证明，只要我们不动摇、不懈怠、不折腾，用铁腕铁规坚决向污染宣战，污染一定会降下来，环境一定会好起来。

三是提出实现蓝天常在、青山常在、绿水常在。习近平总书记强调，我们正在全力进行污染治理，力度之大，前所未有，希望并相信通过努力让“APEC蓝”能够保持下去，希望北京乃至全中国能够蓝天常在，青山常在，绿水常在，让孩子们都生活在良好的生态环境之中，这也是中国梦很重要的内容。

在当前经济发展新常态下，实现“蓝天常在、青山常在、绿水常在”，开宗明义，目标鲜明，深符民意，既是重大的发展问题，也是重大的民生问题，表明了我们党执政为民的坚定信念、坚强决心和坚决作为。人民群众对美好生活的向往就是我们党的努力方向，解决损害群众健康的突出环境问题就是我们党的重大任务。让人民群众享有蓝天青山绿水，体现了党的宗旨和理想，体现了党的先进性和执政能力，体现了党的形象和威信。

“三个常在”是对全面持续改善环境质量的生动和大众化描述，是环境保护的目标追求和出发点，是所有环保人的使命和职责所在，也是检验环保工作的根本标准和试金石。一方面，必须继续探索环境保护新路，用新视野新理念新方法不断推进环保新实践，正确处理经济发展与环境保护关系，把调整优化结构、强化创新驱动和保护生态环境结合起来，更加自觉地推动绿色发展、循环发展、低碳发展。另一方面，必须加强环境监管执法，以解决损害群众健康的突出环境问题为重点，加快推进环境管理战略转型，打好水、大气、土壤等污染防治的攻坚战和持久战，切实改善环境质量，让人民群众早日享有天蓝山青水绿的良好环境。

第三，坚决落实“两办”《通报》和国办《通知》精神。“两办”《通报》和国办《通知》，充分展现了党中央、国务院重点治污、加强环境监管执法的坚强决心，是对地方各级政府必须落实辖区环境质量改善责任和环境监管领导责任的重大要求，是对各级环保部门做好环境监管执法工作的最新部署。

加强环境执法监管是实现蓝天常在青山常在绿水常在的突破口，是向污染宣战的有力武器，是树立环保工作权威的硬手段，关系解决损害群众健康的突出环境问题，关系改善生态环境质量，关系调整经济结构和提升发展质量。在党的十八届四中全会提出依法治国、依法执政、依法行政的时代背景下，国办及时出台《通知》非常重要，我们要认真贯彻落实《通知》精神，用好用足《通知》提出的具体措施，敢于亮剑、真抓实干，铁腕铁规治污，着力解决环境监管执法中存在的突出问题，进一步提高环境监管执法的效能和水平。

腾格里沙漠污染问题，长期存在、久拖未解，暴露出当前一些地方环保意识不强、履行职责不到位、制度执行不严格、监管措施不力、工作作风不实等问题，也暴露出环境监管执法队伍和能力建设中存在的突出问题。有的地区“不会查”，对执法人员进口把关不严，相当一部分不具备专业知识、职业素养差的人员进入执法队伍，执法走过场、水平低下。有的地区“不能查”，监管力量薄弱，基层执法人员不足，执法手段不全，监管力量与日益繁重的环保任务越来越不匹配。有的地区“不作为”，执法不严、失职渎职现象依然存在，2012~2013年全国纪检监察机关查处的环保系统工作人员失职渎职比例就占48%。有的地区“乱作为”，人情执法、协商执法，极少数监管人员执法犯法，到企业

“吃、拿、卡、要”,甚至充当违法企业保护伞。

从目前掌握的情况来看,“两办”《通报》印发后,各省(区、市)党委和政府迅速传达落实。截至10月底,有14个省(区、市)部署开展大检查。河北、山西、内蒙古、安徽、陕西、甘肃等6省(区)由政府组织,吉林、浙江、福建、河南、重庆、四川、贵州、宁夏等8省(区、市)由省环保厅(局)组织。10月25日,甘肃省人民政府印发《甘肃省环境保护大检查方案的通知》,召开全省视频会议,从大气、水、土壤等九个方面部署开展大检查。内蒙古、陕西省(区)委、省(区)人民政府进行专题研究和部署。吉林、重庆对重点环境污染问题和环境风险隐患开展集中排查;四川下发加强园区环境监管工作的紧急通知;宁夏对全区工业企业排污开展“拉网式”全面排查;浙江结合省公安厅、环保厅“打污染清江河”行动,再次派出7个督查组,加大案件督查督办力度;福建、河南、贵州结合2014年专项检查工作,部署开展专项督查。

为贯彻落实“两办”《通报》和国办《通知》精神,我部决定2014年11月至2015年12月组织在全国开展工业园区和重点工业企业环境保护大检查。目前,大检查工作方案已征求各地意见,并且报送国务院办公厅,待国务院同意后,将印发至各省(区、市)人民政府实施。大检查也是一次大排查、大调查。各地区要根据工作任务目标,强化责任,层层分解,集中组织力量对行政区内各类工业园区和排放有毒有害废水、废气或产生处置危险废物的重点工业企业进行大检查,掌握行政区内污染源总数、分类以及污染治理情况等环保工作底数,并及时登记在册,完善“一厂一档”。对检查出的各类环境问题及环境违法行为,研究制订整改计划,督促完成污染治理,消除监管盲点,切实防范环境风险。各省(区、市)环保厅(局)要提前做好准备工作,在地方政府统一部署下,抓紧研究制订具体检查工作方案,把握好检查步骤和时间节点,及时提请地方政府落实必要的人力、物力和财力保障,确保环保大检查取得实效,做到监管全覆盖、执法无死角。

二、近期需要全力做好的五项重点工作

当前,贯彻落实近期党中央、国务院关于生态文明建设和环境保护的新要求新部署新举措,有五项重点工作需要抓紧做好。

(一)深入总结APEC会议空气质量保障工作经验做法

APEC会议空气质量保障工作无论是从减排力度还是环境形势上看,都比2008年北京奥运会要更加严峻。保障工作圆满成功,得到总书记肯定,得到社会各界认可。这坚定了各方信心,消除了种种疑虑,让广大民众看到了希望所在,给全体环保人增添了巨大动力。一段时期以来,社会上包括一些环保人对《大气十条》的目标能否实现,各项污染防治措施能否不折不扣到位,应对方案能否落地生效,源解析是否科学可信等等,都有不少疑惑、担心。这又使我想起,1972年联合国第一次人类环境会议发表的环境宣言,原文引用毛泽东主席的话,“人类总得不断地总结经验,有所发现,有所发明,有所创造,有所前进。”这样才能从必然王国走向自由王国。APEC会议空气质量保障的成功实践说明,雾霾不是解决不了、蓝天不是实现不了,关键看有没有决心,完全是可防可治可控。俗语说,三分命注定,七分靠打拼。抓环保就是要靠打拼,不管有风没有风,咬定青山不放松。有了这样的坚定信念和坚强决心,环境保护就能走出一片新天地。我们要从这次保障工作中总结经验,巩固成果,通过坚持不懈地打拼,让北京乃至全国都能够蓝天常在。

此次APEC会议空气质量保障任务顺利完成,离不开党中央、国务院的正确领导,离不开相关地方政府的大力支持和督查工作组的不懈努力。北京市、天津市、河北省、山西省、内蒙古自治区和山东省均提前部署印发《保障方案》,相关地市政府成立政府领导牵头的保障工作领导机构,明确各相关部门的分工,要求各县(区、市)政府成立相应的领导小组,加强监督检查,确保各项保障措施落实到位。河南省虽未列入APEC保障成员单位,但在发现问题后,立即整改、积极响应,采取有力措施,安排黄河以北6个城市采取统一部署,开展保障工作。相关地方各级政府累计投入43.4万人(其中环保部门8.6万人),检查工业企业6.1万家,检查施工场地、加油站点、道路扬尘、秸秆焚烧等点位12.3万处,日限行车辆1173万辆。不少地市党委、政府负责人亲自带队深入一线进行督查、调研。山西省环保厅副厅长刘军同志,在夜查时受伤,伤后仍然坚持督查;大同市环保局新荣分局赵建军等四名执法人员夜间排查企业时由于天黑路滑致车辆侧翻,赵建军同志伤势较重,仍在医院接受治疗。我们衷心希望这些同志早日康复,重返工作岗位。

特别是为应对11月8日至10日的不利气象条件,切实保障空气质量,各地自加压力,在《保障方案》要求的基础上,扩大停产、限产和停工范围。7省(区、市)《保障方案》累计要求停产企业2557家,实际停产企业9298家,是方案要求的3.6倍;要求限产企业1817家,实际限产企业3900家,是方案要求的2.1倍;要求停工工地5283处,实际停工工地4万余处,是方案要求的7.6倍。环境保护部由环监局、应急中心、华北、华东督查中心联合地方环保部门,组成17个督查组在地方连续驻守11天,对相关地市空气质量保障情况开展督查。各督查组在驻守期间不分昼夜,不辞辛苦,多次组织夜查和突击检查,督促地方严格落实保障措施,强化污染

减排效果,共检查工业企业1286家,施工场地250处,检查其他点位360余处。监测司、中国环境监测总站和卫星环境应用中心,全力以赴,为会议期间空气质量预测预警做了大量工作,提供了可靠技术和数据支撑。

在此,我代表环境保护部对北京、天津、河北、山西、内蒙古、山东及河南7省(区、市)对APEC空气质量保障工作给予的大力支持表示衷心感谢!对为保障工作昼夜奔波、辛勤工作的同志们表示诚挚慰问!我部将对在此次空气质量保障工作中表现突出的单位和个人予以通报表扬。希望受表扬的单位和个人,再接再厉、奋发有为,为实实在在地让"AEPC蓝"留下来,最终变为常态的中国蓝作出新的更大贡献。

(二)实施好新修订的《环境保护法》。新修订的《环境保护法》将自2015年1月1日起施行

作为环境领域的基础性、综合性法律,新修订的《环境保护法》规定了生态环境保护的基本原则、基本制度,并在完善监管制度、健全政府责任、提高违法成本、推动公众参与等方面实现了诸多突破,为进一步保护和改善环境、推进生态文明建设提供了强大武器。社会各界给予积极评价,人民日报文章说新修订的《环境保护法》是中国环境立法史上的重要里程碑,新华社说这是史上最严《环境保护法》,中国网说这是全世界最好的《环境保护法》之一。

法律的生命力在于实施,法律的权威也在于实施。再过一个多月,新修订的《环境保护法》将正式实施。这既是进一步推进环保工作的重大机遇,也是对环境部门落实依法治国基本方略、加强依法治理的重大考验。新法在赋予环保部门查封扣押、按日计罚、限产停产等刚性执法手段的同时,也对各级政府和有关部门失职渎职行为做出严厉问责规定。对此有些同志出现畏难心理,认为新法加大了对部门的问责力度,将对地方环保部门带来比较大的震动。我要强调的是,任何消极、畏难的情绪都是要不得的,也无助于法律的有效实施。全国环保系统务必认清形势,乘势而作,主动而为,精心做好新修订的《环境保护法》贯彻实施的各项准备工作,确保新法落实到位。

一要抓紧制定配套规定。7月16日,部办公厅印发落实新修订的《环境保护法》任务分工及进度安排,提出54项工作内容和责任部门,并明确了责任人和完成时限。目前执法中急需的按日计罚、查封扣押、治安拘留案件移送、限产停产等适用规则,以及企业环境信息公开等多个文件的草案,已向社会公开征求意见,被社会各界称为"最严环保法规组合拳"。有关司局要切实负起责任,按照通知要求,加大工作力度,按时保质完成各项相关执法解释、指导意见及配套文件制定工作,为新法实施奠定坚实基础。同时,加快推进大气污染防治、土壤环境保护、核安全等方面法律法规制修订工作,建立有力保护生态环境的法律法规体系。地方也要抓紧制定与新修订的《环境保护法》配套的法规规章。

二要继续加大宣传力度。我部拟配合全国人大有关委员会,在12月召开一次高规格的部门座谈会,为新修订的《环境保护法》即将施行宣传造势。要广泛动员新闻媒体,尤其要发挥新媒体和省、市地方媒体的作用,集中进行一次大规模的社会宣传活动,掀起新一轮宣传高潮。

三要深入开展培训贯彻。加强对地方党政负责人和其他相关部门负责人的培训,提升相关人员的环保意识、法治意识,全面落实政府环境责任。加强对企事业单位及其负责人的培训,做好摸底排查、督促指导工作,落实企事业单位的主体责任,使企事业单位认清新法形势,适应新法要求,提高守法自觉性。

(三)全面实施《水污染防治行动计划》(以下简称《水十条》)

近日,我部已将《水十条》报送国务院,正待国务院常务会议审议。《水十条》编制历时一年半,30易其稿,先后两次征求地方意见,六次征求部门意见,并向国务院领导同志作了多次汇报。

《水十条》编制过程中认真贯彻落实十八届三中、四中全会精神,通篇体现了改革创新和法治思维,力求通过实行最严格的源头保护制度、损害赔偿制度、责任追究制度,完善环境治理和生态修复制度,建立系统完整的水生态文明制度体系,用制度保护生态环境。新理念、新思路、新举措主要表现在以下六个方面:一是建立和完善严格监管所有污染物排放的环境保护管理制度,独立进行环境监管和行政执法;二是建立陆海统筹的生态系统保护修复和污染防治区域联动机制;三是及时公布环境信息,加强社会监督;四是完善污染物排放许可制,实行企事业单位污染物排放总量控制制度;五是对造成生态环境损害的责任者严格实行赔偿制度,依法追究刑事责任;六是发挥市场机制作用,建立激励机制。这些内容都在落实三中全会《决定》的基础上作了进一步拓展和深化。

《水十条》是继《大气十条》之后,国务院在环境保护领域制定的又一份具有历史意义的文件,是当前和今后一个时期指导我国水环境保护工作的纲领性文件。要认真做好《水十条》实施的各项准备工作,明确责任分工、细化配套措施、突出重点整治、严格考核问责。要像抓大气污染防治一样狠抓水污染防治,推动水环境保护工作迈上新台阶。

(四)认真做好年终工作总结

2015年全国环境保护工作会议拟于明年1月份在京召开,这是一次改革创新的会议,要突出改革主题、总结改革成果、部署改革任务,核心要研究通过改

革落实《大气十条》、《水十条》和《土十条》，其中《土十条》要印发会议讨论征求意见。会议的主要内容是贯彻落实党的十八届三中、四中全会和习近平总书记系列重要讲话精神，深入总结近年来工作实践，主动适应环保新常态，积极探索环境保护新路，着力构建生态文明建设和环境保护的四梁八柱，以大气、水、土壤污染防治为重点打好2015年各项任务攻坚战，全面完成“十二五”规划目标，统筹谋划“十三五”规划思路，确保交上不断改善环境质量的新答卷。

各地方各单位要对照年初全国环境保护工作会议部署的重点任务，全面梳理总结各项工作情况，突出大气、水、土壤污染防治工作新成效，突出生态环境保护领域改革重点任务新进展，突出主要污染物减排、新《环境保护法》出台等亮点。对进展顺利的，要认真总结经验做法；对进展缓慢的，要分析存在的突出困难或问题，提出解决问题的思路和办法。统筹谋划好明年工作重点和思路，确保“十二五”规划目标任务圆满完成。深入研究“十三五”环保规划重点问题，谋划好重大项目、工程和政策，尽快提出规划编制基本思路，加快推进规划编制工作。

（五）开展环境保护专题调研

我部将于11月17~21日派出12个工作组，分赴12个省（区、市）进行环境保护专题调研，主要调研三项内容：一是“两办”《通报》的落实情况；二是新修订的《环境保护法》实施准备工作情况；三是对年末岁初环境保护工作会议要解决的问题及相关建议，包括怎样留住APEC蓝。

工作组分别由规财司、政法司、总量司、环评司、监测司、污防司等部机关6个司以及6个环境保护督查中心主要负责同志带队。调研结束后，我将主持听取12个工作组的情况汇报，同时召开部分环保厅局长座谈会。

各地要积极配合此次调研，以此为契机深入贯彻落实“两办”《通报》精神。要实事求是地反映新修订的《环境保护法》实施准备中出现的新情况新问题，为国家制定出台相关配套规范标准提供依据和借鉴。要深入思考在环保新常态下，进一步推进环保工作需要哪些新思路新办法新方式，为开创环保工作新局面建良言、献良策。

三、坚决完成今年政府工作报告中确定的环保重点任务

全面贯彻落实《大气十条》，抓好大气污染防治，是今年环保工作的重中之重。与去年同期相比，今年1~9月，京津冀、长三角、珠三角三大重点区域考核$PM_{2.5}$的11个省份中，10个省份$PM_{2.5}$浓度下降，1个省不降反升。考核$PM_{2.5}$的22个省份中，也有不少省份$PM_{2.5}$浓度不降反升。凡是考核指标浓度不降反升的省份必须拿出超常规的措施，在剩下的1个多月时间里，打好大气污染防治攻坚战。

这里，我再强调一下《政府工作报告》中环保重点任务的推进落实问题。淘汰燃煤小锅炉5万台，推进燃煤电厂脱硫改造1500万千瓦、脱硝改造1.3亿千瓦、除尘改造1.8亿千瓦，淘汰黄标车和老旧车600万辆，二氧化硫、化学需氧量排放量都要减少2%，这7项量化指标任务是克强总理在今年《政府工作报告》中作出的庄严承诺，事关政府公信力，必须不折不扣地坚决完成。今年上半年，全国二氧化硫、化学需氧量排放量同比分别下降1.87%、2.26%。截至2014年10月底，全国共淘汰燃煤小锅炉4.19万台，燃煤电厂脱硫改造5280万千瓦、脱硝改造1.7亿千瓦、除尘改造1.6亿千瓦，淘汰黄标车和老旧车481.6万辆，分别完成全年任务量的83.7%、352%、131%、87.8%和80.3%，燃煤电厂脱硫改造、脱硝改造任务已经提前完成，燃煤小锅炉淘汰、燃煤电厂除尘改造，特别是黄标车和老旧车淘汰工作仍存在较大压力。1~10月份，内蒙古、宁夏、河南、湖北、广西、西藏等6省（区）黄标车和老旧车淘汰进展严重滞后，完成全年淘汰任务不足60%。我部拟给有关地方发督办函。各地区要结合国务院对稳增长调结构促改革惠民生政策措施落实情况的督查要求，发扬钉钉子精神，拿出踏石留印、抓铁有痕的劲头，对照工作目标和时限要求，进一步加大力度，确保各项重点任务圆满完成。

同志们，一分部署，九分落实。让我们认真贯彻落实党中央、国务院的决策部署，以更加扎实的作风和更加有效的措施，推动环保工作再上新台阶，为大力推进生态文明、建设美丽中国作出新的贡献。

强化责任意识　狠抓任务落实
深入推进环保系统党风廉政建设
和反腐败工作

——环境保护部部长周生贤在2014年全国环保系统党风廉政建设工作视频会议上的讲话

（2014年2月13日）

同志们：

今天会议的主要任务是，深入学习贯彻党的十八大、十八届三中全会、十八届中央纪委三次全会和国务院第二次廉政工作会议精神，分析环保系统党风廉政建设和反腐败工作形势，总结2013年工作，部署2014年任务。下面，我讲三点意见。

一、深入学习领会习近平总书记重要讲话精神，坚定不移推进党风廉政建设和反腐败工作

党的十八大以来，以习近平同志为总书记的党中央始终强调党要管党、从严治党，旗帜鲜明反对腐败，提出一系列新理念新思路新举措，从中央政治局以身作则践行“八项规定”，到开展教育实践活动剑指“四风”；从“老虎”、“苍蝇”一起打，到“把权力关进制度笼子”，党中央以坚决的态度和科学的方法，强化党的纪律特别是政治纪律约束、强化执纪监督、强化查办腐败案件，攥紧拳头打出去，让全党全国全社会切实感受到作风在抓、腐败在查、风气在变，树立了党的权威，赢得了群众信任，做到了言必信、行必果。

1月13日，习近平总书记在十八届中央纪委三次全会上发表重要讲话，站在党和国家全局高度，全面分析党风廉政建设和反腐败斗争面临的新形势，深刻阐述事关党的建设的重大理论和现实问题，明确提出当前和今后一个时期反腐倡廉建设的总体思路和主要任务，是把党风廉政建设和反腐败斗争坚决进行到底的宣言书和动员令，对于确保党始终成为中国特色社会主义事业坚强领导核心，具有重大而深远的意义。根据我的理解，学习总书记重要讲话要深刻领会和把握以下六个方面：

一是反腐决心更大。这是党中央加强反腐倡廉建设的总基调。习近平总书记告诫“全党同志要深刻认识反腐败斗争的长期性、复杂性、艰巨性，以猛药去疴、重典治乱的决心，以刮骨疗毒、壮士断腕的勇气，坚决把党风廉政建设和反腐败斗争进行到底”，“坚持以零容忍态度惩治腐败”，“对腐败分子，发现一个就要坚决查处一个”，“即使逃到天涯海角，也要把他们追回来绳之以法”。这些掷地有声的誓言，既彰显了我们党反对腐败的坚强决心，又道出了全党同志和广大群众的共同愿望，更明确了必须继续保持反腐败高压态势的指导方针。

二是治吏措施更严。这是党中央加强反腐倡廉建设的施力方向。“治国先治吏”。习近平总书记指出，“有人说现在‘为官不易’，群众说期盼再接再厉，我说要乘胜前进”，“作风问题都与公私问题有联系，都与公款、公权有关系。公款姓公，一分一厘都不能乱花；公权为民，一丝一毫都不能私用”，强调“莫伸手，伸手必被捉”。这些动之以情、晓之以理的话语，既给大家打了“预防针”，也给纪律拉上“带电的高压线”，告诫党员干部必须心存敬畏，一时侥幸必然付出沉重代价，体现了党中央对党员干部特别是领导干部的政治要求和期望。

三是笼子扎得更牢。这是党中央加强反腐倡廉建设的根本措施。习近平总书记始终要求“把权力关进制度的笼子”，在十八届中央纪委三次全会上进一步强调，“各项改革举措要体现惩治和预防腐败要求，同防范腐败同步考虑，同步部署、同步实施，堵塞一切可能出现的腐败漏洞，保障改革健康顺利推进”。这一重要思想，意味着党中央对反腐倡廉建设在加大治标力度的同时，重视发挥治本功能，真正与各项工作和事业结合起来、同步开展，让权力在阳光下运行，确保制度不是“纸老虎”和“稻草人”。

四是作风要求更细。这是党中央加强反腐倡廉建设的有效途径。十八大以来党中央狠抓作风建设的成效有目共睹。习近平总书记进一步指出，“在作风问题上，大问题要抓，小问题也要抓，小洞不补、大洞吃苦”，“抓住每一个时间节点，严肃查处和曝光各种违规行为”，“抓作风问题就要积小胜为大胜，不以恶小而为之、不以善小而不为，通过抓党风政风带社风民风，努力营造廉洁从政的政治生态”。这些重要指示，体现了党中央把加强党的作风建设作为反腐败的治本之策，踏石留印、抓铁有痕，坚持不折不扣、持续发力，狠抓作风建设的恒心和毅力。

五是纪律约束更紧。这是党中央加强反腐倡廉建设的重要抓手。习近平总书记在十八届中央纪委二次全会强调政治纪律的基础上，这次重要讲话对严明组织纪律再次强调，“党要管党、从严治党，靠什么管，凭什么治？就要靠严明纪律”，“干部出问题，都是因为纪律的突破”，“遵守党的纪律是无条件的，要说到做到，有纪必执，有违必查”，“组织纪律松弛已经成为党的一大忧患”，“新形势下加强全党的组织纪律性，是需要我们认真思考和回答的重大课题”。这些重要指示，要求广大党员相信组织、依靠组织、服从组织，自觉接受组织安排和纪律约束，维护党的团结统一，同时也指明了加强组织纪律性是保证全党凝心聚力、开创各项事业新局面的关键环节。

六是责任划分更明。这是党中央加强反腐倡廉建设的重大改革。习近平总书记强调，“推动党的纪律检查工作双重领导体制具体化、程序化、制度化，强化上级纪委对下级纪委的领导；明确规定查办腐败案件以上级纪委领导为主，各级纪委书记、副书记的提名和考察以上级纪委会同组织部门为主”，“增强权力制约和监督效果，必须保证各级纪委监督权的相对独立性和权威性”。王岐山同志在工作报告中进一步明确，各级党委（党组）要切实担负党风廉政建设主体责任，各级纪委（纪检组）要承担监督责任。这些重要论述阐明了党中央对反腐败体制机制创新的重大举措，彰显了党中央以改革精神推进反腐倡廉建设的战略思考和政治智慧。

全国环保系统要把深入学习贯彻习近平总书记在十八届中央纪委三次全会上讲话精神作为一项重要的政治任务来抓，与学习贯彻习近平总书记关于生态环境保护系列重要讲话精神结合起来，在生态环境保护领域改革中体现反腐倡廉建设的要求，在党风廉政建设中注入生态环境保护的内涵，切实提高环保系统党风廉政建设和反腐败工作水平。

二、全面清醒认识环保系统反腐倡廉建设新形势

近年来，各级环保部门高度重视、不断加强反腐倡廉建设，尤其在2013年，深入学习习近平总书记系列重要讲话精神，紧密结合实际，求真务实、改革创新，从严治部、从我做起，党风廉政建设和反腐败工作取得了阶段性成果。

一是中央八项规定精神得到认真落实。部党组广泛征求全国环保系统意见，出台环境保护部贯彻落实中央八项规定的实施办法，各级环保部门层层制定细化措施，坚决遵守国务院“约法三章”，严格执行住房、办公用房、车辆配备等方面规定；严格控制差旅、会议等一般性支出；大力压缩因公出国（境）团组数量规模和会议活动；严格规范公务接待，不赠受礼品和宴请；下基层轻车简从，不搞地界迎送，不去名胜古迹、风景区参观。去年，全国环保厅局长会议在部机关召开，与会人员在机关食堂用餐。部机关一些部门取消全国性会议或改为视频会议；清理庆典、研讨会、论坛20余个；发文指标、会议计划、活动计划、因公出国（境）人次，同比减少34%、34%、54%和18.9%；公车配备减为25辆，减少45.7%；开展会员卡专项清退活动，部机关和部属单位全体党员干部做出“零持有”报告。陕西省环保厅就执行八项规定情况，约谈机关处长、直属单位主要负责人，并对副处级以上党员干部进行集体谈话；江西省环保厅开展收送“红包”问题专项治理；重庆市环保局出台严肃会风会纪的规定，加强对各类会议的督查，深化了八项规定精神的落实。

二是首批教育实践活动收到显著成效。按照中央统一部署，国家和省两级环保部门认真开展党的群众路线教育实践活动。部党组以身作则、以上带下，深入查找班子“四风”方面的17个突出问题，提出8个方面37条整改措施，召开高质量民主生活会，得到中央督导组充分肯定。部党组班子民主评议总体评价“好”的比例，比教育实践活动开始时提高19.36个百分点。部直属机关集中组织“群众路线·反对四风·环保工作”大调查、“坚持群众路线·转变管理方式·推进环保转型”大讨论，深入开展“文山会海、检查评比过多”专项整治、贯彻落实《大气十条》专项督查，深化了对马克思主义群众观点和党的群众路线的思想认识，破除了一批影响和制约环保工作的作风桎梏。天津市环保局开展突出环境问题专项治理，受到市委市政府领导充分肯定。广西壮族自治区环境保护厅教育实践活动走在前列，经验做法在全区推广。广东省环保厅下大力整治庸懒散奢等不良风气，切实改进工作作风。

三是环境执法不正之风整治力度不断加大。深入开展环保专项行动、华北地区地下水污染专项检查。同时，强化“正风肃纪”，对江西、河南、湖北、湖南、海南、陕西、青海、宁夏、新疆及新疆生产建设兵团开展环境监察专项执法检查，累计抽查污染源现场监察记录6327份，发现问题5531个，纠正4290个；抽查行政处罚调查取证案卷2708份，发现问题2661个，纠正1522个；抽查排污费核定征收档案5032件，发现问题1672个，纠正1340个，纠正了一批环境监察不规范和不正之风问题，推动了地方政府严格落实生态环境保护政策措施。

四是惩防体系建设得到持续加强。加强反腐倡廉教育，部机关组织编写《环保系统党员干部警示录》，开展“一把手抓廉政”访谈活动，组织“学党章、守纪律、作表率”党风廉政教育月，征集出版廉政漫画、格言、短信集。河北省环保厅把反腐倡廉教育作为基础性工作，创新方式载体，增强教育实效。福建省环保厅注重举一反三，深入开展违纪违法案件警示教育和整改活动。加强廉政制度建设，部机关进一步完善廉政谈话、厉行节约、信息公开等制度，下放25项环评审批权限。河南省环保厅出台《规范行政审批工作暂行规定》，并配套制定实施细则。浙江省环保厅制定《内部政府采购工作管理规定》，规范物资设备采购行为。加强权力监督，部机关重点抽查各司局和部属单位梳理权力事项、查找廉政风险点、制定并落实防控措施情况，江苏省环保厅在全省系统建立“群管群评、群防群控”和“千家评机关、万人评企业”预防监督机制；安徽省环保厅对全省97个重点流域水污染防治专项资金项目开展廉政监察，增强了监督的针对性和有效性。

在看到成绩的同时，我们也要看到，近年来，环保系统一些领域消极腐败现象易发多发，个别案件涉案金额巨大，社会影响恶劣。我们必须认清形势，增强推进环保系统反腐倡廉建设的紧迫感和责任感。

一是环境执法监管还不适应环境保护形势的发展，环保部门失职渎职风险越来越高。党中央、国务院高度重视环保工作，习近平总书记强调，要加强生态文明制度建设，建立责任追究制度，并明确指出对不顾生态环境盲目决策、造成严重后果的，必须追究责任，而且应该终身追究。然而，一些地方仍然以国内生产总值论英雄，干扰环境监管，同时环保职能交叉，环保领域多头执法问题突出。这些问题影响和制约环保部门履职尽责。前不久，高法和高检联合出台《关于办理

环境污染刑事案件适用法律若干问题的解释》,通报了4起环境污染典型案例,监察部通报了10起破坏生态环境责任追究典型案例。2012年,全国纪检监察机关查处环保系统违纪违法行为中,失职渎职比例最高,占41.9%。2013年环境监察专项执法检查中发现,环境执法干部依法监督意识虽有所增强,但监管不到位现象依然存在。有的该查不查,履职不到位;有的查而不细,检查验收流于形式;有的查而不处,发现问题不督促整改;有的甚至收受贿赂,放纵企业违法排污,致使人民群众生命财产遭受损失。

二是环保队伍素质还不适应环保肩负任务的需要,环保部门违纪违法案件易发多发。随着经济社会不断发展,环保部门任务越来越重,人民群众关注度越来越高,权力运行的廉政风险越来越大。然而,环保队伍素质还不能完全适应形势发展变化,个别人由于品德、人格、操守,以及文化修养、法纪修养、党性修养的缺失,容易陷入腐败的沼泽。环保违纪违法案件高发部位从传统的“环保大项权力”向新的工作领域蔓延,主要集中在环境执法、固废管理、行政审批、排污许可、排污费征收、环境监测、专项资金申报审批等环节。近年来,全国纪检监察机关处分环保系统人数总体呈增长趋势,2012年处分人数较2008年增长30.2%,2013年处分1036人,同比增长60.4%。环保系统领导岗位和重要中层岗位违纪违法问题较为突出。2012年至2013年上半年,共处分省市县三级环保厅(局)班子成员266人,占处分总数27.2%,其中一把手147人;处分市县两级环保局及其直属单位中层干部405人,占41.5%,其中环境监察中层干部176人;个别市县两级环保局领导班子成员多数涉案,还有的市环保局前后两任局长均被查处,且涉案金额巨大。我们要从严要求,多从自身找原因,采取切实可行措施,避免类似问题发生。

三是个别干部作风还不适应中央作风建设的要求,环保部门顶风违纪问题仍有出现。总体而言,全国环保系统作风过硬,尤其通过教育实践活动,聚焦“四风”、深刻剖析、狠抓整改,作风建设得到极大加强。但是,作风问题具有顽固性和反复性,不可能毕其功于一役。基层和群众对环保部门还有不满意的地方,有的意见还很尖锐。有的下基层检查盛气凌人、口大气粗,听不进不同意见;有的作风疲沓、工作消极,对存在的突出环境问题熟视无睹;个别出访团组境外停留超过批准的期限。去年,中央纪委两次通报违反中央八项规定的典型问题,都涉及环保系统干部违规接受宴请、收受礼金或公款购买高档酒,虽然是个别现象,但必须高度重视,引以为戒,警钟长鸣。

三、2014年主要工作任务

今年,是全党全国推进全面深化改革的开局年,加强党风廉政建设和反腐败工作至关重要。全国环保系统要深入贯彻党的十八大,十八届二中、三中全会,十八届中央纪委三次全会和国务院第二次廉政工作会议精神,以习近平总书记系列讲话精神为指导,坚持标本兼治、综合治理、惩防并举、注重预防,努力做到聚焦中心任务,服务生态环境保护领域改革;严明党的纪律,确保党员干部思想和行动与党中央保持高度统一;深化正风肃纪,维护人民群众环境权益;持续反对“四风”,建立健全作风建设长效机制;履行主体责任,推进党风廉政建设和反腐败工作再上新台阶。

(一)加强组织纪律约束,确保中央决策部署贯彻落实到位

党的十八届三中全会对全面深化改革作出战略部署,要求我们破除环境保护管理体制弊端,加大生态环保职能和相关资源的整合力度,建立职能有机统一、运行协调高效的环境管理体制。改革是一个破旧立新的过程,不注意配套衔接和时序步骤,可能会产生体制机制的缝隙和漏洞,为权力寻租和腐败行为提供可乘之机。为此,反腐倡廉建设必须为生态环保领域改革提供纪律保障。要全面加强党的纪律建设,特别强调严明政治纪律,确保在思想上政治上行动上同党中央保持高度一致。突出强调严明组织纪律,切实强化党性党风党纪教育,引导党员干部想问题、搞研究、作决策、办事情都必须始终心系党、心系人民、心系国家,认真落实民主集中制、请示报告、党内组织生活等制度,做到个人服从组织、少数服从多数、下级服从上级,坚决防止个人凌驾于组织之上。对落实党中央、国务院重大决策部署措施不力、执行不到位的要严肃问责,对违反民主集中制和请示报告等制度,以及长期不参加党组织活动、不履行党员义务的,必须及时批评教育,情节严重的要给予组织处理或纪律处分。

(二)严查行业不正之风,确保群众环境权益得到有力维护

继续开展环境监察专项执法检查,重点整治环境监察执法不作为、慢作为、乱作为等问题;开展固废领域审批管理情况专项检查,下大力解决突出问题;开展环境监测工作质量专项检查,纠正监测数据弄虚作假、违规干扰监测数据等问题;开展重大环保科研专项课题、重大环保工程等项目资金分配使用情况的监督检查,整治“跑部钱进”、骗取资金、资金浪费等问题;巩固环评审批工作专项执法检查、工程建设领域突出环保问题专项治理成果,推动环保系统环评机构脱钩改制,纠正指定环评机构等问题,对检查发现的违纪违法问题,一查到底、严肃处理,绝不姑息。同时,强化大气、水、土壤等污染防治,深入开展《大气十条》贯彻落实情况专项督查,继续开展整治违法排污企业保障群众健康环保专项行动,加强生态和农村环境监察,积极支

持配合地方纪检监察机关约谈污染企业及地方政府负责人，努力创造天蓝、地绿、水净的良好生产生活环境。

（三）巩固教育实践成果，确保环保行风政风建设持续推进

党的群众路线教育实践活动取得的成果，是环保系统的宝贵财富。全国环保系统要认真贯彻落实习近平总书记在教育实践活动第一批总结暨第二批部署会议上的重要讲话精神，自觉把群众路线作为政治素养来秉持、把八项规定作为廉政底线来坚守、把反对“四风”作为行为规范来约束、把服务群众作为职业操守来践行，巩固扩大活动成果，彻底革除沉疴痼疾。要继续严格执行中央八项规定和国务院“约法三章”，坚持定期监督检查落实八项规定的情况，认真落实中央《党政机关厉行节约反对浪费条例》、《党政机关国内公务接待管理规定》。重点抓好健全调查研究机制，“三公”经费、会议费等预算管理和“小金库”专项治理；解决领导干部多占住房和办公用房、“车轮上的铺张”问题；加强培训中心等会议场所的管理；严肃查处党员领导干部到私人会所活动、变相公款旅游等问题。同时，要按照教育实践活动整改方案明确的整改事项、责任分工和完成时限，一项一项整治、一个一个攻坚、一件一件落实，扎实推进制度建设，努力形成作风建设长效机制，树立廉洁奉公、纪律严明、务实高效的环保队伍形象。

（四）加大监督管理力度，确保党员干部自觉做到清正廉洁

各级环保部门要深入贯彻落实中央纪委、监察部《关于加强廉政风险防控的指导意见》，进一步深化风险防控工作，充分发挥法律监督、民主监督、舆论监督和群众监督作用，加强行政监察和审计监督，着力改进对领导干部尤其是一把手行使权力的监督。认真落实行政公务人员在企事业单位兼职任职的规定和领导干部报告个人有关事项制度，有针对性开展个人事项报告情况抽查核实工作。整治环保公职人员通过参加环保业务评审、验收等工作，违规收取评审费、咨询费、专家费，变相收受礼金的问题。严格执行领导干部工作生活保障制度。坚决禁止领导干部利用婚丧喜庆、乔迁履新、就医出国等名义，收受下属以及有利害关系单位和个人的礼金行为。修订《环境保护部党组巡视工作暂行办法》，对部属单位开展第二轮巡视，将着力发现问题作为巡视工作的重要任务，及时发现苗头，加强督促整改，将问题解决在萌芽状态。

（五）推进惩防体系建设，确保权力在阳光下透明规范运行

前不久，中央印发《建立健全惩治和预防腐败体系2013~2017年工作规划》。部党组贯彻落实的实施办法即将出台。各级环保部门要结合实际，认真制定相关配套制度，继续深化教育、刚化制度、强化监督、细化管理，着力加强以“四常四戒四珍惜”为主题的经常性的反腐倡廉教育，加强廉政文化建设，弘扬中国环保精神，筑牢拒腐防变的思想防线；深化简政放权，坚持“放”、“管”结合，进一步取消、下放审批事项，简化规范审批流程，全面清理取消非行政许可审批事项，公布审批事项目录清单，按照“法无授权不可为”的原则，清单之外一律不得实施行政审批；完善行政审批电子监察系统，将所有行政审批事项纳入电子网络平台，置于阳光之下，杜绝人为干预和暗箱操作；完善权力运行预警处置机制、动态管理机制和监督检查机制，进一步增强预防腐败措施的针对性和可操作性；完善干部交流轮岗制度，对重要部门和岗位的领导干部实行定期交流轮岗；进一步推进预算决算和“三公”经费公开，与群众利益密切相关的事项都要明明白白、清清楚楚公开公示，加强党内监督、党外监督、社会监督和舆论监督，使权力运行始终处于监督之中；严肃查办贪污贿赂、买官卖官、权钱交易、腐化堕落、失职渎职等案件，努力形成“不想腐”、“不能腐”、“不敢腐”的良好氛围。

（六）强化主体责任意识，确保反腐倡廉建设任务落到实处

党的十八届三中全会对健全反腐败领导体制和工作机制作出重大部署。十八届中央纪委三次全会再次强调，各级党委（党组）担负党风廉政建设主体责任，各级纪委（纪检组）承担监督责任。各级环保部门党组（党委）特别是主要领导，必须牢固树立不抓党风廉政建设就是严重失职的意识，主要领导是第一责任人，要做到党风廉政建设重要工作亲自部署，重大问题亲自过问，重点任务亲自督办；领导班子成员根据工作分工对职责范围内的党风廉政建设负领导责任，要认真落实“一岗双责”，既抓好工作，又带好队伍。要选好配强基层党组织和纪检组织专职负责人，大力推进党的纪律检查工作双重领导体制具体化、程序化、制度化，建立健全各级党组织定期向上级纪委报告党风廉政建设责任制落实情况，以及定期述职、述廉、约谈汇报等制度。制定切实可行的责任追究办法，健全责任分解、检查监督、倒查追究的完整链条，加大问责力度，有错必究，有责必问。对发生重大腐败案件和不正之风长期滋生蔓延的单位，实行“一案双查”，既追究当事人责任，又追究相关领导责任，真正形成一把手负总责、分管领导具体负责、各部门各负其责、纪检监察组织协调、依靠群众广泛支持和参与的反腐倡廉领导体制和工作机制。

同志们，在全面推进生态环境保护领域改革的新的历史起点上，让我们紧密团结在以习近平同志为总书记的党中央周围，坚定信心、锐意改革，勇于担当、真抓实干，不断加强党风廉政建设和反腐败工作，为积极探索环境保护新路、大力推进生态文明、建设美丽中国作出新的更大的贡献！

环境保护部副部长李干杰在中国生态文明论坛成都年会土壤修复国际论坛上的讲话

（2014 年 11 月 1 日）

同志们：

下午好！

非常高兴参加今天的土壤修复国际论坛。这次中国生态文明论坛成都年会把土壤修复作为一个专题，专门组织分论坛，充分说明政府部门、企业、研究机构等各个方面对土壤修复以及整个土壤污染防治工作的高度关注和重视。刚才听了 9 位专家代表的发言和 4 位专家代表的点评，我感觉大家讲得都非常好。大家的发言对《土壤污染防治行动计划》（简称“土十条”）编制和《土壤污染防治法》起草，一定会产生很好的推动作用。我代表环境保护部对大家的积极参与，以及长期以来对土壤污染防治工作的关心、帮助表示感谢。借此机会，我讲四点意见：

一、我国土壤污染防治工作取得积极进展

“万物土中生，食以土为本。”土壤是构成生态系统的重要环境要素，是人类赖以生存的物质基础，也是经济社会发展不可或缺的重要资源。土壤环境安全，直接关系“菜篮子”、“米袋子”安全，直接关系人民群众的身体健康。按照党中央、国务院决策部署，近年来，环境保护部积极探索土壤污染防治工作，取得了一些进展。

一是组织开展土壤污染状况调查。根据国务院决定，2005 年 4 月至 2013 年 12 月，环境保护部会同国土资源部开展了首次全国土壤污染状况调查，基本掌握了全国土壤环境总体状况。经国务院同意，2014 年 4 月 17 日，环境保护部联合国土资源部发布了《全国土壤污染状况调查公报》。

二是开展土壤污染防治法规起草工作。根据全国人大环资委的要求，环境保护部牵头成立了由发展改革委、国土资源部、工业和信息化部、农业部、住房城乡建设部、科技部、卫生计生委等部门参加的土壤污染防治法规起草工作领导小组、工作组和相应的专家组，先后召开 2 次领导小组会议、14 次专家组会议、4 次专家讨论会和 1 次“两会”代表委员座谈会，在总结梳理前期相关工作、开展国内外同类立法研究和专题调研的基础上，起草形成《土壤污染防治法》（草案征求意见稿），征求了中央和国务院有关部门以及各省级人民政府的意见。目前，正加紧修改法律草案，完善论证材料，力争年底前报全国人大环资委。为推进土壤立法工作，全国人大常委会把土壤污染防治专题调研作为今年一项重要监督工作。今年下半年，全国人大常委会副委员长陈昌智、沈跃跃分别带队赴山东、辽宁和湖南、河南等地开展实地调研，了解各地在土壤环境保护工作方面的情况，听取地方对健全和完善土壤环境保护法制建设的意见和建议。

三是编制“土十条”。根据国务院部署，环境保护部从 2013 年下半年启动“土十条”编制工作，历经 30 多稿修改完善，两次征求中央和国务院有关部门以及各省级人民政府意见，已形成“土十条”（送审稿）。今年 3 月，“土十条”通过我部常务会议审议。5 月，向国务院办公厅有关领导进行了汇报。根据国务院办公厅和各方意见，我们将继续修改完善，争取年底前报国务院。

四是完善土壤环境保护标准。2014 年 2 月环境保护部发布了《场地环境调查技术导则》、《场地环境监测技术导则》、《污染场地风险评估技术导则》、《污染场地土壤修复技术导则》和《污染场地术语》等 5 项污染场地系列环保标准，弥补了现行《土壤环境质量标准》和《地下水质量标准》适用范围小、项目指标少等不足。另外，针对土壤环境监测，发布了 17 项监测方法标准。

五是积极开展污染土壤治理修复工作。2010 年以来，在财政部的支持下，共安排中央财政资金 16.48 亿元用于土壤污染治理。其中，中央重金属污染防治专项安排 6.8 亿元，支持土壤污染治理修复项目 41 个；中央环保专项资金安排 9.68 亿元，支持某大型污染场地修复项目。北京、上海、重庆、辽宁、江苏、广东、湖南、湖北等地积极探索开展土壤修复工作。

六是加强土壤环境监测监管工作。从 2011 年开始，针对企业用地周边、农田、蔬菜基地、饮用水水源地等，环境保护部组织开展了土壤环境质量监测试点工作。2012 年，环境保护部会同工业和信息化部、国土资源部、住房城乡建设部印发了《关于保障工业企业场地再开发利用环境安全的通知》。2012 年，环境保护部印发《关于全国生态和农村环境监察工作的指导意见》，要求各地积极探索开展土壤环境监管和执法工作。

二、我国土壤污染防治仍面临严峻形势

长期以来，我国土壤污染防治没有得到应有重视，历史欠账较多，多年积累的土壤环境问题逐步显现。全国土壤污染状况调查结果表明，我国土壤环境状况总体不容乐观，总的土壤点位超标率 16.1%。部分地区土壤污染较重，南方土壤污染重于北方，长江三角洲、珠江三角洲、东北老工业基地等部分区域土壤污染问题较为突出，西南、中南地区土壤重金属超标范围较

大。耕地土壤环境质量堪忧，点位超标率达到19.4%，其中重度为1.10h，中度为1.8%。相对大气、水环境质量而言，好像土壤污染不太严重，甚至有些同志认为相当理想，但以下3个方面决定了我国土壤污染防治形势仍非常严峻：

一是土壤污染程度不均衡、不平衡决定了土壤污染防治形势非常严峻。虽然总体点位超标率不高，但中国幅员广阔，土壤环境质量各地差别巨大，北方普遍较好，南方相对较差，其中部分省份点位超标率在30%以上，个别省份更高，这是不均衡性、不平衡性的表现。我国一个区域的土壤污染，往往涉及几千万人甚至上亿人，相当于国外的一个大国，影响很大。

二是土壤污染的性质决定了土壤污染防治形势非常严峻。大气污染只要不排了，过两天就好，甚至今天不排明天就好，一股风过来马上烟消云散，大气的自净能力决定了这一点。水污染难一点，但国内外的经验也表明，只要严格治理几年十几年，就可以有所改善。而土壤污染是在经济社会发展过程中长期积累形成的，很多是历史遗留和现实问题的叠加，土壤一旦被污染，治理代价巨大，并且时间跨度非常长。与国外相比，我国土壤环境质量标准偏严，科学修订土壤质量标准，也是非常紧迫的一项工作。

三是我国现在的经济社会发展背景决定了土壤污染防治形势非常严峻。各地不断出现因土壤污染导致的环境事件，充分反映了土壤污染防治工作的严峻性，群众对此关注的程度越来越高。因此，我们务必对土壤污染防治的严峻形势要有清醒的认识，高度重视起来，采取有效措施加以解决。

三、我国土壤污染防治工作迎来重要战略机遇期

随着土壤环境问题凸现、公众环保意识提高，国家对土壤污染防治工作越来越重视，向污染宣战已成为一种新常态，土壤污染防治工作迎来难得机遇。

第一，党中央、国务院高度重视。习近平总书记2013年5月在主持中央政治局第六次集体学习时指出，人民群众对环境问题高度关注，要强化水、大气、土壤等污染防治，着力推进重金属污染和土壤污染综合治理，集中力量优先解决好损害群众健康的突出环境问题；2013年12月在中央农村工作会议上明确指出，“食品安全，首先是‘产’出来的”；“把住生产环境安全关，就要治地治水，净化农产品产地环境”；“要抓紧完善法律法规，加强对农产品生产环境的管理，完善农产品产地环境监测网络，切断污染物进入农田的链条。对受污染严重的耕地、水等，要划定食用农产品生产禁止区域，进行集中修复”。2014年3月27日，李克强总理主持召开国务院常务会议，研究确定今年政府重点工作，提出要在重点地区有针对性地采取措施，加强对大气、水、土壤等突出问题的治理，集中力量打攻坚战，让人民群众看到希望。张德江委员长也在今年的全国人大常委会工作报告中部署了开展土壤污染防治情况专题调研等工作，以督促解决环境突出问题，加强生态文明建设。6月5日，张高丽副总理在我部调研时要求，要着力解决突出的环境问题，坚持不懈抓好《大气污染院治行动计划》（简称“大气十条”）各项治理任务的落实，加紧编制实施水、土壤污染防治行动计划。此外，《国民经济和社会发展第十二个五年规划纲要》、《国务院关于加强环境保护重点工作的意见》、《国家环境保护“十二五”规划》等都对土壤环境保护和污染防治工作提出了明确要求。

第二，公众关注度逐年提高。近年来，每年“两会”期间，全国人大代表、政协委员都以议案、建议和提案等形式，呼吁国家加大土壤环境保护工作力度、确保土壤环境质量安全。据初步统计，过去五年针对土壤污染问题的人大建议和政协提案超过100件。2014年，全国人大常委会办公厅将与土壤环境保护和污染防治相关的7件建议作为重点办理建议，交由环境保护部牵头办理，表明全国人大已将土壤污染防治作为一项重要的监督工作。随着近年来“镉大米”、“重金属蔬菜”、“毒地”等事件曝光，公众对土壤污染问题的关注持续走高，掌握详细准确的土壤污染状况信息的要求十分迫切，也期望国家能及时采取有效措施修复受污染的土壤。2013年底，国土资源部在“二调”结果公布的新闻发布会上披露，全国中、重度污染的耕地达到5000万亩，不适宜种植粮食作物，在社会上掀起了一轮土壤污染问题的热议。今年4月，环境保护部和国土资源部发布《全国土壤污染状况调查公报》，大量媒体进行转载报道，百度新闻报道总量6000多篇，新浪微博发博总量4000余条，网民跟帖评论热烈，虽然舆情总体平稳，但也充分反映了公众对土壤污染问题的关注程度。

第三，科技支撑力度不断加大。2012~2014年，环境保护部利用环保公益性行业科研专项项目平台，启动了我国土壤环境功能区划方法与关键技术研究、基于风险源监管的土壤环境分级分区管理技术研究、农用地土壤环境质量评估与等级划分及优先保护区域确定技术研究等研究项目，2015年将重点开展耕地土壤风险管控模式与成效评估方法研究。有关高校、科研院所、企业对土壤环境保护和污染防治的基础和应用研究人力物力财力投入也不断增加，对污染土壤修复技术的探索和试点示范逐渐深入。目前，利用超富集植物对砷等重金属污染土壤进行修复的技术，已在广西环江、河南济源、湖南石门等地得到成功应用。这些项目的实施为我国污染土壤风险评估、治理修复和环

境管理提供了重要技术支撑。实践表明，土壤污染是可防可控可治的，我们应有足够的信心。

四、关于土壤污染防治工作的几点思考

（一）关于“土十条”编制和《土壤污染防治法》起草向污染宣战，就是要打大气、水、土壤污染防治三大战役

“大气十条”去年9月已经出台，确实推动了全国大气污染防治工作，并且初见成效。“水十条”正在列入议事日程，预计今年年底前能够出台。从去年下半年到现在，“土十条”已经几十易其稿，各个方面都作出了努力和贡献，应该说是集思广益的结果，下一步将提请国务院审议，将来也会以国务院文件的形式发布。

十二届全国人大常委会已将制定《土壤污染防治法》列入五年立法规划的一类项目。按照计划，《土壤污染防治法》（草案建议稿）将于今年年底上报全国人大环资委，在进行后续的研究、修改、完善后报请全国人大常委会审议，争取在本届人大任期之内能够正式审议并发布实施。除了加快“土十条”编制和《土壤污染防治法》起草外，土壤环境保护其他相关工作也在抓紧推进。为什么编制了“土十条”，还要出台《土壤污染防治法》呢？因为，这两者是有差别的。《土壤污染防治法》是管长远的，着重解决土壤污染防治工作无法可依的状况；“土十条”是管当前的，涵盖的内容更加宽泛。

（二）未来一个时期土壤污染防治工作的总体思路

未来一个时期土壤污染防治的总体思路可以用“一二三四”来概述，即：瞄准一个目标，突出二个重点，抓住三个环节，夯实四个基础，切实抓好土壤污染防治重点工作。

一个目标，就是争取利用6~7年时间，使土壤污染恶化趋势得到遏制，全国土壤环境状况稳中向好。具体地说，就是使农用地土壤环境得到有效保护，污染严重耕地实现有序休养生息，建设用地土壤环境安全得到基本保障，土壤污染防治试点示范取得明显成效。

二个重点，即耕地和建设用地土壤污染防治。耕地土壤质量安全是农产品安全的首要保障，建设用地，特别是居住和商业用地安全是人居环境健康的重要基础。抓住土壤污染防治的这两个重点，就可以基本保障老百姓的最切身利益。

三个环节，即防、控、治。“防”就是通过建立严格的法规制度，实施严格的监督监管，严防新的土壤污染产生，保护现有良好的土壤。“控”就是开展调查、排查，掌握土壤污染状况及分布，采取有效手段，防范和控制污染风险。“治”就是开展土壤污染治理修复，针对不同污染程度、不同污染类型，分类施策，在典型地区组织开展土壤污染治理试点示范，逐步建立土壤污染治理修复技术体系，有计划、分步骤地推进土壤污染治理修复。

四个基础，即摸清底数，完善制度，创新技术，提升能力。摸清底数，就是要在第一次全国土壤污染状况调查的基础上，组织开展土壤污染状况详查，全面会诊土壤污染现状，尽快摸清土壤污染家底，为进一步编制好土壤污染防治规划计划、做好污染治理修复提供科学依据。完善制度，就是通过推进土壤污染防治立法，建立基本制度，完善相关标准规范，使土壤污染防治工作有章可循，有据可依。创新技术，就是不断加大土壤领域科研投入，不断完善土壤修复技术、防控技术、风险管控技术等，加强技术支撑。提升能力，主要是加强土壤环境监测和监管能力建设，建立土壤环境例行监测制度，设立土壤环境质量监测国控点位，建立“统一监管、分工负责”的土壤环境管理体制，加强部门联动，形成监管合力，共同推进土壤污染防治。

（三）关于土壤污染防治工作需要长期坚持的一些基本原则

“保护优先、预防为主、风险管控、综合治理、公众参与、污染担责”，这些土壤污染防治工作的基本原则已经写入了《土壤污染防治法》（草案建议稿），各个方面的制度设计、保障制度设计都要充分体现这6句话、24个字的原则。

除此之外，还有两个方面也要坚持，一是要因地制宜，分级分类。不同的地区，不同的土壤，要因地制宜，分级分类，不搞一刀切，能治的就治，不能治的抓好风险管控，以后再治。农业部在湖南开展了一个试点，将农用地土壤分为三类：未受污染的，采取措施优先予以保护；轻微轻度污染的，通过选择对土壤污染吸纳能力较弱的品种，保证粮食能达标；重污染的，通过调整种植结构，不种粮食，改种树、棉花等经济作物。城市建设用地也应该按照这个思路实行分类管理。二是要科学分工，合力施策。土壤污染治理是一个复杂的系统工程，政府、企业、社会以及政府各个部门之间都要科学分工，合力施政。一定要明确实施的责任主体，环保部门只宜作为监管的责任主体，两个责任缺一不可。党的十八届三中全会提出所有者和监管者分开和一件事由一个部门管理的原则，强调所有者和管理者相互独立、相互配合、相互监督。现行山水林田湖分割管理、分段管理要实现一体化，所有者、使用者、开发者、监管者不能混为一谈，要合理分开、理顺关系。有合理的分工、有科学的体制，土壤污染防治工作才能顺利进行，才能事半功倍。

谢谢大家！

贯彻好实施好新环保法
推进生态文明制度创新
——环境保护部副部长潘岳在2014年全国环境政策法制工作研讨会上的讲话

（2014年9月22日）

各位专家，同志们：

大家好！一年一度的全国环境政策法制工作研讨会召开，是环境政策法制战线的大事。2013年11月，党的十八届三中全会明确了加快生态文明制度建设等重大部署；2014年4月24日，全国人大常委会通过了全面修订后的《环境保护法》（以下简称新《环境保护法》）；即将召开的党的十八届四中全会将讨论全面推进依法治国的重大问题。环境政策法制工作将迎来全新机遇。

借此机会，我谈两点意见：一是环保部门对新《环境保护法》如何落实到位；二是环保部门面对新的环保问题在政策法规方面如何谋划。

一、新《环境保护法》来之不易，必须宣传好、贯彻好，坚决付诸实施

现行的《环境保护法》自1989年颁布以来，发挥了重要的历史作用。但是，随着形势发展变化，理念滞后、制度过时、处罚过软的问题日益凸显，亟须全面修改。

全国人大法律委、环资委和法工委，以及国务院法制办积极回应社会呼声，启动《环境保护法》修改；广开言路，先后两次向社会公开征求意见，广泛听取民意，切实体现了科学立法、民主立法的理念。在此过程中，全国人大法工委做了大量卓有成效的具体工作。环境保护部政法司和各司局、地方各级环保部门积极配合，提出了许多有建设性的意见。新《环境保护法》的修订，历经两届人大四次审议，确实来之不易，是各方面共同努力的成果。在此，我代表环境保护部，向全国人大法工委、向在座的各位环保政策法制战线的同志们表示衷心感谢！

我们要充分认识新《环境保护法》的重大意义。新《环境保护法》贯彻了中央关于推进生态文明建设的要求，最大限度地凝聚和吸纳了各方面共识，是现阶段最有力度的环境保护法。它的通过不仅是我国环境立法新的里程碑，也是生态文明制度建设的重要进展。新《环境保护法》将于2015年1月1日起生效施行，必将对推动国家绿色转型和结构调整产生深远的影响。

制定和修改法律，目的就是为了贯彻实施。2014年5月，环境保护部印发了宣传贯彻新《环境保护法》的通知，举办了专题讲座；各地方环保部门正在通过多种形式进行宣传贯彻；一些行业协会、企业集团也开展了宣贯工作，取得了积极效果。为做好实施前的准备工作，7月份环境保护部又印发了落实新《环境保护法》的任务分工及进度安排，提出了54项工作内容、责任部门及进度要求。在2015年1月1日生效之前，环境保护部还将举行若干重大宣传活动。

党的十八届三中全会明确要求必须建立系统完整的生态文明制度体系。各级环保部门不仅要努力落实新《环境保护法》的各项新规定，还要以实施新《环境保护法》为契机，推动环保领域的制度建设。为此，我着重强调六个问题：

（一）不断完善统一监管机制

新《环境保护法》明确赋予环保部门若干"统一"的职能。这包括统一监督管理，统一规划环境质量监测站点的设置，统一发布国家环境质量信息；在跨区城联合防治协调机制中，规定了规划、标准、监测、防治措施的四统一，组织实施者也是环保部门。目前，由于部门之间的相互制约等因素，环保部门在实行统一监管上存在较大困难。但是，我们不能因此而放弃应尽的责任、应履行的权力，相反应该利用这次新《环境保护法》明确的职责，加快完善相关配套机制，积极主动争取有关部门的配合和政府的支持，并试行一些落实职责的联合机制，为今后体制改革奠定基础。如果法律赋予的职权都难以履行到位，在今后的生态体制改革中环保部门如何发声？大家一定要在落实和完善统一监管机制上多动脑筋。

（二）积极参与宏观综合决策

新《环境保护法》进一步明确了环保部门参与宏观决策的重要途径，环保部门要推动健全环保综合决策机制。在规划方面，新《环境保护法》增加了生态保护的内容，而且明确环保规划要与城市、土地等规划相衔接。在这方面，环保部门要想得开放一些、长远一些，不应以争眼前的、某些具体的权力为目的，而要更深地介入目前的国家和地方规划体系，把环境保护的本质要求体现在所有规划中。例如，要实现环保与城镇化等重大规划的有机衔接，针对"城市病"、"产业病"，从环保的角度提出解决办法和路径。在环评方面，新《环境保护法》增加了规划环评、"政策"环评、区域限批等内容。特别是"政策"环评，虽然在技术和方法等方面还有别于项目环评和规划环评，但毕竟朝着正确的方向前进了一大步。它是实现科学决策、推动绿色发展的重要制度，要抓紧完善协同机制、建立评估规范。相

信总有一天，真正意义上的政策环评将成为环境保护工作的第一抓手。区域限批自2007年实施以来，遏制了部分违法建设行为，警示了有关地方政府和行业集团。新《环境保护法》将区域限批上升为普遍适用的法律制度，既要用好用足，又要严格规范。

（三）切实强化环境保护部门的监测职能

监测是各项环保工作的基础，监测是否全面准确是中央制定国家可持续发展政策的基础依据，而监测体制是否改革到位关系重大。简单地说，就是我们的环境监测能否完全说清环境质量现状和变化？需要什么体制机制才能说清楚？我们要说清楚什么？是几项指标还是整体的环境质量？这些都是环境监测作为环保工作基础而存在的一个内在逻辑关系。新《环境保护法》对环境监测给予了特别重视，不仅提出国家健全环境监测制度，而且要求建立环境资源承载能力监测预警机制、环境污染公共监测预警机制、环境与健康监测制度。落实政府环境质量责任制度、实行环境保护目标责任和考核评价、实施生态保护红线、推进总量控制和排污许可、加强企业环境监管、实施违法制裁，都离不开环境监测。因此，严格落实新《环境保护法》关于环境监测的要求，理顺环境监测体制，切实履行环境监测职能，充分发挥环境监测的重要作用，加快环境监测专项立法，环保部门责任重大。

（四）全面推进环境信息公开和公众参与

环境信息公开是推进现代环境治理、适应公众环境诉求的基础。新《环境保护法》不仅规定了公民、法人和社会组织对环境保护的知。知情权、参与权、监督权，而且规定了各级政府、环保部门、排污企业公开环境信息的基本义务。环境保护部落实党的十八届三中全会作出的《中共中央关于全面深化改革若干重大问题的决定》（以下简称《决定》）的改革任务中也专门设立一项工作任务："及时公布环境信息，健全举报制度，加强社会监督。"环境保护是基本的公共事务，环保部门在公开环境信息、推动公众参与方面作了积极探索。新《环境保护法》生效后，环保部门应当进一步完善建设项目环评、排污单位监管等方面的信息公开，健全举报违法、公益诉讼等公众参与的程序机制，推动构建人与自然和谐的社会关系。

（五）充分发挥环境经济政策的作用

《决定》要求，使市场在资源配置中起决定性作用。新《环境保护法》规定了一系列环境经济政策，包括财政、税收、价格、绿色采购，环境污染责任保险，作为绿色信贷基础的企业环境信用信息，重污染企业退出激励机制，环保产业等。国务院最近批准发布了关于排污交易试点的指导意见。近几年来，我们主动协调和配合有关部门，在推行绿色信贷、保险、税收、贸易、价格等方面取得积极进展，环境经济政策框架初步建立。下一步，应该借助新《环境保护法》实施的契机，进一步完善相关环境经济政策措施。

（六）加快推进配套立法和制度建设

新《环境保护法》的有效实施，还需要相关配套立法和制度建设。前面我已说到，环境保护部已经提出了落实新《环境保护法》有关配套立法的任务分工，并明确了承担司局及进度安排。目前，政法司会同有关司局正在抓紧研究制定有关"查封扣押"、"按日计罚"、"环境违法移送公安拘留程序"等配套文件，并将在本次会上听取意见。新《环境保护法》还明确授权，地方立法可以针对按日计罚的适用范围作出补充规定。正在修订的《立法法》草案将地方立法权扩大到设区的市级城市。因此，各地环保部门应当充分利用地方立法权限，推动地方相关环境立法，以保障新《环境保护法》的有效实施。

法律的生命在于实施。《环境保护法》的修订固然来之不易，但法律的实施更为重要。各级环保部门必须敢于执法、善于执法，把新《环境保护法》的各项规定坚决付诸实施，不辜负全国人大的信任，也不辜负社会公众的期望。

二、面临环保新形势新问题，需要大讨论、大探索，不断改革创新

习近平同志对建设美丽中国，加强生态环境保护，推进制度创新，努力从根本上扭转环境质量恶化趋势等做出了一系列重要指示，超过历届。现在关键是将这些指示落实为一系列的政策法规，转化为一系列的具体行动，而不能只停留在口头上。

我国经济社会发展面临新常态，环境保护工作面临诸多新问题，既有新的专业技术问题，也有体制机制问题。环保工作处于新的"十字路口"，不进则退，不上则下。

这次政策法制研讨会，就是要提出一系列重大问题，供大家讨论。一会还有专家报告，专家们提出的问题，我们也要探讨。半天的讨论时间当然不够，会后还可继续思考研究交流。目的是通过讨论交流，推动环保领域的改革创新，在环保政策法制方面理出思路。

我先列举若干问题供大家讨论。当然我提的和大家想到的问题远不止这些，下午讨论时大家还可以继续补充。

（一）新型的环境污染问题

环保部门近年来抓了重金属污染防治，问题尚未解决，现在又发现持久性有机污染物(POPs)和汞污染的问题日益严重。臭氧(O_3)对大气污染的影响也在逐渐显现。在许多大城市，O_3浓度随着气温升高，已经取代细颗粒物($PM_{2.5}$)，成为大气污染的首要"元凶"。除了大气污染，还有水污染、湖泊污染等。总而言之，

近些年我们还将面临什么大规模新的污染挑战？对于这些新问题，我们是否已有预研预判，是否已有应对策略？有没有形成一个预研的政策机制？我们不能再像PM.刚出现时那么仓促应对了，否则就是环保工作者的失职。

（二）环境健康与舆论问题

环境变化带来的公共健康问题可能很快进入集中暴发期。进入中等收入阶段后，城市白领人群对环境污染持“零容忍”态度，加之网络等新媒体、各类“民意领袖”积极介入环保领域，极大地提升了社会对环境问题的关注度，也增加了我们的压力。加之我们在污染物总量减排工作中存在重数据轻质量的问题，群众很不满意。因为普通群众不熟悉太技术、太专业的指标，只看直观的环境质量。现在环境群体性事件多发，环境舆论压力增大，而各地环保部门应对被动。因为我们的思路和对策总是技术型的，对公共政治应对策略比较欠缺，这样既丢失了过去的道德话语权，又没有建立起新的话语权。对此，我们是否应该下定决心让一些与人体健康相关的指标尽快进入减排指标体系，以实际环保效果取信于民；针对公众对环境问题的高度关注和强烈的参与愿望，我们是否应该做好积极引导舆论的准备。让我们为环境质量的真正改善争取时间，为党和政府分忧，不能因为环境问题影响政府公信力，要通过切实改善环境质量争取民心民意。

（三）国内产能过剩问题

我国已经成为世界最大制造业国家，据有关报道，全球500种主要工业品中，其中220种中国产量世界第一。但问题是，有数量缺质量、有规模缺技术，传统产业比重高、新兴产业比重低，部分行业产能严重过剩，结构性污染的特征十分突出。我们应当思考如何在已有的工业污染防治基础上，通过强化环保准入和监管等一系列新政策，促进落后过剩产能退出，严控新上增量，大幅度降低工业污染。

（四）城镇化与环保问题

我国正处于人口大规模向城镇转移的历史阶段，5年内要解决近1亿人的市民化，由此带来的能源资源需求和环境压力可想而知。要思考有没有更综合的技术政策来有效地推进城镇的绿色化、低碳化；能不能通过政策环评、规划环评，实现更科学的规划和更合理的布局，较好地解决城市交通、市政管道、污水和垃圾处理等现实问题。

（五）环保科技产业问题

科技创新具有特别重要的意义，要坚持实施创新驱动发展战略，积极运用高技术对农业、工业、服务业进行“生态化改造”，减轻对生态环境的压力。节能环保产业是重要的战略性新兴产业，是我国经济新的增长点，发展空间巨大。要思考如何通过深化改革探索新机制、新方法，在更大范围、更广领域吸引更多社会资本参与到环保领域。

（六）监管执法与信息公开问题

环境是一种公共产品，破坏环境的行为都必须受到严惩。不可否认的是，目前企业自觉守法不足与环保执法不力的现象都广泛存在。例如，从公开报道和内部核查都发现，现在仍有大量新建项目未批先建，但批准了未经验收的同样大量存在，超标排污等环境违法也屡见不鲜。同时，我们的各种环境监测和执法信息不向社会公开或公开不全面的问题十分突出，尤其是在督促排污企业公开环境信息方面做得远远不够，造成社会监督失灵。要思考有什么具体招数促使排污企业从向环保局负责转变为向社会负责，从被动应付执法监管到主动接受社会监督，通过社会公众监督让企业排污行为无处可藏。

（七）地方政府考核问题

回顾过去多年来的环保责任规定，大多是要求党政领导“亲自抓、负总责”，但实际落实情况不佳，不少地方盲目开发、过度开发、无序开发，已经超过资源环境承载能力的极限。要思考如何真正将资源消耗、环境损害、生态效益指标全面纳入地方各级党委政府考核评价体系并加大权重；如何通过加强监督、严格奖惩，使各项制度成为硬约束；如何将对领导干部实行自然资源资产离任审计、生态环境损害责任终身追究制实现制度化、法制化。

（八）体制改革问题

党的十八届三中全会明确提出，要“改革生态环境保护管理体制，建立和完善严格监管所有污染物排放的环境保护管理制度，独立进行环境监管和行政执法”。自然环境和生态要素客观上具有系统性、完整性特征，但对于环境和生态的监管体制，人为地、历史地存在条块化、碎片化特点。要思考如何抓住落实党的十八届三中全会关于改革生态环境保护管理体制的契机，构建尊重生态系统方式的生态环境保护体制；环境监管是一家好还是多家好；如果现在是多家管，如何切实改进和加强协调，形成真正管用的统一协调机制。

（九）国际环境问题

当前世界各国的竞争已从传统的经济、技术、军事等领域延伸到环境领域。中国正在崛起，美国主导的西方世界对中国的环保策略及其影响，值得我们关注。金融危机后，许多国家推出了“绿色新政”。现在，气候变化、生物多样性保护等全球性问题，已经成为国际社会关注的热点和博弈的新焦点。我国二氧化碳（CO_2）、二氧化硫（SO_2）的排放总量、年均增量均居世界前列，甚至人均排放量也接近或超过世界平均水平，在欧美日等西方国家已将环保作为贸易保护主义的重要借口，绿色壁垒逐渐成为维护本国经济利益的手段。我

国经济对外依存度高，如果不大力发展绿色经济，对外发展空间就可能受到挤压。西方今后对中国施压第一要打的牌可能就是环保。我们做好准备了吗？

提出以上九个方面问题，抛砖引玉，供大家思考，目的是希望大家共同探索破解这些问题的渠道、途径。在这方面，政策法规第一线的同志们负有重要的责任和使命。

现在正值金秋，冬天不久将至，雾霾又会到来，环保冬天的压力也将如期而至。及早谋划，就是为了度过环保冬天，为了迎接环保春天而努力。谢谢大家！

自治区党委书记彭清华在全区党的群众路线教育实践活动第一批总结暨第二批部署会议上的讲话

（2014年1月23日）

1月20日，中央召开了党的群众路线教育实践活动第一批总结暨第二批部署会议，习近平总书记发表了重要讲话，站在党和国家全局的高度，充分肯定了第一批教育实践活动取得的明显成效，系统总结了教育实践活动的成功经验，深刻阐述了开展第二批教育实践活动的重要性和紧迫性，明确提出了第二批活动的目标任务和基本要求。讲话总揽全局、内涵丰富，充分体现了我们党紧随时代发展要求，保持先进性和纯洁性的高度自觉，充分体现了党中央锲而不舍地抓作风改作风的坚定决心，对巩固扩大第一批活动成果，扎实推进第二批活动，推动党的建设新的伟大工程，具有重大而深远的意义。

今天会议的主要任务是，认真学习贯彻习近平总书记重要讲话精神，按照中央的部署要求，回顾总结我区第一批教育实践活动，对第二批教育实践活动进行部署，推动我区教育实践活动深入扎实开展。等一会，中央第二督导组组长陈建国同志还要作重要讲话。我们要认真学习领会、抓好贯彻落实。下面，我讲三点意见。

一、我区第一批教育实践活动有章法有特点有成效，取得了重要阶段性成果

开展党的群众路线教育实践活动，是党的十八大作出的战略部署，是以习近平同志为总书记的党中央在新形势下坚持党要管党、从严治党的重大决策。按照中央的部署要求，我区教育实践活动从去年7月1日全面启动。中央对我区教育实践活动非常关心，把我区作为中央政治局常委、国务院总理李克强同志的联系点。这既是中央对广西的充分信任，也是交给我们的一项重大政治任务。我区教育实践活动开展以来，李克强总理亲自联系、全程指导，倾注了大量心血，先后两次莅临广西考察指导，并多次通过电话、批示等方式作出重要指示。在活动总结阶段，又专门听取我区教育实践活动总体情况汇报。总理的悉心指导，帮助我们深化了思想认识，坚定了反对“四风”的信心，为我区教育实践活动健康顺利开展把关定向，起到了至关重要的作用。中央第二督导组以高度负责的态度，对我区教育实践活动全程把关、精心督导，传达中央要求，反馈意见建议，进行提醒帮助，有效传导压力，做了大量富有成效的工作，付出了大量心血，确保了我区教育实践活动深入扎实开展。中央第二督导组以良好的工作作风来抓作风建设，为我们树立了榜样。

自治区党委对开展教育实践活动高度重视，以此作为改进作风、纯洁队伍的绝好机遇，作为凝聚人心、推进发展的强大动力，作为赶超跨越、富民强桂的有力保障。自治区党委和第一批教育实践活动单位坚决贯彻落实中央的部署要求，认真学习贯彻习近平总书记一系列重要讲话和李克强总理以及刘云山等中央领导同志多次重要指示精神，围绕活动主题，紧扣总体要求，选好主攻方向，找准有效载体，突出自身特色，以好的作风推动教育实践活动扎实深入开展。经过共同努力，全区第一批教育实践活动取得了重要阶段性成果，广大干部群众高度认同，社会各方积极评价。李克强总理充分肯定我区教育实践活动开展得有章法、有特点、有成效。

（一）坚持把学习教育贯穿始终，广大党员干部经受了一次深刻的马克思主义群众观教育

我们坚持把学习教育作为搞好教育实践活动的前提和基础，教育引导党员干部对照党章党纪、民心民意、先锋先辈的镜子，真正把自己摆进去，用为民务实清廉的要求“正心”“正身”“正行”。各单位组织党员干部认真研读中央规定的必读书目，切实加强理论武装；开展革命传统教育，从党的优良传统作风中吸取营养；广泛开展向先进典型学习活动，抓住反面典型进行警示教育，增强学习教育的针对性和有效性。第一批活动单位共组织开展各类专题学习讨论9210场次。广大党员干部普遍受到了一次深刻的马克思主义群众观教育，思想上补了课，精神上补了钙，进一步磨砺了党性修养，增强了践行群众路线、推进作风建设的自觉性，普遍形成了抓作风就是抓命脉、抓发展、抓民心、抓形象的共识。

（二）坚持把主要任务聚焦到反对“四风”上，荡涤了党员干部的作风顽疾

我们切实贯彻落实中央要求，围绕反对“四风”，从公务用车、办公用房、“三公”经费、超标接待等与党

员干部密切相关、大家见怪不怪的具体事情抓起，出重拳、下猛药，对作风顽疾进行了一次大排查、大扫除，有效刹住了“四风”蔓延势头。自治区党委常委班子带头真整实改，针对自身存在的突出问题，制订了一揽子整改落实方案，明确提出了5个方面33项具体整改措施，并向群众作出郑重承诺。认真贯彻落实中央《党政机关厉行节约反对浪费条例》，集中力量开展专项整治，以动真碰硬正风肃纪，以重点突破带动作风整体好转。特别是深入查找机关“六病”，坚决向久治不愈的“衙门作风”开刀，切实解决“门难进、脸难看、事难办”问题；集中开展办公用房、楼堂馆所、节庆论坛展会、吃空饷等18项专项治理，第一批活动单位结合实际确定了4300多个整改事项，并采取措施推进整改，取得了明显成效。

（三）开展积极健康的批评与自我批评，焕发了党内生活的生机活力

我们把开好高质量的领导班子专题民主生活会，作为确保教育实践活动取得实效的重要举措，坚持贯彻整风精神，拿起批评与自我批评的有力武器，开展积极健康的思想斗争，推动党员干部做到照镜正容、除尘去垢、醒脑治病。自治区党委在总理的亲自指导下，带头高标准开好常委班子专题民主生活会，着力查找问题、深挖根源、整改落实，在务求实效上下功夫。自治区党委对各单位专题民主生活会严格把关，明确提出了“五个不能开”的要求，对领导班子和主要负责同志对照检查材料做到“五级连审”，自治区党委常委、自治区党员副主席还分别指导2~3个分管联系部门单位专题民主生活会。同时，总结推广了自治区环境保护厅、自治区高级法院、自治区检察院领导班子真刀真枪开展批评与自我批评的好做法，为第一批活动单位开好专题民主生活会树立了标杆。第一批活动单位严格按照要求开好专题民主生活会，敞开心扉摆问题，打消顾虑提意见，既揭短亮丑、动真碰硬，又相互提醒、真诚帮助，党员干部有了“当时脸上火辣辣、事后心里热乎乎”的感觉，达到了出汗排毒的效果。大家普遍认为，这次专题民主生活会历时长、要求严、剖析检查深、开展批评直接，都是多年来没有过的，受到了一次党内政治生活的深刻教育。

（四）坚持为民务实清廉的价值取向，办成了一批事关群众切身利益的实事好事

我们把群众满意作为检验教育实践活动的重要标准，主动顺应群众期待，一手抓干部作风转变，一手抓为民服务，以百姓之心为心，以民心所向定标，从群众最盼最急最怨的事情入手，着力解决群众切身利益问题，让群众看到变化、得到实惠。特别是将服务发展、服务群众、服务基层的“三服务”活动作为教育实践活动的载体，以执法部门、窗口单位和服务行业为重点，突出抓好与群众工作生活息息相关的事情；针对农村人居环境差、进城农民工融入城市难、企业生产经营困难大等突出问题，在全区范围广泛开展了美丽广西·清洁乡村、服务农民工、服务企业活动，解决了一批群众多年期盼解决的难题，办成了一批群众受益的实事，党群干群关系进一步密切。在开展“四清理”活动中，有效控制了“三公”经费开销过大和不合理的问题，压缩下来的经费全部用于扶贫和改善民生；最大限度地下放审批事项和优化办事流程，取消、下放、调整自治区级审批项目380项；有效化解信访积案，全区排查出来的550件信访积案基本得到化解；对环境安全隐患开展全面排查，对3071家存在安全隐患和无证无照企业进行整治。

（五）着眼标本兼治建制度立规矩，推动作风建设的常态化长效化

按照“源头治理、标本兼治，注重整体、重点防范，刚性约束、严格问责”的思路，运用法治思维和改革精神，以领导班子、领导干部和领导机关为重点，紧盯“四风”问题易发高发的重点领域，统筹抓好“立、改、废”工作，建立了一批务实管用的制度。自治区党委先后制定出台了自治区党委常委反对“四风”十项规定、县处级以上领导干部反对“四风”若干规定、领导干部违反改进作风有关规定实行问责的暂行办法，正在制定将陆续出台的自治区层面制度规定31项。第一批活动单位也结合各自实际抓好建章立制，切实把作风建设具体化制度化，共制定出台制度5085项，修订完善1043项，废止340项。制度体系的建立完善，进一步规范了权力运行，提高了制度执行力，初步形成了既“治病”又“防病”的长效机制。

（六）坚持两手抓两不误，促进了经济社会持续健康发展

开展教育实践活动，我们的指导思想从一开始就非常明确，就是坚持两手抓、两不误、两促进，既严格按照中央要求搞好活动，又紧紧围绕打造开放发展新的战略支点推动工作，把党员干部在活动中激发出来的激情，转化为推动改革发展的强大动力，以改革发展稳定的实际成果检验教育实践活动的成效。2013年，面对错综复杂的国际形势，面对不断加大的经济下行压力，面对日益繁重的改革发展稳定任务，我们坚决贯彻中央的各项决策部署和稳中求进的工作总基调，以全面深化改革为动力，深入实施“双核驱动”战略，加快推进重大项目建设，狠抓工业、农业、旅游业、城镇化以及非公有制经济发展等重点工作，强力推进开放合作，着力稳增长、调结构、强后劲、抓改革、促开放、惠民生、保稳定，实现了经济发展稳中有进、稳中提质、稳中向好。

这次教育实践活动，是在新的时代条件下弘扬党的光荣传统和优良作风、贯彻党的群众路线的生动实

践。活动开展的时间虽然还不长，但在干部群众中产生了强烈反响。一是人民群众对党的信心信任大幅提升。以贯彻落实中央八项规定精神为切入点，从严从实，真查真改，一件一件做，一项一项抓，动真碰硬，坚持不懈，扩大战果，防止反复，极大提升了人民群众对党的信任和信心，树立了各级领导班子的良好形象。二是党员干部的党性和纪律观念明显增强。坚持有贪必肃，有邪必祛，有令必行，有禁必止，违纪必究，进一步严明了党的纪律特别是政治纪律，维护了党的纪律的严肃性，增强了党员干部对纪律的敬畏感和遵守纪律的自觉性。三是党员干部精神面貌发生很大变化。从一些习以为常甚至认为天经地义的作风问题入手，找准突破口，把作风建设抓实抓具体，提振了党员干部的精神状态和精神面貌。四是初步形成反腐倡廉改进作风的有利环境。通过整治作风问题，解决了多年想解决而没能有效解决的一些突出问题，形成了反对“四风”、厉行节约的大环境，增强了党员干部的自律意识，营造了反腐败的良好氛围。

在肯定成绩的同时，我们也要清醒认识到，第一批教育实践活动只是在有限时间内实现了有限目标，还存在一些问题和不足。比如，活动开展不平衡，一些单位听取意见流于形式，查摆剖析不够深入，整改落实不够到位；有的被动执行上级规定和要求，没有下功夫联系自身实际，主动解决本单位群众反映强烈的突出问题；有的存在“收尾就是收场”的思想，该改的问题没有改，该立的规矩没有立，该办的事情没有办，虎头蛇尾，鸣金收兵，群众还不满意，等等。我们还应当看到，作风问题具有反复性、顽固性、变异性和传染性，形成优良作风不可能一劳永逸，克服不良作风也不可能一蹴而就，必须持之以恒地抓下去。第一批活动单位要切实抓好后续工作，尤其要继续加大整改落实力度，一项一项进行整改，一件一件抓好落实，郑重兑现承诺。各单位要对整改落实情况再进行一次“回头看”，重点看群众反映强烈的问题解决了没有？整改方案责任落实了没有？该立的规矩、该订的制度立了没有？中央和自治区党委出台的各项规定执行到位了没有？这些问题没有解决好的，要抓紧进行补课，确保教育实践活动善始善终、善做善成。

二、坚持高标准严要求，扎实开展第二批教育实践活动

根据中央和自治区党委的部署安排，我区第二批教育实践活动从今年1月份开始启动，到9月份基本结束，参加活动的单位为市、县机关及其直属单位，乡镇、街道和村、社区等基层组织，以及没有参加第一批活动的其他企事业单位。

对如何开展好第二批教育实践活动，习近平总书记在讲话中作了深刻阐述，刘云山、赵乐际同志也提出了明确要求。对中央领导同志的重要讲话，我们一定要认真学习、深刻领会，把思想和行动统一到中央的决策部署上来，认真抓好贯彻落实。

与第一批教育实践活动相比，第二批活动参加的对象、面临的环境、活动的特点都有了新的变化，涵盖市、县、乡、村、校、企等多个层面，涉及单位更多、人数更多、领域更广、范围更宽，党员干部的从业状况、职业构成、活动方式和思想状况差异较大，这些都对教育实践活动提出了新的更高的要求。特别是参加第二批活动的党员干部，大多直接面对基层、面对群众，处于改革发展稳定的第一线，承担着把党的路线方针政策贯彻落实到基层的重要职责，是贯彻群众路线的“末梢神经”，其思想作风、工作作风如何，直接关系党和政府的形象，关系党同人民群众的联系。

第二批教育实践活动是第一批的延伸和深化，要坚持主题不变、镜头不换，贯彻“照镜子、正衣冠、洗洗澡、治治病”的总要求，继续聚焦“四风”，整治机关“六病”，认真解决领导班子和干部队伍中宗旨意识淡化、进取精神退化、工作推进虚化、履职能力弱化、生活追求奢化等突出问题，着力破解群众办事难、政策落地难、保障民生难、权益维护难、基层强化难等难题，把中央和自治区党委的要求贯彻落实到最基层。要打牢学习教育和查摆问题两个基础，抓住整改落实和建章立制两个关键，补精神之钙、除“四风”之害、祛行为之垢、立为民之制，推动党员干部思想认识进一步提高，作风进一步转变，党群干群关系进一步密切，为民务实清廉形象进一步树立，基层基础进一步夯实。

（一）把学习贯彻始终

理想信念是共产党人的精神之钙，精神上缺了钙就会得“软骨病”，就会导致政治上的变质、精神上的贪婪、道德上的堕落、生活上的腐化。理想信念、宗旨意识和群众观点，从根本上决定着党员干部的作风状况和行为方式。思想源头解决不好，“四风”就难以消除。现在我们一部分党员领导干部存在较为严重的理想模糊、信仰缺失现象，有的信奉庸俗的为官之道，利用公权谋取个人利益，追求个人享受，计较个人得失，当党和人民需要的关键时刻站不出来、冲不上去；有的群众观念淡薄，不会、不能、不敢做群众工作，甚至漠视群众疾苦，违背群众意愿，侵害群众利益，站到了群众对立面。在第二批活动中，各级党组织要采取灵活多样、务实管用的方式，组织广大基层党员干部认真学习领会习近平总书记一系列重要讲话精神，学习中央规定的有关文件和必读篇目，对照理论理想、党章党纪、民心民声、先辈先进这“四面镜子”检查自己。要结合单位和个人的实际，广泛开展马克思主义群众观点和党的群众路线专题讨论，进一步树牢理想信念、宗旨意识、

群众观点，增强反对“四风”的思想自觉和行动自觉。

（二）坚持开门搞活动

第二批教育实践活动同群众联系更直接、更经常、更紧密。干部作风存在哪些问题，群众心里最清楚；改进作风效果好不好，群众最有发言权。活动要让群众满意，一开始就要扎下去听取群众意见建议，让群众参与，受群众监督，请群众评判。从以往的活动来看，一些同志对开门搞活动有一定的思想顾虑，有的怕群众意见太尖锐，下不了台；有的怕翻陈年旧账，难以应付；有的怕搞过头，收不了场。在这个问题上，关键是要相信群众、依靠群众。只有充分相信群众，群众才会真正“掏心窝”；只有充分激发群众参与热情，改进作风的正能量才会不断集聚。第一批活动的经验表明，坚持开门搞活动，请群众全程参与和监督，就有了一把客观评价活动的尺子。自吹自擂，自娱自乐，自说自话，自弹自唱，问题得不到解决，群众也不会买账。我们要在第二批活动中，通过开展“走进群众、改进服务、解决难题”活动，推动党员干部走出机关、走进群众，问需于民、问计于民、问效于民，坚持开门搞活动，确保全过程发动群众参与，始终在群众监督之下。

（三）突出问题导向

第二批教育实践活动单位直接面对广大基层群众，群众期望更高，要求更具体，需要解决的问题更多。这就要求第二批活动更务实、更接地气，从老百姓最需要的地方着手，从老百姓最满意的地方改起。哪些是群众最不满意的问题？习近平总书记在讲话中列举了4个方面25种表现，非常深刻、非常切合实际。这些问题在我区都不同程度地存在，有的还相当突出。只有向问题叫板，才能让群众叫好。我们要盯住这些问题不放，从小事做起，从具体事情抓起，敢于动真碰硬，立行立改，取信于民。在第二批活动中，我们提出要破解“五难”，这“五难”关系到群众的切身利益，也关系到服务群众“最后一公里”的问题。要坚持问题导向，聚焦“四风”，破解“五难”，让群众话有地方说、事有地方办、困难有人帮、问题有人管，把工作做到群众的心坎上，把活动成效落实到最基层、体现在最基层。

（四）贯彻从严要求

习近平总书记强调指出，讲认真是我们党的根本工作态度。第一批教育实践活动取得成效的经验有千条万条，讲认真是其中的重要一条。讲认真就是要坚持标准、严字当头。要在思想上从严，从活动一开始就要坚决克服过得去、差不多、无所谓、应付了事的不良心态，坚决纠正松松垮垮、装装样子、走走过场等错误做法。要在措施上从严，对群众的每一条意见、对活动的每一个环节、对整改的每一项措施、对中央和自治区党委的每一项要求，都要认真对待，不能含糊应付。要在纪律上从严，对党员干部要严明纪律、严格要求，对歪风邪气敢抓敢管敢纠，对顶风违纪的行为要做到“零容忍”，坚决予以查处。对那些软弱涣散、问题比较突出的领导班子，要先进行组织整顿，再开展活动。要在解决党员队伍出口问题上大胆探索，把从严治党要求落到实处。

（五）发挥领导干部示范带动作用

坚持领导带头、示范引领，是第一批教育实践活动取得成功的关键。改进作风一定要从领导机关、领导班子、领导干部抓起。领导有决心，大家才会有信心，领导干部作出了榜样，普通党员才会自觉跟上。领导示范重在一把手带头。第二批活动单位的主要负责同志要以“向我看齐”的态度，带头学习、带头听取意见、带头谈心谈话、带头撰写对照检查材料、带头开展批评与自我批评、带头整改落实，充分发挥表率作用，通过身体力行、上行下效推动活动深入开展。

（六）实行分类指导

第二批教育实践活动量大面广，活动组织难度更大。要加强分类分层分级指导，针对不同层级、不同领域、不同对象提出不同的要求，找准需要解决的突出问题，明确具体任务和推进措施。要坚持在解决问题上分类指导，有什么问题就解决什么问题，什么问题突出就重点解决什么问题。比如，市县领导班子和领导干部要重点解决政绩观偏差，搞“形象工程”“政绩工程”，盲目决策，换一任领导变一套思路，只顾眼前，不顾长远；有令不行、有禁不止，搞上有政策、下有对策等问题。市县直属单位要重点解决办事拖拉、推诿扯皮，作风漂浮、落实不力，服务不主动，不作为、慢作为等问题。执法监管部门和窗口单位、服务行业要重点解决“门难进、脸难看、事难办”，滥用职权，“吃拿卡要”，执法不公，乱收费、乱罚款、乱摊派等问题。乡镇、街道领导班子和领导干部要重点解决责任心不强、在位不在岗，弄虚作假、欺上瞒下，工作方式简单、对待群众态度恶劣，克扣群众财物、拖欠群众钱款等问题。村、社区等基层组织主要解决软弱涣散，服务群众的意识和能力不强，办事不公，侵害群众利益等问题。非公有制经济组织和社会组织党组织主要解决组织覆盖面和工作覆盖面不全，凝聚群众、服务群众作用发挥不充分等问题。要坚持“统一部署、梯次展开、压茬进行”的原则，市县两级领导机关、领导班子和领导干部，应先行一步，作出表率；村、社区等基层组织开展活动要适当拉开间隔，简化程序性要求；对非公有制经济组织和社会组织的党组织，对流动党员、离退休党员和年老体弱党员，可以采取灵活管用的方式开展活动。要注意发挥行业系统指导作用，加强部门与地方的密切配合。对可能发生的种种复杂情况进行分析预判，并制定出预防和解决办法。

三、加强组织领导，确保第二批教育实践活动健康有序开展

一是要落实领导责任。第二批活动单位各级党组织要明确职责，切实承担起搞好教育实践活动的责任，按照中央和自治区党委的部署要求，结合各自实际，拿出切实可行的工作方案。各地各单位要抓紧成立领导机构和工作机构，全面负责本地本单位教育实践活动。各级党组织主要负责同志要切实履行第一责任人的职责，形成一把手负总责、一级抓一级、层层抓落实的工作格局。自治区党委常委同志将采取“联市带县”方式建立教育实践活动联系点，每人定点联系指导一个设区市，并重点带一个所在市的县，直接参与联系点的教育实践活动，参加联系点领导班子民主生活会，发现问题，加强指导，严格把关，确保达到中央和自治区党委确定的目标要求。市、县党委领导班子成员也要在基层建立活动联系点，通过强化指导、正确引领，把联系点办成示范点，推动第二批教育实践活动深入开展。

二是要加强督促检查。自治区党委将派出9个督导组，下派到市、督导到县，全程指导和督促各地开展活动。这次会议后，要抓紧做好督导人员培训工作。各市也要抓紧落实督导力量，挑选政治上强、责任心强、作风过硬的同志，及时组建督导机构，抓好业务培训，强化督导责任，提高督导能力。要把从严要求贯穿督导全过程，抓住重点对象、重点领域和重点环节，到现场开展工作，到一线了解情况，及时发现和解决问题，总结和推广先进经验，尤其要对群众意见收集反馈、领导干部谈心谈话、对照检查材料审核、专题民主生活会点评、整改方案制定和落实等方面严格督导把关，做到指导有力、督导有方。

三是要强化宣传引导。对第二批教育实践活动的总体宣传进行精心谋划，坚持正确导向，把握活动宣传基调、重点和节奏，确保宣传有声势、有力度、有实效。要结合基层实际，创新方式方法，充分运用传统媒体和新兴媒体，以群众喜闻乐见的形式，大力宣传中央和自治区党委的要求，宣传活动成效和好做法好经验。要发挥正面典型的示范作用和反面典型的警示作用，强化舆论引导，为搞好第二批教育实践活动营造良好氛围。

四是要坚持统筹兼顾。各地各单位要将开展第二批教育实践活动与贯彻党的十八大和十八届三中全会精神结合起来，同做好当前各项工作结合起来，为做好改革发展稳定各项工作提供有力保障，切实做到两手抓、两不误、两促进。在教育实践活动中，要注意上下联动，既把第一批教育实践活动制定的整改措施和制度规定传导落实到基层，又把第二批活动需要上级帮助解决的问题纳入第一批整改内容，做到无缝对接、互相促进。

今天会议的召开，标志着第二批教育实践活动正式启动。我们要紧密团结在以习近平同志为总书记的党中央周围，以高度的政治自觉、饱满的精神状态和良好的工作作风，科学安排，统筹协调，确保第二批教育实践活动扎实有效开展，推动我区作风建设取得明显成效，为实现“两个建成”的奋斗目标提供坚强保证。

自治区主席陈武在自治区“美丽广西”乡村建设领导小组会议上的讲话

（2014年8月26日）

“美丽广西·清洁乡村”活动开展已近两年，各级党委政府把活动作为服务基层群众、推动“三农”发展的重要平台、载体和抓手，取得了显著成效。全区乡村面貌大为改观，农村生产生活条件明显改善，生态环境水平不断提升，现代文明新风逐渐形成，干部作风明显改进。可以说，近两年来我区生态文明建设取得新进展、经济社会能保持平稳发展势头，与我们开展“美丽广西·清洁乡村”活动密不可分。目前，清洁乡村活动将进入验收总结阶段，生态乡村活动马上就要启动。我们要在认真总结清洁乡村活动好经验好做法的基础上，切实做好工作衔接，科学谋划、精心筹备好生态乡村活动。下面，我讲三点意见。

一、突出重点，全力推进生态乡村活动

“美丽广西·生态乡村”活动要紧密结合国家有关规划政策和我区乡村实际，突出“村屯绿化”、“饮水净化”、“道路硬化”三大重点，制定更加科学客观可行的目标，做好项目资金安排；从加快解决群众最紧迫、最需要、最期盼的事入手，力求活动实效、高效、长效，切实把好事办好、实事办实，把生态乡村活动打造成促进发展、造福群众的实事好事。

一要突出规划先行这个重点。要在深入调研、认真听取和尊重群众意见基础上，突出当前发展的需要，兼顾中长期发展的需要，切实把好事前审核关、事中监督关、事后验收关，及时出台活动的相关制度、政策和办法，抓紧编制全区生态乡村活动建设项目规划及其他专项规划，发挥规划引领指导作用，提高活动的科学性、前瞻性、协调性和整体性。各市、县(市、区)要结合本地实际，按照城乡布局、公共服务、生态建设、全面统筹等要求，制定年度实施计划，明确“三化”目标要求，分解工作任务，确保活动先接后续、系统安排、卓有成效。

二要突出“村屯绿化”、“饮水净化”、“道路硬化”

三项活动重点。村屯绿化活动要以村屯周围、道路两旁、房前屋后增绿为重点，营造护村林、护路林、护宅林、休闲林区和生态小区，建设乡村绿道，大力发展农家房前屋后“微田园”，提升乡村绿化果化美化水平，切实把村屯绿化与发展林果经济、庭院经济、旅游经济结合起来，力求绿出特色、绿出水平、绿出效益。饮水净化活动要以实施农村饮水安全工程和沟渠清淤联通工程、建立健全农村饮水安全工程保障机制为重点，加快解决大石山区、贫困地区饮水困难和饮水安全问题，抓好饮用水水源保护区建设，开展水产畜牧养殖污染治理，推进城乡供水联网联通和规模连片集中供水，建立农村饮水安全水质检测体系，完善农村饮水安全运行管理机制，提高饮用水水质达标率。道路硬化活动要以建制村通沥青（水泥）路建设，村际联网道路、通自然村（屯）道路建设、屯内道路建设为重点，加快“村村通”向“村内通”延伸，推进农村公路“建管养运”一体化发展，提升农村道路网络整体服务水平。

三要突出广西乡村实际这个重点。始终坚持一切从实际出发，探索走出具有我区特色的生态乡村建设新路子。充分认识广西后发展欠发达的基本区情，以及全区农村地形地貌复杂、民族风俗差异较大、各地发展水平不一等客观实情，切实从农村实际、各村各屯的实际出发，实事求是，因地制宜，分类指导。要根据具体情况，把活动目标和工作指标定得更客观、更实际、更可行，做到不超越客观条件，不照搬城市建设模式，不搞大拆大建，不求千村一面。积极探索创新，坚持不同条件不同措施、不同层次不同要求、不同地域不同标准，差别化指导推进，用农村的办法来解决农村的问题。鼓励各地根据自身实际采取经济适用、科学简便、效果明显的好办法好措施推进活动，力争少花钱多办事，不花钱能办事，甚至办成事了还有收入，不断探索能长期坚持的好机制好办法。

四要突出督促检查这个重点。要创新督查方式方法，对活动开展全过程进行常态化督查，发现问题，研究问题，解决问题，认真督促整改，强化追究问责，确保工作落到实处、见到实效，防止“走过场”、“一阵风”。完善激励机制，强化督查考核结果运用，奖勤罚懒，鼓励先进，鞭策后进，实现全面突破。

二、兴业富民，全面深化生态乡村活动

牢牢抓住发展这个中心，始终把生态富民贯穿到活动全过程，使生态乡村活动与产业发展深度融合、与农民增收互联互动。通过打造绿色经济、生态经济、循环经济、有机经济等农村产业群，助推农村经济发展，实现农民增收致富。

一要与产业发展紧密结合。各地要立足本地实际，充分发挥乡村的资源和生态优势，重点扶持和培植茶业、竹木业、茧丝绸业、果蔬业、中药材业、特色养殖业、花卉苗木等特色产业，大力推进特色产业专业化生产、规模化经营，实现家家能生产、户户能经营、人人有事干、个个有钱赚的农村生产经营模式。充分利用农村特色农业、山水风光、田园景观、地域文化等良好自然景观和生态资源，着重做好当地优美自然景观与乡村旅游结合的文章，着力打造集亲水近山、休闲度假于一体的乡村旅游特色村，加快推进形成以重点景区为龙头、骨干景点为支撑、“农家乐”休闲旅游业为基础的乡村休闲旅游业发展格局。加快提升农村传统流通、服务行业水平，扶持农产品批发和农村物流企业，鼓励开展农资连锁经营、新型农业科技研发服务。加大支持具有一定规模的农业服务型企业力度，开展促进农村劳动力转移培训、中介服务、农业保险等业务。

二要与扶贫开发结合起来。切实把扶贫开发和生态乡村建设有机结合起来，科学整合扶贫开发资金、项目、信息等，重点在农村危房改造、村屯道路建设、农田水利建设、农村人畜饮水工程、生态搬迁和种植养殖产业发展等方面合理支配、捆绑使用，互补实施，使生态乡村活动与扶贫开发相互借势、相得益彰。要创新生态乡村活动建设方式，把村屯绿化、饮水净化和道路硬化等方面的项目纳入扶贫开发建设中来，通过扶贫开发来推动生态乡村活动扎实有效开展。

三要与招商引资结合起来。紧紧围绕大项目引进和建设，按照“实效、高效、长效”要求，加大招商引资力度，通过社会化、市场化手段拓宽资金渠道，积极引导企业投入，重点引进一批能影响和带动农村产业发展的特色精品、生态观光和环保型项目、龙头企业等，提升农村生产的科技含量，借助外力提高生态乡村活动建设水平，尽可能做一个成一个，推动乡村建设由“量变”到“质变”，切实把农村的事情办好、办实。

三、统筹协调，合力推动生态乡村活动

一要明确责任。各级各部门要勇挑重担，敢啃“硬骨头”，全面落实工作责任制，将各项建设任务和工作责任进行层层分解、层层细化，落实到部门，落实到个人，做到一级抓一级、层层抓落实、项项抓到位、事事有结果。三个专项活动牵头部门要切实担负起牵头职责，抓好组织协调指导工作，召集相关部门研究制定好总的工作计划、任务细化表及时间进度表，协调相关部门解决存在问题，确保按质如期完成任务。各部门要按照职能和工作分工，鼎力支持，通力协作，主动挑担子，积极推进度。涉及工作经费的，要重点保障。

二要凝聚合力。各级各部门要树立全局意识，各司其职，各负其责，相互配合，不做旁观者、局外人，形成“各炒一盘菜，共办一桌席”的良好局面。林业、水利、交通运输部门要抓好苗木、水泥、管材、机械等基本

物资的准备筹集；水产畜牧部门要指导开展清洁养殖，严控养殖污染；财政部门要全力筹措保障活动资金，牵头组织开展各种捐资捐物活动；发改部门要加快活动总体规划、建设项目规划和其他专项规划编制；国土资源、工业和信息化、教育、扶贫、旅游、卫生、环境保护、农业、住房城乡建设、科技等部门加强对活动的智力支持、技术指导，合力推进农村路、水、电、厕改等基础设施建设，确保活动科学、有序、高效开展。

三要整合资金。加快建立完善生态乡村建设资金投入保障机制，全面形成切合实际的多元化投入机制。继续加大各级财政支持力度，把活动资金纳入各级财政年度预算，充分发挥财政资金的引导作用和杠杆作用。各部门要采取更有效的措施，进一步拓宽资金筹措渠道，切实将各项涉农资金统筹捆绑使用，科学统筹向生态乡村活动倾斜。避免项目条块分割和分散使用。各市、县（市、区）财政要加大对基础设施投入，落实配套资金。积极探索吸引社会资金投入机制，建立完善市场化资金筹措渠道和平台，充分利用政策和资源优势，吸引更多的社会资金投入到生态乡村建设中来。充分凝聚社会正能量，引导企业家、社会贤达、致富能人等捐款捐物，共助乡村建设。切实加强资金管理，强化审计和监督检查，保证资金安全，发挥最大效益。

自治区副主席林念修在北部湾近岸海域环境保护工作现场会议上的讲话

（2014 年 1 月 22 日）

同志们：

今天，自治区人民政府在钦州市召开北部湾近岸海域环境保护工作现场会议，主要任务是落实自治区党委彭清华书记的重要批示精神，科学分析我区北部湾近岸海域污染防治形势，全面部署加强近岸海域生态环境保护工作。今天上午，会议组织与会代表到钦州港实地考察了入海排污口情况，刚才大家又观看了我区近岸海域水环境形势分析短片，钦州、北海、防城港市分别介绍了陆源和近岸海域污染防治工作情况，自治区海洋局局长张创智分析了近 5 年来我区北部湾海域海水水质变化情况，自治区环境保护厅厅长檀庆瑞对北部湾沿海 3 市及玉林市在近岸海域环境保护方面存在的问题进行了点评和分析，讲得都很好。希望各市负责同志将点评的问题带回去，认真进行对照检查，分析问题存在原因，分门别类制订整改措施，落实责任，逐一整改，切实保护好我区近岸海域生态环境。

北部湾是我国的重要海湾。一直以来，近岸海域大部分保持着一类水质，被誉为我国最后的一片“洁海”。保护好这片“洁海”是我们这一代人义不容辞的历史责任。自治区党委、政府历来高度重视北部湾海洋环境保护工作，相继出台了一系列重要政策，作出了一系列重大部署，提出了明确要求。但是，由于北部湾为半封闭式海湾，海洋海流较弱，水交换速度滞缓，污染物不易消纳，生态相当脆弱。近年来，随着广西北部湾经济区开放开发不断深入，工业化、城镇化进程持续加快，北部湾近岸海域水环境压力越来越大，保持这片“洁海”的难度越来越大。2013 年 11 月 19 日，自治区党委书记彭清华在环境保护厅环境专报第 32 期《严重关注北部湾近岸海域第三季度海水水质为近十年来倒数》上作出重要批示：“北部湾近岸海域海水水质下降值得高度关注，请考虑找沿海市县和有关部门、企业开一次现场会，落实各项治理措施。”各地各相关部门一定要深刻领会彭书记的重要批示精神，全面审视我区海洋环境保护工作，科学评价北部湾海域生态环境状况，进一步采取更加有力的措施加强我区近岸海域环境保护工作，确保我区海洋环境安全。下面，我讲四点意见。

一、充分肯定海洋环境保护工作成绩，科学分析近岸海域生态状况

我区海洋环境保护工作起步较早。在自治区党委、政府的直接领导下，在环境保护部和国家海洋局的指导、支持和帮助下，我区海洋环境保护工作取得了长足进步。

（一）我区海洋环境保护工作成效显著

一是海洋环境保护工作步入法制化轨道。自治区先后出台了山口、北仑河口红树林自然保护区管理办法等地方规章，自治区人大常委会作出了《关于切实加强我区海洋环境保护大力发展海洋经济的决议》。即将于今年 2 月施行的《广西壮族自治区海洋环境保护条例》，将填补我区海洋保护地方性法规的空白。二是海洋环境监视监测体系初步建立。自治区海洋局在近岸海域布设了 111 个海洋环境监测点和 12 个实时监测浮标。环境保护厅布设了 44 个海水监测站位，并在南宁、钦州、北海、防城港 4 个城市建设了重点污染源监控中心，将北部湾经济区内 145 家重点污染源企业和 163 个污染源纳入环境监控范围。三是入海污染治理工程基本完成。2010 年 10 月，北部湾沿岸直接入海的工业污染源全部完成污染治理工程建设并投入使用，沿海三市的城市和县城污水处理厂全部建成并投入使用，北部湾沿岸陆域污染源得到较好控制。四是海洋工程环境管理制度逐步健全。出台《废弃物海洋倾倒管理暂行规定》、《海洋工程环境影响评价暂行规定》等一系列管理办法，环境影响评价制度和环境保护“三同时”（环保设施与主体工程同时设计、同时建设、

同时验收）制度得到较好落实，实现建设项目从立项、建设到运营的全过程监管。五是自然保护区建设不断加强。北部湾经济区内已建成自然保护区15个，其中国家级自然保护区6个，保护区总面积达到17万公顷，红树林、海草床、河口湿地等海洋生态系统功能逐步得到恢复。

（二）我区海洋环境状况总体良好，但压力逐年增大

在各级各部门共同努力下，北部湾海域生态环境总体保持良好状况。从时间纵向看，自2008年广西北部湾经济区开放开发上升为国家战略以来，沿海三市GDP年均实现17.1%的高速增长，我区近岸海域海水水质总体维持较好状态，一、二类海水所占比例保持较高水平，2013年我区绝大部分海洋环境功能区海水水质符合国务院2013年批复的《广西海洋功能区划(2011~2020年)》和自治区人民政府2011年批复的《广西近岸海域环境功能区划调整方案》保护标准，红树林、珊瑚礁、海草床及白海豚等我区典型海洋生态标志物状况良好。与地区横向比，我区海洋生态环境质量一直好于其他大陆沿海省市。根据2010年至2013年国家海洋环境质量公报，我区大部分近岸海域保持一类水质，近岸海域劣四类水占所管辖海域总面积(以28000平方公里计)的比例分别为1.15%、0.60%、1.07%、2.03%，与我国其他大陆沿海省市相比，我区北部湾海域仍是一片“洁海”。

但是，我们也必须清醒地看到，我区近岸海域潜在污染风险不容忽视，海洋环境安全形势不容乐观，主要表现在5个方面：一是近岸海域海水水质波动较大。根据监测数据，2009年至2013年，夏季我区近岸海域一、二类海水比例分别为：92.2%、47.2%、86.2%、62.3%、67.8%，起伏变化很大。二是重点海湾污染严重。除珍珠湾外的各港口海湾，特别是北仑河、大风江等江河入海海域和茅尾海的夏季海水水质，均出现劣于四类标准的现象，且污染状况呈现逐年上升趋势。三是陆源污染物入海量占比大。根据2012年海洋环境质量公报，陆源入海污染物占入海污染物总量比例超过95%。其中，11条入海河流吸纳的污染物总量达30多万吨，排放入海达8.9万吨，占全部陆源污染物入海总量的90.5%。近日，国家海洋局发布的《第21期海洋环境信息》披露，2013年8月至11月，我区被监测的北海、钦州市15个陆源入海排污口中，除钦州市的城镇生活污水排污口未超标外，北海、钦州市各有7个入海排污口排放超标，超标率高达93.33%，远高于全国50%的平均水平。此外，自治区海洋局的监测显示，防城港市的3个陆源入海排污口也有2个超标。由此可见，污染在海里，根子在陆上。四是用海不科学问题较为突出。主要表现为大规模、无序海水养殖和围填海。目前我区海水养殖规模已超过30万亩，养殖规模大、密度大，且布局不合理，集约化、标准化程度低，导致部分养殖海域如廉州湾、茅尾海、西湾等海域海水水质较差。据统计，2008~2012年，经批准的围填海面积超过48平方公里。大规模围填海改变了岸线，影响了水动力环境，降低了对污染物的消纳能力。特别是三墩公路向海前伸近40公里，阻断了钦州湾环流，导致水交换能力明显降低。五是海上环境突发事件风险增大。近3年来，北海廉州湾、钦州茅尾海和钦州湾、防城港企沙、东湾、西湾都出现过水质异常现象，发生赤潮的风险加大。此外，随着我区沿海油码头、矿产品散货码头的建成投产，油品、原矿进出港数量增加，在铁山港、钦州港、防城港海域发生较大规模溢油事故和重金属污染事件的风险大大增加。

在这里，我通报最近发生的一起环境事件。1月中旬，桂林市灌阳县湘江支流灌江段又一次发生了镉污染事件，原因还是企业非法炼铟违法排污所致。去年下半年以来，自治区党委书记彭清华在各类大小会议上反复强调要高度重视环境安全隐患清查问题。去年11月底刚结束全区环境清查整治工作，自治区党委政府领导又到各地分头包片检查。在如此高压态势下，再次发生水污染事件是无法接受的。灌江镉污染事件发生后，灌阳县组织了200多人到现场排查，才发现肇事企业厂内存放大量高浓度废液和偷排的排污孔。前段时间的清查整治为什么没有发现问题？说明我们的工作还存在缺漏，清查整治工作还有死角，措施对策还不完善。今天我要特别强调，请各市回去再认真查一查，凡没有按要求做的都要认真补课。希望同志们高度重视环境风险隐患，时刻绷紧环境安全这根弦。

二、准确把握海洋环境保护总要求，明确海洋环境保护目标任务

我区优势在海，希望在海，出路也在海。加快广西北部湾经济区开放开发，大力实施海洋强区战略，必须统筹好开发与保护的关系。习近平总书记在2013年7月30日中央政治局关于建设海洋强国的第八次集体学习时指出：要进一步关心海洋、认识海洋、经略海洋；坚持陆海统筹，坚持走依海富国、以海强国、人海和谐、合作共赢的发展道路；把海洋生态文明建设纳入海洋开发总布局之中，坚持开发和保护并重、污染防治和生态修复并举，从源头上有效控制陆源污染物入海排放。

习近平总书记的这一重要论述是科学开发海洋、建设海洋强国的总纲领和总要求，是我区做好海洋工作的科学指南。我们要认真学习，深刻领会，高度重视和加强海洋环境保护工作，实现广西北部湾经济区更好更快发展。

（一）加强海洋环境保护的指导思想

今后一段时期，我区海洋环境保护工作的指导思

想是：贯彻落实党的十八大关于大力推进生态文明建设的总体要求，坚持在保护中开发、在开发中保护，以提高海域环境质量、维护人民群众健康为根本目标，以贯彻《广西海洋环境保护条例》为主线，以陆源污染物源头控制为核心，以主要港湾和入海河流为重点，以主要污染物减排和重金属污染防治为主要任务，着力提高环境监管能力、污染治理能力、环境应急能力和环保队伍建设水平，实现入海河流入海断面水质达标、近岸海域各环境功能区海水水质达标、海洋自然生态系统得到有效保护、海洋生态环境安全得到切实保障，建设海域清洁、生态良好、经济繁荣的广西北部湾经济区。

（二）加强海洋环境保护工作需把握的基本原则

我区海洋环境保护和近岸海域污染防治工作必须坚持以下原则：

预防为主、防治结合。着眼于防，立足于治，坚持预防为主、预防与治理相结合，全力控制主要污染源和污染途径，尽快扭转近岸海域海水水质下滑态势，防止海洋环境质量下降和生态受损。

以陆为主、陆海联动。把源头控制作为治理的重中之重，重点治理陆源污染，切断入海途径，大幅度削减陆源污染物排放。同时兼顾海上污染治理，最大限度减少入海污染物总量。

突出重点、以点带面。对入海河流、排污口等主要污染途径和污染严重的重点港湾进行重点治理，带动全流域和全海域污染治理。

因地制宜、综合治理。针对不同区域、不同来源和不同污染物，综合采取行政、经济、技术等多种手段进行治理，提高污染防范和治理的针对性和有效性。

（三）明确海洋环境保护工作的总体目标

今后一个时期，我区海洋环境保护工作的总体目标是：陆源入海污染物总量得到有效控制，近岸海域水质总体保持稳定，自然生态系统和特殊生境得到有效保护，海洋环境保护协调机制、海洋环境监测评价体系、海洋生态环境损害应急体系不断健全，海洋环境监管能力进一步加强，公众海洋保护意识不断提高。

到 2015 年，北海、防城港、钦州、玉林四市总磷、总氮排放量比 2010 年分别削减 7% 和 8%，化学需氧量和氨氮削减量完成自治区下达的总量控制指标；100% 的企业污水直排口达标排放；近岸海域一、二类海水站位所占比例达 85% 以上，环境功能区监测站位水质达标率 88% 以上；入海河流断面水质消除劣 V 类，南流江等 11 条主要入海河流入海断面全部达到水功能区水质标准；滨海湿地总面积保持稳定并逐步恢复增加，海洋自然保护区和海洋保护区总面积分别达到广西海洋功能区划范围总面积的 3% 和 2% 左右；近岸海域环境监管、综合执法、监测预警和应急能力达到标准化建设水平，船舶油类污染防治水平进一步提高。

三、坚持突出重点、综合施策，打好近岸海域生态环境保卫战

推进北部湾近岸海域污染防治工作，必须对所有污染物以及点源（矿山等）、面源（农业等）、固定源（工厂等）、移动源（车、船、飞机等）所有污染源实施全防全控，建立陆海统筹、天地一体的预防体系，确保不留死角。

（一）实施入海河流流域综合整治工程

要认真贯彻落实 2013 年 9 月召开的全区主要污染物总量减排工作电视电话会议精神，切实加强入海河流全流域主要污染物减排工作。一是加大畜禽养殖污染治理工作力度。根据监测，河流携带入海的污染物总量中，有 40% 来自于畜禽养殖。其中，南流江流域的玉林、钦州两市河段是畜禽养殖污染的“重灾区”，特别是玉林市博白县水鸣镇、玉州区成均镇等乡镇的畜禽养殖量已严重超出环境承载能力。特别需要提出的是，玉林市九洲江流域生猪养殖污水直排入河，是造成九洲江省界断面水质超标的主要原因，直接威胁到下游广东省湛江市城乡居民的饮用水安全，引起了中共中央政治局委员、广东省委书记胡春华和自治区党委书记彭清华的高度关注，两位领导为此作出了重要批示指示，要求尽快开展粤桂九洲江流域跨界水环境保护与经济发展合作，共同治理好九洲江流域污染。各级各部门要坚决贯彻落实国务院《畜禽规模养殖污染防治条例》，以县为单位加快编制和实施畜牧业发展规划及畜禽养殖污染防治规划，按照环境容量严格控制流域畜禽养殖业规模，科学划定养殖禁养区和限养区，2016 年底前要关停或搬迁禁养区内的规模养殖场；要实施“清洁养殖”工程，2015 年底要完成 60% 以上现有规模养殖场的标准化改造任务，争取 2016 年底基本完成。二是要加强城乡污水生活垃圾处理设施建设和运行管理。生活污水是我区入海河流的第二大污染源，约占入海污染物总量的 30%，是近岸海域海水总氮、总磷居高不下的根源。对城市污水垃圾处理，要按照自治区城镇污水生活垃圾处理设施建设“十二五”规划，加快沿海沿江城市污水和生活垃圾设施建设，重点建设城市配套污水管网，改造污水处理厂的脱氮、除磷工艺，力争提前 1 年完成《近岸海域污染防治“十二五”规划》确定的地级市 90% 以上、县级市（东兴市）85%、县城 70% 的污水处理率目标。同时，自治区污水垃圾处理办公室要对国家海洋局通报的北海市市政排污口排放不达标问题，立即挂牌督办、限期整改，整改后仍不达标的，依法依规对有关领导和责任人严肃追究责任。要注重和加强农村环境整治工作，整合农村环境连片整治工程和“美丽广西·清洁乡村”建设项目资金，

今年要将资金重点投入到沿海三市及玉林市的农村环境整治工作，加快农村污水垃圾处理设施建设。有条件的地方建立“村收集、乡转运、县处理”的农村生活垃圾集中处理模式，条件欠缺的边远地区可以就地对生活垃圾进行简易无害化处理，力争到2014年底农村生活垃圾收集处理率达到70%。要加快实施沿海沿江乡村污水处理设施建设工程，由自治区住房城乡建设部门牵头，会同发展改革、环境保护、水利、国土资源等部门尽快制订建设计划，力争2015年实现所有建制镇建成污水处理设施。

（二）强化沿海企业污染治理

近年来，沿海三市的产业发展较快，污染物排放量不可避免地随之增加。据测算，沿海三市企业入海废水约占入海污染物总量的13%。因此，一定要加强对企业的污染治理。一是严格落实环境影响评价和环境保护“三同时”制度。环境保护厅要加大重点工业园区、重大项目建设的环境监管力度，确保园区和项目与近岸海域环境功能区划、海洋功能区划和环境保护规划相衔接、相协调。同时，加大对沿海企业包括旅游餐饮服务企业污水直排口的监测监管，对超标违规排放的，要立即实行关停和处罚措施，决不姑息。二是开展园区污水处理设施建设大会战。沿海三市要借鉴县县建成污水垃圾处理设施工程的经验，对所有进驻涉水企业的园区实施污水处理设施建设大会战工程，2015年底要实现每个园区都建有集中污水处理厂的目标，从根本上消除企业生产废水直排现象。要多方筹措建设资金，积极探索污水处理设施建设运营模式，可与国内有关专业水务企业合作，采取BOT等模式建设、运行和管理。三是强力推进循环经济和清洁生产。由自治区发展改革委、环境保护厅牵头，会同自治区工业和信息化委等有关部门，尽快制订北部湾经济区重点园区和主要工业行业循环经济和清洁生产规划，按轻重缓急分步实施，最大程度减少污染物排放。

（三）大力推行生态海水养殖

我区海水养殖排污约占入海污染物总量的3%，虽然目前占比不高，但必须认真对待，及早治理，未雨绸缪。一是制定海洋养殖业发展规划。沿海各县区要根据各海域环境承载能力合理控制养殖的区域和面积，科学确定养殖密度。特别是北海市要对海水养殖规模增长过快、部分养殖海域已出现营养盐超标现象，提出控制性规划，推广水产养殖清洁生产，减少氮、磷排放量。二是大力推广生态养殖技术。优化海洋养殖业结构，加快推进养殖池塘标准化改造，推广应用节水、节能、减排型水产养殖技术和模式，大力发展工厂化循环水养殖，使用高效安全配合饲料。三是加强滩涂海水养殖监督管理。加大检查执法力度，禁止向海水直接施肥。

（四）加强船舶港口污染治理

目前，我区港口船舶污染防治仍是空白。广西北部湾国际港务集团要会同沿海三市，立即采取措施，在北海港、铁山港、廉州湾石步岭港区、钦州港和防城港等重要港口，建设和完善船舶和港口污染防治设施，规范船舶污染物接收处理。一是尽快建成船舶污染物接收处置设施。主要沿海港口要在2014年底完成船舶污染物接收处置设施建设，配备油污水回收船，实现港口船舶油污水、压舱水、洗舱水集中处理和达标排放，船舶及港口油污水和垃圾接收处理率要达到85%以上。二是完善码头污染防治设施。2015年底前，煤炭、矿石散货码头必须建设雨污水收集处理系统，防止重金属污染物入海。

（五）科学规划实施围填海

大面积围填海对周边海域潮流场、冲淤环境的影响不容忽视。必须科学规划围填海工程，严格控制岸线开发利用。要以2020年我区大陆自然岸线保有率不低于35%、建设用围填海规模控制在161平方公里以内为红线，倒逼围填海开发活动。各级国土资源、海洋部门要严格执行国务院批复的《广西壮族自治区海洋功能区划(2011~2020年)》，建立更加严格的围填海审批制度和生态补偿制度，科学有序推进滩涂湿地围垦，遏制近岸海域无序开发趋势。对已经造成不良影响的三墩公路工程等围填海工程，要尽快采取补救措施，修复受损海域生态环境。

希望各市认真对照上述5项重点工作，制订各自的污染防治工作方案并付诸实施，环境保护厅和自治区海洋局要做好指导协调和督促落实工作。

四、加快健全海洋环境保护体系，建立海洋保护长效机制

加强海洋环境保护是一项长期的系统工程，既要结合当前问题采取有针对性的措施，开展环境保护保卫战，更要健全保护体系，构建海洋环境保护长效机制。

（一）建立海洋环境保护责任体系

一是认真贯彻即将施行的《广西海洋环境保护条例》，自治区将与各市签署海洋水质保护责任状，请环境保护厅和自治区海洋局商各相关市拟定责任状，争取在今年上半年签署。二是建立自治区环境保护、海洋、工业和信息化、水利、住房城乡建设、水产畜牧等部门参加的海洋环境保护部门联席会议制度，统筹开展近岸海域环境保护的指导、协调、监督、执法工作，进一步完善海洋环境保护考核制度和奖惩措施。三是强化海洋保护与陆源污染防治属地负责制，层层建立目标责任制，地方各级政府“一把手”要亲自抓、负总责；要探索建立入海河流污染防治“河长制”，对大风江、南流江、钦江、防城江、茅岭江和北仑河等6条污染物排放

量大的入海河流，由所在市或污染排放量大的市政府负责同志担任“河长”，全面负责污染防治和监管工作。其中，南流江的“河长”由排污最严重的玉林市人民政府负责同志担任；防城江、北仑河的“河长”由防城港市人民政府负责同志担任；钦江、大风江、茅岭江的“河长”由钦州市人民政府负责同志担任；其他5条较小入海河流的“河长”由所在市人民政府指定县区人民政府负责同志担任。会后，请各市尽快将各入海河流的“河长”名单和河流污染综合整治方案报送自治区人民政府，抄送环境保护厅和自治区海洋局。

（二）建立海洋环境高效监测体系

要加大沿岸地表水、地下水和海洋等环境监测资源的整合力度，建立陆海统筹、天地一体的海洋环境监测预警体制。自治区将整合环境保护、海洋、海事、科技部门的陆海环境监测系统。通过加密监测站（点）网络、完善监测手段，实现污水排放口和入海河口的水质、水量，以及重点港湾、敏感区域海水水质的自动实时监测，提升近岸海域环境监测能力。进一步完善沿海城市、城镇污水处理设施在线监测系统，增加总氮、总磷监控考核指标。开展海水环境质量标准和海洋生态健康标准研究，构建以海水水质、沉积物质量、海洋生物质量以及海水富营养化等为评价指标的近岸海域生态环境质量综合评价指标体系，建设科学、高效、全面的海洋生态环境监测评价体系。

（三）建设海洋环境友好型产业体系

进一步加快广西北部湾经济区产业一体化进程。由自治区工业和信息化委牵头，自治区发展改革委、北部湾办配合，尽快编制完成北部湾经济区产业一体化规划，优化北部湾四市产业结构和产业布局，严格控制工业污染物排放。加强重大工业项目建设前期论证工作，认真落实《广西主体功能区规划》、《广西沿海重点产业发展战略环境评价报告》等文件要求，提高环境准入标准，严格执行环境影响评价制度和环境保护“三同时”制度，严格控制“两高”产业规模，禁止临港、临海、临江布局国家产业政策限制类、淘汰类项目。对污染严重、不适宜在沿海继续发展的企业要坚决关停并转。

（四）建立海洋环境突发事件预警应急体系

一是建立健全自治区、市、县三级海洋灾害应急指挥机构和组织体系，完善部门联动应急响应管理机制，加强海洋灾害应急演练，提高赤潮、风暴潮、海浪、海啸等海洋灾害的观测、预警、决策、处置以及调查评估能力。二是加强海上突发环境事件应急处置能力建设，制订完善海上溢油、有毒化学品泄漏等涉海污染应急预案，建立重大涉海环境污染风险档案以及相关企业预警名录。加强海上突发环境事件应急队伍和应急装备建设，2014年底前，钦州市要建成中型溢油应急设备库，北海市和防城港市要分别建成小型溢油应急设备库，以提高事故应急处置能力。此外，防城港市要加快推进核电厂辐射环境现场监督性监测系统工程建设，确保核电厂按时装料运行。

同志们，保护好、维护好我区近岸海域生态环境，建设好、发展好北部湾经济区，事关我区生态文明示范区和海洋强区建设大局，事关社会和谐稳定，任务繁重，使命光荣，责任重大。各级各有关部门一定要认真贯彻落实自治区党委书记彭清华的重要批示精神，切实履行职责，为保持我区良好的生态环境、建设美丽广西、与全国同步全面建成小康社会，把我区建设成为我国西南中南地区开放发展新的战略支点而努力奋斗！

自治区副主席唐仁健在九洲江流域水环境综合治理专题会议上的讲话

（2014年8月25日）

同志们：

今天这次会议既是工作汇报会，也是座谈交流会，同时又是任务部署会。8月6日粤桂两省区在广州正式签署了九洲江水环境保护合作协议。合作协议签署后，自治区党委书记彭清华专门指示，让我继续统筹抓好这项工作，同时要研究如何把有关资金使用好、安排好，进一步巩固扩大治理成果，逐步建立综合治理长效机制。根据清华书记的重要指示精神，我们召开今天这次会议。既要研究已经部署的、没有完成的怎么巩固和发展，同时又要研究为更好地扩大治理成果，今后长效机制到底怎么建立？总的目标，我觉得可以用两句话概括：一是水质稳定达标（包括丰水期、枯水期，一年四季大多数情况下都能达标），二是长效机制建立。两者是辩证统一的，为了水质稳定达标，一定要建立长效机制。刚才，玉林市和陆川、博白两县政府领导作了很好的情况介绍，也实事求是反映了存在的问题，同时提出了很好的工作建议。参与九洲江流域污染治理的区直11个单位作了很好的发言。通过大家发言，有两点我感受很深：第一，大家都实实在在做了大量工作，发言本身并不长，但我能听出来大家完成了许多含金量很高的工作任务；第二，对下一步的安排和部署，大家都非常积极、非常主动，而且都有很好的工作设想。今天这次会开得很有成效。在大家讲的基础上，我再讲几点意见：

一、一年来治理工作已取得阶段性成效

一年来治理工作已取得重要阶段性成效，这是一个总的判断。通过全区上下共同努力，取得了这么一个

成果。粤桂两省区共同治理九洲江流域污染是中共中央政治局委员、广东省委书记胡春华和自治区党委书记彭清华于2013年8月共同倡议、共同推进的。今年7月上旬，彭清华书记专门考察九洲江治理情况，并在湛江和胡春华书记共同出席两广推进合作项目落实情况工作座谈会，就下一步工作开展进行了很好的合计和部署。会上，胡春华书记非常高兴、非常兴奋，他一再表示，没想到不到一年，九洲江粤桂跨省交界断面监测入口水质能从劣Ⅴ类，一下升到Ⅲ类。座谈会开得很成功，我们在会上提出的整个粤桂近期大的合作项目广东方面基本上照单全收。看来，只要下决心，思路对，粤桂确实能合作干一些大事。从这次座谈会上的结果可以看出，粤桂两省区领导对九洲江流域水环境综合治理十分重视。自治区主席陈武今年2月份在《研究九洲江流域污染治理工作的纪要》（桂政阅〔2014〕18号）上批示：在纪要基础上提出一个治理工作方案下发各市县落实、各部门执行。自治区党委副书记危朝安在农业厅有关文件上也作了批示。自治区党委常委、自治区常务副主席黄道伟也几次召开会议协调。原自治区党委常委、自治区副主席林念修同志在回北京工作之前，为了这件事情，从头到尾把九洲江流域走了一遍。可以这么说，九洲江流域治理成果是一茬又一茬领导同志不断努力抓出来的结果。成效刚才大家都已经讲了，我就不细说了。归纳起来，有这么几点：

（一）完成了相关规划和方案编制工作

包括流域水污染防治、水资源保护、产业发展、养殖业发展等规划及相关的专项实施方案。

（二）“三污水”治理取得重要成果

流域主干流禁养区养殖场已全部完成清拆，乡镇污水处理厂建设项目的前期工作基本完成，涉水工业企业启动了治理工作。

（三）工作机制初步建立

8月6日，两省（区）签署了合作协议，这是一个重要节点。玉林市与湛江市建立了合作联席会议机制和联合执法机制，陆川和博白两县也建立了密切沟通协调配合机制，实行“河长制”，把责任制落到了实处。水环境监管机制初步建立起来，取缔了很多非法的采砂场，还有一些非法企业。另外，水质的监测网络都已经建立起来。

（四）江水氨氮浓度明显下降

今年7月上旬，我陪彭清华书记考察九洲江治理成果时，自动监测站的江水氨氮浓度已达到Ⅲ类指标。如果到冬季枯水期，还能稳定达到，那就是了不起的成效了。

二、巩固治污成果的任务下一步还十分艰巨

尽管我们取得了成果，但这个成果还只是初步的，因为毕竟才一年，后面还有大量的建设任务，特别是机制建设任务，还有一些管理措施没有到位，还有大量的工作需要深入探索和不断完善。目前看，主要问题有：

一是各类规划和方案缺乏有机衔接。从大家发言看，玉林市、区直有关单位编制、制订的规划多、方案多、措施多。这是好事，但如果衔接不好，整体综合效益可能会受影响。下一步，环境保护、发展改革、财政等综合部门在这方面要再下一点力气，把规划、方案、措施有机衔接好，使之最大限度地发挥作用。

二是项目实施进度需要加快。刚才大家都说出了很多问题，主要是进度问题。自治区水产畜牧局讲到，现在拆猪场等治理工作只在干流展开，而博白还有两条支流加起来约有100多公里，现在都还没有纳入视野和覆盖范围，这些支流的水质现在还是劣Ⅴ类。另外，干流200米限养区养殖场拆除的规模猪场，清理或搬迁生猪8.5万头，仅占整个干流2000米以内62.95万头生猪的13.5%。这意味着，大部分养殖场依然保持原样，养殖粪污产生的隐患仍然存在。10个乡镇污水处理厂建设项目的进度，多数还处在初设阶段。工业企业转移园区建设项目才刚开始动土，也要加快。

三是资金筹集任务重。据玉林市的初步测算，“三污水”治理共需投资约38.5亿元，现在我们看得到的是6个亿，加上发展改革委几千万、住房城乡建设厅几千万、工业和信息化委一千万、科技几百万，环境保护前一段也争取到一些农村环境综合整治资金，我跟环保厅厅长檀庆瑞商量，也准备拿出2500万来用于九洲江治理。这是最新、最近的资金，全部加到一起，我估计，看得清的也就七八个亿。离近四十亿还差不少，项目建设的资金缺口还比较大。

四是污染反弹形势依然严峻。刚才玉林市和两个县也讲到，仅治理干流200米范围内的养殖污染还不够。支流（圭地、宁潭）问题，还根本没考虑。玉林市及环境保护、发展改革等单位要协同联合，尽快把这两条支流的情况，需要建设的项目任务，资金的需求测算等等，马上补起来，下一步我们的很多安排恐怕就要同时考虑了。如果支流不治理，一旦污染不可控，“一夜回到解放前”，干流的治理就会功亏一篑。现在猪价又有所回升，你不让养，一旦政策、资金、调结构的措施不到位，农民就悄悄又养了。反弹的形势大家一定要有充分的认识。

三、当前要重点抓好的工作

（一）抓紧落实粤桂合作协议有关事项

环境保护厅、发展改革委、玉林市要与广东对接好，力争今年9月份完成《粤桂两省区九洲江流域水污染防治规划》、《九洲江—鹤地水库生态保护项目实施总体方案》、《粤桂九洲江流域水环境综合治理规划》，

并及时向国家有关部委申报，争取将九洲江流域纳入“国土江河综合整治”试点等项目。请环境保护厅、财政厅加强与广东对接，确保粤方资金及时划拨进入广西。请环境保护厅与广东对接，完善覆盖全流域的水质监测网络，提升水质监测水平。请玉林市政府会同湛江市政府建立健全跨界水污染联防联治、环境应急联动和联合执法机制。

（二）加快“三污水”治理工程建设

养殖污水处理方面，相对好一点，但也需要继续保持，要深入推进200米区域内直排粪污生猪养殖点清拆。加快落实有机肥产业发展，只有这类项目落地，畜禽粪污才能有出口。生活污水处理项目方面，总的讲，多数还处在初步建设阶段，能加快的尽量加快。涉水工业污水方面，列入转型升级的11家工业企业今年底前力争全面完成治理改造。刚才讲，几家企业环评手续不完善的问题，请环境保护厅实事求是地研究。以前没办，如果不是业主主动不办，那原因主要不在企业，道理上应是这样。其他问题，如玉林市提到土地指标的问题、占补平衡问题。总的来说，要在总体依法依规的前提下，特事特办，一事一办。

（三）确保项目资金落实到位

第一，广东3亿元合作资金，财政、环境保护一起协调落实，越快越好。广东表态很好，一次性到位，怎么使用，广西自己统筹。第二，其他的钱，尤其是前期已经明确了的，如果资金还没到位，也希望快一点下拨。第三，11个区直部门，其实也包括国土，下一步也可以考虑，尽量挖潜，一方面争取中央支持，一方面争取自治区厅局自身多挤。当然，也务必要强调，财政和审计要确保所有的钱（大钱和小钱）都要管好用好。我想，这次九洲江治理，主要领导这么重视、这么强调，一定要办成全优工程，不只硬件建设项目要全优，资金的使用管理、机制创新等软件方面也要尽量办成示范和全优，争取方方面面都尽可能办得完美，不出问题。

（四）全方位服务治污项目的建设

流域治理涉及项目多，项目建设前期工作办理相关手续多、程序多，各级各部门要在依法办事的前提下，尽可能开“绿灯”，特事特办，通过下放审批权限、简化审批流程等措施，切实加快审批。

四、逐步建立综合治理的长效机制

前面我讲，没有长效机制就难以稳定达标。很多工作如果只是一两年甚至三五年可能还撑得过去，但没有长效机制，最终就会撑不下去，所以这点要看得很重。上次调研清华书记多次跟我强调，一定要保长效，一定要有长效机制。我初步考虑，也和有关同志研究，初步提出建立五个方面的长效机制。

一是坚持市场导向，逐步建立多元参与机制。这个主要是从参与的主体上讲，总体要按照“政府引导，市场运作，社会参与，多元投入”的原则，努力实现流域内政府、企业、养殖户、合作社、群众共同参与、良性互动。对政府来讲，前期投入多一点，组织力度大一点是完全需要、完全必要的，但是往后更多的是要进行引导。工作重点放到编制好规划，提高环境准入门槛，出台相关扶持政策，安排相当的财政资金上来。对于往后拿出来的资金，也包括现在资金的一部分，请财政和有关部门多考虑，用于更多地撬动社会资金，用于有利于长效机制建立的项目、方面和环节上去，不要一把就用完，要瞻前顾后连带起来考虑，也包括引导金融机构加大治理项目的支持力度，还有环保长期倡导的用“以奖促治”等方式来鼓励和扶持业主有效开展治污。这些今后还需要深入研究。比如，可以考虑支持污水厂运营维护。考虑到乡镇没有专门的资金，这10个污水处理厂，因为是乡镇一级的，吸引力不大，也可以考虑研究与市县级（污水处理厂）打捆，作为一个整体项目引进大的环保产业投资业主。即前期我们先建，确保建设进度和成效，但今后可以打捆或者部分出售、转让经营权等形式，让企业来运营。比如，在全国治污排前一二位的北京首创集团等类似企业在这方面就很有经验，就是先政府建，再打捆或者部分出售转让运作，或者一个地区的有关项目打包全让他们来建来做。别的参与主体就不提了，这里主要谈政府参与和市场运作的问题。

二是坚持合作多赢，逐步建立利益共享机制。利益共享机制是所有机制里最重要的。因为九洲江治理不管怎么治，最后落脚点是可持续发展，能不能可持续发展，关键看治理成果跟老百姓有没有关系。因此，治理、搬迁、调结构后要做到：第一不能损害群众的利益，第二利益不能跟原本差不多，第三是要能比以前还得到更高的收益。一定要实现这个目标，不然今后难以持续，难以长效。目前我们农业调结构，企业进园区，这个大思路非常好，但今后这个文章要做细做实，引导群众要快一些。不能等到资金都到位、措施都落实后才开始调结构，这些环节都需要有机衔接。要让农民得到更多更切实的效益、收益，才能保持长效，不然可能又要反弹。

三是坚持建管结合，逐步建立工程管护机制。这方面刚才也在很大程度上说到了，一个是资金要整合，在前期安排的时候，能安排尽量安排一部分，实在不行从别的部分贴一部分也可以。因为这个钱少但又长期持续需要，管护费用怎么来，基金可能是条好路子。有这么一个基金，它生息的部分或者投资稳当的部分能够稳定的产生这个钱。虽然治理的钱本身不多，再成立基金，还有管理问题，也挺复杂，但是其中有没有可能，今后考虑其中一部分按这种方式运作，你们再探讨。另外，跟农民、企业有关系的，维护、管护、运营不能全部是依赖政府，甚至不光是企业业主的责任，个人也应当承担一定的责任。比如，搞清洁乡村我在别的省市调研得知，如果没有农民出一点，哪怕五块十块，没有相关的当地企业捐助一点，光靠财政是靠不住的，有的运营两年就维持不下去了。举这些例子都是想说明这个管护运营钱怎么来、机制怎么建，方方面面的文章都要设法去做、去挖。

四是坚持科技创新，逐步建立技术保障机制。今天科技厅厅长谢迺堂也参加会议，谈了很多很好的意见。今后，如何发挥科技支撑、技术是不是先进又适用，这恐怕还真是关系到我们能不能长效。这方面现在已经有一些探索。在生活污水处理方面，区内外有很多成功的案例，希望大家考察学习，引入一些到九洲江治理当中来。

五是坚持体制创新，逐步建立制度约束机制。第一个是法治保障，主要是协调有关部门研究制定《广西九洲江流域保护条例》及《畜禽养殖污染防治实施细则》作为基本的法律依据和保障，尽快拿出这两个大方面的东西。第二个就是工作保障，建立起自治区、市、县三级协调通畅的工作机制，加强这项工作的统一部署，今后每隔一段时间，根据需要，也根据有关部门反映的情况，阶段性开会研究协调解决一些重大问题。结合基层"四所合一"改革，建立健全乡村级农村环境执法机构，配备适当的环保专业干部，确保有人盯、专门盯，这样专业化程度高一些就会省事省劲一点。可以考虑在陆川、博白这两个县，作为试点先行先试。上次调研时，清华书记也特别强调这一点。第三个就是绩效考核，刚才很多部门也提到这个意见、建议，我想这个指挥棒肯定是最重要的，要把九洲江流域水环境保护工作纳入市县，尤其是陆川、博白这两个县干部的政绩考核内容，解决导向的问题。

同志们，九洲江治理工作意义重大，希望大家继续发扬奋发有为的精神，坚持科学发展，克难攻坚，依法治水，铁腕治污，综合治理，为保护好九洲江，促进沿江流域群众增收致富，作出我们应有的贡献。

坚持从严治厅　加强管理工作
——自治区环境保护厅厅长檀庆瑞在环境保护厅管理工作会议上的讲话

（2014年4月24日）

同志们：

现在召开环境保护厅管理工作会议。我厅从去年1月份开始，以"五项承诺、环境安全、管理转型、从严治厅"为总体工作要求，一直延续至今。在"从严治厅"方面，整体上来说不理想，许多领导干部做得并不好，期间甚至个别领导干部发生了违纪违规的问题。"从严治厅"是一个载体，其中的管理工作渗透到我们工作的每一天、每一个单位、每一个人身上，但很遗憾的是，大量事实说明管理工作是我厅的一个软肋、一个薄弱环节。厅党组认为，认真总结去年以来"从严治厅"的工作，是深化和巩固党的群众路线教育实践活动的具体措施，也是完成各项工作任务的基本保证，召开这次会议刻不容缓。"从严治厅"不是一句空话，我们所有的人员，特别是各级领导干部头脑一定要清醒，不能误判形势，务必破除"拿过去说事"的习惯思维，破除"不比先进，比落后"的态度，破除"大事化小，小事化了"的做法，认真学习有关规定，切实加强本单位的管理工作。下面，我讲四点意见。

一、提高思想认识，切实强化做好管理工作的责任

管理就是管人管事，自古有之。管理直接影响一个单位的形象状态，影响一项事业的兴衰成败，是人类发展、社会进步的永恒主题，其重要性不言而喻。

（一）加强管理是每一个组织正常运转完成任务的必要前提

大到国家、社会，小到单位、家庭，几乎任何组织都离不开管理。古人云"凡军，制必先定"。军队如此，社会每个单位都如此。规章制度必须让每个人言有依、行有规、战有法、守有律。军队条令在美国被称为军内"圣经"，在俄罗斯被称为"军中之舵"。大家都知道新加坡这个国家有"花园城市"的美誉，有的同志亲身去考察过，最大的感受就是管理严格。管理人员随处可见，对随地吐痰、公共场所抽烟、乱丢垃圾、衣冠不整、乱涂乱贴都要管，违反了都要重罚。新加坡这样一个国土狭窄、人口密集的岛国，不到700平方公里的国土面积聚集了500多万的人口，如果没有严格管理，就不会有井然的秩序，就建不成花园城市。管理对于任何单位来说，都离不开、去不掉。诺贝尔经济学奖获得者、管理大师赫伯特西蒙给管理下的定义：管理就是通过计划、组织、控制、领导等工作，实现预定目标。我们引以为豪的长城和埃及的金字塔，既是建筑的奇迹，更是管理的杰作，涵括了管理的全要素和全过程。那么大的长城，不是说有资源、有劳力就可以完成的，特别是在当时谈不上现代化的条件下，不就是管理起决定作用的吗？所以说没有管理，就没有目标计划，低头蛮干，结果可能"南辕北辙"；没有管理，就没有组织实施，无从下手，目标只是"空中楼阁"；没有管理，就没有检查控制，鲁莽行事，工作终将"漏洞百出"。我们许多单

位出问题，就是管理出了问题。加强管理，是为更有效地开展工作、完善工作、规范工作，提高工作效率。只有加强管理，才能充分调动广大干部职工的积极性，提高干部队伍的执行力、战斗力和凝聚力。

（二）加强管理是每一位领导干部的必备素质

领导就是管理者，领导就要抓管理。领导素质如何，体现在管理水平的高低。作为领导，不懂管理、不会管理、不敢管理，必然是不合格的领导。身为领导干部，管理工作是组织交给的硬性任务，是体现领导权威的重要途径，是带领下属开展工作的主要过程。我们工作的过程就是管理的过程，整个体系的运转如此，具体到枝枝叶叶每项工作更是如此。减排是管理、环评也是管理，管理工作存在于每个业务之中。管理能力是领导干部修养、决策、组织、沟通、协调等方面的综合体现。不管是哪一级的领导，都必须具备管理能力，而且应当是过人的管理能力，否则就不称职。有句老话，“兵熊熊一个，将熊熊一窝”，如果一个单位的领导，不重视管理，不善于管理，对单位管不了、管不好、管不到位，小则可能害人误事，大则影响一个单位的生存和发展。去年多次强调从严治厅，又开展了党的群众路线教育实践活动，严整“四风”，为什么有的同志还是置法律纪律规定于不顾，影响单位的形象大局。对此，必须是零容忍。因此，各级领导干部特别是“一把手”必须增强自身管理能力，把管理工作放在重要位置，亲自抓，大胆管，敢抓敢管，抓出成效，管出水平，这才算尽到应尽的领导职责。在此强调，副厅长分管的单位出事，厅领导也是有连带责任的。希望各位厅领导履好职，从严管好分管工作、分管的单位。

（三）加强管理是保护干部职工的必然选择

严是爱，松是害。从严监督管理干部，既是对事业负责，更是对干部负责。本着对同志政治上关心、工作上爱护、生活上体贴的原则，从严教育，从宽处理，但从宽处理并不是说就可以为所欲为。据统计，2010 年至 2013 年我区环保系统违纪违法案件共计 16 起，受党纪政纪处分共 41 人。其中，失职渎职行为 26 人，贪污受贿行为 6 人，违反财经纪律 1 人，妨害社会秩序 2 人。对此，我们要引以为戒。去年我们开展的干部轮岗交流具有多方面的效应，调动方方面面的积极性，其中一个重要效应就是挽救保护干部。

（四）加强管理是适应新形势新任务的必然要求

今年我们的目标任务是：突出主题主线，打好“五场战役”。完成这么重要的任务靠什么？打铁还需自身硬，如果总是违纪违规，队伍懒懒散散，肯定完不成任务。所以，加强管理是完成今年重要任务的具体措施。管理跟着任务走，才能保障任务的完成。各单位要掀起大抓管理、大讲管理的氛围，靠管理出执行力、战斗力。

二、正视存在问题，切实加强六个方面的管理工作

总体而言，厅机关和各直属单位的管理工作是不错的，正是大家在管理的范畴内行事，所以保障了重要任务的完成，也保证了我们整个队伍体系的稳定，但是存在的问题也令人担忧。有的是缺乏管理知识和经验，不会管；有的是随心所欲，胡乱管；有的是不学习文件规定，不知该不该管；有的是制度规定不完善，管不到；有的是怕得罪人，不敢管；有的是有章不循，浑水摸鱼，故意不管，等等。从去年起，我们在不断地调查研究，不停地分析问题，认为要加强六个方面的管理。这是我们今后努力的重要方向，是管理工作的突出内容，也是防止出现问题的六个重要方面。

一是加强经费财务管理。这是当前最重要的管理，因为经费财务管不严就会出事，用不好就会误事。这方面问题表现最为突出，存在的问题不少。第一，预算编制质量不高，资金使用率差。年初编制的预算流于形式，往往仅从争取更多的预算经费出发，没有对项目进行深入研究、论证和细化，编制的预算内容空洞，可行性、操作性不强。这样的预算在年度执行中，严重影响预算执行率，导致很大一部分花不掉的经费不得不再次分配转拨。此外，资金预算的执行不抓紧，往往最后搞成年底突击花钱，每年年底各处室和单位都催着快批转钱，而没用出去的钱，又被财政厅收回。甚至有的单位不跟踪、不掌握预算执行情况，直到资金被收回，才知道自己本部门还有节余资金未使用。你好我好大家都好，得过且过，稀里糊涂，过去可以，现在就不行，不能再按照过去的思维模式、工作方式办事。第二，部分资金未专款专用，存在挤占挪用专项资金现象。第三，财务制度松弛，内部控制不健全。财务报账普遍不规范，报账手续不全、原始凭证不规范、发票填写不完整、购入物品未经验收、审核记账不按规定执行的现象普遍存在。各个单位普遍存在各类借款长期挂账情况，长年不催不收。第四，不严格执行招投标管理相关规定。第五，公共支出管理不严，行政成本居高不下。电话通讯费用长年不清理，一些号码多年无人使用还照交费；会议费控制不严，很多能在厅里开的会，放到星级宾馆去开，一次费用几千上万元，大一点的事项浪费就更严重了。各单位公车管理普遍粗糙宽松，没有对公务车使用、养护、维修及耗油等情况进行有效约束。针对以上存在问题，厅机关及各直属单位要深刻反思，进一步建立健全财务管理制度。

二是加强固定资产管理。固定资产管理一直都是我们管理工作中较为薄弱的环节，具体表现在：第一，固定资产账务处理不规范。厅机关和直属单位的财产管理没有严格执行《行政单位财务规则》和《事业单位

财务规则》,固定资产不登记造册,管理不到位,没有实物台账,也没有实物领用的登记清单。第二,固定资产验收制度不健全。存在个人验收、个人签字、没有证明人等现象。一些单位固定资产价值和实物没有分开管理,既没有明确固定资产管理的部门,没有设置固定资产实物的管理岗位,也没有具体的人员负责固定资产的登记、管理和清查,更没有建立相关的管理制度,如固定资产管理制度、财产清查制度等。第三,账实不符、家底不清,易造成国有资产流失。

三是加强日常行政管理。日常行政管理是任何一个单位都不可或缺的一项基本职能,是协调各部门和单位内外部关系的重要纽带,是整个厅机关正常运转的根本保证。日常行政管理涉及方方面面,我厅存在的问题不少。各单位普遍存在管理不严、责任不明、惩戒不重的问题。首先,部分管理制度细化不够,操作性不强。比如,保密制度基本套用一般规定,没有体现我厅实际情况,存在泄密隐患。一些员工保密意识淡薄,对涉密数据的使用、管理及法规知识掌握较少。又如,公车管理制度不尽完善,车辆档案不健全,车辆运行记录缺失,节假日期间车辆不按要求在指定地点停放,一些处室、直属单位领导公车私用现象依然存在。今天会议以后,任何领导严禁公车私用。其次,纪律观念淡薄,执行纪律的自觉性低。比如,按时上班这个基本要求大家都清楚,但去年12月我们进行了一次抽查,在厅办公大楼上班的人员迟到人数不少,有些人甚至迟到一个半小时。我们加强机关管理,严格抓了上下班纪律后,今年3月底再次进行检查,上班迟到人数大幅下降,有明显好转,但仍有一些同志迟到。再如,上班时间不遵守岗位纪律,不认真工作,有个别同志上网购物、炒股、看电影、玩QQ或擅自离岗、无故缺勤、串岗聊天,尤其是一些处长不亲自干活,老是说事情多,总要借调直属单位聘用人员,什么事都吩咐手下人去干,拿起电话随意给直属单位分配任务,甚至直接叫直属单位的博士来做会务,自己当官做老爷。此外,行政管理人员素质能力不强,亟待提高,如对“从严治厅”的要求、对“五项承诺”的内容不学习、不掌握、不落实。

四是加强业务工作管理。环境保护厅既是综合协调部门,也是技术业务厅局,环境保护各项业务是各部门和各单位的重点,我们的成绩单怎么样,关键看业务工作。系统化、制度化、规范化地抓好业务工作管理,有利于各项业务工作目标的落实和完成,有利于促进管理流程和业务流程的优化。在业务管理方面,当前存在的问题主要是推诿扯皮、不跟踪督办、不按时限办结。比如,一些直属单位承担项目的环评、验收及各类委托,在业务合同的签订上不够严谨,合同管理混乱,各类合同档案散落存放在各业务部门,签订合同后跟踪督办不到位,最终导致出现项目任务完成质量低下、完成时间拖延、合同与财务脱节等一系列问题。合同项目完成了,人家欠我们的钱我们没要,我们欠人家的钱也没给,且不是一天两天,一拖就是几年。绩效考核评价不规范,大部分直属单位对于年初制定的工作计划,往往到了年终才进行一次考核,整个工作过程中没有做好跟踪督办,导致许多工作不能够按计划开展、不能按要求完成,直接影响了年终绩效考核的成绩。

五是加强领导决策管理。决策是领导干部履行各项职能的核心和基础。领导决策的正确与否,是事关全局方向目标的重大问题,也是单位事业兴衰成败的决定性因素。只有加强领导决策管理,以科学的态度和民主的方法搞好决策,才能提高领导工作水平,促进工作的改革和发展。我厅一些单位存在着决策权过分集中、决策不够科学公开,以及欠缺决策监督和责任追究等问题。要么是集体研究形同虚设,要么是集体研究闯红灯,没有实行民主集中制,重大决策个人说了算,大额资金支出个人说了算。项目招投标中,报价低的中不了,报价高的反而中,还擅自修改参数,过去有、现在也有。去年制定的《环境保护厅“三重一大”决策制度》,是我们归纳提炼相关制度,并结合我们厅的实际制定的,但决不意味着“三重一大”决策制度是分界线,决不意味着在“三重一大”决策制度实施前可以不按照财经纪律、民主集中制等制度规定办事。

六是加强党的组织管理。党的组织管理是党员队伍建设的重要内容,是党的建设最经常最基础性的工作,也是党的基层组织的一项基本任务。一个单位一个部门的工作开展好不好,内部是否和谐,干部群众对领导班子是否信任,关键取决于党组织强不强。党组织领导能力强,就会政通人和,党组织涣散,就会出现管理混乱、效益低下,干群关系紧张等严重问题。只有加强党的组织管理,才能使党组织真正成为服务群众、凝聚人心、推动发展、促进和谐的战斗堡垒。目前,我厅的基层党组织管理存在不少问题。部分支部书记党务工作能力低,党务知识欠缺,不善于组织开展工作。一些支部组织生活不正常,不认真执行党的“三会一课”制度,工作计划流于形式,对党员干部的教育远远达不到要求。一些直属单位一年到头基本上就没有真正组织开过党员会议或支委会议,既不组织学习上级领导讲话和文件会议重要精神,也不培养入党积极分子和发展新党员。一些同志忘记了自己的党员身份,不提醒就想不起要交纳党费,更想不起要过组织生活。部分同志对违反八项规定和廉政纪律的现象麻木不仁、见惯不惯,按照自己的理解和思维习惯办事。一些同志犯错误,就是因为思想上不设防,要么不认真学习,要么学习走形式。

三、提高工作水平，确保各项管理制度落到实处

归根结底，加强管理一靠学习，二靠制度，三靠执行。这“三板斧”真正用好了，我们存在的问题也就解决了。

（一）以学习为基础，解决不会管、胡乱管的问题

首先要抓学习，学习是第一位，只有学好，方能管好。古人言：“人有知学，则有力量”，特别是对从事管理工作的领导干部，组织、协调、决策能力要求比较高，更应加强学习。去年一年内，中央政治局进行集体学习12次，平均每个月一次。习近平总书记在中央党校建校80周年暨2013年春季学期开学典礼上指出，“好学才能上进。中国共产党人依靠学习走到今天，也必须要依靠学习走向未来。我们的干部要上进，我们的党要上进，我们的国家要上进，我们的民族要上进，就必须大兴学习之风，坚持学习、学习、再学习。”因此，全体干部职工要树立学习为本、终身学习的理念，学理论、学业务技能、学管理知识，提高自身综合素质，走出“管理本领恐慌”的困境。要学以致用，学法律法规、学文件规定、学管理制度，弄清楚哪些不能做、哪些必须做。

（二）以制度为保证，解决管不到位、不知该不该管的问题

俗话说：“国有国法，家有家规”，“没有规矩，不成方圆”。加强管理，光靠人盯人、人管人不行，从根本上讲还要靠制度，用制度管人，用制度办事。制度是管理的法宝，好的管理必须有一套好制度，好制度胜过一切说教。制度必须完善，要重点完善重大项目立项及招投标、重大经费支出、对外合作经营及干部人事调整等重大事项报告审查制度，完善环境行政审批权、行政评审权、环境执法权、环保资金（项目）分配权、物资（设备）采购权、干部人事权等“六大权力”运行制度，加强监管，通过制度强化管理、落实责任，提高绩效管理水平。管理制度要不断升级，否则形势任务变了，就会造成管理不到位、管理失效。

（三）以执行为抓手，解决不敢管、故意不管的问题

制度面前，没有人情可讲。任何违反的行为都应受到制度的处罚，不可姑息，不能把问责变成责问，把诫勉变成劝勉，将约法三章变成罚酒三杯。对那些不讲基本规矩、缺乏制度意识、丧失敬畏之心的干部，加强教育批评；对那些有章不循、故意不管、丢弃做一个领导干部底线的干部，坚决调整调离；对各种违规违纪行为，发现一起、查处一起，不能手软。

四、迅速展开行动，全面整改管理工作中存在的问题

确定五月份为管理月，全面整改管理工作中存在的问题。各单位各处室要紧急行动起来，做好各项工作。

一是立即召开各级领导班子会议，分析本单位管理形势，查找存在问题，提出整改意见。

二是立即对六项重点管理工作进行清查整改。在经费财务管理方面，要科学制定全年项目资金使用计划，均衡使用项目资金；加强财务分析和审计检查，提高资金使用效益；加强财务人员业务素质和能力，实行权责分明、相互监督、有效制衡的内部控制机制，全面提高经费财务管理水平和资金安全水平。在固定资产管理方面，要对固定资产的购买、入库、领用、调拨、租借、报损、报废等各个环节进行管理，落实专人负责固定资产管理工作，规范建立固定资产财务账和实物账，并定期开展盘点清查，做到账账一致、账实相符，确保国有资产安全。在行政管理方面，重点解决“服从意识差、办事拖拉、工作平庸、责任不严”四个突出问题，加强作风建设，严格遵守岗位纪律，严格遵守会议纪律，严格遵守重大事项报告制度，严格遵守保密规定，严格进行检查问责。在业务管理方面，要明确办结时限，落实专人跟踪督办，实现目标化、精细化管理；重点制定项目管理规定及合同管理制度，对合同签订、审核、跟踪执行、归档等情况进行全面系统的管理。在领导决策方面，要认真学习落实《环境保护厅“三重一大”决策制度》、《中国共产党纪律处分条例》、《行政机关公务员处分条例》等相关规定，落实民主集中制原则，做到科学决策、民主决策、公开决策。在党的组织管理方面，落实“三会一课”制度，支部党员大会每季度至少召开一次，支部委员会会议每月召开一次，党小组会每月召开一至二次，党课每季度上一次，形成良性循环机制；加强对基层党务工作者的培训，与检察院、纪检监察机构实行联动。

三是各处室各单位要结合自身实际，召开本单位的管理工作会议，请分管厅领导参加。

四是对于存在问题较多的单位要成立专门小组，处理遗留问题。该堵的堵，该补的补，该还的还，该追的追，该查的查，化险为夷。

五是机关建设领导小组在五月底六月初听取各单位各处室工作汇报，对倾向性、共性问题进行统一研究，进一步完善制度，堵塞漏洞。

各分管厅领导以及各处室各单位要结合本单位实际，迅速开展工作，不得延误。总之，希望大家人人行动起来，人人学管理、懂管理、讲管理、善管理，向管理要作风，向管理要规范，向管理要成效，切实加强全厅上下的管理工作，确保今年各项任务的圆满完成。

扎实开展"基层建设年"活动 以"五个走在前"引领环保工作迈上新台阶

——自治区环境保护厅厅长檀庆瑞在2014年全区环境保护工作会议上的讲话

（2014年2月18日）

同志们：

这次全区环境保护工作会议的主要任务是，全面学习贯彻党的十八大、十八届三中全会和全国环保工作会议精神，总结2013年工作，部署2014年工作任务。今年1月9日，环境保护部召开全国环保工作会议，周生贤部长组织学习了习近平总书记等党和国家领导人对环境保护和生态文明建设的重要论述，对环境保护领域的改革和全年的工作进行了全面部署。周生贤部长的讲话已印发给大家，全区环保系统要认真学习领会，全面贯彻落实。下面，就我区今年的工作，我讲三点意见：

一、认真总结工作亮点，充分认识存在问题

过去的一年，全区环保系统坚决贯彻落实自治区党委、政府以及环境保护部的决策部署，以"环境安全年"为主题，以"五项承诺，环境安全，管理转型，从严治厅"为思路，较好地完成了各项工作任务。

一是项目环评审批富有成效。全年审批完成自治区新开工重大项目103项，对应投资2039亿元；统筹推进预备重大项目48项，对应投资642亿元。防城港电厂二期等一批重大项目得到环保部的批复和支持。南宁市率先完成"十二五"专项规划的所有规划环评，以及工业集中区（园区）的规划环评审查工作，环评审批时限提速1/4，审批时限缩短为5个工作日。北海市作为全国第一批城市环境总体规划编制试点城市，启动了城市环境总体规划编制工作，为全区创造经验。钦州市创新环评审批程序，采取打捆审批的方式，为业主节约时间、节省费用。玉林市加大环评违法案件处罚力度，发出行政告知书6份，立案查处2件，行政处罚2件。

二是环境污染治理不断加强。在2013年环境保护部重金属污染防治规划项目考核中，我区成绩良好，全国排名14位，比2012年排名上升10位。全年共约谈环境污染治理不力的分管市领导6人、市县环境保护局局长29人、企业负责人22人。南宁市推动木薯淀粉酒精产业规划和实施，推动《南宁市邕江流域水污染防治条例》立法，填补邕江流域水污染防治立法空白。柳州市建成每日可供水30万吨的地下水备用水源，并加快推进第二水源地建设。梧州市设立进口再生资源加工园区环保分局，作为派出机构，加强固废监管。河池市开展循环经济产业研究，申请国家项目解决重金属污染历史遗留问题。

三是农村环境整治深入推进。广西选择22个示范县564个行政村实施农村环境连片综合整治，总投资5.448亿元。在今年的全国环保工作大会上，我厅做了典型发言，介绍了我区开展"美丽广西·清洁乡村"的经验。宾阳县采取县与镇、镇与村签订责任状，成立村环委会等办法，农户、集体经济组织、县财政共同出资，形成示范项目长效管理机制；上林县的示范项目与乡镇污水处理设施建设同步推进，结合村屯池塘景观改造，因地制宜选用污水治理工艺；恭城县结合乡村旅游推进示范项目建设，落实每月每套设施1000元的运行经费，组建了专业维护队伍；北流市严格项目管理，项目手续齐备，并落实了设施维护经费和人员；忻城县将示范项目工作经费和运行经费列入财政预算，项目推进速度较快。

四是$PM_{2.5}$监测建设任务提前完成。南宁、柳州、桂林、北海4个环保重点城市积极解决资金、技术等问题，实时向社会发布$PM_{2.5}$等6项新指标及环境空气质量指数，提前1年完成国家建设任务。北海市还制定了《环境空气质量预警应急预案》，提高空气重污染情况下的应急能力。其他10个非环保重点城市，均选取1个国控空气自动监测站点开展试运行监测，计划今年完成所有监测点建设并发布信息，提前完成国家建设任务，为今年我区实现14个市$PM_{2.5}$监测全覆盖奠定基础。环境保护部充分肯定了我区取得的成绩。

五是环境监管保持高压态势。曝光16起2009年以来久拖未结的自治区挂牌督办案件和9家问题环评机构，开展了5次"环境安全年"专项行动，共派出417个检查组4200多人次，突击检查企业703家，发现环境隐患243处。在大清查大整治行动中，全自治区共检查工业企业15000多家，查出环境安全隐患企业近2000家，依法取缔关停或限期整改。2013年，全自治区发生突发环境事件总数下降25%，发生较大以上环境事件总数下降50%。梧州市、贵港市分别查处非法小作坊小企业222家和148家，均落实停电或者拆除生产设施；百色市市长亲自主持召开清查整治会议，实行市政府领导包片负责制；崇左市开展河流型饮用水水源地专项执法检查，对锰加工等行业企业进行重点整治；防城港市采取明察暗访、突击抽查和节假日、夜间、雨天现场检查相结合的方式，强化环境监管；玉林市针对九洲江流域规模化畜禽养殖场较为集中的情况，积极实施环境综合整治；梧州市对29家重点企业进行"约谈警示"，强化企业环境安全责任意识；来宾市加强重点污染源监管，开展了企业环境信用等级评

价工作；钦州市实行企业环境风险星级管理，按照风险等级高低决定每月检查频次；钦州港经济开发区环保分局聘请重点监控企业周边的居民作为环保社会监督员，有效弥补监管人员不足的问题。

六是贺江水污染事件妥善处置。共投入1个国家级环境监测站、2个省级环境监测站、11个市级环境监测站开展应急监测，出动环境监测人员250余名、监测用车24辆、监测设备30多台(套)，实现了应急处置目标。2013年7月20日8时，贺江干流全线达标，突发环境事件Ⅱ级响应终止。参与贺江水污染事件应急处置工作的各地、各级环境监察、监测和应急队伍，在事件处置过程中，在第一线发挥了主力军、突击队和基础性、关键性作用。柳州市环境监测小组第一个赶赴现场支援，负责关键断面扶隆码头的水质监测，他们顾全大局、吃苦耐劳的精神值得全区环保系统学习。

七是能力建设明显加强。自治区党委书记彭清华亲临我厅调研指导，支持在各级党政领导干部培训中增加环保内容，在全区各级党委政府年度绩效考核指标体系中增加环保考核指标，在机构设置和人员编制方面予以倾斜支持。自治区分管副主席林念修全年6次莅临我厅检查指导，高度重视并全力支持环保工作。我厅在机构设置和人员编制上有了新突破：厅机关增设核设施监管处、重金属处，增加行政编制8个；直属单位增设环境保护信息中心、环境保护对外合作中心，合计增加事业编制40个；增加并配备到位1名副厅长、1名核总工和两名副巡视员，实现领导班子职数的历史性突破。各市县的环保能力建设也得到相应的增强。如环保机构和编制方面，14个市环境保护局新成立机构28个、增加编制103个。其中，南宁、百色和钦州市环境保护局分别增加编制21个、18个和17个，桂林市环境应急中心落实编制8个，走在了全区前列；县级环境保护局中，鹿寨县、象州县、忻城县、浦北县、灵山县环境保护局等均增加编制5个。北流市、阳朔县、兴安县、南丹县和柳北区等成立了乡镇环保机构，配备环保人员，填补了乡镇环保工作的空白。其中，南丹县还设立了车河镇和大厂镇环境监察中队，加强农村环境监管，在全区率先实现环境监管队伍下乡镇。岑溪市环境保护局多方筹措资金，建成2000平方米的监测执法业务用房。陆川县环境保护局主动争取县委县政府支持，排污费征收工作成绩突出，而且排污费100%用于环保能力建设。柳城县环境保护局重视监测能力建设，主动争取多方支持，在全区县级监测能力中实力较强，长期承担融安、融水、三江县的监测任务，有效发挥辐射作用。其他各项工作扎实推进。核与辐射安全监管、清洁生产、政策法规、规划财务、环保科研、宣传教育、信息化建设、对外交流与合作、机关党建、人事后勤、反腐倡廉等各项工作取得新成效。环境保护部在我厅召开全国环境信息化现场会，推广我区经验；环保宣传教育有重大突破，配合污染防治主战场发挥了积极的作用；核与辐射扎实推进，为确保核电厂按时装料做了大量具体的工作；清洁生产工作得到环保部的充分肯定；党建工作在全区做了典型发言；人事工作在有关会议上交流发言；反腐倡廉确保了各项工作有序开展，提供了坚强的组织保证和廉政保证。总结过去一年的工作，我们有四点体会。第一，以“五项承诺”为先导，率先在全区开展为民务实清廉的教育实践活动，打开了工作局面。通过全面践行“五项承诺”，为开展好党的群众路线教育实践活动奠定了坚实的思想基础和工作基础，使环境保护厅的教育实践活动取得积极成效，其效果至今仍在发酵，有力地维护了环境保护厅的形象，推动各项业务工作开展，得到了彭清华书记“远学河北省，近学环保厅”的高度评价。希望各市、县(市、区)环境保护局认真学习借鉴厅党组、厅机关的经验和做法，使全系统的教育实践活动得以整体推进，扎实开展。第二，以“四干精神”为动力，坚定地维护人民群众的环境权益，抓住了工作主动。我们凝练和发扬了广西几代环保人的宝贵精神，咬着牙干、握着拳干、硬着头皮干、顶着压力干。正是在“四干精神”的支撑下，一个个环境违法企业在媒体上公开曝光，一件一件环境信访案件得到有效处理，一场场环境安全年专项行动频频开展，一次次约谈环境治理不力的单位和企业负责人，一波波督导检查组深入市县开展清查整治，提升了环境安全水平。“四干精神”是广西几代环保人的工作写照，需要我们在新的一年里继续认真发扬。第三，以真刀真枪为利器，高质量开好民主生活会，鼓舞了队伍士气。厅党组按照教育实践活动要求，树正气、杀歪风，着力解决“四风”问题，敢于揭短亮丑、动真碰硬，实现了工作从被动转为主动，一举扭转因种种问题造成的被动局面。第四，以“从严治厅”为载体，改进机关思想作风和工作作风，树立良好形象。打造“党委政府放心，人民群众满意，污染企业惧怕”的为民务实清廉部门，着力解决机关“服从意识差、办事拖拉、责任不严、纪律不强”四个突出问题，强化对“环保六项权力”的监督，开展直属单位工作巡查督查，制定“三重一大”决策制度等，作风建设取得明显成效，政风行风评议名次比上一年上升2名，绩效考核比上年增加40多分。这充分体现了机关作风的转变。

过去的一年，我们实现了10个首次：首次开放项目环评文件评审，主动邀请社会各界代表旁听，主流媒体认为这是一次典型的政府部门以开放促改革的创新做法；首次成立广西环保专家咨询委员会，科学决策重大环境事项；首次利用环境信息化建设成果，三级联动开展五次“环境安全年”行动，突击检查污染企业；首次与自治区检察院签订环保系统预防职务犯罪工作意见，建立联防工作机制；首次推行“绿色信贷”政策，促进企业守法经营；首次实施环境举报奖励制度，鼓励社会各界监督环境违法行为；首次举办环保公众开放宣传日，数千名市民到我厅亲身体验环保工作；首次公开曝光存在问题的9家环评机构，接受公众和舆论监督；首次举办广西环境文化节，展示环境文化建设发展历程和重要成果；首次发布实施我区地方环保标准《甘蔗制糖工业水污染物排放标准》，实现环保地方标准零的突破。这10个首次是我们管理转型的有益探索，也是我们从严治厅的成果体现。

认真总结去年的工作，成绩值得肯定，对存在的问题，我们也应该有更加清醒的认识，保持更加清醒的头脑。经党组研究和专家分析，当前我区的环境形势存在三个问题必须引起重视。一是环境质量呈现下降苗头，突出表现在三个方面：第一，衡量环境质量状况的主要指标有所下降，2013年全区环境空气污染指数优良率均值为95.8%，比2012年下降3个百分点；39条主要河流水质达标率为95.8%，比2012年下降1.4个百分点；城市集中式饮用水水源地水质平均达标率为97.9%，比2012年下降0.8个百分点。第二，南宁、柳州、桂林、北海4个环保重点城市环境空气均出现过重度污染，且连续发生10天以上的污染天气，南宁市全年的雾霾天数为72天，甚至出现连续5天的重度污染。南宁市的大气污染问题应该引起足够的警觉。作为具有“绿城”品牌的首府城市，作为今年第45届世界体操锦标赛的举办地，这样的环境质量无法交代。第三，北部湾近岸海域海水水质出现近十年来倒数第二的状况。这一警钟再次告诫我们，对环境质量不可掉以轻心。环境质量有下降苗头，这是对我区环境质量状况的基本研判。作为环保人，对此应当有所担当，有所作为。各级环境保护部门要及时向本级党委、政府如实汇报环境质量状况，提出工作的意见和建议。二是环境事件高发频发。在连续发生龙江、贺江重大污染事件后，在全区大清查大整治行动即将结束时，我区又发生4起环境事件和案件，充分暴露出一些地方对清查整治行动重视不够、责任不落实、清查整治不到位，甚至存在走过场的现象。重金属、尾矿库、危险废物等非常规污染物问题突出，一批被取缔的无证无照非法小企业死灰复燃，甚至转移到乡镇村屯及边远地区隐蔽生产，环境监管面临巨大挑战。我们不能再麻木，必须增强斗争意识、风险意识、责任意识，有效应对环境事件高发频发的态势。三是重点工作严重滞后。全区氮氧化物排放量持续上升，畜禽养殖污染问题突出，污水处理设施和配套管网建设滞后，机动车排气污染防治工作推进缓慢，污染减排工作压力空前。2013年，有10个市未完成年度减排目标，包括南宁、柳州、桂林、梧州、钦州、贵港、百色、来宾、贺州、河池；有8个市未按照自治区政府清查整治要求成立固废监管机构，包括南宁、梧州、钦州、玉林、百色、来宾、崇左、贵港（仅内部自行成立）。在此我再次强调，到今年6月1日，如果这8个市还没有成立固废监管机构，将暂停受理项目审批。各市减排任务没有完成，当地政府负有责任。会后，各市环境保护局要向市政府报告。此外，在去年自治区人民政府印发的大清查大整治行动方案中，要求各市配齐两台重金属和一台有机物（仅沿海市需配）的检测仪器设备，除南宁市外其他城市都没有配齐。其中，贵港、玉林、钦州、北海市至今没有配备任何1台，其他市也只配备了其中1台。如果今年6月1日前，各市还未按照自治区人民政府文件要求配备这些仪器，将暂停基层建设所有资金支持。上述三大问题，躲不开，绕不过，推不掉。我们必须继续发扬“四干精神”，变压力为动力，化挑战为机遇，强化责任担当，深化改革创新，落实工作措施，逐一攻克各个难点问题。

二、坚决打赢“五场战役”，确保重点工作完成

今年的工作思路是：突出主题主线，落实“四个文件”，打赢“五场战役”。即以“基层建设”为主题，以“环境安全”为主线，贯穿全年工作；落实加强基层环保能力建设的指导意见、加强环境安全的意见、加强机关建设的意见、巩固和扩大党的群众路线教育实践活动成果的意见，这是全年的工作手册、基本依据和基本规则；打赢环境安全持久战、污染减排攻坚战、两个“十条”防御战、农村整治决胜战、基层建设翻身战，这是去年没有攻克的难点，是今年工作的重点，需要我们创造性地把难点变成亮点。

（一）坚决打赢环境安全持久战

环境安全是一场持久战，环境污染与经济社会发展相伴而生，我们还没有能力完全遏止住污染，但是我们必须把污染事件的等级降下来。因此，必须把环境安全作为第一仗、作为持久战贯穿全年。特别是自治区党委把环境安全列为自治区党的群众路线教育实践活动重要内容之后，又在市县开展的教育实践活动中列为重要内容，可见环境安全的分量和重要性。如果2014年再发生一起类似龙江和贺江的污染事件，谁都无法交代。特别是“两会”即将召开，第45届世界体操锦标赛将于10月份在南宁市举行，环境安全这根弦必须时刻绷紧。各市县环保局一定要把环境安全作为“一把手”工程，再次对照倒逼机制的要求、大清查大整治的要求，以及今年环境安全工作的意见，认真查缺补漏，抓好落实，抓住根本，确保辖区环境安全，坚决做到源头严防、过程严管、后果严惩。

（二）坚决打赢污染减排攻坚战

我区环境质量呈现下降苗头，很重要的原因，就是因为主要污染物排放量居高不下，没有实现有效削减。

究其根源，就是污染减排工作没有得到很好地落实，一部分市县和企业对减排工作拖、推、延，甚至不作为、慢作为、乱作为，非得等到环境保护厅催一催才动一动。这直接导致了2013年度我区的氨氮和氮氧化物减排指标没有完成。今年是“十二五”减排最为关键的一年，我区污染减排的任务是：全区化学需氧量、氨氮、氮氧化物排放量分别比2013年减少1.10%、2.89%、11.10%，二氧化硫排放量控制在“十二五”减排目标（52.7万吨）范围内，减排压力巨大，形势严峻。如果今年不把2013年的“欠账”还上，切实把主要污染物排放总量降下来，“十二五”的减排任务就完不成，届时国家将会对自治区主要领导进行问责。因此，今年是污染减排攻坚年、还“欠账”年，必须背水一战。今年，自治区环境保护厅将每两个月通报一次全区减排工作推进情况，倒排任务和时间表，采取约谈市、县领导和环保局长，实行区域限批等多种措施，坚决攻克畜禽养殖污染治理、污水处理设施和配套管网建设，以及机动车排气治理三大减排重点难点问题，确保2014年污染减排任务完成。

（三）坚决打赢农村环境整治决胜战

今年是农村环境连片整治示范工作的验收年，也是自治区开展“美丽广西·清洁水源”的收官年。开展农村环境连片整治和“清洁水源”活动，是环保系统推进农村环境保护的重大历史机遇，是环境保护向广大农村延伸的切入点，是改善农村环境质量的有效抓手，全区环保系统要把开展两项活动，作为落实党的十八届三中全会生态文明建设要求的重要政治任务，抓好抓实，抓出成效。从目前实施情况看，各地推进情况不平衡，具有连片示范的典型不多，“清洁水源”的效果不明显。从今年开始，自治区环境保护厅将倾斜支持积极性高、基础较好、工作有创新、有成效的县（区），着力打造一批在全区具有典型示范作用的农村环境连片整治示范县和美丽乡村示范点。各市、县要加大力度，重点抓好1~2个示范典型，创建一批高质量的生态乡镇和生态村。同时，要结合辖区实际，建立健全农村环境整治项目和“清洁水源”长效机制，完善项目库建设，积极争取上级的资金支持。凡是列入农村环境整治示范的县（市、区），要加快项目建设，今年6月份必须全部完成项目建设，做好迎接环保部和财政部验收的准备工作，确保顺利通过验收。

（四）坚决打赢两个“十条”防御战

两个“十条”，即大气污染防治“国十条”和水污染防治“国十条”，其中《大气十条》已经发布实施，国家《清洁水行动计划》正在编制当中。大气、水体、土壤污染治理，是国务院确定的本届政府环境保护三项重点工作。今年，我们必须以壮士断腕的决心和气魄，强力推进两个“十条”各项措施的落实，坚决守住大气和水这两个主阵地。也许有的同志不理解，认为我区的大气和水环境质量与全国大多数城市比，仍处于较好水平，不必操之过急，但事实并非如此。2014年1月，南宁、柳州、桂林、北海市的空气质量优良天数分别仅为6天、3天、3天和15天。2013年，南宁市和桂林市的$PM_{2.5}$浓度年平均值分别高达57微克/立方米和66微克/立方米，分别超标0.63倍和0.89倍。根据《大气污染防治行动计划》，北京市2017年的$PM_{2.5}$年均值要降低到60微克/立方米左右。这就意味着，如果不采取果断措施减轻空气污染，到2017年我区主要城市的空气污染程度将同北京市相当甚至更严重。如果现在不对各市提出可吸入颗粒物年均浓度消减要求，预计到2016年，我区过半数城市的$PM_{2.5}$浓度将不能达标，甚至可能沦为全国空气污染较重的城市。因此，必须未雨绸缪，及早行动，早抓早主动，早抓早受益，早抓少损失。要细化大气污染防治措施，实施《广西壮族自治区大气污染防治工作方案》，促成自治区人民政府与各市人民政府签订《大气污染防治目标责任书》，明确任务分工，分解落实责任。要强化水污染防治，重点加强饮用水水源保护，完成乡镇集中式饮用水水源保护区划定，开展市、县饮用水源年度评估，组织实施辖区饮用水源保护区整治。要推进九洲江等重点跨省（区）流域的治理，建立北部湾地区各市“陆海统筹”的污染防治体系，实施北部湾入海污染物总量控制，对入海河口、排污口、重点港湾进行实时监测，建立海洋生态监控区，全力守住北部湾这片“洁海”。大气和水体的污染治理，不进则退，不战则败，对全区环保系统而言，是一项重大的历史使命，是保住我区“山清水秀生态美”名片的关键一战，我们守土有责，责无旁贷。

（五）坚决打赢基层建设翻身战

龙江、贺江重大污染事件表明，当前我区的环境污染正在从城市向县区、农村和偏远山区转移。但是，通过开展环境应急处置和基层调研发现，我区环保系统基层环保队伍素质、专业技术力量、环境监测监察能力均相当薄弱。一些市县监测站专业人员比例较低，业务素质有待提高。如博白县监测站在岗25人，但全日制本科毕业仅1人，环保专业仅2人，工勤人员10人，全站无35岁以下人员，年龄老化严重，监测人员业务不熟，2台150万元的仪器到位一年都没有开箱核实。一些县（区）环境保护局业务用房难落实。如天峨县环境保护局、监测站、监察大队共同租用县司法局办公楼作为办公场所，共4间房，总面积不足50平方米，实验设备堆放在不足2平方米的角落。一些市县新建的业务用房未能有效使用。如玉林市福绵管理区环境保护局，获得200万元环保基层业务用房资金支持，建成1608平方米的新楼，目前却有地震局、农机局、文化局、科技局入驻办公，仅留80平方米左右作为监测实验室，且实验室中一根实验用的试管都没有，环保基层业务用房变成了多部门使用的行政办公楼。对此，市局局长要亲自处理，分管厅领导要协调整改好。此外，部分市的环境应急机构虽已成立，但有的编制少或无编制。上述这些问题，与我区经济社会发展不匹配，与自治区党委政府对环保工作提出的要求不匹配，与当前严峻的环境安全形势不匹配。正是基于对基层能力严重薄弱的担忧、对几次污染事件原因的深刻剖析，我们确定2014年为“基层建设年”，将筹措1亿元资金，投入基层能力建设，解决当前基层环境监管机构不健全、监测设备不足、监管人才队伍结构不合理、监管队伍管理机制不完善等问题，力争用两年的时间使基层环境监测、监察、应急等基础保障能力得到明显增强，使基层能力达到全国中等水平。3月份每个厅领导对口1个县下基层帮扶，先抓好对口的10个点，然后层层推进，自治区、市、县三级联动，抓基层建设。除了调研过的56个县外，其余县都要走一遍，要形成机制，常下基层，发现问题及时解决，做基层环保工作的知心人。各市县要认真学习领会厅里制定的基层环保能力建设的指导意见，制定工作方案，找准切入点、关键点和突破口，主动作为，加强沟通，协同配合，确保基层建设取得实效。此外，还有两项重点工作要特别注意。一是防城港核电站建设运行。必须为确保年底前核电站装料运行做好各项准备工作，做好辐射安全监管，确保全区辐射环境安全。请防城港市配合做好核应急相关工作。二是做好10月份在南宁市举办的第45届世界体操锦标赛的环境安全保障工作。请南宁市做好准备、实施、赛事三个阶段的环境安全保障，并以此为契机，把本市存在的环境问题解决好，提升南宁市的总体环境质量。

三、正确处理“五个关系”，确保基层建设取得实效

基层建设势在必行，必须全力推进，真抓、真帮、真建，让基层切切实实看到希望，得到提升，取得实效。同时，我们要克服思想上的误区，认识到基层建设不是简单的建房配车、添置设备、增加编制，不是自治区环境保护厅单打独斗、孤军奋战、一厢情愿，更不是基层部门等、靠、要，而是一个全面、动态、持续的系统工程，是自治区、市、县三级联动的互动过程，是统筹推进、突出重点、务求实效的有机整体。顺利推进基层建设，必须正确处理好以下五个关系。

（一）处理好硬件与软件的关系

配齐仪器设备、装备等硬件设施固然重要，更要在提高队伍综合素质和业务技能上做足文章。从调研情况看，市县普遍存在专业人员少、持证上岗人员少、独立操作仪器人员少的“三少”现象。84个县级环境监测站中，专业技术人员比例达到80%的仅有26个，有10个环境监测站无1名专业技术人员，一些站因缺失专业技术人员，仪器设备无人操作，工作无法开展。如玉林市环境保护监测站一台热解析有机物前处理装置下发之后，闲置六年没有使用过。全自治区市级和县级具有环保或环保相关专业的监察执法人员比例分别为42%和25%，钦州市环境监察支队环保专业人员只占13.3%。大多数执法监察人员对环保法律法规、产业政策、生产工艺、产污环节等不熟，处理实际问题能力弱，执法水平低。因此，在配备硬件设备的同时，尤其要注重提升基层人员的业务素质，解决包括学习不够导致能力跟不上无法有效遏制环境事件等问题。只有业务素质提高了，才能操作使用下发的仪器设备。基层的同志要主动学习，如果自身都不乐于学习、勤于学习、善于学习，综合素质、业务技能就无法提高，一切培训也将“水过鸭背”，毫无作用。在此特别强调，今后市县由于人员素质、业务用房等原因，导致下发的仪器设备没有能够发挥作用的，我们将调配给其他能够使用的市县，充分发挥仪器设备的作用。

（二）处理好输血与造血的关系

我们将积极筹措资金支持基层建设，充分发挥点对点帮扶的作用，利用区域或行业限批、干部双重管理等方式，尽可能为市县环境保护局争取增加人员、编制和机构，也会按照国家和自治区环境监测、监察、应急、固体废物管理能力标准化建设的要求，多方争取政策、资金支持，加大基层基础设施建设、监测和执法仪器设备、装备等方面的支持。自治区筹措1亿元基层建设资金看似很多，但如果平分到各市县，也没多少。因此，加强基层能力建设，不能单靠环境保护厅，必须全系统行动起来，上下一条心，拧成一股绳。市县环保部门要坚决摒弃“等、靠、要”的思想，既要积极争取中央和自治区的支持，更要主动争取地方党委政府的支持，包括机构编制和经费财力等各方面的支持。要将环保能力建设列入地方财政预算，作为地方政府领导班子综合考核评价的重要内容，并作为干部选拔任用、奖励处罚的重要依据。这里我要特别强调的是，在大清查大整治行动中，要求配备的仪器设备，是自治区人民政府下达给各市人民政府的任务，基层建设不会安排资金给没有购置相关仪器设备的市，各市必须自已解决设备购买资金。

（三）处理好建设与安全的关系

当前，我区的环境隐患重点在县区、风险在矿区。绝大多数的环境风险隐患藏身在边远山区、乡镇农村之中，且逃避监管的手段越来越隐蔽，而负责监管职责的基层环保部门能力薄弱，甚至缺乏基本的监测和监管手段，环境安全事件的发生难以避免。因此，确保环境安全必须加强基层环保能力建设，能力建设是环境安全的基础和保障；加强基层环保能力建设是手段，环境安全是目标，两者意义是一致的。基层环保能力建设要服务于保障辖区环境安全，重点是提升环境监测、监察和应急能力，加快推进基层环境监测、监察的标准化建设，着

力打造两小时监测圈,切实提高全区环保系统保安全的能力。要突出重点,对重点流域、国家和省级重金属污染控制区等环境敏感区域所在市、县,补充必要的监测仪器设备,强化执法监管能力。加强监测机构建设,做大区级站、做强市级站,做活县级站,积极培育和发挥社会监测机构的作用。同时需要强调的是,基层能力加强了,必须真正用好形成的能力,决不能让仪器设备在仓库里睡大觉,决不能再为污染监测不到不准而错失应急处置时间找理由、找借口,如再发生重大突发环境事件,只能从自身方面找原因,承担该承担的责任。

(四)处理好政府与市场的关系

全区环保系统的干部职工要认真学习《中共中央关于全面深化改革若干重大问题的决定》,研究生态文明改革的路线图。对如何实现市场化运作,发展环保市场,推行节能量、碳排放权、排污权、水权交易等,高层已经有了思路,如何结合实际推进和实施,需要我们加强探索和实践。比如,一些没有工业的地区,可以探索建立吸引社会资本投入的生态环境保护市场化机制,推行环境污染第三方治理。我们要顺应形势,乘势而上,力求有所突破。要充分发挥基层建设资金的拉动作用、乘数效应,建立政府主导、企业参与、市场运作的良性互动机制,吸引、整合更多的资金包括社会资金,投入基层能力建设;要鼓励有条件的市县环境保护局,通过“试点先行、分步推进”的模式,推动我区环境监测的市场化进程,充分发挥科研院所、社会团体、企业等市场主体的积极性,全方位提升环境监测的效率和水平;要探索社会化投资、专业化建设、市场化运营、规范化管理、持续化发展的环境管理新模式,推进环境集中投资与管理改革。例如,可采用BOT形式解决设施建设资金不足的问题。基层是工作的第一线,最具创造性,如何引入市场机制服务基层建设,基层要率先大胆探索,寻求突破,用新思路新办法,闯出新天地。环境保护厅将对创新积极性高、改革思路成熟的市县,重点予以资金、政策支持。

(五)处理好奖优与惩劣的关系

从中央财政转移支付制度改革的方向看,“奖优惩劣”已经成为国家环保项目资金分配改革的趋势。例如,去年底,财政部、环境保护部联合印发了《江河湖泊生态环境保护项目资金管理办法》,对满足一定标准的江河湖泊通过竞争方式选取部分予以重点支持,实行滚动管理,奖优罚劣。实施状况较差的江河湖泊,中央采取暂停支持等处罚措施;实施状况较好的江河湖泊,中央除兑付已承诺专项资金外,将根据专项资金预算规模在一定时期内适当安排资金用于巩固保护成效,发挥示范作用。基于中央的改革思路,我们对项目资金的分配、对基层建设工作,也将采取“奖优惩劣”的方式。我们将建立基层建设“奖优惩劣”工作机制,突出重点,武装先进,防止“胡子眉毛一把抓”,并通过开展“技术大比武”、“优秀实验室评比”、“大考核”等方式,树立先进典型,激励后进单位。对能力建设开展较好、成效显著的市、县,及时总结经验,加大宣传力度,予以重点扶持。对能力建设积极性不高、工作推进较慢的市、县,将调整扶持资金和项目,并采取通报批评、约谈、限批等措施,确保基层建设稳步推进,取得最大成效。

同志们,今年是“基层建设年”,是检验环境保护厅机关工作作风的一年,是检验基层同志发挥主观能动性、创造性开展工作的一年。在新的一年里,我们必须以更高标准、更高要求努力实现主要工作“走在前”的目标。学习《决定》走在前,掀起学习高潮,完成环境综合执法改革、环评机构改革和环保审批改革,提升服务科学发展的水平。班子建设走在前,各级党组要当好班子建设排头兵,常讲党性建班子、常用党规带队伍、常抓党建干事业,实现班子的思想、组织、作风和制度建设上台阶。改进作风走在前,以作风改进为突破口,狠抓思想作风和工作作风建设,完善权力监督制度,强化廉政教育培训,使干部职工不想腐、不能腐、不敢腐,营造领导一身正气、部门风清气正的良好氛围。服务基层走在前,班子成员帮扶市、县,自治区、市、县三级心往一处想、劲往一处使,以大培训、大比武、大建设提升全区环境监测、监察和应急水平。环境质量走在前,力争可吸入颗粒物年均浓度下降6%,城市集中式饮用水源地水质达标率达到98%,近岸海域水质保持稳定,全区环境质量状况走在全国前列。让我们坚定信心,开拓进取,攻坚克难,以“五个走在前”引领环保工作迈上新台阶,为服务“两个建成”目标作出新的贡献!

增强责任意识 深化正风肃纪 推动党风廉政建设和反腐败工作再上新水平

——自治区环境保护厅厅长檀庆瑞在2014年全区环保系统党风廉政建设工作视频会议上的讲话

(2014年3月10日)

同志们:

今天会议的主要任务是,学习贯彻落实十八届中央纪委三次全会、自治区十届纪委五次全会和2014年全国环保系统党风廉政建设工作视频会议精神,总结2013年全区环保系统党风廉政建设工作,剖析存在的问题,研究部署2014年的工作任务,推进全区环保系统党风廉政建设和反腐败工作。下面,我讲三个问题。

一、关于2013年党风廉政建设工作总结

过去的一年,我们按照“五项承诺、环境安全、管理转型、从严治厅”的工作思路,党风廉政建设工作取得了明显成效。

(一)严格落实党风廉政建设责任制

厅党组高度重视党风廉政建设工作,把这项工作纳入领导班子、领导干部目标管理和年度考核,履行“一岗双责”。厅领导与机关各处室、各直属单位负责人签订党风廉政建设责任状,各市环保局也相应签订责任书,层层抓落实。厅机关制定了《厅机关直属单位公车使用规定》、《环境保护厅“三重一大”决策制度》、《环境保护厅督查工作制度》等一批新的制度,有效规范权力运行。玉林市环境保护局以机制保廉洁,建立廉政风险防控季度分析研判制度、廉政风险预警制度。百色市环境保护局在环保验收、环评审批环节实行环保审批廉政建设意见反馈制度,下发《环境管理工作意见反馈单》,接受企业和群众的监督。钦州市环境保护局不定期抽查项目审批、竣工验收事项是否存在收取好处费等违纪违规行为。全区环保系统认真剖析和反思龙江、贺江污染事件发生的原因,开展多种形式的法纪教育、示范教育、警示教育、风险防范和岗位廉政教育。自治区环境保护厅组织干部到监狱接受警示教育。北海市环保局采取“普通干部走上讲台讲、大家台下听”的办法,提高了廉政教育的针对性和有效性。贺州市环境保护局以贺江污染典型案例开展警示教育,举办“履职尽责,我为环保作贡献”演讲比赛。配合纪检监察部门对贵港红旗纸业违法偷排事件、崇左“1.20”污染事故、平南县稀土违法采选、贺江污染事件等进行调查处理,分清事故责任,严肃处理相关责任人。2013年全区环保系统违纪违法共处分12人,比2012年下降了14%,其中4名被追究刑事责任。

(二)积极推进环保系统惩防体系建设

环境保护厅坚持民主集中制,重大决策都经过党组会、厅务会、厅办公会集体研究决定。梧州市环境保护局深化纪检监察和“环保工程”联动机制,严格把关,强化监督。环境保护厅创新群众监督方式,邀请群众代表参加建设项目环评文件评审和行政审批活动。河池市环境保护局聘请20名社会监督代表对局党政领导廉洁自律和权力运行的过程进行监督。环境保护厅率先与自治区检察院召开联席会议,建立工作联动机制,出台《关于加强和改进在全区环保系统共同开展预防职务犯罪工作的意见》。来宾市环境保护局邀请检察官给干部职工上廉政教育课。厅领导和有关干部上自治区《阳光在线》节目,积极回应群众环境诉求。主动在媒体上公开曝光16起突出环境违法案件、7家环境违法企业,通报批评9家存在问题的环评机构,对媒体曝光的有关环保干部进行问责。环境保护厅对自治区环境保护科学研究院等4个直属单位进行工作和廉洁巡查,对班子成员进行廉政谈话,并提出干部轮岗交流建议。

(三)大力加强党员干部作风建设

按照中央八项规定及自治区实施意见,全区环保系统严格廉洁自律,反对铺张浪费,厉行节约,“三公”经费支出比上年明显减少。以“五项承诺”为先导,率先在全区开展为民务实清廉的教育实践活动,为开展党的群众路线教育实践活动奠定了坚实的思想基础和工作基础。围绕“严党性、严学习、严管理、严责任”四个方面,厅机关认真查摆自身不足并加以整改,干部队伍“服从意识淡薄、工作效率低下、执行力比较差、相互配合不够默契”的问题得到改进,“查、督、算、写、帮”的能力得到提高。2013年在自治区政务服务窗口58个单位中,自治区环境保护厅每月审批效能保持在前5至11名,实现零投诉、零举报、零超时办结,环评审批效能明显提高,企业和群众等服务对象专门写来感谢信和表扬信,同时也受到自治区政府的表扬。

去年一年的工作,我们也感到还存在一些突出的问题:

一是岗位廉政风险就在我们身边。随着环保部门的项目资金和权力越来越多,环保岗位的廉政风险也越来越大。去年,我们被列为第二批全国农村环境连片整治示范省区,补助资金有几亿元,并且根据各地的意见,我们采取转变职能、权力下放的方式,下放了设备采购招投标权。但是最近我们发现,一些市县擅自降低设备标准要求,采购动力不足的设备,价格虚高、套取资金。也就是说,没有下放权力的时候,基层的同志要求下放权力;我们下放了权力,一些地方又不按照自治区财政厅、环境保护厅联合下文的有关规定来执行,用买大炮的钱购置火枪,用买奔驰的钱买了拖拉机。这个问题我们将严肃查处,请各市县从即日起马上进行自查,如果违反自治区财政厅、环境保护厅的规定,降低标准,降低参数,环境保护厅一概不承认,并且将给予严惩。我们将与基层建设年挂钩,与党风廉政建设挂钩。计划最近组织工作组查处一些典型问题,请各市对此高度重视。所以说,岗位廉政风险就在我们身边,就在我们身上,就在我们手中。

二是环境违纪违法案件仍然易发多发。该查不查,履职不到位;查而不细,见怪不怪,检查验收流于形式;查而不处,整改不力;有的发现问题不报告,故意隐瞒,企业不接受处罚、拒不整改也不向政府报告;有的甚至收受贿赂,包庇、放纵企业违法排污。今年1月份,我区发生扶绥县沣桦酒业有限公司、灌阳县金鑫有色金属综合回收有限责任公司、北流市清湾镇新发建筑材

料厂等3起污染事件，教训深刻。特别是有些问题，非要等到惊动党中央、国务院领导才下力气整改，比如南宁市小造纸问题，非要国务院领导批示了才去整改；比如河池巴马江河污染问题，对这个问题，我厅已经多次指示，多次向当地人民政府和环境保护部门提出了要求，但是一直没有整改，直到最近国务院领导又有批示，这才开始动手做规划。去年全区环保系统违纪违法案件中，因失职渎职被处分的人员比例高达83.3%，其中，环境监察人员的比例占了40%。当前，环保违纪违法案件高发部位从传统的"环保六项权力"向新的工作领域蔓延，主要集中在环境执法、固废管理、行政审批、排污许可、排污费征收、环境监测、招标采购、专项资金审批和使用等环节。

三是纪检监察的监督还不适应环保工作的需要。一些地方尚未设置监察室，工作人员偏少，派驻意识不够强，纪检监察主业不突出，发现问题线索少，办案力度不够大，对领导干部的监督不到位、不严格，监督手段虚的多、实的少，不敢监督、不会监督等问题也存在。

对上述问题，我们必须高度重视，在今年采取措施加以解决。

二、关于做好2014年党风廉政建设工作

2014年，各级环保部门要认真贯彻落实中央、自治区和环保部关于党风廉政建设工作的部署，围绕2014年全区环保工作"突出主题主线、落实四个意见、打赢五场战役"的工作思路，把工作任务落到实处。主题就是基层建设年，主线就是环境安全，要牢牢把握主题主线开展党风廉政建设。具体有七项任务：

（一）贯彻会议精神

贯彻十八届三中全会和十八届中央纪委三次全会对党风廉政建设提出的各项任务。在中纪委三次全会上，习近平总书记发表了重要讲话，各地都进行了学习。大家也深刻体会到，新一届党中央对反腐倡廉工作的高度重视，"打老虎"、"拍苍蝇"的力度空前，对这个形势要有清醒的认识和把握。1月22日，自治区十届纪委五次全会对全区党风廉政建设和反腐败工作作出具体的部署。彭清华书记作重要讲话，提出腐败没有"特区"、反腐败没有"禁区"，必须以零容忍的态度，坚持有腐必反，有案必查，有贪必肃。特别提到，掌握审批大权的建设发展领域和民生领域的问题，要特别注意。自治区党委常委、纪委书记邓卫平在会上对2014年全区党风廉政建设和反腐败工作也作了具体部署。2月13日，环境保护部召开全国环保系统党风廉政建设工作视频会议，周生贤部长对环保系统党风廉政建设提出具体的要求。

纵观这三次会议，非常突出和集中的一点，就是加强对领导干部的监督、管理和教育。由于会议文件很多，这里也不作具体传达，各市县环保系统的党组、中心组要进行专门的学习。

（二）落实"两个责任"

十八届中央纪委三次全会再次强调，各级党委（党组）担负党风廉政建设主体责任，各级纪委（纪检组）承担监督责任。所以要牢固树立不抓党风廉政建设就是严重失职的意识，主要领导是第一责任人，要做到对党风廉政建设重要工作亲自部署，重大问题亲自过问，重点任务亲自督办；领导班子成员根据工作分工对职责范围内的党风廉政建设，落实"一岗双责"。各级纪检组监察室要承担监督责任，纪检组长在党组中不分管其他业务，集中精力抓好执纪监督主业，协助所在机构党组抓好反腐倡廉工作和任务落实，敢于唱黑脸、挺直腰杆监督。机关各处室（科）、各直属单位要设纪检委员、纪检监察员，负责本单位的执纪监督工作，定期向机关纪检组监察室报告党风廉政建设责任制落实情况和责任制考评情况。评定结果与干部年度考核评优评先挂钩。对发生重大腐败案件和不正之风长期滋长蔓延的地方、部门和单位，要实行"一案双查"，既要追究当事人的主要责任，又要追究所在单位领导责任。

（三）加强权力监督

各级环境保护部门和领导干部要严格执行民主集中制、组织生活制度、重要工作请示报告制度、财经制度和个人重大事项报告制度，重大问题、敏感问题、干部人事、资金安排、招投标采购等事项都要阳光作业，集体决策，接受监督。加强对领导干部执行党的政治纪律、落实八项规定、反对"四风"的监督检查，有举报、有案情、有不良结果的要及时报告并配合调查。对权力运行重点部位、关键环节加强监督，找准廉政风险点，强化风险防控。对领导干部贯彻执行《廉政准则》和党风廉政建设责任制情况进行监督，发现问题及时调查核实纠正处理。加强对直属单位领导班子和成员的工作和廉洁的巡查。

（四）推进政务公开

今年自治区纠风办决定在10个厅局委开展自上而下的民主评议政风行风活动，其中包括环保系统。目前这项工作已经启动，今天这个大会，也是对政风行风这项工作的加强，也是一次动员，各级环保部门要高度重视民主评议活动，创新方式，精心组织，确保民主评议活动取得好的成效。过去，我们环保系统无论是在绩效考核，还是政风行风评议方面，成绩都不是很理想。去年通过我们的努力，这两项工作有所改观，但是我们丝毫不能松懈，今年尤其要加强政风行风工作。同时要按照职能转变的要求，创新行政管理方式，向市场、社会、基层放权，简化审批环节，提高审批效率和政务服务水平。开展环境监察专项执法检查，重点整治环境监察执法不作为、慢作为、乱作为的问题；开展固

废审批管理情况专项检查；开展环境监测工作质量专项检查；开展重大环保科研专项课题、重大环保工程等项目资金分配使用情况的监督检查。扩大公开建设项目环评评审、审批活动的范围，厅本级公开活动要常态化、制度化，各市的一些重点项目评审、审批也要实行公开，推进项目环保评审、审批更加透明、公正、廉洁、高效。要加强对中央八项规定和国务院“约法三章”以及《党政机关厉行节约反对浪费条例》等规范党政机关国内公务管理、领导干部工作生活保障制度执行情况的监督，规范“三公”经费支出，严禁和查处党员干部收受下属以及利益关系单位和个人的礼金、到私人会所活动、变相公款旅游、用公款互相宴请、赠送礼品、违规消费等行为。要清理和规范公职人员在企事业单位兼职任职，严禁公职人员通过参加环保业务评审、验收等工作，违规收取评审费、咨询费、专家费，变相收受礼金等问题。

（五）强化联动机制

派驻各级驻环境保护部门纪检监察机构要主动向纪检监察机关汇报请示工作，请求指导帮助。尽快修改完善并向自治区监察厅报送《广西壮族自治区突发环境事件行政责任认定办法(报审稿)》，争取早日出台。加强与检察机关的沟通联系，定期召开联席工作会议，增强预防职务犯罪的效果。完善与环境监察机构的联动，联合查处环境污染事件，追究失职渎职行为。抓好贺州市环境综合执法改革试点，整合全市环境执法力量，加强有强制执法效力的部门参与环境执法，确保环境执法监管取得良好效果。

（六）严格案件查办

要采取多种形式，畅通群众举报投诉渠道，加强信访举报调查，及时核查，及时反馈，同时做好举报人的保密工作，做到既不放过案件线索，也不冤枉一个好人，还干部一身清白。对党员干部的问题早发现、早提醒、早纠正、早查处，及时约谈、函询、诫勉谈话，防止小问题演变成大问题。坚持零容忍态度，重视案件查办工作，严肃查办贪污贿赂、买官卖官、权钱交易、腐化堕落、失职渎职等案件。今后，凡是发生污染事件，当地环境保护部门纪检监察机构要及时介入调查，分清事故责任，提出处理意见，并进行通报曝光。环境保护部门纪检监察机构要经常到企业调查环保行政审批、执法监管、专项资金使用等情况，了解环保干部违纪违法问题。加强报告制度，各市县区环境保护局每月要向上一级环境保护局的纪检监察室报告案件线索和查办案件情况，全区每半年通报一次案件查办情况。

（七）提高队伍素质

今年是“基层能力建设年”，基层环保部门是环保工作执行力和战斗力的基础，纪检监察工作也要结合基层能力建设，除了做好有关能力建设的资金使用、招投标采购等的监督外，还要在“千人培训计划”中增加廉政教育和规范执法能力培训的内容，提高干部拒腐防变的意识，提升执法规范化水平。

三、关于典型案例剖析

下面我讲第三个问题，主要是通报剖析一些典型案例，和大家交交心。去年在全区党风廉政建设工作会议上，我曾经和大家讲过四句话：珍惜政治生命、珍惜平凡生活、珍惜家庭亲情、珍惜名声荣誉。这也是我们之间的一个互动，一个心与心之间的交流。回想这一年来，绝大多数党员干部是有所思考和实践的。但是，从发生的几起环境事件受处理的环保人员，特别是执法人员情况分析来看，仍然值得我们反思。去年3月份召开会议，几个月之后发生了贺江事件，就是一个典型。通过这个事件说明我们部分人员仍然存在违纪违法行为，最后导致被司法机关处理。我们今天召开党风廉政建设工作会议，既要总结去年的工作和部署今年的工作任务，但更重要的一点，是我们能够相互语重心长地、打开心扉地交换一下党风廉政建设方面应该注意的问题。所以，我先就几起典型案例作一个剖析。

据有关方面统计，2012年1月到2013年6月，全国环保系统先后有977人因违纪违法分别受到党纪、政纪或法律的处理，其中失职渎职和收受贿赂占比高达68.1%。这一组令人痛惜的数据后面，可以看到反腐倡廉更加重要。我们要在努力实现空气清新的时候，也要做到干部的清廉。有些案例值得我们认真的思考。

今年1月份，央视报道了安徽省环保腐败案。2013年安徽省开展的环保领域贪污贿赂犯罪专项行动中发现案件线索160余件，涉案人数达133人，包括安徽省环境保护厅正处级调研员、环境保护科学研究院副院长等20名处级干部，以及8名县区环境保护局的“一把手”。环保系统的腐败现象出乎人们的意料。

央视不久前报道了广东清远区环境保护局局长公然索贿。从举报人提供的录音中能够听到两个男子在交谈，其中1人就是清城区环境保护局局长陈柏和的声音。陈柏和因涉嫌滥用职权罪和受贿罪被刑拘。举报人是通过录音的方式，记录了他利用手中的职权来敲诈、勒索辖区内的企业。

下面再通报江苏省南通市环保系统23名官员受贿窝案。2012年3月到2013年3月，江苏省南通市环保系统包括南通市环境保护局局长在内的30余名环保官员落马，其中23人被判刑。这个窝案的起点是金阳光公司，在调查中牵扯出其他事件和人物，逐步向纵深展开，涉及人数之多、范围之广，实属罕见。最重量级人物当属南通市环境保护局原局长陆伯新。2012年12月，经法院一审判决，陆伯新非法收受他人财物133万元，犯受贿罪，判处有期徒刑十二年。其次是环境保护局原党组成员、开发区分局局长葛勇德。2012年11月，经法院一审判决，葛勇德非法收受他人财物52万元，犯受贿罪，判处有期徒刑七年。第三位是环境保护局原调研员胡炳荣。2013年3月，经法院一审判决，胡炳荣非法收受他人财物79.8万元,犯受贿罪,判处有期徒刑七年六个月。另外,2013年6月,环境保护局原副调研员陆荣,因非法收受他人财物89万元,犯受贿罪,判处有期徒刑八年并处罚金30万元。环境保护局另有两名处长和一名副处长被判刑。分别是环境影响评价处处长葛刚,非法收受他人财物33万元,犯受贿罪,判处有期徒刑六年;污染防治处副处长陈茂,非法收受他人财物33.7万元,犯受贿罪,判处有期徒刑五年;污染减排总量控制处处长兼核与辐射安全管理处处长汪才会,非法收受他人财物30万元,犯受贿罪,判处有期徒刑十年六个月。在环境保护局下属单位中则有6人被判刑。分别是:固体废物管理中心主任王玮,非法收受他人财物46.8万元,犯受贿罪及滥用职权罪,判处有期徒刑六年六个月;环境监测站党总支书记曹凤琦,判处有期徒刑七年,收受32.8万元;环境监察支队支队长张和,非法收受他人财物29万元,犯受贿罪,判处有期徒刑七年三个月;固体废物管理中心正科级职员严安平,非法收受他人财物39.8万元,犯受贿罪,判处有期徒刑七年;固体废物管理中心副主任陆维国,非法收受他人财物32万元,犯受贿罪及滥用职权罪,判处有期徒刑七年六个月;固体废物管理中心主任助理陈晓敏,非法收受他人财物91.8万元,犯受贿罪,判处有期徒刑八年。另外在南通市下辖的几个市县环境保护部门中,也有11个人被判刑。非法收受他人财物40万、19万、7万、14万等等,分别判处有期徒刑三至六年不等。这是一个窝案,整个系统都烂掉了。

2013年8月16日是广东省东莞市环境保护局原局长袁绍东49岁的生日,这一天他只能在监狱中度过,而今后的十余年,他都将如此。他收受870万元的贿赂,判十四年。他的敛财之道,就是利用其环境保护局长的职务便利,通过看似正当的监管方式限制其他企业发展,变相帮助非法企业形成行业垄断,而他则从中得到高额“回报”。

2011年,北京通州区环境保护局原副局长胡建华因涉嫌受贿罪被羁押,2013年,经法院审理,非法收受或索取他人财物114万余元,贪污公款40.5万元。法院判决:胡建华犯受贿罪被判处有期徒刑11年6个月,犯贪污罪被判处有期徒刑11年,数罪并罚,决定执行有期徒刑14年。

湖南省株洲市环境保护局原局长文铁军从一等功臣到阶下之囚,2011年3月被法院认定犯受贿罪,判有期徒刑六年,追缴其违法所得129万元人民币、2000美元,没收个人财产10万元。

刘兵曾任安徽省安庆市环境监测中心站科长、副站长、环境保护科学研究所副所长、所长、书记、监测站站长、书记,安庆市环境保护局副局长,安庆市行政服务中心副主任,利用职务之便,大钱不敢收,小钱不断收,现金、购物卡总数十余万元,2010年8月以贪污、受贿、挪用公款三罪并罚,被判处五年六个月,处没收财产5万元。

以上这些案例,从省、市、县三级环保系统都有案例。通报这些问题,的确是要引起我们深深地思考,深刻地检点自己。因为我们在座的每位都有权力,如果不注意,就会发生在我们身上。所以借这个机会,也和大家交换三点想法,共同警示我们自己。

一是在平实中感知幸福。今天的环保事业已经站在了新的起点上,随着任务越来越重、责任越来越大、资金越来越多,我们也由原来的弱势部门成为社会的焦点,同时也成为一些别有用心的人重点攻关的对象。以上通报这些案例,就是由于放松了警惕、放纵了小节,最终成为金钱物质的俘虏,走进了铁门寒窗,教训极其深刻。北宋文学家欧阳修曾有一句话:“祸患常积于忽微,而智勇多困于所溺”。这句话告诉我们,生活小节关乎人生大局,个人喜好关乎事业成败。战国末期哲学家韩非也有两句话,大家耳熟能详,“千里之堤,溃于蚁穴”,同样揭示了小节放纵、大节必失的道理。今天,发生在我们身边的这些典型案例再次警示我们,如果挡不住形形色色的诱惑,单纯追求所谓的浮华名利,不仅使自己从事业的巅峰跌入万劫不复的深渊,还会给亲人和家庭带来无尽的伤害。一个党员干部,一定要时刻保持清醒头脑,从小事抓起,从小节防起,慎谨慎独,防微杜渐,在平平淡淡的工作生活中体味人生的价值,在朴实的生活中感知幸福的意义。我们已经很幸福了,不要追求那些不该得到的东西,将结果走向相反!

二是在清廉中得到升华。把修身立德、清廉自持作为锤炼党性修养和意志品行的人生命题,视金钱利禄为鸿毛,看事业名节如泰山,应该成为我们永世敬仰的官德之道。作为当代环保人,我们背负着建设美丽广西的时代重任,履行好我们的崇高使命,需要这种弥足珍贵的精神力量,更需要修身立德、清廉自持成就事业的道德光芒,做到行大道,重品行,知耻弃贪,明廉守节,在坚守中不断升华我们自己,争当我们时代的环保卫士!

三是在奉献中收获快乐。去年我们总结了环保人的“四干”精神:“握着拳头干、咬着牙干、硬着头皮干、顶着压力干”,这“四干”精神就是一种奉献精神,大家都深有感触。精神历来是创造事业的灵魂,面对环境质量有所下降、环境事故多发易发、基层能力建设相对滞后的问题,我们必须增强忧患意识和使命意识,以“衙斋卧听萧萧竹,疑是民间疾苦声”的民本思想,铭责敬业,夙夜在公,强化“红线”思维、“底线”意识,以如临深渊、如履薄冰的敬畏之心,牢牢守住法纪底线,始终做到秉公用权,在我们平凡的工作岗位上,在对环保事业执着追求中收获成功的快乐!

同志们,今天的会议,既是一次工作总结会、部署会,同时也是反腐倡廉工作的思想交流会、思想动员会,也是反腐倡廉教育课,希望环保系统时刻认识我们的神圣使命,在党风廉政建设工作中,为广西的山清水秀和生态建设作出我们应有的贡献!

规划与投资

【综述】 2014 年，自治区环境保护厅基本完成环境保护“十三五”规划前期工作和“十三五”环境保护和生态建设的基本思路研究；开展基层环保能力建设，提升基层环境监管水平；获得各类专项资金共 79034 万元，有效确保环境保护工作顺利开展，促进环保事业新发展。

【环境规划】 2014 年，自治区环境保护厅开展环境规划相关重大课题研究，初步建立规划相关重大项目库；与自治区林业厅共同牵头组织有关部门基本完成广西环境保护“十三五”规划前期工作、“十三五”环境保护和生态建设基本思路研究报告，为做好“十三五”规划编制工作打下坚实基础。按照自治区人民政府统一部署，自治区环境保护厅牵头编制《打造珠江—西江经济带“绿色经济带”问题研究报告》，为编制珠江—西江经济带发展规划提供生态环境方面的素材；积极推进环境功能区划编制试点工作，完成广西环境功能区划初稿。

【环保专项资金】 2014 年，自治区环境保护厅积极争取中央及自治区财政资金支持。2014 年，广西环保专项资金投入共计 79034 万元，其中中央专项资金 41714 万元，自治区专项资金 37320 万元。中央专项资金包括中央农村环境保护资金 9950 万元，中央重金属污染防治专项资金 24849 万元，中央江河湖泊治理与保护专项资金 3500 万元，国家环境空气监测网建设项目资金 2445 万元，国家文化和自然遗产保护设施建设资金 910 万元，生物多样性保护专项资金 60 万。自治区专项资金包括自治区农村环境保护资金 19500 万元，农村环境综合整治资金 6500 万元，自治区重金属污染防治专项资金 2500 万元，生态广西建设引导资金 3000 万元，污染源自动监控设施社会化运行补助资金 4000 万元，火电和水泥企业脱硝减排工程补助资金 1320 万元，基层环保监测执法业务用房补助资金 500 万元。

【资金监管】 2014 年，自治区环境保护厅加强资金监管指导，落实资金合理使用。对桂林市“两江四湖”环境综合工程、广西华锡集团车河选矿厂选矿废水治理与回用工程、南丹县南方有色冶炼有限公司污水处理工艺创新与运用工程、广西大环江流域土壤重金属污染等项目开展绩效评价，并向环境保护部提交报告。

【环保基层能力建设】 自治区环境保护厅将 2014 年确定为“基层建设年”，全自治区共投入环保基层能力建设资金 2.09 亿元，其中中央和自治区级 1.015 亿元；在中央和自治区资金的带动下，市县两级财政也加大投入，市级共投入 7954 万元，县级共投入 2792 万元用于能力建设。全自治区共增设机构 22 个，增加核定编制 159 名。全自治区 14 个设区市全部成立了固体废物管理机构，各级固体废物管理人员编制数达 107 人，其中省、市两级固体废物管理人员编制数为 90 人，人数位列全国第四、西部地区第一。乡镇环保机构建设有突破，全自治区共有 4 个县 51 个乡镇开展“四所合一”（国土资源、环境保护、规划建设和环境卫生、安全生产监管）模式的乡镇机构改革工作，乡镇环保监管力量不足的问题得到逐步改善。2014 年全自治区共有 25 个市县启用新环保业务大楼。自治区人民政府要求 14 个设区市配置 ICP 和 ICP-MS 仪器，各市均已落实到位，广西环境监测系统重金属监测装备水平跨入全国先进之列。全自治区县级环境监测站标准化建设实现零的突破，县级环境监测站达标率为 10.5%，市级环境监测站达标率为 57.1%。全自治区共有 36 个县（区）级监测站通过计量认证，占县（区）级监测站的 41.9%。市级监察支队达标率为 50%，县级监察大队达标率为 14%。

政策与法规

【综述】 2014年,自治区环境保护厅建立健全环境保护基本制度,起草广西环境保护综合性方针、政策和地方环境保护立法规划、计划,组织开展环境保护行政处罚、行政复议、行政诉讼应诉等工作,参与有关环境经济政策制定,指导并督促地方环境经济政策推进落实。

【绿色信贷】 2014年,自治区环境保护厅继续加强与中国人民银行南宁中心支行、中国银监会广西监管局沟通,环境保护部门按时向金融部门通报企业环境行政处罚、行政审批、清洁生产审核等信息,以及环境污染防治、污染减排的新政策、新举措;金融部门定期反馈信贷工作中应用环境信息的情况,环境信息在信贷中的调节作用取得新进展。

【环境污染责任保险试点】 2014年,广西继续开展环境污染责任保险试点探索工作。自治区环境保护厅向自治区人民政府汇报广西开展环境污染责任保险工作情况、存在问题以及工作建议。

【环保法制建设】 *草拟饮用水水源地保护环境管理条例* 2014年,自治区环境保护厅草拟《广西壮族自治区饮用水水源地保护环境管理条例(草案)》,并列入自治区人大五年立法计划。为配合自治区人大环资委开展饮用水水源地保护立法工作,年内自治区环境保护厅两次陪同自治区人大环资委调研组到南宁、柳州、百色和河池四市开展立法调研。通过实地察看、听取汇报、座谈交流等方式,了解广西饮用水水源保护区环境保护的基本情况、存在问题等。

修订环境保护条例 自治区人大常委会高度重视环境保护和生态建设的法制建设,把修订《广西壮族自治区环境保护条例》(以下简称《条例》)列为2014年立法的重要工作,自治区环境保护厅负责《条例》修订草案的主要工作。12月31日,《条例(修订草案)》经自治区十二届人民政府第43次常务会议审议通过。

环境保护立法 为进一步完善广西环境保护法律体系,自治区环境保护厅向自治区法制办报送《广西壮族自治区排污许可证管理办法》、《广西壮族自治区防城金花茶国家级自然保护区管理办法》、《广西壮族自治区合浦儒艮国家级自然保护区管理办法》、《广西九洲江流域保护条例》共4项环境保护立法建议项目及有关材料。

【行政处罚】 2014年,自治区环境保护厅贯彻落实国务院关于行政审批和行政处罚体制改革部署,简政放权,确保各辖区环境违法行为得到快速处置;加大执法力度,整合自治区、市、县三级环境监管力量,联合安全监管、公安、工商、能源监管等部门开展环境安全专项行动5次,使环境违法行为有所减少。2014年自治区环境保护厅共对10家企业的环境违法行为作出行政处罚,罚款金额共115万元。

2014年,自治区环境保护厅继续组织各级环境保护部门开展行政处罚案卷评查工作。通过本级自查和抽查下级相结合的方式,市县两级环境保护部门自查本级行政处罚案卷526件,各市环境保护局对辖区各县、区环境保护局抽查的行政处罚案卷193件,纠正了一批行政不当行为和行政处罚中存在的问题,总结出地方行政处罚工作的亮点。10月,自治区环境保护厅派出稽查组,对列入本年度稽查对象的南宁、崇左、来宾和贺州四市开展环境行政处罚案卷评查,对评查中发现的问题要求立即整改。

【行政复议】 2014年,根据自治区人民政府《进一步加强行政复议工作规范化建设的实施方案》的要求,自治区环境保护厅进一步规范行政决定文书,落实行政复议权利告知制度;规范行政复议接待工作,成立自治区环境保护厅行政复议办公室,并按照《环境保护厅行政复议操作规范》开展工作。2014年自治区环境保护厅共受理行政复议1起并依法作出行政复议决定。此外,自治区环境保护厅作为行政复议被申请人1起,自治区人民政府行政复议机关维持环境保护厅做出的具体行政行为。

机构改革与人事

【综述】 2014年，自治区环境保护厅在全自治区环保系统加大人才培养力度，人才队伍素质得到提升，基层能力得到进一步加强。2014年，广西各级环境保护机构共有382个，职工总数5101人。

【机构调整】 2014年，自治区环境保护厅先后向自治区机构编制委员会上报《关于成立自治区环境空气质量预报预警中心的请示》、《关于设立农村环境保护处的请示》、《关于增加自治区环境监测中心站人员编制的请示》等机构编制文件，并及时跟进有关工作。11月24日，自治区机构编制委员会同意广西壮族自治区环境监测中心站增挂广西壮族自治区环境空气质量预报预警中心牌子。12月25日，自治区机构编制委员会对自治区环境保护厅下属12个事业单位分类意见进行批复，自治区环境保护科学研究院和自治区辐射环境监督管理站为公益二类事业单位，其他均为公益一类事业单位。按照"抓基层、打基础、强能力、保安全"的工作思路，自治区人民政府印发了《关于进一步加强基层环境监管能力建设的意见》。

【职能转变及改革】 2014年，按照自治区人民政府职能转变的部署要求，自治区环境保护厅积极推动职能转变，制订《自治区环境保护厅职能转变方案》，研究梳理行政管理事项清单，配合做好审批事项清理和优化办事流程等工作；配合自治区机构编制委员会办公室开展扩权强镇机构改革试点，组织编制乡镇环保工作手册，指导推进乡镇国土资源、环境保护、规划建设和环境卫生、安全生产监管"四所合一"机构整合，完善乡镇环境监管网络，形成监管合力。

【干部选拔和人才培养】 2014年，自治区环境保护厅认真贯彻落实新修订的《党政领导干部选拔任用工作条例》，出台《干部轮岗交流暂行规定》、《机构编制管理办法（试行）》、《挂职学习锻炼工作管理办法（试行）》等；建立干部激励机制，对工作能力强、表现突出、任职时间较长的干部进行提拔任用，对部分空缺处级领导岗位进行调整补充，严格按照条例规定的原则、标准、条件、程序和方法等规范干部选拔任用工作。2014年，自治区环境保护厅共提拔处级干部4批14人次，完成6名厅机关干部的调动手续，安置4名军转干部，接收挂职（学习）锻炼干部5人，选派到外单位学习锻炼干部4人；积极组织推荐人员参加广西第十七批"新世纪十百千人才工程"第二层次人选遴选和国家百千万人才工程人选选拔等工作。

11月24日，自治区人民政府任命邓超冰为自治区环境保护厅总工程师（试用期一年）；巡视员冯振年、总工程师陈晓菲免职、退休。

【干部培训】 2014年，围绕"基层建设年"活动，自治区环境保护厅以学习贯彻习近平总书记系列讲话和十八届三中、四中全会精神为重点，采取"走出去"、"请进来"等方式，开展多层次、全方位的干部培训工作。4月21~25日，由自治区党委组织部主办、自治区环境保护厅承办的广西地方领导干部生态文明建设专题培训班在浙江大学举办，来自全自治区40余名市、县党政领导干部、环境保护局局长参加了培训，自治区环境保护厅厅长檀庆瑞、自治区党委组织部干教处处长吕勇江出席开班典礼并讲话。6月9~14日，自治区环境保护厅在自治区党委党校举办学习贯彻习近平总书记系

2014年4月21~25日，由自治区党委组织部主办，自治区环境保护厅承办的2014年广西地方领导干部生态文明建设专题培训班在浙江大学继续教育学院举办

列讲话精神培训班，80多名机关处级及以下公务员和直属单位班子成员参加了集中轮训。11月2日~23日，由自治区党委组织部主办、自治区环境保护厅承办的循环经济与可持续发展专题培训班在美国举办，自治区环境保护厅厅长檀庆瑞担任团长，20多名领导干部参加培训。建立环保讲坛制度，定期邀请国内、区内著名专家到自治区环境保护厅举办专题辅导讲座，提升培训质量，提高干部"查督算写帮"的能力。

【严管干部】 2014年，自治区环境保护厅继续开展从严治厅、从严管理活动。针对自治区党委第四巡视组到自治区环境保护厅开展巡视工作时反馈的问题，结合从严管理干部的要求，加强干部管理。实行出国(境)任务年度计划管理、总量控制。从严控制出访范围、规范出访要求，严格履行出国(境)审查审批手续。加强出国(境)证件管理，对国家工作人员因公和因私出国(境)证件进行统一收集，集中保管。对党政领导干部在企业兼职(任职)、"裸官"等问题进行清理整治，对机关借用人员进行清理规范。加强干部监督，把监督关口前移，抓好事前防范，对违规违纪行为实行"零容忍"。

2014年12月22日，自治区环境保护厅召开典型事例专题剖析会

2014年9月9~12日，自治区核事故应急办公室组织自治区环境保护厅、气象局、卫生计生委、交通运输厅等单位参加在广西军区教导大队开展的军事训练

环境科研与管理

【综述】 2014年，广西环境保护科学技术工作深入贯彻落实《广西壮族自治区环境保护和生态建设“十二五”规划》和《广西壮族自治区科学技术发展“十二五”规划》，着力建立和完善环境管理科学决策支撑体系，加强环保科技创新能力建设，大力开展环境基础性研究、污染减排关键技术攻关以及先进技术的示范应用，提升广西环保科技水平，建设具有广西特色的环保创新体系。广西环境保护科学技术在组织管理、机制创新、示范工程推进和支撑等方面取得跨越式发展，为全自治区污染减排、生态环境保护工作发挥技术引领和支撑作用。

【环境科技管理】 2014年，广西以自治区环境保护厅专家咨询委员会为核心，以中国环境科学研究院和自治区科技厅签订的合作协议、主席院士工作站、人才小高地为平台组成环境保护科学技术“统一战线”，开展多种形式的专家咨询活动，促进国家大气科学观测研究站（西南）和北部湾野外生态环境观测研究站落户广西。自治区环境保护厅会同自治区科技厅，与中国工程院环境与轻纺工程学部共同举办2014年“保护优先促发展，生态文明探新路”中国工程院院士广西生态环保行活动，为广西生态文明建设建言献策；召开2014年广西环境保护厅环保科技标准专题会议，就地方环保标准工作、科技科研项目管理、创建科技创新激励机制和奖励办法等进行研究部署；组织完成《广西壮族自治区环境保护厅环保科研项目管理办法》，为加强广西环保科研项目管理规范、提高创新能力和环境管理提供支撑。2014年，广西环保科研成果不断涌现，广西地方标准《甘蔗制糖工业水污染物排放标准》（DB45/893-2013）获得广西重要技术标准奖励；推荐3个项目申报广西科学技术奖科技成果、6个项目申报广西优秀社会科学奖；11个项目作为2015年广西科学研究与技术开发计划项目。

2014年7月17日，西南大气科学观测研究站在广西环境保护科学研究院挂牌

【环境科研获奖】 2014年，《甘蔗制糖工业水污染物排放标准》（DB45/893-2013）获2014年度广西重要技术标准奖、《木薯淀粉行业污染控制新技术的研发与示范工程》等3个项目获得2014年广西科学技术奖、《南宁市城市饮用水水源地现状调查及安全保障对策研究》等6个项目获得2014年度广西第13次社会科学优秀成果奖；获得授权发明专利1项、实用新型专利7项；获得国家自然科学基金项目1项、获得环境保护部2014年度国家环保技术管理项目2项、自治区科技厅2014年广西科学研究与技术开发计划项目4项。

【地方环保标准制定】 2014年，广西地方环境保护标准倒逼企业污染减排成效显著。广西首个地方环保标准《甘蔗制糖工业水污染物排放标准》发布实施，悬浮物、化学需氧量、氨氮、总氮、单位产品基准排水量共5项控制指标均严于国家标准，2014年环境保护部对广西减排核算以此标准核算为依据，确定广西化学需氧量新增8000多吨的减排量。广西贯彻落实环境保护部《关于加强地方环保标准工作的指导意见》，组织编制《广西环保标准体系建设计划(2015~2017)》。广西发布首个海洋地方环保标准《海水池塘养殖清洁生产标准》，进一步规范广西海水池塘养殖，对保障海水池塘养殖清洁生产、实现海水养殖业持续健康发展具有重要现实意义。2014年，《污染源自动监控站房标准化建设规范》等7个地方环保标准列入了广西地方标准计划。广西组织开展水泥工业大气污染物、有色金属行业采选业废水排放标准实施情况的研究；配合环境保护部完成50项有关国家环保标准的制定、修订及宣传贯彻工作，为新的国家环保标准、技术规范正式发布提供依据。

广西壮族自治区地方标准《甘蔗制糖行业清洁生产评价指标体系》

组织单位：广西壮族自治区质量技术监督局
广西壮族自治区环境保护厅

承担单位：广西壮族自治区环境保护科学研究院

项目负责人：张立宏

项目组成员：赵侣璇、曾广庆、覃楠钧、胡永东、庞少静、宋晓薇、张俊、徐以印。

该课题是自治区质监局"2013年第十二批广西地方标准制定(修订)项目"中两个环境保护标准之一。

课题通过企业调查、收集行业相关资料、文献检索、专家咨询等方式，掌握广西甘蔗制糖企业的生产和主要污染物产生现状。分析广西甘蔗制糖企业的生产现状和《清洁生产标准　甘蔗制糖业》(HJ/T186-2006)在执行过程存在问题的基础上，重新制定广西甘蔗制糖行业清洁生产评价指标体系。该标准为广西的甘蔗制糖企业开展清洁生产提供技术支持和导向，为环境管理、环境影响评价以及制糖企业清洁生产审核提供重要依据，促进广西制糖工业产品结构调整向规模化、集约化发展，促进"十二五"减排的实施。

2014年12月，该课题完成征求各级相关行政管理部门、高等院校、行业协会意见以及在自治区质监局"广西金质网"上公开征求意见，最终形成广西地方标准《甘蔗制糖行业清洁生产评价指标体系》文本和编制说明的送审稿。

广西壮族自治区地方标准《木薯淀粉行业清洁生产评价指标体系》

组织单位：广西壮族自治区质量技术监督局
广西壮族自治区环境保护厅

承担单位：广西壮族自治区环境保护科学研究院

项目负责人：赵侣璇

项目组成员：陈志明、张立宏、宋晓薇、胡永东、林华、张俊、覃楠钧、徐以印、罗栋源。

该课题是自治区质监局"2013年第十二批广西地方标准制定(修订)项目"中两个环境保护标准之一。

课题通过现场调研，尤其是以广西木薯淀粉行业最高水平的企业作为重点，实地对其生产全过程进行调研，掌握木薯淀粉生产方法、工艺设备水平、污染物产生及污染防治技术、资源能源利用、废物综合利用等情况。旨在通过调研掌握广西木薯淀粉行业的清洁生产水平现状，制定合理可行的木薯淀粉行业清洁生产评价指标体系，促使广西木薯淀粉行业走清洁生产的道路，为企业开展清洁生产提供技术导向，增强广西木薯淀粉行业环境管理能力，推进广西木薯淀粉产业结构调整和行业转型升级，促进木薯淀粉行业的可持续发展，保障广西环境安全。2014年6月，该课题通过自治区环境保护厅组织的开题论证。

广西壮族自治区地方标准《清洁生产审核指南　甘蔗制糖业》

组织单位：广西壮族自治区质量技术监督局
广西壮族自治区环境保护厅

承担单位：广西壮族自治区环境保护科学研究院

项目负责人：张立宏

项目组成员：赵侣璇、曾广庆、胡永东、覃楠钧、宋晓薇、张俊、罗栋源。

该课题是自治区质监局"2014年第二批广西地方标准制定(修订)项目"中六个环境保护标准之一。课题通过深入典型企业开展实地调研，结合广西甘蔗制糖行业清洁生产现状，在对广西甘蔗制糖行业清洁生产审核过程中存在的重点、难点问题进行全面系统研究的基础上，制定广西甘蔗制糖行业清洁生产审核指南，为广西甘蔗制糖企业自主开展清洁生产与节能减排工作提供统一规范和技术支持，为环境管理部门提供重要参考依据，有利于进一步提高广西甘蔗制糖企业的清洁生产水平，推动甘蔗制糖行业清洁生产技术的应用。

2014年12月，该课题完成广西壮族自治区地方标准《清洁生产审核指南　甘蔗制糖业》标准文本和编制说明的编制。

广西有色金属行业采选业废水排放标准制定研究

组织单位：广西壮族自治区环境保护厅

承担单位：广西壮族自治区环境保护科学研究院

项目负责人：张立宏

项目组成员：赵侣璇、曾广庆、陈志明、罗栋源、徐以印、覃楠钧、张俊、宋晓薇。

该课题是自治区环境保护厅为配合推进广西重金属污染治理和"十二五"重金属减排而组织开展的有色金属行业采选业废水排放地方标准制定研究工作。课题以广西有色金属采选行业为对象，开展生产工艺和废水污染治理情况的现状研究，系统分析广西有色金属采选企业废水达标情况，摸清了企业在执行现有废水排放标准中存在的问题，对国家有色金属行业污染物排放标准在广西的使用情况进行评估，深入开展废水排放地方标准制定的必要性和可行性研究，提出

了制定广西有色金属采选业废水排放地方标准的建议。

2014年12月，自治区环境保护厅召开项目专家评审会，专家组一致同意该课题通过评审。

【环境科研项目】

北部湾近海工程疏浚磷释放对浮游植物群落结构影响及其机理研究

项目类别：基础研究

组织单位：国家自然科学基金委员会

承担单位：广西壮族自治区海洋环境监测中心站

参加单位：厦门大学

项目负责人：蓝文陆

项目组成员：李天深、王秀秀、陆建军、李凤华、林丽贞、陈兰。

该项目针对北部湾近岸海域众多的航道、港池等大型疏浚工程可能会导致沉积物中营养盐的急剧释放进而对生态环境产生影响的科学问题，选取限制性营养盐磷和浮游植物为切入点，以北部湾铁山港、钦州港、防城港等建设强度较大的海湾为示范研究海区，采取多种手段和先进技术方法，研究查明工程疏浚磷释放对水体磷的形态、浮游植物群落结构的影响。同时采用分子生态学的手段来揭示沉积物磷释放对浮游植物群落结构的影响机理。该研究不仅从科学角度阐明磷释放对浮游植物群落结构影响机理，并揭示近海工程疏浚的生态环境影响，对大型海洋工程及近岸海域生态系统结构和功能的影响，以及生源要素的生物地球化学循环研究具有重要意义。

该项目为广西环保系统首次获批立项的国家自然科学基金项目。

广西环江县污染农田修复与综合治理试点示范

项目类别：基础研究

承担单位：广西壮族自治区环境保护科学研究院、中国科学院地理科学与资源研究所、广西壮族自治区环江毛南族自治县人民政府

项目负责人：谢华

项目组成员：赵雪梅、高何凤、余孟好、吴开庆、李相林、杨瑞刚。

该课题选取广西环江县大环江流域周边酸与重金属复合污染的8亩农田进行修复和综合治理示范。将污染农田作为一种特殊资源，提出对重金属污染农田进行修复、改良与安全综合利用的策略，选定牧草皇竹草、药材商陆、当地支柱农产品桑树和甘蔗及常用蔬菜龙葵为重金属污染农田的试验品种，因地制宜加以利用，旨在研究一种既能提高农民收入，又能保证人类安全，并对土壤具有一定修复效果的适合当地农业生产方式的修复技术。同时，采用大田试验和室内分析相结合的方式，研究并筛选适宜当地的植物修复材料，并研究提高植物修复酸与重金属污染农田修复效果的农艺措施。开展基于所选择植物材料的污染农田综合利用健康风险及经济效益的分析研究。分析污染物从农田—农作物—养殖动物食物链中的迁移转化过程，进行健康风险评估和经济效益分析，并分析不同的农艺措施对其生物修复效率及应用安全性的影响。本课题研究成果不仅为解决环江县污染农田问题提供理论依据，同时也为中国各硫铁矿周边广泛存在的酸与重金属复合污染农田治理与安全综合利用提供参考。

“十三五”广西建设生态文明示范区研究报告

项目类别：调查研究

承担单位：广西壮族自治区环境保护科学研究院

合作单位：广西大学、广西师范学院

项目负责人：谢华

项目组成员：陈志明、张立宏、宋书巧、熊建华、汪军能、王英辉、黄励、陈正华、吴开庆、杨瑞刚、余孟好、李相林、赵雪梅、张威、余升强、黄小卜。

该课题属于自治区发展改革委“十三五”重大研究专题。课题在充分调查研究、掌握第一手资料的基础上，深入分析广西生态文明示范区建设的初步成效和面临的挑战，吸取借鉴国内外生态文明建设的成功经验，并结合广西生态文明示范区建设实际情况，提出建设广西生态文明示范区的总体要求、主要目标、评价指标体系、主要任务和基本措施。该课题从经济发展、资源能源节约利用、生态建设与环境保护、生态文化培育、体制机制建设等5个方面深入阐述建设生态文明示范区的基础和条件，对广西建设生态文明示范区提出了具体的任务和对策建议，具有较强的系统性、针对性和可操作性，为广西进一步创建生态文明示范区提供参考。

2014年11月26日，2014年土壤污染与生态修复研讨会在南宁市召开，来自广西区内外的土壤污染防治专家共同探讨广西污染土壤治理和修复的可行性办法

广西大气 $PM_{2.5}$ 特性及控制对策研究(第一阶段)

项目类别:基础研究

承担单位:广西壮族自治区环境保护科学研究院

合作单位:复旦大学、南宁市环境保护监测站

项目负责人:陈志明

项目主要完成人员:莫招育、毛敬英、刘慧琳、魏艳红、黄炯丽、梁桂云。

本研究主要通过南宁市分析不同季节大气 $PM_{2.5}$ 浓度变化,探求南宁市大气 $PM_{2.5}$ 时空分布及变化特点;应用颗粒物粒径测量手段掌握南宁市一般天气情况及灰霾污染时期主要颗粒物粒径分布特征;通过颗粒物的物理光学特性、消光系数垂直分布等特征,初步得出南宁雾霾污染的颗粒物理特征;通过大气颗粒物的组分分析及单颗粒质谱仪检测分析,追溯主要颗粒物构成及其污染来源,为后续的大气污染防治策略的制定提供必要数据。研究成果为政府及环境保护部门制订污染防治措施提供技术支撑,加快推动了城市大气环境空气监测及预警预报工作,为南宁市重大活动提供保障服务。

木薯淀粉行业污染控制新技术研发与示范工程项目

项目类别:技术开发类

组织单位:广西壮族自治区科学技术厅、南宁市科学技术局

承担单位:广西壮族自治区环境保护科学研究院、广西农垦明阳生化集团股份有限公司、广西大学

项目负责人:张立宏

项目组成员:朱其虎、王英辉、曾广庆、潘瑞坚、陈立胜、赵侣璇、张媛媛、韩彪、苏俊杰、冯波、黄付平。

广西是全国最大的木薯生产和淀粉加工基地,木薯淀粉行业是广西的特色优势产业。近年来,木薯淀粉企业生产水耗大、污染物浓度高、排放量大的问题已严重制约行业的可持续发展。该项目以木薯渣、生产工艺废水为研究对象,围绕木薯渣资源化利用、工艺水循环利用和生产废水处理等主要难题,以突破木薯淀粉行业污染处理技术瓶颈为出发点,提高废弃资源的利用率。项目研发了木薯渣资源化综合利用技术和木薯淀粉废水污染控制新技术,并在4家企业建立示范工程,研究成果达到国际先进水平。该项目成果可为行政管理部门提供决策依据,为设计研究单位提供技术支持,在全自治区推广应用后可取得极大的社会效益和生态效益,具有良好的推广应用前景。该项目获得2014年度广西科学技术进步奖二等奖。

2014年11月27日,广西木薯淀粉行业工程减排建设方案专家审评会在南宁市召开

广西重金属污染物总量指标需求情况研究

项目类别:调查研究

组织单位:广西壮族自治区环境保护厅

承担单位:广西壮族自治区环境保护科学研究院

项目负责人:赵侣璇

项目组成员:罗栋源、张立宏、张俊、覃楠钧、宋晓薇、甘树福、樊勇吉、谢洲。

该项目在摸清广西重金属污染物排放基数的基础上,通过调研和资料收集,全面掌握广西"十二五"前期重金属污染物排放总量变化趋势,了解重点工程治理和淘汰关停落后产能形成的重金属削减量。根据"十二五"前期广西重金属污染防治工作考核的情况和涉重金属工业发展走向,把握"十二五"末期涉重行业新建项目对总量指标的需求,挖掘"十二五"末期重金属污染物的减排潜力,最终提出确保实现"十二五"重金属污染物总量控制目标的对策和建议,为自治区党委、自治区人民政府科学决策提供重要的参考依据,对广西的节能减排和低碳经济的发展具有积极的指导意义和促进作用。2014年12月15日,该课题通过自治区环境保护厅验收。

河口—近海生态系统变异及环境污染调控技术在广西近岸海域的成果转化与合作研究

项目类别:技术开发

组织单位:广西壮族自治区科学技术厅

承担单位:广西壮族自治区海洋环境监测中心站

合作单位:中国环境科学研究院

项目负责人:蓝文陆

项目组成员:孟伟、罗金福、雷坤、覃秋荣、陈兰、富国、李天深等。

该项目引进中国工程院孟伟院士团队的"河口—近海生态系统变异及环境污染调控技术与应用"成果与技术,并与孟伟院士团队合作,选取广西近岸海域开展成果转化和技术创新研究。通过转化应用与创新,对广西北部湾入海污染物通量、河口—近海生态系统变异、氮磷输入对近岸海域富营养化影响机制,以及主

要环境污染调控技术进行合作研究与技术开发，提出广西近岸海域氮磷基准值建议、近岸海域氮磷总量控制方案、河口—近岸海域富营养化综合调控对策，为北部湾海洋环境保护和管理提供决策支持。

北部湾高密度牡蛎养殖对浮游植物群落结构的影响及其可持续发展对策研究

项目类别：技术开发

组织单位：广西壮族自治区科学技术厅

承担单位：广西壮族自治区海洋环境监测中心站

合作单位：中国环境科学研究院

项目负责人：李天深

项目组成员：蓝文陆、雷坤、秦延文、陆建军、庞碧剑、王丽平、刘录三、彭梦薇、李波、韩丽君。

该项目针对北部湾高密度牡蛎养殖的可能生态环境影响，选取钦州湾作为示范点，研究北部湾高密度牡蛎养殖对浮游植物群落的影响机制，估算牡蛎养殖容量，提出北部湾牡蛎养殖的可持续发展对策建议，为当前广西北部湾经济区的海洋环境保护、经济可持续发展和生态安全保障提供技术支撑和决策参考。

广西危险废物现状调研与处置产业化前景研究

项目类别：调查研究

组织单位：广西壮族自治区环境保护厅

承担单位：广西壮族自治区环境保护科学研究院

项目负责人：王启明

项目组成员：吴昊、曹红军、狄瑜、金晓丹、高何凤。

该课题通过开展广西危险废物产生现状及管理情况调研，分析产生危险废物的主要行业、地市危险废物产生量以及主要废物种类、数量，掌握广西危险废物处置利用情况及管理现状，同时对广西现有的危险废物处置行业企业进行仔细梳理，着重分析广西固体废物（危险废物）处置中心的处置现状及存在问题，提出广西危险废物处置行业发展的瓶颈，结合国外以及国内先进省份的发展经验，研究分析广西危险废物处置行业存在的机遇与挑战，并从政策制定、政府管理、企业经营、公众参与等角度提出推进广西危险废物处置产业化发展的对策与建议，为广西有效解决危险废物处置难题，开展环境管理和污染防治工作提供决策依据。

桂林市灵川县青狮潭水库良好湖泊生态环境保护总体实施方案

项目类别：基础研究

组织单位：广西壮族自治区环境保护厅

承担单位：广西壮族自治区环境保护科学研究院

项目负责人：宋红军

项目组成员：曾广庆、于嵘、步秀芹、班美玲、何雅孜、谢洲、黄睿智、苏相琴、郭诗琪、何超超。

该课题在对青狮潭水库生态环境现状调研的基础上，对水库主要环境问题进行识别和成因分析，并从流域人口与产业规模、污染负荷排放、水资源利用、土地资源利用等方面对流域生态环境演变趋势、生态环境保护形势进行预测和分析，提出青狮潭水库生态保护方案的整体思路和保护目标。在此基础上，结合对青狮潭水库水环境、水资源、土地资源等生态承载力的分析，提出流域社会经济调控、流域水土资源调控、流域污染源防治和流域生态保育四大工程方案，以及流域生态环境保护长效机制、政策和技术等方面三大保障措施。青狮潭水库生态环境保护方案的编制，对保护青狮潭水库的生态环境发挥重要作用。

广西壮族自治区地下水基础环境状况调查评估

项目类别：调查研究

组织单位：环境保护部环境规划院

承担单位：广西壮族自治区环境保护科学研究院

项目负责人：班美玲

项目组成员：叶凡、苏相琴、谢洲、于嵘、何超超、郭诗琪、黄睿智、廖洁、步秀芹、黄河、罗剑清、黄奎贤、吴旭先、李智。

该课题系统收集整理广西代表性水源地和典型污染源的相关信息，对区域地质背景、水文地质及水环境状况进行调研分析，全面调查广西地下水饮用水源地及主要污染源的基本情况，并以河池市为典型案例区，对其地下水基础环境、地下水饮用水源地、主要污染源进行调查。课题选取有代表性的地下水型饮用水源地、矿山开采区、工业园区地下水作为重点调查对象，通过开展地下水环境调查、样品采集、分析等工作，对研究区地下水质量和污染状况进行分析评价，对代表性区域地下水存在的主要问题和成因进行分析，并从污染防治、地下水环境监测、风险预警、管理等方面提出建议。

广西全国生态环境十年变化(2000~2010年）遥感调查与评估

项目类别：调查研究

组织单位：广西壮族自治区环境保护厅

承担单位：广西壮族自治区环境保护科学研究院

项目负责人：于嵘

项目组成员：步秀芹、苏相琴、郭诗琪、何雅孜、廖洁、黄睿智、潘咏羽。

该课题采用遥感调查并结合地面调查及核查的手段，针对广西生态环境开展生态系统格局、质量、服务功能、生态环境问题、胁迫分析、生态环境质量综合评价及其10年变化情况评价；课题完成了国家安排的1758个野外核查点调查，20个典型样区的野外观测；选取3个自治区级重点生态服务功能区、12个自然保护区、1个典型矿产资源开发区、2个石漠化地区、1个

海岸带典型区域开展调查与评估，完成广西石漠化、海岸带、重点生态服务功能区、自然保护区、矿产资源开发带等生态保护典型区的野外调查与评估，最终形成12个专题研究报告和项目总报告；同时建立广西生态环境质量、生态系统格局、生态环境功能评价指标体系及区域生态环境质量数据数据库。该项目研究成果弥补了广西2000~2010年10年间广西宏观尺度生态环境质量生态遥感评估空白，进一步强化广西环保系统生态遥感科研能力，为广西生态保护管理决策和科研应用提供坚实的数据支撑。

广西流域生态健康评估

项目类别：调查研究

组织单位：广西壮族自治区环境保护厅

承担单位：广西壮族自治区环境保护科学研究院

项目负责人：于嵘

项目组成员：步秀芹、苏相琴、郭诗琪、何雅孜、廖洁、黄睿智、潘咏羽。

该课题选取大王滩水库、桂江、红水河、龙江、南流江为广西流域生态健康评估试点，并于2013~2014年对大王滩水库、桂江及红水河进行流域生态健康评估。课题在对流域自然概况和社会经济概况调研的基础上，从陆域生态系统和水域生态系统方面对流域生态系统现状及压力进行分析，构建流域生态健康评估指标体系，对流域、子流域的陆域及水域生态系统生态健康进行综合评估，在评估的基础上，指出流域在水资源调控、水土保持、流域生物多样性及流域管理等方面存在的问题，并提出针对各流域存在问题的对策与建议。

【生态工业示范园区创建】 2014年12月，《广西田东石化工业园区生态工业园区建设规划》通过环境保护部组织的专家评审。该规划以国家、广西和百色市人民政府的相关规划以及广西田东石化工业园区总体规划为依据，以生态工业园为发展目标，委托中关村汉德环境观察研究所编制《广西田东石化工业园区生态工业园区建设规划》。通过系统梳理园区的现状，分析有利条件和制约因素，提出生态工业发展路径，并对环境污染防治、风险防控及管理、建立配套保障体系等内容进行规划。该规划2012年在广西田东石化工业园区启动生态工业园建设工作。至2020年，在广西田东石化工业园区建立特色石油化工、新型氯碱化工、矿产循环经济等为主导的产业链条，对副产物及废弃物实施资源化利用，形成完整的循环经济生产体系，建立适应生态工业园发展的管理机制和体制。

【重点企业清洁生产审核】 2014年，广西以污染减排和重金属污染治理为核心，重点推进重有色金属矿（含伴生矿）采选业、重有色金属冶炼业、含铅蓄电池业、皮革及其制品业、化学原料及化学制品制造业、水泥、炼钢等大气和重金属污染综合防控行业企业开展清洁生产审核工作，推行清洁生产技术，从源头上减少污染物的产生，促进污染治理设施达标排放。

2014年，广西共有137家重点企业开展清洁生产审核工作，涉及有色金属采选、冶炼业、皮革鞣制加工、化工、水泥制造、轻工等33个重点行业，通过评估的企业共51家，通过验收的企业共67家。完成清洁生产审核的企业共提出清洁生产方案2096个（其中无/低费方案1801个，中/高费方案295个）。实施清洁生产方案2007个（其中无/低费方案1719个，中/高费方案288个）。实施清洁生产方案资金总投入176286万元（其中政府投资3918万元，企业投资172368万元）。减排废水833万吨，化学需氧量2279吨，氨氮764吨；减排废气181816万标立方米，二氧化硫3796吨，氮氧化物18128吨，粉尘109399吨，烟尘531吨；减排一般固体废物5.68万吨，危险废物285吨。实施后节水6580.87万吨，节电33704.18万度，节煤84857.44万吨，节油72.24吨，产生经济效益56124.25万元。企业通过实施清洁生产审核，实现污染物排放的稳定达标；通过有毒有害原辅材料的替换，减少有毒有害原料的使用量和有毒有害废气物的排放量；提高生产效率和资源能源利用率，减少资源和能源的浪费，为企业带来良好的经济效益和环境效益。

同时，广西组织开展甘蔗制糖和木薯淀粉行业清洁生产评价指标体系的研究工作，推进制糖和木薯淀粉行业清洁生产水平提升；组织在武鸣县广西木薯淀粉清洁生产示范工程现场召开全自治区木薯淀粉清洁生产减排现场会，对以清洁生产推进产业减排进行经验介绍，总结推广清洁生产示范项目经验，完成推动产业升级的《广西木薯产业有望实现千亿元产值》调研报告。

2014年12月29日，自治区环境保护科学研究院科研人员到企业进行调研

【环境科学普及】 2014年，广西结合环保重点工作，认真贯彻实施《全民科学素质行动计划纲要》，利用

“六五”世界环境日、“全国科技活动周”、“广西科技活动周”等活动，组织开展“建生态西江，向污染宣战”、“环保科普乡村行”、“环保科技进校园”、“环保科技咨询”、“节能环保科普知识宣传”等形式多样的科普宣传活动，使环保科普宣传教育贴近实际、贴近生活、贴近群众，营造良好环保科普宣传氛围；开展环保科普优秀项目评定、推荐工作。推荐《广西西南喀斯特生物多样性》申报2014年全国科普优秀图书作品，推荐的自治区环境保护科学研究院获得2014年自治区科普教育基地认定、自治区环境保护宣传教育中心获得2013~2014年广西实施全民科学素质工作先进集体；加强环保科普基地建设工作，指导南宁青秀山管理局等单位申报国家环保科普基地；结合基层能力建设开展环保科普基地建设专题调研，推进自治区环境监测中心站科普基地建设工作。

2014年5月14日，自治区环境保护科学研究院科研人员到村民家开展科普宣传

【环保产业】 2014年，广西开展2013年度环保服务业财务统计工作，统计范围包括广西14个设区市、12个行业，近200家环保服务企、事业单位。通过开展调查和统计，摸清广西环保服务业现状、存在问题、发展机遇及优势、市场需求等，为确定广西环境服务业发展重点领域、区域、行业，制定环境服务业发展扶持政策及管理标准体系提供科学依据。同时，结合大气污染防治行动计划和《锅炉大气污染物排放标准》新标准要求，在柳州市、来宾市组织开展创建环保服务业试点工作研究，推动来宾市人民政府开展大气污染源集中治理的环保服务业试点申报工作。2014年，停止行政审批事项环境污染治理设施运营乙级、临时资质许可相关工作，取消广西环境污染治理设施运营服务市场的行政许可准入，促进环境设施运营服务业的市场化、专业化、社会化。召开首次广西环保企业及院校座谈会，就如何推动环保产业发展广泛交换意见，提出了促进广西环保产业发展的新思路。

【环保社团】 广西环保产业协会 2014年1月17日，广西环保产业协会召开第三届理事会第三次会议，增选广西环境保护科学研究院院长宋红军为协会常务副会长，同意谭良辞去常务副会长职务。

8月4日，广西环保产业协会召开第三届理事会第一次常务理事会会议。会议选举广西大学轻工与食品工程学院院长王双飞、广西博世科环保科技股份有限公司总经理宋海农、广西鸿生源环保科技有限公司董事长黄敏、广西华鸿水务集团有限公司董事长林金华、贵港市智鸿环境科技有限公司董事长邹振生为协会第三届理事会副会长。

8月15~17日，由广西环保产业协会主办的2014年广西环保节能技术设备展览会在南宁国际会展中心开幕，来自广西区内130多家企业参展，展位290多个，展会面积6000多平方米，到场参观人员1.28万人次，会场成交、达成合作意向金额2780多万元。展览会同期举办“废气脱硝治理新技术论坛”和“重金属污染防治发展论坛”。

2014年8月15日，2014年广西太阳能热泵、环保节能、制冷空调及净水设备展览会在南宁国际会展中心开幕

10月31日，由广西环保产业协会主办的广西环保产业网上线仪式暨新闻发布会在南宁市召开。网站的正式上线标志着广西环保产业的核心资讯服务平台正式启动。

11月，广西环保产业协会按照自治区民政厅广西社会组织评估工作相关文件要求，开展能力评估工作，经自治区民政厅考核评估，被评为5A级社团组织。

12月9日，广西环保产业协会召开第三届理事会第六次会议，会议增选广西环保产业协会秘书长黄付平、广西绿源环保工程有限责任公司总经理苏柯、广西汇泰环保科技有限公司董事长梁茂林和广西华都环境投资有限公司董事林清珍为第三届理事会副会长。增选南宁进源环保科技有限公司副总经理莫中平、广西大学环保科学研究所教授朱红祥为第三届理事会常务理事。

12月23日，广西环保产业协会召开第三届会员代表大会第二次会议暨培育和促进广西环保产业发展论坛。环境保护部科技标准司副司长胥树凡、中国环保

产业协会副会长于越峰、广西环境保护厅副厅长蹇兴超和广西科学技术协会副主席方芳、广西环保产业协会名誉会长冯振年等有关单位领导出席会议，参加会议的会员企业代表达120多人。

广西生态学学会　2014年3月，广西生态学学会与广西大学环境学院联合向自治区科协申报，承担自治区科协《广西生态安全面临的主要威胁及对策研究》的研究课题。6月28日，广西生态学学会在南宁市召开第八届理事会，选举新一任理事长、法人代表及秘书长；会议表决通过其他理事的请辞和增补，调整后的第八届理事会由69名理事组成。12月29日，组织召开2014年学术年会，主题为“广西生态安全面临的主要威胁及对策”，共收到论文摘要41篇，正式论文29篇。

【重要学术活动】　近岸海域环境保护学术交流会　2014年6月23~25日，自治区海洋环境监测中心站在北海市举办广西近岸海域环境保护学术交流研讨会。会议邀请中国环境科学研究院、广西环境保护科学研究院、广西环境监测中心站以及沿海三市环境监测站等单位参加，学术交流会紧紧围绕近岸海域环境保护主题，展示国内外研究前沿、科研成果，共邀请15位专家作报告，分享科研工作经验。

大气污染防治学术交流会　2014年7月17日，自治区环境保护科学研究院举办广西环科院——中国环科院大气污染防治学术交流会。学术交流紧紧围绕大气污染防治主题，展示国内外研究前沿、科研成果，并分享科研工作经验。

中国低碳城市国际会议　2014年11月20~21日，以“低碳城市与新型城镇化”为主题的中国低碳城市国际会议在中国科学院上海高等研究院举行。广西环境保护科学研究院总工程师张立宏，清洁生产研究中心主任赵侣璇、宋晓薇参加会议。通过与国内外学者、企业和管理者代表交流低碳城市建设的成功经验，为广西低碳城镇规划与建设、清洁能源的产生和利用、新能源技术研发和应用、城市的新型水务系统、新型废弃物处理技术等方面提供研究思路。

中国工程院院士广西生态环保行活动　2014年11月27~29日，“保护优先促发展，生态文明探新路”中国工程院院士广西生态环保行活动举办，自治区主席院士顾问郝吉明院士、孟伟院士、侯保荣院士等7位院士以及20多位专家参加活动。中国工程院院士、专家在南宁市召开专题报告会，并赴北海市、南宁市就北部湾近岸海域生态环境保护、南宁市环境污染综合防治、木薯加工与甘蔗制糖行业绿色转型升级等情况进行调研。

中国环境科学院与广西环境保护科学研究院召开生态合作座谈会　2014年12月15日，中国环境科学研究院生态所副所长李俊生率队到广西环境保护科学研究院，就中国环境科学研究院在广西生态环境保护研究领域开展合作召开座谈会。会后中国环境科学研究院专家赴防城港东兴市针对生物资源保护、自然保护区管理评估、生物入侵及防治、自然保护区本底调查等方面进行边境生态调研。

生物多样性保护专题讲座　2014年12月15日，自治区环境保护科学研究院举办生物多样性保护专题讲座，邀请中国环境科学研究院首席专家、研究员李俊生授课，提升了职工对生物多样性保护重要性、生物安全、生态保护等方面的知识。

重金属清洁生产与污染防治学术交流会　2014年12月18日，自治区环境保护科学研究院举办“生物冶金环境工程联合实验室”签约仪式暨重金属清洁生产与污染防治学术交流会，专家们紧紧围绕重金属清洁生产与污染防治主题作专题报告，展示国内外研究前沿领域，分享研究成果与经验，并就如何做好重金属清洁生产与污染防治工作进行深入交流和探讨，对促进广西重金属污染防治工作具有积极意义。

2014年12月18日，自治区环境保护科学研究院召开重金属清洁生产与污染防治学术交流会，并与北京有色金属研究总院签署合作协议，挂牌成立生物冶金环境工程联合实验室，共同探索广西重金属污染防治发展新道路

图为自治区环境保护厅副厅长蹇兴超（左）为生物冶金环境工程联合实验室揭牌

环境质量

【综述】 2014年,广西环境质量总体良好。环境空气质量优良天数比例为95.6%;39条主要河流72个断面水质达标率为93.1%,城市集中式饮用水水源地水质达标率为98.4%;近岸海域一、二类海水水质比例为81.9%,环境功能区达标率为84.1%;环境电离辐射水平保持稳定,环境电磁水平总体良好;城市区域噪声、道路交通噪声、功能区噪声良好;生态环境质量状况保持稳定,14个设区市生态环境状况指数为69.4~95.5,有10个设区市及32个县域生态环境质量为优。

【大气环境质量】 城市环境空气质量 2014年,广西城市环境空气质量整体保持二级水平。14个设区市环境空气质量均达到国家二级标准,占统计城市的100%。与2013年相比,达标城市数量不变。各城市环境空气质量综合污染指数(表示城市受污染程度的综合指标)范围为0.92~1.83,平均值为1.34,比上年(1.36)下降0.02,见图1。

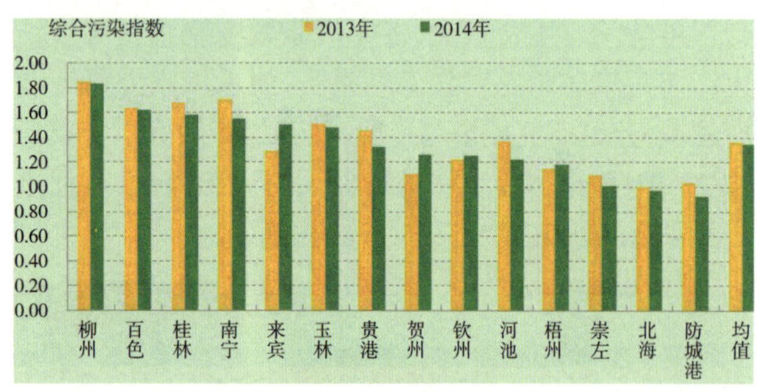

图1 2014年广西14个设区市环境空气综合污染指数排序及与上年比较

14个设区市二氧化硫年平均浓度范围为0.008~0.037毫克/立方米,均值为0.021毫克/立方米,与2013年(0.025毫克/立方米)相比有所下降。14个设区市二氧化氮年平均浓度范围为0.014~0.037毫克/立方米,均值为0.024毫克/立方米,与上年(0.024毫克/立方米)相比持平。14个设区市可吸入颗粒物年平均浓度范围为0.055~0.092毫克/立方米,均值为0.069毫克/立方米,与上年(0.064毫克/立方米)相比上升0.005毫克/立方米,见图2、图3、图4。

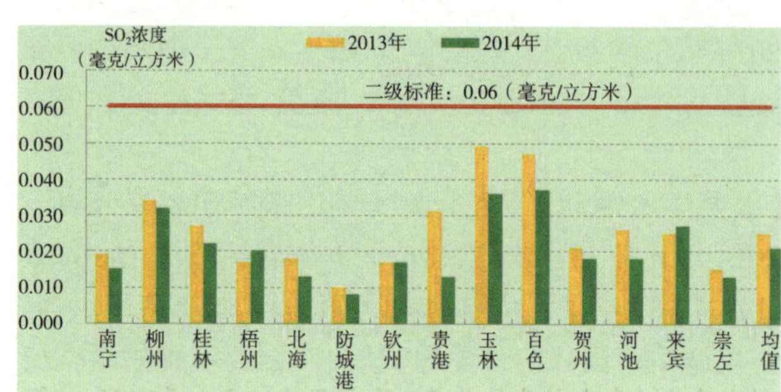

图2 2014年广西14个设区市二氧化硫年均浓度与上年比较

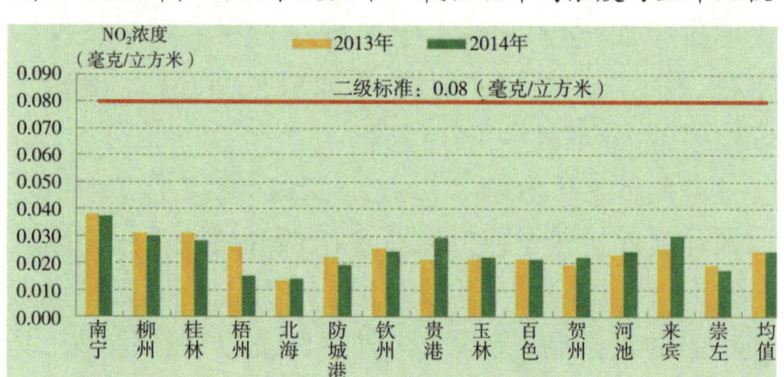

图3 2014年广西14个设区市二氧化氮年均浓度与上年比较

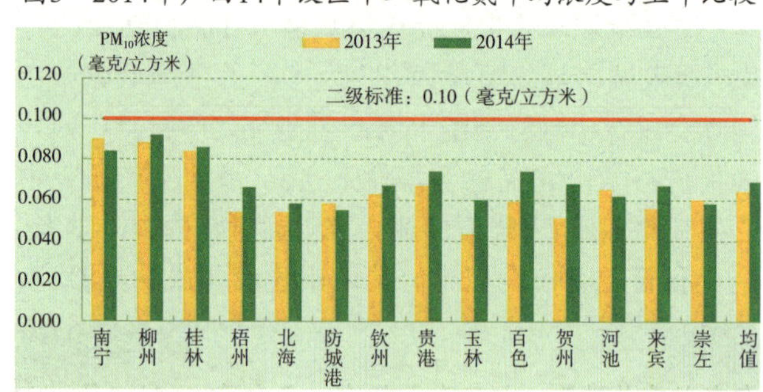

图4 2014年广西14个设区市可吸入颗粒物年均浓度与上年比较

2014年按《环境空气质量标准》(GB3095-2012)开展监测的南宁、柳州、桂林、北海4个环保重点城市中,北海市空气质量达标,南宁、柳州、桂林3个城市超标,超标项目均为PM_{10}和$PM_{2.5}$[注:环境空气质量达标仅考虑二氧化硫(SO_2)、二氧化氮(NO_2)、PM_{10}、$PM_{2.5}$共4项污染物年价值和臭氧(O_3)日最大8小时平均第90百分位数和一氧化碳(CO)日均值第95百分位数达标,不考虑SO_2、NO_2、PM_{10}、$PM_{2.5}$的特定百分位数达标]。4个环保重点城市年评价项目浓度见表1。2014年,南宁、柳州、桂林和北海4个重点城市的环境空气

质量综合指数分别为5.39、6.13、5.83、4.00，与2013年相比，南宁、桂林分别下降0.41、0.13个指数(2013年柳州、北海数据统计达不到有效性规定，无法比较)。

表1 2014年广西4个环保重点城市环境空气质量年评价项目浓度

（单位：微克/立方米，CO为毫克/立方米）

城市名称	SO_2		NO_2		PM_{10}		$PM_{2.5}$		CO	O_3
	年平均	24小时平均第98百分位数	年平均	24小时平均第98百分位数	年平均	24小时平均第95百分位数	年平均	24小时平均第95百分位数	24小时平均第95百分位数	日最大8小时滑动平均值的第90百分位数
南宁市	15	41	37	84	84	192	49	120	1.6	126
柳州市	32	68	30	73	92	188	67	149	1.7	155
桂林市	22	61	28	76	86	178	66	135	2.0	136
北海市	13	26	14	33	58	117	29	87	1.9	144

酸雨　2014年广西城市酸雨污染平均水平较2013年有所加重。降水酸度pH年均值范围为4.34~6.36，平均值为5.30，比2013年(5.50)下降0.20个pH值单位。酸雨频率范围为0~64.8%，年平均酸雨频率为21.6%，与上年(17.9%)相比上升3.7个百分点，见图5。

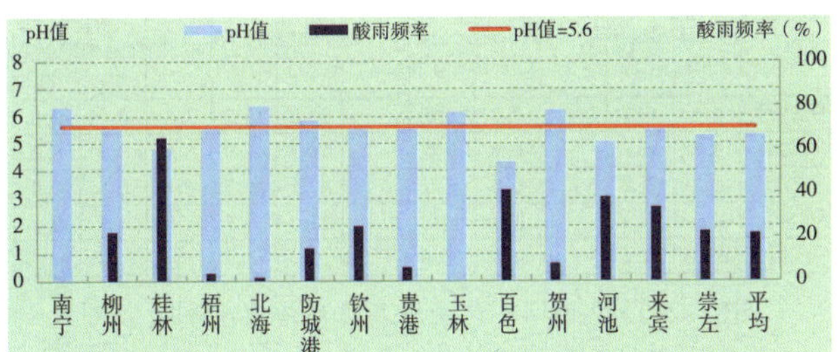

图5　2014年广西14个设区市降水pH值及酸雨频率

【水环境质量】　地表水环境质量　2014年，广西主要河流水质总体良好，大部分河流满足水环境功能区目标要求。其中，67个断面水质符合《地表水环境质量标准》(GB3838-2002)Ⅲ类标准，达到相应水环境功能目标要求，水质达标率为93.1%，较2013年(95.8%)下降2.7个百分点，见图6。

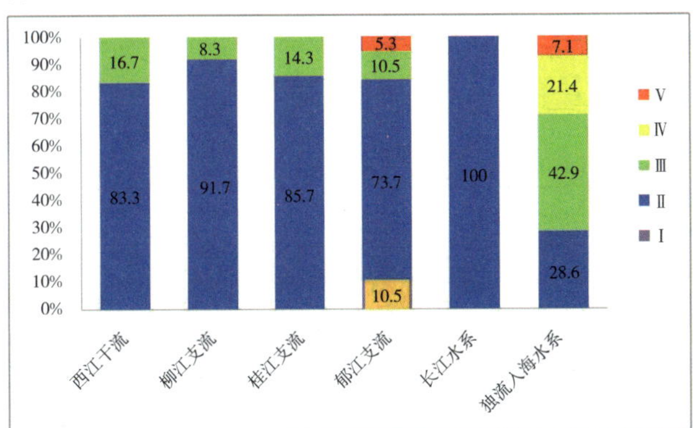

图6　2014年广西主要河流断面水质类别比例图

珠江水系的红水河、刁江、黔江、浔江、西江、黄华河、杨梅河、北流江、都柳江、融江、洛清江、龙江、大环江、柳江、漓江、桂江、难滩河、归春河、黑水河、水口河、平而河、明江、左江、剥隘河、右江、邕江、郁江、贺江，长江水系的湘江、资江，独流入海水系的北仑河、南流江、武利江、钦江、防城江、茅岭江、大风江，年均水质均符合Ⅲ类标准，河流水质为“优良”；珠江水系的下雷河、独流入海水系的九洲江和南流江年均河流水质不符合Ⅲ类标准，其中下雷河和九洲江均为“中度污染”，南流江为“轻度污染”。

2015年，广西开展环保系统基层监测人员水质采样检测培训

水库水环境质量　2014年广西对平龙水库、武思江水库、达开水库、六陈水库、大王滩水库、天生桥水库、平班水库、龙滩水库、青狮潭水库、澄碧河水库、龙滩水库、西津水库、岩滩水库、土桥水库、百色水库、那板水库、凤亭河水库、龟石水库、苏烟水库和小江水库共20座水库开展水质监测。结果表明，19座水库水质达Ⅲ类标准，1个水库水质为Ⅳ类，主要超标项目均为总磷。水库营养化状态评价显示，除武思江水库为轻度富营养状态外，其他19个水库均为中营养状态。

地下水环境质量　2014年，广西共设地下水监测点476个，监测面积6626平方千米。2014年全自治区地下水质量以优良、良好级别为主，地下水水质污染以点状污染为主，局部存在小范围的面状污染。与2013年相比，广西地下水水质变化不大。

【近岸海域水环境质量】 海水环境质量 2014年广西近岸海域海水环境质量总体良好。44个监测站位中，达《海水水质标准》一、二类水质的站位比例为81.9%、三类水质比例6.8%，与上年相比，分别为持平、上升4.5个百分比；四类水质比例4.5%、劣四类水质比例6.8%，与上年相比，均下降2.3个百分点。年平均海水质量环境功能区达标率为84.1%，与上年相比下降4.5个百分点，见图7。

2014年11月28日，中国工程院院士广西生态环保行中，院士专家针对广西生态环境保护和传统优势产业发展中遇到的问题，深入南宁市、北海市、防城港市有关政府部门、科研院所及企业开展实地调研和咨询指导

北海、防城港、钦州3个沿海城市中，北海市近岸海域海水水质状况“优”，20个监测站位中，达一、二类水质的站位比例为90.0%，与上年相比下降10个百分点，水质有所下降。年平均海水质量环境功能区达标率为90.0%，与上年相比下降10个百分点。钦州市近岸海域海水水质状况“差”，12个监测站位中，达一、二类水质的站位比例为58.4%，与上年相比上升16.7个百分点；四类和劣四类水质比例为25.0%，下降25个百分点，水质较上年明显变好。年平均海水质量环境功能区达标率为66.7%，与上年持平。防城港市近岸海域海水水质状况“优”，12个监测站位中，达一、二类水质的站位比例为91.6%，与上年持平，年平均海水质量环境功能区达标率为91.7%，与上年持平，见图8、图9。

2014年，广西近岸海域海水水质超《海水水质标准》(GB3097-1997)二类标准的因子为无机氮、pH、活性磷酸盐和化学需氧量，超标率(按样品数计)分别为10.5%、9.9%、6.2%和0.6%。与上年相比，溶解氧超标率下降1.4个百分点，无机氮下降8.0个百分点，pH上升0.2个百分点，活性磷酸盐上升2.5个百分点，化学需氧量上升0.6个百分点，见图10。

超环境功能区管理目标要求的海域分布在茅尾海、廉州湾及防城港西湾的局部海域，与上年相比增加北海市廉州湾海水养殖区，减少金鼓江工业用海区和钦州港金鼓江污水深海排放区。

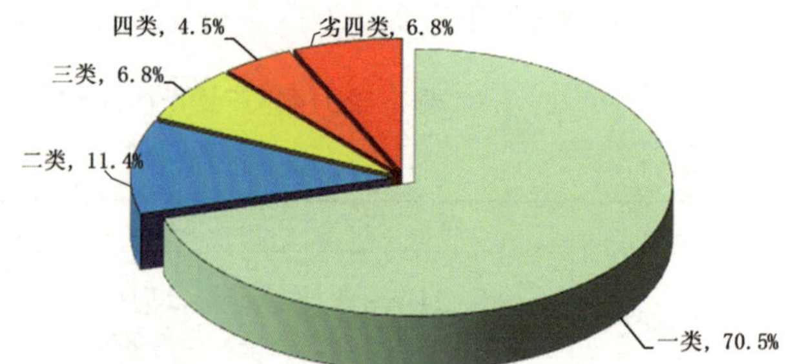

图7 2014年广西近岸海域全年平均水质类别图

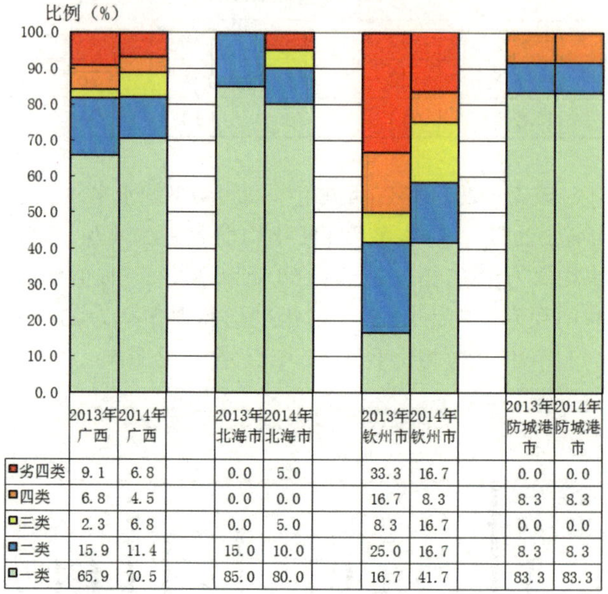

	2013年广西	2014年广西	2013年北海市	2014年北海市	2013年钦州市	2014年钦州市	2013年防城港市	2014年防城港市
劣四类	9.1	6.8	0.0	5.0	33.3	16.7	0.0	0.0
四类	6.8	4.5	0.0	0.0	16.7	8.3	8.3	8.3
三类	2.3	6.8	0.0	5.0	8.3	16.7	0.0	0.0
二类	15.9	11.4	15.0	10.0	25.0	16.7	8.3	8.3
一类	65.9	70.5	85.0	80.0	16.7	41.7	83.3	83.3

图8 2013、2014年广西近岸海域海水类别情况图

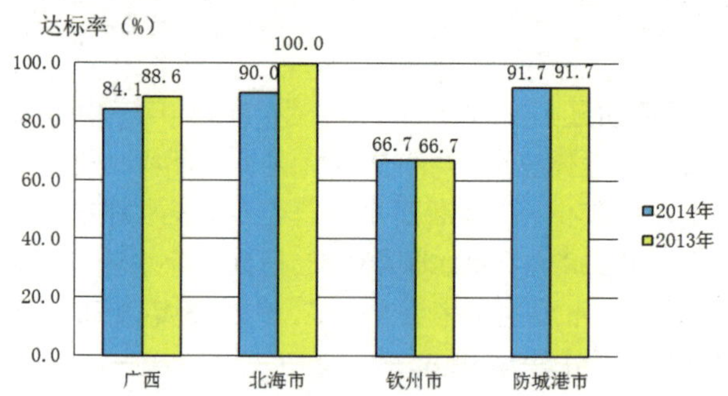

图9 2013年、2014年广西近岸海域全年平均海水功能区达标率情况图

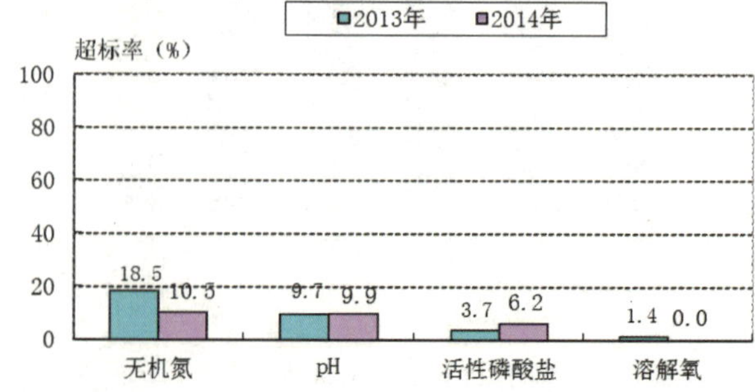

图10 2013年和2014年广西全年平均值超第二类标准的因子及超标率

2014年，广西近岸海域入海污染物总量同比上年

上升 7.7 个百分点，其中高锰酸盐指数占入海污染物总量的 53.4%，总氮占 36.3%，同比上年高锰酸盐指数入海量上升 9.6 个百分点，总氮下降 4.3 个百分点。从入海污染源看，由高到低顺序为入海河流（占 91.2%）＞市政排污口（占 8.2%）＞直排工业污染源（占 0.5%），见图 11、图 12。

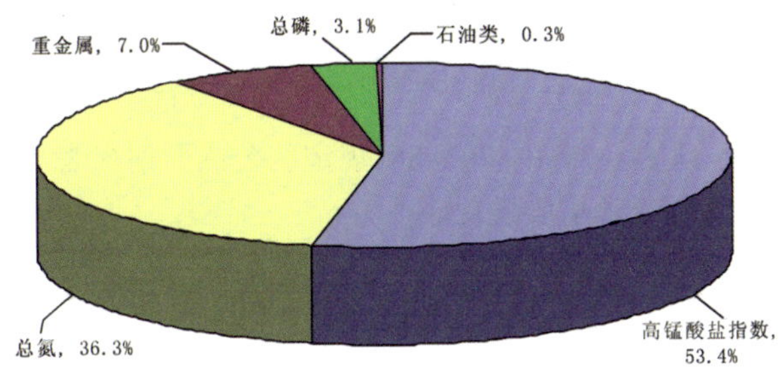

图11　2014年广西各污染物入海总量占比图

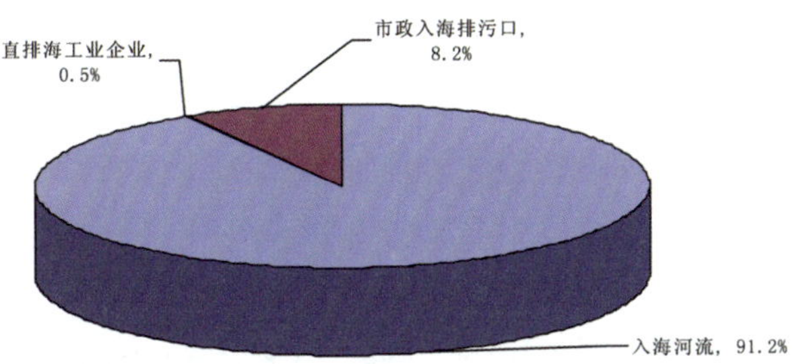

图12　2014年广西各入海途径污染物入海量占比图

海洋沉积物质量　2014 年，广西近岸海域沉积物质量状况优良，达《海洋沉积物质量》（GB18668-2002）第一类标准的站位比例为 100%，与上年持平。环境功能区达标率为 100%，与上年持平。

海洋生物质量　2014 年，在广西近岸海域 17 个海区共采集 18 个贝类生物质量样品中，符合《海洋生物质量》（GB18421-2001）一类标准的样品数比例为 27.8%，二类样品数为 55.6%，三类样品数为 5.6%，超三类样品数为 11.0%。

【声环境质量】　城市区域声环境　2014 年，广西 14 个设区市城市区域昼间声环境质量“较好”的占 57.1%，“一般”的占 42.9%，无“较差”和“差”的城市，城市区域声环境质量与 2013 年持平。

城市道路交通声环境　2014 年，广西 14 个设区城市 57.2% 的城市道路交通声环境质量为“好”，35.7% 的为“较好”，7.1% 的为“一般”。与 2013 年相比，广西城市道路交通声环境质量“好”的城市下降 7.1 个百分点，“较好”的上升 7.1 个百分点，“一般”的持平。

城市功能区声环境　2014 年，广西开展监测的南宁、柳州、桂林、北海、河池 5 个城市的各类功能区监测结果表明，0 类（疗养区）功能区达标率最高，昼夜间均达 100%；4 类（交通干线两侧区域）功能区达标率最低，昼间达标率为 88.9%，夜间达标率为 44.4%；1 类（居住区）、2 类（混合区）、3 类（工业区）功能区昼间达标率范围在 95.4%~100% 区间，夜间达标率范围在 63.6%~95.0% 区间。与 2013 年相比，昼间达标率上升的有 1 类和 3 类功能区，夜间达标率上升仅有 1 类区；昼间达标率下降的有 2 类和 4 类功能区，夜间达标率下降的有 2 类区、3 类区和 4 类区；0 类区达标率无变化。

【固体废物】　2014 年，广西工业固体废物产生量为 8143.26 万吨，比上年上升 5.3%。工业固体废物综合利用量 5019.28 万吨，处置量 1322.64 万吨，贮存量 1800.97 万吨，排放量为 0.37 万吨，比上年下降 9.0%。危险废物产生量为 123.9 万吨，处置量为 117.4 万吨（包括企业自行利用处置及转移到其他单位利用处置），贮存量为 8.78 万吨。污水处理厂污泥产生总量为 29.7 万吨，污泥处置率为 100%，其中南宁、柳州、桂林、百色四市污泥处置中心共处置污泥 17 万吨，占全自治区污泥总量的 57.0%；其他市县产生的污泥中有 9.4 万吨送至当地垃圾处理厂填埋，占全自治区污泥总量的 31.6%；其余 11.4% 的污泥主要用于当地园林绿化。广西生活垃圾无害化处理场实际日均处理垃圾 14100 吨，累计年处理垃圾约 514 万吨，生活垃圾无害化处理率实现 80% 的设定目标。

【辐射环境质量】　2014 年，广西辐射环境质量总体良好，与 2013 年持平。

陆地 γ 辐射空气吸收剂量率　广西辖区共有辐射环境自动监测站 4 个，分别为南宁市 2 个、百色市 1 个，桂林市 1 个。2014 年，4 个自动监测站的 γ 辐射剂量率连续监测运行正常，连续 γ 辐射空气吸收剂量率（未扣除宇宙射线响应值）监测范围值为 65.8~100.9 纳戈瑞 / 小时，平均值为 70.8 纳戈瑞 / 小时，见图 13。

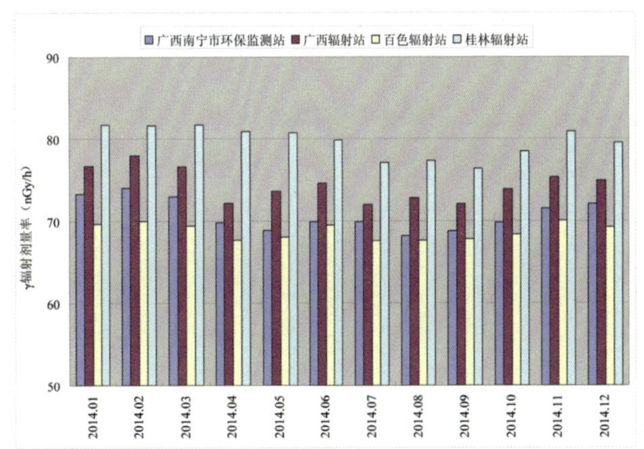

图13　2014年广西辐射环境自动监测站γ辐射剂量率月均值变化趋势

2014年广西瞬时陆地环境γ辐射空气吸收剂量率(扣除宇宙射线的响应值)范围值为37.0~214.7纳戈瑞/小时,平均值为70.8纳戈瑞/小时。

空气中放射性核素浓度　广西4个自动监测站空气中气溶胶总α放射性活度浓度0.108~0.501贝可/立方米、总β放射性活度浓度0.379~2.48贝可/立方米。大气沉降物总α放射性活度浓度0.147~0.562贝可/平方米天、总β放射性活度浓度0.203~0.939贝可/平方米天。

水体中放射性核素浓度　广西境内珠江水系和长江水系主要河流断面水体中铀、钍、镭-226、钾-40、总α、总β、锶-90、铯-137放射性核素浓度均为环境正常水平。广西北海北部湾近岸海域海水中各放射性核素活度浓度监测结果与历年相比,无明显变化,人工放射性核素锶-90、铯-137活度浓度均在《海水水质标准》(GB3097-1997)规定的限值内。

土壤中放射性核素含量　广西土壤中铀-238、钍-232、镭-226、钾-40、锶-90、铯-137放射性核素含量,与1986年广西环境天然放射性水平调查结果为同一水平,属正常范围。

电磁辐射环境　广西环境电磁水平低于《电磁辐射防护规定》(GB8702-88)规定的公众照射参考导出限值,电磁环境质量良好。

北海银滩

污染物减排

【综述】 2014年，广西认真贯彻落实国务院关于减排工作的总体部署和要求，从经济发展和环境保护的实际出发，把总量减排作为调整经济结构、转变经济发展方式的突破口和重要抓手，以倒逼机制推动产业转型升级，扎实推进重点领域、重点行业和重点项目工程建设，强化监管和督查，总量减排工作取得新进展。经环境保护部核定，2014年广西化学需氧量排放量74.40万吨，比2013年下降2.03%；氨氮排放量7.93万吨，比2013年下降2.12%；二氧化硫排放量46.66万吨，比2013年下降1.14%；氮氧化物排放量44.24万吨，比2013年下降12.28%。4项指标均完成年度污染减排目标任务。

2014年9月12日，自治区环境保护厅厅长檀庆瑞带队到南宁市环境保护局调研，详细了解南宁市污染减排等环保重点工作进展情况

【减排政策措施】 2014年，广西多方筹措整合资金支持污染减排各项工作，安排4.5亿元支持“美丽广西·清洁乡村”建设，安排14.88亿元支持城镇污水处理设施建设。严格落实燃煤发电机组脱硫、脱硝、除尘等环保电价政策，继续对铁合金、水泥、钢铁等7个高耗能行业实行差别电价。对已通过脱硝设施环保验收的火电燃煤发电机组执行每千瓦时1分钱的脱硝电价，对燃煤发电企业予以每千瓦时0.2分钱的除尘电价，继续落实燃煤发电机组脱硫电价。进一步调整全自治区污水处理收费标准，30%县级污水处理厂污水处理费达每吨1.1元。印发《广西燃煤发电机组环保电价及环保设施运行监管实施细则》，建立环境保护部门将燃煤发电机组超标时段报送物价部门及电网公司，电网公司核定超标时段电量，物价部门扣减及处罚相关环保电价的工作机制。

【约谈处罚措施】 2014年，自治区环境保护厅约谈2013年未完成减排目标任务的南宁、柳州、梧州、钦州、贵港、百色、来宾、贺州、河池9个设区市人民政府分管负责人，并对2013年和2014年上半年未完成氨氮减排任务及污染减排工作严重滞后的百色、来宾2个设区市和横县、武鸣县、岑溪市、阳朔县、罗城县、容县6个县(市)实施区域环评限批。

【减排督查与监管】 2014年，广西严格控制污染物新增量，把主要污染物排放总量指标作为环评审批的前置条件，严格执行建设项目主要污染物总量指标审核。强化重点行业企业日常监管。实行重点行业、企业、特别是燃煤电厂、水泥厂、城镇污水处理厂、制浆造纸等运行情况月报制度，加强重点企业治污设施运行监管，推进重点行业精细化管理。实施企业总量控制，自治

2014年9月9～12日，自治区环境保护厅督察组到百色市开展突击检查行动，重点对邕江上游右江沿岸企业现场督查。图为检测组对百色市融达有限责任公司的污水进行采样

区环境保护厅印发实施《火电厂、水泥厂氮氧化物实施主要污染物总量控制的通知》，对全自治区13家火电企业27台燃煤发电机组、26家水泥企业46条水泥生产线的氮氧化物排放情况全部纳入总量控制目标，并通过实时在线监控系统，定期预警。加强督查，自治区人民政府先后两次组织开展全自治区城镇污水生活垃圾处理建设运行督查。自治区环境保护厅对减排计划项目进展情况不定期进行现场检查，并在新闻媒体公开通报。

【减排重点项目】 2014年，广西分别完成化学需氧量、氨氮、二氧化硫和氮氧化物计划减排项目1895项、1895项、56项和116项。年内完成污水管网建设1052公里，开工建设镇级污水处理厂70座，新增污水处理能力61.9万吨/日。2014年处理污水10.64亿吨，削减化学需氧量13.3万吨、削减氨氮1.7万吨，初步建立覆盖全自治区县城以上城市的生活污水处理体系。完成1847项规模化畜禽养殖污染减排项目工程建设。淘汰老旧机动车14.45万辆，淘汰落后燃煤小锅炉866台，超额完成国家分解下达的淘汰10万辆老旧机动车和800台燃煤小锅炉的目标任务。此外，淘汰落后炼钢58万吨、水泥907万吨、铁合金84.9万吨、造纸75万吨、铅冶炼1万吨、锌冶炼21.3万吨、制革5万标张，全面完成年度淘汰落后产能目标任务。

2014年4月10日，自治区环境保护厅和自治区水产畜牧兽医局在玉林市陆川县联合召开全自治区畜禽养殖污染减排工作经验交流会。图为与会人员认真听取陆川县养殖减排治理工程示范点经验介绍

环境影响评价

【综述】 2014年，自治区环境保护厅继续深化行政审批制度改革，推进政府职能转变和管理创新，加强基层环评管理能力建设，进一步提高环评审批效率和质量。

【行政审批改革】 2014年3月13日，自治区环境保护厅印发《广西壮族自治区建设项目环境影响评价文件分级审批管理办法》(2014年修订，桂环发〔2014〕10号)，下放审批事项共13大方面43个类别；9月22日，印发《广西壮族自治区不纳入环境影响评价审批的建设项目目录(第一批)》(桂环发〔2014〕35号)，提高建设项目环境管理效能，促进广西小微企业发展。

【建设项目环评】 2014年，广西建设项目环评审批12493项，各级环境保护部门退回、不予审批或暂缓审批的建设项目环评文件共282个。通过建设项目竣工环境保护验收4318项，各级环境保护部门退回、不予验收或暂缓验收的建设项目竣工环境保护验收文件共117个。

【重大项目环评】 2014年，自治环境保护厅以做好重大项目环评服务为重点，加快推进自治区领导联系的重大项目、自治区层面统筹推进重大项目和自治区重大产业项目环评审批，把项目环评审批效率作为稳增长促改革调结构惠民生和改进作风、转变职能、优化服务的有效抓手。截至2014年底，自治环境保护厅完成自治区领导联系推进重大项目环评审批30项，完成自治区层面统筹推进新开工重大项目环评审批123项。

【环评审批公众参与】 2014年5月16日，自治区环境保护厅印发《广西壮族自治区环境保护厅关于进一步规范和加强建设项目环境影响评价公众参与工作的通知》，规范公众参与工作规程，强化公众参与工作监管；7月12日，召开公开建设项目环境影响评价技术审查会议；10月27日，举行公开建设项目环境影响评价文件公开审批活动，邀请各级人大代表、政协委员、行风评议员、公众代表、区内外新闻媒体记者参加，主动接受社会各界、公众、新闻媒体的监督。

2014年7月12日，自治区环境保护厅举办公开建设项目环评评审活动。图为青年代表向专家提问

【建设项目竣工环保验收】 2014年，自治区环境保护厅强化建设项目审批后环境管理，提高建设项目验收环保工作效率及质量，10月，印发《广西壮族自治区环境保护厅加快建设项目竣工环境保护验收工作方案》，采取多种措施，稳步推进建设项目竣工环境保护验收工作。先后下放两批共35个市政、水利类建设项目竣工环境保护验收；责令两批共104个项目加快竣工环境保护验收工作；与自治区交通运输厅联合下发《关于加强普通公路建设项目环境保护验收工作的通知》，加快普通公路项目环境保护验收工作；印发《关于加快房地产开发类项目竣工环境保护验收工作的通知》，适当简化房地产开发类项目环境保护竣工验收手续，进一步加快房地产开发类项目环境保护竣工验收；举办生态类建设项目竣工环境保护验收调查专题培训班，提高广西建设项目竣工环保验收从业人员技术水平，促进验收调查工作高效高质量完成。

【环评机构监督管理】 2014年，自治区环境保护厅结合“简政放权”后市县环境保护行政主管部门承担更加繁重工作任务的实际，印发《广西环境影响评价专项整顿工作方案》，在全自治区开展环境影响评价专项整治工作，规范广西区内环评市场。2014年6月，召开广西环评机构座谈会，就提高环评机构内部管理和业务水平进行交流讨论。11月,约谈15家在设区市、县(区)环境保护局2013年度审批环评文件编制质量抽查考核中被抽查环评文件编制质量较差的环评机构,切实加强广西建设项目环境影响评价管理和环评资质机构工作监管。召开环境保护系统事业单位环境影响评价体制改革座谈会,总结交流环评机构体制改革经验教训,推进广西事业单位环境影响评价体制改革工作。

2014年12月26日,自治区环境保护厅召开全自治区环评体制改革工作座谈会,进一步推进广西环评机构改制工作

【基层环评管理能力建设】 2014年5月6~7日,自治区环境保护厅组织有关人员赴钦州市灵山县环境保护局就行政审批事项"接、放、管"等相关工作开展情况进行调研,推进政务服务窗口转变政府职能、阳光行政,打造良好的投资环境。6月28日至7月2日,自治区环境保护厅在南宁市举办广西建设项目环境管理人员业务技能培训班,全自治区各市、县(区)分管建设项目环评及验收的局领导及业务骨干近250人参加培训,进一步提高广西环境影响评价行政管理人员业务素质和政策水平,确保基层人员"懂管、管好、管住"项目。6~9月,自治区环境保护厅针对基层工作需要,开展送环评审批培训下基层活动,帮助县(区)级基层环评审批人员解决实际工作遇到的问题。

【环评技术评估】 2014年,自治区环境保护技术中心共受理技术评估申请142件,其中同意受理评估133

2014年6月28日至7月2日,2014年全自治区建设项目环境管理人员业务技能培训班在南宁市举办

件,因不符合有关规定不予受理9件;完成技术评估124件(通过116件,未通过8件),其中完成自治区层面统筹推进重大项目技术评估20件。

7月12日,自治区环境保护厅公开"中电投广西灵川县灵田风电场工程环境影响报告书"建设项目环境影响评价文件技术审查会议,政风行风评议员、人大代表、政协委员、公众及媒体代表参加会议。

8月,自治区环境保护技术中心组织开展2012~2013年度优秀环评文件评选工作,评选出优秀环境影响评价报告书8本、优秀环境影响评价报告表6本。

10月16~17日,自治区环境保护技术中心在南宁市举办2014年度广西壮族自治区环境影响评价审查专家库入库专家培训,内容包括《大气污染防治行动计划》、《中华人民共和国环境保护法》及饮用水源有关管理及保护规定的解读,广西环境影响评价审查专家库入库专家、各市技术评估机构90多人参加培训。此次培训首次引入现场教学,安排学员到广西金川有色金属有限公司及防城港南潫作业区码头考察。

11月27日,"环评基础数据库共享平台广西壮族自治区2014年试点项目"通过环境保护部环境工程评估中心验收,浙江省环境工程技术评估中心、江苏省环境工程咨询中心、承德市环境工程评估中心等单位代表参加验收会。

环境监测

【综述】 2014年，广西扎实推进污染物总量减排监测体系建设以及常规监测、专项监测等，全自治区完成空气质量新标准第三阶段建设任务，较好完成全年各项工作任务。大化、鹿寨等9个县环境监测站通过标准化达标验收或现场考核，实现广西县级环境监测站标准化建设历史性突破。2014年环境保护部启动的环境监测“三五”人才评选中，广西有5人评为一流专家，50人评为业务骨干。

2014年4月10日，全自治区基层建设年环境监测能力建设现场培训会在鹿寨县举办，会议传达全国环境监测工作现场会会议精神，部署2014年重点工作

【环境空气监测】 2014年，广西14个设区市继续开展环境空气质量监测，共布设监测点位54个，其中42个质量评价点，12个清洁对照点。质量评价点全年采用自动监测系统，监测频率为每日24小时连续监测。监测项目有二氧化硫、二氧化氮、可吸入颗粒物等。

南宁、柳州、桂林和北海4个环保重点城市按照《环境空气质量标准》(GB 3095-2012)开展环境空气质量监测，共布设监测点位22个，其中19个质量评价点，3个清洁对照点。22个监测点位全年采用自动监测系统，监测频率为每日24小时连续监测，监测项目有二氧化硫、二氧化氮、可吸入颗粒物、一氧化碳、臭氧、细颗粒物等。14个设区市环境空气监测点位见表1。

表1 广西14个设区市环境空气监测点位表

城市名称	管理级别	点位性质	点位名称	监测方式
南宁市	环保重点城市	空气质量评价点	振宁花园、北湖、市环境保护监测站、区农职院、英华嘉园、大自然花园、沙井镇街道办	自动监测
		清洁对照点	仙葫	
柳州市	环保重点城市	空气质量评价点	环境保护监测站、市四中、市九中、河西水厂、古亭山、柳东小学	自动监测
桂林市	环保重点城市	空气质量评价点	环境监测中心站、龙隐路小学，八中	自动监测
		清洁对照点	电子科大尧山校区	
梧州市	国家级	空气质量评价点	市环境保护局、云盖小学	自动监测
	自治区级	清洁对照点	旺甫老义小学	手工监测
北海市	环保重点城市	空气质量评价点	海滩公园、新市环境保护局、北海工业园	自动监测
		清洁对照点	牛尾岭水库	

续表

城市名称	管理级别	点位性质	点位名称	监测方式
防城港市	国家级	空气质量评价点	沙万、防城镇人民政府、大海花园	自动监测
钦州市	国家级	空气质量评价点	市环保站、市农科所、港区一小	自动监测
	自治区级	清洁对照点	田寮水库	手工监测
贵港市	国家级	空气质量评价点	贵城子站、江南子站、荷城子站	自动监测
		清洁对照点	德智高中	
玉林市	国家级	空气质量评价点	市环境监测站、南江一中	自动监测
		清洁对照点	寒山水库	手工监测
百色市	国家级	空气质量评价点	市环境监测站、市中心血站	自动监测
	自治区级	清洁对照点	马鹿场	手工监测
贺州市	国家级	空气质量评价点	环保小区、政协大楼	自动监测
	自治区级	清洁对照点	东凤完小	手工监测
河池市	国家级	空气质量评价点	市环保站、市疾控中心	自动监测
		清洁对照点	东仁乐园	
来宾市	国家级	空气质量评价点	来宾二中、来冶招待所	自动监测
崇左市	国家级	空气质量评价点	市环境保护局江州分局、城南新区	自动监测
	自治区级	空气质量评价点	卜寨小学	自动监测
	自治区级	清洁对照点	卜驮小学	手工监测

注：（1）重点城市即属国家113个环境保护重点城市。

（2）对照点手工监测频次为每季度5天。

2014年10月22日，自治区环境保护厅召开大气$PM_{2.5}$源解析工作汇报会，自治区环境保护厅厅长檀庆瑞出席，副厅长蹇兴超主持，厅机关各处室及相关直属单位负责人参加会议

【第三阶段 $PM_{2.5}$ 监测】 2014年，广西空气新标准第三阶段建设总投资3324.09万元，其中中央资金2445万元，地方配套资金879.09万元。承担第三阶段建设任务的梧州等10个非环保重点城市于2014年11月完成空气质量新标准第三阶段监测任务，实现与环境保护部联网及向社会实时发布环境空气质量指数(AQI)等7项指标。

【降水监测】 2014年，广西14个设区市、11个县(县级市)继续开展降水监测，共布设降水监测点位48个，其中设区市布设点位37个，县(县级市)布设点位11个。监测项目为pH值、降雨量、电导率及离子成分。降水监测点位见表2。

表2 2014年广西降水监测点位信息表

城市名称	县（区）名称	管理级别	点位名称
南宁市	市区	国家	新江镇畜牧兽医站、市环境保护监测站
		自治区	青山、罗文
	武鸣县	自治区	武鸣县环境保护局
	横县	自治区	横县环境保护局
	宾阳县	自治区	宾阳县环境保护局

续表

城市名称	县（区）名称	管理级别	点位名称
南宁市	上林县	自治区	上林县环境保护局
	隆安县	自治区	隆安县环境保护局
	马山县	自治区	马山县环境保护局
柳州市	市区	国家	环境保护监测站、沙塘林校
桂林市	市区	国家	电子科大尧山校区、环境监测站
		自治区	龙隐路小学
	灵川县	自治区	政府大楼楼顶
梧州市	市区	国家	旺甫老义小学
		自治区	市环境保护局、气象局
	岑溪市	自治区	岑溪市环境保护局
北海市	市区	国家	牛尾岭水库
		自治区	海滩公园、新市环境保护局、北海工业园
防城港市	市区	自治区	沙万、防城区人民政府
钦州市	市区	国家	荷木水库
		自治区	市环保站、市农科所
贵港市	市区	国家	庆丰一中
		自治区	市环境监测站
	桂平市	自治区	市环境监测站
	平南县	自治区	县环境监测站
玉林市	市区	国家	苏烟水库、市环境监测站
百色市	市区	国家	马鹿场
		自治区	市环境监测站
贺州市	市区	国家	东风完小
		自治区	环保小区
河池市	市区	国家	东仁乐园
		自治区	市环保站、铁路防疫站
来宾市	市区	国家	北五乡卫生院
		自治区	市环境保护局、兴宾区人民政府
崇左市	市区	国家	江州镇渠座小学
		自治区	市环境保护局江州分局
	凭祥市	自治区	环境保护局宿舍楼

【地表水监测】 2014 年，广西境内实施地表水例行监测的河流可分为珠江水系、长江水系和独流入海河流三大流域水系。珠江流域广西境内水系可分为西江干流、柳江支流、桂江支流、郁江支流和贺江支流；长江流域广西境内水系有湘江和资江等河流；广西境内有 8 条独流入海河流，分别是南流江、武利江、九洲江、北仑河、防城江、钦江、大风江、茅岭江，其中北仑河为国际河流，沿中越边境线入海。

主要河流水质监测　2014 年，广西 14 个市级环境保护监测站（二级站）及部分县级环境保护监测站（三级站）对全自治区 39 条主要河流 72 个地表水例行监测断面开展监测。监测项目有水温、pH 值、溶解氧、高锰酸盐指数、化学需氧量、五日生化需氧量、氨氮、总磷、铜、锌、氟化物、硒、砷、汞、镉、铬（六价）、铅、氰化物、挥发酚、石油类、阴离子表面活性剂、硫化物、粪大肠菌群等《地表水环境质量标准》（GB3838-2002）表 1 中 23 项指标（总氮除外）及流量共 24 项。评价标准执行《地表水环境质量标准》（GB3838-2002）Ⅲ类标准，水环境功能区达标按所属功能区类别执行相应标准。全年共获参与评价数据 22365 个，参评超标个数

95 个,占 0.4%。

重点流域水质监测　2014 年,广西各级环境保护监测站对珠江流域广西境内 14 条重点河流的 17 个监测断面进行水质月报监测,共有参与评价数据 4692 个。监测城市及点位:承担监测任务的有南宁、柳州、桂林、梧州、贵港、崇左、百色、河池、防城港共 9 个环境保护监测站。监测项目为水温、pH 值、溶解氧、高锰酸盐指数、化学需氧量、五日生化需氧量、氨氮、总磷、铜、锌、氟化物、硒、砷、汞、镉、铬(六价)、铅、氰化物、挥发酚、石油类、阴离子表面活性剂、硫化物、粪大肠菌群等《地表水环境质量标准》(GB3838-2002)表 1 中 23 项指标(总氮除外)及流量共 24 项。

【近岸海域环境监测】 海水水质监测　2014 年,广西近岸海域共布设 44 个监测站位对海水水质进行监测,其中有 22 个国控监测站位,22 个区控监测站位,见表 3。

表3　2014年广西近岸海域环境功能区及监测站位表

序号	监测站号	所在功能区	水质要求	国控编号
1	GX001	茅尾海海产品养殖、增殖区（GX053BⅡ）	二类	
2	GX002	茅尾海海产品养殖、增殖区（GX053BⅡ）	二类	GX0701
3	GX004	金鼓江工业用海区（GX072CⅢ）	三类	
4	GX005	龙门港口区（GX081DⅣ）	四类	
5	GX006	犀牛脚旅游观光、养殖区（GX056BⅡ）	二类	
6	GX007	防城港市工业用海区（GX091CⅢ）	三类	
7	GX008	工业用海区（GX083CⅢ）	三类	GX0702
8	GX009	防城港市工业用海区（GX091CⅢ）	三类	GX0601
9	GX010	三娘湾旅游度假区（GX050BⅡ）	二类	
10	GX011	揽埠江口养殖区（GX085BⅡ）	二类	
11	GX012	铁山港水产养殖区（GX014BⅡ）	二类	
12	GX013	暗埠口江航道区（GX095DⅢ）	三类	GX0602
13	GX014	珍珠港海水养殖区（GX106BⅡ）	二类	
14	GX015	廉州湾海水养殖区（GX043BⅡ）	二类	GX0501
15	GX017	企沙南部工业、港口用海区（GX089DⅣ）	四类	
16	GX018	珍珠港海水养殖区（GX106BⅡ）	二类	GX0603
17	GX019	海产品增殖区（GX078BⅡ）	二类	
18	GX020	廉州湾海水养殖区（GX043BⅡ）	二类	GX0502
19	GX021	东兴金滩旅游度假区（GX110BⅡ）	二类	
20	GX022	海产品增殖区（GX078BⅡ）	二类	GX0704
21	GX023	铁山港西岸排污区1（GX012DⅣ）	四类	GX0503
22	GX024	渔业捕捞区（GX116AⅠ）	一类	GX0604
23	GX025	北海市北海港区（GX035DⅣ）	四类	GX0504
24	GX026	北海市北海港区（GX035DⅣ）	四类	
25	GX027	防城港港池航道疏浚倾废区（GX098DⅣ）	四类	
26	GX028	北海港临时倾废区（GX098DⅣ）	四类	GX0506
27	GX029	广西山口红树林生态自然保护区（GX002AⅠ）	一类	GX0505
28	GX030	营盘海水养殖区（GX024BⅡ）	二类	GX0507
29	GX031	海产品增殖区（GX078BⅡ）	二类	GX0605
30	GX032	广西合浦儒艮国家级自然保护区（GX001AⅠ）	一类	GX0508
31	GX033	北部湾渔业捕捞区（GX007AⅠ）	一类	GX0509
32	GX034	营盘海产品增殖区（GX025BⅡ）	二类	GX0510
33	GX035	钦州海产品增殖区（GX078BⅡ）	二类	GX0705

续表

序号	监测站号	所在功能区	水质要求	国控编号
34	GX036	北部湾渔业捕捞区（GX007AⅠ）	一类	GX0511
35	GX037	二长棘鲷幼鱼和幼虾增殖区（GX031BⅠ）	一类	GX0512
36	GX038	二长棘鲷幼鱼和幼虾增殖区（GX031BⅠ）	一类	GX0513
37	BH1	二长棘鲷幼鱼和幼虾增殖区（GX031BⅠ）	一类	
38	BH2	涠洲岛旅游区（GX046BⅡ）	二类	
39	BH3	北海涠洲码头区（GX045DⅣ）	四类	
40	BH4	北海银滩国家级旅游度假区（GX028BⅡ）	二类	
41	BH6	北海港铁山港作业区（GX011DⅣ）	四类	
42	QZ1	钦州港金鼓江污水深海排放区（GX069DⅣ）	四类	
43	QZ3	沙井港航道区（GX077DⅢ）	三类	
44	QZ4	茅岭港航道区（GX080DⅢ）	三类	

2014年，广西分别在枯水期、丰水期和平水期进行海水水质常规监测，监测项目包括水温、盐度、pH、溶解氧、悬浮物、化学需氧量（碱性高锰酸钾法）、无机氮（硝酸盐氮、亚硝酸盐氮、氨氮）、非离子氨（统计）、活性磷酸盐、石油类、铜、铅、镉、汞、活性硅酸盐、锌、砷、镍、总铬、六价铬、氰化物、硫化物、硒、挥发性酚、透明度、水深、大肠菌群、粪大肠菌群、生化需氧量（BOD5）、叶绿素a、总有机碳（TOC）、阴离子表面活性剂。六六六、滴滴涕、马拉硫磷、甲基对硫磷、苯并(a)芘等项目只在丰水期进行分析。

同时，广西运用近岸海域水质自动监测网络16个监测站位对近岸海域水质实施实时监控（水质异常时采用手工比对，及时跟踪水质变化情况），定期编制周报和月报报相关管理部门，2014年共编制周报52期，月报12期，年报1期。

海洋沉积物质量监测　海洋沉积物质量监测区域、范围和站位布设与海水水质监测相同，采集表层海洋沉积物，每年开展1次。2014年3月完成，监测项目为pH、水分、铜、铅、镉、砷、汞、锌、铬、有机碳、硫化物、石油类、六六六、滴滴涕、多氯联苯、底质类型、粒度、镍共18项。

海洋生物质量监测　在广西近岸海域17个海区共采集18个贝类生物质量样品，比2013年增加了3个海区、3个贝类生物质量样品，每年开展1次，2014年10月份完成，监测项目为水分、铜、铅、锌、铬、镉、砷、镍、石油烃、总汞、六六六、滴滴涕共12项，见表4。

表4　2014年广西海洋生物质量监测海区及样品种名一览表

序号	海区名称	样品种名	所在行政区域	样品种类
1	儒艮保护区	毛蚶	北海市	软体类（双壳类）
2	西场镇（海水养殖区）	文蛤		
3	铁山港西岸（石头埠）	文蛤		
4	北海银滩（旅游区）	文蛤		
5	营盘镇（珍珠养殖区）	文蛤		
6	党江镇	文蛤	钦州市	
7	大番坡（茅尾海海水养殖区）	红树蚬		
8	金鼓江	近江牡蛎		
9	龙门			
10	犀牛脚	文蛤		
11	北仑河口（红树林自然保护区）	文蛤	防城港市	
12	大坪坡（防城港东湾港区）	文蛤		
13	渔洲坪	文蛤		
14	珍珠湾（海水养殖区）	文蛤		
15	红沙	近江牡蛎		
16	沙螺寮	文蛤		
17	良港村	青蛤		

海洋生态调查　2014 年，广西海洋生态调查内容包括沿岸海域初级生产力、浮游动植物种群及群落结构、大型底栖生物和潮间带生物生态调查分析。沿岸海域初级生产力、浮游动植物种群及群落结构、大型底栖生物监测站位、范围与海水水质相同。其中叶绿素 a 监测时间、监测频率与海水水质相同；浮游动、植物根据生长季节监测二期，分别在春季(2~3 月)和夏季(7~8 月)进行，大型底栖生物在春季(4~5 月)监测 1 期，每期对每个站位采样监测 1 次。潮间带生物共设监测断面 14 个，见表 5。在秋季(9~10 月)监测 1 期，监测频次为每个断面采样监测 1 次。

2014年，广西合浦儒艮国家级自然保护区管理站开展保护区珍稀海洋生物资源调查

入海污染源监测　2014 年，广西近岸海域入海污染源调查范围东起与广东省交界的英罗港，西至中越边境的北仑河，对主要入海河流、市政入海排污口、直排入海工业企业排污口进行调查监测。其中市政排污口、直排入海工业污染源是指通过大陆岸线和岛屿岸线直接向海域排放污染物的日排水大于或等于 100 吨的污水排放单位。2014 年广西入海河流共监测 9 条 11 个断面，监测频次为 12 期，每月 1 期；市政入海排污口监测 28 个，直排入海工业企业排污口监测 20 个，监测频次均为 4 期，每季度监测 1 期。监测站位布设及监测项目见表 6、表 7、表 8。

表5　2014年广西近岸海域潮间带生物监测断面设置表

序号	所在海区	断面名称
1	北海市	榕根山
2		沙尾
3		金海湾
4		竹林
5		西场
6		大风江*
7	钦州市	犀牛脚
8		康熙岭
9	防城港市	沙螺寮
10		沙螺寮
11		渔洲坪
12		白龙尾
13		珍珠湾
14		竹山

表6　2014年广西独流入海河流监测情况表

序号	河流名称	监测断面名称（或位置）	监测垂线	汇入海域	所在行政区域	监测项目
1	南流江	南域	3	廉州湾海域	北海市	水量、水温、电导率、流量、氟化物、pH、溶解氧、化学需氧量、高锰酸盐指数、生化需氧量、硝酸盐氮、亚硝酸盐氮、氨氮、总氮、活性磷酸盐、总磷、铜、铅、锌、镉、汞、砷、六价铬、石油类、挥发酚、硫化物、阴离子表面活性剂、氰化物、硒、粪大肠菌群、镍、总铬、盐度、铁、锰、悬浮物、氯化物、非离子氨（统计）、无机氮（统计）共39项。
		亚桥	3			
2	西门江	西门江	1			
3	白沙河	白沙河	1	铁山港海域		
4	南康江	南康江	1			
5	大风江	挡潮闸	3	大风江-三娘湾海域	北海市　钦州市	
6	茅岭江	长墩	3	茅尾海海域	钦州市　防城港市	
7	钦江	高速公路东桥	3	茅尾海海域	钦州市	
		高速公路西桥	3			
8	北仑河	边贸码头下游	1	东兴港海域	防城港市	
9	防城江	三滩	2	防城港海域		

表7 2014年广西直排入海工业企业入海排污口监测点位表

序号	排污工业企业名称	所在行政区域	监测项目
1	涠洲终端处理厂	北海市	流量、水温、色度、pH、盐度、悬浮物、化学需氧量、生化需氧量、磷酸盐、总碱度、硝酸盐氮、亚硝酸盐氮、氨氮、石油类、动植物油、挥发酚、氟化物、氰化物、硫化物、铜、砷、铅、汞、镉、镍、总磷、总氮、总油、六价铬、可吸附有机卤化物，共30项。
2	中国石化北海炼化有限责任公司		
3	广西北海燃煤电厂排水口		
4	北海市浙海水产加工有限公司		
5	北海市中安兴水产品有限公司		
6	北海市鑫利水产有限公司		
7	北海市华春海产冷冻经营部		
8	北海永鑫糖业公司		
9	广西金桂浆纸业有限公司	钦州市	
10	中国石油广西石化公司		
11	中国石油广西石化公司清净雨水排放口		
12	中粮钦州油脂有限公司		
13	广西钦州燃煤电厂排水口		
14	钦州犀牛脚糖厂（广西犀牛脚欧亚糖业有限公司）		
15	大海粮油工业（防城港）有限公司	防城港市	
16	广西惠禹粮油工业有限公司		
17	广西盛隆冶金有限公司		
18	防城港启航选矿有限公司		
19	防城港枫叶粮油工业有限公司		
20	广西防城港燃煤电厂排水口		

表8 2014年广西沿海市政入海排污口监测点位表

序号	污染源名称	污染源所在地区	监测项目
1	海城水产公司市政排污口	北海市海城区	流量、水温、pH、盐度、悬浮物、化学需氧量、五日生化需氧量、硝酸盐氮、亚硝酸盐氮、氨氮、总氮、总磷、活性磷酸盐、总铜、总铅、总镉、总汞、总砷、镍、六价铬、石油类、动植物油、挥发酚、硫化物、苯系物（苯、甲苯、乙苯、邻-二甲苯、间-二甲苯、间对二甲苯、苯乙烯）、阴离子表面活性剂共25项。
2	水产码头市政排污口		
3	地角码头市政排污口		
4	地角市政排放口		
5	地角镇西头市政排污口		
6	七星江[注1]市政排污口		
7	红坎污水处理厂排污口		
8	侨港码头1市政排污口	北海市银海区	
9	侨港海底光缆市政排污口		
10	四川南路市政排污口		
11	冯家江市政排污口		
12	银滩码头市政排污口		
13	合浦船厂市政排污口	北海市合浦县	
14	防城港市北码头市政排污口	防城港市港口区	
15	防城港20万吨码头市政排污口*		
16	企沙龙海市政排放口		
17	企沙邮政市政排放口		

续表

序号	污染源名称	污染源所在地区	监测项目
18	防城港市污水处理厂排污口	防城港市港口区	
19	渔洲坪市政排放口		
20	东兴城东污水处理厂排污口	防城港市东兴市	
21	钦州港勒沟河工业废水市政排污口	钦州市	
22	钦州港勒沟工业作业区综合排水口[注2]		
23	钦州港勒沟河生活污水市政排污口		
24	钦州港国星市政排污口		
25	益民街西侧市政排污口		
26	钦州港起步工业园东市政排污口		
27	钦州港果鹰大道雨水排水口[注3]		
28	钦州港海监码头市政排污口		

（1）注1：七星江是北海市一条入海小溪，周围生活污水和工业废水汇入七星江后排放入海，因此把七星江作为直排海市政排污口进行监测。

（2）注2：原“钦州大洋粮油综合排放口”。

（3）注3：原“钦州港远大港务有限公司”。

【声环境质量监测】 2014年，广西开展城市功能区噪声监测的有南宁、柳州、桂林、北海、河池5个设区市，共设置区控以上监测点位29个。其中国控监测点位25个，每季度监测1次，见表9。

2014年广西14个设区市均开展城市道路交通噪声监测和城市区域环境噪声监测，其中城市道路交通噪声监测共布设监测点位518个，监测干线总长度791.33千米，每年监测1次，见表10；城市区域环境噪声监测网格数共1886个，每年监测1次，见表11。

表9　2014年广西城市功能区噪声定期监测点位一览表

测站名称	监测点名称					
	0类	1类	2类	3类	4类	点位总数
南宁市	—	烈士陵园	广西大学、文化大院、联小	有机厂	朝阳路 新阳路	7
柳州市	—	广西工学院	柳南环办、柳州市文化大院、柳州供电局招待所	阳和开发区管委会	水榭花都物业办	6
桂林市	—	清风居委会	重工业局、市文联宿舍、橡机厂幼儿园	区四建预制构件厂	七星路47栋、交通事故处理大队	7
北海市	海泰别墅	富丽华大酒店	广场东里	淀粉厂	邮电局门口	5
河池市	—	河池职业学院	区防御站附近居民区	广西金河锌业集团公司	金城江区南新西路	4

表10　2014年广西城市道路交通噪声监测路段情况表

测站名称	路段数	监测点数	监测干线总长度（千米）	测站名称	路段数	监测点数	监测干线总长度（千米）
南宁市	135	135	139.75	贵港市	23	23	25.2
柳州市	89	89	211.82	玉林市	18	18	43.58
桂林市	52	52	104.7	百色市	19	19	15.41
梧州市	11	11	26.49	贺州市	10	10	16.1
北海市	62	62	49.22	河池市	25	25	70.17
防城港市	18	18	23.41	来宾市	10	10	16.94
钦州市	36	36	36.38	崇左市	10	10	12.16

表11　2014年广西城市区域环境噪声普查布点情况表

测站名称	网格大小（米）	网格数	测站名称	网格大小（米）	网格数
南宁市	650×650	241	贵港市	500×500	102
柳州市	1000×1000	160	玉林市	500×500	101
桂林市	480×480	206	百色市	300×300	117
梧州市	500×500	118	贺州市	250×250	128
北海市	375×375	208	河池市	300×300	101
防城港市	350×350	100	来宾市	462×462	104
钦州市	500×500	100	崇左市	500×500	100

【辐射环境监测】 2014 年，广西辖区共有辐射环境自动监测站 4 个，其中南宁市 2 个，站点名称为广西辐射环境监督管理站、南宁市环境保护监测站；桂林市、百色市各 1 个，分别为桂林辐射站和百色辐射站。监测内容有：广西辐射站 γ 辐射空气吸收剂量率（连续监测）、水汽氚，监测频次为 1 年 1 次，气溶胶中的总 α、总 β、γ 核素分析和 ^{210}Po、^{210}Pb 研究性监测，监测频次 1 个月 1 次，沉降物中的总 α、总 β 和 γ 核素分析，监测频次每季度 1 次；南宁市环境保护监测站 γ 辐射空气吸收剂量率（连续监测），气溶胶中的总 α、总 β 和 γ 核素分析，监测频次 1 个月 1 次，沉降物中的总 α、总 β 和 γ 核素分析，监测频次每季度 1 次；桂林辐射站、百色辐射站 γ 辐射空气吸收剂量率（连续监测）、气溶胶中的总 α、总 β 和 γ 核素分析，监测频次每月 1 次。

2014 年，广西 14 个市各设置 1 个陆地监测点，开展 γ 辐射剂量率和 γ 辐射累积剂量测量，监测频次 1 年 2 次；各设置 1 个土壤监测点，采集土壤样品进行土壤中铀、钍、镭 -226、钾 -40、锶 -90、铯 -137 比活度分析，监测频次 1 年 1 次。自治区境内珠江及长江水系共设置 4 个地表水监测断面，在枯水和平水期各采集 1 次样品，进行水中铀、钍、镭 -226、钾 -40、总 α、总 β、锶 -90、铯 -137 活度浓度分析，监测频次 1 年 2 次。

南宁市设置 1 个集中式饮用水源地监测点，采集样品进行水中总 α、总 β、铀、钍、镭 -226、钾 -40、锶 -90、铯 -137 活度浓度分析，监测频次为 1 年 2 次；设置 1 个地下水监测点，进行水中铀、钍、镭 -226、钾 -40、总 α、总 β 活度浓度分析，监测频次 1 年 1 次；民族广场设置 1 个电磁辐射环境质量监测点，进行环境电磁辐射水平（综合场强）监测，监测频次 1 年 1 次；人民公园设置电磁辐射设施（广播电视电磁辐射设施）周围辐射环境质量监测点，进行污染源周围环境电磁辐射水平（综合场强）监测，监测频次 1 年 1 次。

近岸海域北海市（银滩）、防城港市（万尾金滩）、钦州市（犀牛脚伏波庙）各设置 1 个海水监测点，进行海水中铀、钍、镭 -226、钾 -40、锶 -90、铯 -137 活度浓度分析，监测频次 1 年 1 次。钦州市钦州港设置 1 个海洋生物牡蛎监测点，进行生物牡蛎中 90Sr、137Cs 核素含量分析，监测频次 1 年 1 次。

年内，自治区环境保护厅对位于广西的 701 矿、703-1 等两个铀采冶工程开展陆地 γ 辐射空气吸收剂量率、累积剂量、空气氡浓度、气溶胶、水环境、土壤及底泥、生物、流出物等放射性监测。

辐射环境自动监测子站虾塘站点

2014年，自治区辐射环境监督管理站监测人员对高压电线进行现场监测

污染防治

【综述】 2014年,广西继续推进重点流域、重点行业、近岸海域、大气、噪声、固体废物等各项污染防治工作,继续开展饮用水水源地保护、城市环境综合整治工作。加强与有关相邻省合作,着力解决跨省区水环境污染防治问题。加强部门协作、区域协作,提高污染防治水平,确保环境安全。

【大气污染防治】 2014年,广西14个设区市环境空气质量均达到二级标准,达标城市比例连续3年达到100%。14个设区市环境空气综合污染指数平均值为1.34,低于2013年的1.36,空气质量总体略有改善。

2014年9月1日,自治区环境保护厅与自治区气象局签署开展重污染天气监测预警预报合作协议

大气污染防治目标责任及考核 自治区人民政府完成与各市人民政府签署《大气污染防治工作目标责任书》。自治区环境保护厅编制了《广西大气污染防治2014年度工作实施计划》,经自治区人民政府同意印发实施。按照《国务院办公厅关于大气污染治理行动计划实施情况考核办法》,自治区环境保护厅制订《落实广西壮族自治区大气污染防治行动计划实施情况考核工作任务分工方案》,并印发自治区各有关部门。制定《广西壮族自治区环境空气质量管理考核办法(试行)》,为督促各市重视改善环境空气质量,自治区环境保护厅向新闻媒体发布全自治区各市环境空气质量及排名。

机动车污染防治 2014年,自治区人民政府召开淘汰黄标车和老旧车专题会议,出台《关于切实加快2014年度黄标车及老旧车淘汰工作的通知》(桂政办发〔2014〕100号),有效推进淘汰工作。制订《2014~2017年广西壮族自治区淘汰黄标车和老旧车工作方案》和《2015~2017年广西壮族自治区鼓励提前淘汰黄标车和老旧车补贴指导意见》。由自治区环境保护厅协调自治区公安交警、物价、质监等部门推进机动车污染防治工作,召开淘汰黄标车和老旧汽车专题会议,组织开展全自治区老旧机动车调查,完成淘汰黄标车和老旧机动车工作方案初稿编制并交公安部门。指导各市全面提高环保标志发放率,实行新车和在用车首发免检;指导各设区市持续推进机动车环保检验能力建设;协助自治区物价局出台广西机动车排气检测方法升级改造收费标准;落实环境保护部淘汰黄标车和老旧车进度月数据调度要求。年内,广西超额完成国务院下达的10万辆黄标车及老旧车淘汰任务。

【水污染防治】 2014年,广西水环境质量总体保持良好。2014年,广西39条主要河流72个断面水质达标率为93.1%;14个设区市40个城市集中式饮用水水源地水质达标率为98.4%,县级集中式饮用水水源地水质达标率为88.5%;近岸海域水质总体保持稳定,水质达标率为81.9%,环境功能区达标率为84.1%。

2014年,广西加大水污染防治工作力度,严禁工业、生活、养殖污染物排放,推进重点流域和湖库水污染综合治理。以保障饮用水环境安全为重点,进一步加强水环境污染综合防治,规划城镇集中式饮用水水源保护区及备用水源地并实行严格保护。持续推进水污染物排放总量控制,加大对工业重点污染源的技术改造和污染治理力度,加快城镇生活污水处理设施建设。加强畜禽养殖污染防治,积极推进清洁养殖,治理农村面源污染。加快海岸、港口和船舶、海洋工程的污染防治设施建设,严格海洋倾废、船舶排污监管。

重点流域水污染防治 2014年,广西39条主要河流72个断面水质达标率为93.1%,流域水环境质量总体保持良好。广西积极探索跨省区流域生态保护合作,

建立健全跨省界河流水污染联防联治、环境应急和污染纠纷协调处理机制。

九洲江流域污染治理　2014年8月，广东省和广西壮族自治区人民政府签订《粤桂九洲江流域跨界水环境保护合作协议》，两省区各安排3亿元资金，专项用于九洲江流域治理，并委托环境保护部华南环境科学研究所编制《九洲江流域水资源保护与水污染防治规划(2013~2020)》。2014年，广西召开5次专题会议，按照"一年打基础，两年见成效，三年水达标，四年保长效，力争2017年粤桂交界断面水质稳定达标"的目标，重点突出九洲江养殖污染、生活污染、工业污染治理，积极推动九洲江污染治理的各项工作。经过一年多的治理，九洲江水质有所改善。2014年大部分月份，两省区交接断面水质达到Ⅲ类水质标准，鹤地水库水质达到近几年来最优，九洲江污染治理取得阶段性成效。

2014年8月6日，自治区党委常委、自治区副主席唐仁健（右）与广东省副省长许瑞生（左）签署两广九洲江水环境保护协议

万峰湖流域污染治理　2014年，自治区环境保护厅会同环境保护部西南、华南督查中心及贵州、云南省环境保护厅完成万峰湖第四次联合执法行动，并召开第四次联席会议。2014年，滇黔桂三省区积极推进跨省区流域生态保护合作，三省区环境保护厅正积极研究拟定跨省界河流水污染联防联治协作框架协议、深化三省区的五县（市）执法联动机制、完善环境应急联动机制和跨界环境污染纠纷协调处理机制等。自治区环境保护厅与云南省环境保护厅开展清水江、西洋江及百色水库上游流域水环境保护合作、水质监测和数据通报交换、环境执法与应急联动等工作。

湖泊保护　2014年，自治区环境保护厅与财政厅密切配合，积极支持河池市人民政府开展龙岩滩库区良好湖泊保护项目，财政部、环境保护部2014年给予龙岩滩库区3500万元的专项保护资金支持；配合桂林市、玉林市人民政府积极申请青狮潭水库、九洲江鹤地水库保护项目。12月，桂林青狮潭水库保护项目总体方案基本编制完毕，玉林市与湛江市就鹤地水库保护项目达成共识。10月，环境保护部、国家发展发改委、财政部印发《水质较好湖泊生态环境保护总体规划(2013~2020年)》。

饮用水水源地保护　2014年，广西城市集中式饮用水水源地水质平均达标率为98.4%。广西县级以上集中式饮用水水源保护区完成划定并实施，乡镇级集中式饮用水水源保护区完成划定待批复，正在开展农村集中式饮用水水源保护区划定工作。组织开展年度地级市饮用水水源地状况评估，掌握全自治区水源地水质达标状况、水源地保护存在的问题并及时要求整改。建立饮用水水源地名录制度，编制应急预案，稳步推进全自治区23个水资源保护重点县饮用水水源地保护工程建设。

【重金属污染防治】　2014年，广西14个设区市的33个城市集中式饮用水水源地、17个地表水国控断面及11个重点区域水环境监测断面的5项重点重金属指标（铅、汞、镉、铬和类金属砷）达标率均为100%。南丹县、环江县、金城江区3个重点防控区环境空气中3项重金属指标（铅、镉、类金属砷）达标。

自治区人民政府将重金属污染防治列入自治区环境保护年度重点工作，加大重金属污染防治规划实施力度，将重金属污染防治项目作为2014年为民办实事工程推进。在各级环境保护部门的共同努力下，广西重金属污染防治"十二五"规划实施2014年度考核合格。

2014年，广西获得中央重金属污染防治专项资金9849万元、自治区本级重金属污染防治专项资金2500万元。自治区环境保护厅赴河池市督查2014年重金属污染防治专项资金支持项目，深入了解项目存在问题，督促有关单位加快项目建设。先后约谈规划项目实施进度缓慢的崇左市扶绥县、大新县政府及相关企业负责人，加强项目实施的督查。10月，自治区环境保护厅组织有关处室、直属单位以及河池市环境保护局赴湖南省考察中南大学国家重金属污染防治工程技术研究中心等单位，开展重金属污染治理科学研究和工程应用情况调研，到湖南省环境保护厅交流工作经验，并参加泛珠重金属污染防治经验交流会议探讨治理思路、分享管理经验。11月11日，自治区环境保护厅组织各市环境保护局在南丹县召开重金属污染防治项目验收工作现场会，指导各市加快重金属污染防治项目验收。

【重点行业污染防治】　2014年，广西加快结构调整和产业转型升级，严格控制"两高"项目，出台《开展以环境倒逼机制推动产业转型升级攻坚战的决定》和《关于严格控制高耗能高排放项目投资审批的意见》，有效限制"两高"项目盲目建设所带来的污染排放负面影响。加快淘汰落后产能，促进工业企业结构调整，

2011~2014年，广西淘汰落后造纸160万吨、酒精1.5万吨、制革13万标张、淀粉2.4万吨。大力推进清洁生产，出台《广西推行工业清洁生产"十二五"规划》，印发实施《广西壮族自治区清洁生产企业验收办法》，制糖、造纸、化工、食品等重点行业的清洁生产取得成效，年减排废水3.27万吨。引导各地开展清洁化示范园区建设，推动园区企业向节能型、节水型、环保型方向发展，广西田东石化工业园区、广西贺州华润循环经济产业示范区、河池南丹工业园区3个园区成为广西首批清洁生产示范试点园区，58家企业获得"广西壮族自治区清洁生产企业"称号。

【近岸海域污染防治】 2014年，广西北部湾近岸海域一、二类水质比例为81.9%，整体保持良好。2014年1月，自治区人民政府召开近岸海域环境保护工作现场会，对未来3年近岸海域环境保护目标提出明确要求。自治区人民政府委托自治区环境保护厅与北海、钦州、防城港和玉林4个市人民政府签订北部湾近岸海域及南流江流域环境保护目标责任书，并制定考核办法，督促落实近岸海域污染防治任务。2014年，北海、钦州、防城港沿海三市建成污水处理厂10座，全年累计处理污水9381万吨，化学需氧量削减1.14万吨；北部湾区域的15个工业园区中，有5个配套建设污水处理厂，6个依托现有市政污水处理厂进行污水处理，1个在建。

【固体废物污染防治】 2014年，广西危险废物产生量123.9万吨/年，处置量为117.4万吨/年（含企业自行利用处置与转移到外单位利用处置），贮存量为8.78万吨/年。

固体废物管理机构建设 广西14个设区市参照《广西壮族自治区设区市固体废物管理中心建设标准》，积极推进固体废物管理机构能力建设。

2014年，广西有9个设区市成立了固体废物管理中心，全自治区各级环境保护部门设立各级固体废物管理专职机构20个，其中省级1个（自治区固体废物管理中心）、市级14个、县（区）级5个。据初步统计，全自治区各级固体废物管理人员编制总数达107人，实际到位57人。其中，自治区、市两级固体管理人员编制数90人，位列西部地区前列。全自治区固体废物管理机构队伍建设取得明显成效，初步建立健全全自治区固体废物监管网络，彻底扭转了广西固体废物管理机构不健全、人员少、监管力量严重不足的被动局面。

进口废物环境管理 截至2014年底，广西进口废五金类废物定点加工利用企业增至28家。其中，梧州进口再生资源加工园区内进口废五金类废物定点加工利用企业为23家，进口废物"圈区管理"工作有序推进。2014年，广西共获环境保护部批准176.46万吨废五金、废塑料、废纺织原料、氧化皮等固体废物进口配额。

【危险废物管理】 *危险废物处置能力* 截至2014年底，

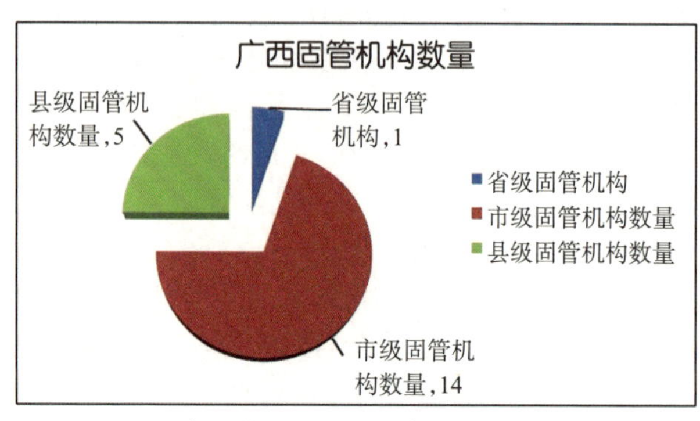

2014年，广西固体废物管理机构数量图

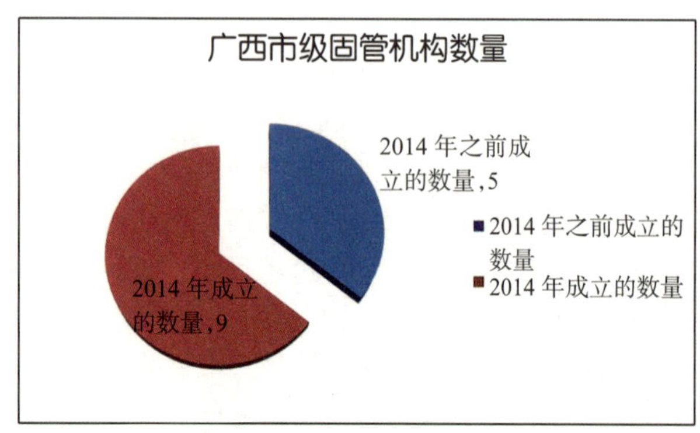

2014年，广西市级固体废物管理机构数量图

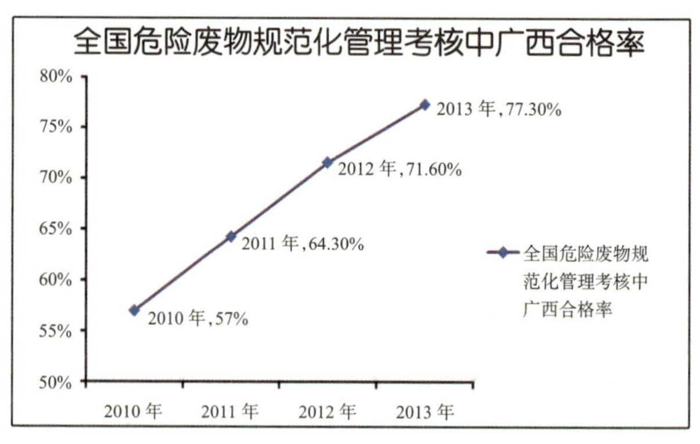

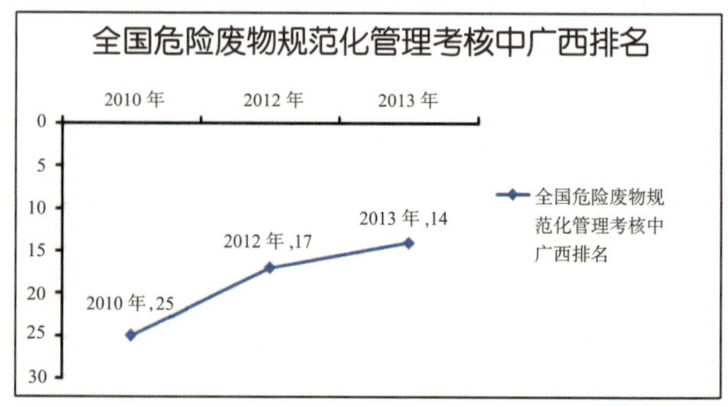

2010~2013年，全国危险废物规范化管理考核中广西合格率图

广西共有危险废物持证经营单位26家，其中自治区环境保护厅发证22家，处置类型包括危险废物焚烧处置、剧毒化学品包装物处置和废铅酸电池回收利用、含铅、锌渣回收利用、废矿物油回收利用、废酸综合利用等；市级发证4家，均为医疗废物处置单位。广西危险废物经营许可证持证单位形成了75.15万吨/年的危险废物利用处置能力（包括年40万吨含油污水处置能力）。

危险废物规范化管理　2014年，通过一系列有力措施，广西危险废物规范化管理合格率排名上升至全国第14名。主要措施有：贯彻落实危险废物环境管理目标责任制，将危险废物规范化管理考核抽查合格率纳入各市人民政府绩效考核指标当中；各级环境保护部门对全自治区338家危险废物产生单位和26家经营单位进行危险废物规范化管理督查考核；以梧州市为重点，结合环境保护部华南督查中心综合执法反馈结果，对梧州市31家危险废物产生企业及经营单位进行全面检查，梳理存在问题52条；加强危险废物相关法律法规的宣贯和培训，组织各级环境保护部门和相关企业参加各类危险废物环境管理培训班，提高全区固体废物管理水平；严格查处违法行为，对危险废物排查、检查和督查中发现的企业环境违法行为，各级环境保护部门积极立案查处，2014年共对涉嫌环境违法行为的5家涉危险废物单位依法严格查处，其中对1家危险废物产生企业实施行政处罚，对1家未办理环保审批手续的非法利用处置企业实施停产整改，对3家涉嫌犯罪、造成环境污染后果的企业依法移送公安和司法机关，追究其刑事责任。

【化学品环境风险防控规划】　2014年，结合广西化学品环境管理需求和特点，自治区环境保护厅编制《广西落实〈化学品环境风险防控"十二五"规划〉实施方案(2014~2015年)》，阐明广西"十二五"时期(2014~2015年)化学品环境风险防控的指导思想、基本原则、防控目标、主要任务、重点工程和保障措施。通过优化产业布局、健全管理体制、控制污染排放、提升监管能力、实施重点工程等手段，着力推进广西化学品全过程环境风险防控体系建设，遏制突发环境事件，控制并逐步减少危险化学品向环境的排放，建立化学品环境管理和环境风险防控长效管理机制，不断提升广西化学品环境风险管理能力和水平，保障人体健康和环境安全。

2014年10月30日，自治区环境保护厅副厅长蹇兴超到来宾市调研污染减排与大气污染防治工作。图为调研组在广西方元电力股份有限公司来宾电厂调研

2014年7月28~30日，广西危险化学品环境管理登记培训班在南宁市举办，全自治区各市、县（区）环境保护局和6家企业负责相关工作的分管领导、业务骨干以及自治区环境保护厅部分直属单位技术骨干210余人参加培训

【海洋污染防治】　2014年，广西加大入海河流污染防治力度，自治区人民政府召开近岸海域环境保护工作现场会，与北海、钦州、防城港和玉林市人民政府签订北部湾近岸海域及南流江流域环境保护目标责任书，督促落实近岸海域污染防治任务。完善港口码头的污水、垃圾接收处理设施，主要港口建设污水回收处理设施，港内禁止排放机舱污水，机舱舱底含油污水收集排入港口处理设施；加强渔港、渔船的监督管理，建设和完善渔港渔船污染物接收处理设施；加强船舶、港口、海洋工程的监管；落实相关污染防治措施，防止海洋运输和石化产业发生的海上溢油事故；加强海底输油管道的管护，防止输油管道泄漏。对近岸海域环境影响较大的河流以及污染较重的支流、沟渠进行环境综合治理，削减河流入海污染负荷。加强船舶和码头污染物排放监管。开展沿河生态带建设，加强河口湿地保护和修复。

【噪声污染防治】　2014年，广西以城市环境综合整治为载体，突出重点从源头控制噪声危害，进一步规范噪声污染防治工作。大力整治城市环境噪声，加强对建筑施工噪声和社会生活噪声的污染防治；完善城市功能区规划，同时实行城区道路敏感路段机动车禁鸣，严格执行功能区噪声达标管理制度，及时查处噪声环境违法行为，切实解决群众关心的环境噪声污染问题。

生态保护和建设

【综述】 2014年，自治区环境保护厅深入贯彻落实党的十八届三中全会精神，围绕“基层建设”主题和“环境安全”主线，以“美丽广西·清洁乡村”活动为平台，以打赢农村环境综合整治决胜战为目标，大胆探索创新，大力推进农村环境保护工作和生态文明建设工作，各项工作取得积极进展。

2014年11月27~30日，由自治区环境保护厅、科技厅与中国工程院共同举办的“环保优先促发展、生态文明探新路”中国工程院院士广西生态环保行活动在南宁市举行，为广西生态文明建设建言献策

【试点示范创建】 2014年，广西加大生态示范创建力度，积极推进生态建设示范区创建，各市县积极创建和申报国家级生态乡镇、自治区级生态乡镇和生态村。经各市组织申报、自治区专家复核及现场核查，28个乡镇、437个行政村分别荣获“自治区级生态乡镇”和“自治区级生态村”称号。截至2014年底，广西获国家级、自治区级生态乡镇命名的乡镇分别为22个和71个，810个村获得自治区级生态村命名。

【生态广西建设引导资金】 根据自治区财政厅、环境保护厅《关于印发生态广西建设引导资金管理暂行办法的通知》(桂财建〔2008〕195号)和《关于组织申报2014年生态广西建设引导资金的通知》(桂财建〔2013〕134号)要求，各地各部门申报项目涉及种植、养殖、加工等生态农业、特色农林产品示范基地建设、有机产品基地建设、认证、农业废弃物循环利用等。经审查及项目专家评审会，最终下达的项目总额为3000万元，项目数确定为59个。

【自然保护区建设和管理】 2014年，广西成立第六届自治区自然保护区评审委员会，草拟《广西地方级自然保护区调整管理规定》并报自治区人民政府审定。广西七冲自然保护区获国务院正式批复晋升为国家级自然保护区。截至2014年底，广西共有自然保护区77个，其中国家级自然保护区22个，自治区级自然保护区46个，市级自然保护区3个，县级自然保护区6个。自然保护区总面积为1.35万平方千米，约占广西国土面积的5.71%。

【生物多样性保护】 2014年，自治区环境保护厅印发《广西生物多样性保护战略与行动计划(2013~2030年)》，完成广西生物多样性保护战略与行动计划专题研究报告，荣获自治区社会科学优秀成果三等奖。完成广西都安县洞穴生物多样性本底调查项目，协助环境保护部完成广西生物多样性优先区划定工作。启动大湄公河次区域环境核心项目(CEP)生物多样性保护廊道(BCI)二期项目，以跨境生物多样性保护廊道的建

2014年5月6日，自治区环境保护厅厅长檀庆瑞（前排中）率调研组到百色市田阳县调研基层环保能力建设和农村环境连片综合整治工作。图为调研组察看田阳县那满镇露美村村容村貌

设为核心开展相关工作。

海洋珍稀动物保护　环境执法　2014 年，广西合浦儒艮国家级自然保护区管理站加大保护区巡查执法力度，每周出海巡查，制止保护区内底拖网作业、挖沙虫（泥虫）、电（炸、毒）鱼等违法现象；联合合浦县沙田镇、山口镇人民政府及相关部门分别开展保护区清理取缔浅海滩涂非法养殖行动，制止非法围网养殖行为，维护儒艮、中华白海豚等国家珍稀海生动物生存的海洋生态环境。

海洋生物救助　2014 年，广西合浦儒艮国家级自然保护区管理站针对保护区及周边海域时有发现中华白海豚搁浅死亡情况，建立珍稀海洋生物搁浅救护信息网络，确保第一时间掌握海洋生物搁浅信息并开展救助。在合浦县沙田镇、山口镇、白沙镇、营盘镇、兴港镇人民政府及边防派出所设立信息点 10 个，加大对信息点的跟踪力度，制定搁浅救助应急规程，确保科学有效处置海兽搁浅死亡事件。

保护区能力建设　2014 年，广西合浦儒艮国家级自然保护区管理站根据环境保护部《广西合浦儒艮国家级自然保护区总体规(2013~2020 年)》修改意见，与广西林业勘查设计院修改完善保护区规划；大力推进湿地保护工程剩余工程建设，年内除科研监测楼和

2014年4月25日，广西合浦儒艮国家级自然保护区管理站与南京师范大学合作共建教学科研实践基地。图为基地揭牌仪式

海兽救护中心、海草保护和恢复工程在建外，其他均完成；加强船舶维护，组织开展船舶安全应急演练，提高紧急情况处置的能力，确保海上作业安全。

科研工作　2014 年，广西合浦儒艮国家级自然保护区管理站开展中华白海豚资源调查、海草调查、海洋环境质量等调查监测。根据保护区及周边海域海草床破坏情况，建立海草围网恢复实验区，开展海草保护与恢复工作。3 月，加入全国水生野生动物保护分会；4 月，建立南京师范大学教学科研实践基地；5 月，与广东

2014年5月12日，广西合浦儒艮国家级自然保护区与广东珠江口中华白海豚国家级自然保护区、厦门珍稀海洋物种国家级自然保护区和广东江门中华白海豚省级自然保护区在广东汕头签署协议，成立中华白海豚保护联盟，构建和完善中华白海豚保护网络，共同推进中华白海豚物种保护

珠江口中华白海豚国家级自然保护区、厦门珍稀海域物种国家级自然保护区和广东江门中华白海豚省级自然保护区联合成立中华白海豚保护联盟，提高保护区技术水平和管理能力。

宣传教育　2014年，广西合浦儒艮国家级自然保护区管理站深入沿海村屯、码头、集镇和学校开展保护珍稀海洋生物宣传月活动，制作宣传展板、拉设横幅、发放宣传册、播放保护海洋生物宣传语，开展现场有奖竞答和保护区水生野生动物志愿者签名活动，提高群众参与度。加强中华白海豚宣传报道，《北海日报》头版头条报道保护区成立以来保护珍稀海洋动物的历程，为保护珍稀海洋生物营造良好的外部环境。

金花茶保护　生产管理　2014年，广西防城金花茶国家级自然保护区管理处集成热成像摄像头设备、过往车辆抓拍道路卡口系统、红外线摄像头于一体，建立金花茶保护区南山保护站、山中保护站、上岳保护站、金花茶育种基因库的远程传输视频监控系统，提高金花茶物种资源保护硬件水平；组织专人管理金花茶育种基因库，修缮遮阳网、修建防护栏、围墙等防护措施，完成金花茶育种基因库的修缮工作；探索开展社区共管机制，联合防城区人民政府有关部门以及保护区周边4个乡镇13个村委共同成立金花茶保护协调管理委员会，合作探索保护区共管机制，完成金花茶保护协调管理委员会实施方案。

森林防火　2014年，广西防城金花茶国家级自然保护区管理处重新购置一批森林防火设备，先后两次组织保护区森林防火人员培训，深入各站点进行防火技能演练，进村入户开展防火用火宣传，加强保护区森林防火的巡查、防范火种进山等，年内保护区没有发生森林火灾事故。

2014年，广西防城金花茶国家级自然保护区管理处举办防火知识培训，保护区周边乡镇、村委及护林员参加培训

环境执法　2014年，广西防城金花茶国家级自然保护区管理处查获贩卖金花茶案件1起，没收非法盗挖金花茶植株98株，及时在保护区周边村镇进行公告，有效打击了违法分子的嚣张气焰；7月，向当地公安部门申请在保护区上岳保护站、南山保护站、山中保护站设立警务室，获防城区公安局批复同意，进一步提高金花茶巡执法能力和管护效率，共同形成打击破坏保护区资源以及生态环境行为的合力。

科研工作　2014年，广西防城金花茶国家级自然保护区管理处顺利通过2011年《金花茶苗木繁育种群增殖》、《林下石斛生产示范》以及2012年《林下鸡养殖基地建设》共3个广西生态引导资金项目验收组的实地验收；组织开展亮叶厚皮香生态特性观测工作，掌握其野外分布状况及生长环境，建立较为详细的档案资料；开展《复合桂花香型金花茶花茶制作工艺》专利申报、耐光性金花茶新品种的选种等科研项目工作；与广西农业科学研究院开展研究金花茶解酒含片配方的合作，并与合作单位共同撰写科技论文多篇，目前正在申报解酒含片配方专利；开展环境保护部下达的物种保护试点项目，完成2个金花茶物种回归点选址以及苗木采购工作；开展与环境保护部南京环境科学研究所合作的生物多样性监测项目，完成项目样地建设工作；开展东兴金花茶繁殖及种苗开发项目，完成东兴金花茶扦插繁殖试验，进行不同基质、不同激素、不同浸泡时间等因子的扦插试验，基本完成东兴金花茶种群

2014年，广西防城金花茶国家级自然保护区管理处工作人员开展野外考察。图为技术人员在野外开展十万大山苏铁调查

生态研究；初步完成东兴金花茶传粉生物学研究课题种群生态调查与金花茶传粉生物学研究；启动保护区十万大山苏铁资源调查工作，基本完成对苏铁自然地理分布、居群生态学研究，制订十万大山苏铁资源的保育措施。

能力建设　2014 年 6 月，广西防城金花茶国家级自然保护区管理处成功申报 2014 年全国生物多样性保护专项，资金为 555.85 万元，内容涉及生物多样性监测和预警体系建设、就地和迁地保护设施建设、生物多样性与减贫示范项目，项目建设已顺利开展。广西防城金花茶国家级自然保护区科研监测基地项目完成招标、地质勘查、林业用地测绘及可行性报告编制等工作，完成项目征地拆迁。2014 年，国家文化和自然遗产保护设施建设项目获国家发展改革委批复，成功申报项目投资资金 1267.7 万元，完成该项目初步设计评审、施工图审查备案以及施工建设单位招投标手续，项目进入施工阶段。

2014年12月，广西防城金花茶国家级自然保护区科研监测基地项目正式动工建设。图为项目施工现场

法律法规　2014 年，广西防城金花茶国家级自然保护区管理处向自治区环境保护厅提交《广西壮族自治区防城金花茶国家级自然保护区管理办法》，申请列入 2015 年立法计划。

环境宣传　2014 年，广西防城金花茶国家级自然保护区管理处以“生物多样性日”及“六五”世界环境日为契机，多次组织人员开展环境保护宣传工作，共悬挂标语横幅 10 条，发放宣传单 1500 张、宣传材料 1000 余份，宣传纸杯 400 条、抽纸 400 盒。新《环境保护法》颁布实施后，积极联系当地政府相关部门深入社区村屯开展宣传，提升当地有关部门和保护区周边社区对金花茶保护区资源的保护意识；加大对周边社区、村委生态公益林补偿负责人的公益林专题培训，进一步推进保护区森林生态管护工作的开展。

【农村环境综合整治】　2014 年，自治区财政厅、自治区环境保护厅在农村环境保护专项资金分配管理环节引入竞争机制，通过竞争性评选确定 130 个村纳入 2014 年农村环境整治项目组织实施，共投入资金 32560.9 万元，其中中央财政补助 6500 万元，广西地方财政配套 26060.9 万元，中央和地方资金比例达到 1∶4，远远超过中央对西部地区投入比例 1∶0.5 的要求，整治范围涉及 44 个县（市、区）的 64 个乡镇、1138 个村（屯），受益人口约 29.79 万人，为广西继续扩大农村环境综合整治范围奠定了坚实基础。

截至 2014 年底，2008~2013 年安排的 1185 个项目均按时完成，形成农村污水处理量 2900 万吨 / 年、生活垃圾处理量 8 万吨 / 年能力；化学需氧量、氨氮年减排量分别为 10252 吨和 303 吨；经过整治的村庄生活污水处理率达 60%；垃圾定点存放清运率达 100%，无害化处理率达 70%，有效改变了过去村庄普遍存在的污水横流、垃圾乱堆现象，村庄面貌大为改观。

2014年6月3~6日，自治区环境保护厅副厅长粟定成（左四）率督察组对桂林、贺州、梧州、玉林等市的农村环境连片整治示范项目进行督查。图为督察组在贺州市昭平县黄姚镇检查农村环境连片整治工作

核与辐射安全管理

【综述】 2014年，广西核与辐射安全管理工作取得新进展，核应急基础设施建设稳步推进，核电厂辐射环境监督性监测系统建设稳步推进，辐射安全管理和监督检查、辐射环境执法、辐射监测实验室能力不断提升，成功举行“绿色卫士·2014行动”辐射事故应急演习、筹备“红沙–2014”广西核事故应急联合演习，锻炼了辐射应急队伍，检验了辐射事故应急组织体系，核与辐射应急能力全面形成，核事故应急管理工作迈上新台阶。

【核技术应用和电磁辐射设施】 2014年，广西有核技术利用单位1866家(包括62家非密封放射性物质使用单位)，在用放射源1656枚、射线装置3103台。其中Ⅰ类放射源82枚，主要用于工业辐照装置和医疗远距离治疗仪；Ⅱ类放射源96枚，主要用于工业探伤、医疗放射治疗及测厚仪应用；Ⅲ类放射源28枚，均用于医疗放射治疗；Ⅳ、Ⅴ类放射源1450枚，主要集中于冶金、制糖、造纸、建材、化工等行业。全自治区在用射线装置共3103台，其中Ⅱ类装置254台，Ⅲ类射线装置2849台。2014年新审批无线通信基站7257个，高压送变电项目77项，其中送电线路2526千米。

【核电厂安全监管】 2014年，防城港核电厂安全监管设施建设全面展开，辐射环境监督性监测系统工程经自治区发展改革委批准立项，项目包括防城港核电厂辐射环境现场监督性监测系统、自治区放射性分析实验室和应急移动监测系统。其中防城港核电厂辐射环境现场监督性监测系统由前沿站、流出物监测系统和12个辐射环境自动监测子站组成。前沿站地块完成前沿站实验室、流出物实验室建设区，12个辐射环境自动监测子站全部正常运行，自治区放射性分析实验室项目全部桩基础验收工作完成。

【辐射安全管理和监督检查】 2014年，根据自治区环境保护厅《关于开展2014年度辐射安全监督检查的通知》(桂环办函〔2014〕114号)部署，完成广西53家核技术利用单位的辐射安全监督检查，检查重点为使用放射性药品的医院、销售密封放射源和使用γ射线探伤作业的单位和场所。年内广西辐射安全状况稳步提升，未发生1起辐射安全事故，辐射环境投诉和辐射环境违法行为数量明显下降。根据自治区环境保护厅《关于开展放射源专项检查的通知》(桂环办函〔2014〕152号)要求，在全自治区范围内开展以高风险源为重点的紧急专项检查，对区内6家从事移动γ射线探伤作业的单位进行专项检查，排查和消除安全隐患，对发现的违规违法行为现场提出整改方案，并跟踪落实。全年安全收贮37家核技术利用单位的79枚废(旧)放射源，切实保障环境安全和公众健康，维护了社会稳定。

【核与辐射应急预案体系】 2014年，广西核与辐射事故应急管理各项工作全面开展，核应急组织体系不断健全，核应急预案体系日趋完善。完成修订《广西壮族自治区辐射事故应急预案》，进一步细化事故应急预案适用范围，明确事故应急分级制度，规范应急职责分工，完善应急程序和组织体系。按照新颁发的《国家核应急预案》，修编印发《广西壮族自治区核应急预案》，有力推动自治区核应急工作的“一案三制”(应急预案和应急体制、机制、法制)建设，使核应急工作有章可循。编制印发《广西防城港核电厂场外应急预案》及30个核应急执行程序，使场外应急有规可循。完成核与辐射应急监测调度平台及车载快速响应系统建设、联调、操作培训和检验工作，新增车载快速应急监测系统14套，提升了全自治区核与辐射应急调度和快速响应能力。

【核与辐射应急管理机构】 2014年，广西核应急组织体系进一步健全，成立了广西壮族自治区核事故应急委员会，负责组织全自治区核事故的防范、应急准备和响应工作，并成立防城港市、钦州市核事故应急委员会。继续完善核与辐射应急管理机构，自治区环境保护厅配置1名核安全总工程师，成立核设施安全管理处、核应急办公室，增加机关行政编制5名，自治区辐射环境监督管理站增加事业编制20名，达到有核省份

辐射环境监督管理站人员编制 60 人的建设标准，核应急能力取得新进展。自治区成立由核工程、核安全、辐射防护、环境保护、放射医学、电力工程、气象学等方面专家组成的核应急专家咨询组，组建监测评价、通信与网络保障、医疗救护与辐射卫生防护、交通保障、安全保卫与消防、物资能源保障、撤离安置、宣传与信息、污染洗消、气象保障、供电保障等 11 个核应急专业组，形成了以自治区核事故应急委员会为领导决策、专家咨询组为技术支持、核应急专业组为应急响应的核应急组织体系。

【核应急基础设施建设】 2014 年，广西核应急基础设施建设稳步推进，投入财政资金 3000 多万元建设 3000 平方米的自治区核应急指挥中心，会同防城港市、钦州市、防城港核电厂核应急指挥中心，完善自治区核应急指挥体系。投入财政资金 5000 多万元建设 4500 平方米的自治区放射性分析实验室和应急移动监测系统，满足了核电厂运行期间辐射环境监督性监测样品的放射性监测分析要求。投资约 1 亿元建设防城港核电厂辐射环境现场监督性监测系统（包括前沿监测站、12 个自动监测子站和流出物监测系统），强化辐射监测预警能力。

【“红沙 -2014”广西核事故应急联合演习动员】 2014 年 11 月 14 日，“红沙 -2014”广西核事故应急联合演习动员会在南宁市召开，自治区人民政府副秘书长蒋家柏出席。要求核应急成员单位和自治区核应急办提高认识，高度重视核应急演习工作，积极开展单项演练，增强做好核应急工作的责任感和使命感，突出重点，稳妥有序开展核应急联合演习。

全体人员观看了福建福清核电厂核应急联合演习视频。自治区公安厅、民政厅、卫生计生委，防城港市人民政府，防城港核电公司分别介绍核应急演习准备工作情况。自治区环境保护厅副厅长黎敏介绍广西核事故应急联合演习工作开展情况及下一步计划。自治区核应急委成员单位联络员，自治区、防城港市、钦州市核应急主要负责同志参加会议。

2014年11月14日，“红沙-2014”广西核事故应急联合演习动员会在南宁市召开

【“绿色卫士·2014”行动广西辐射事故应急演习】 2014 年，根据环境保护部（国家核安全局）统一部署，8 月 22 日，自治区环境保护厅会同自治区公安厅、卫生计生委和南宁市环境保护局等单位，在广西体育中心成功举行“绿色卫士·2014”行动广西辐射事故应急演习。

2014年8月22日，“绿色卫士·2014”行动广西辐射事故应急演习现场监测

演习模拟在南宁市广西体育中心 D 区广场发生一起爆炸事件，公安干警在处置过程中发现放射性异常，确定为一起“脏弹”爆炸，并引发辐射应急事故。自治区反恐领导小组指示自治区环境保护厅进行处置，启动自治区重大辐射事故应急响应行动。通过现场监测，土壤和环境空气未受放射性污染，排除了放射性物质弥散式污染的可能，但确认有钴 -60 放射性核素存在。经过现场巡测、搜寻，在爆炸现场周边发现了 6 枚钴 -60 放射源，监测处置组将放射源安全收贮后，现场环境空气吸收剂量率恢复到了正常水平，爆炸现场未受到放射性弥散污染。经卫生部门调查、检测，无人员受到放射性物质沾染，也无人受到超剂量照射。

参加此次演习的单位有自治区环境保护厅、公安厅、卫生计生委，出动车辆 21 台、工作人员 150 人、仪器设备 80 多台套。其中环保系统出动车辆 15 辆，人员 110 人，仪器设备 80 台套；公安部门出动警车 3 辆，干警约 30 人；卫生计生委出动车辆 3 辆，救援人员 13 人，门式辐射监测仪 1 台套。

自治区党委常委、自治区副主席唐仁健亲临演习指挥部指导，环境保护部核安全一司司长郭承站观摩演习，环境保护部华南、华北、华东、东北、西北、西南核与辐射安全监督站，环境保护部辐射环境监测技术中心、核安全中心，全国 15 个省（自治区、直辖市）环境保护部门领导共 85 名，以及广西各市环境保护局和公安局的 56 名代表观摩了演习。

环境保护部评估组认为此次演习场地情景强，演习逼真、规模大、出动部门多且协作效果好、标准高，启用快速应急先进设备保障演习通讯畅通，比较全面地检验了广西核与辐射事故应急组织体系和相关的预案组织体系，也验证了设施设备的可靠性和应急人员执行响应任务的执行力，考核了应急状态下舆情应对和信息公开的时效性，体现了跨部门联动处置“脏弹”恐怖袭击应急响应的系统性，符合边境地区和敏感地区的重点和要害。

【辐射环境执法】 2014年，自治区辐射环境监督管理站深入调查处理“超出环境影响评价许可范围，违规使用放射性同位素药品”的6家医疗机构，责令其做出相应整改，确保安全。受理南宁市隆安县蝶城路563号基站、钦州市宫保南三巷33号基站、南宁市友爱路40号邮局宿舍关于南宁电信分公司无线通信基站电磁辐射污染投诉，经过深入调查和现场监测，提出了处理意见。

【辐射安全培训】 2014年，自治区环境保护厅在南宁、玉林、来宾、梧州等市成功举办10期辐射安全法律法规与防护知识培训班，培训人员达2300人，为全自治区核与辐射的规范管理打下良好基础。

【广西辐射监测实验室建设】 2014年，广西辐射监测实验室开展辐射环境质量监测、辐照装置及广西城市放射性废物库周围辐射环境监测、铀矿山及水冶系统周围辐射环境监测等，进一步掌握广西辐射环境质量状况、辐射装置及广西城市放射性废物库周围环境质量状况及变化趋势、广西境内铀矿采冶工程周围环境质量状况和放射性污染源排放情况。开展辐射环境自动监测站和省级数据中心的运行、管理和维护工作，保障辐射环境自动监测系统的平稳运行，保证了所有监测数据及时向环境保护部辐射环境监测技术中心上报。参加全国辐射环境质量监测考核，获个人二等奖2项及团体三等奖。26人次参加全国辐射环境监测的培训与考核，获得相应监测项目的上岗证书。开展氚-3、碳-14、铅-210、钋-210等4个放射性核素的监测项目，新购置了α谱仪、液闪谱仪等一批放射性监测仪器，进一步提高实验室的监测分析能力。

2014年8～12月，自治区辐射环境监督管理站派员参加环境保护部组织举办的2014年全国辐射环境监测质量考核。图为参加全国辐射环境监测质量考核—应急监测单项的辐射环境监测人员

2014年5月27～29日，2014年广西辐射安全法律法规与防护知识培训班（第二期）在南宁市举办

环境监察

【综述】 2014 年，广西环境监察工作以保障环境安全为主线和加强基层环保能力建设为主题，加大执法力度，严肃查处影响科学发展和损害人民群众身体健康的突出环境问题，为保障环境安全作出新贡献。

【环境监察稽查】 环境监察执法专项稽查 根据《关于开展全区环境监察专项稽查的通知》（桂环发〔2012〕15 号）部署，2014 年 9~10 月，自治区环境保护厅对防城港、崇左、来宾、贺州等市环境保护局开展环境监察专项稽查，查阅工业污染源现场环境监察记录和环境行政处罚案件现场调查取证材料 60 多卷，发现问题 200 多个；向被稽查单位分别下达稽查意见书，督促指导市县环境保护部门规范工业污染源现场环境监察和环境行政处罚案件现场调查取证行为。

环境安全隐患排查整治 根据《关于印发深入开展环境安全隐患排查整治工作方案的通知》（桂环发〔2014〕4 号）部署，2014 年 3~6 月，自治区环境保护厅组织全自治区各级相关部门开展环境安全隐患排查整治工作，共出动人员 3 万多人次，检查企业（单位）7516 家，立案处罚企业（单位）113 家，处罚金额 400 多万元，责令停产整治 325 家，取缔关闭 484 家。

【环保专项行动】 2014 年 6~11 月，自治区人民政府按照国务院八部委部署，组织全自治区各市、县开展“整治违法排污企业保障群众健康环保专项行动”。主要内容包括检查燃煤火电、水泥、钢铁等大气污染企业环保设施运行情况；开展建筑施工和道路扬尘整治；开展机动车污染防治；开展油气回收治理；开展秸秆禁烧工作；在 2012、2013 年全自治区开展环境安全隐患大排查大整治的基础上，对涉重金属采选和冶炼、铅蓄电池生产组装及回收、皮革鞣制、电镀、医药制药等重点行业企业进一步开展检查。全自治区共出动执法人员 3.29 万人次，检查企业 1.1 万家，立案处罚违法企业 101 个，自治区环保专项行动领导小组办公室共编发简报 12 期。

【环境执法】 “绿色卫士·2014”专项检查 2014 年，为确保第 11 届中国—东盟博览会、中国—东盟商务与投资峰会、第 16 届南宁国际民歌艺术节和第 45 届世界体操锦标赛在南宁市顺利举办，自治区环境保护厅制订了《“绿色卫士·2014”环境安全专项检查行动方案》，并由自治区人民政府组织开展。9 月 9~12 日，全自治区共出动 307 个检查组 2715 人次，突击检查企业 1167 家（含建筑工地、饮用水源地），发现存在隐患问题企业 394 家，下达整改通知书 180 份，有效消除了一批环境安全隐患。10 月 2~7 日，自治区环境保护厅派出 3 个督查组深入贵港、钦州、百色、崇左、来宾、柳州六市进行巡查督查，对各级环境保护部门落实应急措施情况进行检查、指导，并督促各市对“绿色卫士·2014”专项检查发现存在的问题进行梳理、归类，及时采取有效措施进行处理，进一步巩固执法成效。

2014年9月9日，自治区环境保护厅开展“绿色卫士·2014”专项检查，自治区环境保护厅副厅长钟兵（右二）带队检查南宁市企业。图为自治区环境保护厅副厅长钟兵检查企业在线监控数据

九洲江流域污染防治专项督查 2014 年 7 月 16~17 日，自治区环境监察总队会同玉林市环境保护局，对九洲江流域污染防治工作开展情况进行专项督查，重点检查陆川、博白两县环境监察工作开展情况，现场抽查企业 9 家、饮用水水源地 1 个、工业园区 1 个，针对督查发现的存在问题提出了整改要求。

建设项目"三同时"监督检查　2014年,自治区环境监察总队组织对中缅天然气管道(广西段)钦州及防城港支线、西气东输二线南宁至百色支线工程南宁至吴圩段、南宁吴圩国际机场新航站区及配套设施建设工程、河池机场等4个环境保护部审批的项目、20个自治区环境保护厅审批的Ⅰ类项目进行试生产现场核查并做出审查决定,完成办理6个建设项目延期环保验收申请;指导各地加强建设项目环保"三同时"监管,要求各地加大督促对各建设项目存在问题的整改工作,协调所在地人民政府积极尽快兑现环评审批时对项目周边防护距离内居民敏感点搬迁的承诺。

【排污申报与收费】 2014年,广西各级环境监察部门以排污费征收全程信息化系统为平台,建立广西污染源排污申报登记动态数据库105个,为环境管理提供有效的基础数据支撑。按照环境保护部环境监察局要求,实现全自治区省、市、县(区)各级环境保护部门采用排污费征收全程信息化管理系统核定征收排污费。年内,广西共有22349家企业进行排污申报登记,污水中主要污染物化学需氧量总排放量比上年下降11.6%,超标排放量比上年下降51.2%。污水中氨氮的总排放量为1844吨,比上年总排量减少7.8%;废气污染物主要排放指标二氧化硫排放量为83887吨,总排量比上年下降32.6%,其中达标排放量82069吨,达标率为98%;氮氧化物排放量是148048吨,比上年下降24.5%,其中达标排放量144414吨,达标率为97.5%。

2014年广西共征收排污费2.48亿元,其中自治区本级直接征收的12家30万千瓦以上燃煤电厂排污费3267万元,占全自治区排污费入库金额的13.9%。

2014年9月9~12日,自治区"绿色卫士·2014"环境安全专项检查组第五组到来宾市开展环境安全专项检查。图为督察组检查来宾华锡冶炼公司

【环境监察队伍管理】 机构编制　2014年,广西共有独立的环境监察机构110个,其中自治区级1个、市级14个、县区级95个。14个设区市环境监察支队有12个升格为副处级单位。全自治区环境监察在编人员1266人,实际在岗人员1006人,比2013年增加133人。

人员结构　广西环境监察人员有高级工程师54人,占4%;中级职称357人,占28%;初级职称457人,占36.1%。博士1人,占0.1%;硕士32人,占2.5%;本科691人,占55%。环保相关专业389人,占30.7%。

人员培训　2014年,自治区环境监察总队组织人员参加环境保护部开展的环境监察培训43人次;组织全自治区环境监察业务骨干300多人进行重点培训,重点加强现场检查技能培训,取得较好的培训效果;开展"送培训下基层"活动,在各市举办监察培训班9期,培训人员750人次。

2014年6月10日,2014年全自治区环境监察人员检测技术培训班举办。图为监察人员在演示监测仪器操作方法

【环境监察机构标准化建设】 2014年,自治区环境保护厅积极推进环境监察机构标准化建设达标验收工作,与各市县领导沟通协调解决办公用房和增加人员编制等问题,召开14个设区市和24个重点帮扶县的环境监察能力建设和机构达标验收推进会,深入分析各地环境监察标准化建设存在的问题,提出解决问题的对策。截至2014年底,广西有7个设区市和13个县完成达标验收工作。

【环境监察移动执法项目建设】 2014年,广西全面启动环境监察移动执法项目建设工作,编制了全自治区环境监察移动执法总体建设方案,采用"数据大集中",一次性建成支持全自治区所有市县的系统硬件平台,分期部署执法终端的做法,完善全自治区移动执法项目建设需求,努力使全自治区移动执法系统争取到较高的建设起点。7月底,正式启动移动执法项目系统软件开发,先后完成项目需求规格说明书的编制及审查,开发了系统软件测试版本,并对测试版本进行了细节性修改。12月初,项目硬件供货全部到位,相继着手实施硬件部署、系统集成、VPDN专线通信开通、系统联调测试,在执法终端安装"广西环境监察移动执法"APK,补充完善试点市重点污染源信息,将环境保

护部和自治区环境保护厅历年审批的建设项目信息录入系统，进一步充实完善基础数据库内容，将21种常见环境违法行为调查询问笔录及现场检查（勘察）笔录模板（第一批），以及工业污染源、工矿企业类建设项目、非工矿企业类建设项目等3个现场监察记录模板纳入到移动执法系统中，项目基本具备了投入试运行的条件。经过对试点单位人员开展软件使用培训，12月底，项目进入试运行阶段。移动执法项目的试运，标志广西一次性建成支持全自治区省、市、县三级移动执法的硬件系统平台，建立了全自治区环境监察移动执法数据库，实现了"数据大集中"，广西环境监察移动执法项目建设取得突破性进展。

2014年9月9~11日，自治区"绿色卫士·2014"第四督察组到钦州市开展环境安全专项督查

【污染源自动监控】 2015年，自治区环境监察总队强化管理，提升污染源在线监控管理水平，完成全自治区15个污染源监控中心环保专网改造，升级国发软件，加强人员培训等，为2014年的考核打下坚实基础；落实专人，以网格化管理各市数据传输情况，每月通报各市数据传输有效率考核结果及分析情况，指导各市有针对性地开展问题企业整改及设施验收工作；主动与环境保护部衔接广西数据传输有效率考核情况，及时剔除不可控企业，消除影响全区数据传输有效率考核的不良因素；强化在线监控设施运行管理，下发《关于进一步加强污染源自动监控管理工作的通知》，对不按规定对污染源自动监控运维管理以及在线监测数据弄虚作假的，一律不算减排量，反算新增量，并追究相关人员责任；加强运维资金管理，对2011年第四季度起至2013年第四季度的运维资金管理使用情况进行审计评估，并广泛征求各方意见，以便修订完善运维资金使用管理办法。广西数据传输有效率自2013年12月试考核通报的40.37%（全国排名第15位），上升到2014年正式考核的82.52%（全国排名第12位，华南五省第一），超出75%的考核指标7.49%；全年自动监控数据上报的人工修约率为3%（国家规范是≤20%），位列全国第六。在环境保护部开展的2014年全国污染源自动监控运行管理经费补助等级评定中，广西补助考核名列第一等级，获得相应最高补助。

2014年10月27日，自治区环境保护厅厅长檀庆瑞带队到自治区环境监察总队调研。图为自治区环境保护厅厅长檀庆瑞查看污染源在线监控平台实时数据

环境应急与事故调查

【综述】 2014年,广西环境应急管理机构大力开展能力建设,基层应急管理机构应急装备得到充实;环境应急预案体系逐步完善,修订发布自治区突发环境事件应急预案;环境应急保障能力进一步提升,成功保障“两会一节一赛”的环境质量;联防联控机制逐步加强,签订了部门应急联动合作协议;环境安全形势得到扭转,突发环境事件数量、级别明显降低。

【环境应急能力建设】 2014年,自治区环境保护厅利用专项目资金分批开展基层单位应急能力建设,配备通讯指挥、应急防护、调查取证等设施设备。自治区环境应急与事故调查中心购置了无人机应急调查系统,这是广西环保系统首次配备无人机,初步实现环境应急、监测“天地一体化”。

旋翼无人机开展环境风险调查

【环境应急管理】 *应急预案建设* 2014年7月,新修订的《广西壮族自治区突发环境事件应急预案》由自治区人民政府正式发布。《广西壮族自治区突发环境事件应急预案》对原有的预案进行补充完善,明确各部门职责,规范应急处置程序。

应急演练 2014年,自治区环境保护厅牵头组织有关地市、部门和企业先后开展一系列突发环境事件应急演练,包括梧州市、桂林市、贺州市应对跨省界河流突发环境事件的联合应急监测演练;钦州市应对石化企业危险化学品泄漏的联合应急演练;崇左市以保护南宁市饮用水安全为背景的联合应急演练。系列应急演练检验了“两小时应急圈”的快速反应和支援能力,动员自治区、相关地市环境应急、监察、监测队伍及有关企业应急力量,验证了各地新建立的ICP实验室、便携式GCMS等应急装备的实战能力,有效提升广西环境应急能力。

部门应急联动 2014年9月10日,自治区环境保护厅与广西海事局签订《关于建立应急联动工作机制的合作协议》。双方依据职责加强应对重大海(水)上溢油事件、危险化学品突发环境事件方面的合作,共同推动海(水)上溢油应急能力建设规划和海(水)上溢油应急预案的编制工作;及时通报与对方相关的重大溢油事件、危险化学品突发环境事件信息,及时交换重大污染风险源信息;在处置突发事件过程中,及时通报可能影响环境安全的海(水)上交通事故信息和可能影响海(水)上交通安全的突发环境事件监测信息和处置信息;协调配合双方的应急力量、应急专家、应急设备和物资应参与救援。加强突发事件应急处置培训及演练的合作,共同提高应急处置能力。双方建立协调工作会议机制,每年召开一次协调工作交流会,同意在本协议的框架下,联合推动市、县环境保护部门和所在地海事管理机构加强合作,建立应急联动机制。

世锦赛环境质量保障 2014年“两会一节一赛”(第11届中国—东盟博览会、中国—东盟商务与投资峰会、第16届南宁国际民歌艺术节和第45届世界体操锦标赛)期间,自治区环境保护厅制订了《2014年南宁市“两会一节”、世界体操锦标赛环境质量保障方案》,构建和实施大气环境、水环境、声环境保障措施,进一步加强执法监管;及时召开有南宁市及周边钦州、贵港、百色、来宾、崇左等市人民政府分管领导和环境保护局负责人参加的协调会议,定期实行部门会商,分析解决环境质量保障工作推进过程中的难点、重点问题;不定期对各牵头单位、各城区人民政府、各开发区管委会空气质量保障方案落实情况进行现场督查;制订应急预案并报自治区人民政府批准实施。

世界体操锦标赛期间，根据南宁市及周边城市空气质量预测结果，按照预案相继发布污染天气黄色、橙色预警，及时向相关市人民政府、环境保护局下达应急处置指令，并派出检查组到各地督促落实应急措施，较好地保障南宁市 2014 年“两会一节一赛”期间的环境质量，这也是广西第一次对重大活动实施环境质量保障行动。

2014年8月21日，自治区环境保护厅召开第三季度环境安全形势分析会暨“两会一节一赛”环境安全保障工作协调会。会议听取了南宁、桂林、崇左等7市环境保护局的工作汇报，明确“两会一节一赛”期间的环境安全工作方案

【梧桂贺三市水污染环境监测应急联合演练】 2014 年 8 月 19 日，梧州市环境保护监测站会同桂林市环境监测中心站、贺州市环境监测站在贺州市信都镇开展“两小时应急圈”应对环境突发事件应急监测演练。

本次演练模拟贺江突发水质污染事件，需要区域联动监测处置。8 月 19 日 7 时许，贺州市八步区信都大桥上游某金属加工厂废水处理池爆裂，突发泄漏事故，废水中主要特征污染物为铜铅锌镉。事故发生后，该厂及时开展先期应急处置，封堵泄漏点，但仍有约 20 立方米可能含有高浓度重金属的废水经排污管道流入贺江，导致贺江信都段水质严重超标，可能会对铺门镇的饮用水产生影响。贺州市当即决定暂时中断铺门镇的饮用水取水，并启动突发环境事件应急预案Ⅲ级响应，对贺江信都段水质进行监测。因涉及的监测断面布点较多，现场应急监测设备和应急监测人员不足，贺州市向“两小时应急圈”应急监测分中心请求支援，分中心随即启动应急监测响应，协调梧州市环境保护监测站、桂林市环境监测中心站迅速组织人员和设备前往支援。

根据演练安排，梧州、桂林、贺州三市应急监测分中心紧急会商，随即设置了 5 个应急监测点，其中地表水监测点 4 个、废水监测点 1 个，监测因子铜、铅、镉、锌，同时监测水温、pH 值、溶解氧等常规水环境参数，监测频次为每小时 1 次。

本次演习，梧州、桂林、贺州三市共出动环境监测技术人员近百人，同时应用多种应急监测车辆、仪器，应急监测指挥、调查、监测采样、报告数据等多项作业同时开展。此外，演练还安排了临时实验室搭建、仪器安装等后勤保障设施建设项目，三市应对环境突发事件的应急监测联合联动反应和实战能力得到较好检验。

2014年8月19日，梧州、桂林、贺州市环境监测部门在贺州市信都镇开展水污染环境监测应急联合演练。图为现场采样人员在贺江信都段相应的监测点进行水样检测

【钦州苯系物泄露突发环境事件联合应急演练】 2014 年 8 月 25 日，钦州市举行“绿色卫士·2014”行动——钦州苯系物泄露突发环境事件联合应急演练。自治区环境监测中心站、自治区海洋环境监测中心站、北海市环境保护局和防城港市环境保护局参与演练。

此次演练模拟情景为某石化有限公司生产区 1 号储存罐阀门损坏，发生苯系物（二甲苯）泄漏事故，已泄露二甲苯约 50 立方米，因下大雨，初期雨水收集系统、收集池、应急池储量已满，大量苯系物随雨水流入园区雨水系统。泄漏点距离海边约 5 公里，如不及时采取有效措施处置，有可能造成钦州湾海域大面积污染事件。钦州市环境保护局根据事件情况决定启动较大突发环境事件Ⅲ级响应，并请求自治区环境保护厅派出

2014年8月25日，钦州市举行“绿色卫士·2014”行动——钦州苯系物泄露突发环境事件联合应急演练。图为化验人员到事故应急池采样分析水质情况

自治区环境监测中心站、自治区海洋环境监测中心站、北海市环境保护局和防城港市环境保护局支援，调动应急资源。各应急小组经过2个多小时应急处置，借助北海、钦州、防城港沿海三市新装备的特有处置石化设备，控制了事件现场，彻底消除了泄漏源，应急演练取得预期效果。全自治区14个设区市环境保护局派员到现场观摩演练。

【崇左市重金属污染突发环境事件应急演练】 2014年8月29日，为保障"两会一节一赛"期间首府南宁市的供水安全，崇左市举行以某涉重金属企业污水处理站污水泄漏导致左江地表水重金属污染，并威胁到下游南宁市饮用水安全为背景的"绿色卫士·2014"行动——突发环境事件应急演练。

此次演练开展企业自救、应急监测、风险企业排查、应急处置等科目，各应急队伍动根据专家意见，采取堵漏、截流、投药、稀释等措施，使左江流域受污染河段车队污染状况得到有效控制，并恢复至原来水平。演练集中了广西4台水质应急监测车，并投入多艘快艇开展沿河巡查，实现对事发河段污染物空间分布、时间变化的快速监控，保证了指挥部全面掌控事态、科学决策。演练检验了环境保护部门"2小时应急圈"预案的可操作性，以及各应急小组对突发环境事故的应急响应、组织协调、快速应急监测系统等各项功能以及协同作战的能力，全面提升了环境保护部门环境突发事故应急响应水平。

2014年8月29日，崇左市举办饮用水水源地突发环境事件应急演练。图为参演企业救援队在围堵"污水"泄露口

此次演练出动了自治区环境监测中心站以及南宁、柳州、百色、贵港和河池等设区市环境应急机构的工作人员117人参加，全自治区环保系统以及相关企业派出118人的观摩团全程观摩演练。

【突发环境事件】 2014年，广西共发生突发环境事件8起，均为一般突发环境事件。相比2012年20起(其中重大1起，较大3起)，2013年16起(其中重大1起，较大1起)，事件数量和级别均明显降低。

2014年1月21日，桂林市发生灌江水质异常事件。图为环境应急人员进行现场调查

【环境应急培训】 2014年，自治环境保护厅先后组织参加环境保护部环境应急管理岗位培训班、全国地级市环境保护局长应急培训班、全自治区县处级领导干部"事故灾难"环境应急管理培训班、全自治区环境应急管理与环境应急处置培训班，培训人员达320人。

2014年6月11～14日，2014年全自治区环境应急管理与应急处置技术培训班在南宁市举办

环境宣传教育

【综述】 2014年，自治区环境保护厅围绕“基层建设年”主题和“环境安全”主线，加强对外宣传报道，开展环境舆情监控，提升新闻舆论引导力，发挥宣传活动品牌效应，稳步推进千人培训计划，环境教育工作取得良好成效。

2014年11月25日，2014年全自治区环保宣教工作培训班在南宁市举办，自治区环境保护厅机关各处室及直属单位有关人员，各市、县、区环境保护部门分管宣传教育工作的领导和业务骨干参加培训

【环境新闻宣传】 2014年，自治区环境保护厅拓宽宣传渠道，创新载体和宣传方式，按照“日有小稿、月有大稿、季度有头条、半年有综述、年终有组稿”的要求，较好完成新闻宣传报道任务，全年在广西主流媒体刊播新闻411篇，其中《中国环境报》86篇、《广西日报》86篇、广西电视台77条、自治区环境保护厅网站162条；全年共制作环保重点工作宣传板报60块，充分反映广西环保系统的动态及成绩。

专题专版报道 2014年，自治区环境保护厅先后多次组织新华社、中央人民广播电台、《广西日报》广西电视台等主流媒体，就“五个走在前”（学习《决定》走在前、班子建设走在前、服务基层走在前、改进作风走在前、环境质量走在前）、“四干精神”（咬着牙干、握着拳干、硬着头皮干、顶着压力干）、基层能力建设、环评项目公开、机动车排气污染防治、东盟环境合作论坛、清洁水源等专题进行专访15次，在《中国环境报》、《广西日报》刊登专版9个，宣传广西环保工作新进展、新成效。

典型报道 2014年，围绕“四干精神”、“五场战役”（打响环境安全持久战、打好污染减排攻坚战、打赢农村环境整治决胜战、打好两个“十条”防御战、打赢基层建设翻身战）主题，在《中国环境报》大篇幅刊发《甘做莲藕扎深根——记广西陆川县环保局局长杨汉勇》、《用生命诠释环保精神——追记百色市环境监测站职工黄卫》等文章，对广西环保系统“四干精神”典型先进事迹进行报道。在《中国环境报》以头版头条、头条、专版等版面刊发《筑牢辐射环境安全最后一道防线——专访广西环境保护厅党组书记、厅长檀庆瑞》、《广西打响污染减排攻坚战 再完不成任务将严厉问责》等文章，展示广西坚决打赢“五场战役”的决心。

电视新闻报道 2014年，自治区环境保护厅与广西电视台合作，在广西新闻栏目开设《环境报告》专栏，全年在广西电视台播出环保新闻77条，较上年同期增长38%。电视新闻质量有突破，平均单条3分钟以上重点深度报道4条；在《美丽广西·清洁乡村》等重点栏目播出新闻33条，占全年播出总数的55%；《环境报告》专栏影响力日益增强，先后播出《广西9市未完成2013年度污染减排任务》、《广西环境违法行为有奖举报助力环保执法》等16条深度报道，成为具有社会影响力的环境栏目。

影视专题片制作 2014年，自治区环境保护厅制作完成《广西环境安全年》、《广西饮用水水源地环境现状调查》、《南宁市饮用水水源地环境现状调查》、《广西2013年突发环境事件应急联合演练——“环境安全年4号行动”》、《全区基层环保能力建设大调研》等专题片18部，专题片数量保持较快增长，形成具有环保特色的制作模式。

【环境舆情监控】 2014年，自治区环境保护厅继续加强舆情监控工作，舆情监控范围、对象覆盖面广，监测网络媒介范围覆盖全自治区内外7860个新闻门户网站，11618个论坛、博客社区，以及4个微博平台；全年共收集网络舆情信息共65540多条，编印《环保舆情参考简报》6期和《环保舆情月报》7期，为领导环保决策提供参考依据；及时追踪重点舆情化解危机，追踪广西立案查处金河矿业股份有限公司、镉污染反复侵害为何成为可能等舆论信息，主动回应网民关切的热点问题，通过引导媒体，化解舆论危机，正确引导舆论。

【环境宣传活动】 世界环境日纪念活动 2014年，为纪念第43个“六五”世界环境日，围绕“向污染宣战”中国主题，结合“基层建设年”活动，自治区环境保护厅开展以推进全民参与为主线的系列宣传活动；自治区党委常委、自治区副主席唐仁健到自治区环境保护厅调研，慰问环保一线干部职工；召开广西环境状况通气会，向媒体发布2013年广西环境状况公报，通报主要污染物总量减排情况，曝光一批污染减排工作不力的地市和企业；举办环保公众开放日活动，邀请近200名社会公众参加，参观广西环境质量监测网络展示平台、了解大气、水质自动监测车等设备，搭建公众参与平台；开展环境好新闻评比活动，共有105篇稿件参评；设计制作一系列环保宣传品近2万件，环保资料5万张，包括环保袋、围裙、扇子、小折页等。

2014年6月7日，自治区环境保护厅举办环保公众开放日活动。图为监测人员向政风行风评议员讲解监测知识

环境保护法“五进”活动 2014年，自治区环境保护厅围绕新修订的《环境保护法》，在全自治区开展新环保法学习宣传进社区、进乡镇、进企业、进学校、进环保组织等“五进”活动，制作宣传折页2万册，宣传品近2万份，宣传教育人员达10多万人，为新《环境保护法》正式实施营造良好的宣传氛围。

环境科普宣传 2014年，自治区环境保护厅开展广西科技活动周、全国科技活动周广西活动启动仪式暨绿城科普广场活动、中国环境与健康宣传周、广西十月科普大行动等环保主题科普宣传活动，通过设置环保专家咨询、环境辐射监测展示、发放宣传品和资料等普及环保科普知识；开展基地学校手拉手环保科学宣传项目、巾帼环境友好使者社区环保科普宣传行项目获优秀项目奖；开展环境科普教育进校园活动，先后到南宁市天桃实验学校、南宁市位子渌小学进行环保科普知识授课。

2014年5月17日，全国科技活动周广西活动暨绿城科普广场启动仪式在广西科技馆举行。图为自治区环境保护厅环保知识有奖问答活动吸引群众积极参与

生态文明宣传教育工作绩效评估 2014年，自治区环境保护厅开展广西生态文明宣传教育工作绩效评估工作，做好广西生态文明宣传教育工作总结、编写自评报告及收集相关资料等，生态文明宣传教育工作绩效评估成绩名列全国环保系统第九名。

【环境教育】 环境培训 2014年，自治区环境保护厅围绕环境监察、环境监测、重金属污染防治、农村环境连片整治、污染减排等重点工作，举办各类环保业务培训42期，培训人员6434人，其中开展“送培训下基层”活动，举办环境监察监测培训7期，培训人员1550人；组织策划企业培训15期，培训人员3000人，涉及区内外环评机构、辐射安全与防护、放射性装备和设备维护的企业，提高了企业环境管理水平。2014年，自治区环境保护厅创新培训方式，做到“三个转型”，培训选题由综合性转变为专题性，师资由资深教授专家授课转变为实践经验丰富的人员授课，培训形式由一言堂授课形式转变为将理论、考察和研讨有机结合的多元化教学。

绿色环保系列创建 2014年，自治区环境保护厅启动绿色环保系统创建申报和考评工作，全自治区共有59个单位申报，其中绿色学校(幼儿园)33个，绿色环保社区(小区)11个，绿色环保企业3个，绿色机关(单位)11个，绿色环保医院1个单位；完成6个市5个系列的创建考评工作；举办广西绿色环保系列创建培训班，对机关、企业、社区、医院、酒店等创建单位人员120人进行培训。

环境友好使者活动 2014年，广西千名环境友好使者行动深入开展，环境保护部宣传教育中心表彰2013年度全国千名青年环境友好使者先进单位和先进个人，自治区环保环境保护宣传教育中心获先进单

位称号,2位同志被授予先进个人称号。年内举行广西优秀青年环境友好使者的评选表彰工作,评出优秀使者30名;启动第二届广西千名青年环境友好使者行动、首届广西千名巾帼环境友好使者行动项目活动;推荐王琨、苏博、潘文石、李素萌、黄卫等5位同志参加2012~2013绿色中国年度人物评选。

2014年6月8日,第七届"中国环境与健康宣传周"广西(区)活动启动仪式在来宾市迎宾广场举行,自治区政协副主席、农工党广西区委主委彭钊(左四)出席启动仪式

【志鉴编纂】 2014年,自治区环境保护厅编纂出版《广西环境年鉴》2013卷,全书70余万字,设23个栏目;

图为自治区政协副主席、农工党广西区委主委彭钊与参加活动的群众亲切交谈

完成《中共广西区委执政纪事》2013卷、《广西年鉴》、《中国环境年鉴》、《北部湾经济区年鉴》环境保护篇章供稿任务;启动《广西通志·环境保护志》(1996~2005)编纂工作,修改完善编目大纲,重点做好《广西通志·综合卷》(12万字)、《广西通志·科技志》等环境保护篇章的编纂;举办全自治区《广西通志·环境保护志》及《广西环境年鉴》编纂业务培训班。

2014年,自治区环境保护厅开展绿色环保系列创建考评工作。图为上思县民族中学开展课堂环境渗透教育

对外合作与交流

【综述】 2014年,自治区环境保护厅继续开展与国内外科研院所的合作与交流;联合广东省开展水污染联防联治;加强与东盟各国的环境合作;举办国际性学术论坛;积极组团参加澳门国际环保合作发展论坛,集中展示"美丽广西·清洁乡村"活动成果及广西环保企业形象、技术、环保产品等,受到广泛关注。

2014年3月20日，广西环境保护对外合作交流中心举行揭牌仪式。自治区环境保护厅厅长檀庆瑞（左五）出席揭牌仪式

【国内交流与合作】 2014年1月17~19日,全国生态环境保护信息化工程建设培训班在广西南宁市召开,全国各省、自治区、直辖市环境保护厅(局)信息中心、新疆生产建设兵团环保局信息机构以及副省级城市环保局信息中心的负责人参加了此次培训。环境保护部办公厅副巡视员李子龙、信息中心主任程春明、副主任徐富春、总工程师魏斌,广西环境保护厅厅长檀庆瑞出席培训班。

2014年8月6日,自治区党委常委、自治区副主席唐仁健与广东省副省长许瑞生签署《粤桂九洲江流域跨界水环境保护合作协议》。协议确定到2017年九洲江粤桂跨省界断面水质稳定达到Ⅲ类的目标,主要内容有两省(区)联合制定水污染防治规划,明确整治任务和进度安排;双方各出资3亿元设立合作资金用于流域上游环境基础设施建设和污染治理工作;共同优化流域产业结构和布局,加强水质监测监控,联合治理环境污染。

【国际交流与合作】 中波地方合作论坛 2014年6月10日,由中国人民对外友好协会(全国友协)、广东省人民政府、波兰基础设施与发展部和波兰外交部共同举办的第二届中波地方合作论坛在广州开幕。广西环境保护对外合作交流中心博士熊建华参加论坛并在"环境保护—新能源与循环经济"分论坛作主题发言,介绍广西在对外交流合作的地理和区位优势、循环经济发展状况以及环境保护国际合作开展情况。

奥地利驻广州领事馆商务领事官员到访 2014年9月23日,奥地利驻广州领事馆商务领事官员史万克到访自治区环境保护厅,双方就加强广西和奥地利在环保、可再生能源等方面的合作进行交流和讨论。

"土地利用变化模型建设能力"研讨会及湄公河保护区气候变化实施生计和发展的区域性技术研讨会 2014年10月,大湄公河次区域核心环境项目实施管理广西代表团参加在曼谷召开的"土地利用变化模型建设能力"研讨会及湄公河保护区气候变化实施生计和发展的区域性技术研讨会。大湄公河次区域国家共同探讨"土地利用变化模型"如何能更好地为政府管理、规划与政策制定等方面服务,高度关注大湄公河次区域保护区为减缓和适应气候变化各国的保护制度和管理政策。

中国木薯淀粉行业研讨会 2014年,广西将木薯淀粉行业的清洁生产推进工作纳入"资源高效利用和清洁生产(RECP)"项目第二阶段的重点工作,广西木薯淀粉清洁生产技术示范项目获广泛关注。2014年10月28~30日,广西环境保护对外合作交流中心协助组织联合国工业发展组织的工业发展主管、博士Patrick Nussbaumer、环境保护部清洁生产中心博士潘涔轩等行业专家到广西开展木薯淀粉产业调研,并召开"资源高效利用与清洁生产—废物最小化与低碳生产:中国木薯淀粉行业研讨会",与木薯淀粉行业企业共同探讨木薯淀行业的资源高效利用、清洁生产与环境的可持续发展等问题。

2014年10月30日，联合国工业组织在广西召开木薯淀粉行业研讨会。图为联合国工业发展组织到淀粉企业考察

2014年9月24日，大湄公河次区域核心环境项目二期—生物多样性保护跨境廊道建设（GMS—BIC）中越交流会在南宁市召开。图为参加会议的领导嘉宾合影

大湄公河次区域战略环境评估技术论坛　2014年10月底，广西环境保护对外合作交流中心参加在柬埔寨召开的大湄公河次区域战略环境评估技术论坛。该论坛为各国不同层面的战略环境评估实施者和决策者提供经验分享、技术交流的平台。

大湄公河次区域自然资本投资合作伙伴关系技术研讨会　2014年11月，广西环境保护对外合作交流中心参加在缅甸召开的加强大湄公河次区域自然资本投资合作伙伴关系技术研讨会。与大湄公河次区域其他国家分享自然资本投资、相关政策等情况，并为建立与加强自然资本投资合作伙伴关系提出建议。

【大湄公河次区域核心环境项目】 2014年1月，自治区环境保护厅与环境保护部对外合作中心签订大湄公河次区域核心环境项目二期合作协议，负责组织实施项目二期各项活动。项目自3月启动以来，成立了项目实施管理机构并开展技术培训；项目基础技术报告如现状调查报告、项目一期评估报告等基本完成；栖息地恢复、当地生计改善的各项工作根据审核后的实施方案有序开展。9月，在南宁市召开大湄公河次区域核心环境项目二期—生物多样性保护跨境廊道建设(GMS—BIC)中越交流会，就项目实施和管理与亚洲环境运营中心、越南环境保护部门及专家展开技术研讨与交流，为下一步中越在生物多样性保护合作与交流打下良好基础。环境保护部对外合作中心处长王勇、亚洲开发银行环境运营中心迈克·格林博士以及越南项目代表、广西和云南省有关单位专家等参加会议。11月，广西项目协调员参加在缅甸召开的大湄公河次区域环境工作组第九次半年会，与其他国家分享项目实施进展与阶段性成果，并交流下步工作计划。

【澳门国际环保合作发展论坛及展览】 2014年3月27~29日，由澳门特区政府主办，国家发展和改革委员会、科学技术部、环境保护部支持，广西、广东、海南等泛珠三角省区政府共同协办的“2014年澳门国际环保合作发展论坛及展览”在澳门举行。自治区政府副主席黄日波率广西政府代表团出席论坛及展览活动。广西组织19家区内企业参加论坛，环保产业技术涉及糖蜜酒精废液等19个领域。广西鸿生源环保科技有限公司的城镇生活垃圾微生物处理全资源化利用技术入选澳门贸易投资促进局IPIM服务网站；广西博世科环保科技股份有限公司等6家参展企业参加展会主办方组织的“绿色配对”活动，寻找合作伙伴及技术交流，达成初步意向，增强了广西环保产业与国外环保企业的交流与合作，拓宽了产业发展视野。

【2014中国—东盟环境合作论坛】 2014年9月17~18日，由环境保护部与广西壮族自治区人民政府、东盟秘书处联合主办，中国—东盟环境保护合作中心与广西环境保护厅承办的以“可持续发展的国家战略和区域合作:新挑战和新机遇”为主题的“2014年中国—东盟环境合作论坛”在广西南宁市举办。来自东盟各成员国和东盟秘书处有关部门的高级官员，联合国环境规划署、亚洲开发银行等国际合作代表，以及我国环境保护部、广西壮族自治区人民政府、香港和澳门特别行政区，国内有关机构和地方环境保护部门的官员、学者和企业界代表近200人应邀出席论坛。环境保护部副部长李干杰、广西壮族自治区人民政府副主席唐仁健、东盟成员国环境保护部门副部级官员应邀出席论坛并发表演讲。本届论坛还设有3个分论坛，分别围绕“生态文明与绿色转型的制度创新”、“环境可持续城市建设伙伴关系”和“环境保护技术研发与应用合作”主题，从国家、城市、企业等3个不同层次、不同角度开展中国—东盟环境保护合作探讨。

信息公开与环境信访

【综述】 2014年，自治区环境保护厅继续主动公开环境信息，进一步完善环境违法行为有奖举报制度，维护群众环境权益；排查和化解环境信访问题，落实领导接访日制度，打造阳光信访，全年共受理各类环境信访共34116件，处理33902件，处理率为98.8%。

【环境信息公开】 2014年，自治区环境保护厅贯彻执行《中华人民共和国政府信息公开条例》，成立由厅主要领导为组长，厅分管领导为副组长，厅机关和直属单位主要负责人为成员的政府信息公开领导小组，下设办公室负责厅政府信息公开日常工作。各处室和直属单位的主要负责人为本处室（单位）政府信息公开的第一责任人，每个处室（单位）指定1名工作人员作为联络员，负责本处室（单位）政府信息公开的具体工作。

2014年，自治区环境保护厅加强对厅门户网站等主要公开载体建设，在门户网站开通“网上办事大厅”，提供建设项目环境影响评价文件审批、竣工验收、危险废物经营许可证核发等20多项业务网上在线审批结果查询和部分审批项目在线申报服务；开设领导信箱、在线咨询、投诉举报、民意征集、在线访谈等栏目，畅通与社会、公众和企业的信息互动渠道。

2014年，自治区环境保护厅主动公开政府信息2882条，其中发布文件562份、公示公告和许可项目受理及办结信息735条、工作动态信息893条，其他信息692条；向自治区政务服务中心、档案馆、公共图书馆等信息查阅场所提供主动公开文件信息各205份。全年向自治区党委报送信息303条，向自治区人民政府报送信息333条，向环境保护部报送信息213条，其中报送的部分信息得到自治区人民政府办公厅书面感谢或自治区领导的批示。

【环境信访】 2014年，自治区环境保护厅继续开展矛盾纠纷排查化解，做好环境信访工作。年初，自治区环境保护厅党组决定将信访办职责交由自治区环境监察总队负责，统一组织协调自治区环境保护厅环境信访工作。年内，自治区环境监察总队组织开展矛盾纠纷“大排查、大接访、大调解、大防控”、环境违法行为有奖举报等活动，鼓励公众参与环境监督。

2014年8月28日，自治区环境保护厅保密专题党课暨保密工作培训班在南宁市举办

化解信访积案 2014年，自治区环境保护厅重点排查近年来重复赴邕进京上访、重复致信中央机关及中央、自治区领导批示交办未办结的案件。年内共排查出环境矛盾纠纷343个，化解320个；其中积案16个，化解和息访11个；落实领导包案182件，落实到责任单位和人员的233件。厅领导带案下访的5个案件均得到妥善处置。

完善环境违法行为有奖举报制度 在2013年试行环境违法行为有奖举报的基础上，2014年4月，自治区环境保护厅正式实施《广西壮族自治区环境保护厅环境违法行为有奖举报办法》，对举报非法偷排、危险废物处置和涉辐射污染等可能危害公共安全的环境违法行为给予800~30000元奖励。2014年以来，自治区环境保护厅接到各类环境违法行为举报、投诉共551件（次），其中来信147人次，来访57人次，电子邮件139人次，电话208人次。自治区环境监察总队直接参与调查处理22件，12起举报符合奖励条件，共奖励1.48万元。

领导接访日制度 自治区环境保护厅定于每月5日前后，安排半天时间开展厅领导接访活动，由厅领导接待群众来访，研究解决环境信访工作存在的重大问题。年内，厅领导在接访日共接待来访3批，所反映问题均办结。

阳光信访 2014年，自治区环境保护厅积极推进环境信访信息公开，保障公民、法人和其他组织依法获取污染源环境信息的权益，引导公众参与环境保护，将查处的10起信访案件在自治区环境保护厅门户网站公开。年内，自治区环境保护厅共受理各类环境信访共34116件，比2013年增加4515件；处理33902件，处理率为98.8%，其中当年结案33742件，结案率为98.7%。

信息化建设

【综述】 2013年9月27日，广西壮族自治区机构编制委员会批复广西壮族自治区环境信息中心成立。2014年，自治区环境信息中心加快机构组建、人员聘用工作；继续做好广西环境信息化工作，在全自治区环境信息网络的运行维护、政府网站维护、信息公开、环境监管与预警信息系统的完善升级、广西核应急指挥信息支撑平台的建设和环境事故处置的信息技术支撑服务方面，取得较好成绩。

2014年1月17~19日，全国生态环境保护信息化工程建设培训班在南宁市召开

【基础网络系统建设与运行维护】 2014年，自治区环境信息中心对14个设区市环境保护局环境信息与统计能力建设专网的使用情况进行巡访，优化专网结构，设置备份网络路由，提高网络稳定性；通过远程调试和现场设备调试等方式，为全自治区109个县（城区）调试专网，联通率从原来的50%提高到90%以上，为广西环境监管与预警信息系统业务应用向下延伸提供条件；调试全自治区14个设区市机动车尾气检测网络；多次与广西互联网中心协商，为自治区环境保护厅提供电子政务外网资源。

【广西环境监管与预警信息系统】 2013年广西环境监管与预警信息系统完成终验，2014年自治区环境信息中心对系统进行升级扩展，完成自治区环境保护厅所有应用服务器、数据库服务器虚拟化，初步形成计算资源中心、存储资源中心、网络资源中心；开发与自治区政务服务中心系统接口，实现与自治区服务中心系统无缝对接，数据实时共享，避免二次录入；优化综合行政办公流程和企业自行监测信息公开系统，建立人事平时考核系统和污染源环境监管信息公开系统；配合建设广西环境监察移动执法系统，截至2014年底，该系统一期工程基本完成，2015年完成二、三期招标工作；升级改造环境影响评价技术评估系统。2014年，自治环境信息中心通过云计算、虚拟化技术初步建设一套能满足市县环境保护局管理功能的广西环保云，以北海市环境保护局及辖区县环境保护局作为试点，全面推进环境监管与预警信息系统在全自治区市县环境保护局延伸应用。

【环境信息安全管理】 2014年3月25日至5月30日，自治区环境信息中心开展自治区级环保系统计算机保密情况检查；加强自治区环境保护厅直属单位网站安全管理，要求各直属单位的网站不得架设、托管在境外运营商货服务商，不得架设、托管或是租用没有落实网站安全保护措施的公共虚拟空间、虚拟主机。

【应急指挥中心信息与数据系统建设与运行】 2014年1月，自治区环境信息中心作为自治区环境保护厅灌江水污染事件应急指挥部成员单位，负责自治区环境应急指挥中心与现场调查人员的通信保障工作，配合自治区环境应急与事故调查中心、自治区环境监察总队和自治区环境监测中心站等单位，完成灌江水污染事件制图工作，制作了2014庙头镇污染事件巡查点位图和2014庙头镇污染事件沿程变化趋势图。

8月22日，自治区环境信息中心参与广西绿色卫士·2014年辐射应急演习，承担演习通讯保障、视频回传、视频导播、视频拍摄工作，演习得到自治区领导、环境保护部领导的高度评价。

【核应急指挥信息支撑平台系统建设】 广西核应急指

挥信息支撑平台采用现代通信、数字监测、智能决策分析和海量数据存储处理等技术，通过建立核应急基础支撑系统、基础数据库、核应急业务系统、核应急指挥所和信息系统安全保障体系等，形成自治区核应急管理和指挥的支撑平台，核应急业务工作实现数字化、信息化、自动化和智能化，满足核应急管理工作和核应急指挥需要。广西核应急指挥信息支撑平台的建设内容包括标准规范1套、基础支撑系统1套、基础数据库9个、核应急业务系统1套、安全保障体系1套、应急指挥场所、机房及配套工程等。

2014年1月17~19日，全国生态环境保护信息化工程建设培训班在南宁市召开。图为荣获表彰的相关省环境信息部门，广西环境信息中心荣获信息资源整合示范单位称号

2014年2月24日，核应急指挥信息支撑平台初步设计通过自治区发展改革委评审；4月18日，得到自治区发展改革批复；6月5日，自治区财政厅投资评审中心完成广西核应急指挥信息支撑平台投资预算评审；8月1日，下达项目预算资金；8月起启动项目招标程序；11月完成所有分项招标。主要设备完成安装，进一步完善调试，软件开发进展顺利。广西核应急指挥信息支撑平台服务和保障2015年1月13日“红沙–2014”广西核事故应急联合演习。

【信息化工作交流】 2014年1月17~19日，全国生态环境保护信息化工程建设培训班及理事工作会会议在南宁市召开，全国各省、自治区、直辖市环境保护厅（局）信息中心、新疆生产建设兵团环境保护局信息机构以及副省级城市环境保护局信息中心的负责人参加培训，广西环境信息中心在会上作典型发言。

5月11~16日，自治区环境保护厅在柳州市举办2014年广西环保系统信息安全培训班，进一步提高全自治区环保系统信息安全保障技术人员专业素质，确保广西环境信息网络安全，提高环境信息安全管理水平。各市环境保护局和各有关直属单位30多名技术人员参加培训。

6月，按照《自治区环境保护厅与自治区国土资源厅建立地理空间数据共享交换机制框架协议》，自治区环境信息中心完成第一次与国土资源厅的数据交换，向国土资源厅提供广西自然保护区、广西饮用水保护区、广西近岸海域规划矢量数据，获得国土资源厅交换的广西第二次土地调查、广西土地利用规划、广西矿产资源规划矢量数据。

【获奖与表彰】 2014年，在全国31个省级环境保护厅（局）政府网站绩效评比中，自治区环境保护厅政府网站工作成绩显著，被评为“2014年度省级环保厅（局）优秀政府网站”。自治区环境保护厅在2014年度全自治区“一服务两公开”的绩效得分为75.79分（满分100分），位列区直、中直部门（有审批职能）第3名。

党的建设与纪检监察

【综述】 2014 年，自治区环境保护厅围绕党员干部素质提升目标，全面推进机关、直属单位党的思想、作风、组织和廉政建设，为完成环保各项工作提供思想、政治和组织保证。按照"转职能、转方式、转作风"的要求，自治区环境保护厅创新监督机制，严明党的纪律，深化正风肃纪，加大预防腐败工作和查处违法违纪问题力度，深入推进环保系统党风廉政建设和反腐败工作。

2014年11月5日，自治区环境保护厅召开党组中心组扩大学习会，传达学习党的十八届四中全会精神

【党组织建设】 2014 年，自治区环境保护厅有基层党委 1 个，党支部 12 个(其中机关支部 5 个、直属单位支部 7 个)，党员 268 名。年内共发展 4 名优秀青年加入党组织。

【教育培训】 党员教育学习　学习型机关　2014 年，自治区环境保护厅着力建设学习型机关，坚持党组中心组带机关学习制度，制订理论学习计划，印发机关党建工作要点。自治区环境保护厅党组和各支部扎实学习贯彻习近平总书记系列重要讲话、党的十八届三中全会精神，自治区环境保护厅为每个党员干部购买《习近平总书记系列重要讲话》、《2014 年理论学习专题资料》、《世界社会主义五百年》、《鸟儿在歌唱》等学习资料。通过集中学习、专题讲座、支部讨论、培训交流、走出去、深入基层调研学等形式，全年自治区环境保护厅党组中心组开展专题学习 6 次，各支部均采取灵活方式学习。学习贯彻《中国共产党党和国家机关基层组织工作条例》，"七一"前邀请自治区直属机关工委副书记苏德明到自治区环境保护厅上党课。

党建培训　2014 年，自治环境保护厅加大党员干部教育培训力度。组织 80 名副处以上干部到自治区党校进行为期 5 天的脱产轮训；组织 30 多人报名参加自治区直属机关工委举办的党建培训班；选送 5 名入党积极分子参加入党前培训；安排机关和直属单位的党员干部参加环境保护部举办的各类培训班等；结合传统教育，分两批组织 80 多名党员干部到百色革命老区参观百色起义纪念馆、红七军旧址和东兰县参观农民讲习所、韦拔群纪念馆等，激发创新改革干事激情；在自治区环境保护厅外网开设《党建专栏》学习平台，学习交流党员心得。

廉政警示教育　2014 年 2 月 13 日，驻自治区环境保护厅纪检组组长梁远略与 2013 年以来 37 名新任、转任、提拔处级干部进行集体廉政谈话，坚持教育在先、预防在前，敲响警钟，筑牢领导干部拒腐防变的思想防线。

6 月 19 日，自治区环境保护厅在南宁市举办 2014 年广西环保系统纪检监察和党务干部业务技能培训班。全自治区各设区市环境保护局纪检组长、监察室主任，县级环境保护局分管纪检监察、党务工作的领导以及自治区环境保护厅机关各处室、直属单位负责人约 170 人参加培训。培训内容包括广西环保系统违纪违法及职务犯罪案例分析；公务人员和企业涉嫌违法案件调查及移送办理；违纪信访举报案件初核、检查、审理等办理程

2014年6月19日，广西环保系统纪检监察和党务干部业务技能培训班在南宁市举办

序、材料收集、公文撰写、公文格式等，提高纪检监察干部的业务技能，党员领导干部更新了反腐倡廉知识。

7月31日，驻环境保护厅纪检组组长梁远略主持召开自治区环境保护厅干部廉政警示教育会议，会议传达学习广西厅级领导干部警示教育大会精神，剖析本厅存在的廉政风险点，防止出现违纪违法问题。自治区环境保护厅机关各处室及直属单位负责人、财务人员共33人参加。

8月22日、9月5日，为贯彻落实自治区党委书记彭清华“以案示警、以案肃纪，用身边活生生的人和事作为反面教材教育警醒领导干部，推动全区党风廉政建设和反腐败斗争的深入开展”要求，自治区环境保护厅组织干部职工参观由自治区纪委主办的党风廉政警示教育展览，接受警示教育。

2014年9月5日，自治区环境保护厅党组书记、厅长檀庆瑞率机关及直属单位副处级以上党员干部到广西美术馆参观自治区党风廉政警示教育展览

12月1日，自治区环境保护厅组织厅机关各处室、驻邕直属单位党员干部约70人集体观看《从海归博士到腐败院长》和《侵吞农机补贴的一窝蛀虫》2部实录片。

2014年以来，自治区环境保护厅共通报各级纪检监察部门印发的违纪违法典型案例77起；征订《环保系统党员干部警示录》发放全自治区环保系统；通过制作机关大楼廉政宣传板报、走廊悬挂廉政警言警句宣传框和办公电脑廉政警言警句漫画屏保等形式，营造机关廉政文化氛围。

【群团组织建设】 2014年，自治区环境保护厅调整厅机关工会和厅妇女委员会组成人员，成立了第一届共青团广西壮族壮族自治区环境保护厅委员会，结束了多年来无团组织的历史；制订工青妇年度工作计划；帮助单身青年男女解决婚恋问题，组织12个单位300多名单身青年男女开展联谊活动；干部职工捐款7.0375万元支持灾区建设；协调南宁市农村信用社到自治区环境保护厅办理市民卡200多张。

【扶贫工作】 2014年，自治区环境保护厅组织30名机关及直属单位干部到扶贫点开展扶贫活动。自治区环境保护厅机关二支部、自治区环境保护宣传教育中心支部与百色乐业县甘田镇达道村支部结成帮扶对子，党员捐资3000元对口帮扶2户村民发展生产。同时，完成“美丽广西·清洁乡村”为期2个月的暗访任务。

2014年10月23日，自治区环境保护厅副厅长蹇兴超（后排右五）带领厅机关党支部和自治区环境保护宣传教育中心支部到百色市乐业县甘田镇达道村调研扶贫工作。图为百色市乐业县甘田镇何家屯饮水工程扶贫项目开工仪式现场

2014年，自治区环境保护厅筹集资金8.4万元建成何家屯饮水工程项目，解决了13户村民饮水难问题；筹集资金5万元建成杂文屯篮球场1个；发动和组织社会爱心人士帮扶21户贫困户发展生产，引导16户村民扩大种植三叶青53亩、18户村民扩大种植猕猴桃38亩；给百色乐业县甘田镇中心小学和乐业县民族中学各引进5万元的“书海工程”项目；协助乐业县完成小牛洞、朗英片区水渠改造350米（可灌溉农田380亩）；协助举办三叶青、猕猴桃、田七种植培训班12期，培训人员850人次；协助做好农村闲置土地流转承包工作和组织劳务输出379人。

【党风廉政建设】 2014年3月10日，自治区环境保护厅召开2014年广西环保系统党风廉政建设工作视频会议，传达学习十八届中央纪委三次全会、广西十届纪委五次全会和2014年全国环保系统党风廉政建设工作视频会议精神。自治区环境保护厅领导与厅机关各处室、各直属单位负责人签订党风廉政建设责任状。自治区环境保护厅建立党风廉政建设主体责任层层传导机制，明确厅机关各处室、直属单位主要负责人是党风廉政建设的第一责任人；落实分管领导具体抓，设置纪检委员或纪检监察员，负责本单位的执纪监督工作；定期向驻厅纪检组监察室报告党风廉政建设责任制落实情况和责任制考评情况。自治区环境保护厅领导、厅机关全体干部，厅直属单位中层以上干部，各市环境保护局领导班子成员、副科级以上干部，市辖各县（市、区）环境保护局局长、纪检组组长约500人参加会议。

3月18日，自治区环境保护厅党组印发《广西壮

2014年3月10日，广西环保系统党风廉政建设工作视频会议在南宁市召开

族自治区环境保护厅机关及直属单位2014年党风廉政建设责任制考评细则》，明确每半年检查1次党风廉政建设责任制落实情况，考核评定结果与干部年度考核评优评先挂钩，促进党风廉政建设常态化。

4月，驻自治区环境保护厅监察室会同厅机关党委、规划财务、人事等部门，对自治区环境监测中心站领导班子及其成员近年履职工作情况进行督查，检查单位业务工作开展情况、干部任用队伍建设情况、财务收支审批管理情况、廉政建设等情况，对巡查期间收到信访举报案件进行立案查处，推进新形势下廉政警示教育。

12月25日，自治区环境保护厅印发《环境保护厅关于贯彻落实〈建立健全惩治和预防腐败体系2013~2017年工作规划〉实施办法》，进一步加强自治区环境保护厅党风廉政建设和反腐败工作，切实抓好中央《建立健全惩治和预防腐败体系2013~2017年工作规划》各项任务落实。

【执纪监督】 2014年，驻自治区环境保护厅纪检组监察室加大执纪监督力度，通过信访举报、巡视检查、财务审计、广开举报渠道等手段，发现案件线索。年内驻自治区环境保护厅纪检组监察室共收到信访举报件16件次，立案3起，查处3名厅直属单位处级领导干部违纪问题，其中党内严重警告处分并给予行政记过处分1人，党内警告处分2人，直属单位普通党员党纪处分1人。自治区环境保护厅核设施管理处1名副处长因涉嫌受贿问题被检察机关立案侦查，自治区环境保护科学研究院1名工程师因涉嫌诈骗被公安机关刑拘。

【自治区巡视组进驻及反馈】 2014年9月4日至10月17日，自治区党委第四巡视组对自治区环境保护厅进行巡视。巡视组按照中央“四个着力”要求，围绕党风廉政建设和反腐败工作，监督检查自治区环境保护厅领导班子及其成员在党风廉政建设和个人廉洁自律，落实中央八项规定精神和加强作风建设，执行党的政治纪律、落实主体责任和监督责任，执行组织纪律、民主集中制和干部选拔任用工作的情况。巡视组把发现问题、形成震慑作为主要任务，广泛开展个别谈话、群众座谈以及受理群众来信来访，调阅有关文件资料。巡视组还深入发生重大环境污染事故的贺州市、河池市了解情况。巡视期间，巡视组收到反映一些领导干部的问题线索，已按规定转有关部门处理。

11月24日，自治区党委第四巡视向自治区环境保护厅反馈巡视情况。指出巡视期间干部群众反映的突出问题有：党风廉政建设和反腐败工作存在薄弱环节。2013年前党风廉政建设责任制没有完全落到实处，对重点岗位、关键领域和环节的廉政风险防控仍存在漏洞。2010年机关危旧房改造的住房分配中存在着违反政策分配非还建住房，对少量财政公房处理不够及时，不按自治区清房办的规定如实填报住房登记等突出问题；贯彻民主集中制不够严格；“三重一大”决策机制不够健全；部分直属单位执行民主集中制有些缺失或流于形式，决策权过于集中在“一把手”手中；有些制度执行不严格，干部交流、监督制度落实不够到位。有的处级干部和直属单位领导班子成员在同一岗位长期任职没有实行交流，一些基础性工作不够扎实，对直属单位选人用人工作的业务指导、把关不够到位，有的直属单位干部档案管理混乱。

2014年9月4日，自治区党委第四巡视组巡视自治区环境保护厅工作动员会召开

巡视组提出4点意见：一是进一步落实党风廉政建设责任制，全面推进惩治和预防腐败体系建设。厅党组要认真履行好党风廉政建设的主体责任，主要负责人要切实肩负起党风廉政建设第一责任人的职责，其他领导成员要认真履行“一岗双责”，从严落实党风廉政建设责任。纪检监察机构要全方位落实“三转”（转职能、转方式、转作风）要求，抓好监督执纪问责工作，堵塞漏洞、规范程序、健全机制、严格管理。对厅机关危旧房改造中住房分配存在的问题，要按照自治区住房清理领导小组和房改办要求，做好自查自纠，认真整改。二是切实把“从严治厅”要求落到实处，改进机关作风，提高行政效能。强化环保干部的素质能力建设，转变干部的精神状态，主动作为，提高执行力，进一步打造“阳光”政务，规范直属单位的内部管理，建章立制，加强监督。三是进一步加强民主集中制建设，提高领导班子决策的科学化、民主化水平。要认真落实领

导班子自身建设的各项制度，督促直属单位建立健全民主集中制的各项规章制度，完善“三重一大”事项的集体研究决策工作机制和落实重大事项报告制度，并严格执行。四是坚持正确的用人导向，进一步做好干部选任工作。要充分发挥党组织在干部选拔任用工作中的作用，推动选人用人工作真正做到坚持原则不动摇、执行标准不走样、履行程序不变通。把整改与健全完善干部人事制度、规范工作结合起来，严格执行干部考察、交流、轮岗制度，进一步加强干部档案管理工作。

自治区环境保护厅党组书记、厅长檀庆瑞代表自治区环境保护厅表态，深刻领会反馈意见，认真整改。会后迅速传达学习，研究部署，制订整改方案并认真整改。经过两个月的努力，整改工作基本到位。按照党务公开原则和巡视工作的有关要求，2015 年 1 月底，自治区环境保护厅向社会通报整改情况。

【政风行风建设】 2014 年，自治区环境保护厅在环保系统开展自上而下的民主评议政风行风活动，把民主评议政风行风活动与机关作风建设相结合，以民主评议为契机，进一步转变工作作风，树立为民务实清廉的良好形象。

4 月 10 日，自治区环境保护厅党组成员、总工程师陈晓菲带队，污染防治处副处长陈祖芬、环境应急中心主任黄勇参加自治区纠风办和 FM910 广西新闻广播共同主办的《阳光在线·厅长在线》直播节目，认真解答听众提出的热点环保问题，积极回应广大群众的诉求。

6 月 4 日，自治区环境保护厅召开广西环保系统民主评议政风行风动员视频会议。自治区纠风办副主任王新力参加会议并对全自治区环保系统扎实稳步推进民主评议政风行风活动工作予以肯定，自治区环境保护厅钟兵副厅长作动员部署。自治区环境保护厅领导为 7 名政风行风评议员颁发聘书。

2014年7月14~15日，自治区环境保护厅调研组到南宁市、崇左市开展政风行风征求意见调研。图为自治区环境保护厅副巡视员邓超冰（左二）在南宁市政务服务中心走访调研

7 月 8~20 日，自治区环境保护厅组成 8 个调研组，由厅领导带队分赴广西 14 个设区市开展“下基层、强服务、转作风”民主评议政风行风征求意见调研活动，共征集社会各界意见建议 240 条。自治区环境保护厅对意见建议进行分析汇总，研究制订整改方案，并在厅门户网站公开，接受社会各界监督。

7 月 20~27 日，由驻自治区环境保护厅纪检组监察室牵头，会同自治区环境监察总队、法规处，抽调 12 个设区市环境保护局纪检组组长和 14 个市环境监察支队排污收费专业骨干共 76 人组成 14 个检查组，分赴全自治区 14 个设区市 43 个县（市、区）开展广西排污费核定征缴检查。重点检查 2011~2013 年排污申报登记及排污费征收明显偏低、欠缴较多的企业，共检查调研企业 73 家，基本了解广西排污费征收状况。检查组发现存在核定征收排污费依据不足、数据不真实、迟核迟征问题；个别地方排污费欠缴情况较为严重，污染源在线监控没能有效发挥作用；个别地方排污费档案管理混乱；部分市的小企业存在协商收费嫌疑、漏征现象；排污费核定征收力量不足等突出问题。

2014年6月4日，自治区环境保护厅召开广西环保系统民主评议政风行风动员视频会议。图为自治区环境保护厅领导为7名评议员颁发聘书

部门与行业环境保护

人大环资委环境保护

【综述】 2014年,自治区人大环境与资源保护委员会(以下简称环资委)紧紧围绕城乡建设以及环境资源保护工作重点,推进乡村清洁立法工作、开展饮用水水源地环境保护立法调研、审议《南宁市郁江流域水污染防治条例》、商定将有关环保条例修改增列到2014年立法工作计划等,认真履行监督执法职能,办理议案3件。加强与自治区人民政府有关单位之间的沟通联系,进一步推进广西环保世纪行宣传活动的深入开展,取得较好成效。

【环境立法】 自治区环境保护条例修改启动 2014年4月,自治区环境保护条例修改工作领导小组成立。5月26日,自治区人大常委会副主任杨道喜主持召开条例修改工作协调会,商定将环境保护条例修改增列到2014年立法工作计划中。7月21日,环资委、自治区人大常委会法工委、自治区法制办、自治区环境保护厅召开自治区环境保护条例修改工作座谈会,就修订草案的体例、规范的内容等交换意见。10月,环资委组织调研组,赴陕西、宁夏开展立法调研,学习和借鉴兄弟省区经验,为修改工作提供参考。

乡村清洁立法推进 2014年4月21日,环资委组织召开乡村清洁立法协商会,就法规名称及规范的主要内容进行研究。10月13~17日,在自治区人大常委会副主任覃瑞祥的率领下,环资委、人大常委会办公厅有关人员与自治区"美丽广西·清洁乡村"领导小组办公室负责人分别赴安徽、河南两省就乡村清洁立法工作进行调研。调研后形成报告,得到自治区人大常委会领导充分肯定。

饮用水水源地环境保护立法调研 2014年3月10~14日、4月14~17日,环资委组成调研组,邀请部分自治区人大代表和相关专家赴南宁、柳州、河池、崇左就广西饮用水水源地环境保护情况进行调研。调研组深入部分饮用水水源地实地考察,与当地人大、政府、环境保护、水利等单位负责人进行交流,广泛听取意见和建议,提出进一步加快相关立法步伐等建议。5月,环资委将调研报告提交自治区十二届人大常委会第三十二次主任会议,并根据会议决定转自治区人民政府研究处理。

南宁市城乡规划管理若干规定审议 2013年11月28日,环资委在征求自治区法制办、自治区发展改革委等有关部门意见的基础上,召开委员会全体会议,对该法规的合法性进行审查,并提出具体修改意见。2014年3月,自治区十二届人大常委会第九次会议审议该若干规定。

南宁市郁江流域水污染防治条例审议 2014年3月26日,环资委召开委员会全体会议,对《南宁市郁江流域水污染防治条例》的合法性进行审查,提出具体修改意见。5月,自治区十二届人大常委会第十次会议对该条例进行审议。

南宁市违法建设查处条例审议 2013年12月,环资委在征求自治区有关单位意见的基础上,召开委员会全体会议对《南宁市违法建设查处条例》(以下简称《条例》)进行审议。2014年3月23日,环资委向自治区十二届人大常委会第29次主任会议报告审议情况。自治区人大常委会主任会议决定暂不将审议《条例》列入自治区十二届人大常委会第九次会议议程,要求南宁市人大常委会进一步对《条例》所涉及的上位法规、同位法规、其他地方的同类型法规进行立法比较分析和法律分析,广泛征求各方面意见,经过综合评估后,再报请自治区人大常委会审批。南宁市人大常委会对自治区人大常委会主任会议的意见进行认真研究,将调整后的《条例》报请自治区人大常委会批准。7月7日,环资委召开委员会全体会议对《条例》进行审议,提出具体修改意见。7月,自治区十二届人大常委会第十一次会议对《条例》进行审议。

南宁市城市供水节水条例审议 2014年7月,环

资委将《南宁市城市供水节水条例》(以下简称《条例》)分别送自治区法制办、住房城乡建设厅等8个有关单位征求意见,并与南宁市人大有关专工委就《条例》进行沟通。9月1日,环资委召开委员会全体会议对《条例》进行审议。9月,自治区十二届人大常委会第十二次会议对《条例》进行审议。

审议青秀山风景名胜区总体规划　根据《广西壮族自治区南宁青秀山保护条例》第七条规定,自治区人民政府将《南宁青秀山风景名胜区总体规划(2012~2030)》(以下简称《规划》)提请自治区人大常委会审议。自治区人大常委会领导批示由环资委提出审议意见,向主任会议报告。环资委收到《规划》文本、图件后,组织委员会组成人员及有关专家进行认真研究。2014年10月28日,自治区人大常委会副主任覃瑞祥率队到南宁青秀山实地调研。同时结合立法调研工作,分别赴安徽、陕西等省学习和借鉴审议风景名胜区规划的做法和经验。2014年10月28日,环资委召开委员会全体会议对《规划》进行审议,并向主任会议汇报。11月27日,自治区十二届人大常委会第十三次会议审议《规划》。

2014年10月28日,自治区人大常委会副主任覃瑞祥带队到南宁青秀山实地调研

【监督工作】 基层环保能力建设审议　2014年,自治区人大常委会组织2个调研组,分别于2014年9月10~13日赴桂林市、贺州市、梧州市,17~19日赴百色市,对基层环保办公用房、基础业务用房、监测站及人员配置、设备运行等情况进行实地调研。11月,自治区十二届人大常委会第十三次会议听取自治区人民政府关于基层环保能力建设情况的报告,情况报告以书面形式印发会议。自治区人大常委会会议结束后,环资委协助综合整理审议意见转自治区人民政府研究处理。

测绘"一法一条例"执法检查　2014年,自治区人大常委会执法检查组对测绘法和测绘管理条例在广西的实施情况进行检查。检查组由自治区人大常委会副主任覃瑞祥担任组长,成员由自治区人大常委会委员、环资委组成人员以及自治区人大代表组成。2014年5月12日,执法检查组召开全体会议,听取自治区发展改革委等18个单位关于贯彻实施"一法一条例"的情况。2014年5月12~16日,检查组分2个小组赴梧州、百色、来宾、崇左等市进行检查,同时委托柳州、桂林、防城港3个市人大常委会对本行政区域实施测绘法和测绘管理条例的情况进行检查。2014年7月23日,自治区十二届人大常委会第十一次会议审议执法检查报告,执法检查报告对如何加强测绘法和测绘管理条例的学习和宣传、健全测绘地理信息工作体制、强化测绘地理信息执法监管等方面提出意见和建议。

大气污染防治法执法检查　受全国人大常委会委托,2014年7月,自治区人大常委会组织执法检查组,对广西贯彻实施《中华人民共和国大气污染防治法》的情况进行检查。执法检查组以自治区人大常委会副主任覃瑞祥为组长,成员包括环资委组成人员、自治区人大代表等。执法检查组在听取自治区发展改革委、工业和信息化委、环境保护厅、住房城乡建设厅情况汇报的基础上,深入南宁市、柳州市、百色市、河池市及部分县、区进行检查。在提交全国人大常委会的检查报告中,对修改和完善《中华人民共和国大气污染防治法》提出建议。

2014年,自治区《中华人民共和国大气污染防治法》执法检查组实地考察广西建工集团第二建筑工程有限责任公司河池锦城国际工程项目扬尘控制情况

【代表议案建议办理】 议案办理　2014年,自治区十二届人大三次会议主席团交付环资委审议的代表议案3件,即"关于出台《广西壮族自治区饮用水安全管理条例》的议案"(第5号)、"关于出台《深入开展'美丽广西·清洁乡村'活动条例》的议案"(第6号)和"关于提请修订《广西壮族自治区防震减灾条例》的议案"(第12号)。环资委在征求自治区人民政府有关部门意见的基础上,结合委员会立法和监督工作,对代表议案提出的问题进行调研,在此基础上提出办理意见;并召开委员会会议审议,与领衔代表进行沟通。3个议案

的领衔代表对办理工作均表示满意。审议结果报告提交自治区人大常委会第十二次会议审议通过。

重点建议督办 2014 年，环资委对梁礼任等代表提出的《关于加大农村危房改造力度的建议》（第 181 号）作为重点建议进行督办。环资委积极与承办单位联系，了解建议办理情况，做好代表沟通工作。建议办理完毕后，代表对办理结果表示满意。

【广西环保世纪行宣传活动】 2014 年，广西环保世纪行宣传活动继续以“保护生态环境，建设美丽广西”为主题，重点宣传规范矿山开发、保护生态环境工作。

6 月 16~20 日，在自治区党委宣传部和各新闻媒体的大力支持下，环资委牵头组成记者采访团，分赴梧州、贵港、百色等市，深入矿山企业、再生工业园区等开展集中采访报道活动。新华社、广西日报社、广西人民广播电台、广西电视台以及自治区和中央驻桂主要新闻媒体的 27 名记者，围绕广西各地矿山开发、保护生态环境方面的特色和亮点、存在的问题进行大量采访报道。2014 年广西环保世纪行活动还结合学习宣传新的《中华人民共和国环境保护法》和《广西壮族自治区环境保护条例》修改工作开展立法调研，听取和收集各地对环境保护条例修改的意见和建议。2014 年 9 月 23 日，《关于 2014 年广西环保世纪行宣传活动情况的报告》在自治区第十二届人大常委会第十二次会议书面印发常委会组成人员。

2014年6月13日，2014年广西环保世纪行宣传活动记者培训班在南宁市举办

【交流与合作】 加强与全国人大的联系 2014 年 3 月 17~22 日，全国人大环资委副主任委员王鸿举、黄献中、王庆喜等一行 18 人就野生动物保护法修改到广西调研，环资委积极配合、协助做好有关调研工作。

全国人大环资委大气污染防治情况交流座谈会 2014 年 4 月 26~27 日，环资委主任委员黄必贵及办公室负责人赴京参加全国人大环资委大气污染防治情况交流座谈会，并提交题为“发挥人大专门委员会职能作用，为改善区域空气质量作贡献”的交流材料，同时就大气污染防治法的修改同与会人员进行座谈交流。还

2014年3月，全国人大环资委副主任委员王鸿举一行在凭祥调研

听取了全国人大常委会法工委行政法室主任袁杰解读新修订的《中华人民共和国环境保护法》讲座和环境保护部污染防治司司长赵英民解读《大气污染防治行动计划》讲座。

全区人大环资工作会议暨全区人大环资干部培训班 2014 年 6 月 9~10 日，环资委召开全自治区人大环资工作会议，举办全自治区人大环资干部法律法规培训班。自治区人大常委会分管环资委的副主任、副秘书长，环资委组成人员，14 个设区市人大常委会领导、城建环资委领导以及部分县人大常委会领导出席会议并参加法律法规培训班。同时邀请环资委联系部门的负责人参加会议。与会人员围绕全面落实“美丽广西”乡村建设重大活动规划纲要，深入推进“美丽广西·清洁乡村”活动，建立健全长效机制，加强农村环境卫生立法，认真总结交流经验。根据《中华人民共和国环境保护法》修订后的新形势，就如何进一步推动人大环资工作有效开展进行交流和探讨。自治区人大法委副主任委员韦以明作《关于新环保法修订内容解读》的辅导报告。

全区人大环资委工作座谈会 2014 年 12 月，为加强与环资委联系部门和各设区市人大城建环资委的联系和沟通，分别召开联系部门领导座谈会和全自治区各设区市人大城建环资委领导座谈会，总结交流 2014 年全自治区人大环境与资源保护工作情况，认真听取对《2015 年自治区人大环资委工作计划》的意见和建议，并围绕进一步加强和改进人大环境与资源保护立法工作、监督工作和宣传工作进行座谈。

发展改革委环境保护

【综述】 2014 年，自治区发展改革委开展 7 个“十二五”

规划中期评估和开展广西“十三五”节能减排降碳和能源消费总量控制政策研究。授予6家企业为“广西清洁生产企业”，发布重点企业清洁生产审核名单93家。争取国家资金和安排自治区专项资金投入节能环保重大项目和环境基础设施建设、治理突出环境问题等，在实现经济平稳增长的同时，节能减排各项工作稳中有进。

【环境保护规划编制及实施】 2014年，自治区发展改革委开展循环经济、清洁生产、节能环保产业、再制造、城镇污水处理及再生利用、城镇污水处理厂污泥处理和城镇垃圾无害化处理设施建设等7个“十二五”规划中期评估。开展广西“十三五”节能减排降碳和能源消费总量控制政策研究，首次将节能、减排、降碳及能源消费总量控制4项约束性内容合并研究，为编制“十三五”规划提供依据。

琅东污水处理厂沉淀池

【清洁生产】 2014年，自治区发展改革委推进农业清洁生产示范项目建设，组织对钦州市钦南区等9个县(市)农业清洁生产示范项目考核验收。示范项目县(区)按照国家发展改革委、财政部、农业部批复的实施方案基本建设完工，实施蔬菜清洁生产示范面积1627.2公顷。开展清洁生产企业申报工作，授予广西柳工机械股份有限公司、广西东门南华糖业有限责任公司等6家企业为“广西清洁生产企业”；发布重点企业清洁生产审核名单93家。

【环保产业】 2014年，自治区发展改革委参照国家战略性新兴产业的重点产品和服务指导目录，修编广西2014年度战略性新兴产业指导目录。扶持地方环保龙头企业发展，争取到中央预算内投资1500万元，支持广西博世科环保科技股份有限公司环保设备制造基地扩建技术改造项目。

【突出环境问题处理】 *九洲江流域污染治理* 2014年，自治区发展改革委联合广东省发展改革委多次赴国家发展改革委汇报，争取国家从规划编制、项目安排、资金等方面支持，国家相关部委组织专家到九洲江流域现场指导。桂粤两省区发展改革委共同编制九洲江流域水环境综合治理规划，并分别落实编制经费，争取到中央预算内投资2300万元支持陆川县滩面镇、乌石镇、温泉镇3个镇污水处理工程建设。

无主尾矿库治理 2014年，自治区发展改革委争取到中央预算内投资6115万元，组织南宁、柳州、桂林、梧州、玉林、贺州等市实施无主尾矿库隐患综合治理工程。

【节能环保重大项目】 2014年，自治区发展改革委争取到国家资金和安排自治区专项资金共计39.2482亿元，其中中央下达资金13.0544亿元，自治区本级财政安排26.1938亿元，实施燃煤锅炉(窑炉)改造、余热余压利用等节能重点工程、循环经济和资源节约重大示范项目及重点工业污染治理工程。

华润（贺州）电厂全景图

【节能减排】 2014年，自治区发展改革委定期召开应对气候变化及节能减排厅际联席会议，分析形势，研究措施；牵头制订《自治区2014~2015年节能减排低碳发展行动方案》、《广西循环经济发展实施方案》等。加强预测预警，编制全自治区月度和各市季度节能降耗“晴雨表”，并向社会公布；评价考核设区市2013年度节能减排目标责任。抓好万家企业节能，开展2013年万家企业节能目标责任考核及能源利用状况审核，调整万家企业名单及节能目标，提前完成国家下达的节能目标任务。加强能力建设，争取中央预算内投资4221万元，支持58个节能监察机构能力建设，目前广西各级共成立86个节能监察机构；印发《广西壮族自治区国家机关办公建筑综合能耗、电耗定额》等7项地方标准。推广节能产品，共有3个节能汽车车型和35个工业4大类产品列入国家节能产品推广目录，获国家补助资金2.4亿元。加强宣传，结合“世界环境日”、“广西科技宣传周”等活动，开设专栏报道节能减排成效和政策措施，举办节能宣传周、低碳日活动和2014年合同能源管理推广培训暨第四届节能减排新产品新技术展示会。

琅东污水处理厂脱水污泥贮存罐

【循环经济】 2014年，贺州市平桂管理区、玉林龙潭进口再生资源加工利用园区、贺州（华润）循环经济产业示范区分别成为国家第二批资源综合利用“双百工程”示范基地、第五批国家“城市矿产”示范基地以及国家循环经济教育示范基地；玉林市、富川县成为国家生态文明先行示范区；南宁市成为国家节能减排财政政策综合示范城市，3年内获中央补助资金15亿元，建成并运营南宁市餐厨废弃物资源化利用和无害化处理试点主体工程。自治区财政设立本级循环经济发展专项资金，2014年安排5000万元支持重点工程建设。研究制定《自治区循环经济示范试点管理办法》，组织13个园区编制循环化改造实施方案，开展《广西壮族自治区实施〈中华人民共和国循环经济促进法〉办法》立法研究。

广西贺州华润循环经济产业示范区图

【环境基础设施建设】 2014年，自治区发展改革委争取到中央预算内投资4.1915亿元，自治区财政等部门配套资金11.44亿元，支持城镇污水垃圾处理设施及污水管网工程建设，广西城镇污水集中、生活垃圾处理率达到80%以上。

南宁市江南污水处理厂鸟瞰图

国土资源厅环境保护

【综述】 2014年，广西加强地质灾害调查评价、监测预警、防治、应急反应等4大体系建设。继续推进矿山地质环境治理，地质遗迹保护区保护情况良好。2014年中央财政和自治区财政补助资金矿山地质环境治理在建的重大项目44个，其中通过验收1个。全面落实矿山地质环境恢复保证金制度，使矿山地质环境治理恢复资金得到保障。2014年，广西共发生地质灾害330起，造成12人死亡、2人受伤，直接经济损失2605.98万元。

广西遇龙河峰林地质公园自然风光

【地质灾害】 灾害灾情　2014年广西共发生地质灾害330起（其中崩塌170起，滑坡106起，地面塌陷46起、泥石流6起，地裂缝2起），灾害造成12人死亡、2人受伤，直接经济损失2605.98万元，其中造成人员伤亡的地质灾害12起，占发生地质灾害数总数的3.6%。与2013年相比，地质灾害次数减少151起，死亡人数减少20人，受伤人数减少26人，直接经济损失减少311.54万元。

灾害分布及原因　2014年地质灾害主要分布在桂林市、柳州市、崇左市、南宁市、贵港市、百色市，共266起，占总数的81%。2014年由于降雨、岩土体风化等自然因素引发的地质灾害有242起，占总数的73%；不合理切坡建房、工程建设、采矿等人为因素引发的地质灾害有88起，占总数的27%。造成人员死亡的灾害类型主要是强降雨引发的崩塌、滑坡。

防灾工作部署　2014年4月4日，自治区地质海洋灾害指挥部下发《广西2014年度地质灾害防治方案》，列出 232 处地质灾害隐患点和 101 处地质灾害易发区作为 2014 年自治区级重点预防的地质灾害隐患点和易发区，明确防灾责任，要求各地加强防范。4 月 18 日，自治区国土资源厅在宜州市主持召开 2014 年广西汛期地质灾害防治工作视频会暨地质灾害防治责任落实基层经验交流会，总结 2013 年地质灾害防治工作，分析研判 2014 年防灾形势，并对全年汛期地质灾害防治工作作具体部署，强调全年要抓好落实基层防灾责任，切实做好排查巡查；加强花岗岩地区灾害防范；进一步抓好预报预警；深入开展防灾宣传、开展针对性应急演练；强化应急值守和处置，加强督促检查等工作。

2014年2月17日，自治区副主席黄日波（左一）、自治区国土资源厅厅长肖建刚（右一）在国土资源厅地质灾害指挥中心调研

地质灾害排查巡查　从 2014 年 3 月开始，自治区国土资源厅派出工作组赴各地开展汛期地质灾害巡查和检查工作，全年广西各地国土资源部门出动排查巡查组 5278 组，人数 15753 人，排查巡查地质灾害点或易发村 14221 个，发放防灾避险明白卡 165596 张。由于防范工作到位，2014 年广西 10000 多处地质灾害隐患点和 5000 多个地质灾害易发村均未发生人员伤亡事件。

监测预警与应急处置　2014 年广西发布地质灾害预警预报 155 天次，建成并启用 300 多处地质灾害自动监测站系统，各地按照监测预报预警和应急预案，及时组织转移避让 206 次，转移群众 9304 人，成功预报地质灾害 9 起，避免人员伤亡 663 人(依据：按国土资源部地质灾害灾情统计规定，地质灾害发生区域，因紧急转移而避免因灾伤亡的人数计入避免伤亡人数)，避免直接经济损失 1278.7 万元。

防灾宣传培训与应急演练　2014 年，自治区国土资源厅制作《广西中小学生地质灾害避险知识读本》、《地质灾害防治知识宣传专刊》、《地质灾害防治知识宣传挂图》、《切坡建房、危险》(宣传片)、《居安思危 未雨绸缪—浦北县自治区级地质灾害应急避险救灾演练》宣传片等共 5 万多册(张、本)符合广西实际的地质灾害防治知识宣传挂图、手册和影视资料发放各市、县。各地共开展地质灾害防治知识培训 154 场，培训人员 24857 人(其中监测员 8815 人)；举办地质灾害应急演练等 101 场，25612 人参加演练。5 月 28 日，在钦州市浦北县举行滑坡地质灾害避险应急演练，广西首次通过卫星转播进行电视现场直播，达到较好的宣传效果。

2014年5月28日，钦州市浦北县举行2014年地质灾害应急演练

治理项目实施　2014 年广西各级投入地质灾害防治经费 24139 万元，其中中央财政资金 8000 万元，自治区财政资金 9100 万元，对 167 处重大地质灾害隐患点进行治理，受益人口 33670 人。2014 年完成 180 处历年开工的重大地质灾害隐患治理点，受益人口 4.9 万人。

2014年5月9日，自治区国土资源厅总工程师吴锡熹在中国东盟矿业合作论坛绿色矿山建设分论坛开幕式致辞

【矿山地质环境保护】　矿山地质环境治理　2014 年广西继续推进矿山地质环境治理项目，全年中央财政和自治区财政补助资金矿山地质环境治理的在建重大项目 44 个，其中通过验收 1 个，完成施工进入验收准备的项目有 15 个，在建项目 25 个，未开工项目 3 个。

2014 年，中央和自治区安排矿山地质环境治理资金 4947.90 万元(其中中央财政资金 4235 万元、自治区财政资金 600 万元)，安排广西鹿寨县响水铁矿矿区

桂林市恭城瑶族自治县龙虎乡泥石流治理工程治理前后对比图

二期、临桂县狮子山石灰岩矿山二期、凤山矿山地质环境治理示范工程(2014年度)矿山地质环境治理项目，年内完成项目设计并开工治理。开展在建矿山地质环境保护与恢复治理监管。截至2014年底，自治区发证的矿山有391个完成地质环境保护与恢复治理方案备案，占460个发证矿山总数的85%。编制完成《广西矿山地质环境恢复治理与土地复垦方案编制技术要求》，于2015年起正式执行。

截至2014年底，国土资源部和自治区国土资源厅发证矿山累计收缴的矿山地质环境恢复保证金共64102.43万元，其中2014年收缴18716.29万元。市、县发证矿山累计收缴的矿山地质环境恢复保证金2.86万元，退还112.90万元。

【地质遗迹保护】 截至2014年底，广西有地质遗迹自然保护区8处，其中“金钉子”地层剖面2处，国家级重点保护古生物化石集中产地1个，面积384.53公顷。

广西共有地质公园17个，其中世界地质公园1个，国家地质公园(不含乐业、凤山国家地质公园)8个(其中3个为国家地质公园资格)，自治区级地质公园8个。地质公园面积173966.9公顷，其中世界地质公园面积26060公顷，国家级地质公园面积(不含乐业、凤山国家地质公园)81269公顷，自治区级地质公园面积66637.9公顷。国家级矿山公园2个，面积2190公顷。2014年新批准自治区级地质公园3处，分别为广西阳朔县遇龙河峰林地质公园、广西容县都峤山地质公园、广西融安大良地质公园。

2014年广西投入地质遗迹保护经费500万元，主要进行地质遗迹保护范围勘测和埋桩、地质遗迹科普基地建设、重点区古生物化石保护调查、地质公园数据库建设、地质公园博物馆、标志牌、说明牌保护设施建设。2014年，广西对地质遗迹自然保护区和地质公园的地质遗迹保护状况进行巡查监测，对钟乳石洞穴开发情况进行实地调查。从巡查监测和调查结果看，地质遗迹保护状况普遍良好。

住房城乡建设厅环境保护

【综述】 2014年，自治区住房城乡建设厅着力加强“村收镇运县处理”的垃圾集运处理、“村收镇运片区处理”的边远地区垃圾处理，以及垃圾处理不出村、就近就地处理等3个层面的农村垃圾处理体系总体框架基本建成。把城乡风貌改造纳入“美丽广西·清洁乡村”活动中作为“精品工程”建设，扎实推进城乡风貌改造六期工程；重点抓好特色风貌塑造和铁路沿线环境综合整治；因地制宜发展特色产业，积极推进各项试点工作。全面推进污水垃圾处理设施建设，2010年广西成为全国第九个、西部第二个实现县县建成污水处理厂的省区。截至2014年底，广西新建成投入运营的城镇污水处理设施116项、生活垃圾无害化处理设施80座，广西城镇污水处理率和城镇生活垃圾无害化处理率分别由2007年的11.78%和38.28%，均提高到80%以上。

2014年12月，广西开展第二次污水垃圾处理设施建设运营情况督查，重点检查2014年开工的70个镇级污水处理设施项目建设进展情况。图为督察组检查梧州岑溪市归义镇污水处理设施建设情况

【污水垃圾处理】 2014年,广西投入运行的116个城镇污水处理厂生活污水处理能力达394.6万吨/日,日均实际处理生活污水293.15万吨。2014年累计处理水量10.7亿吨,削减化学需氧量(COD)量13.5万吨。广西80个生活垃圾处理厂总垃圾处理能力14848吨/日,日均实际处理垃圾量14100吨/日。

2014年广西拟新开工建设镇级污水处理厂70个,约新增污水处理能力28万吨/日。截至2014年底,镇级污水处理厂开工建设69个,开工率98.6%;拟新开工建设污水管网924公里,完成约1052公里,完成率114%,完成投资约19.5亿元。

截至2014年底,除南宁、柳州、桂林、百色四市建成一定规模的污泥处理处置设施,河池市、桂林市阳朔县污泥处理处置设施开工建设外,其余9个设区市的项目均在开展项目前期工作。

【清洁家园】 2014年,广西累计开展农村垃圾集中清理整治行动86.297万次,参加集中清理整治行动人员达3531.62万人,清除垃圾716.75万吨,完成建设农村垃圾综合处理示范村屯2000个。广西75个县"村收镇运县处理"试点项目总体完成,建成乡镇垃圾中转站520个,建成垃圾处理设施(垃圾填埋场、焚烧场等)35201个;累计配备垃圾桶(箱)数量448.93万个。2014年广西开展铁路沿线环境综合整治行动2.98万次,参加人员108.78万人,投入资金3.34亿元,完成铁路沿线环境综合整治3622.2公里,占广西铁路里程的91.85%;清理垃圾杂物15.47万吨,拆除违法建筑160.65万平方米;新增铁路沿线绿化面积405万平方米,改造沿线建筑物外立面479.9万平方米;完成村屯环境综合整治2833个。

2014年,自治区和各市、县成立清洁家园专项活动办公室,制订清洁家园专项活动方案,印发《开展农村垃圾综合处理示范村屯建设工作的实施方案》,组织2000个村屯开展示范村屯建设,全部完成建设任务。自治区清洁家园专项活动办公室组织草拟《关于开展利用水泥窑协同处置垃圾废弃物的指导意见》,2014年7月由自治区住房城乡建设厅会同自治区工业和信息化委、财政厅等六部门联合下发实施;起草《关于进一步完善广西农村垃圾处理技术攻关工作实施方案》,4月24日印发实施。通过各市推荐及向社会征集等方式,筛选农村垃圾处理适用技术方案,组织专家对收集的38种适用技术进行论证研判,并会同自治区发展改革、环境保护、农业、林业、科技等部门组成农村垃圾处理适用技术评选评审小组,逐项组织实地考察、技术论证、适用研判,逐一分析优点和不足。经反复研判论证、技术分析,筛选出13种较为适合广西农村实际的垃圾处理技术方案,分为推荐使用和有条件推荐使用两类,呈报自治区"美丽广西"乡村建设领导小组审定,并将13种处理技术案例汇编成《广西农村生活垃圾处理技术案例》下发各地参考。

【城市供水】 2014年,广西共有公共供水厂159座,城市公共供水能力699.8万立方米/日,全年累计供水约17亿立方米,服务人口1449.11万人。城市用水普及率达93.8%。

2014年,广西供水检测能力实现新突破。继国家水质监测网南宁监测站实现106项全指标水质监测能力后,桂林、柳州站也于2014年9月实现全指标水质监测能力,水质监测检测布局态势基本满足广西区内2小时全指标水质监测能力应急监测要求。其余设区市全部具备42项水质监测能力,75个县(市)具备12项水质日检测能力,"两级网三级站"建设规模初步形成。县级水厂率先在西部12省区实现公共供水厂水质在线实时监测目标。

2014年,广西供水工作有5个重点:一是供水设施改造稳步推进。广西对水厂净水工艺改造规模95万立方米/日,项目总投资47500万元;改造管网约2000公里,项目总投资220000万元。管网漏损率由2010年的21%降低到18.5%。城市供水水质不断提高,水厂出厂水水质基本达到《生活饮用水卫生标准》(GB5749-2006)的水质要求。二是供水应急体系建设不断完善。自治区各级人民政府、供水行政主管部门、供水企业建立供水应急预案,部分设区市成立有应急队伍并开展应急演练,储蓄部分应急物资,供水应急体系正不断完善。三是供水水质监测和监管体系初步形成。广西具备《生活饮用水卫生标准》(GB5749-2006)106项检测能力化验室1个,14个设区城市全部具备42项检测能力,75个县(市)全部具备12项日检测能力,"两级网三级站"建设初步形成。建成广西城市水质监测中心,各市县供水厂安装出厂水水质在线监测并具备数据上传能力,水质监管体系初步形成。四是供水行业的科技支撑力度不断加大。编制出台《广西城镇供水厂源水重金属污染应急处置技术导则》、《广

2014年,柳州威立雅水务集团开展供水应急演练

西壮族自治区住房和城乡建设厅城镇公共供水安全工作指导意见》等，为全面提高广西供水安全提供技术保障。五是对广西供排水企业开展机电设备故障预检测工作。近年来，广西发生多起因机电设备故障原因造成不同程度的停水事故，对社会造成不良影响。为全面了解广西供水设备使用及运行情况，自治区住房城乡建设厅委托广西供水排水协会组织专业检测机构于6~9月完成对广西公共供水企业机电设备预检测。

水利厅环境保护

【综述】 2014年，广西平均降水量1583毫米，降水总量为3746亿立方米，比多年平均值偏多2.98%；水资源总量1991亿立方米，比多年平均值偏多5.18%，为平水年份；大中型水库年末蓄水量为309.02亿立方米，比年初增加52.61亿立方米；共发生洪涝灾害11次。全年Ⅰ～Ⅲ类水质的河长有7242.6千米，Ⅳ～Ⅴ类水质的河长有189.5千米，劣Ⅴ类水质的河长有66.4千米，主要超标项目为总磷、氨氮、五日生化需氧量、铁。与2013年相比，河流水质状况有所好转。

桂林市漓江水资源保护

【洪涝灾害】 2014年，广西灾害性天气比较频繁，汛期共有38条河流105站次发生超警洪水，先后发生11次洪涝灾害，其中受强降雨影响致灾9次，受台风影响致灾2次，与常年相比总体上属洪涝灾害次数偏多的年份。水库蓄水情况总体较好，汛末蓄水量比历年同期偏多30%。

【旱情】 2014年，广西先后发生春季旱情和秋季旱情。汛前，桂西的崇左、百色等市部分山区由于前期降雨量偏少，局部地区出现轻微春旱；汛后，桂中的贵港市和桂东的贺州市部分地区出现一定程度秋旱，其中桂平市、富川县的旱情相对较重。2014年广西受旱程度总体轻于常年平均水平。

【供水量】 2014年，广西总供水量307.61亿立方米，比上年减少0.55亿立方米，其中地表水供水量295.23亿立方米，地下水供水量11.58亿立方米，其他水源供水量0.80亿立方米。

【用水量】 2014年，广西总用水量为307.59亿立方米（按照国家实行最严格水资源管理制度用水总量核算口径，核定总用水量为291.6亿立方米），其中生产用水量266亿立方米，生活用水量39.24亿立方米，生态环境用水量2.35亿立方米。与2013年相比，广西总用水量减少0.55亿立方米。

2014年广西人均综合用水量为647立方米，万元GDP（当年价）用水量为196立方米，万元工业增加值（当年价）用水量（不含火电厂直流冷却用水量）为57立方米，农田灌溉水有效利用系数为0.443。

【废污水排放量】 2014年，广西废污水排放总量为37.81亿立方米，其中工业污水排放量为19.51亿立方米，占52%；城镇居民生活、第三产业和建筑业污水排放量为18.3亿立方米，占48%。全年广西总耗水量为132.78亿立方米，综合耗水率43%。

【主要水系水质】 2014年，广西境内68条主要河流总评价河长为7498.5千米，按照《地表水环境质量标准》（GB3838-2002），除水温、化学需氧量、总氮、粪大肠菌群外的20个基本项目进行分析评价，全年Ⅰ～Ⅲ类水质的河长有7242.6千米，占总评价河长的96.6%；Ⅳ～Ⅴ类水质的河长有189.5千米，占总评价河长的2.5%；劣Ⅴ类水质的河长有66.4千米，占总评价河长的0.9%，主要超标项目为总磷、氨氮、五日生化需氧量、铁。与上年相比，河流水质状况有所好转。

广西西江水系总评价河长6350.9千米，全年Ⅰ～Ⅲ类水质的河长有6330.9千米，占该水系评价河长的99.7%，主要超标项目为总磷。

广西洞庭湖水系总评价河长为300.6千米，全年期均达到Ⅱ类水质。

桂南沿海诸河总评价河长634.3千米，全年Ⅰ～Ⅲ类水质的河长有488.1千米，占该水系评价河长的77.0%，主要超标项目为总磷、氨氮、五日生化需氧量、铁。

广西粤西沿海诸河总评价河长132.7千米，全年Ⅰ～Ⅲ类水质的河长有43千米，占该水系评价河长的32.4%，主要超标项目为总磷、氨氮、五日生化需氧量。

广西红河水系总评价河长为80千米，全年均达到Ⅱ类水质。

2014年长江流域片的湘江、资水，珠江流域片的红水河、融江、恭城河、桂江、贺江、龙江、大环江、小环江、驮娘江、黔江水质较好，水质为Ⅱ类～Ⅲ类，而黄华河、九洲江、南流江、钦江等河流局部河段水质较差，水质为Ⅴ类或劣Ⅴ类标准。2014年广西14个设区市的24个饮用水水源地全年期水质合格的水源地有22个，合格率为91.7%。广西223个国控水功能区水质达标率为98.2%（评价指标为高锰酸盐指数和氨氮）。广西42个跨设区市界河流交接断面水质达标率为99.2%，比上年下降0.4个百分点。与上年相比，水库水质略有好转。

【主要城市饮用水水源地水质】 2014年，广西对14个设区市的24个饮用水水源地水质进行评价，全年期水质合格的水源地有22个，合格率为91.7%，玉林市南流江水源地的主要超标项目为总磷、氨氮，钦州市钦江青年水闸水源地主要超标项目为铁。2014年饮用水水源地水质状况较上年略有提高。

【水功能区水资源质量】 2014年，广西全年监测270个水功能区（占广西国、省控水功能区总数493个的54.8%），按水功能区水质管理目标评价，全年水质达标的水功能区有239个，达标率为88.5%，主要超标项目为总磷、溶解氧、氨氮、五日生化需氧量、石油类和挥发酚。与2013年相比，监测个数增加66个，达标个数增加57个，水功能区个数达标率下降0.7%。

2014年对广西223个国家重要水功能区（占广西国控水功能区总数246个的90.7%），按水功能区水质管理目标评价，全年水质达标的水功能区有206个，达标率为92.4%，主要超标项目为总磷、溶解氧、五日生化需氧量、氨氮、石油类和挥发酚；按高锰酸盐指数和氨氮两个控制指标进行评价，全年水质达标的水功能区有219个，达标率为98.2%。

桂林青狮潭水库水质自动监测点位

【主要水污染事件】 2014年，广西发生1起一般突发性水污染事件，即贺州市贺江油污染事件。2014年2月25日，因合面狮电厂集水井水泵发生故障，将含润滑油成分的油水混合物1.95吨抽入贺江，造成贺州市贺江合面狮电厂以下河段出现油污染。由于预报及时，处理措施得当，没有出现跨省污染情况，事件未对下游饮水造成影响，未造成重大损失和人员伤亡。

【极端灾害】 2014年，广西灾害性天气比较频繁，先后发生洪涝灾害11次，其中受强降雨影响致灾9次，受台风影响致灾2次，尤其是第9号超强台风“威马逊”的正面袭击，损失严重。

【水利建设投资】 2014年，广西完成水利水电固定资产投资139.3亿元，占年度目标的111.44%。其中中央投资完成61.30亿元，占44.0%；自治区投资完成28.10亿元，占20.2%；市县投资完成26.9亿元，占19.3%；其他投资完成23.00亿元，占16.5%。按项目类型分，各大类项目2014年度完成水利水电固定资产投资136.01亿元，其中重大水利工程完成15.35亿元，人饮安全工程完成24.00亿元，中央财政小型农田水利工程及大中型灌区完成16.60亿元，海、河堤防工程建设完成19.43亿元，电网改造及地方电力完成35.90亿元，水库除险加固工程完成14.3亿元，山洪灾害非工程措施及抗旱规划完成5.26亿元，水文、水保工程完成5.17亿元。

2014年3月10日，自治区水利厅厅长杨焱（左三）在靖西大龙潭水库饮用水水源地调研

【节水规划】 2014年根据全国实行最严格水资源管理制度实施方案、广西国民经济和社会发展第十二个五年规划纲要、广西水利发展“十二五”规划等目标要求，广西提出“十二五”节水型社会建设目标。

总体目标 坚持节约优先，全面推行取水总量控制和定额管理制度，制订广西主要河流水量分配方案，初步建立最严格的水资源管理制度。到2015年，节水型社会建设取得显著进展，水资源利用效率和效益不断提高，主要江河湖库水功能区水质达标率进一步提高，城乡饮用水水源地水质状况有明显改善，地下水实现采补平衡，全自治区用水总量控制在303.6亿立方米以内（扣除直流火电冷却水退水后，下同），万元GDP

用水量不高于 239 立方米(按 2010 年可比价计),比“十一五”期末降低 25% 以上。

北海市节水灌溉

主要指标　工业用水与节水指标　至 2015 年,万元工业增加值用水量不高于 100 立方米(按 2010 年可比价计),比“十一五”期末降低 30% 以上;工业用水重复利用率达到 75% 以上。

农业用水与节水指标　至 2015 年,广西平均灌溉水利用系数提高至 0.45。节水灌溉工程面积占有效灌溉面积的比例达 55%、高效节水灌溉工程面积占有效灌溉面积的比例达到 10%。

生活用水与节水指标　至 2015 年,城市管网平均漏损率小于 12%,节水器具普及率达 95%。

水资源保护指标　至 2015 年,广西主要城市供水水源地水质达标率 90%,农村供水水源地水质达标率达 80%;重要江河水库水功能区水质达标率提高到 66% 以上,完成地下水超采区治理,治理面积 22.2 平方千米,实现采补平衡。

玉林市苏烟水库水源保护工程人工浮床

【水利合作】 2014 年,自治区水利厅推动九洲江流域水环境和水生态治理。认真落实粤桂两省合作机制和自治区党委书记彭清华“创建跨省区环境综合整治示范区”的工作要求,配合开展九洲江流域水资源保护和水污染治理工作,编制完成《广西九洲江流域水资源保护规划》,开展九洲江流域水资源保护、河道整治和水土流失治理,加强九洲江河道执法,完成 2014 年度水利部门工作目标任务。

2014年3月31日，自治区水利厅副厅长刘中奇（左一）到玉林市调研九洲江整治情况

农业厅环境保护

【综述】 2014 年,广西没有发生较大的农业环境污染事故,没有启动过《广西壮族自治区农业环境污染突发事件应急预案》。年内发生农业环境污染事故 8 起(全部为Ⅲ级事故),比 2013 年减少 1 起。按污染原因分,工业废水 2 起,工业废气 2 起,其他 4 起,共污染面积 102 公顷(其中耕地 91 公顷,水面 11 公顷),比上年减少 55 公顷,减少 35%,所有事故均得到较好处理。

【农业环境保护】 2014 年,广西农业环境保护部门加强农业环境监测,继续实施农业环境和农产品质量监测。继续加强在广西 14 个设区市 111 个县(市、区)的 1160 个乡镇开展全国“农产品产地土壤重金属污染”普查表的软件录入,继续开展 2.85 万个点位土壤样品的管理、检测与结果审核;在南宁等 10 个市的 78 个县(市、区)开展水稻质量安全普查工作,采集 5296 个水稻和 1 个玉米样品进行铅、隔、铬、汞、砷五种重金属元素的监测与评价,获得有效监测数据 31776 个,评价结果数据 31776 个,全部水稻样品的合格率为 89.44%;继续在河池市等重点区域采集 364 个水稻样品和 44 个水稻开展粮食质量风险评估工作,水稻样品合格率为 70.05%,玉米样品的合格率达 97.73%。

2014 年,广西农业环境保护部门启动全国农业面源污染国控网点监测,1 个重点监测点、7 个一般监测点共 8 个地表径流监测点的匀地管理和径流水的监测,1 个畜禽养殖业源国控监测点的建设与监测。在广西 14 个市 111 个县(市、区)继续开展两年 1 次的“农业面源污染基本情况清查”,在平南县、灵山县、龙胜县、八步区开展“南方山地丘陵区—缓坡地—非梯田—顺坡—大田作物”等 21 种种植模式共 800 个典型地块调查，填报800张典型地块调查表。

【农业生态环境保护】 2014年，广西各级农业部门大力推进生态农业建设，以开展"清洁田园"活动为载体，实现产地安全、产品安全、产业安全"三大安全"目标，突出创新实施"十大工程"和主推"十大技术"，全力打造绿色生态田园，促进农业可持续快速发展。"十大工程"指清洁田园田间废弃物清捡工程、现代植保技术工程、科学合理用肥工程、桑枝蚕沙综合利用工程、田园生态循环示范工程、园艺作物标准园建设工程、放心农产品生产工程、"清洁田园"综合培训工程、田园环境质量调查工程、"清洁田园"长效机制工程；重点推广的"十大技术"指绿色植保技术、农作物病虫害专业统防统治技术、测土配方施肥技术、水肥一体化技术、土壤有机质提升技术、桑枝综合利用技术、蚕沙无害化处理技术、"三品一标"农产品生产技术、水稻水气平衡栽培技术、生态循环农业模式，取得明显成效，有效控制农药化肥过量使用，防控农田面源污染，实现清洁田园、质量安全、农民增收。

广西通过开展"清洁田园"活动减少化学农药用量1000吨以上，没有发生重大农产品质量安全事故。清洁田园现代植保技术示范推广中，新增频振式杀虫灯5072台，诱捕器50万个，性诱剂120万支，黄板40万片以上，建设绿色防控技术示范样板400个以上，带动推广应用面积229.54万公顷次，减少化学农药用量超过1000吨（折百分百含量）。广西蔬菜、水果农药残留监测平均合格率达99%以上，没有发生重大农产品质量安全事故。

通过开展"清洁田园"活动减少农田化肥投入10万吨以上，有效防控农业面源污染。清洁田园测土配方施肥技术推广面积达422多万公顷次，亩均节肥1.74公斤，减少化肥投入11万多吨（折纯量），相当于节约燃煤29万吨、减少二氧化碳排放量78万多吨。通过开展田园环境质量调查，完成15000个农产品产地土壤铅、镉、砷、铬、汞5种重金属样本检测和5000个重点水稻产区稻米镉、铅等重金属样本检测。

通过开展"清洁田园"活动生产放心农产品1000多万吨，有效确保产品产地产业安全。通过"清洁田园"活动实施推动，推广农业清洁生产技术250.3万公顷，新增认证"三品一标"总数为154个，其中无公害农产品新认证100个，绿色食品新认证31个，有机食品新认证23个；新增登记6个农产品地理标志产品。广西"三品一标"产品数量累计达711个，清洁产品产量1200多万吨，认证"清洁田园"产地113万多公顷。同时，"清洁田园"活动有效促进园艺作物标准园建设，广西所有国家级和自治区级"菜篮子"产品及园艺作物标准园基本上实行统一品种、统一购药、统一标准、统一检测、统一标识、统一销售，标准园产品检测合格率达100%。

通过开展"清洁田园"活动促进农业节本增效，有效支撑农民收入倍增。如实施测土配方施肥技术，亩均可节本增收46.3元。综合利用桑枝蚕沙等废弃物，可有效延伸桑蚕产业效益链，增加蚕农收入。2014年广西综合利用桑枝蚕沙等废弃物达2564吨，促进桑枝食用菌产业发展，广西利用桑枝栽培食用菌达1亿棒，食用菌产量约4万吨，产值约4亿元。2014年广西蚕桑资源综合应用产值超过10亿元，蚕农售茧收入达超130亿元，蚕农人均售蚕收入达6800元以上，成为"清洁田园"活动带动农民收入增收的亮点产业。

【农业生物资源保护】 2014年，自治区农业厅开展农业野生植物原生境保护点的监测与管护、农业野生植物资源调查和保护点项目建设。

监测与管护项目 自治区农业厅对建成的10个农业野生植物原生境保护点加强日常管护工作，确保野生植物资源不受破坏。同时开展10个保护点的监测预警工作，掌握农业野生植物资源消长动态。自治区本级财政安排专项资金60万元用于8个县的野生植物原生境保护点管护，管护经费得到保障，环境保护点周边环境良好，资源数量增长。

农业野生植物资源调查项目 按照《农业部办公厅关于印发〈2014年国家重点保护农业野生植物资源调查技术方案〉的通知》要求，自治区农业厅完成农业野生植物资源调查工作，共获得192个居群的调查材料，对材料进行审核后，向农业部农业生态与资源保护总站上报面积为4751.83公顷的62个居群材料。尤其是查清既具有药用价值、又具有环境修复功能的剑叶龙血树分布情况，并积极宣传保护与开发协调发展，推广原生态种植理念，选择适宜野生植物生长的环境进行种植。如原生态种植茶叶的概念获得一些地区相关人员认同，推广后可减少野生茶叶的采集，间接地保护野生茶叶资源。

贵港市野生稻原生境保护点建设 贵港市野生稻原生境保护点是农业部2012年批准立项的项目，2013年该项目正式建设。自治区与贵港市有关部门通力合作，项目初步设计于2014年11月通过自治区农业厅审批。

柳州市野生茶叶原生境保护点建设 柳州市野生茶叶原生境保护点是农业部2013年批准立项的项目，2014年7月经费到位，开展设计承担机构等工作。

农业野生植物资源调查技术培训 2014年9月，自治区农业厅举办农业野生植物资源调查技术培训会，参加人员有各市农业局（农委）分管领导及业务站长、业务主管等近60人。培训会邀请农业部农业野生

植物保护首席专家、中国农科院研究员杨庆文博士以及广西有关高校、科研院所的8位教授、专家进行授课。自治区农业厅总农艺师文信连出席培训会并讲话。

【外来生物入侵防治】 2014年,自治区农业厅继续加强外来入侵有害生物调查及防控工作并取得新成效。

外来入侵有害生物调查　在开展薇甘菊和紫茎泽兰等主要外来入侵生物调查的同时,根据需要增加豚草的监测调查。薇甘菊主要分布于玉林市陆川县、博白县、北流市、容县及南宁市高新区及经济开发区等市县,其中以陆川县危害最为严重、博白县为较重,其余为轻度发生。紫茎泽兰主要分布在百色市和河池市。百色市的西林、隆林、田林、乐业、那坡、凌云等县紫茎泽兰发生为最严重或极严重,基本每个乡镇都有分布;靖西县、德保县和右江区等仅有轻度分布。河池市发生危害比较严重的有天峨县、南丹县、凤山县、金城江区;东兰县则相对较轻,仅部分乡镇有分布。河池市相对百色市来说危害较轻。根据调查结果,广西有21个县(市、区)有豚草发生,分别是来宾市兴宾区、象州县、武宣县、忻城县、合山市、金秀县;柳州市柳江县、鱼峰区、柳城县、鹿寨县、融安县;桂林市永福县、临桂县、象山区;贵港市覃塘区、港北区、桂平市、平南县;南宁市宾阳县、横县;钦州市灵山县。

外来入侵有害生物防治及灭除　2014年11月18日,广西开展桂林市外来生物加拿大一枝黄花的防治及灭除培训活动。参加培训活动的有农业部农业生态与资源保护总站、广西农业生态与资源保护总站、广西农学会、桂林市农业局、桂林市农业生态与资源保护站、桂林市各县(区)农业局分管领导及农业环保站(农业环保工作负责部门)负责人共50多人。培训内容为以“加拿大一枝黄花”为例,介绍广西主要外来入侵植物的识别方法和应对措施,之后开展灭除活动。

【农业有害生物防治】 2014年,广西主要农作物病虫草鼠总体发生程度为中等偏重,主要农作物病虫草鼠害发生面积为1833.33万公顷次,防治面积为1893.33万公顷次,经防治后挽回损失约1135.25万吨。自治区农业厅围绕“美丽广西·生态乡村”活动和创建现代特色(核心)示范区农业园的要求,在全自治区部署开展农作物病虫绿色防控示范工作,组织全自治区植保系统深入实施万家灯火、放蜂治螟等项目,大力推广应用植保“三诱”等环境友好型绿色防控技术和水稻、甘蔗等六大作物病虫害绿色防控技术模式。年内全自治区频振诱控技术应用19.85万公顷次,性信息素应用14.5万公顷次,黄板应用7.61万公顷次,释放螟黄赤眼蜂统防统治甘蔗螟虫2.12万公顷次,统防统治与绿色防控融合面积7.9万公顷次,建设绿色防控技术示范样板400个以上,带动绿色植保应用面积229.54万公顷次,减少杀虫剂用量1380吨(折百含量),为确保粮食安全、促进生态安全作出积极贡献。7月10日、7月29日、10月15~16日,广西先后在全国农作物病虫害绿色防控现场会、全国秋粮作物重大病虫防控现场会、全国农作物病虫害专业化统防统治与绿色防控融合推进经验交流会等会议作典型发言。

2014年广西农业有害生物防治的主要措施有:整合项目资源,充分发挥示范带动作用。抓好万家灯火、螟黄赤眼蜂规模化生产和甘蔗螟虫大面积绿色防控技术联合攻关与示范推广、螟黄赤眼蜂防治甘蔗螟虫技术服务创新、中国/FAO-PRR降低农药风险、甘蔗螟虫、柑橘木虱和柑橘潜叶蛾化学信息素应用技术研究项目等项目实施,依托项目带动绿色防控技术的应用。

加强试验示范,加快新技术新成果的应用。广西建设农作物病虫害绿色防控示范样板400个以上,其中在武鸣县、富川县、雁山区、田阳县建设水稻、果树、蔬菜等4个全国农作物病虫害绿色防控示范样区;在扶绥渠黎建设333.33公顷甘蔗螟虫绿色防控集成技术示范区;在钦州市、全州县、上林县开展性信息素诱捕二化螟试验、稻纵卷叶螟试验、赤眼蜂防治水稻二化螟、稻纵卷叶螟试验;在兴安县葡萄、田阳县番茄、全州县水稻上开展植物诱导免疫剂试验示范;在扶绥县、上思县、兴宾区、宜州市开展甘蔗螟虫性诱试验示范;在富川县、灌阳县开展捕食螨防治柑橘红蜘蛛试验。

加大宣传引导,营造全社会合力推进的良好氛围。开办IPM农民田间学校22所;以“放蜂治螟、绿色植保”为主题拍摄制作中英文双语影视专题片“隐形的刺客”;与广西电视台联合拍摄制作“稻灯鸭生态技术模式”、“蔬菜病虫害绿色防控技术”、“安全合理使用农药”影视宣传片;编印“广西农作物病虫害绿色防控主推技术”、“赤眼蜂防治甘蔗螟虫”、“释放捕食螨防治柑橘害螨”等宣传挂图一批;召开螟黄赤眼蜂防治稻纵卷叶螟、葡萄诱导免疫技术现场会、现代植保技术展示会等。

蔬菜害虫性诱技术

水稻病虫害绿色防控

放蜂治螟技术

加强模式创新，加快绿色防控与专业化统防统治融合推进。建设富川县、武鸣县、雁山区、八步区、田阳县、永福县、合浦县、港南区等8个部级统防统治及绿色防控融合示范样板，200个自治区级统防统治与绿色防控融合示范区（点），全自治区统防统治与绿色防控融合面积约7.9万公顷次。

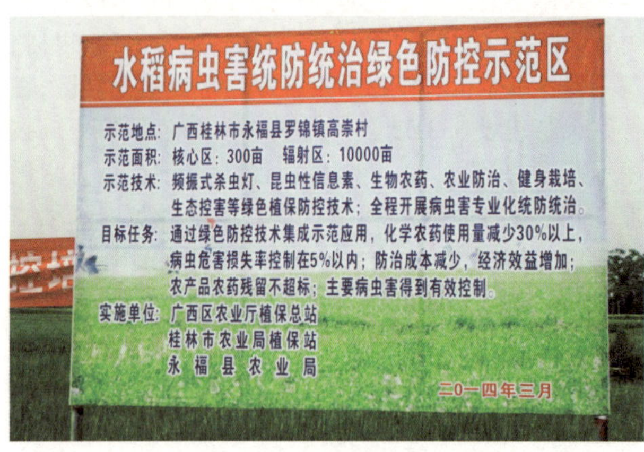

统防统治与绿色防控融合示范

加强协作攻关，促进技术应用规范化、标准化。制定螟黄赤眼蜂防治甘蔗螟虫技术规程、茶树病虫害绿色防控技术规程、柑橘病虫绿色防控技术规程、水稻病虫害绿色防控技术规程等地方标准6个。

林业厅环境保护

【综述】 2014年，广西林业系统紧紧围绕“双核驱动”战略和“两个建成”目标，以加快转变林业发展方式为主线，以提高林业发展质量效益为核心，以保护生态和改善民生为引领，大力发展生态林业、民生林业，全自治区林业实现生态建设稳步推进、林业产业持续发展，保持“快中趋稳、稳中有进、进中提质”的良好发展态势。2014年统计监测结果显示，广西森林面积1474.5万公顷，森林覆盖率达62.0%，活立木蓄积量达6.8亿立方米；林业产业总产值达3850亿元，同比增长27.5%。全年林下经济发展面积达332万公顷，林下经济产值达614亿元，同比增长31%。全自治区完成林业固定资产投资900亿元，同比增长11%；共争取中央资金47.7亿元，同比增长14.9%；争取林业贴息贷款56亿元，同比增长17%。

广西区直国有林场人造板生产车间

【林业发展规划编制】 2014年，自治区林业厅完成《广西壮族自治区推进生态文明建设规划(2014~2020年)》、《广西政策性森林保险发展规划(2014~2020年)》和《广西林产化工产业发展规划(2014~2020年)》等3项专项规划编制。

2014年6月下发《广西林业“十三五”规划编制工作方案》。根据广西功能定位和发展需要，结合林业部门实际，深入研究广西森林可持续经营政策问题等12个重大专题。在此基础上提出广西林业发展“十三五”总体规划、广西森林经营“十三五”规划等20项规划，以及会同自治区发展改革委、自治区环境保护厅编制广西农业和农村经济发展、广西环境保护和生态建设两项“十三五”规划。向国家林业局、自治区发展改革委初步提出涉及林业生态工程、林业资源保护、林业产业发展、林业发展改革、林业行政执法、林业基础设施能力建设、林业生态扶贫等7个方面共26项政策建议；谋划实施涵盖生态保护与修复、林业生态经济发展、林业产业升级壮大、科技创新与基础设施建设支撑保障、生态文化建设等5个方面共46项林业重点工程；规划涵盖基础设施、产业、社会民生、生态环保、社会管理等5个领域258个涉林重大项目。

【林业生态建设】 退耕还林工程　2014年，广西完成配套荒山造林15000公顷，完成无林地和疏林地封育4333公顷；完成退耕还林成果巩固专项林业项目补植补造面积509公顷，完成后续产业人工造林3938公顷，完成低效林改造1528公顷。2014年9月，国家正式启动新一轮退耕还林，安排广西2014年度退耕地还林计划任务1万公顷。

珠江流域防护林工程　2014年，广西完成珠江流域防护林人工造林4733公顷、封山育林1600公顷，其

中人工造林营造乡土树种、珍贵树种比例达90%以上，混交林比例达60%以上。工程建设投入资金5366万元，其中国家投资2476万元，群众投工投劳折资15767万元。

沿海防护林工程　2014年，广西完成沿海防护林人工造林4200公顷，其中乡土树种、珍贵树种比例达80%以上，混交林比例达80%以上。工程建设投入资金3106万元，其中国家投资2608万元，群众投工投劳折资173万元。

石漠化综合治理工程林业项目　2014年，广西完成人工造林4547公顷、封山育林37767公顷，完成林业项目投资15292万元。2014年广西75个石漠化县（区）全部纳入重点县范围，实现石漠化治理工程全覆盖。

广西凤山县在石漠化地区大力发展核桃种植

【林地保护利用管理】　占用征收林地定额管理　2014年，自治区林业厅围绕经济社会发展大局，按照“有保有压”原则，及时分解下达和调配使用年度占用征收林地定额，保障自治区重大基础设施、民生工程、保障性住房等建设项目使用林地的需求。2014年，广西共下达林地定额6890公顷，使用林地定额6092.10公顷。

占用征收林地审核审批　2014年，广西完成县级林地保护利用规划报备和审查，共审核审批征占用林地项目745宗，较2013年的625宗增加19.20%，项目面积6879.11公顷，收取森林植被恢复费51925.29万元，及时保障70个自治区重大项目建设需要。其中，国家林业局审批项目14个，林地面积1596.73公顷，收取森林植被恢复费12634.98万元；自治区林业厅审批项目731个，林地面积5282.94公顷，收取森林植被恢复费39290.31万元。

林地和森林资源变更调查　2014年，广西印发《2014年广西林地和森林资源变更调查工作方案和操作细则》，完成广西165个国有林场“二类调查”、林地“一张图”数据和森林资源数据整合等基础工作，完成遥感图像纠正处理、遥感图像变化图斑检测和变化地块核实等阶段性工作任务。

【森林资源保护】　森林采伐限额管理　2014年自治区林业厅利用林木采伐管理系统，按规定及时结转和追加森林采伐限额，实时监督各地采伐制度执行情况，提高审批效率。报请自治区人民政府同意调剂使用短轮伐期桉树用材林采伐限额，解决限额不足与限大量结余长期并存的问题。2014年共追加调剂采伐限额78批次、200万立方米；全自治区各编限单位共使用森林采伐限额2265.6万立方米，没有发生超限额采伐现象。

林木采伐管理　2014年，自治区林业厅下放和调整公益林采伐、疫木采伐、绿色通道林木采伐的审核审批权限，提高采伐审批效率。简化集体林1亩以下及经济林、薪炭林和非林地林木采伐伐区设计要求，放宽采伐年龄及方式限制，放开竹林采伐和运输。2014年广西共发放采伐证13.64万张，采伐发证蓄积量2301.82万立方米，木材产量达2550万立方米，同比增长2.8%。

木材运输管理　2014年，自治区林业厅制定《广西木材运输执法检查工作规范》，召开全自治区木材检查站规范化建设现场会，基本完成固定木材检查站的站房外观颜色统一，路牌、门牌、徽标、站牌等标识统一，制度上墙统一的“三统一”工作。部署完成广西11个市级流动木材检查站、65个县级流动木材检查站检查范围确定工作。

林业行政案件统计分析　2014年，自治区林业厅注重林业行政案件统计分析工作，案件高发势头得到有效遏制。2014年，广西共发生林业行政案件12693起，比2013年同期下降6.6%，查处12668起，查处率为99.8%，其中非法收购、运输木材案件10191起，占全年行政案件总数12693起的80.3%；滥伐林木案件921起，占全年行政案件总数的7.3%；加工木材案件533起，占全年行政案件总数的4.2%。

非法侵占林地清理排查专项行动　2014年，自治区林业厅印发《非法侵占林地清理排查专项行动工作方案》，全面启动和部署专项行动。联合广州专员办组成联合督察组，对14个设区市27个县（市、区）开展专项行动情况进行督查。在清理排查专项行动整治督办阶段，共排查违法案件1893起，疑似违法面积3850.96公顷。针对排查的违法案件，责成相关市、县和项目业主限期整改，并依法查处和问责。

林政资源管理综合检查　根据广西林地管理、林木采伐和木材运输监管等3个检查办法，在各市、县自查的基础上，自治区林业厅采用遥感手段，对广西14个设区市19个县（市、区）开展林政资源管理综合检查，通报检查结果，并对10起重大违法占用林地案件，以及在林木采伐和木材运输管理中监管不力的县进行挂牌督办。

林业生态保护和管理目标责任状检查　自治区林业厅与自治区环境保护厅组成联合检查组，完成对14个设区市人民政府2013年度林业生态保护和管理目标责任状执行情况检查及检查结果上报工作。

保护发展森林资源目标责任制检查　自治区林业厅配合国家林业局开展2013年县级人民政府保护发展森林资源目标责任制执行情况检查，及时督促融水、荔浦、桂平等3个被检县按要求整改，被国家林业局评为优秀等级。

案件查处和问题整改　自治区林业厅对国家林业局卫片执法检查、被许可人检查发现的违法案件，督促各地依法查处和问责，完善用地手续，按时向国家林业局报送整改结果；对广西卫片执法检查发现的违法案件，没有办结的要求列入并按非法侵占林地专项行动违法案件依法查处和问责。同时，督办广州专员办和自治区林业厅挂牌的重大违法案件，确保案件查处到位、责任追究到位、整改落实到位。

【森林资源培育】 速丰林工程　2014年，广西新造速丰林113667公顷，主要树种有松树、杉树、桉树和珍贵树种。组织开展桉树速丰林高产竞赛，参赛单位营造的6年生桉树速丰林每公顷蓄积量最大的达到282.5立方米，最小的达181.4立方米；年平均每公顷蓄积生长量最大的达到48.8立方米，最小的达31.8立方米。

经济林培育　2014年，广西有经济林总面积225.7万公顷。按用途分，水果类125万公顷，干果类20.4万公顷，林产饮料类5.8万公顷，林产调料类36.0万公顷，木本药材类2.4万公顷，木本油料类36.1万公顷。经济林产品总产量1121.9万吨。

油茶产业发展　2014年，广西共培育油茶优良无性系苗木4500多万株，完成油茶新造林16667公顷，低产林改造13333公顷。其中完成中央和自治区专项补助新造林项目12667公顷，低改项目2333公顷。

木材战略储备基地　2014年，广西完成2013年度国家下达的47040公顷木材战略储备基地试点建设任务，其中新造林和现有林改培3707公顷、森林抚育43333公顷；中央安排投资8500万元（中央预算内林业基建投资2000万元，中央财政资金6500万元），自治区配套1000万元。

珍贵树种　2014年，广西完成珍贵树种造林11333公顷，比2013年增加3842公顷；完成珍贵树种育苗3000多万株。其中，完成自治区部门预算珍贵树种项目733公顷，占年度任务的100%；完成“珍贵树种送农家”1000万株。

【森林火灾】 2014年，广西共发生森林火灾403起，其中一般森林火灾186起，较大森林火灾217起；火场总

广西国有三门江林场油茶采穗圃

面积6243.9公顷，受害森林面积1241公顷；烧毁成林蓄积37339.46立方米，烧死幼树103.17万株；森林火灾受害率0.08%；因灾轻伤3人、重伤4人、死亡3人，90%的火灾持续时间在10小时以下，24小时扑灭率达100%，没有发生重特大森林火灾，没有发生火烧连营，没有发生重特大伤亡事故，在有组织的扑火过程中没有发生人员伤亡事故。与2013年相比，森林火灾次数、过火面积、受害森林面积和伤亡人数分别上升54.4%、122.5%、108.9%和400.0%。全年扑救森林火灾共出动人员24698人次、车辆2901台次，开支经费359.38万元。

【森林防火基础设施建设】 2014年，广西共投入森林防火资金30109万元（其中国家10096万元，地方20013万元），用于瞭望系统建设1515.6万元、通信系统建设152.2万元、阻隔系统建设4598.8万元，购置交通工具1023.4万元、扑火机具1834.5万元，其他项目支出20984.5万元。2014年新建瞭望台87座、储备库55座1628平方米，购买无线电台687台（部）、森林消防专用车辆230辆、扑火机具17029台（把、套）、计算机197台，营建防火林带1689公里，开设防火线1049.8公里。

森林消防装备建设　2014年，广西各级投入森林消防装备建设资金4000万元。自治区森林防火指挥部新选取上林县、武鸣县、全州县、金秀县等20支专业森林消防队进一步扩大以水灭火试点范围，发放新型装备，重点探索消防水泵与高压细水雾灭火机补水配合及人与高压细水雾灭火机补水配合两大问题。

综合治理工程项目建设　2014年，贺州市二期、钦州市一期2个综合治理项目和广西森林防火预警监测系统项目验收；梧州二期、北海一期综合治理项目基本完成。国家林业局下达中央预算内资金5858万元，支持广西6个重点火险区综合治理工程建设项目，主要用于新建和维修瞭望塔（台）、专业队营房、防火物资储备库，新建林火视频监测系统，购置信息、交通运输和扑火机具等设备设施。

边境防火林带建设　2014年，国家林业局下拨广西资金1300万元，专项用于边境生物防火林带建设，分

配给百色市那坡县61.25万元，防城港市防城区727.23万元、东兴市32.5万元，崇左市龙州县58.5万元、宁明县58.5万元、凭祥市110万元，中国林科院热带林业实验中心252万元，建设宽50米、长53公里的边境防火林带，并抚育139公里已种林带。截至2014年底，建设任务单位备耕整地全部完毕，编制《边境生物防火林带建设项目设计书》，待批复后实施。广西边境防火林带树种主要是油茶、红荷木、火力楠、米老排，少量荷木、马蹄荷、青冈栎、杨梅、大叶女贞等。

全自治区数字化无线通信系统建设　2014年12月，总投资2006万元的广西森林防火通信系统建设项目通过专家组验收。该项目是全国首个由区统一组网的全数字森林防火通信系统，项目中的15个指挥调度中心和121个通讯基站分布在全自治区14个设区市96个县(市、区)和13个自治区直属林场。在全自治区、市森林防火指挥中心可以使用对讲机、座机、手机，随时呼叫辖区内基站覆盖的区域。

森林火险预警监测系统　该项目自2012年10月开始施工，在全自治区14个设区市建成森林火险监测站251个、森林火险因子采集站47个、手持火险仪512台、管理终端22个，搭建森林火险预警平台1个，开发森林火险预警预测软件1套，可对全自治区14个设区市110个县(市、区)的森林火险实现24小时全方位预警监测，形成快速准确的森林火险信息采集、传递、处理和决策反馈机制，提高广西森林防火科技含量，增强森林火险预警监测能力。2014年11月，该项目竣工并通过专家组评审。

【森林防火队伍建设】　*组织机构*　至2014年底，广西有森林防火指挥部146个，其中省级1个、市级14个，县级131个，各级公安、发展改革、教育、纪检、民政、财政、交通、卫生、工业和信息化、广电、消防、通信、农业等部门和驻军及武警部队领导分别担任指挥部成员，广西各级森林防火指挥部办公室有专职防火人员共计1008人。广西有专业森林消防队伍127支3864人，半专业森林消防队伍1745支36605人，义务森林消防队伍4159支84790人，火源管理摩托车巡逻队1402支9386人，瞭望员1072人，专职护林员16390人，兼职护林员32169人。

业务培训　自治区森林防火指挥部组织人员参加国家防火办组织的全国地市级指挥员培训班18人次。自治区森林防火办公室举办广西森林防火指挥员、专业森林消防队队长、森林防火同频同播通信系统技术、森林防火信息系统等4大类培训班9期，培训人员886人。全年共举办各类森林消防培训班382期，参训人员30000多人次，重点培训森林防火基础知识、森林火灾扑救常识、安全避险常识。

防火演练　全年广西各市、县、区共开展森林防火应急处置预案演练35起。2014年12月19日，自治区森林防火指挥部在河池市金城江区举行一次体现全国森林防火最高科技水准的森林火灾应急处置实战演练。此次演练全程采用森林防火视频监控系统传输图像，森林防火数字化通信系统传输语音，森林火灾无人驾驶飞机全景拍摄，森林防火预警监测系统预报火险，自治区森林防火指挥中心、各市、自治区各直属林场视频会议室直接观摩演练。河池市各县(区)、林场专业森林消防队，市级应急森林消防队、城市森林消防队等29支队伍500多人参加演练，演练内容包括装备机具展示、启动实施应急预案和森林火灾扑救等。

【森林火灾预案】　2014年11月25日，新修订的《广西壮族自治区森林火灾应急预案》(以下简称《新预案》)经自治区人民政府同意并由自治区人民政府办公厅发布实施。《新预案》分为总则、组织指挥体系、预防预警、应急处置、后期处置、综合保障、预案建设和管理、附则共8个部分，分别对森林火灾的预警响应、信息报告、后期处置、综合保障等方面作出规定。《新预案》应对工作设定为Ⅳ级、Ⅲ级、Ⅱ级和Ⅰ级4个响应等级，并对每个响应等级的启动条件和响应措施分别作具体规定。

【森林火灾预防】　*群防群治*　2014年12月至2015年6月，自治区森林防火指挥部选取5个乡(镇)、15个村为试点单位，启动“森林防火示范乡”、“森林防火示范村”试点建设活动，对完成建设任务、能起示范作用的试点单位，由所在县森林防火指挥部挂“森林防火示范乡”、“森林防火示范村”牌子，并报自治区备案。

火源管理　广西组织隐患排查工作组深入林区一线开展森林火险隐患大排查活动。尤其是在1月中下旬、春节及“壮族三月三”、清明节、南宁体操世锦赛期间禁止一切炼山活动。“壮族三月三”、清明节、重阳节、南宁世锦赛、APEC会议期间，广西组织3万多名相关人员、1000多个定点(临时)检查站、3000支村屯摩托车巡逻队上岗排查隐患。

宣传教育　自治区森林防火指挥部年初制订宣传方案下发各地，春节、国庆节前后全自治区开展森林防火“宣传月”活动，“三月三”、清明节期间开展以“文明祭祀、平安清明”为主题的“宣传周”活动。自治区森林防火办公室向各市发放《森林防火知识读本》、《森林防火工作应知应会100问》、森林防火宣传画等宣传资料2万份；注重与各级各类媒体沟通和联系，及时向主流媒体发布权威信息。2014年广西共印发森林防火宣传资料900多万份，播放宣传电影2047场，出动宣传车辆1.76万台次，宣传墙报1880期，发表有线广播新闻稿件8509篇，张贴防火标语233万条，新建、刷新固定宣传牌4588块。全自治区开设森林防火课的中小

学校达6700所，接受防火教育总人数超3100万人。

火险预警　2014年，国家累计向广西发布卫星热点706个，其中反馈为林火22个(含灌木火6个)、炼山275个、农用火199个、其他78个、未找到132个。自治区防火办协调气象部门发布季、月、旬、重要气象信息48期，重点防火期每天在《广西天气预报》播放广西森林火险天气预报，转发国家防火办高森林火险天气警报9期，森林火险气象等级预报36期。

信息员队伍　自治区森林防火办公室依托自治区直属国有林场，在广西落实500名森林防火信息员，建立森林防火信息员队伍，作为了解掌握行政县森林防火工作情况的重要渠道。

【航空护林】 2014年春航期为2月26日至5月20日，历时84天，使用江苏华宇通用航空有限公司1架M-171直升机，以空军田阳机场为基地开展航护作业，执行任务总计22架次42小时05分。秋冬航期为2014年11月1日至2015年1月20日，使用青岛直升机航空有限公司一架M-26，海直通用航空有限责任公司、西安直升机有限公司各一架K-32直升机，以梧州机场为基地开展航空护林工作，执行任务总计50架次111小时37分。

【自然保护区建设】 2014年，广西重点推进猫儿山、木论和弄岗3个国家级自然保护区和姑婆山自治区级自然保护区在保护站点建设、信息化管理、生态文化和生态旅游方面的试点示范建设工作，逐步建立自然保护区规范化、数字化监测管理体系。完成大明山、大桂山鳄蜥、崇左白头叶猴、大瑶山国家级自然保护区总体规划评审并上报国家林业局，其中大明山和崇左白头叶猴国家级自然保护区总体规划得到国家林业局批复同意。

【野生动植物保护】 野生动物资源调查　自治区林业厅组织实施全国第二次陆生野生动物资源广西区域调查，完成2014年度调查计划，初步掌握重要区域和重点物种资源情况。抓好海南虎斑鳽、黑叶猴、穿山甲、冠斑犀鸟等物种野外拯救保护和繁育工作，积极开展黑叶猴、鳄蜥、黑颈长尾雉等人工繁育个体放归自然试验，有效保护野生动物的安全。

野生动物保护执法　自治区林业厅开展打击破坏野生动物资源专项整治行动，重点打击边境地区跨国走私、贩卖野生动植物，滥捕滥猎滥食候鸟，非法经营和食用野生动物，非法收购、加工、销售野生动物及其制品，非法驯养繁殖野生动物等违法犯罪行为，并积极协调媒体对野生动物保护执法进行跟踪报道，让更多民众加入野生动物资源保护行动，共同维护野生动物资源安全。

野生动物繁育利用　自治区林业厅协助自治区质量技术监督局出台《滑鼠蛇人工驯养繁殖技术规程》和《眼镜蛇人工驯养繁殖技术规程》地方标准，提升商品蛇及其产品质量，促进繁育利用产业规范化、规模化发展。

野生动物疫源疫病监测　自治区林业厅启用广西陆生野生动物疫源疫病监测信息管理系统，开展国家级和自治区级监测示范站建设，全力推进边境地区疫源疫病联防联控体系建设，强化监测站人员的培训，提高疫源疫病检测、预警和防控能力。

珍稀濒危野生动植物保护　自治区林业厅配合全国人大法工委等开展《野生动物保护法》调研工作，通过实地调研和座谈为动物法各条款的修订出谋划策。继续推进广西第二次全国重点保护野生动、植物资源调查工作。积极推进广西火桐、德保苏铁、海南风吹楠、金花茶、瑶山苣苔、观光木等极小种群野生植物和冠斑犀鸟、鳄蜥、穿山甲等极度濒危野生动物的拯救保护和人工繁育工作。继续推进黑叶猴放归自然和广西火桐

广西九万山自然保护区

原生地回植工作。

部门联动机制　自治区林业厅加强与工商、交通、铁路、民航等部门沟通和协调，共同推进野生动植物保护执法工作长效机制。积极协调自治区工商管理部门，规范利用野生动物招徕等行为，并在餐饮企业中开展签订《守法经营承诺书》活动。

德保苏铁回归自然项目宣传　2014 年 5 月 29 日，国家林业局在百色市德保县开展德保苏铁回归自然项目成果总结宣传活动，大规模宣传中国首个由政府部门主导实施的珍稀濒危植物物种回归自然项目取得成功。

【林业有害生物发生概况】　2014 年，广西林业有害生物发生水平总体呈高发多发态势，几种重大病虫害危害程度偏重，造成局部灾害较严重，经济和生态服务功能价值损失较大。广西发生并造成较严重危害的林业有害生物共有 46 种，其中病害 11 种，虫害 34 种，有害植物 1 种；发生总面积 348873 公顷，发生率为 2.83%，其中病害发生面积 3780 公顷，虫害发生面积 309353 公顷，有害植物薇甘菊发生面积 407 公顷，成灾面积 3153 公顷。

【林业有害生物防治情况】　2014 年，广西林业有害生物防治作业总面积 103267 公顷，其中预防面积 6887 公顷，实际防治面积 96380 公顷。生物防治面积 66887 公顷，仿生防治面积 1827 公顷，人工防治面积 12853 公顷；无公害防治总面积为 102500 公顷，无公害防治率达 99.26%。

【林业有害生物防控情况】　林业有害生物成灾率　2014 年广西林业有害生物发生面积 348873 公顷，其中病害发生面积 39113 公顷，占 11.21%，虫害发生面积 309353 公顷，占 88.67%。成灾面积 3153 公顷，成灾率 0.26‰。

林业有害生物预测准确率　2014 年，广西预测林业有害生物发生面积 366667 公顷，实际发生面积 348873 公顷，预测准确率为 94.90%。

林业有害生物无公害防治率　2014 年，广西林业有害生物防治面积为 103267 公顷，其中使用生物、仿生制剂等无公害药剂防治面积为 102500 公顷，无公害防治率为 99.26%。

林业有害生物检疫率　2014 年，广西种苗产地检疫率 100%，木材调运 1583.94 万立方米，检疫 1583.65 万立方米，调运检疫率为 99.98%。

松材线虫病　2014 年，广西松材线虫病分布于梧州市、贵港市和玉林市，涉及 3 个县（市、区）5 个乡镇。其中梧州市苍梧县 1 个乡镇，面积 100.35 公顷；贵港桂平市 2 个乡镇，面积 85.4 公顷；玉林市兴业县 2 个乡镇 19.3 公顷。百色市西林县 1 个乡镇、梧州市万秀区、贵港市桂平市南木镇 3 个疫情发生点（发生小班）以及玉林市兴业县 2 个乡镇的松林皆伐。

薇甘菊　2014 年，广西有害植物薇甘菊发生面积 407 公顷，主要分布在玉林市陆川县，南宁市江南区、钦州市钦北区有零星分布。

【湿地资源概况】　2014 年 1 月 13 日，国务院新闻办

桂林会仙湿地包括以睦洞湖为中心的湖泊沼泽湿地、以古桂柳运河为主的河流湿地等，水域纵横，风光多样

公布的第二次湿地资源调查结果显示，广西湿地类型有近海与海岸湿地、河流湿地、湖泊湿地、沼泽湿地和人工湿地5大类25型，连片面积8公顷以上的各类湿地总面积达75.43万公顷，占广西国土面积的3.18%。其中自然湿地53.66万公顷，占湿地总面积的71.1%；人工湿地21.77万公顷，占湿地总面积的28.9%。自然湿地主要以近海与海岸湿地和河流湿地为主，其中近海与海岸湿地25.90万公顷，占湿地总面积的34.3%；河流湿地26.89万公顷，占湿地总面积的35.7%。

【湿地保护与管理】 截至2014年底，广西湿地类型自然保护区有12处，总面积7.11万公顷，其中国家级自然保护区3处、自治区级自然保护区6处、市（县）级自然保护区3处。山口红树林湿地、北仑河口红树林湿地、茅尾海红树林湿地、澄碧河水库湿地列入中国重要湿地名录。其中山口红树林湿地、北仑河口红树林湿地列入国际重要湿地名录。山口红树林湿地在中央电视台主办的“美丽中国·魅力湿地”评选中，成功入选“中国十大魅力湿地”。截至2014年底，广西建有国家湿地公园（试点）13个，湿地公园总面积为15579公顷，其中湿地面积11505公顷。

2011~2014年，广西获得中央湿地保护工程建设投资共5697万元。2014年，横县、富川县获中央财政首次颁发的湿地保护奖励，每县奖励500万元。

海洋局环境保护

【综述】 2014年，广西近岸海域海水环境状况总体良好，符合第一、二类海水水质标准海域面积约占广西近岸海域面积的83.4%。红树林生态系统保持稳定，处于健康状态。海洋自然保护区内珍稀濒危物种和生态环境得到有效保护。海洋倾倒区环境状况总体稳定，海水入侵及土壤盐渍化范围和程度有所降低。

内湾和人口密集区沿岸污染逐渐加重趋势没有改变。港湾、河口的污染物逐渐向近岸海域扩散。江河排海污染物排海总量比2013年大幅减少，与2010~2012年水平相当。入海排污口邻近海域环境质量状况总体依然较差。海草床生态系统受海洋工程建设、渔民滩涂赶海等人为干扰活动的影响，仍处于亚健康状态。珊瑚礁生态系统与5年前相比，珊瑚种类数和造礁石珊瑚覆盖度均有不同程度下降，竹蔗寮分布区下降比较严重。2014年，广西沿海虽然没有发生典型意义上的赤潮，但两次由球形棕囊藻引发大范围的水质异常现象应引起高度重视。广西沿海受到两次风暴潮灾害袭击，即1409号超强台风“威马逊”和1415号台风“海鸥”，造成重大经济损失。海洋环境状况评价站位详见图1。

图1 2014年广西海洋环境状况评价站位图

防城港白浪滩

【海洋环境质量】 海水 2014年，广西近岸海域海水环境状况总体良好，但近岸局部海域污染依然严重，主要污染要素为无机氮、石油类和活性磷酸盐。

2014年夏季，海水中无机氮、活性磷酸盐、化学需氧量、石油类和重金属等多项监测要素综合评价结果显示，广西近岸海域符合第一、二类海水水质标准的面积约为4744平方千米，占近岸海域面积的83.4%；符合第三类、第四类和劣于第四类海水水质标准的海域面积分别为306平方千米、174平方千米和466平方千米；劣于第四类海水水质标准的海域主要分布在廉州湾、茅尾海、防城港东湾及北仑河口等局部海域，详见表1。

夏季，广西近岸海域符合第一类、第二类、第三类、第四类和劣于第四类海水水质标准的监测站位比例分别为17.7%、27.4%、37.2%、5.3%和12.4%。

近岸海域各主要监测要素评价结果如下：

溶解氧 夏季绝大部分海域的溶解氧含量符合第二类海水水质标准；春季和秋季绝大部分符合第一类海水水质标准。

化学需氧量 夏季和秋季绝大部分海域化学需氧量符合第一类海水水质标准，未达到第一类海水水质标准的区域主要分布在钦州湾；春季绝大部分符合第二类海水水质标准。

表1 2010~2014年夏季广西近岸海域未达到一类海水水质标准的各类海域面积

单位：平方千米

年度	第二类水质海域面积	第三类水质海域面积	第四类水质海域面积	劣于第四类海域面积	合计
2010	133	2601	81	320	3135
2011	345	581	39	167	1132
2012	470	1530	320	300	2620
2013	1209	526	108	838	2681
2014	2650	306	174	466	3596

无机氮　夏季无机氮污染整体较为严重，钦州湾、北仑河口部分海域劣于第四类海水水质标准；春季和秋季情况稍好，大部分海域符合第一、二类海水水质标准，但茅尾海和北仑河口仍有局部海域劣于第四类海水水质标准。

活性磷酸盐　春、夏和秋季大部分海域活性磷酸盐含量均符合第一类海水水质标准，廉州湾和钦州湾等港湾其含量较高。

石油类　春、夏和秋季绝大部分海域海水中石油类含量符合第一、二类海水水质标准。夏季廉州湾、北

依据《海水水质标准》(GB3097-1997)，按照海域的不同使用功能和保护目标，海水水质分为四类：

第一类：适用于海洋渔业水域、海上自然保护区和珍稀濒危海洋生物保护区。

第二类：适用于水产养殖区、海水浴场、人体直接接触海水的海上运动或娱乐区，以及与人类食用直接有关的工业用水区。

第三类：适用于一般工业用水区，滨海风景旅游区。

第四类：适用于海洋港口水域和海洋开发作业区。

依据《海洋沉积物质量》(GB18668-2002)，按照海域的不同使用功能和环境保护目标，海洋沉积物质量分为三类：

第一类：适用于海洋渔业水域、海洋自然保护区、珍稀与濒危生物自然保护区、海水养殖区、海水浴场、人体直接接触沉积物的海上运动或娱乐区，与人类食用直接有关的工业用水区。

第二类：适用于一般工业用水区、滨海风景旅游区。

第三类：适用于海洋港口水域、特殊用途的海洋开发作业区。

依据《海洋生物质量》(GB18421-2001)，按照海域的不同使用功能和环境保护目标，海洋生物质量分为三类：

第一类：适用于海洋渔业水域、海水养殖区、海洋自然保护区、与人类食用直接有关的工业用水区。

第二类：适用于一般工业用水区、滨海风景旅游区。

第三类：适用于港口水域和海洋开发作业区。

图2　2014年广西海洋水质生态监测浮标系统分布图

仑河口、钦州湾部分海域劣于第二类海水水质标准；春季钦州湾、北仑河口、珍珠湾和大风江口部分海域劣于第二类海水水质标准；秋季钦州湾和北仑河口部分海域劣于第二类海水水质标准。

重金属　春、夏和秋季所有监测站位海水中铜、锌、镉、铬、砷含量均符合第一类海水水质标准；汞、铅含量绝大部分海域符合第二类海水水质标准。

按照行政区划，广西 3 个沿海市海水质量如下：

北海市　近岸海域大部分符合第二、三类海水水质标准；劣于第三类海水水质标准的海域主要分布在廉州湾和大风江口，其中廉州湾部分海域水质已劣于第四类海水水质标准。海水中主要污染物为活性磷酸盐、石油类和无机氮。

钦州市　近岸海域大部分符合第二、三类海水水质标准；钦州湾（含茅尾海）和犀牛脚附近局部海域劣于第四类海水水质标准。海水中主要污染物为无机氮、石油类和活性磷酸盐。

防城港市　近岸海域大部分符合第二、三类海水水质标准，但防城港东湾和北仑河口海域劣于第四类海水水质标准。海水中主要污染物为无机氮、石油类和化学需氧量。

【海洋环境在线浮标实时监测监控】　浮标系统建设概况　2014 年，自治区海洋局在广西沿海重要入海河流、沿海重大工业排污口、重要港湾、重要生态敏感区、重要滨海旅游区布设海洋水质生态监测浮标系统，建立完整的覆盖广西沿海海洋环境实时监测监控网络。全年共完成布设 12 套，2014 年 5 月开始全面运行，2015 年计划完成 4 套浮标的布设和 1 套岸基水质环境自动监测站的建设工作，详见图 2。

海上水质生态监测浮标

表2　2014年广西海洋水质水文监测浮标系统水质监测情况横向比较表

监测海域		站位编号	功能区水质要求	实际水质类别	监测天数	超标天数	超标因子	达标天数所占比例
防城港	珍珠湾口	GX-02	四类	四类	245	0		100%
	防城港西湾	GX-04	四类	劣四类	245	55	活性磷酸盐	78%
	企沙渔港	GX-05	三类	劣四类	245	1	pH	100%
	防城港临海工业排放口	GX-06	四类	三类	245	0		100%
钦州	茅岭江入海口	GX-07	四类	劣四类	245	183	活性磷酸盐	25%
	钦州中石油排污口	GX-11	四类	四类	245	0		100%
	钦州湾	GX-13	二类	四类	245	30	活性磷酸盐	88%
北海	大风江入海口	GX-14	二类	四类	245	22	活性磷酸盐、无机氮	91%
	南流江入海口	GX-15	四类	劣四类	245	28	活性磷酸盐、无机氮	89%
	北海中石化陆源排放口	GX-19	四类	四类	245	0		100%
	铁山港湾	GX-20	四类	三类	245	0		100%
	涠洲岛南湾	GX-21	四类	三类	245	0		100%
合计	—				2940	319	—	89%

表3 2014年5~12月广西海洋水质水文监测浮标系统水质监测情况纵向比较表

月度	浮标工作个数	浮标工作天数	浮标工作总天数	水质达标天数	水质超标天数	水质达标天数所占比例
5月	12	31	372	368	4	99%
6月	12	30	360	334	26	93%
7月	12	31	372	321	51	86%
8月	12	31	372	305	67	82%
9月	12	30	360	293	67	81%
10月	12	31	372	334	38	90%
11月	12	30	360	312	48	87%
12月	12	31	372	354	18	95%
总计	12	245	2940	2621	319	89%

浮标系统监控监测　海洋水质生态监测浮标系统监测结果显示，2014年5~12月广西近岸海域水质基本满足其功能区要求，监测浮标海域水质达标天数占监测总天数的89%；12个浮标中，1个监测浮标海域为三类水质，7个监测浮标海域为四类水质，4个监测浮标海域为劣四类水质。有6个监测浮标海域出现过超标现象，另外6个监测浮标海域各指标日均值均达标，达标率为50%，超标因子主要为活性磷酸盐和无机氮。见表2、表3。

【海洋保护区】　广西山口红树林国家级自然保护区　2014年，广西山口红树林国家级自然保护区红树林群落结构和类型基本保持不变，林相良好。红树植物主要有桐花树、红海榄、木榄、秋茄和白骨壤。共监测到鸟类105种，隶属于11目34科，其中国家重点保护鸟类7种，均为国家二级重点保护动物有黑脸琵鹭、黑翅鸢、雀鹰、松雀鹰、日本松雀鹰、褐翅鸦鹃和领角鸮。冬季观测记录到1个新鸟种——中华攀雀。

2014年危害红树林的害虫主要有广州小斑螟和三点广翅蜡蝉，主要受危害树种为白骨壤，发生虫害时间为4~6月，总受害面积55.7公顷。该保护区工作人员及时采取措施进行灭杀，虫害得到有效遏制。

该保护区外来物种主要为无瓣海桑和互花米草。2014年保护区管理处组织人员砍伐408棵无瓣海桑，基本控制其扩展态势。互花米草分布面积472.0公顷，入侵红树林群落面积171.5公顷，与上年基本持平，但仍有较大威胁。

广西北仑河口国家级自然保护区　2014年，广西北仑河口国家级自然保护区红树林群落结构和类型基本保持不变，整体长势良好，共鉴定出红树林植物7种，主要优势种为桐花树、秋茄和木榄。共发现鸟类99种，隶属于11目31科，其中包括世界极危鸟类(CR)1种——勺嘴鹬。

3~6月，竹山和石角小部分区域发生小面积虫害，主要害虫是广州小斑螟和袋蛾，受危害的主要树种为白骨壤和桐花树。部分海域仍然受到营养盐、重金属锌、铅和汞污染，其中营养盐和石油类污染区域主要分布在独墩和竹山。

红树林中的鸟类——勺嘴鹬

广西钦州茅尾海国家海洋公园　2014年，广西钦州茅尾海国家海洋公园部分站位水质超标情况严重，达到四类水质标准，主要污染物为汞、磷酸盐、无机氮和石油类。共鉴定出大型浮游动物41种，平均生物多样性指数为2.46，平均均匀度为0.73；小型浮游动物平均生物多样性指数为1.98，平均均匀度0.55；底栖生物16种，潮间带生物平均生物多样性指数为1.48，平均均匀度为0.73。大型底栖生物平均生物多样性指数为0.83，平均均匀度为0.44。

广西涠洲岛珊瑚礁国家级海洋公园　广西涠洲岛珊瑚礁国家级海洋公园于2012年获批准建设。公园划分为公山珊瑚礁生态保护区、坑仔珊瑚礁资源适度利用区、竹蔗寮珊瑚礁资源适度利用区3个功能区。

2014年该公园海水质量状况良好，绝大部分海域符合一类海水水质标准，个别站位的石油类和无机氮含量较高。沉积物符合一类沉积物质量标准。公园生态状况比较稳定，没有出现新的珊瑚白化或死亡现象，共鉴定出造礁石珊瑚15种，优势种为牡丹珊瑚、刺孔珊瑚和橙黄滨珊瑚，平均活珊瑚覆盖率31.5%，属较典

型的稳定型珊瑚礁底质类型。监测到珊瑚礁鱼类主要有六线豆娘鱼、黄尾新雀鲷、黄鳍棘鲷、黑斑鲱鲤、八带蝴蝶鱼和丽蝴蝶鱼等。大型底栖动物主要有疣荔枝螺，节蝾螺、塔形马蹄螺、刺荔枝螺、节织纹螺和镶株核果螺等，平均密度为 7 个 / 平方米，平均生物量为 23.4 克 / 平方米。

2014年9月，涠洲岛珊瑚礁健康调查

【海洋倾倒区】 2014 年，自治区海洋局开展海洋倾倒区监测工作。从保护海洋环境和节约成本方面综合考虑，项目施工单位中广核工程有限公司改变施工方案，2014 年施工中把疏浚物回填到岸上而没有向“防城港核电厂海域工程疏浚物临时性海洋倾倒区”倾倒，并于 2014 年 9 月份开展一次综合跟踪监测。监测结果表明，倾倒区海域水质、沉积物质量和生物体质量良好，完全满足其海洋功能区要求；浮游生物、底栖生物等海洋生物群落稳定；根据水深数据进行计算比较，倾倒区范围内水底高程变化不明显。

【近岸典型海洋生态系统】 2014 年，广西对近岸海域典型海洋生态系统和生态监控区开展海洋生物多样性状况监测，内容包括浮游生物、底栖生物、珊瑚、红树植物、海草等生物种类组成和数量分布等。共鉴定出浮游植物 89 种，平均生物多样性指数为 2.60，平均均匀度为 0.71；大型浮游动物 81 种，平均生物多样性指数为 2.73，平均均匀度为 0.79；大型底栖生物 132 种，平均生物多样性指数为 1.59，平均均匀度为 0.66；海草 2 种；红树植物 8 种；造礁石珊瑚 17 种。

表4　广西重点监测区海洋生态系统化健康状态

生态系统类型	监测海域	健康状况
红树林	北海市山口	健康
	防城港市北仑河口	健康
海草床	北海市铁山港湾	亚健康
珊瑚礁	北海市涠洲岛	亚健康

> 海洋生态健康
>
> 海洋生态系统的健康状况分为健康、亚健康和不健康3个级别。
>
> 健　康：生态系统保持其自然属性，生物多样性及生态系统结构基本稳定，生态系统主要服务功能正常发挥，人为活动所产生的生态压力在生态系统的承载力范围之内。
>
> 亚健康：生态系统基本维持其自然属性，生物多样性及生态系统结构发生一定程度的改变，但生态系统主要服务功能尚能正常发挥，环境污染、人为破坏、资源的不合理利用等生态压力超出生态系统的承载能力。
>
> 不健康：生态系统自然属性明显改变，生物多样性及生态系统结构发生较大程度改变，生态系统主要服务功能严重退化或丧失，环境污染、人为破坏、资源的不合理利用等生态压力超出生态系统的承载能力。

对实施监测 4 个重点监测区生态系统健康状况进行评价，结果表明，2 个处于健康状态，2 个处于亚健康状态，详见表 4。

【红树林生态系统】 山口红树林生态系统　2014 年，山口红树林生态系统总体呈健康状态。群落结构和类型保持稳定，能够维持原有物种多样性和生境完整性。无瓣海桑经过砍伐治理，已得到控制。监测区域内红树植物平均密度为 6745 株 / 公顷（注：2014 年监测站位在 2013 年基础上调整，13 个站位发生变化），核心区和缓冲区分布差距较大。

本区共鉴定出 5 种红树植物，分别为白骨壤、红海

山口红树林群落

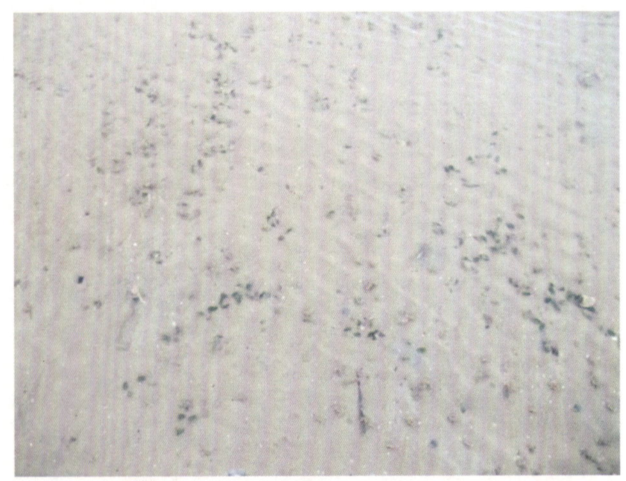

北暮草场被浮泥覆盖的喜盐草

榄、木榄、桐花树和秋茄。林间底栖生物种类丰富,共鉴定出 29 种,主要是软体动物、节肢动物、脊索动物和星虫动物,其中生物多样性较好的为英罗和永安地区,英罗地区有底栖生物 18 种,底栖生物栖息密度和生物量分别为 57 个 / 平方米和 61 克 / 平方米;永安地区有底栖生物 14 种,底栖生物栖息密度和生物量分别为 49 个 / 平方米和 67 克 / 平方米。

北仑河口红树林生态系统　2014 年,北仑河口红树林生态系统总体呈健康状态,红树林群落稳定能够维持原有物种多样性和生境完整性。监测区域红树植物平均密度为 10571 株 / 公顷,共鉴定出 7 种,分别为桐花树、秋茄、白骨壤、木榄、海漆、黄槿和水黄皮。生态系统内监测到浮游植物 14 种,浮游动物 21 种,大型底栖生物 62 种。大型底栖生物平均栖息密度和生物量分别为 360 个 / 平方米和 365 克 / 平方米。

北仑河口红树林群落监测

海草床生态系统　2014 年,北海市铁山港海草床生态系统呈亚健康状态。铁山港海草床生态系统比较脆弱,群落较不稳定,主要受海洋工程建设、渔民滩涂赶海等人为干扰活动的影响。共监测到 2 种海草,分别为喜盐草、矮大叶藻,上年偶有可见的小喜盐草 2014 年没有观测到。海草平均密度为 88 枝 / 平方米,与上年相比,下降幅度明显(上年 330 枝 / 平方米)。 从区域来看,北暮监测区海草密度较上年下降 75.6% ;沙背海草床海草密度较上年下降 83.0%。2014 年,共记录大型底栖动物 61 种,平均栖息密度为 25 个 / 平方米,平均生物量为 24.3 克 / 平方米,均低于上年。

珊瑚礁生态系统　2014 年,涠洲岛珊瑚礁生态系统总体呈亚健康状态,与 5 年前相比,造礁石珊瑚盖度明显下降。竹蔗寮海域共鉴定出造礁石珊瑚 13 种,平均活珊瑚覆盖度为 22.7% (5 年前为 40.6%);橙黄滨珊瑚为绝对优势种,分布面积占全部珊瑚种类的 32.8% ;牛角坑海域共鉴定出造礁石珊瑚 15 种,平均活珊瑚覆

涠洲岛珊瑚礁及鱼类

盖度为 40.3%；牡丹珊瑚属和刺孔珊瑚属为优势属，具有明显优势，其分布面积占全部珊瑚种类的 73.4%。

监测到珊瑚礁鱼类有六线豆娘鱼、黄鳍棘鲷、黄尾新雀鲷、黑斑鲱鲤、八带蝴蝶鱼和丽蝴蝶鱼等，平均密度为 38 尾 / 百平方米(2013 年为 2.5 尾 / 百平方米)，之所以出现密度大幅上升，是因为在牛角坑区域观测到群居黄尾新雀鲷。大型底栖动物主要有节蝾螺、疣荔枝螺和节织纹螺等，平均栖息密度为 7 个 / 平方米，平均生物量为 23.4 克 / 平方米。2014 年 9 月开展的调查中，在竹蔗寮和牛角坑近岸珊瑚礁海域都未发现大型底栖藻类。

【海洋工程建设项目影响】 电厂温排水影响状况　2014 年，广西继续对北海电厂的温排水开展针对性监测。监测结果显示，北海电厂温排水口处相比取水口处海水增温大约 4℃，增温约 4℃的范围极小，增温超过 3℃的范围小于 0.2 平方公里。电厂附近海域水质符合第四类海水水质标准，能满足海洋功能区划要求；沉积物符合第三类海洋沉积物质量标准。电厂附近海域浮游生物及底栖生物群落基本稳定。北海电厂温排水未对周边海域造成明显影响。

钦州湾围填海工程海洋环境质量状况　2014 年监测结果表明，钦州湾围填海工程附近海域大部分站位海水符合第二类海水水质标准，个别站位海水达到第四类海水水质标准，主要污染因子为石油类等；沉积物符合第二类海洋沉积物质量标准，超第一类标准的监测因子是铜和石油类；贝类生物体质量符合第二类海洋生物体质量标准，超第一类标准的监测因子为石油烃、镉、锌和铅。与 2013 年同期相比，该填海工程附近海域水质、沉积物质量和生物体质量均有上升趋势。详见表 5、表 6。

海洋生物生态调查结果显示，浮游植物共调查出 2 大类 51 种，细胞密度平均值为 2.66×105 个 / 立方米，生物多样性指数平均值为 2.73；浮游动物经镜检分析共鉴定出 10 大类 32 种，个体数量平均值为 168 个 / 立方米，生物多样性指数平均值为 2.55；大型底栖生物样品共鉴定出 19 种，平均生物量为 79.2 克 / 平方米，栖息密度平均值为 45 个 / 平方米，生物多样性指数平均值为 1.85。与 2013 年同期相比，海洋生物群落结构稳定。

【海洋环境灾害和海洋污染事故】 风暴潮　2014 年，广西沿海出现 2 次风暴潮灾害过程，灾害造成直接经济损失 28.30 亿元，未造成人员死亡(含失踪)，详见表 7。

1409 号超强台风“威马逊”风暴潮　2014 年 7 月

表5　钦州湾围填海水质监测符合海水水质标准的站位比例

水质等级	第一类	第二类	第三类	第四类	劣四类
百分比	6.7%	80.0%	6.7%	6.7%	0%

表6　2014年钦州湾围填海沉积物监测要素符合第一类海洋沉积物质量标准的站位比例图

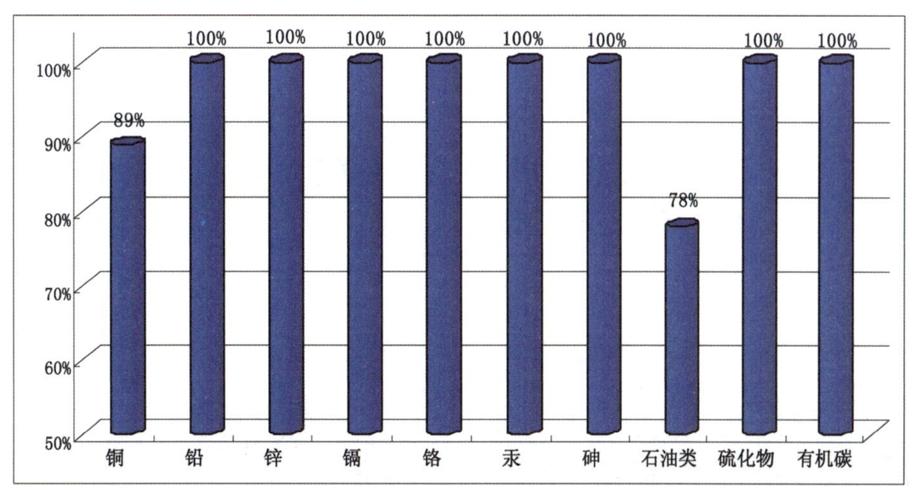

表7　2014年广西海洋灾害灾情信息表

受灾人口		受灾面积		设施损毁			直接经济损失（亿元）
受灾人口（万人）	死亡（含失踪）人数	农田（千公顷）	水产养殖（千公顷）	海岸工程（千米）	房屋（间）	船只（艘）	
224.78	0	3.73	8.83	75.97	0	501	28.30

防城港市蚝排网箱在“威马逊”中被摧毁

18~19 日，受 1409 号超强台风“威马逊”外围风力的影响，广西沿海各验潮站出现 84~286 厘米的风暴增水，由于广西沿海恰处于天文低潮期，各验潮站的最高潮位均未超过当地警戒潮位。

受“威马逊”的影响，广西受灾人口 155.43 万人，水产养殖受灾面积 0.753 万公顷，养殖设施、设备损失 6100 个，损毁船只 216 艘，损坏海堤、护岸 49.03 千米，直接经济损失 24.66 亿元。

1415 号台风“海鸥”风暴潮　2014 年 9 月 16 日，受 1415 号台风“海鸥”外围风力的影响，广西沿海各验潮站出现 86~161 厘米的风暴增水，各验潮站的最高潮位均未超过当地警戒潮位的高潮位。

受“海鸥”影响，广西受灾人口 69.35 万人，紧急转移安置人口 5.66 万人，水产养殖受灾面积 0.13 万公顷，养殖设施、设备损失 1791 个，损毁船只 285 艘，损毁防波堤 18.14 千米，损坏海堤、护岸 8.80 千米，淹没农田 3.73 千公顷，直接经济损失 3.64 亿元。

灾害性海浪　2014 年，广西沿海及北部湾北部海域出现波高 ≥ 3.0 米大浪的天数共 40 天，其中冷空气引起大浪 19 天，西南大风引起大浪 17 天，热带气旋引起大浪 4 天，详见表 8。

异常大潮　2014 年，广西沿海共发生 2 次异常大潮过程，但实测最高潮位均低于当地警戒潮位，异常大潮均未造成灾害。

受“威马逊”的影响，沿海居民房屋被吹毁，海上大蚝养殖业遭严重破坏

“海鸥”使红沙万亩蚝排网箱一片狼藉

受“海鸥”的影响，北海市涠洲岛强风携大浪拍打堤坝

表8　2014年广西沿海及北部湾北部波高≥3.0米大浪天数逐月分布

月份	1月	2月	3月	4月	5月	6月	7月	8月	9月	10月	11月	12月	总数
≥3.0米大浪天数	1	3	0	0	2	5	3	9	3	1	3	10	40

侧翻在涠洲西角码头前沿的“捷安达2”货船

海上溢油　2014 年 5 月 16 日，运输建筑材料的货船“捷安达 2 号”在涠洲西角码头倾斜侧翻，导致机舱内燃油大量外泄（以柴油为主），漏油得到海事等部门工作人员有效控制和清理。广西及时组织开展密集的连续性监测，监测结果显示，沉船围栏区外海水各项指标基本正常。本次漏油事故未对周边海洋环境造成较大影响。

海洋赤潮及水质异常　2014 年，广西继续加大海洋赤潮监测与巡视力度，由航空遥感、船舶、海洋监测站和志愿者组成多层次的赤潮监测网发挥着积极作用。通过监视监测发现，2014 年广西沿海没有发生赤潮灾害，但出现 2 次较大的水质异常现象。

2014 年 2 月下旬，铁山港、涠洲等海域突然水色异常，海水中悬浮着大量棕褐色小球状物体。经监测分析，棕褐色小球状物体是球形棕囊藻（*Phaeocystis globosa Scherffel*），属于赤潮生物，本次最高细胞浓度为 1.6×10^5cells/L（每升液体里的细胞数量）。虽然其含量仍未达到赤潮预警浓度，但引起海水变色。同期，涠洲石螺口海滩出现大量的藻类（石莼 *Ulva lactuca L* 和囊藻 *Colpomenia bullosa*），影响生态景观。

2014 年 12 月中下旬，广西沿岸特别是各个港湾都同期出现水色暗淡的水质异常现象。经监测发现，本次大范围水质异常仍然是由球形棕囊藻（*Phaeocystis globosa Scherffel*）爆发性增殖引起的。此次水质异常的影响范围之广、持续时间之长引起沿海各级人民政府和海洋主管部门高度重视。

漂浮着球形棕囊藻的海水

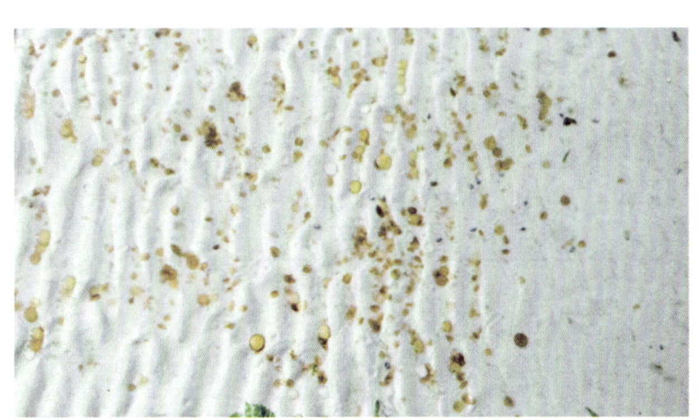

滞留在沙滩上的球形棕囊藻

涠洲海滩上的大型藻类

表9　2014年广西海水入侵和土壤盐渍化范围及变化趋势

监测断面位置	海水入侵		土壤盐渍化	
	入侵距离（公里）	与2013年比较	距岸距离（公里）	与2013年同期比较
广西北海西海岸	0.33	↘	1.14	⇔
广西北海大王埠	1.44	⇔	—	↘
图例说明：—为未入侵；↗ 升高；⇔ 无明显变化趋势；↘ 降低				

【海水入侵及土壤盐渍化】 2014年，广西对沿海区域进行海水入侵与土壤盐渍化监测。监测结果表明，各项监测指标在旱季(3~4月)与2013年同期相比，监测区海水入侵程度与盐渍化范围有所减少，海水入侵距离小于1.44公里，土壤盐渍化距岸距离小于1.14公里，详见表9。

气象局环境保护

【综述】 2014年，广西年平均气温21.0℃，比常年偏高0.3℃；平均年降水量1638.8毫米，比常年偏多6%；平均年日照时数1479小时，较常年偏少40小时。年内主要出现台风、暴雨洪涝、低温雨雪霜(冰)冻、局地强对流、雾、霾、高温等重大天气气候事件。春播期阴雨寡照，大部地区日照为1961年以来同期最少；5月、7月暴雨过程频繁，洪涝灾害损失严重；年内2个台风和2个热带低压影响广西，影响个数偏少，但影响严重，其中7月份的超强台风“威马逊”是1949年以来进入广西的最强台风，给桂南沿海造成重大影响，损失惨重；1月和10月雾、霾频繁。

【气候概况】 2014年，广西各地年平均气温17.3℃~23.6℃。广西年平均气温21.0℃，比常年偏高0.3℃，比2013年高0.1℃；年内各月平均气温与常年同期相比，2月和12月分别比常年同期偏低1.4℃和1.1℃，其余月份正常到偏高1.4℃，其中6月比常年同期偏高0.7℃，为1951年以来同期第6高；10月比常年同期偏高1.5℃，为1951年以来同期的第三高，详见图1。此外，11月下旬(21~30日)，全自治区平均气温20.6℃，比常年同期偏高4.6℃，为1951年以来同期最高，详见图1。

各地年降水量1050.2~3221.2毫米，广西平均年降水量1638.8毫米，比常年偏多6%，比2013年少56.0毫米。年内各月降水量与常年同期相比，1~2月、5月和10月降水量偏少1~9成，其中1月降水量偏少近9成，偏少程度居1951年以来同期第2位；其余各月正常到偏多1~9成，其中11月较常年同期偏多9成，偏多程度居1951年以来同期第10位，详见图2。

各地年日照时数1078~2210小时，广西平均年日照时数1479小时，较常年偏少40小时，比2013年少61小时；年内各月日照时数与常年同期相比，1月、7月，9~10月日照时数偏多，其中1月日照时数偏多70小时，为1952年以来同期第3多；其余月份日照时数正常到偏少，其中3月日照时数偏少33小时，为1952年以来同期第4少；4月日照时数偏少49小时，为1952年以来同期第2少；11月日照时数偏少52小时，为1952年以来同期第5少，详见图3。

【主要气象灾害】 2014年，广西主要气象灾害有台风、暴雨洪涝、局地强对流、低温雨雪霜(冰)冻等。其中春播期阴雨寡照，大部地区日照为1961年以来同期最少；5月、7月暴雨过程频繁，洪涝灾害损失严重；有4个热带气旋影响广西(2个台风和2个热带低压)，影响个数偏少，但影响严重，7月份第9号超强台风“威马逊”是

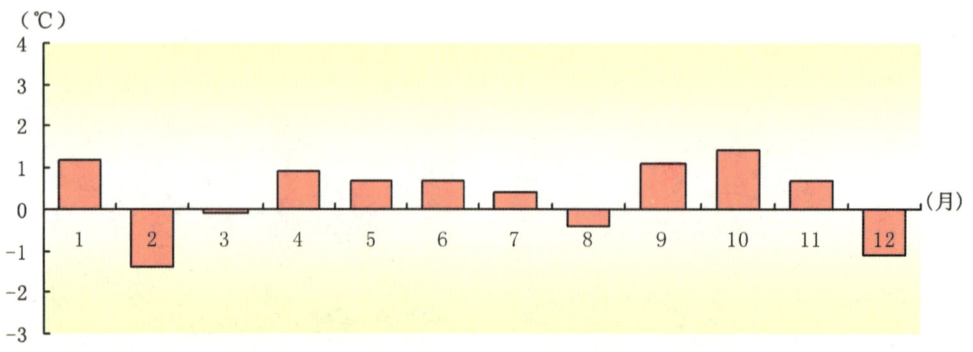

图1　2014年广西各月平均气温距平图（单位：℃）

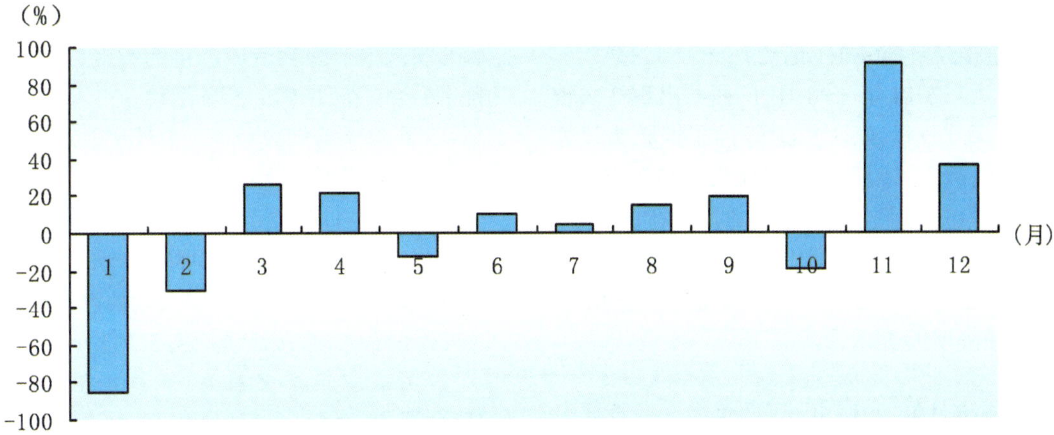

图2　2014年广西各月降水量距平百分率图（单位：%）

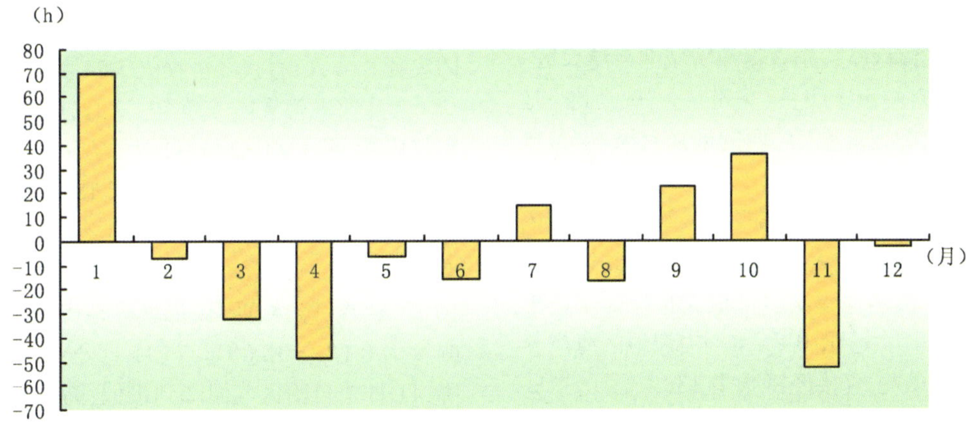

图3　2014年广西各月日照时数距平图（单位：小时）

1949 年以来进入广西的最强台风，给桂南沿海造成重大影响，损失惨重。此外，低温雨雪霜冰冻、高温、雾、霾等天气也给广西造成不同程度的影响。

全年因气象灾害共造成农作物受灾面积 121.3 万公顷，绝收面积 6.1 万公顷，受灾人口 1100.5 万人次，死亡 56 人，失踪 1 人，直接经济损失 191.7 亿元。与 2013 年相比，农作物受灾面积增多 51.8 万公顷，死亡人数减少 32 人，受灾人口增加 336.5 万人，直接经济损失增多 129.3 亿元。

台风　2014 年，进入广西影响区（19° N 以北，112° E 以西地区）的热带气旋有 4 个（2 个台风和 2 个热带低压），比常年偏少 1 个；初旋时间偏晚，终旋时间偏早。其中，初旋超强台风“威马逊”于 7 月 19 日影响广西，是自 1949 年有台风记录以来进入广西的最强台风，其影响时间比常年平均偏晚 26 天；8 月底的热带低压影响沿海和西部；9 月上旬热带低压影响桂南，中旬台风“海鸥”给大部地区带来较严重的风雨影响。全年台风灾害共造成 766 万人受灾，死亡 15 人，倒塌房屋 1.3 万间，农作物受灾 105 万公顷，绝收 4.8 万公顷，直接经济损失 170.1 亿元，详见图 4。

暴雨洪涝　2014 年广西暴雨总站日为 633，比常年偏多 114 站日，为 1951 年以来同期第五多。除热带气旋引起的暴雨洪涝外，由其他天气系统引起的暴雨洪涝主要出现在 3 月末和 5~7 月，11 月上旬出现罕见强秋雨，其中 5 月上旬末至中旬初和 7 月上旬的强降雨天气过程引发的洪涝和地质灾害造成的经济损失和人员伤亡最严重。全年暴雨洪涝共造成 245 万人受灾，死亡 28 人，倒塌房屋 7658 间，损坏房屋 2.3 万间，农作物受灾面积 11.7 万公顷，绝收面积 1.1 万公顷，直接经济损失 18.2 亿元。

低温冷冻害和雪灾　2014 年 1 月中下旬、2 月中旬及 12 月下旬广西共出现 7 次低温雨雪冰冻过程，给广西造成不同程度影响。全年低温雨雪霜（冰）冻共造

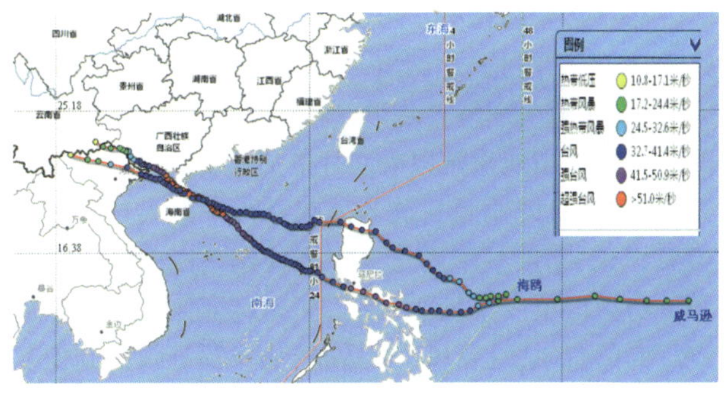

图4　2014年影响广西的台风路径

成21.9万人受灾，农作物受灾面积1.5万公顷，绝收面积895公顷，直接经济损失1.1亿元。

局地强对流 2014年3~8月，广西共出现7次较明显的强对流天气过程，以3月底发生的冰雹、大风等强对流天气较为严重。因局地强对流天气共造成39.5万人受灾，死亡13人，倒塌房屋979间，损坏房屋1.9万间，农作物受灾面积1.5万公顷，绝收面积1119公顷，造成直接经济损失1.8亿元。另外，雷电灾害造成10人死亡，直接经济损失44.3万元。

【重大天气气候事件】 2014年，广西重大天气气候事件归纳起来共有9件。

新中国成立以来最强台风"威马逊"影响广西 2014年第9号超强台风"威马逊"于7月19日在广西防城港市光坡镇沿海登陆，先后途经防城港市港口区、防城区、上思县，崇左市宁明县、龙州县。"威马逊"是1949年有台风记录以来进入广西的最强台风，也是自有气象记录以来，强度在台风以上级别的在广西滞留时间最长的台风。台风"威马逊"给广西带来严重风雨影响，北海、防城港的极大风速打破当地建站以来历史纪录，宁明县打破当地建站以来最大日降雨量历史纪录，造成交通、电力、通讯中断，重创沿海地区海产养殖业，因灾死亡10人，直接经济损失138.4亿元。"威马逊"给广西造成的直接经济损失居新中国成立以来广西台风灾害经济损失第二位，仅次于2001年台风"榴莲"、"尤特"的累计直接经济损失。

2014年7月19日，广西北海遭台风"威马逊"袭击

（北海市气象局提供）

"海鸥"重创桂南 2014年第15号台风"海鸥"于9月16日下午进入北部湾，桂西、桂南出现暴雨到大暴雨天气，局地出现特大暴雨，南宁、德保、龙州和凭祥的降雨量打破当地建站以来9月份最大日降雨量历史纪录；扶绥县日降雨量打破当地建站以来最大日降雨量历史纪录，那坡县降雨量再现当地建站以来最大日降雨量历史极值。台风"海鸥"是2014年第二个严重影响广西的台风，受台风"威马逊"破坏后还没得到恢复的沿海地区再度遭受重创，因灾死亡5人，直接经济损失27.93亿元，台风带来的风雨对9月16日晚南宁国际民歌艺术节晚会造成严重的影响，也一定程度上影响"两会一节"期间的商务活动。

5月强降雨袭击桂东 5月9~11日，桂林、柳州、河池、贺州、来宾、贵港、梧州、玉林等市出现强降雨天气，其中5月11日雨势最大，有28个县（市）出现暴雨、5个县（市）大暴雨，桂林、河池等地的一些乡镇1小时降雨量达80毫米以上，其中天峨县芭暮乡达117毫米。因灾死亡2人，直接经济损失3.7亿元。

7月致灾最严重暴雨 7月4~6日，桂林、柳州、河池、贺州、百色、南宁、崇左、防城港、北海、梧州等市出现暴雨天气过程，出现暴雨的县（市）有21个，大暴雨4个，特大暴雨1个；5日，马山县降雨量358毫米，打破当地建站以来最大日降雨量历史纪录（253毫米），因灾死亡4人，直接经济损失3.84亿元。

2月低温雨雪冰冻致灾 2月，广西多次受较强冷空气影响，部分地区出现低温雨雪天气，主要冷空气影响时段发生在2月6~13日和18~20日。其中2月6~8日，受强冷空气影响，桂北有20个县（市）、桂南有6个县（市）出现寒潮，降温幅度为8.7℃~15.5℃；10日，金秀、隆林、西林、那坡等地出现寒潮天气，降温幅度为8.1℃~10.0℃。7~11日全自治区气温大幅下降，11日全自治区气温降到最低：高寒山区零下9℃~零下2℃，桂北零下2℃~1℃，桂中1℃~4℃，桂南4℃~6℃。10~13日，桂北出现冰冻11站日；13日，资源、兴安、全州出现降雪。据自治区民政厅统计，截至2月14日，共有15.63万人受灾，农作物受灾面积11.2万公顷，其中成灾0.4万公顷；直接经济损失8278.45万元，其中农业损失6467.45万元，基础设施损失530万元，家庭财产损失362万元。

春播寡照严重 2月中旬至3月下旬，广西大部地区出现连续的阴雨寡照天气，2月21日至3月24日，广西平均日照16.8小时，比常年同期偏少47.5小时，为1961年以来同期最少。南宁、防城港、东兴、扶绥、荔浦、武鸣等市县从2月7日到3月24日连续46天基本没见太阳踪影，其中南宁刷新了当地1951年以来同期阴雨寡照天气记录，鹿寨从2月21日至3月27日也是天天阴雨相间，日照时数为0小时，连续的阴雨寡照严重影响当地农业生产。

3月下旬大范围强对流重创广西 3月29~31日，广西出现大范围强对流天气，柳州、梧州、贺州、河池、百色、贵港等市的13个县（市、区）出现冰雹，有34个县（市）出现8级以上大风天气，柳州、桂林、河池、贺州、梧州、来宾、玉林、贵港等市出现暴雨，局地出现大暴雨。因灾死亡2人，直接经济损失6057.41万元。

1月和10月雾霾频现 1月和10月，广西频繁出现雾、霾天气。1月2~5日、9日和27日，全自治区

出现霾的县(市)有60个以上,最多的5日达67个县(市),1月30日有48个县(市)出现大雾天气。10月7~8日有8个县(市)出现大雾天气,12~13日和17日出现霾的县(市)有50~58个,14~16日出现霾的县(市)有60个以上,最多的14日和15日达62个县(市)。雾霾天气严重影响交通安全,对人体健康造成一定影响。

高温热浪偏多　2014年,广西日最高气温≥35℃的高温天气日数平均为26天,较常年偏多8天,比2013年多4天。高温过程主要发生在5月、7~9月。其中,持续时间最长、范围最广的高温过程发生在7月30日至8月11日,广西出现持续13天的高温天气过程,7月30日至8月6日的日最高气温≥35℃站数均在50站以上,最多的8月1日达73站(占81%),且当日有23站的气温达37℃以上,5站高达38℃以上,最高气温38.5℃(鹿寨)。

南宁铁路局环境保护

【综述】 2014年是广西运营管理高铁的开局之年,200公里及以上高等级线路超过1000公里。在此基础上,2014年下半年又新增南广铁路梧州南至郁南段和贵广铁路广西段,共新增3个合资铁路公司开始运营,节能环保统计管理面临新课题。南宁铁路局继续做好节能减排指标计划,推广实施节能减排新技术,严格落实环评批复,创造运营环保条件,确保建设项目开通符合环保要求,除单位工作量新鲜用水量略有超标外,其他节能、环保完成率均在指标控制范围内。

【建设项目环评】 为确保2014年完成重点铁路建设项目可研批复任务,南宁铁路局积极协调广西、广东省各厅局有关单位,密切联系环评编制单位,努力推进重点项目环评手续,于6月23日完成南宁至昆明线、南宁至百色段增建二线工程环境影响报告书及环评批复;7月31日完成黎湛铁路电气化改造工程环境影响报告书及环评批复;10月9日完成合浦至湛江铁路环境影响报告书及环评批复。

【建设项目环水保静动态验收】 根据原铁道部《高速铁路环境保护水土保持设施竣工验收工作实施细则》,2014年6~12月,南宁铁路局计统处组织开展贵广铁路从江至桂林西段、桂林西至怀集段和南广铁路梧州南至郁南段环水保静态验收现场检查,编制完成环水保静态验收报告。9月10日和9月12日,中国铁路总公司计统部、工管中心在北京分别召开贵广铁路从江至桂林西段、南广铁路梧州南至郁南段环水保静态验收报告审查会,并通过专家审查。12月5日,南宁铁路局在南宁市召开新建南宁至黎塘铁路南宁东站站房及相关工程环水保静态验收报告专家审查会,并通过专家审查。12月11日,中国铁路总公司计统部、工管中心在北京召开贵广铁路从江至怀集段、南广铁路梧州南(不含)至郁南(不含)段环水保动态验收报告审查会,并通过专家审查。各建设指挥部协调各施工单位对专家审查提出的问题进行整改,年底前完成贵广铁路、南广铁路、南宁东站环水保静、动态验收工作,并于2015年12月27日开通运营。

【环保投资及污染治理】 2014年,南宁铁路局安排实施减排技改项目7项,投资409.7万元,分别为金城江站货场车轮抑尘池建设,黎湛线K312+100~+316段增设声屏障,南宁机务段主变吹扫间除尘净化装置,茂名站修污水处理设备更新,柳州车辆段检修车间钩缓班检修库房顶面通风系统改造,柳州车辆段检修车间喷漆棚除尘装置,南宁南车辆段湛江检修基地焊烟除尘净化装置,为提高铁路局废气、废水处理设施效率,改善生产现场环境条件打下良好基础。

【节能减排计划】 2014年,根据中国铁路总公司下达南宁铁路局2014年节能环保指标计划,结合上年完

贵广铁路泗里口小学声屏障

贵广铁路路基护坡绿化情况

南广铁路梧州南至郁南段天平隧道弃砟场恢复情况

南广铁路梧州南至郁南段黄练隧道恢复情况

成和指标口径变化情况，南宁铁路局年初对全局各单位2014年节能环保指标计划进行分析测算，正式下发《南宁铁路局关于下达2014年节能环保指标计划的通知》(宁铁计函〔2014〕121号)，对全局各单位2014年节能减排工作提出目标和要求，并予以执行，其中化学耗氧量减排量完成达到69.00%，二氧化硫减排量完成93.10%，详见环境保护指标计划完成情况表。

2014年环境保护指标计划完成情况表

指标名称	计划	完成	完成率
单位工作量综合能耗（吨标煤/百万换算吨公里）	4.75	4.75	100%
单位工作量新鲜用水量（吨/百万换算吨公里）	74.99	76.89	102.53%
化学耗氧量排放量（吨）	22	15.180	69%
二氧化硫排放量（吨）	9	8.379	93.1%

【环境宣传】 2014年，在“六五”世界环境日和节能宣传周期间，南宁铁路局机关服务所和局党委宣传部安排在局调度楼一楼大屏幕播出世界环境日和宣传周

南宁机务段“六五”世界环境日宣传板报

宣传标语，并在机关范围内开展节电、节水、节约办公用品消耗等创建节约型机关的宣传活动。各基层单位广泛开展形式多样的宣传活动，共悬挂大型横幅60多幅，出版节能环保板报、墙报40多期。

【环境工作会议】 2014年11月28日，中国铁路总公司计统部在北京铁道大厦召开铁路节能环保统计工作暨年报布置会议。会议主要讨论并确定了2015年节能环保报表制度，探讨工作中存在的问题及明年工作思路，讨论并布置大型客站能耗调查等内容。

南宁东站全貌

各市环境保护

南宁市环境保护

【综述】 2014年,南宁市围绕环境质量保障和环境安全,深入推进污染物减排,实施大气污染跨区域联防联控和机动车污染防治,全面开展烟囱专项整治和水环境污染整治。加强环境监管和服务,南宁市在华南地区率先出台水泥脱硝补贴政策,推进环保审批制度改革,开展大气污染防治规划编制,建立环保气象监测数据共享机制。强化环境执法,开展专项环保执法检查,对典型环境违法案件实施完成挂牌督办整改,通报了1家公司涉嫌环境犯罪案件,并将案件移送公安部门,这是南宁市环境保护部门向公安机关移送首例环境污染入刑案件,对环境违法行为起到了震慑作用。2014年,南宁市环境空气质量持续改善,市区空气质量优良天数达到292天,优良率达80%;出现轻度污染50天、中度污染15天、重度污染5天,未出现空气质量劣于重度污染的天气。水环境质量总体保持良好,全市境内主要流域9个监测断面水质均达到或优于Ⅲ类水质,集中式地表饮用水水源地水质达标率保持100%。

【机构改革与人事】 机构调整 2014年,南宁市环境保护局机关共有编制47个,其中公务员编制43个,工勤编4个。内设局办公室、规划财务科、政策法规科、自然生态和农村环境保护科、环境影响评价管理科、污染防治科、污染物排放总量控制科、核与辐射安全监督管理科、人事科等10个科室。2013年6月,南宁市撤销相思湖新区环境保护分局,保留南宁经济技术开发区环境保护分局、高新技术开发区环境保护分局、广西—东盟经济技术开发区环境保护分局(南宁市华侨投资区)、南宁市青秀山风景名胜旅游区环境保护分局,为市环境保护局内设机构。市环境保护局直属事业单位5个,分别为南宁市环境保护监测站、南宁市环境监察支队、南宁市环境宣传教育中心、南宁市环境信息中心、南宁市环境应急与事故调查中心(南宁市环保科研所),共有事业编制188人,实际在编人员172人。其中,南宁市固体废物管理中心成立,加挂于南宁市环境应急与事故调查中心,属正科级单位。至此,南宁市环境应急与事故调查中心、南宁市环境保护科学研究所、南宁市固体废物管理中心实行“一套人马,三块牌子”,在编人员20人,后勤人员2人。

重要人事任免 3月28日,陈伟刚任南宁市环境保护局副局长(南府干〔2014〕8号)。7月17日,曾鸣任南宁市环境保护局党组成员(南组干〔2014〕38号)。同日,陈伟刚任中共南宁市委、南宁市人民政府信访局局长,中共南宁市委副秘书长(兼),免去其南宁市环境保护局党组书记职务(南委〔2014〕120号)。7月23日,韦好鹏任南宁市环境保护局局长,李森为南宁市粮食局局长,同时免去李森南宁市环境保护局局长职务(南人发〔2014〕25号)。7月24日,曾鸣任南宁市环境保护局副局长,免去陈伟刚南宁市环境保护局副局长职务(南府干〔2014〕22号)。

辖区机构编制 2014年,南宁市辖六县六城区设有环境保护局,其中六县环境保护局分别设有环境监察大队和环境保护监测站、六城区环境保护局设有环境监察大队,县、城区环境保护部门共有编制262人,实际人数235人。

【环境质量】 环境空气质量 根据《空气环境质量标准》(GB3095-2012)、《环境空气质量指数(AQI)技术规定(试行)》(HJ633-2012)以及《环境空气质量评价技术规范(试行)》(HJ633-2013)等标准规范进行评价,2014年南宁市区空气质量优良天数(空气污染指数AQI ≤ 100)达到292天,占全年80%;出现轻度污染(100 < AQI ≤ 150)50天;出现中度污染(150 < AQI ≤ 200)15天;出现重度污染(200 < AQI ≤ 300)5天;未出现空气质量劣于重度污染的天气。空气质量超标日分别分布在1月(23天)、2月(3天)、3月(2天)、6月(3天)、9月(1天)、10月(14天)、11月(6天)、12月(18天);其中,重度污染日均出现在1月(5天)。与上

年相比，2014年优良天数增加19天，其中优的天数减少14天，良的天数增加33天，空气质量优良率上升5个百分点。

南宁市区环境空气中二氧化硫、二氧化氮、可吸入颗粒物、细颗粒物年平均浓度分别为15微克/立方米、37微克/立方米、84微克/立方米、49微克/立方米，其中二氧化硫与二氧化氮年平均浓度均达到国家一级标准要求，可吸入颗粒物与细颗粒物均超过国家二级标准要求，超标倍数分别为0.20、0.40。市区二氧化硫、二氧化氮24小时平均第98百分位数浓度分别为41微克/立方米、84微克/立方米，其中二氧化硫达到国家二级标准要求，二氧化氮超过国家二级标准要求；可吸入颗粒物、细颗粒物、一氧化碳24小时平均第95百分位数浓度分别为192微克/立方米、120微克/立方米、1.6毫克/立方米，其中可吸入颗粒物、细颗粒物均超过国家二级标准要求，一氧化碳达到国家一级标准要求；市区臭氧日最大8小时滑动平均值的第90百分位数浓度为126微克/立方米，达到国家二级标准要求。

2014年，南宁市区主要空气污染物二氧化硫、二氧化氮、可吸入颗粒物与细颗粒物年平均浓度比上年分别下降21.1%、2.6%、6.7%和14.0%。2014年二氧化硫、二氧化氮、可吸入颗粒物、一氧化碳、臭氧、细颗粒物24小时平均浓度的特定百分位数中，除臭氧日最大8小时均值第90百分位数较上年略上升0.8%外，其余均有不同程度下降。2014年南宁市总体环境空气质量较上年有所好转。

酸雨　2014年，南宁市区酸雨频率为0.0%，较上年下降1.5个百分点；郊区酸雨频率为0.0%，与上年持平。市区降水平均pH值为6.33，较上年升高，酸化程度减弱；郊区降水平均pH值为6.43，较上年升高，酸化程度减弱。

水环境质量　江河水质　2014年，南宁市主要河流水质总体保持良好，按年均值评价，Ⅲ类水质及水功能区达标率均为100%，与2013年持平。2014年南宁市境内左江、右江、武鸣河、邕江、郁江等主要江河总体为Ⅱ～Ⅲ类水质。按年均值评价，所有断面水环境功能区和Ⅲ类水质达标率均保持100%，其中左江上中、右江雁江、右江支流武鸣河叮当、邕江老口、水塘江水质均为Ⅱ类，邕江蒲庙和郁江的六景、平朗、南岸水质均为Ⅲ类。按单月监测结果评价，邕江的蒲庙断面在7月，南岸断面7月、8月，六景断面在7月，平朗断面在5月、6月、7月均因溶解氧超标评价为Ⅳ类水质，其余断面各月水质均能达到或优于Ⅲ类水质。

2014年，南宁市出入境断面水质总体保持良好，按年均值评价，Ⅲ类水质及水功能区达标率均为100%，与2013年持平。2014年南宁市与上、下游城市的3个出入境交接断面，即与崇左、百色交界的左江上中和右江雁江入境断面总体符合Ⅱ类水质，与贵港市交界的郁江南岸出境断面总体达到Ⅲ类水质，满足达到Ⅲ类水质的交接要求。

饮用水水源水质　2014年，南宁市集中式饮用水水源水质月报共监测6个水源，其中5个为邕江地表水源，自上游至下游的位置顺序依次为：三津、陈村、西郊、中尧、河南水源地；另一个是邕宁区清水泉地下水源。

2014年，南宁市集中式饮用水水源地水量达标率为96.21%，比上年上升0.1个百分点。其中邕江5个集中式地表饮用水水源地水质总体保持良好，主要水质指标达标率为100%；清水泉为浅层地下水，易受周围环境影响，水质受总大肠菌群指标超标影响，水质达标率相对较低。

城市内河水质　2014年，南宁市18条主要城市内河中，除八尺江水质为Ⅴ类，属中度污染外，其余17条内河水质为劣5类，均属重度污染。影响水质的主要污染指标为氨氮、五日生化需氧量、总磷、化学需氧量和阴离子表面活性剂。

2014年，南宁市各条内河水质类别与上年相比，八尺江主要受五日生化需氧量影响，水质从上年的Ⅳ类变差为Ⅴ类；四塘江受总磷影响水质从上年Ⅳ类变差为劣Ⅴ类；其他16条内河水质均为劣Ⅴ类，与上年相比无明显变化。

主要湖库水质　2014年，南湖主要受总磷指标偏高影响，总体水质为Ⅴ类，综合营养状态指数为60.9，属中度富营养状态，比上年的62.6有所下降。民歌湖水质为劣Ⅴ类，综合营养状态指数为72.4，属重度富营养状态，比上年的74.9有所下降。相思湖水质为劣Ⅴ类，综合营养状态指数为67.5，属中度富营养状态，比上年的68.4略有下降。总氮单独评价时，南湖为Ⅳ类水质，民歌湖和相思湖均为劣Ⅴ类水质。粪大肠菌群单独评价时，南湖和相思湖均为劣Ⅴ类水质。

2014年天雹、大王滩、峙村河水库水质为Ⅲ类，老虎岭、西津水库水质为Ⅳ类，龙潭水库水质为Ⅴ类，主要影响指标均为总磷。总氮单独评价时，老虎岭、峙村河水库为Ⅲ类水质，大王滩、天雹水库为Ⅳ类水质，龙潭、西津水库为劣Ⅴ类水质。粪大肠菌群单独评价时，除西津水库为Ⅳ类水质外，其余水库均满足Ⅲ类水质要求。按综合营养状态指数评价，除龙潭水库为轻度富营养状态外，其余5个水库均属正常的中营养状态。与上年相比，除龙潭、峙村河水库综合营养状态指数略有上升外，其他水库均有不同程度下降。详见表1。

表1 2014年南宁市湖库水质综合营养状态指数表

点位名称	2013年		2014年	
	综合营养指数	级别	综合营养指数	级别
南湖	62.6	中度富营养	60.9	中度富营养
民歌湖	74.9	重度富营养	72.4	重度富营养
相思湖	68.4	中度富营养	67.5	中度富营养
大王滩水库	49.4	中营养	45.2	中营养
龙潭水库	52.7	轻度富营养	58.5	轻度富营养
天雹水库	42.8	中营养	40.5	中营养
老虎岭水库	49.7	中营养	47.5	中营养
峙村河水库	42.0	中营养	43.6	中营养
西津水库	51.7	轻度富营养	45.8	中营养

地下水水质　2014年，南宁市地下水质良好级占18.75%，分布面积约8平方公里。较差级占81.25%，分布面积约142.0平方公里。地下水总污染指数为8.54，较上年上升2.15。地下水超标组分为铁、锰、氨氮、亚硝酸盐氮，铁的单项污染指数值较上年上升1.31，锰的单项污染指数值上升0.34，氨氮的单项污染指数值上升0.11，亚硝酸盐氮的单项污染指数值上升0.39。2014年南宁市地下水主要受铁、锰、氨氮、亚硝酸盐氮等污染，污染程度较上年有所上升。

声环境质量　城市区域声环境　2014年，南宁城市区域环境噪声平均值为53.5分贝，较上年下降0.1分贝。城市区域声环境质量总体达到国家考核指标要求，属较好水平。城市声源构成仍以社会生活噪声和交通噪声为主，两者占全市声源构成的87.1%。详见图1。

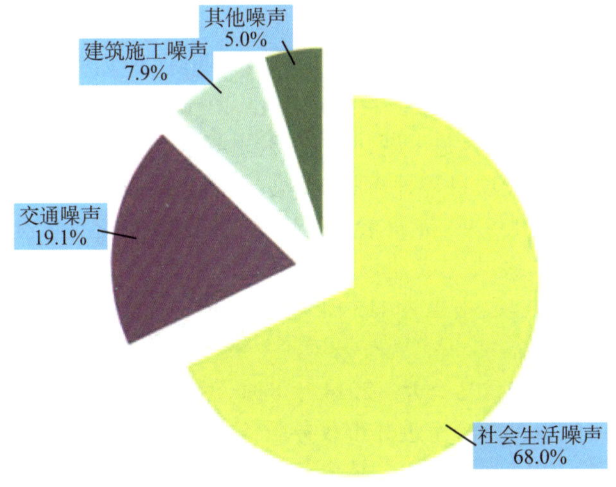

图1　2014年南宁市城市区域声环境噪声源构成图

道路交通声环境　城市道路交通噪声昼间平均等效声级为69.1分贝，较上年下降0.7分贝；监测路段超标率为39.1%，较2013年下降7.2%。道路交通声环境质量总体达到国家考核指标要求，属较好水平。详见表2。

表2 2014年南宁市噪声监测结果一览表

单位：分贝

年度	区域环境噪声平均等效声级	道路交通噪声平均等效声级
2013年	53.6	69.8
2014年	53.5	69.1
变幅	-0.1	-0.7
国家考核标准	≤60	≤70

城市功能区声环境　2014年，南宁市1~4类功能区噪声昼间都能达到国家标准，夜间噪声1类区和2类区达到国家标准，3类区和4类区超过国家标准。与2013年比，2014年南宁市1类和3类功能区昼夜噪声均有所下降，声环境状况有所好转；2类和4类功能区昼间噪声均有所上升或持平，声环境状况有所下降。2014年南宁市功能区噪声达标率为72.2%，比上年上升0.7%；昼间噪声达标率为91.1%，比上年上升1.6%；夜间噪声达标率为34.4%，比上年下降0.7%。详见表3。

表3　2014年南宁市城市功能区噪声监测结果统计一览表

单位：分贝

功能区类型	1类区			2类区			3类区			4类区		
	昼间	夜间	昼夜	昼间	夜间	昼夜	昼间	夜间	昼夜	昼间	夜间	昼夜
2013年	46.6	38.7	47.4	54.8	47.6	56.0	64.2	61.3	67.9	66.8	59.0	67.7
2014年	44.9	38.1	46.2	56.3	48.4	57.1	61.6	55.9	63.5	67.5	59.0	68.1
变幅	-1.7	-0.6	-1.2	1.5	0.8	1.1	-2.2	-5.4	-4.4	1.3	0	0.4
国家标准	≤55	≤45	—	≤60	≤50	—	≤65	≤55	—	≤70	≤55	—

辐射环境质量　电离辐射环境质量　2014年，南宁市区γ辐射空气吸收剂量率（扣除宇宙射线响应值）无异常变化，年平均值为48纳戈瑞/小时；市内29个监测点年均值范围为24~88纳戈瑞/小时。

电磁辐射环境质量　2014年，南宁市区环境电磁辐射年平均值为：电场强度0.82伏特/米(V/m)，功率密度0.002瓦特/平方米(W/m^2)。市区10个监测点位的环境电磁辐射综合场强监测值均低于《电磁辐射防护规定》(GB8702–88)在30~3000兆赫(MHz)频率范围的公众照射导出限值。

【规划与投资】　环境保护规划　2014年，南宁市环境保护局组织编制完成《南宁空港经济区生态环境保护规划》并报获市人民政府批复。组织编制《民族大道延长线经济带环境保护规划》，并通过专家评审。制订南宁市环境保护"十三五"规划工作方案，启动"十三五"规划前期研究工作。开展南宁市大气污染防治规划工作，编制完成《南宁市大气污染防治规划(2014~2025)》、《南宁市大气污染防治三年行动方案(2014~2016)》和《南宁市重污染天气应急预案》。

专项资金　2014年，南宁市获得中央、自治区下达各类专项资金共5042万元，获市本级下达各类专项资金3381.6万元，合计下达8423.6万元。

【污染物减排】　主要污染物减排　2014年，南宁市以主要污染物排放总量控制目标为基本要求，将控制目标分解落实到重点行业、重点企业，加大城镇污水管网建设力度，着力提高已建成污水处理厂的运行负荷，推进农业畜牧养殖业以及机动车的污染减排工作，加强对工业企业监管力度，做好季节性生产企业淀粉、制糖企业开榨预审核工作，保证减排项目的稳定正常运行，切实控制污染物排放量。经自治区核定，2014年南宁市化学需氧量(COD)减排5580吨；氨氮(NH_3–H)减排437吨；二氧化硫(SO_2)减排967吨；氮氧化物(NO_x)减排34吨。

污染物减排措施　2014年南宁市针对污染物减排制订六大措施。一是加快城镇污水管网建设进程，督促各县、城区加快污水管网和重点建制镇污水厂建设；二是积极推进机动车污染防治工作；三是加强水泥、电力行业脱硝设施运行管理；四是加强畜禽养殖减排工作，环境保护部门与农业部门共同推进159个畜禽养殖业污染治理项目建设，推广高架床、生态循环综合利用养殖减排模式；五是对污水管网建设进展、重点建制镇污水处理厂及配套管网建设进行督查督办；六是开展污染减排百日攻坚战，从9月起实施污染减排"百日大战"，成立工作指导协调小组，印发文件明确各县区（开发区）、各责任单位减排工作上报时间及要求，督促各县区（开发区）、各责任单位采取有效措施限期完成任务。全年编印减排工作简讯6期，每月在《南宁日报》公布全市减排重点工作进展情况。

【环境影响评价】　规划环评　2014年，南宁市完成《南宁屯里凤岭北片区污水专项规划》、《南宁市河道采砂规划》、《南宁市城市供水专项规划》等5个专项规划环评审查，完成隆安华侨管理区、宾阳县芦圩工业区、马山县苏博工业园区、上林县象山产业园区等7个工业园区（集中区）的跟踪环评审查。

项目环评　2014年，南宁市环境保护局完成中国东盟食品药品检验检疫中心、南宁南车轨道制造项目、上林县龙母湖、上林县云里湖农业观光园等自治区重大项目环评审批12项，完成市级重大项目环评审批132项，涉及重大项目总投资达278亿元。全年市本级共完成建设项目环评审批236项，其中报告书93项、报告表115项、登记表28项，审批办结率达100%。

环评信息公开　2014年8月，南宁市环境保护局行政审批办公室进驻市政务服务中心办公，所有审批事项的受理、审批、办结全部在行政审批办公室完成。按全市审批提速工作方案要求，南宁市环境保护局先后3次整合审批流程，按便民、高效的原则，精简报批材料，清理前置环节和前置条件。坚持把关与服务并重，充分授权审批办主任、开发区分局长审核签发环评

审批、竣工环保验收批复文件，对建设项目环评审批、竣工环保验收等审批事项统一承诺5个工作日内办结，提高审批时效。同时规范审批“八公开”材料，整合编制全局15个审批事项的操作规范及审批流程图，并在南宁市环境保护局门户网站统一公开。全年市县两级环境保护部门共完成建设项目环评审批1597项，其中报告书239项，报告表612项，登记表746项。

环评项目管理与服务 2014年，南宁市环境保护局加强建设项目环保试生产、试运行工作，严格“三同时”（建设项目同时设计、同时施工、同时投产使用）管理，全年共办理建设项目试生产、试运行审批12个。在严把项目验收关的同时，强化服务，全市共完成竣工环保验收713份，有效落实了环保“三同时”制度。积极开展建设项目环评技术评估工作，试行建设项目分类评估，在环评评估工作程序中增加质量控制的环节，保质保量加快审批流程。全年共完成环境影响评价文件评估项目150个（包括县区、开发区）。对于自治区、南宁市重大项目建设，通过开辟审批“绿色通道”、上门服务等措施，强化环保服务。每季度召开由审批部门、业主单位、环评单位参加的对接推进会，从政策和技术上对各重大项目逐一对接指导，促进项目前期工作进度。

2014年，南宁市环境保护局审批办前台窗口和审批后台得到市政务服务中心办公室以及各界的好评和认可，在年度开展的三个季度政务中心优质服务竞赛中，3次荣获“红旗窗口”称号，多位工作人员连续荣获“优质服务标兵”、“优质服务岗”称号。

【污染防治】 *大气环境污染防治* 2014年，南宁市环境保护局组织开展大气环境保障工作，确保“两会一节一赛”期间的环境质量。强力推进烟囱专项整治。编制南宁市大气污染防治规划，严格控制高排放废气企业准入，推进工业企业“退二进三”，协调企业停产限产。加强环境监测，及时发布预警预报信息，建立重污染天气预警会商联动机制，从9月24日至10月12日，共组织召开南宁市区环境空气质量会商会17次，并实施相应的控制措施。

大气污染跨区域联防联控 2014年10月3~12日，第45届世界体操锦标赛在南宁市举行。自治区环境保护厅由厅级领导带队多次参加南宁市环境空气质量保障会商会。世界体操锦标赛期间，受外来污染物影响，南宁市区出现轻度污染，自治区环境保护厅应南宁市请求，及时向位于南宁上风向的城市发出指令，要求其他城市对重点大气污染源企业采取限产措施，有效缓解南宁市空气污染程度。在桂林、柳州、来宾等城市空气质量中度污染的情况下，南宁市区空气质量保持轻度污染。

市区扬尘治理 2014年，南宁市及时发布市区扬尘污染联防联控预警47次，向市人民政府及各成员单位书面通报9期，组织执法人员1260多人次，检查工地840余家、城市主要道路区域480余次。

2014年3月18日，南宁市环境保护局局长李森（左一，时任）、党组书记陈伟刚（左二）带队对市区烟囱排放废气污染源进行巡查检查　（彭威摄）

水环境污染防治 2014年，南宁市加强水污染防治工作，一是加强对邕江上游河流、湖泊水质的监测。二是加强饮用水水源保护基础工作，组织完成全市乡镇集中式饮用水水源保护区划定并上报自治区，牵头修改完善《南宁市市区饮用水水源保护区划定方案》获自治区人民政府批复。三是加强饮用水水源保护执法，制订印发《南宁市环境保护局开展南宁市饮用水水源保护专项检查工作方案》，对邕江5个现用、7个备用、1个规划集中式饮用水水源保护区进行全面排查；按照自治区统一部署，组织开展2014年集中式饮用水水源保护专项行动；开展邕江两岸和大王滩水库入库污染源整治。四是印发《南宁市饮用水水源保护区巡查督查工作制度》，形成常态化监管，共开展市区饮用水水源现场督查检查工作39次，出动人员141人次，重点对饮用水水源保护区内的违法情况下发督查通报，2014年共下发督查通报3份。五是建立三津、陈村、西郊、中尧、河南水厂取水口5个饮用水水源地视频监控执法系统。

声环境污染防治 2014年，南宁市重点做好建筑施工噪声和社会生活噪声监管。在建筑噪声方面，全市现有建筑工地2200多个，市环境保护局共组织午间、夜间巡查达2900多人次。通过召开施工噪声扰民协调会、建筑施工单位诫勉谈话会，开展为期近两个月的中、高考建筑施工噪声专项整治，噪声投诉反馈等工作加强建筑工地施工噪声管理。截至2014年底，建筑施工噪声扰民共立案197件，下达处罚决定172件，罚处金额125.3万元，案件罚处比2013年增长17.8%，处

罚金额比2013年增长44.2%。在社会生活噪声方面，牵头制订《南宁市开展环境噪声污染综合整治专项行动工作方案》，与市公安局、市法制办、市城管局等部门联合开展为期6个月的噪声专项整治。为加大宣传力度，与市公安局、市法制办联合整治商业场所高音喇叭揽客、广场舞扰民现象，编印噪声防治知识手册10多万册，发放给各县、城区和开发区及有关部门。

2014年8月25日，南宁市环境保护局局长韦好鹏（右二）部署夜间建筑施工噪声专项整治行动　（彭威摄）

重金属污染防治　2014年，南宁市重金属污染综合防治“十二五”规划2013年度实施情况通过环境保护部考核。南宁市环境保护局编制南宁市重金属污染综合防治“十二五”规划2014年度实施方案并组织实施。积极推进重金属污染治理工作，获得中央及自治区重金属污染防治专项资金的4个项目全部按期完成。

【雾霾治理】　2014年，南宁市为应对雾霾天气，编制南宁市大气污染防治规划，严格控制高排放废气企业准入，推进工业企业“退二进三”，协调企业停产限产。强力推进烟囱专项整治和持续开展市区扬尘污染联防联控，强力推进机动车排气污染防治工作。结合第45届世界体操锦标赛环境环境质量保障工作，南宁市全力开展大气污染整治行动，其中烟囱专项整治是整治工作的重中之重，制订出台《关于划定高污染燃料禁燃禁售区的通告》，全年共下达整改通知书608份，拆除各类烟囱907根，淘汰及进行清洁能源改造锅炉（窑炉）634台。

机动车治理措施　2014年，南宁市环境保护局编制印发《南宁市机动车排气污染减排体系建设实施方案》，建立广西第一个具备年检超过50万辆汽车的工况法环保检测能力，建成机动车环保检测站13家，工况法环保检测线43条（其中汽油车检测线24条，柴油车检测线19条）；配合市公安交通运输管理部门起草编制《南宁市逐步限制高污染汽车通行工作方案》，并于12月1日起正式实施南宁市高污染汽车第一阶段限行措施，编制完成《鼓励黄标车和老旧车提前淘汰奖励实施办法》，初步建立机动车排气污染减排体系。截至12月底，南宁市淘汰黄标车及老旧车26035辆，超额完成全年淘汰22293辆任务。

环保车型审核　2014年，南宁市环境保护局制定并实施机动车国Ⅳ排放标准的新车注册登记和外地二手车转入登记门槛。2014年，南宁市共对102127万辆货车、进口车、9座以上客车和外地二手车进行环保车型审核，外地拟转入南宁市的16585辆二手车中，达到国Ⅳ通过审核的有16391辆。严格执行该规定后，新入户的车辆及外地转入南宁市的高污染排放车辆得到有效控制。

环保标志管理　2014年，南宁市实行机动车年审与环保检验合格标志管理一站式办结服务，将到期年检在用汽车环保检验合格标志的管理与公安交警车辆管理部门的机动车行驶证年度审核业务挂钩。采取增设窗口、周末加班和预留资料及网上申领等多种环保标志申领方式，使机动车环保标志管理工作更便民，初步实现机动车环保检验合格标志的管理与公安部门的机动车年审联动。同时完善机动车排气污染数据监控管理系统，对全市29个标志核发站点和13家已建成的机动车环保检测站实现联网实时监控。全年核发机动车环保标志近50万枚，其中黄标车17728枚，绿标车479191枚，发标率达82.35%。

尾气专项治理　2014年，南宁市对出租、公交、旅游、公路等客运车辆进行尾气环保检测。南宁市环境保护局与市交通运输管理部门开展公交车及道路客运车辆尾气超标专项整治联合执法工作，首次对尾气超标上路运营的客运车下达限期整改及罚款处罚当场行政处罚决定书。全年共对853辆营运客车和56辆冒黑烟公交的尾气进行专项抽查检测工作，对其中21辆严重冒黑烟公交车和道路客运车辆对所属公交公司以每辆车300元的罚款进行行政处罚。对在限期内未完成整改的车辆，不予通过下个年度的车辆年检审核，初步建立尾气超标上路营运车辆行政处罚与年审挂钩的管理模式。

油气污染治理　2014年，南宁市开展油气回收治理，减少油气跑冒污染。制订印发《南宁市储油库、加油站和油罐车油气污染治理工作方案》，在全市开展储油库、加油站和油罐车油气污染治理工作。截至2014年底，共完成182家企业加油站油气污染治理。

【固体废物处置】　2014年，南宁市工业固体废物产生量为361.15万吨，同比下降8.87%，工业固体废物综合处置利用率为99.78%，与上年基本持平。

2014年，南宁市区生活垃圾产生量为107.967万吨，同比增长6.613%，生活垃圾处理率为100%；污水厂污泥产生量为8.8672万吨，与同期基本持平，污泥

处置率为 100%。马山县、上林县、隆安县、横县生活垃圾填埋场已投入运营（试运营），宾阳县生活垃圾转移到邻近的来宾市处置，武鸣县及市区内生活垃圾全部集中在城南生活垃圾填埋场进行填埋处置，市区石西生活垃圾无害化处理厂已关停。全市城区及 6 县共 11 家污水处理厂运行正常，污泥绝大部分作为生产肥料的辅助原料进行资源化利用，极少部分直接用作农田肥料使用或由污水处理厂作为生物菌种使用。

【危险废物安全监管】 *工业危险废物处置* 2014 年，南宁市开展危险废物规范化管理督查考核及后督查考核，全市共抽查涉危险废物企业 32 家，考核达标企业 31 家，考核基本达标企业 1 家，全市总抽查合格率为 99.06%，全市工业危险废物产生量为 7069.96 吨，综合利用量为 700.58 吨，综合利用率为 9.91%，处置量为 5932.38 吨，处置利用率为 83.15%，贮存总量为 1344.10 吨，无倾倒丢弃。南宁市工业危险废物主要来自废弃电器电子产品拆解企业、有色金属冶炼行业、电镀行业及化工行业，产生种类主要为含铅 CRT 锥玻璃、废印刷电路板、有色金属冶炼废渣、废矿物油、废酸、含铬废物等。

医疗废物处置 2014 年，南宁市实行医疗垃圾集中收运处置的医疗机构共 941 家（点），覆盖面包含市辖六县六城区。全年共收运、处置医疗废物 6730.31 吨，同比增长 26.94%，医疗废物集中处置率为 100%。

危险废物处置经营许可 2014 年，南宁市投入运营的危险废物经营单位共有 4 家。其中，广西神州立方环境资源有限责任公司为危险废物综合处置经营单位，取得危险废物经营许可证；南宁市安明油脂有限责任公司、南宁市绿峰环保科技有限公司、南宁市圣达净水材料有限公司分别为废物矿物油、废显（定）影液、废盐酸利用处置企业，已持有自治区环境保护厅核发的危险废物经营许可证。

【电子废物管理】 2014 年，广西桂物资源循环产业有限公司共拆解处理黑白电视机 4.58 万台，彩色电视机 48.94 万台，冰箱 6061 台，洗衣机 1.07 万台，空调 2119 套，电脑 1.89 万套，共产生拆解产物 1.09 万吨。全年企业共收到财政部废弃电器电子产品处理基金补贴 3406.99 万元。该公司于 2012 年 10 月取得南宁市环境保护局颁发的《废弃电器电子产品处理资格证书》。

【自然生态保护】 2014 年，南宁市有自然保护区 7 个，其中国家级自然保护区 1 个，自治区级自然保护区 5 个，市级自然保护区 1 个，自然保护区面积 5.17 万公顷，占全市总面积的 2.33%。有森林公园 6 个，面积为 1.16 万公顷。全市森林面积 104.7687 万公顷，森林覆盖率达 47.36%。

【农村环境保护】 *农村环境连片整治* 2014 年，南宁市继续推进农村环境连片整治示范项目建设。2014 年全市 22 个乡镇、115 个行政村的 140 座集中式污水处理设施项目主体工程全部完成。南宁市环境保护局组织各县区参加 2014 年农村环境综合整治项目竞争性评选，有 3 个县、12 个村获得示范资金 3600 万，用于农村生活污水处理设施及饮用水源保护设施等项目的建设。示范村庄生活污水处理率达 60% 以上，生活垃圾定点存放清运率达 100%。

2014年9月16日，环境保护部副部长李干杰（左四）视察南宁市农村环境连片整治项目 （彭威摄）

清洁水源专项活动 2014 年，南宁市继续开展清洁水源专项活动，乡村水环境得到明显改善。全市共调查 500 人以上的农村饮用水水源地数量 2449 个；已建成示范村生活污水治理设施 284 套；全面关闭乡村污染严重小企业 382 个。开展清理、取缔影响饮用水水源地各类污染源、排污口 1811 个，并设置水源地界桩、警示标识牌。划定乡镇集中式饮用水水源保护区 774 个。全年出动 96 万人次开展清洁乡村水体专项行动，清理小溪（河）流、沟渠、池塘、湖库 45229 处，清理水体垃圾等 7 万多吨。统一规划建设畜禽养殖场、小区 1170 个，完成养殖场（小区）粪污集中处理与资源化利用设施 2117 座。

生态农业 2014 年，南宁市积极组织项目单位开展生态广西建设引导资金项目申报工作，自治区对南宁市项目尤其是“公司＋农户”、“公司＋基地”等多元化经营体制项目的支持逐年增大。2014 年，包括生态有机产业、特色种养、农林废弃物资源化利用、循环经济、清洁生产试点示范 5 个示范基地建设项目获资金补助 250 万元，对引导和推动生态农业发展起促进作用。在全市 12 个县区打造 12 个“美丽南宁”综合示范村。示范村通过加强村庄基础建设，整合公司、农户资源，发展生态农业，推动乡村休闲农业发展。与此同时，大力开展生态村创建活动，全市有 179 个行政村被

命名为“南宁市级生态村”,有4个乡镇获得自治区级生态乡镇命名,75个行政村获得自治区级生态村命名,成为“美丽南宁·清洁乡村”活动的典型。

【核与辐射安全监管】 2014年,南宁市共有核技术应用单位317家,使用密封放射源330枚,射线装置660台套。按照上级环境保护部门要求,南宁市环境保护局进一步加强核与辐射安全监管,在全市范围组织开展年度辐射安全监督检查和放射源专项检查工作,全市核技术利用单位辐射安全许可证持证率保持100%,辐射环境质量保持良好水平,全年未发生放射源丢失、被盗、失控等辐射事故。南宁市环境保护局开展辐射事故应急预案的编制工作,并指导县区环境保护部门、核技术利用单位做好辐射事故应急预案的编制修订工作。强化对移动通信基站、高压输变电等电磁辐射建设项目的环境监管。加强核与辐射安全及防护知识的公众宣传和科普教育。全年共受理辐射环境污染信访投诉案件81起,处理答复率达100%。

【环境监察与排污收费】 *环境安全保障* 2014年,南宁市环境保护局把环境安全隐患排查整治、保障环境安全作为开展党的群众路线教育实践活动的重要内容和基本要求加以实施,防止重大环境事件发生。全年市本级对环境违法行为行政处罚立案225件,下达行政处罚决定书183份,收缴罚款165.9万元。举行行政处罚听证案件6件,均按要求完成听证程序。同年,南宁市环保系统加大环境执法力度。全市各级环境保护部门共出动人员1.7万多人次,检查督查企业工地6800多家(次),排查邕江、18条内河入江排污口以及饮用水源地52个,停产整治企业18家,取缔关闭31家,关停取缔非法窝点17个,行政处罚立案225件,对3起典型环境违法案件实施完成挂牌督办整改,通报广西网联电线电缆有限公司涉嫌环境犯罪案件、南宁振宁工业投资管理有限责任公司(蒲庙造纸厂)环境违法案件等10起典型环境违法案件。其中,广西网联电线电缆有限公司擅自倾倒危险废物案被移送公安部门,这是南宁市环境保护部门向公安机关移送首例环境违法案件。

水泥电力行业环保管理 2014年,南宁市加强水泥、电力行业脱硝设施运行管理,对全市水泥、电力行业脱硝设施运行采用预警机制,实施实时监控和管理。为鼓励大型水泥企业提前执行2015年开始实施的水泥行业排放标准,出台水泥脱硝补贴政策,得到环境保护部华南督查中心肯定。

污染源自动监控管理 2014年,南宁市环保重点监控企业先后安装污染源自动监控设备213套,其中废水148套,废气65套。全年共有48家企业的75套在线监控设备列入国家考核,传输有效率为89.45%,超过75%的国家考核标准。全年在线超标启动转办率为100%、及时处理反馈率达95.2%。

排污收费 2014年,南宁市市本级排污费征收入库3200万元。根据国家和自治区部署,南宁市在充分利用环境保护部组织的国控重点污染源自动监控能力建设项目和环境信息与统计能力建设项目成果的基础上,全面推进排污费征收全程信息化工作,全年完成申报审核企业1314家,完成核定计算企业523家,打印核定通知书企业438家,打印缴费通知书企业387家。推进排污费征收全程信息化管理,进一步推动全市排污费依法、全面、足额、按时征收,更好地服务污染治理、主要污染物总量减排、环境执法和产业结构调整等工作。

环保执法队伍建设 2014年,南宁市环境保护局强化环境保护依法行政工作。机关在编执法人员37名、市环境监察支队在编执法人员47名、市环境保护监测站在编执法人员45名,全部执法人员均通过自治区组织的行政执法资格考试或环境保护部组织的环境监察资格考试,持证上岗率达100%。

【首例环境污染入刑案件】 2014年7月29日,广西—东盟经济技术开发区内的广西网联电线电缆有限公司拉丝油循环冷却的油水混合物被人为倾倒入园区雨水管网,造成开发区西江河干渠(农灌渠)污染,南宁市环境保护局根据群众举报查处广西网联电线电缆有限公司擅自倾倒危险废物案件。依据最高人民法院、最高人民检察院《关于办理环境污染刑事案件适用法律若干问题的解释》,该案件因倾倒危险废物数量巨大,相关责任人的行为已涉嫌污染环境罪,南宁市环境保护局对责任单位广西网联电线电缆有限公司立案处罚20万元,并将触犯刑法涉嫌环境犯罪的责任人蒙剑宁、黄万德依法移交公安部门立案查处,这是南宁市环境保护部门第一次将环境违法案件移送公安机关。2014年8月,南宁市公安局华侨投资区分局决定对该环境污染案立案侦查,这是南宁市第一起涉环境犯罪的案件。

【环境应急与事故调查】 *环境应急管理* 2014年,南宁市环境保护局制订4份应急预案,开展2项应急演练,签订1份应系合作备忘录。制订印发《南宁市市区重污染天气应急预案》、《南宁市环境保护局反恐怖工作应急预案》、《南宁市重大涉环保项目建设群体事件应急应对工作预案》,完善《南宁市环境保护局突发环境事件应急预案》。开展南宁市重大活动大气重污染应对保障演练,参与崇左市左江突发环境事件应急监测联合演练;与南宁市气象局签署《环境与气象合作备忘录》,双方对重污染天气和突发环境事件等达成合作

协议。全年共启动预警、预案16次，其中启动预警应对环境污染隐患事件13起，应急处置一般性突发环境事件3起。

环境应急监测　2014年，南宁市环境应急监测工作目标包括继续加强环境空气和水环境质量的预警预报，充分发挥南宁市突发环境事件应急监测指挥系统作用。制定《环境应急监测物资管理及调用制度》、《南宁市突发环境事件应急监测信息报告制度》以及《南宁市环境应急监测专家工作制度》等应急监测制度，健全突发环境事件应急监测制度，提高突发环境事件应急监测工作的及时性和准确性。编制《南宁市环境空气质量预警方案》、《南宁市环境空气质量应急分级机制》、《南宁市环境空气污染应急预案》、《南宁市空气质量预报会商制度》、《南宁市水质监控制度》等预案制度，继续加强环境空气和水环境质量的预警预报，建立区域联防联控机制和应急响应体系。4~6月全面启动邕江河段6个水质自动监测站的应急预警实时监控，针对邕江水塘江—郁江南岸段部分重点断面，如重点企业下游、市县交界断面、县城饮用水取水地等共布设7个断面，采取手工加密监测，每天监测1次。

环境事件与查处　2014年，南宁市环境保护局启动应急预警应急处置涉突发环境事件16起，其中一般突发环境事件3起，比上年下降62.5%；另外13起由于响应及时、措施得当、科学应对，没有造成污染升级或衍生造成的环境污染事件。按类型划分，3起均为涉水环境污染事件；按事件起因划分，1起属企业违法排污引发的环境事件，1起属水利工程调节引发的环境事件，1起属其他类环境事件。

【环保法规规章】 2014年，南宁市制定颁布了一批地方性环保法规规章和规范性文件。

2014年7月24日，《南宁市郁江流域水污染防治条例》经自治区第十二届人大常务委员会第十一次会议正式批准，2014年9月1日起施行，《南宁市邕江河段水体污染防治条例》同时废止。《南宁市人民代表大会常务委员会关于修改〈南宁市饮用水水源保护条例〉的决定》第二次修正，于2014年5月30日经自治区第十二届人民代表大会常务委员会第十次会议批准并发布，于2014年7月1日起施行。制定《南宁市餐厨垃圾管理办法》、《南宁市人民政府关于废止南宁市燃煤二氧化硫污染防治办法的决定》。制定《南宁市人民政府办公厅关于印发南宁市推进黄标车及老旧车淘汰工作实施方案的通知》、《南宁市人民政府关于划定畜禽养殖禁养区的通告》（规范性文件）、《南宁市人民政府关于制定高污染燃料禁燃禁售的通告》。南宁市人民政府办公厅制定印发《南宁市节能减排工作行政过错问责暂行办法》。按照南宁市“美丽南宁·整洁畅通有序大行动”工作部署，南宁市环境保护局等14个委办局联合颁布《南宁市城市管理领域失信联合惩戒办法（试行）》，于2014年10月1日起实施，主要目的是培育和践行社会主义核心价值观，加强对个人和单位的信用管理，倡导诚实守信，建立对失信个人、单位联合惩戒机制。

【行政处罚与复议】 2014年，南宁市环境保护局对环境违法行为行政处罚立案245件，下达行政处罚决定书200份，共罚处229.349万元，行政处罚听证案件5件。其中，广西网联电线电缆有限公司擅自倾倒危险废物案已移送公安部门，当事人因犯污染环境罪，分别被判处拘役6个月，缓刑1年，并罚处2万元。行政复议答辩2件，并按程序完成答辩。

【绿色信贷】 2014年，南宁市环境保护部门加强与金融机构的信息交流与共享，贯彻落实《南宁市环境保护局行政处罚信息授信金融机构暂行办法》，不断提高环保参与经济建设的能力和水平，提高环保执法力度和惩戒作用。全年南宁市环境保护局分别向自治区环境保护厅、中国人民银行南宁中心支行报送企业行政处罚案件200件、建设项目环评审批236件和建设项目环保设施竣工验收134件。

【环境科研】 2014年，南宁市环境科研重点在环境监测方面。市环境保护监测站结合环境管理过程中遇到的难点和热点问题开展环保科研项目工作，研究课题有《南宁市交通环境下大气污染特征及防治研究》、《南宁市主要河流持久性有机污染物污染现状调查与控制对策研究》、《南宁市饮用水源地重金属污染现状调查、风险评估与预警体系研究》、《基于RS和地面监测的南宁市大气颗粒物(PM_{10}、$PM_{2.5}$)时空演变趋势研究》、《南宁市主要河流中抗生素污染的污染现状调查与风险评估》、《郁江（横县段）饮用水源地污染物调查与研究》、《南宁市主城区电磁辐射水平调查与研究》、《南宁市机动车尾气排放超标治理技术路线研究及应用示范》、《南宁市大气颗粒物污染时空分布规律及成因分析研究》等9个。

2014年，南宁市环境保护监测站投入科研经费54万元；获得南宁市科技资金支持60万元，其中《南宁市主要河流中抗生素污染的污染现状调查与风险评估》10万元，《南宁市机动车尾气排放超标治理技术路线研究及应用示范》50万元；获得2014年南宁市培养新世纪学术和技术带头人专项资金10万元。

【环境监测】 环境空气监测　市区　2014年，南宁市在五象新区新建1个环境空气常规测点，8月竣工，9

月开展试运行,10月正式为保障第45届世界体操锦标赛环境空气服务。南宁市区环境空气常规测点空气测点共10个,分别是市环境保护监测站、区农职院、振宁花园、北湖、大自然花园、英华嘉园、沙井街道办、仙葫、邕宁区人民政府、五象新区,其中仙葫为对照点,邕宁区人民政府和五象新区为市控点。监测方法采用美国Dasibi1000、美国热电、南京凯米迪及瑞典荣生等环境空气自动监测系统进行监测。另外,市环境保护监测站点增加温室气体自动监测并上报数据。降水监测点位有4个,分别为市环境保护监测站、罗文、青山、新江镇畜牧兽医站,其中市环境保护监测站和新江镇畜牧兽医站为国控站点,青山和罗文为区控站点,逢雨监测。2014年12月,根据自治区要求,新江镇畜牧兽医站更名为新江镇。2014年南宁市环境空气、降水监测点位布设情况见表4。

此外,在朝阳路和民族大道路口、民主路和友爱南路口设2个交通干线环境空气测点,每半年监测1次,每次连续监测2天。2014年在市环境好监测站开展机动车尾气监测,每半年监测1次。

辖县空气监测　2014年,武鸣县城在县环境保护局设环境自动空气监测点位1个,开展空气质量日报。在横县、宾阳县各设环境空气监测点1个,开展空气质量周报监测。此外,横县、宾阳县另设2个点位,隆安县、上林县、马山县城设环境空气点位各1个,每季度开展5天、24小时连续采样。

武鸣县、横县、宾阳县、隆安、上林县和马山县6个县城设置降水监测点位各1个,降水监测点位均设在县环境保护局。6个县的监测项目为pH值、电导率、降水量,逢雨监测。辖县环境空气、降水监测点位布设见表4。

空气正负离子监测　2014年,南宁市区内布设金湖广场、会展中心、民生广场、人民公园、南湖公园、青秀山风景区、万达广场、广西大学、江南客运站、南宁火车站等10个监测点位,其中万达广场于2014年7月更名为悦荟广场。监测项目为空气负离子和空气正离子,逢单月监测,全年监测6次。

表4　2014年南宁市大气监测点位布设一览表

地理位置	测点名称	测点代码	所在行政区	所属功能区	监测项目			备注
					二氧化硫、二氧化氮、颗粒物(粒径小于等于10微米)	臭氧、一氧化碳、颗粒物(粒径小于等于2.5微米)	降水	
南宁市区	青山(自治区控点)	1	青秀区	一类区			√	
	仙葫(对照点,国家网)	10	青秀区	二类区	√	√		
	振宁花园(国家网)	51	江南区	二类区	√	√		
	北湖(国家网)	52	西乡塘区	二类区	√	√		
	市环境保护监测站(国家网)	54	兴宁区	二类区	√	√	√	增加二氧化碳、甲烷、非甲烷总烃
	区农校(国家网)	57	西乡塘区	二类区	√	√		
	英华嘉园(国家网)	124	良庆区	二类区	√	√		
	大自然花园(国家网)	125	青秀区	一类区	√	√		
	沙井街道办(国家网)	126	江南区	二类区	√	√		
	邕宁区人民政府(市控点)		邕宁区	二类区	√	√		
	五象新区(市控点)		良庆区	二类区	√	√		
	罗文(自治区控点)	128	西乡塘区	二类区			√	
	新江镇畜牧兽医站(国控远郊点)	13	邕宁区	二类区			√	远郊点
武鸣县	县环境保护局		武鸣县	二类区	√		√	
横　县	横县环境保护局		横　县	二类区	√		√	
	横县城东居委		横　县	二类区	√			
	横州镇人民政府		横　县	二类区	√			

续表

地理位置	测点名称	测点代码	所在行政区	所属功能区	监测项目			
					二氧化硫、二氧化氮、颗粒物（粒径小于等于10微米）	臭氧、一氧化碳、颗粒物（粒径小于等于2.5微米）	降水	备注
宾阳县	宾阳县环境保护局		宾阳县	二类区	√		√	
	新宾粮所		宾阳县	二类区	√			
	商贸城		宾阳县	二类区	√			
隆安县	隆安县环境保护局		隆安县	二类区	√		√	
马山县	马山县环境保护局		马山县	二类区	√		√	
上林县	上林县环境保护局		上林县	二类区	√		√	

注："√"表示在该测点进行监测。

水环境监测　根据自治区环境监测中心站统一规定，在地表水环境监测、统计中，每年的枯水期为1月、2月、3月、12月，丰水期为6月、7月、8月、9月，平水期为4月、5月、10月、11月。

主要河流　南宁市主要河流多属珠江流域西江水系，上游左江、右江入境后汇合成郁江，郁江流经南宁市区段称作邕江，是郁江自西向东流经南宁市河段的别称。在河流上设置的监测断面有：

上游：布设左江上中、右江雁江断面，均为区控和城市交接断面。在右江支流武鸣河设叮当断面，为市控断面。有上中、雁江和白马水质自动监测站，每天间隔4小时监测1次并上报数据。

中部：上游左、右江汇合而成的邕江是流经南宁市区的主要河流，共布设3个监测断面，分别为老口、水塘江、蒲庙断面，其中老口为国控断面，蒲庙为区控断面。邕江国家老口水质自动监测站设在老口。三岸水质自动监测站设在蒲庙断面，每天间隔4小时监测1次并上报数据。

下游：在郁江中段六景道庄布设市控监测断面，在郁江流出南宁市界前设南岸断面，南岸断面为国控断面，同时为城市交接断面。设有南岸水质自动监测站，每天间隔4小时监测1次并上报数据。2014年在六景道庄与南岸之间，西津水库上游的平朗布设市控监测断面。

以上断面除老口为对照断面外，其余均为控制断面。

按国家环境监测技术规范要求，上中、雁江、老口、水塘江、蒲庙、六景道庄、南岸断面设左、中、右3条采样垂线，叮当断面设中间1条采样垂线，统一在水下0.5米处采样。老口、上中、雁江、三岸、白马水质自动监测站每4小时开展1次共7个项目全自动分析，发布水质周报。河流水质监测断面布设情况见表5。

表5　2014年南宁市河流水质监测断面布设情况表

河流名称	断面名称	断面类型	断面代码	控制级别	边界交接关系	测点数（个）	监测频率（次/年）	监测项目
左江	上中	控制断面	367	区控	崇左市→南宁市	3	12	29项（其中24项必测）
						1	6次/天	7项自动监测
右江	雁江	控制断面	387	区控	百色市→南宁市	3	12	29项（其中24项必测）
						1	6次/天	7项自动监测
	白马	控制断面		区控	隆安县→南宁市	1	6次/天	7项自动监测
邕江	老口	对照断面	2	国控	—	3	12	29项（其中24项必测）
						1	6次/天	7项自动监测
	水塘江	控制断面	59	区控	—	3	12	29项（其中24项必测）
	蒲庙	控制断面	252	区控	—	3	12	29项（其中24项必测）
					（三岸水质自动监测站）	1	6次/天	7项自动监测

续表

河流名称	断面名称	断面类型	断面代码	控制级别	边界交接关系	测点数（个）	监测频率（次/年）	监测项目
郁江	六景道庄	控制断面		市控	—	3	2	29项（其中24项必测）
	平朗	控制断面		市控		3	12	29项（其中24项必测）
	南岸	控制断面	388	国控	南宁市→贵港市	3	12	29项（其中24项必测）
						1	6次/天	7项自动监测
武鸣河	叮当	控制断面		市控	—	1	2	29项（其中24项必测）

表6　2014年南宁市城市内河监测断面布设情况表

点位名称	测点数	监测频率（次/年）	监测项目
马巢河	1	3	21项
可利江	1	3	
凤凰江	1	3	
心圩江	1	3	
二坑	1	3	
朝阳溪	1	3	
亭子冲	1	3	
竹排冲口	1	3	
水塘江	1	3	
八尺江	1	3	
蓉茉江	1	3	
良庆河	1	3	
楞塘冲	1	3	
竹排冲琅东污水厂出水口上游	1	3	
良凤江	1	3	
石埠河	1	3	
大岸冲	1	3	
石灵河	1	3	
西明江	1	3	
四塘江	1	3	

城市内河　邕江流经市区段主要有江北片的竹排冲、朝阳溪、二坑、心圩江、可利江、西明江、石埠河、石灵河、四塘江和江南片的水塘江、亭子冲、凤凰江、马巢河、良庆冲、楞塘冲、八尺江、大岸冲、蓉茉江等18条支流，市区内工业废水、部分生活污水及其他的面污染源废水主要通过这些支流进入邕江。在其中的马巢河、可利江、凤凰江、心圩江、竹排冲、朝阳溪、二坑、亭子冲、水塘江、八尺江、蓉茉江、良庆河、楞塘冲等13条主要内河汇入邕江前各设置1个监测断面，以及在竹排冲琅东污水厂出水口上游设置1个监测断面，另外还在良凤江、石埠河、大岸冲、石灵河、西明江、四塘江各设置1个监测断面，每个断面中间设1条采样垂线，在水面下0.5米处采样，水深不足1米时，在1/2水深处采样。每年的3月、7月、11月各采样1次。南宁市城市内河监测点位布设情况见表6。

生活饮用水水源　南宁市区饮用水源主要集中于邕江市区河段，分别是三津、陈村、西郊、中尧、河南5个水源地。在位于水源地的各水厂取水口上游100米处布设监测断面，设左、中、右3条采样垂线，均在水面下0.5米处采样。除溶解氧、粪大肠菌群项目采断面中间样分析外，其余项目则将3条采样垂线的综合水样进行分析。此外，市区饮用水源还有邕宁区清水泉地下水水源地。从2010年起增加备用水源天雹水库、峙村河水库、老虎岭水库、龙潭水库、大王滩水库的监测，每季度监测1次。市区饮用水水源地水质监测断面布设情况见表7。

2014年，上林、横县、马山、隆安、武鸣5个县在本县主要饮用水源地布设监测点位各1个，宾阳饮用水源地从原来的1个监测点增加到3个，地表水每季度开展1次水质监测，地下水每半年监测1次。监测情况见表7。

表7　2014年南宁市饮用水水源监测断面（点位）布设情况表

地理位置	水源类型	取水来源	断面（点位）名称	测点数	监测频率（次/年）	监测项目
南宁市区	地表水	邕江	三津	3	12	62项（7月109项）
			陈村	3	12	
			西郊	3	12	
			中尧	3	12	
			河南	3	12	
	地下水	清水泉	清水泉	1	12	24项（6月40项）
	湖库	天雹水库	天雹水库	1	4	21项
		峙村河水库	峙村河水库	1	4	
		老虎岭水库	老虎岭水库	1	4	
		龙潭水库	龙潭水库	1	4	
		大王滩水库	大王滩水库	1	4	
武鸣县	地下水	灵水	灵水	1	2	24项（6月40项）
宾阳县	地下水		宾阳县供水公司第三抽水站	1	2	
	地下水		宾阳县商贸城供销公司水厂	1	2	
	地下水		宾阳县新宾供销公司水厂	1	2	
马山县	地表水	六朝水库	六朝水库	1	4	62项（6月109项）
横县	地表水	郁江	县城取水口	1	4	
隆安县	地表水	那降水库	那降水库	1	4	
上林县	地表水	北仑河	自来水公司取水点	1	4	

湖库　位于南宁市区东面的南湖竹排冲环运河水系，在南湖中设南湖上湖、南湖中湖、南湖下湖、南湖出水口、水草养殖实验点、南湖补水口、桃源路出水口、星湖路出水口等监测点各1个，汇歌湖（民歌湖）监测点1个，在竹排冲中设南湖环运河北段出口上游100米、南湖环运河北段出口下游500米、琅东污水厂出水口下游500米等监测点各1个。2013年7月增加南湖环运河少管所新岸桥上游50米监测点1个。位于市区西面的相思湖，分别设上湖、中湖、下湖监测点各1个，均在水面下0.5米处采样。大王滩水库设置坛蝉断面、三叉口断面、库中心、坝首等4个断面，每个断面中间设1条采样垂线，在水面下0.5米处、1/2水深处、水底下0.5米处分别采样。另外，从2012年起增加西津水库水质监测，在大坝上游1000米和大坝上游3000米这两个断面设置断面，设左、中、右3条采样垂线，在中间的采样垂线上，分别在水面下0.5米处、1/2水深处、水底下0.5米处进行采样，其余均在水面下0.5米处采样。2014年10月起，增加五象湖水质监测，设置金象湖、银象湖、玉象湖3个监测点位。2014年南宁市区湖库水质监测点位布设情况见表8，辖县河流湖库水质监测点位布设情况见表9。

表8　2014年南宁市湖库水质监测点位布设情况表

名称	测点数	监测频率（次/年）	监测项目
南湖竹排冲环运河水系	7	12	21项（必测9项）
	1	12	9项
	4	12	15项
相思湖	3	3	20项
大王滩水库	12	2	31项
西津水库	18	2	31项
五象湖	3	3	21项（必测10项）

表9　2014年南宁市辖县河流湖库水质监测点位布设情况表

县份	点位名称	监测频率	必测项目
武鸣县	武鸣河水质监测断面： 邓广、起凤山、渡头桥、明秀园、明秀电站、宁武电站、双卢电站。	逢单月监测1次，全年6次。	6项
		1月、7月监测，全年监测2次	30项
横县	河流水质监测断面： 横州镇清江、云表镇云表江、百合大埠江、六景马毡江、平朗乡双窑江、新福镇新福江、镇龙乡镇龙江、郁江峦城段。	3月、7月、11月各监测1次，全年3次。	6项
	湖库水质监测： 旺天塘水库、良圻镇源清水库、石塘镇青年水库、校椅镇北滩水库、六蓝水库。	全年监测1次。	8项
宾阳县	河流水质监测断面：		
	1. 清水河：廖平	逢双月监测1次，全年共6次	5项
	2. 沙江：思陇、蓝田、高龙 3. 清水河：田头村、六冯 4. 南河：水美五七、新埠 5. 甘棠河：长滩 6. 清平水库	3月、7月、11月各监测1次，全年3次	6项

地下水　南宁市区地下水水质由南宁地质环境监测站开展监测。地下水监测点18个，枯水期采集水样16套、丰水期采集水样16套，每年枯、丰水期各采样1次，监测项目共36个。

2014年，在邕江上例行监测的老口、水塘江、蒲庙断面增加补充监测；邕江18条支流入江口例行监测断面的水质补充监测；南宁水源地例行监测断面的水质补充监测；在5条支流（八尺江、那平江、心圩江、可利江、马巢河）上游新建水质监测断面。南宁市区流域水质和水量监测能力建设项目环境补充监测详见表10。

表10　南宁市区流域水质和水量监测能力建设项目环境补充监测表

序号	监测点位	监测频次	监测指标
1	例行断面补测–邕江上老口、水塘江、蒲庙断面	2013年4月至2014年12月，每月1次，共计21次	总氮和磷酸盐
2	例行断面补测–邕江上老口、水塘江、蒲庙断面	2013年4月至2014年12月，每月1次，除去每年1月和7月例行监测，共计18次	硝酸盐氮
3	例行断面补测-18条支流入江口水质	2013年4月至2014年12月，每月1次，除去每年3月、7月、11月例行监测，共计16次	水温、COD、DO、氨氮、硝酸盐氮、总氮、磷酸盐、总磷
4	例行断面补测–18条支流入江口水质	2013年4月至2014年12月，每年3月、7月、11月各1次，共计5次	硝酸盐氮、磷酸盐
5	例行断面补测–水源地：三津、陈村、西郊、中尧、河南	2013年4月至2014年12月，每月1次，共计21次	磷酸盐
6	在英雄水库、西云江水库、青龙江水库、东山水库新建4个水质监测点	2013年4月至2014年12月，每季度1次，共计7次	水温、COD、DO、氨氮、硝酸盐氮、总氮、磷酸盐、总磷

声环境监测　功能区噪声　2014年，按噪声功能区划分原则，在市区4种噪声功能区类型中共布设7个监测点，每季度监测1次，每次连续监测24小时。

区域环境噪声　2014年，南宁市区域环境噪声网格划分为650米×650米，网格总数241个，监控面积101.82平方公里，每年监测1次，在秋季进行。

道路交通噪声　2014年，南宁市道路交通噪声测点为135个测点，监测道路总长139.75公里。每年监测1次，在秋季进行。

辖县噪声监测　2014年，南宁市辖六县中，除马山县外，其余五县均开展了功能区噪声、区域环境噪声和道路交通噪声的监测，功能区噪声监测频率为每季度1次，区域环境噪声和道路交通噪声监测频率均为每年1次，在春季或秋季进行。

交通干线噪声　2014年，在南宁市区两条主要交通干线另设置2个交通干线噪声监测点，每半年监测1次，每次连续监测2天，每天交通平峰期及高峰期各监测1次。

2014年，南宁市区及辖县环境噪声监测情况详见表11。

表11　2014年南宁市区及辖县环境噪声监测情况表

<table>
<tr><th>监测类别</th><th colspan="2">测点名称</th><th>功能类别</th><th>功　能</th></tr>
<tr><td rowspan="13">功能区噪声</td><td rowspan="7">市区</td><td>烈士陵园</td><td>1类</td><td>居住、文教区</td></tr>
<tr><td>广西大学</td><td>2类</td><td>混杂区</td></tr>
<tr><td>联小</td><td>2类</td><td>混杂区</td></tr>
<tr><td>文化大院</td><td>2类</td><td>混杂区</td></tr>
<tr><td>有机厂</td><td>3类</td><td>工业区</td></tr>
<tr><td>朝阳路</td><td>4类</td><td>交通干线侧</td></tr>
<tr><td>新阳路</td><td>4类</td><td>交通干线侧</td></tr>
<tr><td colspan="4">武鸣县：每类功能区选择1个测点。</td></tr>
<tr><td colspan="4">横县：在城西住宅区、东门建材有限责任公司、柳明小学、骨科医院办公楼各设1个测点。</td></tr>
<tr><td colspan="4">宾阳县：在县人民政府、商贸城、新宾粮所、县环境保护局各设1个测点。</td></tr>
<tr><td colspan="4">隆安县：每类功能区选择1个测点。</td></tr>
<tr><td colspan="4">上林县：每类功能区选择1个测点。</td></tr>
<tr><td colspan="4">马山县：每类功能区选择1个测点。</td></tr>
<tr><td rowspan="6">区域环境噪声</td><td colspan="4">市　区：241个测点，网格尺寸650（米）×650（米），覆盖面积101.82平方公里。</td></tr>
<tr><td colspan="4">武鸣县：107个测点，网格尺寸250（米）×250（米）。</td></tr>
<tr><td colspan="4">横　县：105个测点，网格尺寸200（米）×200（米）。</td></tr>
<tr><td colspan="4">宾阳县：102个测点。网格尺寸260（米）×260（米）。</td></tr>
<tr><td colspan="4">上林县：110个测点。网格尺寸100（米）×100（米）。</td></tr>
<tr><td colspan="4">隆安县：102个测点，网格尺寸250（米）×250（米）。</td></tr>
<tr><td rowspan="3">道路交通噪声</td><td colspan="4">市　区：69条道路，135个测点，监测总长139.75公里。</td></tr>
<tr><td colspan="4">武鸣县：19条道路，48个测点，监测总长15.40公里。</td></tr>
<tr><td colspan="4">横　县：12个测点。</td></tr>
<tr><td rowspan="3">道路交通噪声</td><td colspan="4">宾阳县：9个测点，监测总长9.20公里。</td></tr>
<tr><td colspan="4">上林县：7条道路，15个测点，监测总长7.85公里。</td></tr>
<tr><td colspan="4">隆安县：3条道路，13个测点，监测总长6.48公里。</td></tr>
<tr><td rowspan="2">交通干线噪声</td><td colspan="4">朝阳、民族大道路口（朝阳路）</td></tr>
<tr><td colspan="4">民主、友爱南路口（友爱路）</td></tr>
</table>

辐射环境监测　2014年，南宁市区开展环境外照射监测，共布设29个监测点位，每年监测4次。开展环境电磁辐射监测，共布设10个监测点位，每半年监测1次。监测点位见表12、表13。

表12　2014年南宁市环境外照射监测点位布设情况表

点位名称	监测频率（次/年）	监测项目
朝阳广场	4	环境外照射X-γ剂量率
民生广场	4	
一中足球场	4	
新秀公园	4	
干部管理学院	4	
广西民族大学	4	
动物园	4	
火车南站	4	
青秀山草坪	4	
南湖名树博览园	4	
南湖南广场	4	
市体育局	4	
会展中心	4	
石门森林公园	4	
民族广场	4	
机电工业学校	4	
金花茶公园	4	
琅东污水处理厂	4	
药用植物园	4	
三十三中操场	4	
西大东校园	4	
石化高级技工学校	4	
财经学院足球场	4	
城北友爱广场	4	
广西师范学院足球场	4	
狮山公园	4	
人民公园	4	
水利学校足球场	4	
区体育馆足球场	4	

表13　2014年南宁市环境电磁辐射监测点位布设情况表

点位名称	监测频率（次/年）	监测项目
火炬大厦	2	电场强度、功率密度
广西大学正门	2	
朝阳广场	2	
水利学校	2	
会展中心	2	
广西南宁技工学校	2	
区体育馆	2	
广西医科大学	2	
广西体育中心	2	
新兴广场	2	

土壤环境质量监测　饮用水水源地周边土壤　2014年，南宁市根据《饮用水源保护区划分技术规范》(HJ/T338-2007)规定的水源陆域一级保护区范围，在市区选取2个(三津和中尧)具有代表性的集中式饮用水水源地。每个水源地在取水点上游1000米至取水点下游100米陆域范围内，沿岸均匀布设5个采样点，每个采样点采集1个土壤混合样品(在50×50米范围取5个分点组成)，共10个监测点位。按照采样技术规范采集0~20厘米表层土壤，每份样品采样量为2千克。

城市绿地土壤　选择城市的公园绿地、居民小区绿地和道路绿化带3种类型(均建成5年以上)，在城市中心和东南西北5个区域，各布设3个采样点，同方位3个点位距离要大于10米，共计3×5×3=45个监测点位。每个采样点采集一个土壤混合样品(在25×25米范围取5个分点组成)。按照采样技术规范采集0~20厘米表层土壤，每份样品采样量为2千克。采样过程记录点位坐标和保存采样航迹，并拍摄照片。

农村环境质量试点监测　2014年，南宁市开展农村环境质量试点监测。在上林县选取指定3个村庄、宾阳县选取指定3个村庄、隆安县选取指定1个村庄、良庆区选取指定2个村庄进行监测，监测项目包括环境空气、饮用水、土壤等。

环境空气监测　在各个村庄设置1个监测点位，监测3个项目，在5月和10月各监测1次，每次连续监测5天。在县城人口密集区布设1个监测点位，开展手工监测，每季度监测1次。

饮用水监测　在各个村庄饮用水吸水口各设置1个监测点位，监测24个项目，在2月和7月各监测1次。

土壤监测　以村为单元，在菜地、基本农田、居民聚集区各布设3个监测点位；选择2类重点污染场地各布设3个监测点位，监测15个项目，全年监测1次。

国家重点生态功能区县域生态环境监测　水质监测　2014年，上林县和马山县列为国家重点生态功能区县域。上林县设2个监测断面，分别为大龙湖鲤鱼山和清光河快流桥；马山县设2个监测断面，分别为六朝水库和姑娘江。河流和湖泊水库均监测24个项目，每月监测1次。

空气质量监测　在县城人口密集区布设1个监测点位，开展手工监测，每季度监测1次。

国控重点污染源监督性监测　2014年，南宁市严格按照国控重点监控企业监督性监测工作要求，全面完成每个季度国控重点源监督性监测及比对工作，确保数据有效性传输率。南宁市环境保护监测站共完成大气、水质、噪声、振动、辐射、土壤、生物等环境监测数据134665个，为环境质量定量分析提供依据，为环境管理和环境决策提供强有力的技术支持，为环境监理发挥技术监督和仲裁作用。

生活污水处理厂　2014年，南宁市区有琅东、江南和华鸿明阳3个污水处理厂。在每个污水处理厂（其中琅东污水处理厂包含一期、二期工程，2012年第四季度增加三期工程，江南污水处理厂2012年第四季度增加二期工程）进水口、出水口设点监测，进水口、出水口监测项目均为20项，每季度监测1次，全年4次。

市区生活垃圾　2014年，南宁市生活垃圾处理处置设施1个，为城南生活垃圾卫生填埋场，监测项目14项，每季度监测1次，全年4次。

国控重点工业污染源　2014年，根据环境保护部《关于印发2014年国家重点监控企业名单的通知》要求，南宁市开展国控重点源监督性监测工作，全市国控污染源企业共有101家（含自治区环境监测中心站负责监测的国电南宁发电有限责任公司），其中废水污染源70家、废气污染源22家、城镇污水处理厂9家。与2013年的国家重点监控企业名单相比，2014年南宁市减少2家废水污染源企业，增加2家废气污染源企业，城镇污水处理厂减少3家，原因是名单中将原来的广西绿城水务股份有限公司琅东污水处理厂一、二、三期等3家合并为1家，原来的广西绿城水务股份有限公司江南污水处理厂、二期等2家合并为1家，实际上监控范围无变化。

对上述污染源开展监督性监测与在线比对有效性审核监测；化学需氧量、氨氮、二氧化硫和氮氧化物主要污染物排放监测每季度1次；季节性生产企业生产期间主要污染物每月监测1次；其他监测项目原则上每半年监测1次；存在超标现象的，适当增加监测频次。

废水在线比对监测项目主要有pH值、化学需氧量、流量、氨氮，并同步与废水在线监测系统比对。废气在线比对监测项目有颗粒物、烟温、烟气二氧化硫、氮氧化物、氧量和流速，并同步与烟气在线监测系统比对。废水和废气在线比对每季度监测1次。南宁市国控重点工业污染源企业监测情况见表14、表15、表16。

表14　2014年南宁市国控重点工业污染源企业监测情况表（废水70家）

序号	企业名称	监测频率	重点源监测项目
1	南宁糖业股份有限公司伶俐糖厂	1次/月，≥4次/年	8项
2	南宁化工股份有限公司	1次/季，≥4次/年	12项（停产）
3	南宁糖业股份有限公司明阳糖厂	1次/月，≥4次/年	8项
4	广西明阳生化科技股份有限公司	1次/季，≥4次/年	9项
5	广西南宁凤凰纸业有限公司	1次/季，≥4次/年	8项
6	南宁市坛洛淀粉厂	1次/季，≥4次/年	8项
7	南宁市万龙淀粉有限责任公司	1次/月，≥4次/年	9项
8	广西农垦糖业集团金光制糖有限公司	1次/月，≥4次/年	9项
9	广西南宁金光淀粉有限责任公司（食品厂）	1次/月，≥4次/年	8项
10	南宁良庆冠桂糖业有限公司	1次/月，≥4次/年	9项
11	华劲集团股份有限公司南宁纸业分公司	1次/月，≥4次/年	8项
12	南宁糖业股份有限公司蒲庙造纸厂	1次/季，≥4次/年	8项
13	南宁金浪浆业有限公司	1次/季，≥4次/年	8项（停产）
14	武鸣县万吉淀粉厂	1次/季，≥4次/年	8项
15	南宁糖业股份有限公司东江糖厂	1次/月，≥4次/年	9项
16	广西椰岛淀粉工业有限公司	1次/月，≥4次/年	8项
17	广西武鸣宏达淀粉有限公司	1次/月，≥4次/年	9项
18	广西高源淀粉有限公司	1次/月，≥4次/年	9项
19	广西武鸣皇星淀粉化工有限公司	1次/月，≥4次/年	9项
20	广西武鸣县安宁淀粉有限责任公司	1次/月，≥4次/年	9项
21	武鸣县长岗淀粉厂	1次/月，≥4次/年	9项
22	南宁赢创美诗药业有限公司	1次/月，≥4次/年	9项
23	广西武鸣县苏泰淀粉厂	1次/月，≥4次/年	8项
24	广西武鸣广发淀粉有限公司	1次/月，≥4次/年	9项

续表

序号	企业名称	监测频率	重点源监测项目
25	南宁市武鸣夏黄淀粉厂	1次/月，≥4次/年	9项
26	南宁市双桥镇淀粉厂	1次/月，≥4次/年	9项
27	广西武鸣县桂泉淀粉化工厂	1次/月，≥4次/年	9项
28	南宁华侨投资区桂华淀粉厂	1次/月，≥4次/年	9项
29	广西武鸣县佳华淀粉厂	1次/月，≥4次/年	9项
30	武鸣县恒星淀粉厂	1次/月，≥4次/年	9项
31	广西武鸣县骅瑞淀粉厂	1次/月，≥4次/年	9项
32	广西武鸣县吉瑞淀粉厂	1次/月，≥4次/年	9项
33	广西红豪淀粉开发有限公司	1次/月，≥4次/年	9项
34	广西昕阳淀粉有限公司	1次/月，≥4次/年	9项
35	广西武鸣县皎龙酒精能源有限公司	1次/月，≥4次/年	9项
36	广西武鸣县新联淀粉厂	1次/月，≥4次/年	9项
37	武鸣县雄孟华正淀粉厂	1次/月，≥4次/年	9项
38	武鸣县三丰淀粉有限公司	1次/月，≥4次/年	9项
39	广西武鸣合立生物化工有限公司	1次/月，≥4次/年	9项
40	广西武鸣县白合万盛淀粉厂	1次/月，≥4次/年	9项
41	武鸣县太平镇珠董淀粉厂	1次/月，≥4次/年	9项
42	南宁糖业股份有限公司香山糖厂	1次/月，≥4次/年	9项
43	广西南宁隆安县桂薯有限责任公司	1次/月，≥4次/年	9项
44	广西隆安县方村富达淀粉厂	1次/月，≥4次/年	9项
45	广西恒优淀粉有限责任公司	1次/月，≥4次/年	9项
46	广西隆安银丰淀粉有限公司	1次/月，≥4次/年	9项
47	广西隆安南华糖业有限责任公司那桐糖厂	1次/月，≥4次/年	9项
48	广西南宁市丰登化工有限责任公司	1次/月，≥4次/年	9项
49	广西隆安县金源淀粉有限公司	1次/月，≥4次/年	9项
50	隆安县隆泰淀粉厂	1次/月，≥4次/年	9项
51	广西隆安南华糖业有限责任公司南圩糖厂	1次/月，≥4次/年	9项
52	隆安县鸣浩淀粉厂	1次/月，≥4次/年	9项
53	广西海盈酒精有限责任公司	1次/月，≥4次/年	9项
54	隆安县康宁淀粉厂	1次/月，≥4次/年	9项
55	隆安县泰达淀粉有限公司	1次/月，≥4次/年	9项
56	崇左金大地农贸有限公司隆安县化工淀粉厂	1次/月，≥4次/年	9项
57	广西马山县远洋工贸有限责任公司	1次/月，≥4次/年	9项
58	上林南华糖业有限责任公司	1次/月，≥4次/年	9项
59	广西宾阳县王灵农场淀粉厂	1次/月，≥4次/年	9项
60	广西永凯大桥纸业有限责任公司	1次/月，≥4次/年	9项
61	宾阳县腾龙纸业有限公司	1次/月，≥4次/年	8项
62	南宁市恒丰化肥有限责任公司	1次/月，≥4次/年	8项
63	广西永凯糖纸集团有限责任公司宾阳大桥分公司	1次/月，≥4次/年	9项
64	宾阳县江南纸业有限公司	1次/季，≥4次/年	8项
65	广西横县嘉辉工贸有限公司	1次/月，≥4次/年	7项

续表

序号	企业名称	监测频率	重点源监测项目
66	横县冠桂糖业有限公司纸业分公司	1次/月，≥4次/年	8项
67	广西南宁东糖新凯糖业有限公司	1次/季，≥4次/年	8项
68	横县冠桂糖业有限公司石塘分公司	1次/月，≥4次/年	8项
69	广西农垦糖业（集团）良圻制糖有限公司	1次/月，≥4次/年	8项
70	广西永凯糖纸有限责任公司	1次/月，≥4次/年	8项

表15　2014年南宁市国控重点工业污染源企业监测情况表（废气22家）

序号	企业名称	监测频率	重点源监测项目
1	南宁糖业股份有限公司伶俐糖厂	1次/季，≥4次/年	5项
2	南宁化工股份有限公司	1次/季，≥4次/年	5项
3	南宁糖业股份有限公司明阳糖厂	1次/月，≥4次/年	5项
4	广西明阳生化科技股份有限公司	1次/季，≥4次/年	5项
5	广西南宁凤凰纸业有限公司	1次/季，≥4次/年	5项
6	华润水泥（南宁）有限公司	1次/季，≥4次/年	5项
7	广西农垦糖业集团金光制糖有限公司	1次/季，≥4次/年	5项
8	南宁良庆冠桂糖业有限公司	1次/季，≥4次/年	5项
9	南宁糖业股份有限公司蒲庙造纸厂	1次/季，≥4次/年	5项
10	广西武鸣锦龙建材有限公司	1次/季，≥4次/年	5项
11	广西隆安南华糖业有限责任公司那桐糖厂	1次/月，≥4次/年	5项
12	广西隆安南华糖业有限责任公司南圩糖厂	1次/月，≥4次/年	5项
13	上林南华糖业有限责任公司	1次/月，≥4次/年	5项
14	广西永凯糖纸集团有限责任公司宾阳大桥分公司	1次/月，≥4次/年	5项
15	广西华润红水河水泥有限公司	1次/季，≥4次/年	5项
16	广西华盛集团廖平糖业有限责任公司糖厂	1次/月，≥4次/年	5项
17	国电南宁发电有限责任公司	1次/季，≥4次/年	5项
18	横县冠桂糖业有限公司纸业分公司	1次/月，≥4次/年	5项
19	广西南宁东糖新凯糖业有限公司	1次/月，≥4次/年	5项
20	南宁祈顺纸业有限公司	1次/季，≥4次/年	5项
21	广西永凯糖纸有限责任公司	1次/月，≥4次/年	5项
22	广西金鲤水泥有限公司	1次/季，≥4次/年	5项

表16　2014年南宁市国控重点工业污染源企业监测情况表（污水处理厂9家）

序号	企业名称	监测频率	重点源监测项目
1	广西绿城水务股份有限公司琅东污水处理厂	1次/季，≥4次/年	20项
2	广西华鸿明阳污水处理有限公司	1次/季，≥4次/年	20项
3	广西绿城水务股份有限公司江南污水处理厂	1次/季，≥4次/年	20项
4	广西绿城水务股份有限公司武鸣县污水处理分公司	1次/季，≥4次/年	20项
5	隆安达特洁供水有限公司污水处理厂	1次/季，≥4次/年	20项
6	广西绿城水务股份有限公司马山县污水处理分公司	1次/季，≥4次/年	20项
7	广西绿城水务股份有限公司上林县污水处理分公司	1次/季，≥4次/年	20项
8	广西绿城水务股份有限公司宾阳县污水处理分公司	1次/季，≥4次/年	20项
9	广西绿城水务股份有限公司横县污水处理分公司	1次/季，≥4次/年	20项

【环保气象监测数据共享机制】 2014年4月，南宁市环境保护局与市气象局签署《联防联控合作备忘录》，在全自治区率先建设南宁市环境数据与气象数据共享资源平台，建立环保与气象部门监测数据共享机制，实现环境空气监测数据与气象数据无缝对接，推动环保、气象部门更好地开展联防联控工作交流与合作。在2014年“两会一节一赛”期间，通过环境空气质量保障会商试行开展环境空气质量预测预报工作。此外，南宁市初步建立环境空气质量预测预报系统。开发建设统计预报模型、气溶胶反演预测预报模型等，可预测未来48小时环境空气质量。从2014年8月起，开始发送未来48小时预警预报信息。

【核与辐射安全监管】 从2014年2月起，经南宁市环境保护局委托，由南宁市核与辐射安全监督管理站（挂靠市环境保护监测站）负责全市的核与辐射现场执法监察工作，全年共依法依规处理电磁辐射环境污染投诉案件81起。

【环境监测能力建设】 环境空气自动监测能力建设 2014年，南宁市完成五象新区环境空气自动监测站项目建设和环境空气流动监测车改造项目，南宁市首台环境空气流动监测车于第45届世界体操锦标赛期间投入使用。南宁市2013年重金属污染防治基础能力建设项目（总投资250万元）设备完成调试，进行上中、雁江水质自动监测站重金属项目的试运行工作；西津水质自动监测站项目（总投资339万元）落实环保补助资金100万元，完成站房建设等前期工作。南宁市石化高级技工学校环境空气自动监测站建设完成。

环境监测预警能力建设 为加强对第45届世界体操锦标赛和“两会一节”环境质量保障及预警，2014年南宁市在完成五象新区环境空气自动监测站（总投资410万元）、环境空气应急流动监测车改造（总投资155万元）的同时，完成环境空气预警预报会商平台（总投资38万元）项目建设。实现与气象部门开展污染气象数据共享好建立信息发布机制。建设完成南宁市突发环境事件应急监测指挥系统，并为应急监测指挥另外搭建短信平台，为环境应急指挥部与现场人员提供有效的数据传输通道。编制完成《南宁市环境空气质量预警方案》、《南宁市环境空气质量应急分级机制》、《南宁市环境空气污染应急预案》、《南宁市空气质量预报会商制度》、《南宁市水质监控制度》等预案制度，继续加强环境空气和水环境质量的预警预报。2014年4~6月全面启动南宁市6个水质自动监测站的应急预警实时监控，并协同横县环境监测站、华劲纸业公司、蒲庙造纸厂针对邕江水塘江—郁江南岸段部分重点断面如重点企业下游、市县交界断面、县城饮用水源取水地等共布设7个断面，采取手工加密监测，每天监测1次。

县级环境监测站能力建设 2014年，南宁市加快推进横县环境监测站标准化建设工作的步伐。8月6日，横县环境监测站通过西部三级标准化建设达标验收，成为广西第四家通过西部三级标准化建设达标验收的县级环境监测站，也是南宁市第一家通过标准化建设达标验收的县级环境监测站。同时落实县级环境监测站的监测能力考评工作。通过考评，规范环境监测工作行为，明确环境监测工作责任，理顺环境监测管理体制，推动县级环境监测站的监测能力建设，提高监测队伍的整体政治素质和业务素质。

【政务信息与环境信访】 政务信息 2014年，南宁市环境保护局完成“绿城环保”公共服务宣传平台建设，推出广西首个官方空气质量实时发布手机客户端。全年向市信息办上报信息270条，向自治区环境保护厅上报信息273条，在广西14个设区市环境保护局中排名第二；向环境保护部上报信息66条，累计采用16条。市环境保护局网站各栏目更新信息4210条，网站访问量累计35万多人次，点击率累计563万多人次。网站访问量及点击率较上年同期均有所提高。

环境信访 2014年，南宁市环境保护局共受理环境投诉件19262件，其中“12369”受理18775件次，书面答复市长热线“12345”受理168件次，自治区环境保护厅、自治区环境监察总队转来127件，来信投诉83件（市信访局转来4件，市领导签转40件，其他部门转来18件、直接来信21件），来访29件、直接来电80件；受理各级人大建议、政协提案10件，全部按期答复。全年及时受理、处理、交办环境污染投诉件，受理率100%，交办率100%。

根据2014年制定的《南宁市环境违法行为有奖举报办法》，南宁市环境保护局对举报倾倒危险废液的市民进行奖励。坚持定期“局长接待日”、“公开大接访”、“局领导带案下访”等制度，重点解决信访积案和热点难点问题。

【环境宣传教育】 2014年，南宁市以第45届世界体操锦标赛环境质量保障工作为契机，围绕“工作保障、生态文明宣传、生态文明教育、宣教效果、特色创新”5个方面开展环境宣传教育工作。为应对雾霾和防治空气环境污染，市人民政府印发《南宁市大气污染防治宣传活动方案》，制订世锦赛环境质量保障工作宣传方案，组织召开服务第45届世界体操锦标赛环保工作的新闻发布会，市环境保护部门和各相关部门加大宣传力度，积极引导媒体报道环保工作进展及群众关心的热点环保问题。

2014年5月15日，南宁市环境保护局召开服务第45届世界体操锦标赛进展情况新闻发布会 （彭威摄）

在纪念“六五”世界环境日和环保宣传月期间，南宁市环境保护局举办“迎世锦·向污染宣战”暨百场科普进社区环境宣传月活动启动仪式，组织开展环保宣传进企业、进机关、进学校、进社区、进医院、进乡村等“六进”活动。市环境保护局、市邮政局联合在南宁市城区选取600个社区（小区）张贴“南宁空气质量”手机软件宣传海报，引导市民关注城市环境空气质量实时状况。针对环保热点问题，市环境保护局组织召开南宁市黄泥沟水质污染周边居民圆桌会，面对面与居民共同探讨水污染治理；同时开展新修订《环境保护法》宣传进企业活动，举办南宁市建筑施工噪音扬尘规范管理培训班。市环境保护部门与广西师范学院联合开展百场环保科普讲座进社区、进学校活动，适当赞助广西财经学院开展第三届环保服装设计展，充分调动大学环保社团参与环保的热情。加大经费投入开展全市中小学“迎世锦 环保智慧阅读大赛活动”；组织“童眼看环保”之农村小孩看城市、城市小孩看农村环保夏令营活动。先后编印和免费发放环保法宣传、空气质量宣传、低碳生活、公民环境素养等宣传品10多万份。2014年开展南宁市第七批绿色环保社区（小区）、第六批绿色环境教育基地、第六批绿色环保医院创建活动，有2个社区被评为“南宁市第七批绿色环保社区（小区）”；2家企业被评为“南宁市第六批绿色环境教育基地”；1家医院被评为“南宁市第六批绿色环保医院”。

2014年7月16日，南宁市环境保护局开展环保科普下乡镇活动 （彭威摄）

【对外合作与交流】 2014年9月17~18日，中国—东盟环境合作论坛在南宁市举行。环境保护部副部长李干杰率队出席会议。论坛围绕“环境可持续城市建设”进行交流探讨，分享环境可持续发展经验，携手建设环境可持续发展的现代化城市。论坛期间，参会嘉宾共180人对龙虎山自然保护区和南宁市江南污水处理厂进行生态考察，其中外宾60人（含副部长级嘉宾7人）、国内嘉宾120人。

11月1~2日，全国环境保护局长论坛与中国生态文明论坛在四川省成都市召开，主题为“实施新环保法之后环保部门的权利与职责”。自治区环境保护厅厅长、地市环境保护局长等4人参会，其中南宁市环境保护局局长韦好鹏参加。

11月27~30日，广西生态环保行活动在南宁市举行，调研组参观了南宁市大气自动监测站、武鸣县皎龙酒精能源有限公司、南宁糖业股份有限公司明阳糖厂、广西农垦明阳生化集团、国电南宁发电有限责任公司。

【党风廉政建设】 *落实党风廉政建设两个责任* 2014年3月，南宁市环境保护局与市委、市人民政府签订《南宁市2014年党风廉政建设目标管理责任状》，市环境保护局党组专题研究部署年度反腐倡廉工作，将目标责任层层分解落实到局机关各科室、各分局和局属各单位。制定印发《2014年南宁市环保局反腐倡廉工作要点》和《南宁市环保局贯彻落实2014年反腐倡廉工作任务的分工意见》，全面履行党风廉政建设党组的主体责任和纪检组的监督责任。

廉政教育 2014年，南宁市环境保护局组织全局系统人员集中学习《关于加强监督执纪问责确保务实过节的通知》等上级文件精神，制订具体实施措施并严格执行。定期召开党风廉政专题学习会，结合“坚定理想信念、坚守组织纪律”党风廉政主题教育活动，多层次开展廉政党课教育活动。全年共组织5次专题廉政党课。注重日常廉政教育，春节前组织召开全局系统科级以上干部务实节俭过节会议；加强公车管理；组织全局干部职工参加全国、全自治区环保系统党风廉政工作视频会议；组织处级领导干部在市纪律监察局网上学习南宁市领导干部法规知识学习和测试；组织观看《失德之害—领导干部从政道德警示录》、《严惩农村危房改造中的腐败》、《信念崩溃纪律涣散的悲剧人生》等警示教育电教片；组织参观“自治区党风廉政警示教育展览”等警示教育活动；不断充实廉政书屋及学习园地。2014年，在局内网设立“廉政警示教育馆”，结合“周学月训”活动，把环境保护部编印的《环保系统廉政建设警示录》等教育资料放入网上警示教育馆，每周宣传2~3个主题，全年共有8400多人次登录学习。通过全国环保系统党员干部违纪、违法的典型案例警示教

育学习，党员干部触动大，警示教育收到了良好效果。2014 年，南宁市环境保护局通过党组中心组专题学习、廉政党课、反贪专题讲座、支部专题组织生活会等进行集中学习；结合党的群众路线教育实践活动，组织参观“邓颖超纪念馆”、“韦拔群烈士纪念馆”、广西烈士陵园等教育基地。

廉洁从政　2014 年，南宁市环境保护局贯彻落实中央八项规定，减少公务接待费用支出，减少会议活动，坚持厉行节约，杜绝利用公款搞走访、送礼、宴请、旅游、发放津补贴等违反规定的情况，严格执行公务用车规定。结合党的群众路线教育实践活动整改，南宁市环保系统机关作风建设制订实施作风问题大查摆、业务知识大竞赛、环境整治大行动、环境安全隐患大排查、行政审批大提速、政务环境大优化、组织纪律大强化、公车管理大教育、机关内务大整理、服务工作大梳理等十大举措。

专项监督检查　2014 年，南宁市环境保护局配合南宁市“两重两问”（重点工作、重大项目问责问效），参加“美丽南宁·清洁乡村”等督查 10 次。督导组对南宁市环境保护局党的群众路线教育实践活动进行督导 9 次。组织开展全局系统干部职工违规多占住房清退专项整治工作。开展严肃整治会所歪风工作。加强“三公”经费监督检查，迄今未发现违规现象。

【政风行风建设】 2014 年，南宁市环境保护局以提高服务质量、优化发展环境为目标，以整治群众反映强烈的突出问题和损害群众利益不正之风为重点，以社会各界广泛参与为基础，以群众满意为标准，践行“三严三实”要求，深入开展民主评议政风行风工作。

百名科长上热线　配合南宁市纠风办完成《政风行风热线》——“百名科长上热线”活动，南宁市环境保护局共组织 11 名科长上热线，接到和回复热线电话 12 个，及时回复市民关注的问题。

参与电视问政节目　根据市委、市人民政府要求，南宁市环境保护局作为第一期和第九期“向人民承诺、电视问政”节目问政单位，对问政中市民反映的黄泥沟等内河水质污染以及市区建筑施工噪声扰民问题，局主要领导亲自过问，及时牵头组织市水邕建设办、市城管局、市城乡建委、城区人民政府等有关单位采取水质应急处理、推进截污管网建设、夜查工地强化执法等有力措施，立行立改，切实解决困扰群众的污染问题。组织收听收看自治区环境保护厅“阳光在线·厅长在线”直播节目，并按要求处理好辖区内的环保投诉。

政风行风民主评议　2014 年，南宁市环境保护局制订印发《2014 年南宁市环境保护系统民主评议政风行风活动工作实施方案》、《2014 年南宁市环保系统民主评议政风行风活动调查问卷》等相关文件，明确开展民主评议政风行风活动的评议内容、方式、对象。通过发放调查问卷，召开征求意见座谈会，进社区、进企业上门征求意见等多种方式开展评议活动，对评议活动中收到的 15 条意见和建议进行认真整改和回复。2014 年评议满意率为 99.92%。

2014年11月4日，南宁市环境保护局举办新《环境保护法》解读专题讲座　（彭威摄）

【环保大事记】

二月

2 月 14 日，南宁市固体废物管理中心成立，增挂于南宁市环境应急与事故调查中心。至此，南宁市环境应急与事故调查中心、南宁市环境保护科学研究所、南宁市固体废物管理中心实行“一套人马，三块牌子”管理，在编人员 20 人，后勤人员 2 人。

2 月 26 日，南宁市环境保护局召开全体党员干部大会，对开展党的的群众路线教育实践活动进行动员，统一思想认识，明确目标任务，把握方法步骤。南宁市党的群众路线教育实践领导小组第六督察组常务副组长张培胜出席动员大会并讲话，市环境保护局党组书记陈伟刚作动员讲话。

三月

3 月，“南宁空气质量”手机客户端正式对外发布，成为广西首个官方空气质量实时发布客户端，向公众发布权威、准确的空气质量信息。

3 月，根据《2014 年南宁市烟囱排放废气污染源专项整治工作方案》，南宁市启动烟囱排放废气污染源专项整治工作。整治工作持续半年多，共出动督查人员 1229 人次、车辆 487 车次，现场检查单位 300 多家、锅炉 400 多台。

3 月 4 日，南宁市人大常委会大气污染防治法执法检查组到高新区检查大气污染防治工作。

3 月 11 日，环境保护部华南督查中心督察组到南宁市良庆区检查危险废物规范化管理工作，抽查辖区内 1 家危险废物经营单位和 1 家危险废物产生单位。

3月12日，环境保护部华南督查中心督察组到南宁市高新区督查考核2013年高新区危险废物规范化管理工作。

3月21日，南宁市环境保护局、西乡塘区环境保护局及西乡塘区安吉街道办事处组成联合调查组，就南宁电视台播报的黄泥沟西乡塘流域污染问题进行调查，再次对安吉街道办苏卢村黄泥沟河段周边的畜禽养殖场和违法企业进行检查，并下达整改通知。

3月21日，南宁市印发实施《2014年南宁市“两会一节”、世界体操锦标赛环境质量保障方案》，正式启动“2014环保一号工程”。

3月24日，南宁市环境质量保障小组在市环境保护局召开动员誓师大会，南宁市城市环境质量保障小组组长、市委常委、常务副市长吴炜出席大会并作重要讲话。市环境保护局局长李森主持会议，市环境质量保障小组各成员单位分管领导参加会议。

3~11月，南宁市市长周红波先后召开4次环境保护委员会会议，部署相关减排工作，副市长魏凤君多次召开协调会，协调各部门形成合力狠抓减排工作。

四月

4月18日，南宁市环境保护局与南宁市气象局签署开展环境与气象合作备忘录，就信息共享、联合预测、联合会商、联防联控应对重污染天气和突发环境事件等有关事宜达成合作协议，进一步加强环保和气象部门之间的应急联动机制。

4月21日，《南宁市市区重污染天气应急预案》经南宁市十三届人民政府第64次常务会议审议通过，并正式印发实施。该预案对保障2014年10月3~12日第45届世界体操锦标赛期间的空气质量发挥了重要作用。

4月23日，南宁市烟囱排放废气污染源专项整治督查巡查情况碰头会在市环境保护局召开，会议由市城市环境质量保障小组常务副组长、市环境保护局党组书记陈伟刚主持。会议听取了市环境保护局各烟囱排放废气污染源专项整治督查巡查组近期工作，研究部署下一阶段烟囱整治工作。

4月24日，南宁市印发《南宁市饮用水水源保护区巡查督查工作制度》，市区饮用水水源保护区巡查督查制度正式实施，市区饮用水水源保护区环境监管实行“属地管理，分级负责”的巡查督查制度，建立环境监管台账，市区饮用水水源保护区环境监管形成常态化。

4月29日，南宁市命名第二批南宁市生态村179个。

4月30日，南宁市生态建设项目包括生态循环、特色种养、农林废弃物资源化利用等5个示范基地建设项目，共获得生态广西建设引导资金补助250万元。

4月30日，南宁市西乡塘区人民政府组织环境保护、国土资源、规划、城管、公安及安吉街道办等部门组成联合执法组，拆除原南宁市郊安吉冶炼厂非法烟囱2条。

4月，南宁市邕宁区开展大气污染源排查整治工作。邕宁区环境保护局执法人员对城区环城高速范围内燃煤的锅炉（窑炉）进行排查，共发现锅炉（窑炉）84个，非法窝点7个，拆除锅炉（窑炉）21个，能源改造项目4个。

五月

5月5日，南宁市副市长魏凤君主持召开南宁市环境保护委员会第二次会议，研究调整市环境保护委员会成员单位，进一步明确工作职责；审议环境保护委员会议事规则；研究部署服务第45届世界体操锦标赛涉及环境整治方面的工作措施和任务。市人民政府副秘书长张沛、市环境保护委员会各成员单位主要领导参加会议。

5月8日，南宁市环境保护局组织召开西乡塘区苏卢村环保圆桌会议，与村民代表开展面对面环保圆桌会议，共同探讨治理黄泥沟水污染治理问题。会议由市环境保护局副局长杨琦主持，西乡塘区人民政府、西乡塘区环境保护局有关领导，黄泥沟沿线工厂企业及村民代表共50多人参加圆桌会议。

5月15日，南宁市环境保护局组织召开服务第45届世界体操锦标赛环保工作进展情况新闻发布会。市环境保护局局长李森、副局长杨琦出席会议。中央驻桂媒体、自治区直属媒体、南宁市属媒体等19家新闻媒体记者参加新闻发布会。

5月30日，经广西壮族自治区第十二届人民代表大会常务委员会第10次会议批准，《南宁市饮用水水源保护条例》发布并于2014年7月1日起施行。

六月

6月5日，在第43个世界环境日到来之际，自治区党委常委、自治区副主席唐仁健到南宁市环境保护局调研，自治区环境保护厅副厅长钟兵、南宁市副市长魏凤君陪同调研。

七月

7月9日，南宁市发布《南宁市人民政府划定高污染燃料禁燃禁售区的通告》，划定约134平方公里的高污染燃料禁燃禁售区，逐步实施清洁能源改造，大力削减燃煤污染。

7月24日，经广西壮族自治区第十二届人民代表大会常务委员会第十一次会议批准，《南宁市郁江流域水污染防治条例》发布并于2014年9月1日起施行。

7月29日，广西—东盟经济技术开发区内的广西网联电线电缆有限公司拉丝油循环冷却的油水混合物被人为倾倒入园区雨水管网，造成开发区西江河干渠(农灌渠)污染，属一起违法倾倒危险废物的严重污染环境事件，该公司相关责任人的行为已触犯刑法涉嫌环境犯罪。南宁市环境保护局对责任单位广西网联电线电缆有限公司立案处罚20万元，并将触犯刑法涉嫌环境犯罪的责任人蒙剑宁、黄万德依法移交公安部门立案查处。这是南宁市第一起涉环境犯罪的案件。

八月

8月4日，南宁市对850辆营运客车和56辆冒黑烟公交车的尾气进行专项抽查检测工作，对其中21辆严重冒黑烟公交车和道路客运车辆所属公交公司以每辆车300元的罚款进行行政处罚。对在限期内未完成整改的车辆，将不予通过下一年度的车辆年检审核，初步建立尾气超标上路营运车辆行政处罚与年审挂钩的管理模式。

8月6日，横县环境监测站通过西部三级标准化建设达标验收，成为广西区第四家通过西部三级标准化建设达标验收的县级环境监测站，也是南宁市第一家通过标准化建设达标验收的县级环境监测站。

8月22日，南宁市环境保护局配合自治区环境保护厅成功举行辐射事故应急演习。根据环境保护部统一部署，广西代表华南片区举办2014年辐射事故应急演习。此次演习是全国首次“脏弹”爆炸辐射事故应急演习，环境保护部和自治区领导高度重视，南宁市环境保护局作为协办单位，很好地完成自治区环境保护厅布置的工作任务。

8月25日，南宁市环境保护局局长韦好鹏主持召开专题布置会，对夜间违法施工噪声扰民专项整治工作进行统一部署。8月25日晚，迅速组织夜间施工噪声专项行动。市环境保护局局长韦好鹏，副局长曾鸣、程宗发、杨琦、谢健，纪检组组长覃卫文分别率领3个巡查组，兵分三路，到西乡塘、火车站附近、凤岭北的工地进行巡查。

8月29日，按照自治区人民政府统一部署，南宁市组织开展“绿色卫士·2014”环境安全专项检查行动，重点检查集中式饮用水水源地环境安全隐患排查整治情况、落实《大气污染防治行动计划》目标责任情况、重点涉水排污企业环境安全隐患排查整治情况、危险废物管理情况等4个方面。全市共出动检查组26个，检查人员347人次，对全市196家企业进行现场检查，对督查中发现企业存在环保问题的14个县(区)(涉及45家企业)均下达督查通知，共下达限期整改通知7份，现场责令整改22家，立案处罚1家。

九月

9月12日，自治区环境保护厅厅长檀庆瑞、副厅长钟兵以及环境保护厅各处室主要负责人一行到南宁市环境保护局调研，南宁市市长周红波、副市长魏凤君、秘书长刘志烈以及南宁市环境保护局在家领导班子成员参加调研座谈会。

9月16日，环境保护部副部长李干杰到南宁市良庆区大塘镇考察农村环境连片整治示范工作，自治区环境保护厅厅长檀庆瑞、南宁市副市长黄宁，南宁市环境保护局局长韦好鹏、良庆区人民政府主要领导等陪同考察。

9月18日，参加2014年中国—东盟环境合作论坛的东盟各国嘉宾一行50多人到南宁市江南污水处理厂现场考察南宁市现代化污水处理技术，自治区环境保护厅有关领导，南宁市环境保护局副局长曾鸣、谢建等陪同考察。

9月19日，根据南宁市人民政府部署，由市环境保护、公安、城管、建设等部门牵头组织开展环境风险安全隐患联合大排查督查，全市18个部门派出人员组成8个联合督察组进行连续检查，主要针对全市14个重点行业企业、17个重点区域领域和10个方面检查内容进行检查。先后出动检查人员1020人次、车辆320台次，督查了各县、城区、开发区共32个乡镇街道办、160家企业，对存在问题的县(区)、开发区下发整改督办通知。

9月23日，南宁市市长周红波主持召开南宁市环境保护委员会2014年第四次会议，各县区、开发区，各市环保委各成员单位的主要负责人及分管负责人在主会场或分会场参加会议。

十月

10月9日，南宁市环境保护局印发《南宁市大气污染防治2014年度实施计划》，从工程治理、产业结构调整、能源结构调整、清洁生产与技术进步、环境准入与环境监督管理等全过程，明确工作任务和措施。

10月17~18日，自治区环境保护宣传教育中心到南宁市上林县开展农村环境连片整治示范点拍摄，为制作反映自治区3年示范工作取得成效的电视专题片收集视频材料。

10月17日，南宁市淘汰的57家落后产能企业全部通过自治区验收，提前完成自治区下达的年度淘汰落后产能目标任务，全面完成结构减排任务。

十一月

11月7日，南宁市环境保护局出台《南宁市大气污染防治三年行动方案》，确定大气污染防治目标任务和时间表，提出“一年打好基础、两年全面推进、三年有效控制”的目标，明确10个污染防治行动、36项具体措施。

11 月 9 日，自治区环境保护厅与南宁市环境保护局在广西师范学院共同开展新环保法宣传进学校活动，自治区环境保护厅副厅长蹇兴超、南宁市环境保护局副局长曾鸣、广西师范学院、自治区以及南宁市环境宣传教育中心有关领导参加此次活动。

11 月 12 日，环境保护部华南督查中心检查组对广西金地微生物科技有限公司进行检查。南宁市环境保护局、市环境监察支队、西乡塘区人民政府的相关领导陪同检查。

11 月 21 日，南宁市十三届人民政府第 83 次常务会议审议通过《南宁市水泥企业脱硝设施运行财政补贴方案》，对本市脱硝运行的 6 家大型干法水泥进行 1 吨熟料 1 元的财政补贴，补贴金额超过千万元。

11 月 21 日，环境保护部监测司司长刘副在自治区环境保护厅监测处、南宁市环境应急办主要领导陪同下，到上林县督查环境监测能力建设情况。

十二月

12 月 4 日，南宁市发布《关于南宁市高污染汽车第一阶段通行限制的通告》，划定 45.43 平方公里的高污染车辆限行区域，大幅度减少中心城区尾气污染。

12 月 5 日，南宁市邕宁区 2014 年环保专项行动市级挂牌督办整治项目——南宁市新旺财废旧塑料收购部，经南宁市环保专项行动领导小组办公室核查后同意摘牌验收。

12 月 11 日，南宁市在市人民政府会议中心举办新《环境保护法》专题讲座，邀请环境保护部政策法规司法规处处长李静云授课。南宁市副市长廖洪涛、魏凤君、肖志钢出席讲座。市环境保护委员会成员单位主要领导及分管领导、市环保系统及五象新区环保系统全体干部职工、部分企业代表参加讲座。各县区人民政府、管委会设分会场。

12 月 11 日，南宁市环境保护局举办党风廉政建设专题讲座，市环保系统干部职工参加，专题讲座邀请市委常委、纪委书记雷永达授课。

12 月 16 日，由南宁市发展改革委副主任唐琨带队的南宁市墙体材料革新和推广节能建筑工作领导小组检查验收组到西乡塘区开展关停淘汰砖厂检查验收，检查组抽查辖区 4 家砖厂，现场检查关停淘汰落后砖瓦窑炉产能工作的完成情况，并听取工作汇报。

12 月 22 日，南宁市 4 个乡镇获得自治区级生态乡镇命名，75 个行政村获得自治区级生态村命名。

12 月 29 日，南宁市环境应急指挥中心建设完成硬件设备安装和施工，并投入运行。

柳州市环境保护

【综述】 2014 年，柳州市大力开展环境保护各项工作，扎实抓好环保重点领域和关键环节，全市环保工作取得较好成效。全年柳江河饮用水保护河段保持国家地表水Ⅲ类以上水质标准；市区空气质量优良率 65.8%；二氧化硫、二氧化氮均值达到国家二级标准；可吸入颗粒物(PM_{10})、细微颗粒物($PM_{2.5}$)均值超过国家二级标准限值；降水 pH 均值 5.55，酸雨率 22.0%。

【规划与投资】 *环境规划* 2014 年，柳州市环境保护局印发《关于开展生态市建设规划(2008~2020 年)实施情况摸底调研工作的通知》，组织全市 64 个单位开展柳州市生态市建设摸底调研工作，形成柳州市生态市调研报告。

环境投资 2014 年，柳州市环境保护局按照柳州市“清洁水源”实施方案安排，组织辖区各县上报水环境综合整治示范项目，每个项目预算 50 万元，资金由市财政和县财政 1∶1 配套，各出资 25 万元。2014 年在 6 个县选择 12 个村屯实施 12 个水环境综合整治示范村项目。

预算资金管理 2014 年，柳州市组织开展广西生态建设引导资金项目验收工作，完成 3 个广西生态建设引导资金项目验收。

专项资金项目管理 根据自治区环境保护厅《关于开展 2014 年自治区农村环境综合整治项目竞争性评选的通知》(桂财建〔2014〕180 号)文件要求，柳州市环境保护局组织各县申报 2014 年自治区农村环境综合整治项目，柳州市共有 4 个县 9 个行政村获得 2014 年自治区农村环境综合整治项目。

环保专项补助资金项目申报 2014 年，柳州市环境保护局组织全市各县区开展申请 2015 年度生态广西建设引导资金项目工作，共向自治区环境保护厅上报 9 个生态广西建设引导资金项目。

【政策与法规】 *法制建设* 2014 年 9 月，柳州市环境保护局、公安局联合印发《柳州市环境保护局、柳州市公安局联合打击环境污染犯罪工作机制》(以下简称《工作机制》)，进一步加强柳州市环境保护、公安部门刑事司法和行政执法衔接工作，形成有效防范、依法严惩环境污染违法犯罪工作合力和规范的办案机制。《工作机制》分 5 章 16 条，内容涵盖机构职责、工作目标及重点、工作制度等。

行政处罚 2014 年，柳州市环境保护局行政处罚

立案39件,下达处罚决定42件,罚款金额241.6万元,申请法院强制执行7件,结案25件。

行政复议 2014年,柳州市环境保护局共受理行政复议1件。融水苗族自治县1名申请人申请政务信息公开,而融水县环境保护局不给予公开,因此申请人向柳州市环境保护局提起行政复议。柳州市环境保护局复议决定:融水县环境保护局给予申请人公开相关政务信息。

【机构改革与人事】 *重要人事任免* 2014年2月,柳州市环境保护局原副调研员赵福调整为副局长;7月,柳州市环境保护局原党组书记、局长甘景林调整为调研员,原副局长龚继冬任党组书记、局长。

人才队伍建设 2014年,柳州市环境保护局采取竞争上岗和推荐选拔的方式,全年共有17人走上科级干部岗位。派出2名优秀干部到对口帮扶的三江县2个贫困村任"美丽广西·生态乡村"建设(扶贫)工作队员,选派2名干部到市"群众办"、"美丽办"挂职锻炼。

【环境科研与管理】 *清洁生产与循环经济* 2014年,柳州市环境保护局完成对30家企业清洁生产审核评估工作,对12家涉重企业完成清洁生产审核验收工作,共有156家企业完成清洁生产审核评估阶段工作,85家企业完成清洁生产审核验收申请工作。

环境科研项目 2014年,柳州市环境保护局开展"柳州生态市建设规划实施情况调研"和"柳州市农村休闲娱乐旅游服务业环境问题研究"专项研究工作。

【环境质量】 *环境空气质量* 2014年,柳州市开始执行《环境空气质量标准》(GB3095-2012),市区环境空气质量监测项目中二氧化硫年均浓度32微克/立方米;二氧化氮年均浓度30微克/立方米,达到《环境空气质量标准》(GB3095-2012)二级标准要求;可吸入颗粒物年均浓度92微克/立方米,细微颗粒物年均浓度67微克/立方米,达不到《环境空气质量标准》(GB3095-2012)二级标准要求;臭氧全年达标率90.9%,一氧化碳全年达标率100%。全年监测365天,市环境空气质量优天数57天,良天数183天,轻度污染78天,中度污染28天,重度污染16天,严重污染1天,2天因仪器故障为无效数据,首要污染物为细微颗粒物,空气质量优良率65.8%,比上年下降21.3%。

水环境质量 2014年,柳州市地表水监测结果显示,国家规定控制的污染指标高锰酸盐指数及氨氮项目全年监测均未超标。都柳江梅林断面,融江木洞断面,柳江露塘、沙煲滩、猫耳山断面,洛清江百鸟滩均有粪大肠菌群超标现象,其余监测项目均满足《地表水环境质量标准》(GB3838-2002)Ⅲ类水质标准要求。洛清江下游渔村断面11月总磷超标,不能满足Ⅲ类水质标准要求。每月1次的重金属的监测结果均满足《地表水环境质量标准》(GB3838-2002)Ⅲ类水质标准要求。各项监测指标与上年相比无明显变化。

声环境质量 2014年,柳州市区域环境噪声监测结果为较好,区域环境噪声累计等效声级平均值为55分贝。道路交通噪声监测结果为好,噪声平均等效声级平均值为67分贝。全年功能区噪声一类、二类、三类、四类功能区昼、夜噪效声级均达标。

【污染物减排】 *减排政策措施* 2014年,柳州市人民政府制订下发2014年减排计划实施方案及农业源减排专项实施方案;召开2次全市减排工作会议,市领导对各县主要领导进行约谈,督促落实减排各项任务;核发重点工业企业排污许可证,开展环保目标责任制考核。

减排重点项目 2014年,自治区下达柳州市化学需氧量及氨氮减排计划项目145项,二氧化硫6项,氮氧化物12项。全年完成化学需氧量减排计划项目156项、氨氮152项、二氧化硫9项、氮氧化物12项,全部

山青水秀生态美的柳州

按项目要求完成。经环境保护部核实，柳州市 2014 年计划减排项目（水、气、农业）158 项全部完成，氨氮削减 929 吨，氮氧化物削减 8947 吨。

【环境影响评价】 建设项目环评　2014 年，柳州市环境保护局依法进行建设项目环保审批建设项目 164 项，其中报告书（表）121 项、登记表 43 项，项目总投资 129.59 亿元，环保投资 3.9 亿元，环保投资占总投资额 3%。建设项目环境影响报告书（表）的编报率为 100%。标准确认函等意见 108 项。在行政执法方面，查处未批先建违法行为 22 项、移交法规科 22 项、移交自治区环境保护厅 4 项。

重大项目环评　2014 年，柳州市自治区层面重大项目按自治区发展改革委广西投资项目管理系统中所列的新开工和预备项目共 34 项，其中 17 项为年初拟定，17 项为年中增补，属于绩效考核的项目共 12 项。截至 2014 年底，共完成 11 项环评审批工作。

试生产环境管理　2014 年，柳州市环境保护局开展建设项目试生产现场核查，对达到试生产条件的 85 个项目进行批复，加强项目试生产期间的环境监管，发现问题及时处理。

建设项目竣工环保验收　2014 年，柳州市环境保护局共验收建设项目 71 个。督促自治区环境保护厅审批的“久批未验”项目办理验收手续，2014 年自治区环境保护厅先后下达 7 批自治区审批项目，责令其限期办理验收手续，柳州市环境保护局积极配合，对已竣工的项目督促其按期办理项目竣工环境保护验收手续。为规范柳州市医疗机构环境管理，2014 年柳州市环境保护局组织各县区环境保护部门对全市医疗机构进行排查，对存在“久批未验”的医疗机构下达限期办理环保验收手续通知。

环评机构监督管理　2014 年，柳州市环境保护局对辖区六县开展建设项目环境管理执法情况检查，并将检查情况通报各县，加强对未办理环保审批手续的项目的执法检查力度，一批企业依法补办环保审批手续。

【环境监测】 环境空气监测　2014 年，柳州市区内共设置 6 个监测子站，分别是市环境保护监测站、河西水厂、市四中、市九中、古亭山和柳东小学。监测项目有二氧化硫（SO_2）、二氧化氮（NO_2）、一氧化碳（CO）、臭氧（O_3）、可吸入颗粒物（PM_{10}）、细颗粒物（$PM_{2.5}$）、能见度、气象五参数（风向、风速、气压、温度、湿度）。监测频次为空气自动监测系统 24 小时连续监测。

$PM_{2.5}$ 监测　2012 年新空气质量标准发布以后，柳州市委、市人民政府高度重视新空气质量标准实施情况，市环境保护局积极开展空气质量监测能力建设，市

2014年11月6日，柳州市环境保护监测站工作人员在鹿寨县污水处理厂排污口采集样本

环境保护监测站于 2012 年 9 月 25 日完成 6 个监测点细颗粒物 $PM_{2.5}$ 项目的建设工作，并向主管部门上报监测数据。2013 年 8 月 1 日正式开始在柳州市环境保护局网络平台上向公众发布实时监测数据，完成全部空气质量监测站点与国家环境监测总站联网工作，在广西第二阶段实施新空气质量标准的城市中率先完成任务。2014 年正常监测报送数据。

降水监测　2014 年降水监测设置市环境保护监测站、沙塘林校 2 个监测点，采用降水自动采样仪逢雨采集降水样品。采样过程记录降水日期、降水时间、降水量，对采集的降水样品送实验室测定 pH 值、电导率、钾离子、钠离子、钙离子、镁离子、铵离子、氟离子、氯离子、硝酸根离子、硫酸根离子浓度。

地表水水质监测　2014 年，柳州市在柳江干流的上游都柳江梅林，融江木洞，柳江露塘、沙煲滩、猫耳山，柳江支流洛清江百鸟滩、渔村设置地表水监测断面，每月采样监测 1 次，监测项目为《地表水环境质量标准》（GB3838-2002）中表 1 全部必测项目。重金属监测设河西水厂、城中水厂、柳南水厂、柳东水厂 4 个监测点，每月监测 1 次铅、汞、镉、铬（六价）、砷、铜、锌、硒、镍、钒、铊、锰、钴、锑，每年监测 1 次全分析铅、汞、镉、铬（六价）、砷、铜、锌、硒、镍、钒、铊、锰、钴、锑、铁、钼、铍、钡、钛、硼。详见水质监测概况表。

饮用水水源地水质监测　在柳州市城区的柳东水厂、柳南水厂、河西水厂、城中水厂取水口上游 100 米处设置监测断面，每月采样监测 1 次，监测《地表水环境质量标准》（GB3838-2002）中表 1、表 2、表 3 前 35 项共 63 个项目，并在 6~7 月按《地表水环境质量标准》（GB3838-2002）进行 1 次 109 项全分析的采样监测。在各县人民政府所在地集中式饮用水水源地设置饮用水水源地水质监测点位，每季度第一个月监测 1 次，监测《地表水环境质量标准》（GB3838-2002）中表 1、表 2、表 3 前 35 项共 63 个项目。详见水质监测概况表。

2014年柳州市水质监测概况表

<table>
<tr><th>监测要素</th><th>断面名称</th><th>断面级别</th><th>所属支流名称</th><th>断面所属水域功能</th><th>监测频次</th><th>监测项目</th><th>评价标准</th></tr>
<tr><td rowspan="7">地表水</td><td>梅　林</td><td>区控断面</td><td>都柳江</td><td>Ⅱ类</td><td rowspan="11">每月1次</td><td rowspan="7">水温、pH值、溶解氧、高锰酸盐指数、化学需氧量、五日生化需氧量、氨氮、总磷、总氮、铜、锌、氟化物、硒、砷、汞、镉、铬（六价）、铅、氰化物、挥发酚、石油类、阴离子表面活性剂、硫化物、粪大肠菌群、电导率、悬浮物，共26项</td><td rowspan="11">《地表水环境质量标准》（GB3838-2002）Ⅲ类水质</td></tr>
<tr><td>木　洞</td><td>区控断面</td><td>融江</td><td>Ⅲ类</td></tr>
<tr><td>露　塘</td><td>国控断面</td><td>柳江</td><td>Ⅲ类</td></tr>
<tr><td>沙煲滩</td><td>国控断面</td><td>柳江</td><td>Ⅳ类</td></tr>
<tr><td>猫耳山</td><td>国控断面</td><td>柳江</td><td>Ⅲ类</td></tr>
<tr><td>百鸟滩</td><td>区控断面</td><td>洛清江</td><td>Ⅱ类</td></tr>
<tr><td>渔　村</td><td>区控断面</td><td>洛清江</td><td>Ⅲ类</td></tr>
<tr><td rowspan="4">市区集中式饮用水水源</td><td>柳东水厂</td><td>—</td><td>柳江</td><td>饮用水源</td><td rowspan="4">每月监测《地表水环境质量标准》（GB3838-2002）表1、表2及表3中的前35项，共64项，全年监测1次全分析109项。每月重金属监测14项，每年1次重金属全分析监测20项。</td></tr>
<tr><td>柳南水厂</td><td>—</td><td>柳江</td><td>饮用水源</td></tr>
<tr><td>河西水厂</td><td>—</td><td>柳江</td><td>饮用水源</td></tr>
<tr><td>城中水厂</td><td>—</td><td>柳江</td><td>饮用水源</td></tr>
<tr><td rowspan="5">各县人民政府所在地集中式饮用水水源</td><td>柳城县大浦镇水厂</td><td></td><td>融江</td><td>饮用水源</td><td rowspan="5">每季度1次</td><td rowspan="5">每季度监测《地表水环境质量标准》（GB3838-2002）表1、表2及表3中的前35项，共64项。</td><td rowspan="5">《地表水环境质量标准》（GB3838-2002）Ⅲ类水质</td></tr>
<tr><td>融安县融安水厂</td><td></td><td>融江</td><td>饮用水源</td></tr>
<tr><td>融水县融江铁坑</td><td></td><td>融江</td><td>饮用水源</td></tr>
<tr><td>三江县河东水厂</td><td></td><td>寻江</td><td>饮用水源</td></tr>
<tr><td>鹿寨县洛清江九牛冲电灌站</td><td></td><td>洛清江</td><td>饮用水源</td></tr>
</table>

声环境监测　在建城区内设置160个区域环境噪声监测点，全年按昼间、夜间监测1次；在建城区的主要交通干道，设置89个道路交通噪声监测点，全年按昼间、夜间各监测1次；在建城区内，按《声环境质量标准》(GB3096-2008)设置功能区噪声监测点，Ⅰ类声环境功能区、Ⅲ类声环境功能区、Ⅳ类声环境功能区各1个，Ⅱ类声环境功能区3个。每季度监测1次，每次连续监测24小时获取昼间、夜间噪声值。

辐射环境监测　2014年，柳州市有核与辐射监测人员2人（兼职），主要工作为配合核与辐射安全管理科进行相关的投诉处理和安全检查，尚无专职人员从事核与辐射监测工作。投入专项资金120万购买核与辐射监测仪器，截至2014年底，共配套监测仪器10台。

重点污染源监督监测　2014年，柳州市国控重点废水监控企业23家、废气监控企业21家、污水处理厂10家、重金属监控企业4家、集中养殖业监控企业3家。废水、废气、污水处理厂、集中养殖业国控重点监控企

2014年11月21日，柳州市环境保护监测站工作人员开展隔墙噪声监测

2014年12月12日，柳州市环境保护监测站工作人员对监测样本进行分析

业每季度监测1次，同时对自动在线监测系统进行比对监测。重金属企业国控重点监控企业每2个月监测1次。监测结果报上级主管部门，并在环境保护部门网络平台上公布。

【污染防治】 大气污染防治 2014年，柳州市环境保护局编制上报《柳州市市区应对雾霾天气应急预案》、《柳州市大气污染防治2014年度实施方案》和《柳州市大气污染防治行动实施方案》。配合市人民政府做好市人大对柳州市落实《中华人民共和国大气污染防治法》的执法检查和专题询问。加大机动车尾气治理，对新购置车辆核发环保检验合格标志，对达不到排放要求的车辆不予核发环保标志，全年累计发放环保标志39650枚。协助住房城乡建设、城管等部门开展扬尘专项整治。向市人民政府申请专项课题经费，开展大气污染防治课题研究。

噪声污染防治 2014年，柳州市通过加大工业企业噪声污染整治力度、强化社会娱乐噪声管理、加大建筑施工噪声的监管、及时解决群众噪声污染投诉等措施开展噪声污染防治工作。2014年功能区噪声定期监测结果显示，柳州市功能区噪声基本达标。

饮用水水源地保护 2014年，柳州市市县两级环境保护部门对2013年度的饮用水水源地环境状况进行自查，及时排查发现饮用水水源地环境隐患，对发现的问题及时处置；做好柳州市2013年度地表水饮用水水源地环境状况的评估；督促六县人民政府、住房城乡建设部门加快完善现有污水处理厂配套管网建设，确保运转负荷达到考核要求，实现达标排放；组织开展每年1次的专项突发环境事件应急演练；及时妥善处置水污染纠纷。

重金属污染防治 2014年，柳州市环境保护局编制《柳州市2014年度重金属污染综合防治实施方案》，完成年度考核任务；督促融水县环境保护局加快推进融水县九谋、101矿区采选矿废渣、废水综合治理国家规划项目污染治理工作；开展电镀企业搬迁意向调查，协助推进广西柳州汽车城电镀工业园项目。

重点行业污染防治 2014年3月，柳州市环境保护局制订印发《柳州市环境保护专项检查工作方案》，加强对燃煤发电（包括企业自备电厂）、钢铁、水泥、化工、玻璃等大气排污企业及燃煤锅炉的除尘、脱硫、脱硝设施运行状况和污染物排放情况检查；对污染处理设施不正常运行、超标排污的企业，依法停产整治；对夜间停运污染物处理设施、偷排偷放的企业，依法从重处罚；对不能稳定达标排放的企业一律依法停产、限产；对不符合国家产业政策的“土小”企业，依法取缔关闭。

固体废物管理 2014年，柳州市一般工业固体废物产生量1198.54万吨，其中综合利用量1165.82万吨，处置量8.17万吨，贮存量30.72万吨（上年贮存量6.17万吨），一般工业固体废物综合利用率为96.8%。

危险废物管理 2014年，柳州市工业危险废物产生量1.77万吨，其中综合利用量0.63万吨，处置量1.11万吨（其中处置上年贮存量0.02万吨），贮存量0.29万吨（上年贮存量0.24万吨）。

污染源普查 2014年，柳州市环境保护局加强对污染源的环境监测，全市所有重点工业企业严格按照监测频次要求，开展监督性监测。

环保模范城市创建 2014年5月27～30日，环境保护部对柳州市开展创建国家环境保护模范城市进行技术评估，并顺利通过技术评估。按照环境保护部正式下发的技术评估整改意见，经第15次市人民政府常务会审议，下发《柳州市创建国家环境保护模范城市技术评估整改工作方案》。

2014年5月27～30日，环境保护部对柳州市开展创建国家环境保护模范城市进行技术评估。图为环境保护部评估组成员对柳州市创模材料进行审核

【生态保护和建设】 生态建设资金 根据自治区环境保护厅《关于开展2014年自治区农村环境综合整治项目竞争性评选的通知》（桂财建〔2014〕180号）文件要求，柳州市组织各县申报2014年自治区农村环境综

合整治项目。根据自治区农村环境综合整治项目竞争性评选会评选结果，柳州市共有4个县9个行政村获得2014年自治区农村环境综合整治项目，共获得资金2700万元。

农村环境综合整治　2014年，柳州市在辖区六县选择12个村屯实施12个水环境综合整治示范村项目。划定乡镇饮用水水源保护区85个，获批农村环境综合整治示范项目9个，通过验收4个。结合“清洁水源”活动，对柳州市铁路沿线两侧可视范围(500米)79家企业、43个饮用水水源地及水体进行摸底调查，排查出存在问题企业43家，需整治水源地2处。在全市开展水生植物清理活动，清理水葫芦等水体垃圾5850.5吨，水域面积33.5万平方米，溪流、沟渠127.5公里，保障全市饮用水水源地安全。

生态村建设　2014年，柳州市有84个行政村获自治区级生态村命名，138个行政村获市级生态村命名。

【核与辐射安全监管】 2014年，柳州市环境保护局共完成输(送)变电项目环评审批14项，验收4项，新发放使用三类射线装置辐射安全许可证1家，处理基站投诉18起。排查放射源单位医疗卫生机构6家，企业21家，密封性放射源241枚。

【环境监察】 监察稽查　2014年，柳州市环境保护局制订《柳州市环境监察稽查工作方案》，成立稽查小组，对柳州市环境监察支队、四城区环境保护局、六辖县环境保护局和柳东环境保护分局环境监察工作进行稽查。检查现场执法记录、抽查行政处罚档案116件，下达环境监察稽查意见书224份，对检查内容不规范、检查记录不全面、监察结论不明确、行政处罚程序不完善、个别行政处罚案件证据不充分、适用法律不准确等问题进行纠正，进一步提升基层执法能力。

环保专项行动　2014年，柳州市人民政府办公室印发《柳州市2014年整治违法排污企业保障群众健康环保专项行动工作方案的通知》(柳政办〔2014〕104号)，继续开展整治违法排污企业保障群众健康环保专项行动，将重金属排放企业、医药制造企业、铅蓄电池生产企业、电镀企业以及群众反映强烈的对环境影响较大的企业作为排查整治重点。环保专项行动累计出动环保执法人员3500余人次，检查排污企业1500多家，共立案查处11家企业，处罚金额49万元，关停违法企业3家，上报自治区挂牌督办备选案件2件，报送环保专项行动信息简报6期。

持续开展挂牌督办案件后督察工作，协助柳州市鱼峰区法院对暴力抗法的柳州市静兰电镀厂强制停产、停止供应生产用电；督促融水县人民政府完成融水鑫禾锌业有限公司2012年自治区级环保专项行动挂牌督办案件的办结任务。

环境执法　2014年，柳州市开展环境执法工作，共出动检查人员1689人次，检查企业和建设单位541家，检查污染防治设施1171台(套)，正常运行1140台(套)，正常运行率97.4%，下达整改通知书16件，限期整改通知书104件，移送管理46件，立案调查8件，实施行政处罚4件，对废水、废气超标排放的柳州市造漆厂立案调查，处罚12.6万，并报市人民政府下达限期治理通知。立案调查柳州市凯恒锌品有限公司擅自改变生产工艺，责令恢复原样，并处罚8万元。全年环境执法共处罚金额53.613万元。

2014年，柳州市加快打造宜居城市建设步伐

2014年1月17日，柳州市开展环境执法检查工作。图为采集废气超标排放证据现场

2014年4月12日，柳州市开展环境应急演练。图为柳州市环境监察支队支队长何华（右一）在应急演练指挥部现场指挥调度

排污申报与收费　2014年，柳州市环境保护局认真组织排污申报登记工作，全面落实“依法、及时、足额、全面”征收排污费的工作方针，按照核定的排污量进行排污费征收，全年共征收排污费2805万元。

监察队伍管理　2014年，柳州市环境监察支队“三定”方案获得市机构编制办公室批准，内设机构分为办公室、监察一科、监察二科、监察稽查科、行政执法与收费管理科、自动监控与固废管理科。柳州市环境监察支队编制40人，在编人员39人，聘用人员8人，其中大专以上学历人员45人，占总人数的95.74%。

监察能力建设　办公区域面积达到标准化建设要求，执法车辆6辆，没有达到标准化建设要求。柳州市环境监察支队现有38人持有自治区法制办颁发的广西行政执法证。有36人持有环境监察执法证，持证上岗率92.3%。

柳州市县（区）级环境监察机构能力建设较薄弱，鹿寨、柳江、柳城3个县环境监察机构达到能力建设标准，并于2014年通过验收。其余县办公面积无法满足标准化建设要求，人员数量、专业素质、执法车辆等装备均存在较大差距。

【环境应急与事故调查】　突发环境事件　2014年，柳州市辖区内未发生突发环境事件。

环境应急管理　2014年，柳州市环境保护局完成包含国家重点监控企业在内42家企业的突发环境事件应急预案备案工作。

环境应急能力建设　2014年，柳州市环境保护局组织市环境监察支队、市环境保护监测站、融安县环境保护局、融水县环境保护局联合完成融江支流重金属污染事件应急演练，并组织市环境保护监测站完成5次应急监测演练及7次应急监测任务。全年共有2人参加环境保护部组织的应急管理培训，5人参加自治区环境保护厅组织的环境应急管理业务培训，50人参加市本级组织的环境应急管理业务培训。

【环境宣传教育】　环境宣传　2014年，柳州市环境保护局以“六五”世界环境日为契机，结合“美丽柳州·清洁乡村”、“创建国家环保模范城市”（以下简称“创模”）工作，深入开展环保“进社区、进学校、进企业、进乡村”活动，多形式多渠道宣传环境保护法律法规政策、节能减排和清洁乡村等有关知识。全年共向群众发放《绿色生活36计》、《环境保护相关法规》等宣传资料共10000册，深入社区、企业、学校等单位，向群众讲解新环保法等环保知识12次；全年发放新《环境保护法》宣传资料2万份，张贴宣传海报1.58万张，发放环保宣传袋1.5万份，并做好环保政务信息报送工作。全年市环境保护局门户网站访问量达4.32万人次，微博粉丝量1.12万人次，发布各类环境信息1700多条。此外，组织环保志愿者开展低碳环保徒步出行活动。

2014年12月1日，柳州市环境保护局开展环保“进社区、进学校、进企业、进乡村”宣传活动。图为工作人员给居民普及辐射知识

环境教育　2014年，柳州市环境保护局积极利用媒体和网络平台，开展多形式的环保教育活动。与柳州交通广播合作《环保之声》节目，节目历时1年时间，每周一、周四中午黄金时段播出，节目普及环保知识，倡导绿色生活方式，产生良好的环保教育效果。2014年柳州市共有1072所中小学校开展环境教育，其中小学914所，初中134所，高中24所。

绿色系列创建　2014年，柳州市组织开展绿色环保系列创建工作。年内创建各级绿色学校（幼儿园）112所、各级绿色环保社区（小区）72家、全国中小学环境教育社会实践基地1个、各级绿色环保教育基地3个、自治区级绿色大学2所、绿色环保宾馆（酒店）7家、绿色环保医院7家、绿色机关6家、绿色环保企业6个。

2014年11月13日，柳州市绿色环保系列创建工作领导小组到荣盛社区指导创建工作

志鉴编纂　2014年，柳州市环境保护局完成编纂2014卷《广西环境年鉴·柳州市环境保护》和环保大事记。

【信息公开与政务信息】　信息公开　2014年，柳州市环境保护局通过自治区人民政府信息公开统一平台主动公开各类信息337条，其中在重点领域信息公开“环境保护”栏目公开环境核查审批、环境监测、突发环境事件等信息78条；通过网站主动公开各类信息3000多条，其中发布工作动态313条，国内环保动态357条，公示公告177条，空气质量日报365天，公布建设项目环保审批信息363项，公布环保“三同时”（同时设计、同时施工、同时投产）验收信息132项。全年市环境保护局网站浏览量达43217人次。

政务信息　2014年，柳州市政务信息在全国62个直报点中排名第九，在全自治区14个设区市环境保护局中排名第二，政务信息工作继续在全自治区保持前列。年内，市环境保护局被评为全国环保系统政务信息工作先进单位。

办公信息化建设　2014年，柳州市环境保护局建立业务综合信息管理平台，信息化覆盖核心业务流程，实现网络对外办公。2014年通过网络审批项目363项，项目验收96项，实现处罚、现场检查和投诉处理的网络协同办公。OA办公系统全面应用，通过OA系统发文241件，全年在OA系统流转的文件达7856件。

环境信访　2014年，柳州市环保热线共受理、处理群众投诉6836件（包含六县四城区及柳东分局），处理率100%；调解污染纠纷69件，调查处理柳州市人民政府热线转办投诉案件30件，调查上级环境保护部门转办投诉案件33件，受理转办信访件78件；组织领导干部接访112批次，领导包案33起，组织领导干部带案下访88批次，结案率100%。2014年柳州市未发生较大以上环境突发事件。

人大建议和政协提案办理　2014年，柳州市环境保护局共受理人大建议3件（其中主办2件，协办1件），政协提案16件（其中主办9件，分办2件，协办5件），办结率100%，满意率100%。

【党的建设与纪检监察】　建立健全党建工作机制　2014年，柳州市环境保护局机关党委下辖党支部5个、党小组11个。有党员134名，其中在职党员107名、离退休党员27名。工会组织3个，工会会员211名，团组织2个，团员12名，妇女组织3个，妇女职工88名。

创先争优活动　2014年，柳州市环境保护局积极开展创先争优活动，全年获市以上奖项13项，有14人次受市级以上单位通报表彰；其中被厅级以上表彰的有：被环境保护部评为“全国环保政务信息工作先进单位”、“2014年度中国环境报宣传工作先进单位”，局党组书记、局长龚继冬被评为“2014年度中国环境报宣传工作先进个人”，法规宣传科科长张烈强被评为“全国政务信息工作先进个人”。

党风廉政建设　2014年，柳州市环境保护局聚焦环保主业，强化执纪监督，严格落实“两个责任”，探索实现“三转”道路，组织102名党员干部到柳州露塘监狱进行现场警示教育，逐级组织鉴定党风廉政建设责任状，党风廉政建设和反腐败各项工作取得明显实效。

政风行风建设　2014年，柳州市环境保护局印发《柳州市环境保护系统2014年民主评议政风行风工作实施方案》（柳环字〔2014〕165号），部署2014年全市环保系统民主评议政风行风工作。党组书记、局长甘景林带队参加7月9日“政风行风”上线节目，对收集7位听众反映的问题，责成相关部门调查处理。7月15~16日，自治区环境保护厅在柳州市开展民主评议政风行风征求意见调研活动，柳州市环境保护局积极配合，邀请政风行风评议员、企业代表、各相关部门共20多人参加。10月20日，召开政风行风集中评议大会，

汇报开展民主评议政风行风工作和群众反映问题的整改情况。52名企业代表、监督员和群众代表参加民主测评，柳州市环境保护局中层以上干部、二层机构负责人参加会议。

党的群众路线教育实践活动 2014年2月21日，柳州市环境保护局召开党的群众路线教育实践活动动员会，按照“深入学习、打好‘底子’、开门纳谏、照好‘镜子’，查摆问题、找准‘根子’，开展批评，敢动‘刀子’、完善制度，开出‘方子’”的教育实践思路，先后组织专题集中学习13次、专题辅导5场；征集意见建议3大类149条；查摆出班子“四风”具体问题13个，并进行整改；梳理出规章制度49项，教育实践活动成效明显。

【环保大事记】

一月

1月6日，柳州市立冲沟生活垃圾卫生填埋场获国家住房城乡建设部Ⅰ级垃圾卫生填埋场等级资格，标志柳州市生活垃圾无害化处理跻身全国先进行列。

1月21日，自治区环境保护厅召开全自治区环境安全保障工作视频会，安排部署春节和“两会”期间全自治区环境安全保障工作。为全面贯彻落实全自治区环境安全保障工作会议精神，柳州市环境保护局迅速召开全市环境安全工作会，采取多项措施，确保春节和“两会”期间环境安全。

1月24~25日，自治区党委常委、宣传部部长沈北海率自治区环境清查整治和安全生产专项检查工作组到柳州市开展专项检查。柳州市市长肖文荪向检查组汇报柳州市2013年环境清查整治和安全生产工作。

二月

2月17~20日，柳州市人民政府对签订2013年环境保护目标责任书的单位进行年终检查考核。

2月21日，柳州市环境保护局召开深入开展党的群众路线教育实践活动动员大会，全局干部职工参加会议。

2月27日，为贯彻落实自治区在全自治区铁路沿线开展环境综合整治行动工作要求和部署，柳州市环境保护局决定在全市开展铁路沿线环境污染排查专项整治。

三月

3月4日，柳州市市长肖文荪组织召开市人民政府常务会，审议原则通过《柳州市市区应对雾霾天气应急预案》，命名柳江县三都镇白见村等82个行政村为2013年度“柳州市级生态村”。

3月14日，柳州市环境保护局局长甘景林赴柳江县龙新村龙朝屯视察，并决定为该屯捐赠、种植100株树苗。

3月14日，柳州市环境保护局组织放映纪录片《苏联亡党20年祭》，全局约40名党员干部观看纪录片。

3月15日，柳州市环境保护局组织开展铁路沿线环境污染排查专项整治行动，摸清铁路沿线排污企业环境污染现状，完成环境专项整治行动排查第一阶段任务。

3月18日，柳州市环境保护局制作法律宣传横幅、展板及宣传资料，赴融安县开展“法律六进”法制宣传活动。

3月19日，柳州市环境保护局召开全市2014年污染源自动监控运行工作会议，旨在加强全市污染源自动监控运行管理。全市44家国控企业环保负责人和10家自动监控设施运维商参加会议。

3月7~20日，柳州市环境保护局在全市范围内开展环境保护专项检查行动。共出动执法人员638人次，排查企业202家，涉及燃煤发电、钢铁、水泥、化工、制糖、造纸等行业企业以及国家重点监控企业，大部分企业环保设施基本能正常运行，制订有环境应急预案，基本能定期开展应急演练。检查期间，共受理信访投诉337起，办结336件，处理率99.7%。

3月25日，柳州市副市长陈鸿宁到市环境保护局调研指导党的群众路线教育实践活动，听取市环境保护局对市委、市人民政府工作的意见和建议。

3月25日，由柳州市环境保护局纪检组长张国庆一行6人组成调研组，到柳江县环境保护局及相关企业就开展党的群众路线教育实践活动进行专题调研。

3月27日，柳州市环境保护局副局长覃洁带领辐射科、创模办、宣教信息中心等部门，到城中区、柳北区开展党的群众路线教育实践调研走访活动。

四月

4月4日，柳州市市长肖文荪到市环境保护局调研，强调对环境违法“零容忍”，分管环保工作的副市长陈鸿宁、市人民政府秘书长向军参加调研，市环境保护局中层以上领导干部参加调研座谈会。

4月10日，自治区党委督查室副主任张勤俭一行到柳州市造漆厂（柳州鱼峰制漆股份有限公司）督查环境污染整治情况。听取市环境保护局、市工业和信息化委、市发展改革委、市国土资源局和柳江县人民政府汇报有关市造漆厂环境污染投诉的处理、治理和搬迁工作情况。

五月

5月6日，柳州市市长肖文荪率市发展改革委、工业和信息化委、环境保护、国土资源、交通运输等有关部门负责人，到广西柳州汽车城电镀工业园现场办公，逐一协调解决项目中遇到的瓶颈问题，要求园区建设必须牢固树立严格的环保意识。

5月8日，国务院办公厅下发通知，公布23处新建国家级自然保护区名录，柳州市融水县元宝山自然保护区位列其中，成为柳州市区域内第二个国家级自然保护区。

5月19日，柳州市出台建筑工地扬尘污染整治方案，加强建筑工地扬尘整治，达到施工现场100%围挡、工地裸露砂土场地不用时100%覆盖或绿化、工地出入口100%硬化的目标。

六月

6月4日，柳州市副市长陈鸿宁代表市人民政府约谈未完成2013年度主要污染物减排任务的六县人民政府主要负责人及分管负责人，要求各县充分认识到减排工作的重要性和紧迫性，认清形势，认真分析自身减排工作的状况，加大工作力度，完成市人民政府下达的各项减排任务。

6月12日，广西首个环境保护法庭在柳州市鱼峰区法院正式揭牌成立，集中审理柳州市内涉及环境保护方面的案件。

6月15日，柳州市环境保护局召开2014年全市环境保护局长会议。会议在重点查找问题、分析原因的基础上，结合自治区环境保护厅部署的第二季度工作任务，明确全市环保系统当前和今后一个时期重点推进和落实的工作。

6月20日，柳州市人民政府召开2014年全市减排工作会议，这是柳州市2014年上半年召开的第二次全市减排工作会议，市长肖文荪参加会议并做重要讲话。副市长陈鸿宁、秘书长向军、副秘书长曾和平、各县区及各部委办局主要领导及重点企业主要负责人参加会议。

6月21~24日，柳州市副市长陈鸿宁率队深入县区和重点企业，对减排工作进行一次全面检查，强调各县区、各重点企业必须按照《柳州市主要污染物总量减排三年工作方案》的要求，全面完成自治区下达给柳州市的污染物总量减排各项任务。

6月26日，柳州市环境保护局机关党委组织全体干部职工100余人到广西党员干部警示教育基地（柳州露塘监狱）参观学习。

七月

7月3日，柳州市环境保护局组织全市国控企业召开2014年全市国控企业自行监测信息公开专题会议暨考核调度系统培训，各国控企业共64人参加。

7月9日，柳州市环境保护局局长甘景林、副局长龚继冬参加柳州市广播电台政风行风热线节目。

7月14~15日，自治区环境保护厅总量处处长曾辉一行3人组成核查小组对柳州市2014后上半年主要污染物减排工作进行现场核查。

7月13~14日，环境保护部对外合作中心副主任方莉带队到柳州市进行重金属污染防治调研，自治区环境保护厅重金属处副处长顾湛琦、自治区环境保护科学研究院对外合作交流中心、自治区环境保护宣传教育中心相关人员陪同调研。

7月23日，广西首个“生态环保志愿者之家”在柳州市凤起社区成立。

7月23日，柳州市鱼峰区法院法官讲师团在柳州市凤起社区举办一场以生态环保为主题的模拟法庭审判，给社区居民上环保教育课。

7月29日，2014年“中国最具幸福感城市”调查推选活动在北京启动。经过初选，地级及以上候选城市92个，柳州名列其中。

7月29日，自治区人大常委会执法检查组对柳州市实施《中华人民共和国大气污染法》情况进行执法检查，对柳州市做好“七道加法题”，逐步建立大气环境联防联控工作机制，推动大气环境综合整治的“柳州模式”给予肯定。

八月

8月5日，柳州市人民政府根据全市“十二五”主要污染物减排工作的总体部署，针对全市畜禽养殖业减排工作存在的问题，制订印发《柳州市“十二五”后两年畜禽养殖业主要污染物减排推进落实方案》。

8月6日，由中国城市竞争力研究会发布的中国十佳最干净城市排行榜出炉，柳州以85.09的高分排名第六。

8月8日，柳州市人民政府印发《柳州市2014年度重金属污染综合防治实施方案》，全面推进重金属污染防治工作。

九月

9月9~12日，柳州市人民政府开展“绿色卫士·2014”环境安全专项检查，成立以副市长陈鸿宁为总指挥长，环境保护、发展改革、工业和信息化、公安、司法、国土资源、住房城乡建设、工商、安全监管、质量监督等部门分管领导为成员的专项检查领导小组。

9月17日，自治区环境监察总队副总队长徐伯钧率督察组到柳州市督查主要污染物总量减排监测体系及环境监测质量工作。

十月

10月1~7日，柳州市环境保护局按照自治区环境保护厅部署，派员驻厂开展环境现场督查工作。重点对辖区内火电、冶炼、化工、水泥等行业企业烟气脱硫、脱硝及除尘等情况进行检查，严格监控烟气超标排放企业，严格管控辖区内建筑工地扬尘，禁止秸秆、垃圾露天焚烧。

10月2日，柳州市接到自治区环境保护厅下达的第45届世界体操锦标赛期间空气质量保障应急指令（第1号）后，立即采取应对措施，有效控制大气污染物排放。

10月17日，柳州市环境保护局通过政府采购，投

资148.5万元，委托环境保护部华南环境科学研究所开展《柳州市大气颗粒物($PM_{2.5}$和PM_{10})源解析及控制对策》研究。

10月18日，柳州市区环境空气质量指数(AQI)高于200持续超过48小时，柳州市首次发布雾霾天气黄色预警，启动三级预警(黄色)响应程序。

10月20日，柳州市环境保护局召开政风行风集中评议大会，汇报2014年以来民主评议政风行风工作及群众反映的问题整改情况。52名企业、监督员和群众代表参加民主测评，市环境保护局中层以上干部、二层机构负责人参加会议。

10月21日，2014年全自治区环保基层能力建设暨年度重点工作现场推进会在扶绥县召开。会上，自治区环境保护厅厅长檀庆瑞为通过环境监测、环境监察达标验收的市县环境保护局颁发牌匾，鹿寨县成为全自治区第一个监测、监察机构双达标的标兵县。

10月30日，柳州市环境保护局组织召开全局党的群众路线教育实践活动总结大会，全局干部职工参加。

10月31日，柳州市关停广西柳州鱼峰制漆股份有限公司所有树脂和油漆生产线，清除市区一大异味污染源，彻底解决困扰周围居民生活的异味污染问题。

十一月

11月5日，环境保护部政策法规司司长李庆瑞受邀做客柳州，开展专题为市、县、区四家班子领导，市属和中、区属副处级以上事业单位主要领导以及全市副处级以上领导干部解读新环保法讲座。

11月13~14日，环境保护部华南督查中心到柳州市开展主要污染物总量减排日常督查。

11月14日，柳州市环境保护局专家在柳江县环境保护局生态股工作人员陪同下，到柳江县申报的14个市级生态村进行考核验收。

十二月

12月10日，柳州市环境保护局局长龚继冬、纪检组组长张国庆到三江富禄地表水水质自动监测站检查指导，重点了解水站监测参数、仪器运行及周边环境对水站的影响情况。

桂林市环境保护

【综述】 2014年，桂林市环境保护局围绕污染减排、大气污染治理、生态建设等重点工作，完成年度主要污染物总量减排目标任务；加强饮用水专项检查力度，完善日常巡查制度，制定漓江城区段保洁标准和督察办法；继续推进农村环境连片整治项目，成功创建14个自治区级生态乡镇、26个自治区级生态村和245个市级生态村；开展大气污染防治工作；开展机动车辆专项整治行动，全面发放机动车环保标志；推行环境安全目标责任制管理，强化环境风险防控工作。各项重点工作圆满完成，促进全市经济社会协调发展。

2014年，桂林市环境质量总体维持较好水平。全年环境空气质量优良天数达250天；地表水、地下水水质总体良好；市区声环境质量保持“较好”等级。全年环境空气质量年均值未能达到二级标准，超标项目为可吸入颗粒物、细颗粒物。

【规划与投资】 环保专项资金 2014年，桂林市环境保护局组织申报中央和自治区环保专项资金项目，全年获得各级环保专项补助资金共8281.93万元。其中，中央重金属污染防治专项资金450万元，中央农村环境保护资金2250万元，中央及自治区农村环境保护资金4200万元，生态广西建设引导资金340万元；2014年度污染源自动监控设施社会化运行补助资金172万元；市本级财政环保专项资金共869.93万元。

环境信息化建设 “智慧桂林”环保项目 2014年，桂林市环境保护局开展编写桂林市“智慧桂林”之“智慧环保”项目实施方案，对“智慧桂林”顶层设计编制调研问卷中的单位基本概况、业务应用系统、“智慧桂林”指标现状等信息进行调研、核实统计，报桂林市“智慧桂林”项目办公室。

在线视频监控项目 2014年，桂林市环境保护局组织开展桂林市在线视频监控项目的建设工作，就项目建设内容、实现技术、投运后的管理、投入资金及运行保障资金等问题组织相关公司洽谈，开展实地考察，对各公司提交的5套建设方案进行论证，对全市拟建设视频监控的34家国控企业进行综合筛选。对23家国控企业共46个点位进行视频监控建设，并进入政府招标采购程序。

污染源管理系统贷款项目 2014年，桂林市环境保护局推进世界银行“桂林市水环境监测与污染源管理系统”贷款项目的建设工作。对世界银行项目方案中“污染源管理系统”的建设内容进行核定及上报，组织对该子项目的建设方案及采购计划进行申报，并对项目《贷款协定和项目协定(草案)》进行修改，2014年12月与世界银行签订合同。

基本能力建设 截至2014年5月，桂林市环境监测监察业务用房施工完成地下室结构工程。由于建设资金原因，该建设项目自5月中旬开始处于停工状态。按桂林市环境保护局党组的要求，有序开展项目清理退场及做好解决建设遗留问题的相关工作。

2014年5月20日，桂林市市长唐琮沅（右二）到市环境保护局调研，桂林市环境保护局长邓学云（右一）、副局长蒋永光（左二）、党组成员宋韶华（左一）陪同

【法制建设与处罚】 2014年,桂林市环境保护局制定《关于建立桂林市环境行政执法与司法联动工作机制的意见》,组织政府部门、企业、环保系统等单位人员参加“环境保护与城市生态建设”专题研讨班和“行政执法环境法律法规”培训班,提高遵守环保法律法规自觉性,形成打击环境违法行为的合力。

2014年,桂林市环境保护局依法作出行政处罚决定书42件,处罚金额101.03万元,当场作出处罚决定备案审查20件,处罚金额14800元;对不履行行政处罚决定的当事人申请人民法院强制执行6件。

【机构改革与人事】 机构与编制 桂林市环境保护局是桂林市人民政府组成部门,正处级行政单位。2014年,市环境保护局编制数208名(含局机关工勤编制6名),实有在编人员191人,其中局机关行政编制28名,工勤人员编制6名,五城区环境保护分局行政编制27名,参公事业单位市环境监测中心站编制71名,参公事业单位市环境监察支队编制30名,事业单位市环境保护科学研究所编制29名,桂林市环境自动监控管理办公室编制10名,桂林市环境应急处置和固体废物管理中心编制7名。

重要人事变动

邓学云任桂林市环境保护局局长;免去褚民桂林市环境保护局局长职务(市人发〔2014〕9号文,2014年4月29日)。

邓学云任中共桂林市环境保护局党组副书记(市委〔2014〕83号文,2014年4月18日)。

免去胡天云中共桂林市环境保护局党组成员、纪检组长职务(市委〔2014〕114号文,2014年7月14日)。

费军任中共桂林市环境保护局党组成员、市纪委派驻市环境保护局纪检组组长(市委〔2014〕177号文,2014年9月29日)。

邵艳青任桂林市环境保护局副调研员(市委〔2014〕176号文,2014年9月29日)。

黄小雪任桂林市环境保护局副调研员(市委〔2014〕13号文,2014年1月7日)。

【获奖与表彰】 2014年12月29日,桂林市环境保护局获自治区环境保护厅、自治区文明办、自治区教育厅、共青团广西区委授予广西壮族自治区第七批绿色学校(幼儿园)创建优秀组织单位。2015年1月,市环境保护局获自治区环境保护厅授予全自治区环保系统2014年基层建设年先进集体。2015年1月,市环境保护局获桂林市政务服务管理办公室授予2014年度政务服务先进窗口单位。

【环境科研与管理】 环境科技 2014年,桂林市环境保护科学研究所在桂林市主要景区开展负氧离子现状调查与监测工作,并在会仙湿地开展水生生态调查与研究工作。课题研究成果为桂林市旅游景区清新空气评价及会仙湿地水生生态安全评价提供数据基础,也为桂林市国际旅游胜地建设提供真实可靠的资料。开展青狮潭水库水污染控制与水质改善对策研究,从水污染控制策略、环境管理对策、生态保护对策等方面进行设计,构建青狮潭水库水源保护良性循环机制,为确保桂林市重要饮用水水源地的水质安全提供技术支撑。

2014年,桂林市环境监测中心站推进《桂林市大气细颗粒物来源解析研究——基于质谱直接测量法》、《桂林市典型污染气象分析及防控对策课题》和《大气细颗粒物排放源清单及污染防控对策研究》等课题研究。围绕年度工作重点,自筹资金10万元设立科研创新孵化资金,支持站内创新项目。2014年,经技术评审后确定支持项目12个,促进信息化管理、应急监测、大型仪器综合利用、环境辐射调查、质量综合管理等方面的能力提升。2014年有6篇论文先后发表于《可再生能源》、《环境科学学报》、《中国环境监测》、《环境监测管理与技术》、《环境科学与技术》等国内中文核心期刊。自主开发的环境空气质量实时发布系统安卓版(Android版)6月1日正式对外发布,进一步满足公众随时随地了解实时环境空气质量状况的需求,增加环保工作的透明度,拓宽公众参与环境保护的渠道。

环保科技队伍及能力建设 2014年,桂林市环境保护科学研究所增挂桂林市环境保护技术中心牌子。桂林市环境保护技术中心组建桂林市环境保护技术中心环境影响评价技术评估专家库,专家涵盖环境影响评价专家、环境保护管理专家以及各领域行业专家。桂林市环境保护科学研究所有21人拥有国家环境保护部颁发的国家清洁生产审核培训合格证书,其中高

级工程师 7 人，工程师 10 人。

环境科技项目　2014 年，桂林市环境保护科学研究所主要开展桂林市地表水环境功能区划调整研究、青狮潭水环境容量研究及饮用水源区划分、桂林市重点行业企业危险化学品调查及环境风险事故应急处理措施、桂林市会仙湿地环境状况调查及水环境功能区划分研究、基于高层模式的青狮潭水库水环境容量研究、漓江流域水环境功能区生态需水量研究、桂林市几种典型地区负氧离子现状调查、桂林市会仙湿地水生生态调查与研究、桂林市村镇区生活污水排放现状调查及治理工艺研究、工业废水中污泥资源化利用技术研究及应用、漓江桂林区段饮用水源地特征污染物的风险评估与预警、桂林市河流交接断面环境应急数据采集系统建设、桂林市环境保护“十三五”规划前期研究等 13 项科研项目。青狮潭水环境容量研究及饮用水源区划分、桂林市会仙湿地环境状况调查及水环境功能区划分研究、桂林市河流交接断面环境应急数据采集系统建设等 3 个科研项目通过相关部门验收。桂林市重点行业企业危险化学品调查及环境风险事故应急处理措施、桂林市村镇区生活污水排放现状调查及治理工艺研究等 2 个科研项目年内完成课题主要研究工作，并提交验收材料等待相关部门验收。

环境科研获奖　2014 年，桂林市环境保护局职工积极撰写科技论文 17 篇（监测站 9 篇和科研所 8 篇论文），在科技期刊、国家级环境学术会议和国际网络论坛上发表。其中 4 篇论文在《环境科学学报》、《中国环境监测》和《可再生能源》等国家级核心期刊发表。

【清洁生产审核】　2014 年，桂林市环境保护科学研究所清洁生产中心组织完成 6 家重点企业清洁生产审核评估工作，配合桂林市环境保护局完成 7 家重点企业清洁生产审核验收工作。召开重点企业清洁生产审核工作会议，7 个相关的辖县环境保护局负责人及 31 家清洁生产重点企业负责人约 50 参加会议。召开清洁生产审核咨询服务机构会议 1 次，服务于桂林市辖区的 14 家清洁生产审核咨询服务机构参加会议。举办培训班 1 期，全市环保系统和重点企业负责人 140 多人参加培训。

【环境质量】　环境空气质量　市区　2014 年桂林市环境空气优良率为 89.3%，空气污染指数（API）指数范围 12~193，92 天空气污染指数（API）为一级，234 天空气污染指数（API）为二级，39 天空气污染指数（API）为三级。与 2013 年相比，空气优良率下降 2.2 个百分比。

2014 年桂林市环境空气质量优良率达 68.5%，空气质量指数（AQI）范围为 28~306，70 天空气质量指数（AQI）为一级，180 天空气质量指数（AQI）为二级，72 天空气质量指数（AQI）为三级，26 天空气质量指数（AQI）为四级，13 天空气质量指数（AQI）为五级，1 天空气质量指数（AQI）为六级。市区二氧化硫日均值浓度范围为 2~139 微克 / 立方米，年均值为 22 微克 / 立方米，与上年相比，二氧化硫浓度减少 18.5%；二氧化氮日均值浓度范围为 9~112 微克 / 立方米，年均值为 28 微克 / 立方米，减少 9.7%；可吸入颗粒物日均值浓度范围为 12~336 微克 / 立方米，年均值为 86 微克 / 立方米，增加 2.4%；一氧化碳日均值浓度范围为 0.4~3.5 毫克 / 立方米，年均值为 2.0 毫克 / 立方米，减少 4.8%；臭氧日均值浓度范围为 11~217 微克 / 立方米，年均值为 136 微克 / 立方米，减少 7.5%；细颗粒物日均值浓度范围为 13~256 微克 / 立方米，年均值为 66 微克 / 立方米，与上年持平。降水 pH 值年均值为 4.84，酸雨频率为 63.95%，与上年度相比降水 pH 值年均值下降 0.20，酸雨频率上升 7.8 个百分点，全年 pH 值范围 3.74~8.29。

桂林市区按照《环境空气质量标准》（GB3095-2012）进行单因子评价，二氧化氮、一氧化碳年均值达到一级标准；二氧化硫、臭氧年均值达到二级标准，可吸入颗粒物、细颗粒物年均值超出二级标准。桂林市区空气主要污染物污染负荷比见图 1。

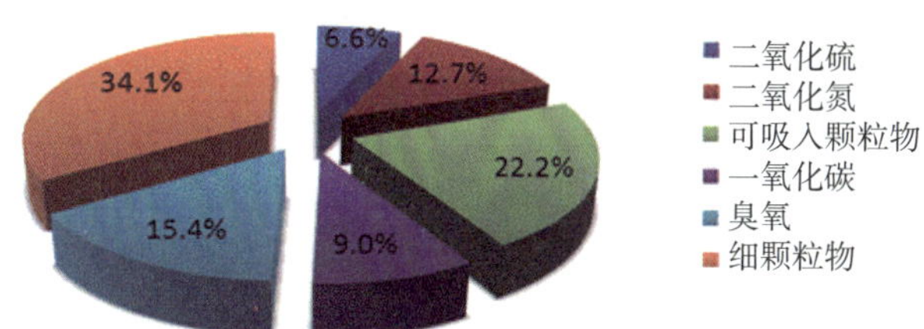

图1　2014年桂林市区空气主要污染物污染负荷比

各县　桂林市 12 个县按照《环境空气质量标准》（GB3095-1996）进行单因子评价，12 个县县城的环境空气质量年均值符合国家二级标准，各县县城环境空气质量污染因子年均值见图 2。

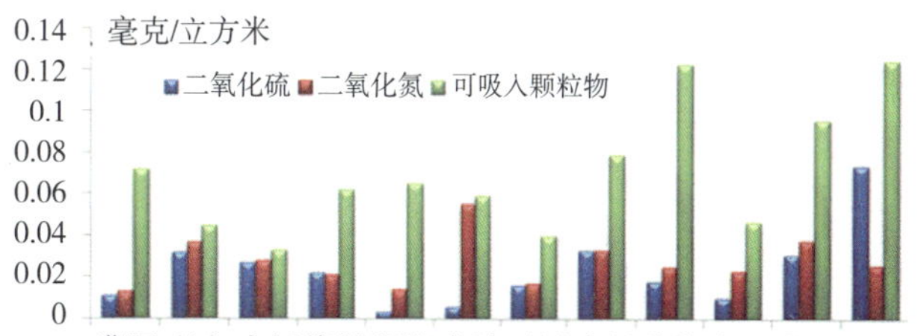

图2　2014年桂林市各县县城环境空气质量污染因子年均值

水环境质量　河流水　漓江兴安县段、灵川县段、市区段、阳朔县段等水质良好。污染物浓度处于较低水平，各项监测评价指标的达标率为 100%，支流：小东江各项监测评价指标达标率为 100%，桃花江各项监测评价指标达标率为 100%，相思江各项监测评价指标达标率为 100%。湘江全州县段、兴安县段以及支流灌江水质良好，污染物浓度处于较低水平，各项监测评价指标达标率为100%。洛清江水质良好，各项监测评价指标的达标率为100%。桂江干流以及支流恭城河、荔浦河水质良好，各项监测评价指标达标率为100%。资江水质良好，污染物浓度处于较低水平，各项监测评价指标的达标率为100%。浔江水质良好，污染物浓度处于较低水平，各项监测评价指标的达标率为100%。

饮用水水源　市区和各县集中式饮用水水源均为河流型地表水。全市集中式饮用水水源地水质除粪大肠菌群存在不同程度超标外，其他监测评价项目全部达到国家地表水Ⅰ～Ⅲ类水质标准。

青狮潭水库　青狮潭水库水质良好，为Ⅲ类水质，除部分点位总氮、总磷项目超过其Ⅱ类保护标准外，其余监测项目皆达标。各监测点位水质营养状态级别为中营养，定性评价为优良。

风景湖塘水　市区风景湖塘水除总氮、总磷超过Ⅳ类水功能区保护标准外，其余评价项目均达到保护标准。除芳莲池上半年水质营养状态级别为轻度富营养以外，其余5个湖塘水质为中营养状态。

地下水　市区地下水水质良好，超标项目呈点状分布，主要污染物是氮化合物。

声环境质量　市区　2014年，桂林市噪声功能区四类区夜间超标，夜间超标率25.0%，最大超标7.2分贝，其他功能区均达标。与上年相比，一、二类区昼间和夜间均有所下降，三、四类区昼间和夜间均有所上升。

区域环境噪声　区域环境噪声平均等效声级为54.1分贝，按《环境噪声监测技术规范 城市声环境常规监测》(HJ 640-2012)等级划分属于二级，与上年相比上升0.2分贝。在监测区域中，暴露在60分贝以上的面积占总网格面积的3.9%，与上年相比下降2.4个百分点。噪声源构成比中生活噪声占首位，声源强度交通噪声占首位。见图3。

交通干线噪声　交通干线噪声平均等效声级为69.7分贝，按《环境噪声监测技术规范 城市声环境常规监测》(HJ640-2012)等级划分属于二级，与上年相比上升0.2分贝。大于70分贝的路段长度占监测路段总长度的38.3%，小于70分贝的路段长度占监测路段总长度的61.7%，说明桂林市大部分监测路段的等效声级低于70分贝国家控制值。

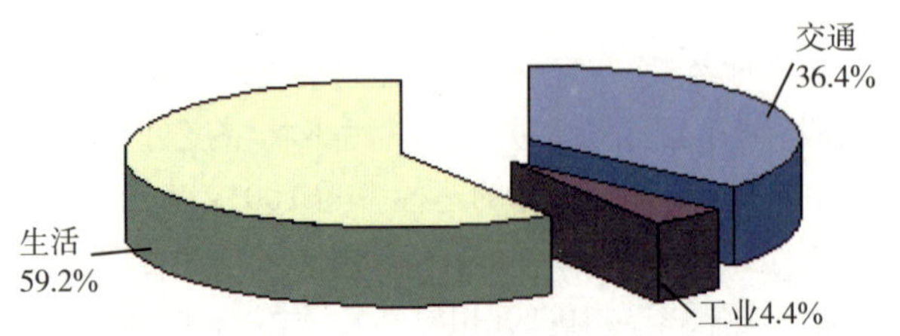

图3　2014年桂林市区域环境昼间噪声声源分布比例

各县　阳朔、临桂、全州、兴安、永福、灵川、灌阳、龙胜、资源、平乐、荔浦、恭城12个辖县县城进行噪声功能区定期监测，12个县各功能区监测结果均低于国家标准限值。

【污染减排】 污染物排放　2014年，桂林市工业废水排放总量为3838.32万吨。工业废水中的主要污染物为化学需氧量和氨氮，排放量分别为0.7838万吨和0.0491万吨。全市工业企业排放工业废气889.34亿立方米，工业废气中主要污染物为二氧化硫、氮氧化物、烟(粉)尘，排放量分别为3.2687万吨、2.5816万吨、1.5721万吨。

2014年10月20日，桂林市环境保护局总工程师邵艳青（右二）带队对污染减排项目建设情况进行检查

减排政策措施　2014年，为确保桂林市"十二五"主要污染物总量控制目标和主要污染物总量减排计划任务的完成，桂林市环境保护局贯彻落实《桂林市环境保护局主要污染物总量控制管理暂行规定》，指导各县区环境保护部门加强污染物排放总量控制管理工作，严格审核新增污染物总量控制指标，严格执行"增产不增污"、"增产减污"原则，对新建项目按照最严格要求上污染物治理设施，降低污染物排放强度，同时严格执行有减排量才能上项目的原则。2014年，桂林市共对7家企业新增总量指标进行审核，共审核使用总量指标二氧化硫150吨，氮氧化物548吨，化学需氧量74吨，氨氮6吨，从源头上有效控制污染物新增量。

减排督查与监管　2014年10月20~23日，桂林市环境保护局联合市发展改革委、市工业和信息化委、市市政局、市水产畜牧局、市监察局等部门开展2014年污染减排督查工作，对列入2014年减排计划的项目进行全面、细致检查，加大对县级工作人员的业务指导。同时将发现的问题及时与县人民政府的有关领导交换意见，要求各县人民政府严格按照桂林市人民政府的要求，咬定目标不动摇，倒排工期添措施，定期督办促进度，不折不扣完成减排任务。配合环境保护部华南督查中心及自治区环境保护厅对永福县、临桂县、阳朔县的减排工程项目进行现场督查，并将现场督

查发现的问题向县人民政府有关领导进行通报，要求及时整改。对减排任务完成工作滞后的12个县人民政府及有关市直部门下达减排任务的预警函，要求各有关部门限期整改，按时完成年度减排目标任务。在2014年减排形势严峻的情况下，提请桂林市人民政府召开全市污染减排工作会议，在6月6日召开的污染减排专题工作会议和9月28日召开的污染减排工作推进会上，副市长周卫亲自部署污染减排工作，从政府层面提高对污染减排工作重要性紧迫性的认识，分析当前桂林市减排形势，明确各部门工作目标。

2014年11月18日，环境保护部华南督查中心在国电集团永福发电有限公司检查

减排重点项目　2014年，桂林市列入自治区年度总量减排任务计划项目155项，截至12月31日全部完成。其中，污水处理厂项目16项，规模化畜禽养殖项目121项，氮氧化物工程减排项目5项，大气结构减排项目10项，大气工程减排项目1项，水污染物结构减排项目1项，水污染物工程减排项目1项。全市2014年度主要污染物总量减排计划项目完成了既定的目标进度。经自治区环境保护厅考核，桂林市4项总量控制指标基本完成自治区下达的年度污染减排目标任务。

【环境行政审批】　规划环评　2014年，桂林市环境保护局共完成《桂林市铁合金产业发展专项规划(2012~2015年)》和《桂林西城经济开发区秧塘山水科技园二、三期控制性详细规划》等产业发展、工业园区建设的规划环境影响评价报告书审查工作。

行政审批改革　2014年，桂林市环境保护局落实《桂林市人民政府办公室关于印发桂林市行政审批“马上办”作风效能建设实施方案的通知》精神，推进行政审批制度改革。清理行政审批事项，对现有全部行政许可、非行政许可及管理服务事项进行清理、调整和规范，按要求上报保留行政审批事项目录，取消行政审批事项。进一步落实审批职能、审批事项、审批人员的三集中要求，将清理后保留的8项行政审批事项全部纳入行政审批办公室统一管理和组织审批。

简化行政审批程序，按照从简从优原则，对比清理审批环节和审批时限，简化办事程序，对审批流程进行压缩和精简，办理时限在原法定办理时限平均提速50%的基础上，再次提速25%。其中，建设项目环境影响报告书、环境影响报告表、环境影响登记表的审批时限分别由法定的60、30、15个工作日缩短为23、13、6个工作日，建设项目竣工环境保护验收，由法定的30个工作日缩短为13个工作日。

建立行政审批工作协调例会制度，专题研究解决行政审批过程中存在的难点和急需解决的问题。将行政审批例会作为局机关的一项工作制度，针对行政审批受理、办理中出现的各类问题，采取定期研究和个案处理的方式，协调推进各有关部门规范行政审批事项，优化行政审批流程，进一步方便群众办事。

按照桂林市行政审批“马上办”作风效能建设工作部署，推进五城区环境保护分局环保行政审批事项进驻各城区人民政府政务服务中心工作，进一步简政放权，方便群众办事。与市政务服务中心协调，对接各城区环境保护分局环保行政审批事项撤出市政务服务中心工作；与各城区人民政府协调，对接各城区环境保护分局环保行政审批事项进驻各城区人民政府政务服务中心工作；组织五城区环境保护分局工作人员进行政务服务管理业务培训；刻制各城区环保行政审批专用章，用于进驻各城区政府政务服务中心的环保行政审批项目；将各城区环境保护分局进驻城区政务中心事宜通过《桂林日报》、桂林环境保护网、市政务服务中心及各城区政府政务服务中心等多种渠道向社会进行公告。通过多方努力，五城区环境保护分局行政审批事项于2015年1月1日起正式进驻各城区人民政府政务服务中心，各项工作有序运转。

项目环评审批　2014年，桂林市环境保护局下放环评审批事项共14个方面54个类别，进一步扩大县级环境保护部门审批自主权，加快重大项目的环评审批速度和效率。2014年，桂林市环境保护局在缩短50%审批时间基础上，再次压缩25%，将环境影响报告书、报告表、登记表项目的审批时间，分别由法定的60、30、15个工作日，承诺的30、15、7个工作日再次缩短至23、13和6个工作日。

2014年，桂林市、县(区)各级环境保护主管部门对1196个申报项目进行项目环境影响评价审批，其中环境影响报告书类88个，报告表类371个，登记表类737个。纳入自治区层面的重大项目11个，并对32个不符合环评审批条件建设项目的环评材料分别给予退回或暂缓审批的处理。

环评技术评估　2014年6月16日，桂林市环境保护技术中心挂牌成立，7月1日起正式承接建设项目环评文件技术评估任务。2014年共受理完成技术评估申请6

件,其中自治区层面统筹推进重大项目技术评估2件。

竣工环境保护验收　严格按照审批意见和国家相关规定进行验收,对环保措施达不到审批意见的项目依法责令其限期整改,待整改合格后再进行验收。2014年,桂林市环境保护局共验收项目136个。

环评机构监督管理　按照环境保护部《关于进一步加强环境影响评价机构管理的意见》(环办〔2014〕24号)文件要求,桂林市环境保护局取消环评机构备案制度,为环评从业机构提供更加宽松的市场环境。在提供宽松市场环境的同时,加强对桂林市28家环评机构的管理,组织召开2014年全市环评机构管理工作会议,传达上级环境保护部门相关文件精神。按照上级环境保护部门要求,开展环评文件质量抽查行动,对环评文件编制质量不合格的环评机构进行通报。

【环境监测】 环境空气监测　2014年,桂林市环境监测中心站按时完成环境空气质量自动监测日报、周报、月报工作,共上报空气质量日报365期,空气质量周报52期,空气质量月报12期,对公众实时发布AQI信息。

$PM_{2.5}$监测　2014年,桂林市细颗粒物($PM_{2.5}$)监测点位有4个,所有点位均采用24小时自动监测方式,监测值在桂林市空气质量实时发布平台上实时发布。桂林市环境监测中心站根据《环境空气质量自动监测技术规范》(HJ/T193-2005)的要求,对细颗粒物($PM_{2.5}$)自动监测开展质量控制工作,保证监测数据质量:对$PM_{2.5}$监测仪每6个月进行1次流量校准,标准膜进行标定;更换采样滤纸时进行流量校准。

降水监测　2014年,桂林市环境监测中心站做到逢雨必测、定期上报。全年共采集酸雨74场,获取监测数据2736个。

水环境监测　地表水环境监测　2014年,桂林市环境监测中心站水质自动监测共获取日均监测数据8395个。按时完成重点流域(国控断面)水质监测、自治区控制断面水质监测、市控制断面水质监测、市区风景湖塘水水质监测以及青狮潭水库水质监测等地表水水质例行监测工作,获得监测数据8040个。

饮用水水源环境监测　2014年,桂林市环境监测中心站每月对桂林市区4个集中式饮用水水源地水质进行监测,获得监测数据8784个。

声环境监测　2014年,桂林市环境监测中心站完成功能区声环境质量7个监测点位、区域声环境质量206个点位、城市道路交通声环境52个点位监测工作,共获取监测数据2016个。

辐射环境监测　2014年,桂林市环境监测中心站共受理电离、电磁辐射委托监测业务14件,对辖区内群众关于辐射问题的63起投诉进行监测和调查,完成18家核技术应用单位的监督检查。

重点污染源监督性监测　2014年,桂林市环境监测中心站开展36家国控重点监控企业监督性监测和28家在线仪器比对监测。编制重点污染源监测报告126份(其中水114份、气12份),在线比对监测报告177份(其中水151份、气26份),共获得监测数据8003个。

【污染防治】 重点流域水污染防治　《长江中下游流域水污染防治规划》印发实施后,桂林市的全州县、兴安县、灌阳县、资源县和雁山区5县(区)列入长江中下游流域洞庭湖控制区。2014年,桂林市重视辖区内长江中下游流域的水污染防治工作,坚持预防为主、防治结合、综合治理,严格控制工业、城镇生活、农业面源污染,积极推进生态治理,强化环境执法,确保水环境安全。根据《2014年桂林市环境监测工作计划》,桂林市环境监测中心站每月对长江流域湘江庙头、资水大梅头(随滩)断面水质进行月度例行监测,监测项目为25项。2014年庙头、大梅头(随滩)断面均达到《地表水环境质量标准》(GB3838-2002)Ⅲ类水标准(粪大肠菌群不参与评价),其中庙头端面水质12次、大梅头(随滩)断面11次达到或优于Ⅱ类水质。

大气污染防治　2014年,桂林市环境保护局组织开展《桂林市大气细颗粒物在线源解析研究》等课题研究,初步掌握桂林市细颗粒物来源数量浓度比例情况和特殊天气应对的气象规律。加强空气质量预警预报工作,自主开发空气质量实时发布系统,实施空气质量实时监控,全年发布短信空气预警预报121期(次),书面预警预报30期。加大大气污染源的监管,编制《2014~2017年大气污染防治计划》,推动实施城市燃煤锅炉整治、城市生活源整治、城市扬尘治理、工业污染防治、清洁能源使用等6大工程。治理桂林市区扬尘污染,对市区周边矸石山实施搬迁和绿化工作,三环公司、香山公司等5座矸石山已搬迁,对1座矸石山进行绿化。狠抓工业污染治理,姚电公司等6家企业中3家完成治理任务,3家在积极治理。

2014年11月20日,桂林市环境保护局局长邓学云(左二)、副局长舒忠常(左三)到灵川县某企业开展污染处理设施检查

机动车污染防治 2014年，桂林市机动车辆尾气污染监督管理办公室积极推进机动车排气污染防治工作，编制出台方案和法规性文件共9项，划定全市“黄标车”限行区域分时间限行，完成机动车环保检验管理系统（一期）项目建设。联合桂林市公安交警部门（含12县）设立机动车环保标志核发站点19个，于2014年4月1日起正式启动新购置机动车环保检验合格标志核发工作，9月1日起全面开展在用机动车环保检验合格标志首次核发工作，全年完成机动车环保标志发放28.3万张（新车绿标5.8万张），其中新车环保标志发放率100%，在用车（含新车）环保标志发放率81.63%。配合公安部门强制淘汰黄标车及老旧车共12495辆，淘汰率达127.02%。市建城内完成加油站油气回收治理47个，储油库1个，油罐车容积486立方米。

噪声污染防治 2014年，桂林市环境保护局加强噪声污染防治工作，城市区域环境噪声、城市道路交通噪声、声环境功能区噪声得到有效的控制，声环境质量保持良好水平。严格执行国家有关环境噪声污染管理的规定，开展噪声达标区巩固建设工作，扩展调整噪声达标区范围，噪声达标区面积54.94平方千米，噪声达标区覆盖率占市区建成区面积63.5平方千米的86.52%。

饮用水水源地保护 2014年，桂林市环境保护局加强专项检查力度，完善日常巡查制度。排查市区4个水厂饮用水源安全隐患，制止违反饮用水源保护区规定的各种违法行为。完成桂林市备用水源论证报告、2013年度桂林市集中式饮用水水源环境状况评估自查报告和桂林市十二县各乡镇集中式饮用水水源保护区划定方案和技术报告的编制及上报工作。对饮用水水源地实施综合整治，采取“属地管理，经济处罚与责任追究并重”的原则，多部门联合执法，强力推动综合整治。炸毁白龟山水库内采砂船77条，取缔养鱼网箱184个、抬（围）网213个、餐饮35家，取缔上游河道内砂石场11家。对下汤桥头宾馆等3家污染源进行治理，关闭6家铁选企业，完成饮用水水源保护区防护网和警示标志设置工作。建立健全地表饮用水水源保护制度，制订《两库一河整治方案》。

重金属污染防治 2014年，桂林市环境保护局加强对涉重金属企业的监管，对涉重金属行业，严格环评，完善环境影响评价制度，将环境与健康风险评价作为涉重金属建设项目环境影响评价的重要内容。现有的涉重金属排放企业制订突发环境事件应急预案，污染防治设施有专人负责管理和操作，制定具体的操作规程和管理维护制度，有运行记录台账，运转基本正常，建立、完善涉重金属企业一厂一档；大部分采选矿企业按要求建设尾矿库并经过安全评价；污水处理厂污泥低于重金属类危险废物浸出毒性标准，垃圾填埋场渗滤液中的重金属成分也低于相应的排放标准。推进规划重点项目实施，灌阳县西山坪碱渣场无害化处置项目（一期废水治理工程）完成施工建设并投入试运行，已完成项目阶段性验收工作。

危险废物管理 2014年，桂林市危险废物主要有工业危险废物和医疗危险废物。其中工业危险废物主要来自电镀、印刷等行业；医疗危险废物来源于各医疗机构在服务中产生的临床废物，包括一次性输液管、手术残余物、化验废物和传染性废物等。

工业危险废物 2014年，桂林市工业危险废物产生量为813吨，转移危险废物760吨，储存量53吨，处置率为93.5%。全年共办理转移审批45批次，对外排放量为零。

医疗危险废物 2014年，桂林市进一步加大对医疗危险废物的监管力度。严格按照《医疗废物管理条例》的要求，对本市产生的医疗危险废物进行更严格和规范的管理，要求各医疗机构对医疗垃圾和生活垃圾进行严格归类，减少生活垃圾在医疗废物中的比例，做到医疗废物和生活垃圾分开。2014年桂林市医疗危险废物收集量和处置量均为2474吨，处理率100%。

【生态保护和建设】 *美丽桂林·清洁乡村* 2014年，桂林市环境保护局积极参与和配合桂林市“美丽办”开展相关工作。12个县完成饮用水源地的清理整治和饮用水源标志牌树立工作。重点对青狮潭水库水质进行加密监测，监测报告显示2014年青狮潭水库水质已稳定，达到地表水Ⅲ类标准。

漓江流域生态保护 2014年，桂林市环境保护局对2014年人大、政协提案议案涉及的南溪河、小东江、乌金河开展调研及答复。开展漓江流域壅水坝的前期调研论证工作，配合市政局开展漓江市区段主要排污口的截污工作。全力抓好漓江市区段（蔡家渡至草坪段水域）病死牲畜尸体的打捞工作。截至2014年12月，共打捞和无害化处置病死牲畜尸体593头。

农村环境综合整治 2013年度，桂林市获得农村环境连片整治示范项目共235个，其中污水处理和垃圾收集系统建设项目219个，垃圾中转站16个，项目资金2.05亿。由于中央资金下达迟，2013年农村环境连片整治项目按要求在2014年底完成建设及验收，截至2014年底，95%的项目均完成主体工程建设，剩余项目正在开展设备调试及监测。

2014年，桂林市通过竞争评选，获得自治区农村环境连片整治项目21个，资金共6300万元；获中央“中国传统村落农村环境保护”项目15个，资金2250万元。

2014年5月4日，桂林市环境保护局副局长蒋永光（左二）带队对农村环境连片整治项目建设情况进行督查

生态建设引导资金 2014年,桂林市获得批准9个自治区级生态引导资金共计515万元,项目涉及灵川、资源等6个县的种植养殖项目。

城镇污水处理厂 2014年,桂林市环境保护局完成桂林市城镇污水处理厂污泥污染防治情况的相关情况调查。配合自治区污垃办开展广西城镇污水处理厂建设专项督查工作。完成桂林市东区污水处理厂扩建工程项目、临桂县新区污水处理厂建设项目、恭城县城区污水管网扩建工程项目等竣工环保验收工作,确保完成相关污染减排工作。

矿山监管 2014年,桂林市环境保护局为进一步加强桂林市矿山尾矿库环境安全工作,有效预防重大环境安全事故发生,开展矿山汛期安全隐患大排查,重点对龙胜三大滑石矿企业的矿山开展督查,要求各矿山采取积极有效可行的防范措施,加强汛期巡查及早修造与完善污水处理设施,注意尾矿库影响饮用水源安全问题,加强企业生产废水的回用,杜绝安全隐患。

【核与辐射安全监管】 *放射性废物安全管理* 2014年,桂林市环境保护局加强放射源的管理和安全隐患排查工作,严格执行国务院令第449号关于《放射性同位素与射线装置安全和防护条例》的规定,要求全市废旧放射源使用单位及时办理收贮手续,并做好监督、指导和协助工作。在废旧放射源的收贮工作中,认真做好法律法规的宣传工作,耐心细致告知企业办理废弃放射源相关转移处置手续和办理程序,积极联系自治区辐射环境监督管理站,加快转移处置手续的办理速度。2014年自治区辐射环境监督管理站转移收贮桂林市废旧放射源共22枚,其中灵川县4家已停用企业19枚,平乐县1家破产企业1枚,市区2家停用企业2枚,消除了放射源的潜在威胁,有效杜绝放射源丢失等事件发生。

辐射类行政审批 2014年,桂林市环境保护局严把项目审批和验收,对涉及敏感区域周边的建设项目进行现场勘察,对项目环评审批、环保措施落实情况进行全面检查,对不符合审查要求的项目一律不予审批。积极推进公众参与机制,为发挥社会各界的监督作用,新建项目在环评审批和验收阶段均进行网上公示,征求公众意见,接受群众监督。全年组织完成"全州风电整合送出工程"等22个输变电项目的辐射类行政审批工作。

核技术应用和电磁辐射设施 2014年,根据国家核技术利用辐射安全监管系统最新登记情况,桂林市普通涉源单位203家,发放辐射安全许可证202家(桂林莱茵生物科技股份有限公司持有的放射源豁免管理),登记在册射线装置473套,Ⅱ类射线装置61套,Ⅲ类射线装置412套。其中桂林市环境保护局发放辐射安全许可证172家,自治区环境保护厅发放许可证29家,国家环境保护部发放许可证1家(广西桂林正翰辐照中心有限责任公司)。从涉源单位所在区县来看,桂林市区涉源单位48家,所辖县涉源单位155家。

核与辐射环境风险隐患排查 2014年,桂林市环境保护局以辐射安全监督检查为契机,加强规范化管理。根据《自治区环境保护厅办公室关于开展2014年度辐射安全监督检查的通知》要求,开展年度辐射安全监督检查工作。监督列入自治区环境保护厅年度检查的5个单位完成自查工作,对照自治区环境保护厅6大检查内容,对5个单位进行预检。根据法律要求和检查中发现的问题,制定《关于加强我市核与辐射安全管理的指导意见》,为保障桂林市核与辐射技术应用企业的环境安全,加强规范化管理奠定了基础。

电磁辐射投诉处理 2014年,桂林市民电话、网络及上访投诉基站辐射问题76件。桂林市环境保护局认真做好投诉信访工作,对每件投诉都深入现场,实地监测,当场反馈监测数据,告知国家制定的相关标准,消除投诉者心中疑虑;对于投诉当事人无法和不便前往调处现场的,及时回复投诉者调查处理结果,调处率达100%。

辐射安全培训 2014年,桂林市环境保护局参加上级环境保护部门组织的辐射安全培训4次。主要参加自治区辐射环境监督管理站举办的核与辐射应急监测调度平台及快速响应能力应用培训班、国家环境保护部辐射环境监测技术中心在杭州市举办的环境保护部辐射安全与防护初级培训班、国家环境保护部在苏州举办的"D1401(初级)辐射安全与防护培训班"和2014年全自治区辐射安全监管与监测工作会议暨全区辐射安全监管培训班,并取得初级培训证书。

【环境监察】 *环境监察稽查* 2014年9月24~26日,

桂林市环境监察支队开展环境监察专项稽查工作，主要内容有工业污染源现场环境监察工作专项稽查和环境违法案件现场调查取证工作专项稽查。2014年重点稽查对象为兴安县环境保护局、资源县环境保护局、灌阳县环境保护局、全州县环境保护局、高新七星环境保护分局，稽查组查阅了每个稽查对象2013年以来10家污染源现场监察案卷、5家行政处罚案卷，并对部分企业进行了现场核查。

环保专项行动 2014年，桂林市环境保护局开展建筑施工扬尘污染整治行动，与桂林市渣土办、住房城乡建设局、交警等部门多次联合开展建筑施工扬尘污染整治行动，突击检查市区施工工地，对不执行防尘措施的不文明施工行为，当场责令整改，对违法行为依法依规进行查处。

开展环境安全隐患排查整治工作，制订《桂林市深入开展环境安全隐患排查整治工作方案》，成立桂林市环境保护、公安、工商、供电部门联合开展环境安全隐患排查整治工作领导小组，明确环境安全隐患排查整治的工作任务、职责分工、时间节点和工作要求。根据自治区及桂林市工作方案要求，桂林市、县相关部门共出动检查人员1507人次，排查企业700多家，关闭取缔企业137家。

开展2014年桂林市整治违法排污企业保障群众健康环境保护专项行动。10月下旬，桂林市环境保护专项行动领导小组相关成员单位组成5个联合督察组共188人次对各县（区）2014年环境保护专项行动开展情况进行了督查，检查企业、面源等共51个。

组织开展桂林市“绿色卫士·2014”环境安全专项检查行动。为确保桂林市环境安全，保障第11届中国—东盟博览会、中国—东盟商务与投资峰会、第16届南宁国际民歌艺术节和第45届世界体操锦标赛等重要活动顺利举行，根据自治区人民政府办公厅《关于开展“绿色卫士·2014”环境安全专项检查的通知》要求，2014年9月9~12日，桂林市环境监察支队组织开展“绿色卫士·2014”环境安全专项检查行动。全市（含辖县）共出动检查组28个，出动人员188人次、车辆50台次，检查企业112家，发现19个环境安全隐患点，下达整改通知书6份，对检查中发现的问题企业要求立即整改。

环境执法 2014年，桂林市环境保护局加大环境执法力度，依法处置各类环境违法行为。加强监督性监测力度，对废气超标的企业进行立案查处。强化工业污染源的现场监管，避免环境污染事故发生。市环境监察支队制订监督检查措施，对企业污染治理设施建立运行管理台账，监察人员实行分片管理负责制，定人跟踪分管片内排污单位的排污情况。建立定期检查制度，对重点污染源每月现场检查不少于1次，一般行业污染源每季度现场检查不少于1次，环境保护治理设施调试期间每月检查2次以上。全年共出动检查人员3559人次，检查排污企业930家次。此外还进行不定期突击检查，发现企业有违法行为的立即处理。为进一步遏制桂林市区空气环境质量下降趋势，摸清桂林市市区砖厂的生产及环境保护情况，桂林市环境监察支队分别联合雁山区、象山区环境保护分局开展对桂林市区10余家砖厂的专项调查工作。

排污申报与收费 2014年，桂林市环境监察支队、各城区环境保护分局加强排污申报登记核定工作，指定专门人员负责审核，结合现场检查时掌握的排污动态情况对填报数据进行类比分析，发现问题及时通知排污单位更正，确保排污申报数据的质量。2014年共对市区110家工业企业排污单位及54家建筑施工单位、937家“三产”企业等进行排污申报登记。规范排污费征收缴纳工作，积极开展排污费征收专项稽查工作，坚持“依法、全面、足额”征收排污费，共对1003家排污单位进行排污申报登记，开征排污单位330家，征收排污费共909.5多万元。

环境监察队伍管理 2014年，桂林市环境监察支队始终把抓好党支部自身建设放在首位，结合党的十八大报告精神，加强全体干部职工的思想教育，开展职业道德教育、法制教育和廉政教育，倡导遵纪守法、爱岗敬业。坚持重视廉政风险防范工作，实行“一岗双责”，规范监察工作，杜绝吃拿卡要行为，没有发现不廉洁行为。为加大对全体干部职工廉政教育力度，提高廉政执法、文明执法和规范执法意识，4月25日组织全体干部职工赴恭城县周渭祠廉政教育基地开展廉政教育。

为提高业务能力，桂林市环境监察支队积极派员参加环境保护部举办的环境监察业务培训班，组织桂林市本级和县级环境监察机构工作人员参加自治区环境保护厅举办的2014年第一期和第三期环境监察业务培训班。2014年5月，举办桂林市环境监察业务现场培训，采用现场讲解和交流的方式，通过对桂林市北冲污水处理厂和桂林电器科学研究所进行现场检查，对污染防治设施、在线监控、危废处置、台账管理等具体环境监察内容进行深入讲解，并结合实际分析案例。

环境监察能力建设 根据自治区环境保护厅“基层建设年”活动要求和《关于印发加强基层环境监管能力建设指导意见的通知》文件精神，桂林市环境监察支队将能力建设和标准化建设作为2014年的一项主要工作来抓，指定专门人员负责，制订机构标准化建设推进工作方案。组织12个县环境保护局对现有的环境监察设备进行检查清理，对照标准化建设要求查缺补漏，将现有设备和需补充设备情况报送自治区环境监察总队。桂林市环境监察支队及12个县环境监察

大队共33人参加自治区环境保护厅组织的第一期环境监察业务培训班，派1名骨干参加环境保护部组织的环境监察业务培训班。桂林市环境监察支队和自治区环境保护厅对口帮扶的临桂、灌阳两县环境监察大队开展标准化建设自查工作，对照标准要求，从队伍建设、装备建设、业务用房3个指标进行自评分并撰写自查报告，列出计划达标申请验收时间，及时上报自治区环境监察总队。桂林市环境监察支队和12个县环境监察大队开展环境监察机构人员统计，将编制情况、在岗情况、借出借入情况和聘用人员情况上报，为自治区环境保护厅在加强能力建设方面提供决策依据。

中高考期间环境管理 2014年，桂林市环境保护局在中高考期间主动与桂林市招生考试院联系，了解桂林市2014年中高考安排情况。在桂林电视台、《桂林日报》、《桂林晚报》等新闻媒体播出、刊登中高考噪声控制通告。召集各建筑公司中高考噪声控制会议，向各城区易发噪声排放企业宣传桂林市人民政府《关于在中、高考复习考试期间加强噪声监督管理的通告》。协调市环境监测中心站，成立噪声执法组，24小时昼夜值班，接到举报电话立即出动，及时制止噪声污染行为。年内共安排87个班次的夜间和节假日值班，出动人员100多人次，对40多起群众投诉进行现场处理，为广大考生营造良好的复习和考试环境。

试生产环境管理 2014年，桂林市根据《建设项目竣工环境保护验收管理办法》(国家环境保护总局13号令)要求，对部分申请延期试生产并符合要求的企业做出延期试生产批复；对市区6个、县区22个建设项目进行现场检查并批复同意其进行试生产，对县区12个建设项目进行延期试生产批复；对市区新建的48个房地产建设项目及时进行跟踪检查。始终严把房地产情况登记表建设项目验收关，对新建成的项目严格按照审批意见和国家相关规定进行验收，组织桂林市环境保护局相关科室到现场检查建设项目，对环境保护措施达不到审批意见的项目依法责令其限期整改，待整改合格后再进行验收。全年共完成16个房地产建设项目竣工环境保护验收工作。

污染源在线监控 2014年，桂林市环境保护局完成国家污染源自动监控数据传输有效率考核目标任务，桂林市纳入考核的企业(可控企业)22家。全市污染源自动监控数据传输有效率为90.44%。根据桂林市2014年可控国控企业名单，制订桂林市在线设施建设计划，共完成9家企业12套自动监控设备的环保竣工验收。

完成全市重点监控企业的日常监控管理。桂林市国控重点污染源企业(46个监控点位)1~12月自动监控设施联网运转率统计为93.24%，数据平均完整率统计为93.21%，达到自治区环境保护厅提出的“保证所运行的监控设施运转率、数据传输完整率达95%以上”的要求。非国控重点污染源企业(16个监控点位)1~12月自动监控设施联网运转率为78.38%，数据平均完整率统计为80.33%。完成超标报警工作，截至2014年底处理超标报警信息2186条，编印《桂林市污染源自动监控工作报告》12期，共组织举办污染源自动监控工作业务培训3期。完成自动监控设施社会化运行考核。开展对在线监控设备社会化运行企业的2013年第三、四季度，2014年第一季度的社会化运行考核，核发2013年第三、四季度补助资金总计60.66万元。

【环境应急与事故调查】 *突发环境事件处置及演练* 2014年1月6日，桂林市环境监测中心站对湘江庙头水质断面例行监测结果显示，检出重金属镉。接到报告后，桂林市环境保护局第一时间赶赴现场指导组织开展污染源排查、水质加密监测等应急处置工作，锁定污染来源，并及时向桂林市市委、市人民政府及自治区环境保护厅报告。在自治区环境保护厅的指导和桂林市人民政府的指挥下，桂林市环境保护局强化各项措施，最终完成处置任务，经自治区环境保护厅认定为一般突发环境事件。

11月6~7日，桂林市环境保护局在资源县举行2014年突发环境事件应急演练。此次演练以《桂林市环境保护局突发环境事件应急预案》和《资江流域水污染事件应急专项预案》为依据，本着“贴近实战、周密组织、突出重点、注重实效”的原则，设置应急响应启动、综合协调、水质应急监测、污染源排查、科学辅助决策以及信息公开与舆情监控等6个科目。桂林市环境保护局机关、市环境监测中心站、环境保护科学研究所、环境监察支队、环境应急处置和固体废物管理中心、环境自动监控管理办公室，资源县环境保护局以及各县环境监测站和监察大队等30余个单位，共90余人参加此次演练。

环境应急机构建设 2014年，桂林市环境应急处置和固体废物管理中心推进事业单位岗位设置并组织首次岗位聘用。设置管理岗位1个、专业技术岗位6个，专业技术岗位中高级、中级、初级之间的比例为1：3：2。公开招考2名本科以上学历人员，应急中心在岗人员中，研究生以上学历人员占比达到50%，本科以上学历人员占比突破80%。

应急能力建设 2014年，桂林市环境应急能力建设取得突破进展。配备多功能一体机、彩色复印机、便携式投影仪、无线上网通信设备等一批办公设备以及多功能水上快艇、化学防护服、气体检测报警装置、供电照明设备、GPS定位仪、激光测距望远镜等一批专业设备。制定并印发《桂林市环境保护局环境应急专家管理办法》，筹建桂林市环境保护局环境应急专家库。

参加上级部门培训10余人次，组织全市环保系统环境应急管理业务培训近100人次。

【环境宣传教育】 环境宣传 2014年，桂林市环境保护局开展形式多样的环境宣传活动。4月，与市国土资源局在市中心广场联合开展纪念“4·22”世界地球日暨“蓝天工程”启动仪式宣传活动，宣传环境保护和大气污染防治。桂林市大气污染防治专项行动领导小组各成员单位及部分企业宣传活动，展出大气污染防治专题板报35块，共300余人参加了活动。“六五”世界环境日期间，桂林市环境保护局在市中心广场举行纪念宣传活动，通过精心制作纪念“六五”世界环境日宣传板报，举办“向大气污染宣战”专题演讲活动，开展环保法律法规咨询活动，向市民发放宣传资料等形式宣传环保知识，取得了良好的宣传效果，桂林市环境保护局干部职工200余人参加了此次宣传活动。各城区环境保护分局、各县环境保护局也在各自辖区内开展“六五”世界环境日宣传活动。

2014年10月18日，桂林市环境保护局在市中心广场开展《广西漓江流域生态环境保护条例》宣传

开展新修订《环境保护法》进校园、进社区、进企业活动。11月，在桂林市理工大学的配合下，桂林市环境保护局开展新修订《环境保护法》学习宣传进高校活动。通过现场设立环保宣传展板，悬挂环保横幅，发放环保宣传资料，举行座谈会等多种方式，向在校大学生宣传普及新《环境保护法》内容；与桂林市中山中学一起开展新修订《环境保护法》进校园学习宣传活动。桂林市中山中学的学生通过展示环保制作、表演环保小品、观看环保视频等方式，创新性地将新环保法知识融入课堂，寓教于乐，广大师生深受启发。12月，开展“认真贯彻落实新修订《环境保护法》，保护美丽家园”宣传进社区活动。通过设置咨询台、悬挂宣传标语、发放宣传资料、解答群众提问、开展新环保法知识竞赛等方式，向广大市民群众深入讲解新环保法内容，普及新环保法知识，提高社会民众的环保意识；到象山区将军桥社区、叠彩区清风社区等社区开展新环保法宣传活动，通过悬挂标语、有奖问答、发放宣传资料等方式，进行有奖问答近百题，发放各种宣传材料2000多份。桂林市环境保护局深入桂林乳胶厂、桂林君泰福电气有限公司等企业开展新环保法宣传活动。结合新《环境保护法》特点，向企业干部职工宣传“污染按日计罚”、“不环评、无开工”、“拒绝环境执法检查是违法”等内容，进一步提高企业的环保法律意识。

环境教育 2014年9月3日，桂林市环境保护局举办市环保系统行政执法人员依法行政培训班。培训班就新修订的《环境保护法》、《行政复议法》进行讲解，设置了环境行政处罚程序及执法中注意的问题等课程，不断提高全市环境行政执法人员的法律素养和依法行政水平，全面推进依法行政工作。

环境新闻宣传 2014年，桂林市环境保护局围绕大气污染防治、新修订《环境保护法》的实施、环境安全等环保重点工作开展宣传，通过系列报道、专题采访等形式，在桂林市各大新闻媒体上大力宣传环保。在《桂林日报》开辟大气污染防治专栏和新环保法宣传专栏；在桂林电视台《身边》栏目开辟大气污染防治行动系列报道，在《桂林新闻》栏目开辟《图说新环保法》宣传专题。同时，通过桂林电台和桂林生活网向广大市民大力宣传环境保护。据统计，2014年《桂林日报》刊登环保稿件78篇，其中头版24篇；《桂林晚报》刊登环保稿件77篇；桂林电视台《桂林新闻》和《身边》栏目共播发环境保护报道235条。2014年，桂林市环境保护局召开新闻发布会3次。

绿色环保系列创建 2014年6月，广西绿色环保系列创建培训班在桂林市举办。桂林市环境保护局、各城区环境保护分局、各县环境保护局分管绿色创建工作的负责人或负责创建具体工作的人员，桂林市已获表彰命名及拟申报或已申报创建自治区级绿色环保酒店（宾馆）、绿色环保社区（小区）、绿色环保医院、绿色环保企业、绿色机关（单位）的单位领导或创建工作责任人参加了此次培训班。7月，桂林市环境保护局组织市文明办、市人大环资委等市绿色环保系列创建活动办公室成员单位对恭城瑶族自治县水库移民培训中心、阳朔七仙峰茶业发展有限公司、桂林君泰福电气有限公司等单位进行绿色环保系列创建活动考核。10月，自治区“绿色学校（幼儿园）”考评组专家对桂林市2014年申报创建自治区级“绿色学校（幼儿园）”的恭城县县城中心校、雁山中学等9个单位进行考核评估。11月，桂林市环境保护局和市教育局组成市绿色环保学校（幼儿园）考评组对桂林市2014年申报创建市级绿色环保学校（幼儿园）的18家单位进行绿色创建考评。12月，桂林市第十九中学、雁山中学、中山中学、西山小学、桥头小学、大河中心校、七星幼儿园、恭城县县城中心校、灵川县第一幼儿园等9所学校和幼儿园荣获自治区级“绿色学校(幼儿园)”称号。

志鉴编纂　2014年,桂林市环境保护局完成《桂林市环境年鉴》(2014卷)编纂工作。完成《桂林年鉴》(2014卷)环境保护内容撰写及报送。完成《广西环境年鉴》(2014卷)桂林市环境保护内容的撰写及报送工作。

【对外合作与交流】　国际环保交流　2014年9月,桂林市环境保护局参加在南宁市召开的2014年中国—东盟环境合作论坛,结合具体工作实际,提出应对$PM_{2.5}$大气指标考核的具体工作事项。12月,桂林市环境保护局参加“世界地方政府环境网络论坛”,并作《气候变化中的桂林水环境问题对策》专题发言——“东亚”区地方政府组织的国际环保网络交流。论坛结束后,应济州政府邀请,派人访问济州,参与“世界地方政府环境互联网(ENCYNET)会员地区实务人员会议”,评估、总结和讨论论坛的模式及互联网发展方案,提出2015年论坛的方案和设想,推动环保互联网的国际交流,推动桂林环保的国际化。

国内合作交流　2014年6月24~29日,桂林市环境保护科学研究所环境分析测试中心相关技术人员参加在北京市举办的原子吸收应用及维护交流培训活动。11月10~13日,桂林市环境自动监控管理办公室工作人员到南宁市、百色市环境监察支队在线监控中心进行交流和到企业参观学习,现场交流学习和借鉴广西其他城市相关工作的有益经验。12月,桂林市环境保护科学研究所环境分析测试中心借助科研课题交流平台,与中国地质科学院岩溶地质研究所和桂林善图科技有限公司合作,就水文地质环境调查、高分遥感解译等领域开展交流合作,进一步拓宽相关人员的环保科研知识层面,提升了调查研究技术水平。

2014年,桂林市环境保护科学研究所同广西大学化工学院就“工业废水中污泥资源化利用技术研究及应用”项目开展合作。桂林市环境保护科学研究所结合“桂林市地表水环境功能区划调整”项目,同桂林电子科技大学就加强GIS技术在环境保护方面应用进行交流。桂林市环境监测中心站与桂林电子科技大学就环境保护科学技术研究相关工作开展交流,并达成长期战略合作共识。

世界银行贷款项目　2014年初,桂林市环境保护局完成《世行项目的环保子项可行性报告》,并分别在2014年1、3、5、10月与世界银行专家进行4期评估和谈判,对监测方案,污染总量调查和信息建设及GIS专项建设等问题,与世界银行专家进行密切沟通,有针对性地回答了50多个专业技术性和实施管理问题。4月中旬,桂林市环境保护局组织3个业主单位到自治区环境保护厅学习交流环境信息化建设的技术问题,并落实相关采购指标的设计参数等。5月29日,桂林市环境保护局世界银行办公室提出世行项目《能力建设》方案。6月2日,桂林市世界银行项目的《可行性报告》和《节能报告》通过广西工程评估中心评审,提出修改意见。

2014年,桂林市环境保护局与世界银行信函和会议交流40多次。桂林市环境保护局世界银行办公室在7月和11月组织相关部门共5人参加两期“世行项目采购培训”,分别对“咨询服务类”和“货物与工程类”采购政策和程序进行学习和操作,了解世界银行项目的基本要求和程序。10月在桂林市相关参与方完成项目预谈判,11月在美国世界银行总部由省市财政部门及市领导与世界银行董事局进行正式谈判,落实项目《贷款协议》、《项目评估报告》、《采购计划》和《支付函》等4个文件的详细条款,2015年1月正式报国务院。项目于2015年3月底批复,2015年4月与世界银行正式签署项目合同并启动省财政厅管理的指定账户提取贷款。2015年《世行贷款桂林市环境综合治理项目》正式实施。桂林市环境保护局由自动监控管理办公室为总业主(监测站和科研所参与),开展《桂林水环境监测和污染源管理信息系统》和《城区水污染源解析》等工作。项目投资784万元,资金来源为世界银行贷款501万元,市财政配套资金283万元。

【政务信息与信访】　信息公开　2014年,桂林市环境保护局不断建立目录规范、结构合理、层次清晰、覆盖面广、易于监测的政府信息公开网站体系。通过自治区人民政府信息公开统一平台、桂林市人民政府门户网站、自治区环境保护厅网站和桂林市环境保护网4个信息公开平台进行政府信息公开发布,各平台运行正常。在桂林环境保护网站上开设“2014年政府信息公开工作落实情况专栏”,发布2014年推进政府信息公开工作情况,包括环保重点领域信息、污染源监管信息、行政权力事项及办理情况以及政务公开日活动参与情况等。通过开设专栏,不断拓宽环保主动信息公开的覆盖面,保障公众及时准确掌握涉及切身利益的公众环境信息。

2014年10月,桂林市环境保护局制定《桂林市环境保护局政务公开制度(试行)》、《桂林市环境保护局政务服务责任追究制度(试行)》、《桂林市环境保护局一次性告知制度(试行)》和《桂林市环境保护局政务服务限时办结制度(试行)》等制度,不断提高政府信息公开管理水平。更新调整《政府环境信息公开指南》和《政府环境信息公开目录》,规范和完善信息公开的内容、形式。

政务信息　2014年,桂林市环境保护网站共发布环保政务信息2591篇;上报自治区环保政务信息659

篇，被采用147篇（在全自治区14个设区市中排名第一）；上报桂林市人民政府信息科政务信息248篇，被采用27篇；在自治区统一平台主动公开信息362条（数量位居全市市直机关前列），全年信息发布完整率、及时率、更新率均为100%。

2014年，桂林市环境保护局共收到依申请公开申请18件，依申请受理18件，按期答复18件，无延期办结件数。期间没有出现复议、诉讼和申诉情况，没有出现受理后不予公开的情况。

环境信访　2014年4月，桂林市环境保护局将信访处置工作交由桂林市环境监察支队牵头负责，成立信访处置工作领导小组和办公室，办公室设在桂林市环境监察支队。桂林市环境监察支队指定2人专门负责信访件的收集、分发和处理回复工作。全年共接群众来信、来电、来访2613件，调处各类环境污染投诉共出动人员5679人次，处理率达100%。

议案提案　2014年，桂林市“两会”期间，市人大代表提出环保相关议案6件、市政协委员提出环保相关提案15件，涉及城市环境综合治理，大气、水和噪声污染防治等方面。桂林市环境保护局接到提案办理件后，专门召开局长办公会，针对每个建议、议案作客观分析，并迅速组织相关部门按照职能分工逐件落实，由分管局长统一部署安排，法规宣教科督办。建议、提案办理中解决率达100%，“当面沟通”率达100%，满意和基本满意率达100%。

【党的建设与纪检监察】　*党建工作*　2014年，桂林市环境保护局共召开党组中心组理论学习会议10余次，各党支部平均召开会议系统学习10次以上。以党的群众路线教育实践活动为主线，以提高基层党组织的领导力、执行力、凝聚力、战斗力为抓手，在服务群众和保证中心任务完成上有新突破，局党组班子、局系统13个党支部、212名党员均按要求参加教育实践活动，做到了党员干部、党组织全部覆盖。开展“从严治党”专题学习教育，通过学习把“从严”贯穿党的建设各个方面和全过程，使从严成为治党的新常态，进一步完善党建工作责任制，健全党组（党委）抓、书记抓、各有关部门抓、一级抓一级、层层抓落实的党建工作格局。细化和强化各单位党支部抓思想建设、组织建设、作风建设、反腐倡廉建设、制度建设的责任，局党组（党委）书记带队对6个直属单位党支部落实从严治党及党风廉政建设情况进行检查。为掌握环保系统党建情况，局党组书记带领党组成员、党支部书记到17个县区委调研，与县区党委书记、组织部长座谈讨论，对县（区）环境保护局党建工作提出要求。

党的群众路线教育实践活动　2014年，桂林市环境保护局党建工作以党的群众路线教育实践活动为中心，全局受教育党员人数212人，做到全覆盖。成立由局党组书记、局长挂帅的党的群众路线教育实践活动领导小组及其办公室，集合力量，确保统一领导、分工明确、责任到人，为活动的顺利开展提供了组织保障。

2014年3月3日，桂林市环境保护局党组召开党的群众路线教育实践活动动员大会，局领导要求全体党员干部深刻领会活动的重大意义，切实将思想与行动统一到中央和上级党委的部署要求上来。局党组带头学习，上带下动形成浓郁的学习氛围。全局每个党员撰写学习笔记，并根据学习体会撰写学习心得。召开中心组（扩大）学习会7次，接受“四风”警示教育160人次，参加“四风”问题测试170人，达到了学习主体、内容、形式、时间的“全覆盖”。采取“面对面”听取意见和“背对背”征求意见的方式，广泛听取意见，先后组织专题座谈会24场、发出调查问卷261份，开展谈心谈话60人次，通过“坐下谈、上门听、面对面”征求意见92条。在征求意见、查找问题的基础上，认真写好对照检查材料。领导班子成员个人对照检查材料先后修改了9次。2014年7月23日，局党组召开专题民主生活会。党组成员开门见山、直奔主题，排开面子、揭短亮丑，相互提出批评意见112条，达到了出汗排毒、强身健体，共同进步、增进团结的目的。至2014年8月底，全局13个党支部全部召开了严肃认真的专题组织生活会。根据征求到的意见和民主生活会查摆出来的问题，制订整改落实方案，确立专项整改任务4个，详细列出班子整改问题56条。制订整改任务分解表，明确整改事项、时限、责任人，建立整改台账，实行销号管理，建立制度约束长效机制。

党风廉政建设　2014年，桂林市环境保护局组织签订市环保系统党风廉政建设责任书，重点将贯彻落实中央八项规定等纳入责任书中。制订《桂林市环境保护局2014年纪检监察工作要点》，加强廉政风险防控权力监督，促进机关作风转变及加强干部队伍建设。

结合党的群众路线教育实践活动要求，加强对各部门落实中央八项规定的督察。重点对重大事项落实情况、干部履职情况、贯彻中央八项规定等进行督察调研，解决群众反映的突出问题，推动市环境保护局反腐倡廉工作。加大督察力度，以解决环境污染问题为切入点，监督干部履职，预防职务犯罪，强化廉政风险防控，确保群众投诉处理落实到位。

开展廉政风险研判防控工作。制定《关于中秋国庆期间严格落实中央八项规定精神及自治区有关规定》、《建设项目环评审批政府信息公开实施办法》、《桂林市建设项目环境影响评价文件分级审批管理办法》、《桂林市环境保护局行政审批工作方案》等，规范权力公正运行，有效防范廉政风险。

开展廉政警示教育活动。在重大节日前组织全局中层以上干部集体学习市纪委有关文件精神，学习通报关于违反八项规定典型案例，要求全体干部职工严格遵守八项规定，严格按照党风廉政建设责任制的要求，廉洁自律，提高预防职务犯罪意识，预防各种腐败现象发生。编印《桂林市环境保护局廉政风险研判防控资料汇编(2010~2013)》学习资料，将市环境保护局廉政风险防控主要风险点、各科室、各单位岗位职责风险、风险防控等相关文件汇集成册，供干部职工学习。

政风行风建设　2014年，桂林市环境保护局扎实开展整治不正之风工作，进一步转变作风，持续提高行政效率，切实解决群众反映的难点热点问题。在依法履职方面，加强组织领导，强化环境执法监督，严格控制环境污染，严厉打击各种环境违法行为，提高环境管理和依法行政工作水平。在政务公开方面，以公正便民、公开透明为基本要求，以密切联系群众、转变政风、提高政府透明度和公信力为目标，采取有力措施，保障公众的知情权、参与权和监督权，取得较好效果。在服务质量方面，进一步加强党风廉政建设和政风行风建设工作，把群众满意作为一切工作的出发点和落脚点，群众反映的热点和难点问题得到及时解决。在转变作风方面，认真落实中央八项规定，按照《桂林市开展机关作风效能提升大行动实施方案》要求，进一步改进机关作风，提升机关效能，不断推进桂林市环境保护局作风效能建设工作向纵深发展，推动各项工作目标任务落实。在勤政廉政方面，深入开展党风廉政建设和反腐倡廉工作，扎实推进勤政廉政建设。

【环保大事记】

一月

1月2日，桂林市环境保护局开展2014年第一次廉政教育学习，集中学习市纪委关于违反公车使用管理典型问题的通报及关于2014年元旦春节期间加强执纪监督开展作风建设明察暗访活动的通知等文件。局中层以上干部70多人参加了廉政教育学习。

1月29日，桂林市雾霾成因专题研讨会在桂林市环境保护局召开，桂林市大气污染防治专项行动领导小组成员单位、市人大、市民主党派、市气象局、桂林理工大学、广西师范大学以及部分社区、企业的50多名代表应邀出席会议。市环境监测中心站介绍了桂林市空气质量状况，对比桂林市与周边城市空气质量的差异，初步分析桂林市雾霾天气的成因。桂林市住房城乡建设局、市政局、市容局、公安局等单位分别从工业污染、汽车尾气、建筑施工以及日常生活等角度分析雾霾成因，并结合本单位的工作职责探讨解决雾霾天气的措施、对策。桂林理工大学王敦球教授和广西师范大学陈梦林教授分别对雾霾的本质、现象、危害及应对措施进行深入分析。

二月

2月13日，桂林市环境保护局召开环境风险研判会，研判当前桂林市面临的环境风险，会议研究了如何及时科学有效应对突发环境事件。市环境保护局领导，各科室、各直属单位、各城区环境保护分局负责人，各县环境保护局局长、分管局领导、环境监察大队大队长、环境监测站站长约80人参加会议。

三月

3月3日，桂林市环境保护局召开深入开展党的群众路线教育实践活动动员大会。局党组书记、局长褚民在会上对全局开展党的群众路线教育实践活动作全面动员和部署。中共桂林市委员会开展党的群众路线教育实践活动第十六督导组全体人员，局机关全体党员干部、二层机构主要负责人和支部书记、离退休干部81人参加了会议。

3月20日，桂林市环境保护专项工作会议召开，会议学习贯彻党的十八届三中全会精神和全国、广西环保工作会议精神，总结2013年桂林市环境保护工作，部署2014年任务。会议由桂林市人民政府副秘书长樊伊宁主持。桂林市副市长周卫出席了会议，桂林市环境保护委员会成员单位和市直相关部门的领导，各县(自治县)、城区人民政府分管副县长、副区长，各县环境保护局局长，市环境保护局领导班子、机关科室和市环境保护局直属单位主要领导参加会议。

3月21日，桂林市环境保护局组织召开2014年自治区层面重大项目环评审批推进工作会议。桂林市“重大办”、相关县环境保护局、2014年自治区层面新开工和预备重大项目业主等单位代表参加了会议。会议对重大项目业主申报环境保护行政许可进行业务培训，并与重大项目业主进行一对一沟通，就项目前期推进、进展情况、目前存在的困难、需要帮助协调解决的问题进行深入交流。

四月

4月22日，桂林市环境保护局和市国土资源局在市中心广场联合开展纪念“4·22”世界地球日暨“蓝天工程”启动仪式宣传活动，宣传环境保护和大气污染防治。桂林市人民政府副秘书长唐哲明、桂林市环境保护局、桂林市国土资源局主要领导，桂林市大气污染防治专项行动领导小组各成员单位、市辖区内企业的领导和代表以及各城区街道办、社区工作人员和居民等共300余人参加了活动。

五月

5月20日，桂林市市长唐琮沅率领市人民政府秘书长赵仲华及相关部门领导，到桂林市环境保护局进行调研。市长唐琮沅到环境影响评价管理科、污染防治科、自然生态与农村环境保护科等业务科室调研，参观了中心实验室、空气自动监测室和核与辐射安全监

督管理站等现场监测设备设施，提出要加强环境监测和数据分析，为市政府管理和控制污染决策提供科学依据的要求。

5 月 22 日，为进一步推进桂林市环境保护局反腐倡廉建设的深入开展，充分发挥纪检、监察监督作用，实现监督关口前移，桂林市环境保护局设置了纪检委员、纪检监察员，职责是做好本部门的监督、检查、提醒工作，协助局党组做好党风廉政建设和反腐败工作。

5 月 28 日，自治区环境保护厅副厅长蹇兴超到阳朔县第二污水处理厂检查工作，查看阳朔第二污水处理厂项目，听取了业主单位项目进展情况汇报。桂林市环境保护局局长邓学云、阳朔县副县长何宗伦等陪同检查。

六月

6 月 5 日，桂林市环境保护局在市中心广场举行纪念“六五”世界环境日宣传活动。局各科室及各直属单位精心制作纪念“六五”世界环境日宣传板报，举办“向大气污染宣战”专题演讲活动，开展环保法律法规咨询活动，解答市民关心的环保问题，向市民发放宣传资料，讲解环保常识，取得良好的宣传效果。桂林市环境保护局领导及全局干部职工 200 余人参加了宣传活动。各城区环境保护分局、各县环境保护局也在辖区开展“六五”世界环境日宣传活动。

6 月 6 日，桂林市人民政府召开 2014 年污染减排专项工作会议，贯彻落实广西“十二五”后两年污染减排电视电话会议精神，研究部署桂林市污染减排工作。桂林市环境保护局总工程师邵艳青传达了全自治区“十二五”后两年污染减排电视电话会议精神。桂林市环境保护局局长邓学云通报桂林市 2013 年和 2014 年上半年污染减排任务完成情况，分析当前桂林市减排工作面临的严峻形势，布置全市减排工作目标任务。桂林市副市长周卫作重要讲话。

6 月 24~25 日，自治区环境保护厅总量处处长曾辉率督察组对桂林市 2014 年上半年主要污染物总量减排实施工作进展进行日常督查。督察组听取了桂林市相关部门工作汇报，并就总量减排工作中存在的问题、难点开展座谈和交流。督查组还对国电永福发电有限公司 3# 机组脱硝工程建设、永福县苏桥工业园区污水处理厂、临桂新区污水处理厂、兴安县榕江镇污水处理设施、兴安县三顺纸厂治污设施、桂林荣发畜牧有限责任公司等减排项目进行现场督查。桂林市工业和信息化委、市财政局、市水产畜牧兽医局、市污垃办等部门负责人参加了座谈。

七月

7 月 22~23 日，桂林市环境保护局组织市文明办、市人大环资委、共青团市委、市工业和信息委及市教育局等市绿色环保系列创建活动办公室成员单位对恭城瑶族自治县水库移民培训中心、阳朔七仙峰茶业发展有限公司、桂林君泰福电气有限公司等单位开展绿色环保系列创建考评。

八月

8 月 6 日，桂林市环境保护局召开全市 2014 年度环保系统依法行政工作会议。会上，桂林市环境保护局副局长刘学振总结 2013 年和 2014 年上半年以来环保依法行政工作，部署下半年环保依法行政工作的重点工作。桂林市环境保护局各科室负责人，市环境监察支队领导，五城区环境保护分局领导，十二县环境保护局分管领导及法制工作人员参加了会议。

8 月 8 日，桂林市机动车尾气管理办公室召开2014年全市机动车排气污染防治工作联席会议。会议由桂林市环境保护局副局长刘学振主持，桂林市环境保护局局长邓学云作重要讲话，20 个成员单位有关领导参加了会议。会上，副局长刘学振传达学习了《桂林市机动车排气污染防治实施方案》精神，部署 2014 年桂林市机动车排气污染防治相关工作。组织讨论并联合印发《关于对本市在用机动车首次核发机动车环保检验合格标志的通告》、《关于印发桂林市储油库、加油站和油罐车油气污染治理工作实施方案的通知》及《桂林市冒黑烟车辆专项整治工作方案》等文件。

九月

9 月 10 日下午 16 :10，泉南高速永福服务区发生运输硝酸槽罐车泄漏，桂林市环境保护局副局长刘学振带队立即赶往事故现场开展应急处置工作。为防止喷淋废水对周边环境产生污染，副局长刘学振指挥现场相关人员在高速服务站路边排水沟构筑了围堰并利用石灰中和，又在下游 200 米、600 米两处加设围堰，沿途采用石灰中和，同时对下游进行布点监测。由于处置迅速及时，至当日 21 点左右事故现场基本处置完毕损失控制在最小范围。

9 月 22 日，桂林市环境保护局联合市公安局、市交通运输局开展排放黑烟的机动车辆专项整治行动，分别在瓦窑三岔路口和七星路东端路口路段设点路查。此次行动共查处排放黑烟机动车 12 台，由桂林市环境保护局对排放黑烟的机动车辆进行拍照、摄像取证，并下发整改通知书。

9 月 26 日，由桂林市委组织部、桂林市环境保护局联合举办的 2014 年度桂林市县处级领导干部“环境保护与城市生态建设”专题研讨班在临桂县党校结业。各县（区）分管环保或经济工作的县处级领导干部以及市直各有关单位的县处级领导干部参加了培训。

9 月 28 日，桂林市人民政府在市直机关小礼堂召开 2014 年全市污染减排工作推进会。各县（区）人民政府分管领导、桂林市环境保护局和负责管网建设部门的主要领导，桂林市发展改革委、市环境保护局、市水产畜牧兽医局、市市政局、市工业和信息化委、市公安局、市统计局、市监察局主要领导及分管领导等70余人参加会议。会议由市人民政府调处办主任莫若林主持，传达了市长唐琮沅对桂林市2014年污染减排工作的指示。副市长周卫在会上传达自治区副主席唐仁健和蓝天立在全自治区污染减排工作推进会上的讲话精神。桂林市环境保护局局长邓学云通报了桂林市2014年1~8月污染减排工作完成情况，布置下一阶段污染减排工作任务。灌阳县、永福县、市水产畜牧兽医局、市市政局等作减排工作进展情况发言。

十月

10月20~24日，自治区“绿色学校(幼儿园)”考评组专家对桂林市2014年申报创建自治区级“绿色学校(幼儿园)”的恭城县县城中心校、雁山中学、七星幼儿园、中山中学、西山小学、桥头小学、大河中心校，桂林十九中、灵川县第一幼儿园等9个单位进行考评。

十一月

11月6~7日，桂林市环境保护局在资源县举行2014年突发环境事件应急演练。演练以《桂林市环境保护局突发环境事件应急预案》和《资江流域水污染事件应急专项预案》为依据，本着“贴近实战、周密组织、突出重点、注重实效”的原则，设置了应急响应启动、综合协调、水质应急监测、污染源排查、科学辅助决策以及信息公开与舆情监控等6个科目，是对全市环保系统突发环境事件应急响应的一次实战型检阅，为全市环保系统科学、及时、有效应对跨省重大水环境事件打下了坚实的基础。

11月12日，桂林市环境保护局在桂林市理工大学的配合下，开展新修订《环境保护法》学习宣传进高校活动，通过现场设立环保宣传展板，悬挂环保横幅，发放环保宣传资料，举行座谈会等多种方式向在校大学生宣传普及新《环境保护法》的相关内容。桂林理工大学校长解庆林、自治区环境保护厅副巡视员李一平等参加了活动。

11月27日，桂林市环境保护局与桂林市中山中学一起开展新修订《环境保护法》进校园学习宣传活动。学生们通过展示环保制作、表演环保小品、观看环保视频等方式，将新《环境保护法》知识融入课堂，寓教于乐，广大师生深受启发。

11月26日至12月5日，桂林市环境保护局和市教育局组成市绿色学校(幼儿园)考评组对桂林市2014年申报创建市级绿色学校(幼儿园)的18家单位进行绿色环保创建考评。

十二月

2014年12月3日，桂林市环境保护局参加了“世界地方政府环境网络论坛”，并作《气候变化中的桂林水环境问题对策》专题发言——“东亚”区地方政府组织的国际环保网络交流。由韩国济州倡议，相关东亚国家地方政府及友好城市，组成了一个《世界地方政府环境网络论坛》，自2013年起相关7个城市和地区(韩国济州、韩国仁川、马来西亚兰卡威、中国山东省、中国广西桂林市、中国黑龙江绥芬河、吉林丹东市和俄罗斯海参崴，)开展环境问题的交流活动。项目以影响世界环境的重大议题，以各国地方政府参与的形式，以互联网的环境网站和远程网络的网络论坛为载体，开展讨论环境问题的对话。

12月6日，桂林市环境保护局在市中心广场开展《认真贯彻落实新修订〈环境保护法〉，保护美丽家园》宣传活动。桂林市环境保护局工作人员和大学生环保志愿者通过设置咨询台、悬挂宣传标语、发放宣传资料、解答群众提问、开展新《环境保护法》知识竞赛等方式，向广大市民群众深入讲解新环保法的内容，普及新环保法知识，提高社会公众的环保意识，形成人人知道环保，人人参与环保的良好氛围。

12月10日，桂林市环境保护局深入象山区将军桥社区、叠彩区清风社区等开展新《环境保护法》宣传活动。悬挂标语、有奖问答、发放宣传资料，并对居民所提出的环保问题进行解答等宣传方式，受到社区居民的好评。整个宣传活动进行有奖问答近百题，发放各种宣传材料2000多份。

12月16日，桂林市环境保护局深入桂林乳胶厂、桂林君泰福电气有限公司等企业，开展新《环境保护法》宣传活动。桂林市环境保护局为企业干部职工发放新《环境保护法》和相关环保宣传手册。结合新《环境保护法》特点，向企业干部职工宣传“污染按日计罚”、“不环评、无开工”、“拒绝环境执法检查是违法”、“环境保护部门可查封、扣押排污设备”和“公开信息属企业法定义务”等主要内容，进一步提高企业的环保法律意识，最大限度地降低环境污染风险，确保环境安全。

12月23日，由桂林市行评三组组长周志刚带队一行5人到桂林市环境保护局检查政风行风工作建设情况。检查组查看了桂林市环境保护局2014年度开展政风行风建设工作台账，并就相关问题进行了交流。桂林市环境保护局党组成员、纪检组组长费军、纪检监察室有关人员参加了工作汇报会。

梧州市环境保护

【综述】 2014年，梧州市全力抓减排，全面促进农村生态环境保护工作，开展农村环境连片整治，重点治理大气、水、重金属污染，继续开展整治违法排污企业保

障群众健康环保专项行动、“绿色卫士·2014”环境安全专项检查行动、饮用水源整治工作、宝石行业污染监管、环保综合督查试点等专项行动，重点保障环境监管执法，认真做好群众来信来访工作，多渠道听取群众反映的环境问题诉求，重视“零距离网络问政”平台的群众呼声，解决了一批群众反映强烈的难点、焦点、热点环境问题。开展党的群众路线教育实践活动取得显著成效。2014年，梧州市环境质量保持优良水平，环境空气质量优良率达99.7%，水质达标率为100%，集中式饮用水水源地的4个自来水厂取水点的水质达标率100%，城市道路交通噪声平均为68.0分贝，区域环境噪声为53.5分贝，均达到国家标准。

【环境规划】 2014年，梧州市环境保护局根据梧州市人民政府办公室《关于印发我市“十三五”规划前期工作方案的通知》（梧政办发〔2014〕99号）及自治区环境保护厅《关于印发我区环境保护“十二五”规划终期预评估暨“十三五”规划前期工作方案的通知》（桂环发〔2014〕31号）精神，制订印发《梧州市环境保护“十二五”规划终期预评估暨“十三五”规划前期工作方案》，明确工作目标和责任，确保梧州市环境保护与生态建设“十三五”规划编制工作顺利开展。

【环保专项补助资金项目申报】 2014年，根据自治区环境保护厅、财政厅《关于组织申报2015年度生态广西建设引导资金项目的通知》（桂环函〔2014〕1347号）精神，梧州市环境保护局、财政局认真组织生态广西建设引导资金项目的申报工作，并将蒙山县长坪瑶乡大鲵特色养殖示范项目等6个项目申报材料上报，申报项目总投资共计4193.56万元，其中申请生态广西建设引导资金补助合计470万元。

【行政处罚】 2014年，梧州市环境保护局对立案查处的案件进行详细审查，对重大案件提前介入并与调查部门密切配合开展工作，对案件涉及的人证、物证进行有效甄别，使环境违法案件查处得以顺利开展，执法水平和案件质量不断提高。全年共立案查处环境违法案件43件，处罚金额105.95万元，已执行罚款52.9万元。

【机构改革与人事】 *机构调整* 2014年6月25日，梧州市机构编制委员会《关于梧州市环境保护局机构编制事项的通知》（梧编〔2014〕19号），同意梧州市环境保护局增设污染物排放总量控制科，增加科级领导职数1名；同日，梧州市机构编制委员会下发《关于市环境应急与事故调查中心机构编制事项的通知》（梧编〔2014〕33号），同意在梧州市环境应急与事故调查中心增挂梧州市固体废物管理中心牌子，实行“一套人马，两块牌子”管理，增加全额事业编制2名、副科级领导职数1名。

重要人事任免 2014年12月16日，梧州市委决定叶小丰任梧州市环境保护局党组书记（梧委〔2015〕2号）。12月30日，梧州市第十三届人大常委会第二十八次会议通过决定任命苏颖（女）为梧州市环境保护局局长（梧人干〔2014〕18号）。黄坚强、吴福安任梧州市环境保护局调研员（梧政干〔2014〕30号、梧政干〔2015〕3号）。

人才队伍建设 2014年，梧州市环境保护局选派3名优秀青年干部参加党校培训班，培养和选拔11名优秀青年干部充实到局科室、环境保护监测站、环境监察支队担任科长、副科长职务。

【环境科研与管理】 *环境科技管理* 2014年，梧州市环境保护科学技术中心是梧州市环境保护局下属的全额管理事业单位，机构级别为正科级。梧州市环境保护科学技术中心围绕梧州市经济建设和社会发展过程中遇到的各类环保问题开展环境科学基础研究，组织有关环保科技攻关，引进、开发、推广有关环保应用技术，为梧州市经济建设提供公共服务。为加强环境监督管理、科学决策，控制污染恶化趋势提供技术支撑，承担编写环境影响和环境保护的相关课题；受政府有关部门委托，开展环境保护政策研究，环境保护技术咨询服务，承担梧州市企事业单位的污染治理技术服务。

环境科研项目 *西江流域梧州段水污染防治建设项目规划编制* 2011年1月成立了西江流域梧州段水污染防治建设项目规划编制工作小组，开展对西江流域梧州段两岸的污染源调查，以调查结果编制规划报告，并完成《西江流域梧州段水污染防治建设项目规划》编制工作。

编制集中式饮用水水源环境状况评估报告 梧州市环境保护局成立水源环境状况评估工作小组，对市区内集中式饮用水水源环境状况评估，由市环境保护科学技术中心担任技术支持单位，每年对市辖区的集中式饮用水水源地环境状况进行全面调查，并编制评估报告。

编制市区乡镇集中式饮用水水源保护区划分报告 2012年3月成立了梧州市市区乡镇集中式饮用水水源保护区划分项目编制工作小组，开展对市区乡镇饮用水水源保护区污染源的调查，以调查结果完成编制划分报告。2014年完成《梧州市万秀区乡镇集中式饮用水水源保护区划分技术报告》、《梧州市长洲区乡镇集中式饮用水水源保护区划分技术报告》的编制工作。

【环境质量】 *环境空气质量* 2014年，梧州市市区的环境空气质量主要指标年平均值达到国家城市空气环境质量二级标准要求。市区二氧化硫、二氧化氮和可吸入颗粒物年平均值分别为20微克/立方米、15微克/立方米和66微克/立方米。

2014年梧州市共发布市区环境空气质量日报365天，API指数平均值为58，首要污染物为可吸入颗粒物。空气质量优良率为99.7%，其中优的天数有81天，占有效天数的22.2%，良的天数有283天，占有效天数的77.5%，轻微污染的天数有1天，占有效天数的0.3%。全年进行降水监测192场次，年平均pH值为5.58，酸雨出现的频率为3.6%。

2014年梧州市区首次出现可吸入颗粒物日均浓度超标现象。受城市基础设施建设的影响，建筑施工扬尘成为梧州市区可吸入颗粒物浓度年均值上升的主要原因。另外，梧州市区机动车保有量的持续增加对可吸入颗粒物上升也有一定影响。可吸入颗粒物一直是影响梧州市区空气质量的主要因子。

水环境质量 2014年，梧州市地表水质良好，各监测断面年均值均达到相应水环境功能目标。按《地表水环境质量评价办法(试行)》的要求来评价，梧州市区5个断面的监测项目年均值均达到Ⅲ类水标准，水质达标率为100%；集中式饮用水水源地的4个自来水厂吸水点的水质达标率为100%。随着梧州市污水处理厂的建成，污水管网建设推进，生活污水收集率不断提高，废水得到有效处理。由于梧州市江河水环境容量大，市内工业和生活废水对江河整体综合水质尚未构成明显影响。

声环境质量 2014年，梧州市区城市道路交通噪声平均为68.0分贝，较上年上升0.3分贝，达到国家标准。区域环境噪声为53.5分贝，较上年上升0.4分贝，达到国家标准。市区城市道路交通噪声和区域环境噪声较上年均有所上升，原因在于梧州市城市规模扩张和城市建设不断发展，居民生活噪声影响日益增大。另外，随着梧州高铁化时代到来，以及城市汽车保有量的上升，车流和鸣笛声对周边环境的噪声影响不容忽视。

【污染物减排】 *减排政策措施* 2014年，梧州市继续落实各项污染减排措施，减排工作取得阶段性进展，全市环境质量总体处于优良水平。梧州市人民政府与7个县(市、区)人民政府、市水产畜牧兽医局等11个市直部门签订《2014年度主要污染物总量减排目标责任书》，由市人民政府督查室每月督促检查工作进展。梧州市人民政府对市应对气候变化及节能减排工作领导小组进行调整和充实(梧政办发〔2014〕101号)，市人民政府召开梧州市污染减排专题座谈会、梧州市2014年污染减排工作推进会议。印发《梧州市2014年度主要污染物总量减排计划》(梧环字〔2014〕172号)，明确梧州市119个重点减排项目和完成时间、责任单位及各县(市、区)排污总量控制目标。根据《环境保护厅关于通报梧州市2014年污染减排完成情况的通报》(桂环函〔2015〕213号)，梧州市基本完成自治区下达的2014年度污染减排任务。

减排督查与监管 2014年，梧州市落实目标责任，组织制订2014年度减排计划，将污染减排任务分解落实到各县(市、区)及有关企业，并实施定期调度制度。加强跟踪检查，梧州市出动检查人员700人(次)，对梧州市300家(次)减排项目承担企业进行检查，市环境保护、水产、市政部门联合组织开展重点减排项目督查。推进生活源减排，7家集中式污水处理厂完善在线监控和运行控制系统，排查配套管网覆盖和渗漏现象，全年总平均处理负荷达84%。逐步推动农业源减排，市环境保护、水产畜牧部门定期会商，落实97家规模化养殖场治理设施建设项目。开展机动车减排，向社会发布《关于对我市注册登记的机动车核发机动车环保检验合格标志的通告》、《关于执行国家第四阶段机动车污染物排放标准的通告》，2014年发放机动车环保检验合格标志16415枚，注销“黄标车”和老旧机动车4824辆。

减排重点项目 根据《梧州市2014年度主要污染物总量减排计划》，2014年梧州市安排重点计划减排项目119个，其中城镇污水处理设施减排项目8个，除岑溪市归义镇污水处理厂于10月开工，至年底完成大部分主体设施以外，其他7个污水处理厂均建成，全年总体处理负荷提升到84%；农村环境连片整治污水处理设施项目11个(以镇为单位)，全部建成治理设施，并通过环保验收；企业治理工程减排项目2个、关停项目1个，蒙山广晋水泥公司脱硝项目投入正常运行，岑溪市福星建材公司按期彻底淘汰拆除落后生产设备，市垃圾填埋场渗滤液处理提升改造项目投入正常运行；规模化畜禽养殖减排项目97个，经过市级抽查和县级自评，通过实施完善治理设施的工程，全部项目均达到减排核查要求。通过挖掘潜力，梧州市增加完成广西金茂钛业有限公司淘汰10吨燃煤锅炉项目、广西龙腾皮革制品有限公司拆除制革生产线项目、广西蒙山县永安制糖有限公司结构关停项目等3个结构减排项目。

减排专项行动 2014年，梧州市组织开展污水处理厂减排项目及规模化养殖场减排项目督查专项行动。7~9月，组织梧州市各级环境保护、水产畜牧部门联合对规模化养殖场减排项目进行拉网式督查，各减排项目建设相应配套治污设施、实行雨污分流和干清粪。9月，梧州市召开全市污染减排推进会议，10~11月组织开展建设完善配套管网督查专项行动，其中岑溪市基本完成对义昌江沿岸管网的修缮，并对直排量较大的思湖排污口实施截污工程；苍梧县组织开展旧城区雨污截流渠3期工程；藤县绣江路泵站已投入使

用；蒙山县实施城东江河周边污水管网改造工程，并对污水处理厂进水管道进行修复；梧州工业园区组织南区污水管网及道路排水工程；梧州市市政管理局组织完成河东钱鉴片污水收集系统II标段工程、河西富民片顶管工程、梧州市市区城市排水管渠及收水口清淤工程，并实施白垢泵站截流二期工程。

【环境影响评价】 规划环评 2014年，梧州市环境保护局组织审查通过《广西鼎立新材料科技产业园控制性规划环境影响报告书》、《岑溪市农民创业园区及培育基地总体规划环境影响报告书》，并组织专家审查《梧州进口再生资源加工园区总体规划(2013~2030)环境影响报告书》及《梧州市陶瓷产业园中和集中区规划环境影响跟踪评价报告书》。

建设项目环评 2014年，梧州市环境保护局在建设项目环境管理方面，促进产业合理布局和优化升级，建设项目环评审批工作，依法严把审批关和项目选址关。全年审批建设项目环境影响文件共610个，其中登记表484个、报告表77个、报告书49个。

重大项目环评 2014年，梧州市列入自治区层面统筹推进重大项目共14个，其中新开工重大项目7个，预备开工重大项目7个，上述项目的环评文件均在时间节点前通过环保行政主管部门审批。

试生产环境管理 2014年，梧州市有32个建设项目所配套的环保治理环保设施等符合环保审批要求，并通过审查，投入试生产运行。

建设项目竣工环保验收 梧州市2014年建设项目竣工环保验收项目共161个，并通过梧州市环境保护局的检查验收，其中登记表136个、报告表11个、报告书14个。

政务窗口管理工作 2014年，梧州市政务中心环保窗口受理的行政审批事项共909项，办结909项。因不符合环保准入条件不予受理的事项1项，接待申领机动车环保标志群众近15000人次，承诺期内办结率100%，评议满意率100%。

环评机构监督管理 2014年，梧州市共有126个建设项目编制环评报告表(书)上报梧州市环境保护局审批，编制单位来自区内和区外，涉及的环评单位有广州环发环保工程有限公司、广西交通科学研究院、广州市番禺环境工程有限公司、北京中资华宇环保技术有限公司、黑龙江农垦勘测设计研究院、中国人民解放军后勤工程学院环境保护科学研究所、广州市环境保护工程设计院有限公司、湖南省邵阳市环境保护研究所、重庆市环境保护工程设计研究院有限公司、佛山市环境工程装备有限公司、湖南华中矿业有限公司、襄阳市环境保护科学研究所、玉林市环境保护科学研究所、招商局重庆交通科研设计院有限公司、中环国评(北京)科技有限公司共15家。

根据梧州市机构编制委员会《关于市环境保护科学技术中心增挂机构牌子的通知》(梧编〔2014〕64号)要求，梧州市环境保护科学技术中心于2014年12月31日增挂“梧州市环境影响技术评估中心”牌子。梧州市环境影响技术评估中心主要职责为接受环境保护行政主管部门委托开展梧州市辖区内建设项目环境影响评价文件的技术审查、评估工作，负责辖区内环评单位及人员日常工作的监督管理，协助做好本级环评专家库的管理及评价领域专业技术培训工作。

2014年7月25日，梧州市环境保护监测站在广西梧州制药（集团）股份有限公司开展废气监测

【环境监测】 环境空气监测 2014年，梧州市区共设2个环境空气自动监测点，分别为梧州市新兴一路胜隆里21号环境保护局办公楼楼顶测点和云盖小学测点，两个测点均采用自动监测系统，每日24小时连续自动监测，并向市民发布城市空气质量日报，监测项目为二氧化硫、二氧化氮、可吸入颗粒物。

$PM_{2.5}$监测 2013年10月在云盖小学测点新增一氧化碳、臭氧、$PM_{2.5}$ 3个监测项目，11月在梧州市市环境保护局办公楼楼顶测点新增一氧化碳、臭氧、$PM_{2.5}$ 3个监测项目，在龙新、龙圩测点开展二氧化硫、二氧化氮、可吸入颗粒物、一氧化碳、臭氧、$PM_{2.5}$ 6个监测项目。$PM_{2.5}$目前属于测试阶段，监测结果不参与梧州市区空气质量评价。

降水监测 2014年，梧州市区布设环境保护局、气象、旺甫3个降水监测点，逢雨必测，每天1个混合雨样，即每天上午9时至次日上午9时为1个采样监测

周期。监测项目有 pH 值、电导率、降雨量、降水中钾离子、钠离子、镁离子、钙离子、铵离子、氯离子、氟离子、硫酸根和硝酸根共 12 项。

地表水环境监测　2014 年,梧州市地表水环境质量监测为每月 1 次,监测项目共 25 项。桂江干流梧州段设监测断面 2 个,分别为京南和石咀;浔江干流梧州段设监测断面 2 个,分别为石良角、冬训楼;西江干流梧州段设界首监测断面;黄华河设宝珠围监测断面。

饮用水水源环境监测　2014 年,梧州市集中式饮用水水源地水质监测的监测点位设在梧州市富民、北山、龙新和塘源等 4 家自来水厂吸水点上游 100 米处,在自来水厂吸水口保护范围内。4 个自来水厂分别以桂江、浔江、西江水为供水水源。市环境保护监测站对集中式饮用水水源地水质进行每月 1 次监测,监测项目共 61 项(7 月份 109 项)。

声环境监测　2014 年,梧州市区域环境噪声测点 118 个,测点分布在市区建成区(建成区面积为 37.55 平方公里)内,按 500×500 米划分等距网格。每年监测 1 次(昼间监测),以网格中心附近为测点,采用自动声级计测定。道路交通噪声监测点位布设在市区 11 条主要交通干线上,监测路段总长度为 26494 米,测点位于路口之间,道路边沿外 20 厘米处,每年监测 1 次。

重点污染源监督性监测　2014 年,梧州市国控重点污染源有 37 个点源,其中废水源 19 个,废气源 7 个,污水处理厂 7 个,重金属监控企业 4 个。市环境保护监测站每季度至少 1 次对废水、废气和污水处理厂开展污染物排放监测;每季度进行 2 次自动监测设备的比对监测;季节性生产企业生产期间至少每月监测 1 次。为配合减排需要,污水处理厂每半年增加 1 次减排月报监测,监测污水厂进水口、出水口,分析指标为 pH 值、COD、氨氮、流量等。按《重金属污染综合防治“十二五”规划》要求,重金属排放企业废水、废气及无组织排放每 2 个月至少监测 1 次。2014 年,市环境保护监测站按要求完成全年重点污染源监督性监测工作。

2014年7月25日,梧州市环境保护监测站在广西梧州制药(集团)股份有限公司开展废水监测

【污染防治】　大气污染防治　2014 年,梧州市落实自治区大气污染防治行动方案要求,编制实施《梧州市大气污染防治 2014 年度实施计划》(梧政办发〔2014〕129 号),执行重点任务调度制度,跟踪并报告工作进展。2014 年,梧州市全部完成自治区下达的 2014 年淘汰落后产能任务:淘汰落后炼钢产能 58 万吨、水泥产能 12 万吨、锌冶炼产能 5.8 万吨;淘汰 11 台 10 吨/小时及以下燃煤锅炉;推进梧州市辖蒙山县广晋水泥公司新型干法水泥生产线脱硝项目正常运行,减少工业废气污染物排放;实施梧州市建成区加油站油气回收治理项目,开展工业挥发性有机物治理,完成 41 个加油站的油气回收治理工程项目并投入运行。梧州市通过开展环境综合整治(建筑工地)专项检查评定、加强泥头车管理、对重点街区和重点工地进行专项整治、增加主要道路洒水频次等多项措施,加强城市扬尘污染控制。对机动车排气管理机构能力建设、推进机动车环保检测站建设、实施机动车环保标志分类管理制度和在用机动车定期环保检测制度等方面提出阶段目标,并落实保障措施。

噪声污染防治　2014 年,梧州市环境保护局对工业企业的重点噪声排放源单位加强执法检查力度。贯彻执行《工业企业厂界环境噪声排放标准》,查处工业企业噪声排放超标扰民行为;严格实行夜间建筑施工作业审批制度,在城市市区禁止夜间进行产生环境噪声污染的建筑施工作业,对于抢修、抢险作业和因生产工艺要求或者特殊需要必须连续作业而进行夜间建筑施工作业的,必须报经环境保护行政主管部门的审批取得许可证明;加大对噪声污染违法案件的处罚力度,对恶意排放噪声,严重扰民的企业实施依法处罚,并依法征收噪声超标排污费;对宝石加工户进行宣传教育,下达整改通知,劝导其尽早搬迁至宝石加工集中区,在搬迁之前严禁在每天 12 时至 14:30 时、22 时至次日 6 时从事有环境噪声产生的加工作业。

2014 年,为确保中、高考期间考生拥有一个安静、良好的考试环境,梧州市环境保护局与公安、工商、教育等部门相互协调、密切配合,组成联合检查组开展专项执法检查,对敏感点工业企业、城市建筑施工工地、城区娱乐场所等噪声源敏感区域进行 24 小时检查、巡视,督促噪声排放单位和个人采取有效防治措施。2014 年,梧州市环境监察支队在全市高考听力考试及笔试、中考、公务员考试和成人高考等护考行动中开展执法检查,共出动检查人员 460 多人次,车辆 140 多台次,有效地保障考试环境。

饮用水水源地保护　2014 年,梧州市环境保护局组织对市区及所辖各县(市)城区 2013 年度集中式饮用水水源地环境状况进行评估,上报评估报告,并与梧州市市政局对接,统一市区饮用水水源保护区内排污

口信息，了解保护区内排污口整治工作进展情况。开展饮用水水源保护区划定工作，推进市区新增白沙取水点（原苍梧县县城取水点）水源保护区划分工作，划定方案由梧州市人民政府上报自治区人民政府，并通过专家审查。继续推进全市乡镇集中式饮用水水原地划分工作，组织专家评审梧州市辖7个县（市、区）66个乡镇集中式饮用水水源保护区划定方案和技术报告，并向自治区人民政府报批。规范设置市区饮用水水源保护区标志，组织实施《梧州市市区饮用水水源保护区标志设置方案》，按照《饮用水水源保护区标志技术要求》（HJ/T433-2008），在梧州市市区现有4个集中式饮用水水源地（包括北山水厂、富民水厂、龙新水厂、塘源水厂）保护区设立标志，共设置标志牌44块。

重金属污染防治　2014年，梧州市编制《梧州市2014年度加强重金属污染防治工作实施方案》（梧政办发〔2014〕115号）并组织实施。环境保护部门与统计部门建立信息互通工作机制，动态更新梧州市涉重重点监控产品产量企业名单，健全涉重企业产品产量统计核实机制，每月对接重点铅锌矿采选企业产品产量，不定期向市人民政府报告全市铅锌矿采选企业产品产量情况。积极推动重金属污染防治专项资金项目实施。2014年梧州市加强对重金属污染防治资金补助重点项目实施调度，每月报送项目进展情况表至自治区环境保护厅。督促项目业主按要求建立项目档案，规范项目管理。组织开展重金属污染防治专项资金项目竣工环保验收。制订《梧州市重金属污染防治项目环保验收材料编制指南》，指导项目业主准备验收申请资料、要求梧州市辖各县（市、区）环境保护局开展验收核查工作。自治区要求2014年完成的3个项目，有2个已完成验收，1个开展验收前期工作，于2015年4月底完成验收。组织开展迎接环境保护部2013年度重金属污染综合防治规划的年度考核工作。完成2013年度重金属污染物排放量测算、29个重金属污染综合防治考核企业的档案审核上报、环境保护部门日常管理台账报送等相关工作。

固体废物管理　2014年，核定梧州市进口加工废五金电器类废物资质的企业19家。2014年，国家批准梧州市进口各类废物配额90.46万吨，实际进口35.48万吨；国家批准园区外的4家布碎企业进口废纺织原料配额3.6万吨，实际进口0.656万吨，全市进口废物配额较上年有较大增长，由于市场因素影响，实际进口量较往年略有下降。进一步加强全市固废旧物资管理工作，梧州市机构编制委员会2014年6月印发《关于市环境应急与事故调查中心机构编制事项的通知》（梧编〔2014〕33号），同意在梧州市环境应急与事故调查中心增挂梧州市固体废物管理工作中心牌子，实行“一套人马，两块牌子”管理，增加全额事业编制2名，增加副科级领导职数1名。

危险废物管理　2014年，梧州市环境保护局印发《梧州市2014年度危险废物规范化管理督考核工作方案》，并由梧州市环境保护局直属机构梧州市环境监察支队、梧州市辖各（市、区）环境保护局开展2014年度危险废物规范化管理抽查考核。截至2014年11月，梧州市实际考核涉危企业31家，其中危险废物产生单位28家，达标18家、基本达标8家、不达标2家；危险废物经营单位3家，达标3家。

梧州市环境保护局细化危险废物规范化管理工作要求，指导涉危重点单位规范建档并报属地环境保护局，指导各涉危单位依照程序办理转移危险废物手续。2014年，全市有11家企事业单位将产生的危险废物送交具备危险废物处置资质的单位处置，报批核准转移1141.916吨，实际转移769.011吨。同时，梧州市环境保护局与市交通运输局建立危险废物运输审核信息共享共商共处机制，规范危险废物运输行为，避免在运输过程发生突发事件造成道路交通事故和环境污染。

危险化学品管理　按照自治区环境保护厅的要求和部署，结合梧州市实际情况，制订《梧州市开展危险化学品环境管理登记工作计划(2014~2015年)》，以环境保护部发布的84种重点环境管理危险化学品为重点，逐步推进梧州市危险化学品生产、使用企业的环境管理登记工作。2014年梧州市实施危险化学品环境管理登记的企业共4家，要求2014年底前完成登记工作。

2014年3月6日，梧州市环境监察支队对广西梧州荒川化学工业有限公司进行危险废物检查

城市环境综合整治　2014年，梧州市环境保护局依据梧州市市委、市人民政府关于《梧州市城市环境综合整治总体方案》的精神，制订《梧州市城市环境综合整治居民区宝石加工（含部分非法作坊和饮食店）联合执法行动方案》，对非法加工作坊实施断电措施。2014年10月14日起，根据《城市环境综合整治宝石加工联合执法方案》要求，梧州市环境保护局会同城区人民政

府和相关部门开展城市环境综合整治宝石加工联合执法行动。对梧州市长洲区所辖的盘龙小区、银湖南路30号聚宝小区内的车库作石材加工点、摩天岭废渣水洗非法加工点以及梧州市万秀区所辖的橡胶厂、上三云路、梧州学院对面等重点地段宝石加工作坊开展综合整治，依法实施断电措施。11月4~7日，梧州市对群众反映强烈的名豪花苑小区的14户宝石加工户实施断电行动。

【生态保护和建设】 试点示范创建　梧州市蒙山县2013年下半年着手生态村的申报工作，2014年6月梧州市环境保护局命名蒙山县的19个行政村为首批“梧州市级生态村”。蒙山县蒙山镇、长坪乡获得自治区环境保护厅2014年度“自治区级生态乡镇”命名；蒙山镇长北楼村获得自治区环境保护厅2014年度“自治区级生态村”命名。截至2014年12月底，梧州市完成2个自治区级生态乡镇，1个自治区级生态村以及62个梧州市级生态村创建，完成2014年生态文明示范区的创建工作。

根据《广西农村环境连片整治示范项目管理暂行办法》的要求，2014年完成71个农村环境连片环境整治示范项目环保验收工作，占总数的89%，其中苍梧县六堡、石桥、龙圩（现在龙圩区）、大坡（现在龙圩区）、新地（现在龙圩区）5个镇36个示范项目，岑溪市安平、糯垌、归义、岑城、水汶、波塘6个镇35个示范项目。

生态建设资金　2014年，梧州市开展生态广西建设引导资金项目专项资金管理检查工作，梧州市获得生态广西建设引导资金项目3个，获得引导资金共125万元。项目为梧州市辖苍梧县六堡镇长芊河六堡产业化示范基地和苍梧县六堡镇双贵有机六堡茶种植基地，2个被自治区环境保护厅列为2014年生态广西建设引导资金拨款标准项目，分别获得拨款补助40万元。梧州市辖蒙山县鸿惠食品厂的有机木瓜种植物基地项目获得自治区环境保护厅2014年生态广西建设引导资金拨款450万元。梧州市2014年3个生态广西建设引导资金项目在资金管理方面都能够项目实际完成投入，资金使用合理规范，审批严格按照规定执行，实行专项专用，未发现有挤占、截留、挪用等问题。

自然保护区建设和管理　梧州市唯一的自治区保护区为1982年自治区人民政府批准的蒙山县古修自然保护区。位于蒙山县的东北部，南北长约7.4千米，东西宽2.6千米，包括长坪乡、西河镇2个乡镇4个行政村的部分山林，总面积19万平方千米。2006年6月，古修自然保护区晋升为自治区级自然保护区，基础设施得到了较大改善，2013年在保护区内首次发现国家二级保护植物红豆树。

【核与辐射安全监管】 辐射安全管理和监督检查　2014年，梧州市开展核与辐射环境安全各项专项检查工作。根据《自治区环境保护厅关于开展2014年度辐射安全监督检查的通知》（桂环办函〔2014〕114号）、《关于开展放射源专项检查的通知》（桂环办函〔2014〕152号）等工作要求，制订印发梧州市《关于开展2014年度辐射安全监督检查的通知》（梧环字〔2014〕64号）等相关专项检查文件，开展2014年核与辐射安全监督检查及各类专项检查整治。全市共出动执法人员256人次，对梧州市辖区50多家核技术利用单位及8家废旧金属回收熔炼单位进行全面排查。针对企业存在的问题，认真梳理分析，明确风险和隐患类别，下达整改通知书，逐一提出整治要求，督促企业完成整改任务。

Ⅲ类射线装置辐射安全许可　2004年，梧州市加强辐射安全管理，消除安全隐患，推进Ⅲ类射线装置辐射安全许可办理工作，将辐射安全许可资料录入全国核技术利用辐射安全申报系统，全年共办理核发《辐射安全许可证》3个。

辐射建设项目管理　2014年，梧州市配合自治区环境保护厅对辐射建设项目审批做好初审工作，包括对辖区内核与辐射应用项目、通信工程项目选取有代表性典型基站及自治区审批的送变电工程项目进行现场勘查，对项目环境影响报告书提出初审意见，共完成辖区内辐射环境影响评价初审项目6个。按照审批权限完成梧州市辖区建设项目辐射环境影响评价审批和项目竣工环保验收工作，提高办结效率，严把建设项目审批关。全年完成申报的环评审批项目9个，竣工环保验收项目5个，按时办结率100%，从源头上控制防治新的污染，为梧州市辐射应用企业的发展提供支持。

辐射环境执法　2004年，梧州市环境保护局积极开展辐射事故应急预案制订及核安全文化宣贯工作，将自治区相关文件转发给梧州市辖各县（市、区）环境保护局及相关核技术利用单位，明确要求各单位按时编制报送应急预案。完成编制印发《梧州市环境保护局辐射事故应急预案》，制订《梧州市辐射事故应急预案（征求意见稿）》，并向有关部门征求意见。按照自治区要求制订印发《梧州市开展核安全文化宣贯推进专项行动实施方案》，明确内容和工作要求，并组织开展工作。

核与辐射事故应急管理　2014年，梧州市辐射事故应急管理工作通过强化辐射环境监管，积极开展辐射信访处理，畅通辐射事故信息上报，开展辐射监管监测能力建设，推进核与辐射事故应急管理。

结合辖区内辐射装置和放射源行业分布特点，严格监管射线装置使用、贮存和运输，有针对性地加大例行和非例行检查频资，保障辐射源安全受控。加强辐

射应急值守，依托“12369”环保举报热线平台，畅通辐射事故信息渠道。积极做好辐射信访投诉处理，全年共处理辐射信访投诉近30起，其中自治区环境保护厅转交2起，梧州市信访局转交2起，辐射信访投诉处理率达100%。推进辐射监管监测和应急能力建设，积极争取自治区、梧州市本级资金支持，逐步配备电离辐射、电磁辐射基本监测仪器和辐射报警仪。扎实推进人员持证上岗工作，2014年取得辐射类上岗证9人次、45项次。2014年梧州市未发生一般及以上辐射事故。

【环境监察】 环保专项行动　2014年，根据自治区环保专项行动实施方案，梧州市结合实际制订《梧州市2014年整治违法排污企业保障群众健康环保专项行动工作方案》，成立以分管副市长为组长、各县（市、区）以及环境保护、监察、工业和信息化、安全监管、发展改革等20个单位的分管领导为成员的环保专项行动领导小组。通过统一领导指挥，加强部门联动协调，确保环保专项行动各项工作任务落实到位。专项行动期间，梧州市共出动检查人员2699人次，检查企业658家（次），其中市本级出动1351人次，检查企业429家（次），共编发简报8期。梧州市辖岑溪市恒信钛白粉厂的环境违法问题被列入自治区级挂牌督办。

2014年，梧州市环境保护局组织环境监察、环境监测等相关部门先后开展环境风险隐患排查整治，涉重金属、化工行业专项检查，“绿色·2014”环境专项行动，饮用水水源地整治工作，宝石行业环境污染监管，环保综合督查试点等专项行动，进一步消除环境风险隐患，保障梧州市环境安全。

环境执法　2014年，梧州市环境保护局依法履行职责，强化对本市辖区企业的监督和管理，在日常巡查的基础上，围绕“监督执法年”主题，继续加大对钢铁、陶瓷、混凝土行业专项整治工作。根据网格化管理的片区划分，对辖区内企业开展检查，发现问题的企业落实专人负责跟踪整治情况，督促其完成整治，完善“一企一策一档”，做好企业信息的材料收集和整治情况汇总。全年共出动检查人员5258人次，检查企业1660家次，下达责令整改通知书342份，立案调查37起。

污染源自动监控方面，2014年梧州市有41家企业61套设备与监控中心联网，其中36家企业的50套污染源在线监控设施通过了竣工环保验收。为确保国控企业污染源自动监控数据传输有效率达到75%以上，梧州市环境保护局加强与环境保护部污染源监控中心衔接数据传输有效率考核基数核定工作，加大对污染源自动监控设施运行管理查处力度，严查弄虚作假行为，促使自治区污染源自动监控数据传输有效率考核工作不断向好的方向发展。同时，督促全市32家国控企业全面开展自行检测工作，其中11家企业委托有资质的监测机构开展自行检测工作，20家设置有实验室的企业购置了相关的分析设备开展工作。截至2014年底，梧州市的数据传输有效率为89.31%（达标为75%），企业自行监测完成率为89.23%（不得低于70%），公布率为97.11%（达标率为80%），全面完成2014年污染源监测体系减排任务。

2014年5月19日，梧州市环境保护局调研员黄坚强（右一）带队对广西金茂钛业有限公司在线设备进行验收检查

排污申报与收费　2014年，梧州市继续开展排污申报和排污费征收工作，努力提升排污收费业务水平。7月正式启动全程信息化系统进行排污费征收管理工作，10月梧州市对苍梧县、藤县、龙圩区进行排污费稽查，不断规范各县市的排污收费征收工作。梧州市环境保护局采取约谈欠缴排污费的金海不锈钢公司、永新嘉利、江滨大酒店、亿辉房地产公司等10家企业负责人，督促企业依法缴纳排污费。2014年梧州市征收排污费共893.8万元，其中市本级征收295.8万元，所辖（市）县级共征收598万元。

监察队伍建设　“十二五”期间，梧州市人民政府将市环境监察支队的办公、执法工作和执法装备等经费纳入财政预算安排。2014年6月，经梧州市机构编制部门同意，增设副支队长领导职数1名；10月通过自治区公务员招录统一考试招录参照公务员法管理事业单位人员1名。至2014年底，梧州市环境监察支队作为副处级参照公务员法管理事业单位，共核定单位领导职数3名；设置正科级内设机构2个，核定内设机构科级领导职数2名；实有编制数18名，实际在岗人员14人，其中大专以上学历100%，执法培训率达100%，执法人员持证上岗率100%。

监察能力建设　2014年6月，梧州市环境监察支队随市环境保护局搬迁至新办公大楼，办公面积约750平方米，配有独立的执法室、档案室和污染源自动监控中心，基本达到《全国环境监察标准化建设标准》（环发〔2011〕97号）中的二级标准，并在原有基础上逐步购置摄像机、照相机、声级计、酸度计等取证监测设备，配备电脑、打印机、传真机，安装办公电话等。拥有监察用车4辆、照相机6部、摄像机3部、录音机2台、声级计6台、酸度计7台、电脑25台等，梧州市环境监察执法信息化管理水平得到有效提高。

【环境宣传教育】 环境宣传 2014年，梧州市环境保护局按照生态建设和农村环境连片整治工作需要，市辖岑溪市、龙圩区等地开展有特色的"百场演讲下基层"活动。配合梧州市人民政府组织开展低碳节能宣传月活动，全市共有80多个单位(包括企业)参加。"六五"世界环境日期间，采取出板报、环保法律法规知识咨询服务、发放宣传手册和环保购物袋等方式开展各种宣传活动，共发放环保宣传手册1000多本，接受咨询人员100多人次。组织开展"环保一日行"活动，邀请媒体记者、人大代表、政协委员、环保志愿者30多人(次)，参观梧州市污染源自动监控中心、市第一污水处理厂、中恒梧州制药集团总公司污水、废气处理站等。利用新闻媒体对新《环境保护法》和梧州市环保工作成效进行全方位报道，2014年在电视台、报纸上刊登稿件26篇。与梧州市审计局、中恒集团、梧州市第一污水处理厂、广西欣龙商务酒店、广西大学梧州学院、梧州恒祥花苑小区等7个单位联合开展"环保五进"(进机关、进学校、进企业、进小区、进家庭)宣传活动，参加人员达5300多人次。在梧州市直机关党委组织的"党员服务日"及"七一活动日"期间，展出环保专题板报，发放各种宣传资料5000多份。利用全国科普宣传日活动，在公共场所展出板报、发放宣传资料，对建设生态文明梧州进行宣传。梧州市环境保护局联合广西大学梧州学院举办"爱水护水日"活动和"绿色生活 变废为宝"自创作品评选及颁奖活动，有2000多名青年学生及志愿者参加。

2014年6月20日，梧州市环境保护局举办环保公众开放日活动。图为市民参观梧州市第一污水处理厂

2014年12月4日，梧州市开展"国家宪法日"宣传活动。图为梧州市环境保护局在丽港广场利用展板宣传新《环境保护法》

环境教育 梧州市环境保护局与环境监察部门联合对拟查处的环境违法案件在企业开展法制教育工作。组织梧州市绿色创建单位参加环保宣传活动，在"六五"世界环境日期间，有7个绿色创建单位参加上街宣传、文艺演出等活动；组织编写全市绿色创建15年工作汇编，并报自治区绿色创建工作领导小组办公室。2014年梧州市环境保护局组织领导干部参加自治区、市组织的各类专业技术培训50余人次。参加梧州市人事局组织的科级干部上岗培训2期2人，参加梧州市委组织部组织的处级班1人、中青班1人、科级班1人，参加公务员《行政许可法》培训27人。

志鉴编纂 完成《广西环境年鉴》2014卷梧州市环境保护部分94个条目的编纂，以及《梧州市年鉴》环境保护部分9个条目的编纂任务。

【对外合作与交流】 国际合作交流 2015年2月8~9日，瑞典环境科学研究院副院长奥斯顿·伊肯格伦和瑞典环境科学研究院北京代表处项目经理朱艳景到梧州市访问，梧州市环境保护科技中心副主任叶伟玉作为环保专家，积极配合瑞典环境科学研究院代表团，针对梧州市的发展情况、环境保护现状及面临的挑战和机遇，交流环境保护做法和经验，探讨合作意向。

国内合作交流 配合自治区环境保护科学研究院清洁生产研究中心开展梧州市8家重点企业清洁生产审核有关工作。梧州市环境影响技术评估中心2013年底挂牌成立，2015年1月派工作人员到自治区环境保护技术中心、南宁市环境保护科学研究所学习工作经验。

【信息公开与政务信息】 信息公开 2014年，梧州市环境保护局主动公开和更新政府信息1025条，全文电子化率达100%。其中政策法规发布2条，环境环评公众参与公示 114 条，环境监测发布 52 条，环境动态发布 121 条，环评文件审批信息 346 条，空气质量日报 365 条，其他信息 25 条。

办公信息化建设 2014 年，梧州市环境保护局信息化建设取得明显成效，先后建成办公自动化(OA)、建设项目审批管理(MIS)、信访投诉系统、数据查询系统和在线监控系统等，环境统计、排污申报、排污收费均使用国家统一下发的软件。6 月，市环境保护局正式搬迁启用新办公大楼，新办公楼采用高度集成化、模块化的智能办公大楼建设模式，投入 200 多万元进行信息化建设，涵盖了全屏蔽机房、光纤网络、高性能服务器、大屏会议系统、移动投影、专业音响、高清视频监控等，全部投入使用。截至 2014 年 12 月 31 日，梧州市环境保护局共有各类计算机及服务器 140 多台，打印机 58 台(4 台一体机)，专业扫描仪 3 台，网络、辅助设备 30 多台，有专门机房放置服务器及网络主设备，使用电信、联通 2 家运营商的光纤网络进行外部联网，连接有环境保护部 4 级网、互联网、自治区环境保护厅视频会议网、梧州市政务内网及外网、机要网、财务专网等，并使用各级专网对应的上级业务信息系统。

环境信访 2014 年，梧州市环境保护局按照 "有诉必接，有接必查，有查必果，有果必复" 的要求，认真做好信访处理工作。通过多渠道听取群众反映的环境问题，重视 "零距离网络问政" 平台的群众呼声，在规定期限内调查处理，及时跟帖回复。针对群众反映较多的宝石噪声污染、饮食油烟污染和建筑行业噪声污染的投诉问题做到及时了解、核实，对在处理过程中发现的环境违法行为加大查处力度。截至 2014 年底，梧州市共受理环境信访件 1085 件，已处理 1044 件，处理率为 96.22%。

人大建议和政协提案办理 2014 年，梧州市环境保护局接到梧州市政协提案 4 件，涉及污染防治、环境治理等方面的问题。梧州市根据要求组织相应的业务科室、单位开展调研，按时完成答复文件并主动与提案代表电话联系，完成考核材料整理上报工作，自觉接受人大、政协委员监督。

【党的建设与纪检监察】 *建立健全党建工作机制* 2014 年，梧州市环境保护局新出台和修订《梧州市环境保护局 "三公" 经费管理实施细则》、《梧州市环境保护局进一步改进工作作风密切联系群众实施办法》、《中共梧州市环境保护局党组扩大会议制度》等规章制度，进一步健全完善从严干部管理、联系服务群众、加强基层基础、反对铺张浪费等 21 项(其中新出台 4 项，修订 17 项)长效机制，各部门进一步梳理完善相应的管理制度和工作流程。

党风廉政建设 2014 年，梧州市继续坚持党组统一领导、党政齐抓共管、业务部门各负其责、纪检组组织协调、群众积极参与的领导体制和工作机制，把党风廉政建设责任制的落实与环保业务工作紧密结合，形成 "一岗双责" 工作格局。按照《党风廉政建设责任制》的要求，正确行使权力，在排污收费、建设项目审批等工作中，坚持原则，不搞权钱交易，2014 年梧州市环境保护局未发生党风廉政建设责任制追究案件和领导干部廉洁自律案件。严格执行中央八项规定精神，2014 年没有违反中央八项规定现象发生。

政风行风建设 2014 年，梧州市环境保护局组织梧州市社会各界政风行风评议代表和廉政勤政监督员，对梧州市环境保护局重点科室和环境监察、执法开展明察暗访，让社会各界人士代表全方位了解环境保护部门的工作情况。结合党的群众路线教育实践活动，通过召开座谈会、采取明察暗访等形式，广泛征求企业、社区、群众的意见和建议，发放调查问卷 120 份，收到意见和建议 56 条。

党的群众路线教育实践活动 2014 年，梧州市环境保护局作为梧州市第二批党的群众路线教育实践活动活动单位和梧州市委常委、组织部部长谭丕创的联系点，以开展教育实践活动为载体，大力推进机关作风建设，完成 "学习教育、听取意见"、"查摆问题、开展批评"、"整改落实、建章立制" 3 个环节活动，共召开有关教育实践活动会议 20 场次，下发各类文件 20 余份，发放学习资料 150 余册、学习笔记 60 本；党员领导干部亲自讲党课 3 场次，组织培训 19 次，邀请专家教授辅导 1 次；召开征求意见座谈会 21 场次，谈心谈话 140 余人次，征求意见建议 5 大类 51 条，其中 "四风" 方面的问题 35 条，涉及领导班子 12 条，涉及领导成员个人 23 条，其他方面 16 条；立行立改事项 54 项；召开专题民主生活会 1 次和专题组织生活会 3 次；报送单位活动总结报告 11 篇次。通过开展党的群众路线教育实践活动，梧州市环保系统作风纪律明显改善。

【环保大事记】

一月

1 月 26~27 日，由自治区副主席高雄带队的自治区环境清查整治和安全生产第十检查组深入梧州市开展 2014 年度环境清查整治和安全生产专项检查。检查组通过现场查看、查阅档案资料及座谈询问等方式，先后实地检查藤县大黎矿区、苍梧县饮用水源保护区取水点、梧州市万秀区钱鉴片市政污水截污工程现场，听取了市、县级相关部门领导的汇报，查阅了市本级和三县一市开展环境风险和安全生产专项整治工作的档案材料。

二月

2 月 20 日，梧州市委常委、组织部部长谭丕创率市委党的群众路线教育实践活动第九督导组到市环境保护局调研，了解和督导环境保护部门党的群众路线教育实践活动的部署落实情况。

三月

3月24日，梧州市委常委、组织部部长谭丕创与第九督导组组长莫思规以及指导组组长李海强一行到市环境保护局进行党的群众路线教育实践活动第一环节工作调研座谈。

四月

根据自治区环境保护厅《关于开展清理环保系统干部职工及其亲属违规插手项目环评专项检查工作的通知》要求，梧州市环保系统认真开展清理工作，局机关及直属单位环境环护监测站、环境监察支队、环境科技中心的每个干部职工，均按要求填写《干部职工及亲属参与环评业务情况表》，全局系统干部职工及其亲属没有违规插手项目环评工作。

五月

5月上旬，梧州市委书记黄俊华到市环境保护局调研，实地考察环保基础设施建设情况，认真听取市环境保护局、相关部门以及各县(市、区)负责人的工作汇报，了解梧州市环境保护事业发展以及存在的问题和困难。

5月27日，环境保护部华南督查中心在梧州市召开环保综合督查启动会议，环境保护部华南督查中心副主任袁道凌、韩保新，自治区环境保护厅副厅长钟兵，梧州市市长朱学庆、副市长彭健铭参加了启动仪式。

六月

6月15日，梧州市环境保护局机关办公大楼及直属单位环境保护监测站、环境监察支队、环境科技中心，从新兴一路胜隆里21号搬迁至菊湖路8号新办公楼办公。

梧州市环境保护局机关增设总量科，增挂固体废物管理中心牌子。

七月

7月8日，梧州市委常委杨永清到市环境保护局调研环保行政职能和审批事项下放情况。

7月31日，梧州市副市长姜云飞到市环境保护局调研，实地考察环境监测实验室和污染源自动监控中心建设情况，认真听取市环境保护局主要负责人的工作汇报，了解梧州市环境保护工作中存在的问题和困难。

八月

梧州市环境保护局下发机动车辆排气污染防治实施方案，并在梧州市全市范围开展相关登记申报工作。

九月

9月25日，梧州市岑溪市举办提升领导干部素质大讲堂培训会，邀请自治区环境保护厅副厅长蹇兴超作专题讲座。

十月

根据《梧州市环保系统2014年度民主评议政风行风工作实施方案》要求，梧州市环境保护局决定聘请林笃操等11人为环保系统政风行风评议员。

十一月

梧州市环境保护局、梧州市万秀区、长洲区人民政府开展全市宝石行业加工环境污染整治联合执法行动。

十二月

梧州市环境保护局增挂环境影响技术评估中心牌子。

北海市环境保护

【综述】 2014年，北海市城市环境空气质量保持良好，全年优良天数为322天，优良率达89.9%。地表水南流江断面水质各监测指标年均值除总磷超标外，其余均达到《地表水环境质量标准》(GB3838-2002)Ⅲ类标准；武利江东边埇断面水质年均值达到《地表水环境质量标准》Ⅲ类标准。集中式生活饮用水地表水水源地湖海运河东岭段、牛尾岭水库和南流江总江口水质各监测指标年均值均达到《地表水环境质量标准》Ⅲ类标准；地下水水源地禾塘水源地、龙潭水源地、营盘水源地、福成水源地、南康水源地和涠洲水源地水质达标率为100%。近岸海域海水环境功能区达标率为90%，水质状况为“优”。区域环境噪声、交通噪声和功能区噪声均达到相应标准。

【机构改革】 2014年，北海市基层环保机构进一步健全，市辖三区(海城区、银海区、铁山港区)成立了环保机构，作为辖区人民政府的组成部门，并成立辖区环境保护执法大队，落实辖区人民政府环境监管责任。

【清洁生产】 2014年，北海市开展清洁生产审核的企业主要为淀粉、水产品加工、建材、石化、皮革等行业，共完成10家企业的清洁生产评估验收工作，其中5家企业通过清洁生产评估，5家企业通过清洁生产验收。通过验收的5家企业共提出清洁生产方案总数157个，其中无/低费方案141个，中/高费方案16个，实施清洁生产方案资金总投入8028.055万元，年获取经济效益为8534.248万元。实施清洁生产方案产生的环境效益有：节水29.23万吨，节电1318.176万度，节煤3530.84万吨；削减废水排放量23.92万吨，减少二氧化

硫排放量23.34吨，削减烟尘排放量18.73吨，减少一般固体废物排放量67.23吨。

【环境质量】 环境空气质量　按照《环境空气质量标准》(GB3095-2012)评价，2014年北海市环境空气质量达到国家一级标准(优)和二级标准(良)的天数共322天，其中一级标准161天，二级标准161天，中度污染4天，轻度污染32天，因台风影响无监测数据7天，优良率为89.9%，首要污染物为$PM_{2.5}$。二氧化硫年均浓度13微克/立方米，二氧化氮年均浓度14微克/立方米，均达到国家一级标准。PM_{10}年均浓度58微克/立方米，$PM_{2.5}$年均浓度29微克/立方米，均达到国家二级标准。与上年相比，二氧化硫年均值浓度降低4微克/立方米，二氧化氮年均值浓度上升1微克/立方米，PM_{10}年均值上升4微克/立方米。

酸雨　北海市区降水监测点位4个，其中城区测点3个，远郊测点(对照点)1个，降水监测频率为逢雨必测。2014年降水pH值范围4.42~7.92，降水pH均值为6.34，酸雨频率为1.85%。与上年相比，酸雨频率下降3.98个百分点，降水pH均值上升0.87。

水环境质量　地表水　2014年，北海市环境监测中心站对南流江的江口大桥、南域、亚桥断面及武利江的东边埇断面4个区(省)控断面进行每月1次例行监测，监测指标29项。地表水及地表饮用水监测断面布设见图1。

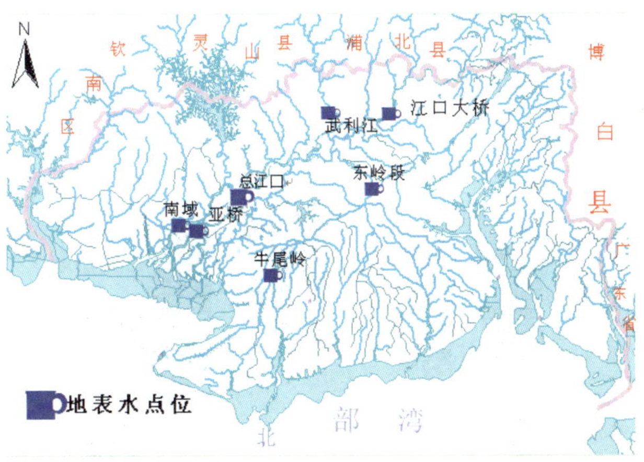

图1　2014年北海市地表水及地表饮用水监测断面布设图

按年均值统计结果评价，南流江的江口大桥、南域、亚桥断面均有总磷超标现象，3个断面水质按照《地表水环境质量标准》(GB 3838-2002)评价均为Ⅳ类。武利江东边埇断面水质达到《地表水环境质量标准》(GB 3838-2002)Ⅲ类水质标准。

地下饮用水　北海市集中式饮用水水源主要为地下水。对市辖区禾塘村、龙潭村、营盘镇、福成镇、南康镇、涠洲镇6个地下水饮用水水源地禾塘水厂、龙潭水厂、营盘水厂、福成水厂、南康水厂、涠洲水厂的取水口开展每月1次常规性监测，监测指标23项，其中7月份按照《地下水质量标准》(GB/T 14848-93)中的39个项目进行全分析。地下水监测点位见图2。

图2　2014年北海市地下水布点图

按单因子评价，2014年涠洲水厂各指标年均值均符合《地下水质量标准》(GB/T14848-93)Ⅲ类标准；禾塘水厂、龙潭水厂、营盘水厂、福成水厂和南康水厂水质除pH值超过《地下水质量标准》(GB/T14848-93)Ⅲ类标准外，其余指标均达到Ⅲ类标准；pH值未达标准值的原因为地质背景值偏低所致，并非环境污染因素影响，按国家要求评价时不按超标计，因此北海市市辖区集中式饮用水水源地水质达标率仍为100%。

地表饮用水　2014年，北海市城市集中式生活饮用水地表水源地包括湖海运河东岭段(在用)、牛尾岭水库(未启用)，合浦县集中式生活饮用水地表水源地为南流江总江口，饮用水监测点位见图1。北海市城市集中式生活饮用水地表水源地每月开展常规监测1次，监测指标61项。合浦县集中式生活饮用水地表水源地每季度开展常规监测1次，监测指标61项。

按年均值统计结果评价，2014年牛尾岭水库、湖海运河东岭段、合浦县南流江总江口各指标年均浓度均符合《地表水环境质量标准》(GB3838-2002)Ⅲ类标准。

按湖库综合营养状态指数评价，牛尾岭水库综合营养状态指数为39.9，属中度营养状态。

声环境质量　区域环境噪声　2014年，北海市建成区布设208个监测网格，覆盖建成区面积29.25平方公里。2014年，区域环境噪声为昼夜连续监测，昼间平均等效声级为56.7分贝，符合《环境噪声监测技术规范/城市声环境常规监测》(HJ640-2012)划分的昼间三级标准，平均等效声级与上年相比上升0.7分贝；夜间平均等效声级为45.1分贝，符合《环境噪声监测技术规范/城市声环境常规监测》(HJ640-2012)划分的夜间三级标准，平均等效声级与上年相比上升1.0分贝。

城市道路交通噪声　2014年，北海市区主要交通干线上设置62个监测点位，监测道路总长度49.22公里。2014年，交通噪声为昼夜连续监测，昼间平均等效声级为66.6分贝，符合《环境噪声监测技术规范/城市声环境常规监测》(HJ640-2012)划分的昼间一级标准。昼间平均等效声级与上年相比上升0.9分贝；夜间平均等效声级为55.6分贝，符合《环境噪声监测技术规范/城市声环境常规监测》(HJ640-2012)划分的夜间一级标准。夜间平均等效声级与上年相比上升7.0分贝。

功能区噪声　2014年，功能区噪声监测点位布设5个，1类功能区两个，2~4类功能区各1个，其中海泰别墅和富丽华大酒店为1类功能区，广场东里为2类功能区，淀粉厂为3类功能区，邮电局门口为4类功能区。各类功能区昼、夜间达标率均为100%。

【污染物减排】 2014年，北海市完成减排项目30项，实现化学需氧量减排1425吨、氨氮减排47.92吨、二氧化硫减排678吨、氮氧化物减排8093吨。相对于2010年，主要污染物化学需氧量下降13.24%、氨氮下降30.47%、氮氧化物下降46.14%、二氧化硫增量控制在27.16%范围内；其中氮氧化物和二氧化硫已提前完成“十二五”减排目标，氨氮完成总任务的95.15%，化学需氧量完成程度相对较低。

减排政策措施　2014年，北海市人民政府多次组织召开减排专题推进、协调会议，研究对策措施，完善各部门职责，形成每月一督查一报告，以及每季度定期召开协调会的减排督办工作机制。配合自治区环境保护厅做好对铁山港工业区的污水处理厂、国投北部湾发电有限公司火电脱硝工程以及市红坎污水处理厂、涠洲岛污水处理厂、大冠沙污水厂目标责任书项目等项目的督查工作，向督察组直接反馈存在的问题，寻求解决方案。将污染减排计划完成情况纳入各县区经济社会发展综合评价体系，加强考核问责力度；对工作不力、措施不落实、监管不到位，不完成减排任务的县区，追究其主要负责人和分管负责人的责任；对不完成减排任务的企业，坚决采取停产整改等措施，并追究相关责任人责任。对在减排考核中瞒报、谎报情况的县区，予以通报批评，并追究直接责任人责任。建立有效的污染减排激励机制。2014年安排污染减排补贴资金222万元，用于奖励为污染减排做出突出贡献的15家单位，其中国投北部湾发电有限公司实施火电脱硝工程，超额完成总量减排任务，安排以奖代补资金152万元；对完成自治区下达减排约束性指标的淀粉、城镇污水处理厂以及规模化畜禽养殖等企业安排奖励资金70万元。同时对产业政策明确的限制类、淘汰类高耗能、高耗水企业实施惩罚性电价、水价政策。

减排督查与监管　2014年，北海市对减排项目进行定期、重点督查，督促项目业主加快建设进度，对减排工作进展缓慢的项目进行通报。同时，配合环境保护部、自治区环境保护厅对北海市减排项目进行督查，发现问题及时整改，督促企业规范污染治理。多部门联手开展减排专项督查，督促企业加快减排工作进展，确保完成减排目标。加强企业日常监管，加强对排污企业治污设施特别是污水处理厂、火电、石化、冶炼等企业环保设施的日常监督管理，确保企业稳定达标排放。2014年，北海市对29家重点污染源企业的主要污染物进行实时在线监控，其中废水在线监控设备35套，废气19套。在环境监管方面，把污染物总量控制指标作为建设项目环评审批的前置条件，加强总量排放指标审核；对国家重点监控企业实施监督性监测，并开展环境统计季度报表的直报工作，确保治污设施减排效益发挥。

减排重点项目　2014年，北海市以红坎二期、大冠沙、涠洲岛等3个新建污水厂的建成投运为首要任务，以提高现有污水厂处理负荷、稳定运行为减排工作重点，截至2014年底，3个新建污水厂基本建成，现有的合浦污水厂发挥良好的减排效益。加大重点工业行业工程减排力度，以淀粉、火电行业为重点，深化工业污染治理，2014年实施完成3家淀粉企业废水深度治理工程、国投北部湾发电有限公司两台机组脱硝工程。

2014年6月12日，北海市人民政府督查室组织环境保护、城管、住房城乡建设部门对北海市红坎污水处理厂进行现场督查

推进机动车和规模化畜禽养殖污染减排。在全自治区范围内较早启动机动车排气污染管理工作，实施环保标志的核发工作，发标率较2013年有所提高，淘汰黄标车和老旧车3996辆，超额完成自治区下达北海市的目标任务。联合水产畜牧兽医局在没有提前安排专项资金的情况下，完成2014年计划的规模化畜禽养殖项目的减排治理工程建设。

减排专项行动　2014年，北海市人民政府督查室组织有关部门对污水厂等减排项目进行现场督查，督促建设业主加快工程进度。联合水产畜牧部门对畜禽养殖减排项目进行现场核查，对企业的减排工作进行指导，督促企业完善基础设施及环保设施建设，加快减排工作进度，完成2014年计划的规模化畜禽养殖项目的减排治理工程建设。

2014年8月13日，北海市环境保护局联合市水产畜牧兽医局对规模化畜禽养殖场进行现场督查和指导

【环境影响评价】 2014年，北海市环境保护局继续大力推进规划环境影响评价工作，认真做好建设项目环评审批工作，严把建设项目环评审批准入关，优化建设项目审批流程，加大项目服务力度。加强辖区环评机构管理，提高环评文件编制质量，充分发挥环评综合管理的作用。

规划环评　2014年，北海市人民政府印发实施《关于进一步加强规划环境影响评价工作的通知》(北政办〔2014〕58号)，对全市各工业集中区规划加强跟踪环境影响评价及监督管理，从源头上防止各类规划实施可能造成的环境问题，为制定和实施北海市各类规划提供环境保护指导依据。

环北部湾经济区战略环境评价　2014年，广西北部湾经济区涉及北海行政区域有北海组团和铁山港(龙潭)组团。2013年广西北部湾经济区完成战略环境评价，2014年做好相关项目服务工作，持续推进广西北部湾经济区建设和发展。

建设项目环评　2014年，北海市环境保护局严把建设项目环评审批准入关。严格按照建设项目环评分类管理、分级审批的制度开展项目环评审批工作，坚决落实环境保护部提出的在对新建项目进行环评审批时做到“4个一律不批”(对于国家明令淘汰、禁止建设、不符合国家产业政策的项目，一律不批；对于环境污染严重，产品质量低劣，高耗能、高物耗、高水耗，污染物不能达标排放的项目，一律不批；对于环境质量不能满足环境功能区要求、没有总量指标的项目，一律不批；对位于自然保护区核心区、缓冲区内的项目，一律不批)。2014年，北海市环境保护局共审批项目环评文件188个，其中环境影响报告书25个，环境影响报告表82个，环境影响登记表81个，建设项目环评审批率达到100%，无越权、降级、拆分环评等情况发生。

重大项目环评　2014年，北海市列入自治区层面统筹推进的新开工、预备开工的13个重大项目中，纳入自治区2014年绩效考核的重大项目6个。2014年北海市率先提前完成自治区绩效考评重大项目的环保工作，确保重大项目建设又快又好发展。

试生产环境管理　2014年，北海市加强对企业的环境监管，对新建项目实行环境监察备案制度，提前介入建设项目“三同时”监管，保证污染治理设施按照环评要求建设，严把试生产审查关。对已建成的环境保护设施及其他已按环评要求落实环境保护措施的项目，同意试生产申请；对环境保护设施或者其他未按环评要求建成或落实环境保护措施的项目，不予同意，并书面答复。2014年审批试生产项目22个。

建设项目竣工环保验收　2014年，北海市完成项目竣工环保验收和房地产预验收项目73个，总投资32.40亿元，环保投资5956.32万元。工业项目28个，社会类项目31个，房地产项目8个，辐射类项目6个，验收合格率100%。

服务窗口管理　2014年，北海市环境保护局加强政务服务中心环保服务窗口管理建设，窗口办结事项901项，群众满意率100%，荣获北海市政务服务中心2014年度“红旗窗口”单位。

环评技术评估　2014年，北海市加强环境技术中心能力建设，真正发挥环境技术中心“控制闸”作用。11月20日，成立北海市环境保护技术中心机构，并明确主要职责。

环评机构监督管理　2014年，北海市开展环评业务的环评机构有22家，其中甲级资质单位7家，乙级资质单位15家；编制报告书25个，报告表82个。北海市环境保护局加强辖区从事环境影响评价工作的环评机构管理，要求凡在辖区内从事环境影响评价工作的环评机构，必须自觉进行环评机构资质备档，依法接受市、县环保行政主管部门的日常监督管理。同时，为规范环评从业行为，促进环评机构健康发展，北海市环境保护局委托北海市博奥环境技术咨询中心对市、县(区)环境保护分局审批的建设项目的环评文件编制质量进行考核评分。

【环境监测】 2014年，北海市环境监测中心站分别对环境空气、降水、地表水、地下水、地表饮用水、声环境、重点污染源进行常规监测，为环境管理和市人民政府相关部门提供大量数据作为决策参考。

大气监测　2014年，北海市环境空气继续实行24小时连续自动监测，自动监测点位分别位于市环境保护局、海滩公园、市工业园、牛尾岭水库(对照点)。酸雨监测点为海滩公园、新市环境保护局、北海工业园3个区控监测点，牛尾岭水库1个国控监测点，逢雨必测，监测项目有pH等11项，共获有效数据1188个。

地表水监测　2014年，北海市对南流江的4个断面(10个点位)进行地表水监测，监测项目有pH值等29项，共获有效数据3480个；对小河流进行每年2次监测，主要指标有pH值等5项，共获有效数据150个。

饮用水水源监测　2014年，北海市对牛尾岭水库、湖海运河东岭段2个点位进行地表饮用水监测，监测项目有pH值等61项，共获有效数据1464个；对合浦县总江口1个点位进行地表饮用水监测，监测项目有pH值等61项，共获有效数据244个；对北海市的禾塘、龙潭、营盘、福成、南康、涠洲水厂进行地下水监测，监测项目有pH值等23项，共获有效数据1656个。

噪声监测　2014年，北海市对5个噪声功能区进行每季度1次的监测，共获有效数据3360个；对62个点位进行每年1次的交通噪声昼夜间监测，共获有效数据868个；对208个点位进行每年1次的区域噪声昼夜间监测，共获有效数据2912个。

土壤监测　2014年，北海市对湖海运河东岭段、禾塘水厂2个饮用水源地周围土壤环境质量进行监测，监测项目有镉等14项，共获有效数据28个。

污染源监测　2014年，北海市对非季节性废水重点污染源企业每季度监测1次，按周期采样共监测4期，监测样品数304个；非季节性废气重点污染源企业每季度监测1次，按周期采样共监测4期，监测烟尘等项目79个；季节性重点污染源企业全年共监测30次，污水处理厂每季度1次，监测样品168个。

污染源监测现场

【污染防治】 重点领域水污染防治　2014年，北海市加强近岸海域污染防治工作。制订实施《大风江等五条入海河流环境综合整治工作方案》，重点整治大风江、南流江、西门江、白沙河和南康江等5条入海河流，首次建立入海河流流域整治“河长”负责制度；制订实施《北海市近岸海域环境保护工作计划》、《北海市2014~2016年近岸海域污染防治实施方案》，以入海河流为重点，以陆源污染物源头控制为核心，组织辖区人民政府开展整治工作；市环境保护、城管、海洋部门完成对全市16个主要超标市政排污口摸底调查，制订《北海市16个超标入海排污口处置工作方案》并上报市人民政府。

大气污染防治　2014年，北海市认真贯彻落实国家《大气污染防治行动计划》，印发《北海市大气污染防治行动实施方案》、《北海市大气污染治理2014年实施计划》，将各项工作目标任务分解到市辖县、区人民政府以及相关部门、企业，将各项大气污染防治措施落实到位。全市各部门联动，大力开展黄标老旧车及燃煤锅炉的淘汰工作，开展机动车环保标志核发及加油站油气改造。2014年淘汰黄标车及老旧车共3996辆，淘汰燃煤小锅炉2台，核发机动车环保标志50345枚，完成37家加油站油气回收改造工程，基本完成城市建成区内中石油、中石化加油站加装油气回收装备。

噪声污染防治　2014年，北海市环境保护部门接到环境噪声投诉341起，主要为建筑施工噪声和社会生活噪声污染投诉。为减少噪声污染对居民生活的影响，主要采取控制环境噪声污染措施：加大对建筑工地夜间施工巡查力度。在“两会”、中高考以及国家、自治区、市内的大型活动期间，实行24小时值班及夜间巡查制度，严格禁止夜间施工，加大对违法施工的查处力度，减少施工噪声扰民现象发生；加强经营性城市环境噪声综合整治工作。联合工商、文化、公安等部门，加强对铝合金加工、建筑材料加工、机动车维修、娱乐场所等社会商业噪声的综合治理。通过严把项目审批关、办理工商营业执照或年审时征求环境保护部门意见等措施控制噪声污染，依法整治选址不合理、噪声扰民等违反《噪声污染防治法》和《广西壮族自治区环境保护条例》有关规定的加工点、酒吧和歌舞厅等场所，对违法情节严重的坚决予以关停。

饮用水水源地保护　2014年，北海市环境保护局组织完成2013年度城市饮用水水源环境状况评估、2013年度县级集中式饮用水水源环境状况评估工作，进一步夯实北海市饮用水保护基础工作；印发《北海市饮用水水源保护区专项整治方案》，集合市、县、区力量开展水源地综合整治，完成饮用水一级保护区内排污口的整治并通过自治区考核认定；2014年9月，《北海市市区乡镇饮用水水源保护区划定方案》和《合浦县乡镇饮用水水源保护区划定方案》经自治区人民政府同意，由自治区环境保护厅批复实施，为加强乡镇饮用

水水源保护提供依据。

重金属污染防治 2014年，北海市制订实施《北海市2014年度重金属污染综合防治实施方案》，定期开展对重金属企业的现场监察和监测。2014年北海市未发生重金属污染事故或纠纷，无重金属超标排放情况发生。

重点行业污染防治 2014年，北海市推进电厂脱硝工程改造。北海电厂完成1#、2#机组氮氧化物治理设施建设和脱硝工程改造，以及2#机组二氧化硫治理设施改造取消烟气旁路工程建设。根据自治区环境监测中心站验收监测结果表明，1#、2#机组脱硝系统NO_x去除效率分别达到83.3~87.9%、82.5~85.6%，锅炉废气经处理后NO_x、烟尘、二氧化硫、烟气黑度均符合《火电厂大气污染物排放标准》(GB13223-2011)标准。

2014年，北海市推进淘汰落后水泥产能。计划淘汰落后水泥产能目标任务20万吨，合浦南珠水泥厂Φ3×11米机立窑生产线1条，Φ2.2×6.5米粉磨机组2套；合浦公馆实业有限公司(金华水泥厂)Φ3×11米机立窑生产线1条，Φ2.2×6.5米粉磨机组2套。北海市积极组织淘汰落后水泥产能企业申报中央财政奖励资金，争取中央财政奖励资金300万元、自治区奖励资金39.1万元、自筹85万元。通过多次现场督促指导和组织县区职能部门、相关业主召开协调会，研究解决淘汰落后产能存在的重点难点问题，顺利完成淘汰20万吨落后水泥产能目标任务。

固体废物管理 2014年，北海市市区生活垃圾产生量为23.49万吨，市区生活垃圾无害化处理率为100%。

危险废物管理 2014年，北海市继续加强对危险废物的安全监管。年内有39家涉危企业纳入危险废物规范化管理督查考核范围，在2014年危险废物规范化管理督查考核工作中，北海市7家危险废物产生单位通过自治区考核，危险废物规范化管理督查考核合格率为96%。年内共受理审批危险废物跨市转移处置申请24批次，危险废物市内转移申请4批次，主要转移至南宁、柳州、钦州等市相关资质单位进行处置。

环保模范城市创建 2014年，北海市继续扎实推进创建国家环境保护模范城市各项基础工作，印发《北海市创建国家环境保护模范城市2014年工作实施方案》，将工作任务分解落实到各责任单位。落实环保模范城市专项工作经费，保障硬件基础设施建设，持续推进环保模范城市创建的宣传、饮用水水源保护、城市市容及环境卫生综合整治等各项基础性工作。

【生态保护和建设】 2014年，北海市坚持“生态立市、生态兴市、生态强市”战略，把环境保护、资源合理开发利用和生态产业有机结合，完善政策法规，改善产业结构，发展生态旅游，发展生态工业，强化科技支撑，加大执法力度，加强交流合作，统筹城乡环保等措施，进一步推进北海市生态文明建设。

互花米草防控 2014年7月，中国环境科学院专家组联合北海市环境保护局在北海市铁山港青山头海堤东端建设“互花米草”防控实验区，为抑制及破坏互花米草的生长和蔓延提供基础数据。

示范生态村创建 2014年12月，北海市有3个村屯获得自治区生态村命名，分别为银海区福成镇三合口村、涠管委涠洲镇后背塘村、荔枝山村。三合口村申请2011年农村环境连片整治项目资金50万元处理村庄污水及垃圾，项目已完成建设。涠洲2个村的污水进入涠洲污水处理厂处理，垃圾处理设施建设项目在2012年农村环境连片整治中获得资金185万元，已完成建设。

【核与辐射安全监管】 *核技术应用和电磁辐射设施* 截至2014年底，北海市拥有普通涉源单位72家，约占全自治区涉源单位的4%；放射源72枚，其中Ⅲ类源5枚，Ⅳ类源40枚，Ⅴ类源27枚，放射源数量占全自治区放射源总数的3.4%；射线装置131台，其中Ⅱ类射线装置4台，Ⅲ类射线装置127台；非密封性放射源项目13个。2014年，输变电类项目新建变电站2座，新建输电线路总长263.8公里，总变电容量8万千伏安。

辐射安全监管和辐射环境执法 2014年，北海市辐射基层监管能力水平有较大提升，配备快速应急监测系统3及部分辐射监测设备，较好地配合完成防城港核电厂场外事故应急演习以及自治区辐射事故应急演习任务。全年累计处理“12369”环保举报热线及网上咨询投诉辐射环境相关事件10起，处理率100%。

核与辐射事故应急管理 2014年，北海市辐射环境状况良好，无辐射事故发生。完成编制《北海市辐射事故应急预案》，并经市人民政府审批印发实施。

【环境监察】 *监察稽查* 根据自治区环境保护厅《关于开展2014年度环境监察专项稽查工作和三年稽查工作总结工作的通知》(桂环办函〔2014〕142号)要求，北海市环境保护局于2014年9月之前对2012年以来实施的工业污染源现场环境监察工作和环境行政处罚案件现场调查取证工作进行专项稽查。通过对环境监察和环境行政处罚案件现场调查取证材料进行检查，及时发现并纠正现场执法检查中存在的问题，完善现场执法程序和制度，提高现场执法质量和水平，取得明显效果。2014年北海市环境保护局环境监察稽查工作通过自治区环境保护厅核查，年度工作得到上级环境保护部门认同。

环保专项行动 2014年，北海市环保专项行动以

整治违法排污企业保障群众健康为目标，以全面落实《大气污染防治行动计划》，强化重点工业企业监管，推进饮用水水源地污染整治为重点，以强化环境执法，严肃查处环境违法行为，认真解决人民群众反映强烈的环境问题为抓手，成立以分管市领导为组长，市相关部门为成员单位的专项行动领导小组，制订行动方案，明确责任分工和工作机制。北海市相关部门积极行动、密切协作，认真履行职责，通过执法行动，有效治理个别行业的环境污染乱象，解决部分群众反映强烈的污染问题，取得明显成效。专项行动共出动执法人员528人次，检查企业178家次，取缔“三无”企业2家，立案查处环境违法企业34家，责令整改86家，处理群众投诉件629件次，其中信访167件次（含中央巡视组4件、省级16件）。

环境安全隐患清查整治　2014年，北海市以确保环境安全为红线，在2012、2013年环境安全隐患大排查大整治的基础上，持续不断地开展环境安全隐患排查整治工作。建立北海市环境安全工作部门联席会议制度，由分管市领导和北海市环境保护局局长担任召集人、副召集人，市37个相关部门和县区分管领导为成员，定期分析环境安全形势，研究部署环境安全工作，组织实施环境安全行动。为加强北海市安全生产和环境安全工作，有效防范和遏制重特大事故，在重大节假日、重要时机以及环境敏感时期，由市人民政府组织开展环境安全大检查大整治行动。1月，开展春节前安全生产和环境安全大检查行动；9月，“两会一节一赛”期间开展“绿色卫士·2014”环境安全专项检查行动；年内，开展党的群众路线教育实践活动“三服务两整治”，把环境安全隐患清查整治行动作为两整治内容之一，形成环境安全工作高压态势。

环境执法　2014年，北海市以重点行业企业为重点，强化环境执法检查。立案严查违法排污企业。分别对北海诚德镍业有限公司酸洗固溶线项目及北海捷程重钢有限公司等“未批先建”的环境违法行为进行立案查处；对部分建筑工地、娱乐场所超标排放噪声的违法行为进行立案查处；对市生活垃圾处理厂、少数水产品加工厂和制糖酒精企业超标排放废水的环境违法行为进行立案查处。

依法取缔“三无企业”。对位于海城区的李永捷水产非法加工厂、铁山港区的非法生产企业陈国旗淀粉厂以及合浦县坡心岭村的付鑫旭塑料加工项目依法责令改正违法行为。北海市出台整治水产品加工行业的管理规定，对鱼粉加工、鱼汁洒漏、晒鱼场整治、个体水产加工作坊分别按指定相关部门牵头查处。由辖区人民政府牵头，对家庭作坊式的小加工点、无证无照水产品加工企业开展全面整治工作，强化对个体水产品加工点的管理。

强化饮用水水源地周边污染源的执法检查。制订北海市饮用水水源地污染整治方案，将取缔排污口、搬迁污染源纳入市人民政府“四定”（定人员、定时间、定责任单位、定进度）重点工作，对龙潭、牛尾岭水库饮用水水源保护区范围内的违法建（构）筑物进行排查，对饮用水水源保护区内所有养殖场责令整改。

排污申报与收费　2014年，北海市加强排污申报及排污费征收的培训工作，认真开展企业排放污染物申报登记，重点加强对国控重点污染源排污量的审核和排污费的计征，完成排污费征收全程信息化建设，全面实现网络征收，并按时将国控源排污费征缴情况进行网络公告。2014年，北海市共征缴入库排污费793.55万元。

监察能力建设　2014年，按照“抓学习、强素质、精业务、促发展、创业绩”的要求，北海市环境保护局积极组织执法人员进行全方位学习。重点学习新的《中华人民共和国环境保护法》、《排污费征收使用管理条例》、《建设项目管理条例》、《环境监察》、《信访投诉处理》、《中华人民共和国环境影响评价法》等相关内容，提高执法人员的理论水平和执法工作能力，加强和提高基层环境监察执法能力，成立市区3个辖区环境执法大队，进一步完善市环境监察支队内设机构，便于各项工作开展。

监察信访案件处理　2014年，北海市建立健全环境信访制度，及时解决各类环境污染问题。2014年，北海市共受理环境投诉及信访案件972件，其中自治区环境保护厅转办案件20件，北海市人民政府政务信箱、北海市环境保护局政府信箱、北海市365网等网络反映的投诉案件172件；群众来信、来访案件45件；通过“12369”环保举报电话投诉案件735件。投诉及信访案件处理率100%，结案率达98%。

【环境应急与事故调查】 2014年，北海市环境保护局不断完善环境应急工作机制，提升环境应急队伍应急水平，努力打造一支“责任心强、技术过硬”的环境应急队伍。北海市分别于10月、12月印发实施《北海市重污染天气应急预案》和《北海市突发环境应急预案》，组织参与环境应急演练，锻炼环境应急队伍，提高应急能力。6月26日，组织参与广西中粮生物质能源有限公司酒精泄漏突发环境污染事件应急处置演练。6月30日，组织参与中国石化北海炼化公司原油罐火灾和水体风险综合演练。通过演练，北海市环境监察队伍处置突发环境事件的实战能力有较大提高，为今后的应急工作打下坚实基础。同时，根据环境保护部要求，北海市开展企业突发环境事件应急预案备案制度。2014年全市有136家企业按要求编制《企业突发环境事件应急预案》，并报送北海市环境监察支队备案。

2014年6月26日，北海市环境保护局联合广西中粮生物质能源有限公司开展酒精泄漏突发环境污染事件应急处置演练

2014年3月28日，北海市环境保护局举办环保公众开放日活动。图为北海市环境保护局局长宋毅接受记者采访

图为演练现场

2014年5月27日，北海市环境保护局与北海市红坎污水处理厂联合举办环保公众开放日活动。图为市民和企业代表参观污水处理厂运营情况

【环境宣传教育】 环境宣传 2014 年，北海市环境保护局结合党的群众路线教育实践活动，举办 2 次环保公众开放日活动，向市民开放环境监测及重点污染源在线监控系统及污水处理运营情况，通过召开座谈会、发放征求意见表等形式，充分听取群众和企业的意见及建议，不断改进工作作风。召开 2013 年北海市环境状况公报新闻发布会，发布《2013 北海市环境状况公报》；组织市环境保护委员会成员单位在市北部湾广场开展纪念“六五”环境日环保宣传活动，设点开展法律、法规咨询活动，现场受理投诉，向市民发放环保宣传资料；组织人员在北部湾广场积极参加“2014 年北海市节能宣传周”集中宣传活动，设点开展法律、法规咨询，环保知识宣传，发放《环保知识小册子》等宣传资料；组织环境监测、环境监察等部门开展“全国安全生产月咨询日”集中宣传活动，重点开展安全生产环境保护知识、环保法律、法规咨询宣传；开展新修订《环境保护法》“五进”（进社区、进乡镇、进企业、进学校、进环保组织）系列环保宣传活动，在市区四川南路制作大型户外广告牌，宣传新修订《环境保护法》，充分利用广播、电视、报刊等新闻媒体进行新环保法宣传和解读。

2014年6月5日，北海市人民政府召开2013年环境状况公报新闻发布会

环境教育 2014 年 3 月 14 日，北海市环境保护局邀请上海交通大学环境学院程金平教授作《霾污染特征与 $PM_{2.5}$ 源解析》报告，全局干部职工及环保监督员共 100 多人聆听报告，加深对雾霾和 $PM_{2.5}$ 形成的了解，为做好大气防治工作打下理论基础。组织开展新修订

《环境保护法》学习培训。4月24日新修订《环境保护法》通过了全国人大常委会，北海市环境保护局及时组织干部职工广泛开展新修订《环境保护法》学习培训和宣传教育工作。通过购买新修订《环境保护法》学习读本、环境保护部政策法规司副司长别涛主讲的新环保法视频培训等多种形式进行新环保法宣传学习。11月，北海市环境保护局举办两期新修订《环境保护法》学习培训班，环保系统人员、企事业负责人或环保主管人员参加了培训。

2014年3月14日，北海市环境保护局邀请上海交通大学环境学院程金平教授就《霾污染特征与$PM_{2.5}$源解析》作报告

绿色系列创建　2014年，北海市积极开展“绿色环保企业”创建活动，经北海市评选表彰“绿色（环保企业）”领导小组考核评审，命名表彰广西喷施宝有限公司为北海市五星级“绿色环保企业”；经自治区评选表彰“绿色学校（幼儿园）”领导小组考核评审，命名表彰北海市第六中学、海城区第十五小学等2所学校为自治区级“绿色学校”，2个单位授予优秀组织单位，北海市海城区教育局万振宁等4人被评为先进工作者。

2014年11月17日，北海市环境保护局举办新修订《环境保护法》学习培训班

【信息公开与政务信息】　环境信息公开　2014年，北海市环境保护局充分发挥门户网站平台进行政府信息公开，通过公开栏等方式公开北海市环境保护业务办事指南，包括内设机构分布情况、工作职责、办事流程图等；依据《中华人民共和国政府信息公开条例》规定，对依申请公开的政府信息分情况及时给予答复，为公众提供快捷、方便的服务；在行政服务中心环保窗口设置环保办事流程图；市环境监察执法支队显著位置，公开环境监察执法支队办事流程和工作职责；市环境监测站在明显位置公开环境监测工作职责和办事流程；开展与新闻单位合作，充分运用新闻媒体公开政府信息，宣传环境保护，通报全市环境质量状况及地方性环境法规发布情况；通过北海市环境保护局官方微博收集意见、倾听民意、发布信息、服务大众。2014年，北海市环境保护局累计主动公开政府信息211条，其中概况信息6条、计划总结信息4条、法规公文信息8条、工作动态信息113条、人事信息7条、财政信息13条、行政执法信息3条，其他信息（含环境质量报告）57条。年内，北海市环境保护局共接到政府信息公开申请4份，对申请内容研究后第一时间给予答复，并在市统一平台公开。

环境信访　2014年，北海市环境保护局纪检监察部门抓好查办案件工作，从局监察室和法规室抽调人员组成调查组对银滩一号会议中心违法排污相关责任人的有关问题进行调查核实。年内共收到北海市纪委转来信访件3件，收到北海市监察局监察建议书1份。年内，给予行政警告处分1人，对直接领导责任人进行责令整改、在北海市环保系统通报批评处理1人，进行诫勉谈话1人。另外，结合5月北海市环境保护局环保窗口办件超时问题，开展转变干部作风警示教育，对有关责任人员进行通报批评、诫勉谈话等严肃处理。

【人大建议和政协提案办理】　2014年，北海市环境保护局共承办涉及严格控制北海市城市噪音污染，加强海洋生态建设，治理建筑扬尘污染，保护近岸海域环境等市民关心的焦点问题政协提案18件，其中主办2件，满意率100%；协办16件，将协办意见及时反馈主办单位，全部按质、按量、按时办理完毕。

【党的建设与纪检监察】　党风廉政建设　2014年，北海市环境保护局积极开展为民务实清廉教育实践活动，抓好党员干部思想政治教育和廉政教育。认真学习和贯彻《党政机关厉行节约反对浪费条例》，组织党员干部收看2014年全自治区环保系统党风廉政建设工作视频会议；组织全局中层以上党员干部以及兼职纪检监察干部传达学习中央纪委《关于公开曝光纪检监察干部违反中央八项规定精神案件的通知》（中纪发

〔2014〕2号）精神和《中央纪委关于四起纪检监察干部违纪违法典型案件通报》（中纪通〔2013〕9号）精神以及市纪委书记宁小平的重要讲话精神，增强党员领导干部尤其是纪检监察干部的党纪法纪观念。3月25日，组织全体党员干部传达学习和贯彻习近平总书记在十八届中央纪委三次全会上的重要讲话和王岐山同志所作的工作报告。10月13日，组织全局副科以上领导干部到市园博园“海之贝”主展馆参观自治区纪委监察厅举办的以“拒腐防变、警钟长鸣”为主题的党风廉政警示教育展。

政风行风建设 2014年，北海市环境保护局通过召开座谈会、走访企业以及在北部湾广场设点发放征求意见表、发放调查问卷等形式开展民主评议政风行风征求意见活动，共发放征求意见函77份，征求有关单位和服务对象对市环境保护局在政风行风方面存在的问题和意见建议；结合开展党的群众路线教育实践活动，共发出征求意见表600份，收集意见建议320条，梳理汇总意见建议43条。11月24日，组织召开2014年北海市环保系统政风行风民主评议大会，邀请北海市纠风办以及政风行风评议员、服务对象（企业代表）和北海市环保系统中层以上领导干部等共40多人参加，对政风行风建设情况及民主评议和满意度进行测评，满意率达98%。6月5日，组织人员参加2014年北海市“政风行风热线”上线节目。

党的群众路线教育实践活动 2014年，北海市环境保护局积极开展党的群众路线教育实践活动。组织党员干部系统学习《党章》、十八大、三中全会精神和习近平总书记系列重要讲话精神以及群众路线教育必读的“三本书”。邀请广西党的建设研究会研究员、教授王昌雄作《深入开展党的群众路线教育实践活动》专题讲座；组织干部职工观看《焦裕禄》、《南平红荔》、《永远的焦裕禄》等电影，参加吴天来先进事迹主题情景报告会。

推进“两方案一计划”（《党的群众路线教育实践活动整改落实方案》、《党的群众路线教育实践活动专项整治方案》和《党的群众路线教育实践活动制度建设计划》）落实。抓好党组整改，着力解决执行力不强、调查研究不实、文风会风转变不彻底、工作效率不高、不接地气、不敢较真、执法不公不严等23个影响党群干群关系、影响群众环境利益、影响党风党纪的突出“四风”问题，以上率下推进个人整改，7名局领导干部全部完成个人整改事项。认真抓好专项整改，在局系统层面，确定13项专项整治内容，全局系统共制定各类整治方案17份。对市区恶臭、农村水源环境、恶劣天气大气污染、重金属污染防治等开展专项行动，完成专项整治中的12项。诚德镍业有限公司环境污染专项整治结合市层面专项整治进行，需长期抓整治。完善长效机制并严格落实，全面清查制度建设漏洞，确定行政审批、环境信访、环境安全管理、环境突发事件应急联动、责任追究、执法监管、窗口服务、“三公”经费、重大事项报告等12项制度建设内容，并于2014年底全部完成。注重制度运行落实，对违反制度规定、损害群众利益的行为，坚决从严查处，开展党的群众教育活动以来，共查处2起，对相关人员进行追责，有力维护制度建设的严肃性。

【环保大事记】

一月

1月26~28日，北海市人民政府组织一县三区（合浦县、海城区、银海区、铁山港区）及有关部门分成5个小组，由9名市领导分别带队到县区、园区和涠洲管委会开展“两会”及春节前环境安全大检查、大排查工作。

二月

2月14日，北海市环境保护局与环境保护部环境规划院签订《北海市环境总体规划(2014~2030年)》编制服务采购合同，并配合编制完成《北海市环境总体规划(2014~2030年)》。

2月14日，《北海市大气污染防治“十二五”实施方案》印发实施。

2月28日，《大风江等五条入海河流整治工作方案》印发实施。

三月

3月3日，北海市人民政府办公室印发实施《北海市环境安全部门联席会议制度》。

3月28日，北海市环境保护局举办2014年环保公众开放日活动，向市民开放环境监测及重点污染源在线监控系统，让市民零距离接触环保。

五月

5月7日，《北海市2014~2016年近岸海域污染防治实施方案》印发实施。

5月12日，《北海市大气污染防治行动实施方案》印发实施。

5月20日，《北海市油气污染治理工作实施方案》印发实施，进一步推进北海市油气污染治理工作，强化储油库、加油站和油罐车污染排放的监督管理。

5月21日，《北海市饮用水水源保护区专项整治方案》印发实施，进一步加强对饮用水水源保护区的保护工作，确保饮用水安全。

5月23日，《北海市2014年度重金属污染防治工作实施方案》印发实施。

5月27日，北海市环境保护局与北海市红坎污水处理厂联合举办环保公众开放日活动，并召开企业代表座谈会，充分听取企业的意见及建议，不断改进工作作风。

六月

6月，针对铁山港区环境形势严峻，铁山港区人民政府和北海市环境保护局联合聘请社会环保监督员，提高环境信息公开透明度。

6月3日，北海市人民政府和自治区环境保护厅签订《近岸海域环境保护目标责任书》。

6月3日，北海市环境保护局与北海市公安局联合召开北海市首次辐射安全工作会议。

6月5日，紧紧围绕2014年世界环境日主题“提高你的呼声　而不是海平面”和中国主题“向污染宣战”，北海市环境保护局组织北海市环委会成员单位在市北部湾广场开展纪念“六五”世界环境日环保宣传活动。

6月5日，北海市在市人民政府三楼会议室召开2013年北海市环境状况公报新闻发布会，发布《2013北海市环境状况公报》。北海市副市长刘志明出席会议并讲话，市直有关各委、办、局，各县区人民政府、各园区管委会的分管领导及驻市新闻媒体参加。

6月5日，北海市环境保护局编制完成《2013年北海市固体废物污染环境状况信息公告》，并在北海市环境保护局门户网站及相关媒体发布。

6月9日，北海市环境保护局组织参加在北部湾广场开展的“2014年北海市节能宣传周”集中宣传活动。设点开展法律、法规咨询，环保知识宣传，发放《环保知识小册子》等宣传资料，动员社会各界参与节能减排，普及节能低碳知识，树立勤俭节约理念。

6月11日，国务院8部门联合召开电视电话会议，部署2014年整治违法排污企业保障群众健康环保专项行动。北海市市长周家斌对北海市2014年整治违法排污企业保障群众健康环保专项行动进行了部署。

6月16日，北海市环境保护局组织环境监测、环境监察等部门在北部湾广场开展“全国安全生产月咨询日”集中宣传活动，重点开展安全生产环境保护知识、环保法律、法规咨询宣传活动。

6月19~21日，自治区环境保护厅对北海市2014年上半年主要污染物总量减排项目实施现场督查。

6月26日，北海市环境保护局联合广西中粮生物质能源有限公司开展酒精泄漏突发环境污染事件应急处置演练。演练模拟广西中粮公司酒精储存罐破裂造成酒精泄漏并引起火灾，市环境保护局接到广西中粮公司电话报告后，迅速启动突发环境事件应急预案，市环境监察支队、环境监测人员迅速到达事发现场进行应急处置。经过消防人员近30分钟奋战，酒精泄漏引起火灾得到扑灭，泄漏的酒精及消防废水全部被收集到公司的应急池内储存。经监测，该公司的废水总排口水质达标排放。

6月30日，北海市环境保护局联合中国石化北海炼化有限责任公司开展原油罐泄漏突发环境事件应急处置演练。演练模拟北海炼化公司商储库原油罐因雷击导致原油泄漏，市环境保护局接到电话后立即启动《北海市环境保护局突发环境事件应急预案》，并向市领导及消防支队等有关部门汇报情况，请求协助。随后，各应急小组人员相继赶赴事发地点各司其职，展开现场调查、应急处置、应急监测等工作。在各应急小组人员及北海炼化公司等部门共同努力下，该公司原油罐泄漏得到有效控制。

七月

7月，中国环境科学院专家组联合北海市环境保护局在北海市铁山港青山头海堤东端建设“互花米草”防控实验区。

八月

8月22日，北海市环境保护局组织相关人员参加“绿色卫士·2014”行动广西辐射事故应急演习。

九月

9月2日，《2014年度北海市大气污染治理实施计划》印发实施，进一步加大大气污染防治工作力度。

9月9~12日，北海市环境保护局开展为期4天的“绿色卫士·2014”环境安全专项检查行动。

9~12月，北海市环境保护局开展新修订《环境保护法》进社区、进乡镇、进企业、进学校、进环保组织系列环保宣传活动。加强新修订《环境保护法》宣传，通过在市区四川南路制作大型户外广告牌，利用广播、电视、报刊等新闻媒体宣传的形式进行新环保法宣传和解读。

十月

10月，中国城市竞争力研究会发布“2014中国十佳空气品质城市排行榜”，北海市入围，名列第八。

10月8日，北海市环境保护局与上海交通大学签订北海市环境空气中颗粒物来源解析及控制策略研究采购合同，正式启动连续1年的空气颗粒物源解析工作。

10月22日，北海市环境保护局与自治区辐射环境监督管理站开展2014年辐射安全监督检查工作，对北海市第二人民医院、合浦县红十字会医院、合浦县人民医院、北海市人民医院等4家涉源单位开展监督检查。

十一月

11月14日，北海市核应急委联络员代表北海市人民政府参加“红沙—2014”广西核事故应急联合演习动员会议。

11月14日，北海市人民政府印发实施《北海市重污染天气应急预案》。

11月15日，《关于执行国家第四阶段机动车污染物排放标准的通知》正式施行，达不到国Ⅳ排放标准的车辆不允许办理注册登记和转入手续。

11月26日，环境保护部华南督查中心对北海市2014年下半年主要污染物总量减排项目进行现场督查。

十二月

12 月 11 日，自治区环境保护厅危险废物规范化管理督查考核组对北海市开展 2014 年危险废物规范化管理工作抽查考核，北海市 7 家涉危企业列入抽查范围，均顺利通过自治区环境保护厅抽查，抽查合格率达 96%。

12 月 25 日，北海市人民政府印发实施《北海市突发环境事件应急预案》。

12 月 30 日，自治区环境保护厅同意北海市环境监测中心站通过标准化建设达标验收。

12 月 31 日，北海市正式实施《关于对黄色环保检验合格标志在用汽车实施限值通行的通告》，“黄标车”禁止在北海市南珠大道（含）以西的中心城区道路行驶和停放。

12 月，北海市有 3 个村屯获自治区生态村命名，分别为银海区福成镇三合口村、涠管委涠洲镇后背塘村、荔枝山村。

防城港市环境保护

【综述】 2014 年，防城港市狠抓污染减排工作，完成自治区下达的 2014 年度减排任务；以生态文明建设为主线，推进生态文明示范区和生态市建设，开展“美丽家园·清洁乡村”活动；深入开展环境安全年活动，强化环境执法监管，努力解决损害群众健康的突出环境问题；加强基层环境监管能力建设，提高环境监管能力和水平；开展环境质量监测、国控重点污染源监督性监测、突发性环境污染及纠纷应急监测等。全市环境质量保持稳定，环境空气质量优良率为 99.2%，主要河流水质、饮用水源和近岸海域水环境质量状况良好，城市区域声环境质量较好。

【环境保护机构】 2014 年，防城港市环境保护局内设办公室、综合管理科、核辐射安全管理科等 3 个科室。直属事业单位有环境监察支队、环境监测站、核与辐射环境监督管理站、环境影响评价中心、固体废物管理中心、企沙工业园区环境保护站。2014 年在职在编干部职工 62 人，其中局机关 9 人，环境监察支队 12 人，环境监测站 21 人，核与辐射环境监督管理站 13 人，环境影响评价中心 3 人、固体废物管理中心 4 人。党组书记、局长万里滔，党组成员、纪检组组长、调研员黄雄，党组成员、副局长郑里华、郑大雄、唐富顺（挂职），党组成员、总工程师廖起飞，党组成员、市环境监察支队支队长范志闯，调研员许美俗，副调研员周大权。

【机构改革与人员编制】 2014 年，防城港市机构编制委员会《关于设立防城港市企沙工业园区环境保护站的批复》（防编发〔2014〕17 号），批准同意设立防城港市企沙工业园区环境保护站，机构级别相当于正科级，核定事业编制 3 名，其中科级领导职数 1 名；《关于防城港市环境监测站（防城港市环境科学研究所）机构级别的通知》（防编发〔2014〕18 号），防城港市环境监测站（防城港市环境科学研究所）定为相当于副处级事业单位。

【人事变动】 2014 年 4 月，黄献群任防城港市环境监测站站长，邓朝国任防城港市环境监察支队副支队长。8 月，蓝燕任防城港市固体废物管理中心主任。11 月，郑大雄任防城港市环境保护局党组成员、副局长，不再担任防城港市环境保护局总工程师；廖起飞任防城港市环境保护局党组成员、总工程师；范志闯任防城港市环境保护局党组成员、市环境监察支队支队长；黄培力任上思县环境保护局局长，熊宗正不再担任上思县环境保护局局长。12 月，邱桂东任防城港市环境监察支队副支队长，谢勋池任防城港市环境监察支队环境应急与事故调查大队大队长。

【环境质量】 环境空气质量　2014 年，防城港市区空气质量日报天数为 363 天，其中优良天数（空气污染指数 API ≤ 100）为 360 天（优 209 天，占 57.58%；良 151 天，占 41.60%），优良率 99.17%，轻微污染 3 天，占 0.83%。主要污染物为可吸入颗粒物（PM_{10}）。在全自治区 14 个设区城市环境空气质量考核中防城港市考核结果为良好，与 2013 年相比，环境空气质量保持优良水平。

水环境质量　集中式饮用水水源地水质　2014 年，防城江木头滩集中式饮用水水源地水质总体保持良好，水质达到《地表水环境质量标准》（GB3838-2002）Ⅱ类标准，达标率为 100%；水质与上年持平，符合集中式饮用水水源地水质要求。

地表水环境质量　2014 年，防城港市辖区内北仑河狗尾濑水质达到《地表水环境质量标准》（GB3838-2002）Ⅱ类标准，防城江三滩、北仑河民生、明江在妙、路怀 4 个监测断面水质达到Ⅲ类水质要求，水环境功能区达标率均为 100%，水质与上年持平。

近岸海域水环境质量　2014 年，防城港市近岸海域水环境监测主要在 4 个功能区设 6 个监测断面，其中北仑河口海洋自然保护区水质达到《海水水质标准》（GB3097-1997）Ⅰ类标准；金滩旅游度假区、白浪滩水质达到Ⅱ类标准；企沙工业排污区水质达到Ⅳ类标准；东湾工业用海区水质个别时段超出三类标准要求，主要超标项目为活性磷酸盐。2014年防城港市近岸海域水环境功能区达标率为87.5%,海水质量与上年相比有所好转。

声环境质量 2014年,防城港市城市区域环境噪声昼间年均值为56.5分贝,夜间年均值为46.3分贝,声环境质量为较好,昼间平均值比2013年(54.9分贝)上升1.6分贝,噪声污染程度与上年相比基本持平。

城市道路交通噪声昼间平均值为68.0分贝,较2013年上升0.1分贝,道路交通声环境质量总体达到国家考核指标要求,属较好水平。

【污染物减排】 *减排政策措施* 2014年,防城港市多次召开全市节能减排专题研究会议和污染减排工作会议,研究部署污染减排工作。印发《2014年度防城港市主要污染物总量减排计划》,将年度任务分解到县(市、区)和重点企业单位,进一步明确污染减排成员单位责任,各成员单位各司其职、各负其责,共同推进减排工作。各相关部门结合工作实际制订《防城港市“十二五”后两年污水处理设施建设实施方案》、《2014年规模化畜禽养殖污染减排工作实施方案》、《防城港市黄标车区域限行实施方案》等专项实施方案。

减排督查与监管 2014年,防城港市环境保护局自行或联合市政、水产等部门对53个减排项目建设及运行情况进行多次督查,发现问题及时反馈,限期整改。开展2014年主要污染物总量减排突击行动,采取超常规办法和强有力措施,推动污染减排工作完成,2014年主要污染物总量减排突击行动所定任务全部按时完成。

减排工作成效 2014年,自治区下达防城港市减排计划项目53项,其中水项目48项,气项目5项。主要污染物总量控制目标为:全市化学需氧量排放量比2013年增长3.4%,氨氮排放量减少2.7%,氮氧化物排放量减少13.1%,二氧化硫排放量增长23%。

减排重点项目 2014年,防城港市全力推进年度减排计划项目建设。中电广西防城港电力有限公司1#、2#机组烟气脱硝工程、华润水泥(上思)有限公司1#、2#新型干法水泥生产线脱硝工程等4项气项目全部建成并投入使用。48项水项目中,广西农垦糖业集团昌菱制糖有限公司(酒精车间)、广西上上糖业有限公司(酒精车间)酒精废液生产液态生物有机肥项目等2项工业减排项目建成使用。3项城镇污水管网建设工程已完成21.5公里管网建设。7个乡镇农村环境连片整治污水处理设施项目中,东兴市3个乡镇的处理设施建成投入使用,上思县4个乡镇的污水处理设施正组织竣工验收。36家规模化畜禽养殖业基本实施完成污染防治设施建设。

【清洁生产审核】 2014年,防城港市继续开展重点企业清洁生产审核工作。全市列入自治区重点企业清洁生产审核名单有2家企业,有6家企业通过重点企业清洁生产审核验收。

【生态保护和建设】 *生态文明示范区与生态市建设* 2014年,防城港市把生态文明示范区、生态市建设与“美丽家园·清洁乡村”工作有机结合,积极开展“清洁水源”活动,推进生态文明建设。2014年,防城港市召开全市生态保护工作会议,通报全市生态村创建、清洁水源、农村环境整治示范等工作情况,并部署下步全市生态工作。2014年,防城港市有5个行政村获得自治区级生态示范村命名。

生态农业 2014年,防城港市挖掘地方特色产品开发潜力,大力发展生态农业,着力打造一批无公害、绿色、有机农业基地,引导防城港市生态农业健康发展。积极争取生态广西引导资金支持,扶持一批特色生态农业项目,推进防城港市生态产业发展。2014年防城港市获得生态广西引导资金支持项目3个,资金135万元。防城港市小八黑生态农业示范基地项目通过项目验收。小水体流动生态养殖示范基地、防城区冲敏村莲雾有机种植示范基地、港口区红沙渔鹭园生态环境保护项目等3个示范项目有序推进。

农村环境综合整治 2014年,防城港市加强农村环境综合整治示范建设,积极争取上级农村环保专项资金支持,强力推进农村污水、生活垃圾和畜禽养殖废弃物治理,引导发展生态农业,减少农业面源污染,改善农村环境质量。2014年,防城区华石镇旱塘村、防城区扶隆乡点灯村、上思县思阳镇易和村等3个行政村获自治区农村环境综合整治专项资金支持,总投资750万元。上思县2013年农村环境连片整治示范项目全部完成建设,并投入试运行。

【辐射安全管理】 2014年,防城港市环境保护局制订《防城港市2014年度辐射安全监督检查实施计划》,组织全市各级环境保护部门对辖区15家重点核技术利用单位进行监督检查。通过企业自查、环境保护部门督促检查和要求企业落实整改等措施,确保核技术利用单位核安全。4月及“两会一节一赛”期间,防城港市环境保护局组织对辖区内放射源使用单位进行排查2次,共排查放射源使用单位15家,放射源46枚,包括37枚铯-137、9枚铱-192;防城港市第一人民医院核医学科使用碘-131非密封放射性同位素项目1项。

2014年防城港市环境保护局接到辐射环境投诉事件6起,派出监管执法人员现场核查,及时将调查处理情况反馈信访人,并将相关情况向自治区环境保护厅汇报。

【核与辐射应急管理】 核应急工作 2014年，防城港市环境保护局编制完成《防城港市核应急预案》、《防城港市核电厂场外应急预案执行程序》、《防城港市核应急工作手册》、《核应急公众宣传手册》。配合自治区核事故应急办办室做好各项演习前准备工作。5月，组织召开防城港市核事故应急委员会第一次全体会议，配合自治区核事故应急办公室召开自治区核事故应急委第二次全体会议；11~12月，配合自治区核事故应急办公室开展防城港核应急联合演习各现场点的演练工作，并主导防城港核事故应急指挥中心的演练工作。加强硬件设施建设，完成临时核应急指挥中心的改造和设备安装调试；组织市核事故应急办及核应急相关单位的核应急工作人员赴广东阳江市、浙江海盐县考察学习核应急管理经验，派员赴浙江省杭州市观摩学习“秦山–2014”浙江省核应急联合演习。

核与辐射监测能力建设 2014年，防城港市环境保护局完成市环境监测站x、γ剂量率仪、辐射巡测仪及核应急监测车的移交手续。2011年中央财政主要污染物减排专项资金重点省市核与辐射应急监测调度平台及快速响应能力建设配套的仪器设备全部到位，利用2014年财政预算中仪器设备购置费18万元购买辐射监测配套设备。强化人才队伍建设，招聘网络维护技术员和辐射监测技术人员各1人。派出技术人员外出培训学习10人次，包括实验室资质认证内审员培训、核与辐射应急监测调度平台及快速响应能力应用培训、2014年全自治区辐射安全监管培训以及市县两级辐射事故应急预案编制培训等。

2014年2月25日，环境保护部核安全总工程师刘华一行到防城港市调研核电项目建设进展及核应急准备工作

【环境影响评价】 建设项目环评 2014年，防城港市环境保护局完成建设项目环境影响技术评估工作116项，其中环境影响评价报告书42项，报告表74项。

重大项目环评 2014年，为顺利推进防城港渔澫港区第五作业区501号泊位工程、广西滨海公路企沙至茅岭段、防城港市中能生物能源投资有限公司年产20万吨生物柴油扩能项目等重大项目建设，防城港市环境保护局积极与项目业主沟通，提前介入，主要领导和分管领导多次带队与自治区环境保护厅、市人民政府和环评机构对接，为项目引进和开工建设提供便利，争取时间。5月20日，防城港渔澫港区第五作业区501号泊位工程获得自治区环境保护厅批复；10月9日，广西滨海公路企沙至茅岭段获得环评审批；12月12日，防城港市中能生物能源投资有限公司年产20万吨生物柴油扩能项目获得环评批复。

规划环评 2014年，防城港市环境保护局组织对本辖区规划环评项目等情况进行审查。广西农垦东兴冲榄工业园总体规划(10平方公里)规划环境影响评价均完成规划环评编制，并取得环境保护部门的审查意见。

环评机构监督管理 2014年，防城港市从事环境影响评价工作的机构共21家，其中甲级机构2家，乙级机构19家。

政务窗口管理 2014年，防城港市政务服务中心环境保护窗口共受理许可项目151件，其中建设项目环境影响报告书31件，建设项目环境影响报告表79件，建设项目竣工环境保护设施验收项目41件。政务服务中心窗口评议率为100%，满意度为100%，提速率为95%以上，窗口工作人员荣获市政务服务中心2014年第四季度“服务之星”称号，1月、5月、12月，环境保护窗口被评为“优秀窗口”，1~12月绩效排名均位前十名。

【环境监测】 2014年，防城港市环境监测站共完成监测任务502项，比上年(492项)增长2.0%，出具各类监测报告502份，共获得监测数据37553个，比上年(41450个)下降9.4%。其中，完成环境质量现状监测115项，获得监测数据12628个；完成重点污染源监督性监测142项，共获监测数据5728个；完成建设项目竣工验收监测、环评环境质量现状监测、施工期环境质量现状监测等委托性监测252项，共获得监测数据14612个；完成建设项目竣工环境保护验收监测报告(表)64项。

环境空气监测 2014年，防城港市城区共设有沙万、防城镇人民政府、大海花园3个环境空气自动监测子站，每天24小时连续自动监测。监测项目有二氧化硫、二氧化氮、可吸入颗粒物。环境空气质量日报天数363天，其中优良天数360天，轻度污染3天，环境空气质量优良率为99.2%。

$PM_{2.5}$监测 2014年9月，防城港市城市环境空气自动监测站完成空气新标准$PM_{2.5}$等6项指标监测仪器设备的安装、调试和运行。12月完成与国家、自治区环境空气质量发布平台联网，并于2015年1月1日正式发布环境空气质量信息。

水环境监测　降水监测　2014年，防城港市设置手动监测点2个，监测频率为逢雨必测，监测项目为降雨量、pH值、电导率及离子成分，共监测降水28场。

地表水环境监测　2014年，防城港市每月10日前对北仑河、防城江、明江等主要河流6个监测断面进行监测，每2个月对江平江、茅岭江等河流5个监测断面进行监测。主要河流监测断面水质达到相应的水环境功能区要求。

饮用水水源水质监测　2014年，防城港市定期对防城江木头滩、北仑河狗尾濑、上思那板水库3个饮用水源地进行监测。防城江木头滩饮用水源地每月监测1次，每次监测项目61个，全年进行1次水质109项全分析；东兴北仑河狗尾濑、上思那板水库饮用水源每季度监测1次，每次监测项目61个，全年进行1次109项全分析。2014年防城港市饮用水源水质达标率为100%。

近岸海域海水环境监测　2014年，防城港市近岸海域环境监测设置防城港口、北仑河口、东湾海域、企沙半岛南面、金滩海域、白浪滩海域6个监测点，每季度各监测1次，近岸海域水质达标率为87.5%。

2014年，防城港市环境监测站开展近岸海域海水环境监测。图为监测人员对现场样品做好记录

声环境质量监测　2014年，防城港市开展城市区域环境噪声和道路交通噪声监测，其中环境噪声设100个网格点位，交通噪声设10条道路共18个点位。城区环境噪声及城市道路交通噪声环境质量良好。

重点污染源监督性监测　2014年，防城港市列入国家重点监控企业15家，其中废水企业7家，废气企业4家，城镇生活污水处理厂3家，重金属废水企业1家。对辖区内15家国控重点污染源企业每季度至少监测1次，季节性生产企业每月至少监测1次，按时向自治区环境监测中心站报送监测数据及季报、比对季报和年报。配合监察管理部门做好污染源在线监测自动设备数据有效性审核、比对监测工作，共完成污染源在线监测系统比对监测37家（次）。全年进行重点污染源监督性监测共142家（次），监测完成率为99.3%。

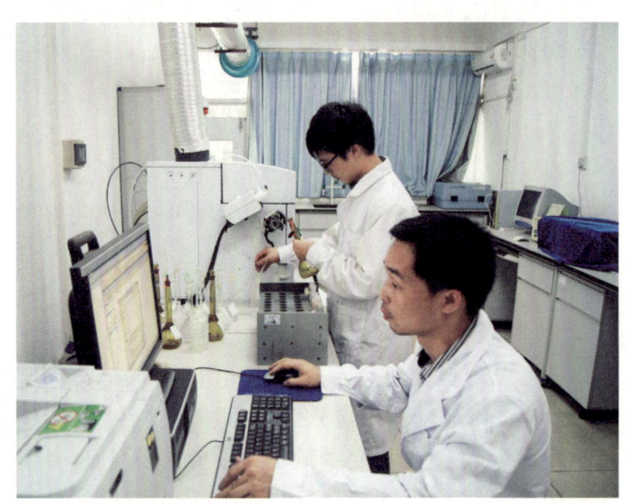

2014年，防城港市环境监测站监测人员认真分析样品，确保监测数据精准

【重金属污染防治】　2014年，防城港市编制完成《防城港市2014年度重金属污染综合防治工作实施方案》，并通过市人民政府常务会议审议印发实施。优化产业结构，严格限制新上重金属污染企业，加快渔洲城工业集中区磷化工企业砷渣存放场整治重点项目实施，推进磷化企业搬迁入园工作。加强重金属污染防治监控，开展行业企业环境安全风险隐患大排查，针对发现的问题制订督促整改措施。完善重金属污染监控网络建设，严密监控饮用水源地和地表水水质断面重金属状况。

【环境监察】　环境安全隐患排查整治　2014年，防城港市环境监察部门开展环境保护专项检查和环境安全隐患排查整治，以落实《大气污染防治行动计划》和保障饮用水源环境安全为重点，全面检查本地区相关企业执行环境保护法律法规情况。全年共出动环境执法人员1690人次，检查企业367家次；立案调查企业9家，处罚10家；对61个建设项目开展试生产环保“三同时”核查；下达各类法律文书及通知书70多份。

“绿色卫士·2014”专项行动　2014年9月9~12日，根据自治区人民政府和自治区环境保护厅的部署，防城港市由环境保护部门牵头，联合发展改革、工业和信息化、司法、公安、国土资源和质监等10个环保专项行动成员单位，组织开展“绿色卫士·2014”环境安全专项检查行动，对辖区内大气、涉水的水泥、钢铁、垃圾、污水处理等企业进行突击检查，共派出检查组6

个，检查人员53人，检查车辆13台，检查企业31家，发现存在环境问题企业8家，现场责令相关企业整改。

2014年9月9~12日，防城港市环境保护局牵头开展“绿色卫士·2014”环境安全专项检查行动

整治港口粉尘污染　2014年，防城港市合理调整港口功能布局，将产生粉尘较大的散货堆场南移，远离居民区。改造码头泊位，将通用工艺码头改为专业化码头，配套建设粉尘防治设施，从源头上减少粉尘产生；完善码头前沿及后方堆场的自动喷淋、喷雾降尘系统并确保正常运行，共配备喷雾机11台、喷淋枪330套，喷枪射程提高到45米，全面覆盖码头及堆场约90万平方米，降尘效果明显。加大散货遮盖力度，针对非作业散货堆场全部采用防风纱网进行苫盖。加大港区道路清扫力度，减少道路扬尘污染。据统计，防城港北部湾港务有限公司开展粉尘整治以来，已投入逾8亿元资金进行专业化码头改造，投入约8100多万元粉尘专项治理资金用于防风网、码头喷淋降尘系统、雾化器、洗车平台、防尘占盖网、绿化带、道路清扫等设施建设。为加强码头粉尘污染的环境监管，防城港市人民政府出资221.8万元资金在港务集团和企沙码头建设4个空气自动站，实时监控粉尘污染情况。

2014年9月2~3日，自治区党委常委、宣传部部长沈北海（右二）到防城港市港口码头实地检查粉尘污染治理情况，并对防城港市码头粉尘整治工作给予肯定

建设项目环境监察　2014年，防城港市加强建设项目试生产期间环境监察，严格把关，新上项目按照环评文件及批复要求配套落实各项污染防治措施。2014年，防城港市环境保护局对61个建设项目开展试生产（运行）环保“三同时”核查，其中58个污染防治设施完善的项目同意其投入试生产，另外3个建设项目因未完善污染防治设施不同意其投入试生产，并提出整改要求，从源头上遏制污染的产生，保护生态环境。

污染源在线监控管理　2014年，防城港市环境监察部门继续加强对国控重点污染源企业及减排企业的监管和治理，建立和完善科学的污染减排指标监测和考核体系，积极推进主要污染物总量控制和减排工作。做好监控设施现场监管，严格按要求开展每季度在线监控设施现场考核工作，并公示考核评分结果，促进设施有效性审核通过率提高，使自动监控监测数据在环境执法、监管、总量减排等方面发挥作用。推进重点源在线监控设施第三方营运，重点源在线监控设施的运行、维护、管理水平有进一步提高。通过污染源监控中心上位端平台的数据监控，及时发现异常数据，查找原因，结合现场监察情况，核实问题原因所在，督促企业及时解决问题，查处在线监控平台企业超标排放问题。按照国务院《“十二五”主要污染物总量减排考核办法》要求，开展有效性审核工作，确保数据传输有效率均在90%以上，该项工作在全自治区排名第一。

2014年，防城港市环境保护局执法检查组现场检查企业环保设施

【环保能力建设】 2014年，防城港市环保能力建设进一步加强。防城港市人民政府拨款322.8万元用于防城港务集团、企沙码头粉尘污染空气自动监测站建设。市环境监测站的仪器设备监测能力由原先地表水109项指标中的62项增加到109项全分析，并逐步完善开展109项分析工作的条件。上思县环境保护局获自治区环境保护厅重金属环境监测能力建设项目100万元的仪器

购置经费，获上思县人民政府50万元设备经费、30万元增建实验室板房支持。2014年经过考录、调任等方式，市环境监测站招聘2人，市环境监察支队招聘3人，市辐射环境监测站招聘1人，市固体废物管理中心招录3人，防城港市环境监测站升格为副处级参公事业单位。

【环境宣传教育】 环境宣传 2014年，防城港市环境保护局开展一系列环境宣传活动，为全市环保工作顺利开展营造良好氛围。“六五”宣传月期间，防城港市环境保护在《防城港日报》刊登《2013年防城港市环境质量公报》，组织港口区环境保护局、农业局、林业局等8部门上街开展环保宣传活动，采取设立咨询点、设立展板、发放宣传资料等形式，向广大市民宣传环保知识，现场发放环保宣传单5000余份。开展“向污染宣战，共建绿色家园”为主题的环保专场文艺晚会，现场2000多名群众观看节目，进一步提升市民环保意识。在《防城港日报》、防城港电台公开环境质量信息。通过中国移动公司向广大用户发送环保短信5万条，在各村屯的电子平台播放环保宣传标语。积极做好环保工作动态稿件的撰写及报送工作，自治区环境保护厅采用46篇，市委办公室采用12篇，市人民政府采用20篇，《防城港日报》采用20篇，较好地宣传了防城港市环境质量及环保工作。同时，防城港市还开展“走进防城港市《阳光热线》电台”节目，向广大民众宣传环保方面的信息及相关政策法规。

2014年6月3日，防城港市环境保护局开展“六五”世界环境日宣传活动。图为工作人员向群众发放环保宣传资料

绿色系列创建活动 2014年，防城港市地税局、防城港市交警支队、钦东高速公路管理大队等3家单位获自治区四星级“绿色机关(单位)”称号，上思县国税局获自治区二星级“绿色机关(单位)”称号，上思县民族中学、防城镇第三小学2所学校获自治区级“绿色学校(幼儿园)”称号。

【党风廉政建设】 2014年，防城港市环境保护局进一步加强党风廉政建设，提高环保队伍依法行政能力。组织学习十八届中央纪委三次全会精神、自治区十届纪委五次全会，邀请自治区环境保护厅副厅长蹇兴超，市委常委、政法委书记许政给党员干部作专题讲座；组织干部职工到东兴市中越人民革命烈士纪念碑开展“践行群众路线 弘扬爱国精神”主题教育活动；组织党员干部赴钦州监狱参加现场警示教育，增强干部职工抵制各种诱惑的自觉性。结合群众路线教育实践活动，开展政风行风建设，广泛征求干部群众的意见建议，向市直有关单位、企业发放征求意见表57份，征求意见建议5条。局领导班子成员担任4个征求意见组的组长，严格聚焦“四风”，到4个县(市、区)环境保护局和相关企业，广泛听取群众的意见建议，召开座谈会8次，共征集意见建议24条。7月14日，市环境保护局开展民主评议政风行风征求意见调研活动，先后到广西惠禹粮油工业有限公司、防城港市枫叶粮油工业有限公司、大海粮油工业(防城港)有限公司现场了解环境保护部门在服务企业工作中存在的问题，以及需要改进和加强的薄弱环节，并与人大代表、政协委员、人民团体、企业代表等21名各界代表进行座谈，面对面交流，听取对环境保护部门的评议，征询对环境保护部门的意见和建议。针对群众反映的问题，防城港市环境保护局研究整改措施，制定和完善9项规章制度，并抓好跟踪督查整改。

【环境信访】 2014年，防城港市环境监察支队实行24小时“12369”环保举报热线值班制度，局领导定期接待群众来访，倾听群众呼声、反映群众意愿，对重点信访问题实行局领导包案制度，有效地推动环境信访工作的开展。同时，日常安排专人跟踪网络舆情，发现问题及时派员进行调查核实并处理。加强信息预警预测，保证信访信息渠道畅通，及时准确报送信访信息。2014年市环境监察支队共受理群众举报的环境污染投诉共168件，已处理168件，处理率为100%。

【环保大事记】

一月

1月14~15日，国家核应急响应技术支持中心副主任苏建文一行到防城港市现场踏勘公众撤离集合点、安置点、洗消点等开展核应急演习调研。

1月17~18日，2014年度《中国环境管理》理事会工作会议在防城港市召开。

1月27日，自治区党委常委、政法委书记温卡华率自治区环境清查整治检查组到防城港市开展检查工作。温卡华肯定了防城港市防范环境污染取得的成绩，要求各级有关部门高度重视环境清查整治工作，毫不松懈地抓落实。

二月

2月27日，防城港市环境保护局召开全市环保工作会议，会议总结2013年全市环保工作，并提出2014年环保工作要求。

2月25~26日，环境保护部核安全总工程师刘华一行在自治区环境保护厅副厅长黎敏的陪同下到防城港市就辐射前沿站、核电项目建设进展以及核应急准备工作情况进行调研。

四月

4月15~16日，广州军区司令部军训部防化办主任朱军文一行在自治区环境保护厅副厅长黎敏的陪同下到防城港市调研核电厂场外应急救援工作的有关情况。调研组实地考察了核应急去污洗消点拟选场所，并选定皇城坳货场作为核应急去污洗消点。

五月

5月20日，防城港市核应急委员会第一次全体会议召开，市核应急委副主任、副市长陈可猛出席会议，会议由市核应急办主任、市环境保护局局长万里滔主持。会议提出要充分认识核应急工作的极端重要性，切实履行核应急工作职责，加强管理，全面规范核应急各项工作。

5月21~23日，以自治区环境保护厅调研员魏雪莹为组长的自治区"美丽办"调研组一行3人到防城港市就渔村和海滩环境卫生管理及垃圾、污水处理处置情况进行调研。

5月21~22日，自治区人民政府督查室主任蒙建华一行到防城港市就2014年自治区统筹推进重大项目建设情况进行实地检查。

六月

6月　防城港市环境保护局局长万里滔、分管领导郑大雄等有关人员对防城港宏源浆纸有限公司、广西惠禹粮油工业有限公司和广西盛隆冶金有限公司等3家企业负责人就企业存在突出环境问题进行约谈。

七月

7月9日，自治区党委第五督导组成员韦成香出席防城港市环境保护局党的群众路线专题民主生活会，并对防城港市环境保护局在开展教育实践活动以来取得的成效给予肯定。

九月

9月2~3日，自治区党委常委、宣传部长沈北海到防城港市检查指导党的群众路线教育实践活动总体情况，沈北海一行还到港口码头实地检查粉尘污染治理情况，对防城港市码头粉尘整治工作给予肯定。

9月1~2日，自治区绿色环保系列创建评估组到防城港市对防城港地税局、市交警支队高速公路八大队、上思县国税局等4个单位，以及上思县民族中学、防城镇第三小学等2所学校开展绿色创建评估工作。

9月9~12日，防城港市组织开展"绿色卫士·2014"环境安全专项检查行动。此次行动由市环境保护局牵头，联合发展改革、工业和信息化、公安、国土资源等10个环保专项行动成员单位，共派出6个检查组53人，针对辖区内大气、涉水的水泥、钢铁、垃圾、污水处理等企业进行突击检查。

10月13~21日，自治区核事故应急办公室在防城港市举办核应急联合演习培训班。会议要求明确演习任务，落实参演专业队伍和人员，组织好专业队伍的培训和演练，抓紧完成核应急设施建设，完善各专业组行动组行动指南，做好各自参加演习的实施计划。

12月10~11日，自治区环境保护厅副厅长蹇兴超一行10人到防城港市对2014年度北部湾污染治理工作开展情况进行现场检查。调研组对大海粮油工业（防城港）有限公司、惠禹饲料蛋白业（防城港）有限公司、广西利达磷化工有限公司、广西盛隆冶金有限公司、广西金川有色金属有限公司等企业开展现场检查。

钦州市环境保护

【综述】　2014年，钦州市环境保护局以深入开展党的群众路线教育实践活动为契机，以改善环境质量为目标，以污染减排和环境安全为重点，大力开展"基层建设年"年活动。全年环境质量总体良好，城区环境空气质量优良率为95%；集中式饮用水水源地水质达标率100%；地表水断面水质各污染物均值均达到Ⅲ类水质标准，水质评价良好。

【机构改革与人员编制】　2014年，钦州市环境保护局内设办公室（法规宣教科）、行政审批科、污染物排放总量控制监测科、污染防治科和综合业务科5个科室，共有编制22名，其中行政编制18名，机关事业编制4名，实有在职人员22人。下属钦州市环境保护监测站、钦州市辐射环境监督站、钦州市环境监察支队、钦州市环境应急与事故调查中心和固体废物管理中心5个事业单位。下设钦州市环境保护局钦南分局、钦北分局和钦州港经济开发区分局3个派出机构。2014年，钦州市机构编制委员会同意成立钦州市固体废物管理中心，相当正科级财政全额拨款事业单位，核定编制5名；同意钦州市辐射环境监督站参照公务员管理，增加编制3名。年内灵山县作为全自治区生态环保改革试点县，在新圩镇、檀圩镇成立国土资源、规划建设、环境保护、安全生产监管所，实现"四所合一"；浦北县于2014年6月成立张黄、寨圩2个环境监察中队，为浦北县环境监察大队的派出机构，核定事业编制各2名，打破钦州市乡镇一级无环保机构的局面。

【环境质量】 环境空气质量 2014年，钦州市城区环境空气质量继续保持在二级标准之内，空气中主要污染物年均浓度均达到《环境空气质量标准》(GB3095-1996)二级标准，其中二氧化硫、二氧化氮年均浓度达到一级标准。年度首要污染物为可吸入颗粒物。2014年环境空气质量日报天数为363天，空气质量日报优良率为95%，其中空气质量达优的天数156天，良好天数188天，轻微污染天数19天，优良率较2013年略有下降。日报API（空气污染指数）范围为12~122。

酸雨 2014年，钦州市共监测降水27场，3个监测点共采集降水样本80个。降水pH年均值为5.64。全年共出现20个酸雨样本，酸雨频率为25.0%，较2013年上升2.6个百分点。

地表水环境质量 2014年，钦州市3条主要河流5个监测断面的各污染物年均值均达到《地表水环境质量标准》(GB3838-2002)Ⅲ类水质标准，其中青年水闸断面达到Ⅱ类水质标准，水质评价为优；其余4个断面达到Ⅲ类水质，水质评价良好。年内钦州市钦江、大风江、茅岭江水质评价均为良好。年度水质达标率为100%，年度水环境功能区达标率为100%。年内钦州市城区集中式饮用水水源地青年水闸断面的年度总取水量为3255.5427万立方米，年度水质达标率为100%，年度水质评价为优。钦州港区集中式饮用水水源地金窝水库—企山水库断面的年度总取水量为1429.7951万立方米，年度水质达标率为100%，年度水质评价为良好。

近岸海域水环境质量 2014年，钦州市参照《海水水质标准》(GB3097-1997)进行评价，符合第一类海水水质标准的近岸海域面积1181.98平方千米，占近岸海域面积的64.3%；符合第二类海水水质标准的近岸海域面积325.14平方千米，占近岸海域面积的17.7%；符合第三类海水水质标准的近岸海域面积79.18平方千米，占近岸海域面积的4.3%；符合第四类海水水质标准的近岸海域面积97.52平方千米，占近岸海域面积的5.3%；劣四类海水水质标准的近岸海域面积154.18平方千米，占近岸海域面积的8.4%。近岸海域海水环境质量状况总体较好，大部分近岸海域海水质量符合第一类海水水质标准。港湾、江河入海口等局部海域海水污染严重，主要污染物为无机氮、石油类和活性磷酸盐。

声环境质量 2014年，钦州市城市区域声环境昼间平均值为55.8分贝，较2013年上升0.6分贝，噪声质量等级为三级，评价为一般。年内钦州市城市道路交通声环境昼间平均值为66.5分贝，较上年下降0.2分贝，噪声质量等级为一级，评价为好。

土壤环境质量 2014年，钦州市城区集中式饮用水水源地周边土壤环境质量监测，分别选取市城区、钦州港区集中式饮用水水源地青年水闸、金窝水库的周边土壤进行监测，结果表明按《土壤环境质量标准》(GB15618-1995)一级标准评价，青年水闸周边土壤总体评价为尚清洁(警戒限)，其中有1个点位评价为轻度污染。金窝水库周边土壤总体评价为清洁(安全)。按二级标准评价，青年水闸、金窝水库周边土壤共10个点位评价均为清洁(安全)。

【环境监测与自动监测系统建设】 环境监测 2014年，钦州市获得城区大气自动监测数据共2361个，降雨常规监测数据966个，地表水常规监测数据5637个，区域环境、道路交通噪声常规监测数据708个，土壤常规监测数据140个；完成监督性监测99家次，获得监测数据7770个；完成30次环境保护部门送样、指令性监测，获得监测数据411个；完成97个企业的环保验收监测，获得监测数据470个；完成3个企业的环境影响评价监测，获得数据311个；接受企业委托监测122家次，获得监测数据5461个。

自动监测系统建设 2014年，钦州市环境空气自动监测系统3个国控点按《环境空气质量标准》(GB3095-2012)要求，开展二氧化硫(SO_2)、二氧化氮(NO_2)、一氧化碳(CO)、臭氧(O_3)、可吸入颗粒物(PM_{10})、细颗粒物($PM_{2.5}$)六参数监测工作，并与国家环境空气监测网联网。

【污染减排与污染物控制】 主要污染物减排 2014年，钦州市年度计划减排项目(水、气、农业)共76项，实际完成76项，共削减化学需氧量3910吨、氨氮230吨、二氧化硫3412吨、氮氧化物7842吨，基本完成年度减排任务。

2014年1月22日，自治区副主席林念修（左六）到钦州市金桂浆纸业公司考察慰问

生活源减排 2014年，钦州市5座城镇污水处理厂正常运行，新建污水管网37.1千米，平均处理水量为11.54万吨/日，比2013年提高2.1万吨/日。处理生活污水削减化学需氧量708.8吨、氨氮92.18吨。

农业源减排 2014年，钦州市规模化畜禽养殖业减排计划项目共60家，其中灵山县14家，浦北县16家，钦南区20家，钦北区10家。除关闭拆除2家外，其余58家规模化畜禽养殖场均按照“干清粪、雨污分流、废弃物综合利用”的有关标准要求改造完成，完成率100%。

机动车污染减排 2014年，钦州市5家机动车排气污染物检测站共19条检测线全部建设完成。全市核发环保合格标志34536枚。年内淘汰黄标车、老旧车6093辆，淘汰完成率122.23%。

管理减排 2014年，国投钦州发电有限公司1＃、2＃发电机组脱硫设施取消烟气旁路及脱硝技术改造工程治理设施运行正常，两套机组平均脱硫效率和脱硝效率分别为93.47%、77.98%，二氧化硫及氮氧化物平均排放浓度分别为91.98毫克/立方米、55.03毫克/立方米，达到环评、设计及火电企业排放标准要求，分别削减二氧化硫1159吨、氮氧化物5779吨。

减排监测体系建设运行考核 2014年，钦州市27家国家重点监控企业均编制自行监测方案并开展自行监测，企业自行监测和监督性监测结果统一在自治区环境保护厅网站进行公开。监督性监测结果公布率99.1%，企业自行监测结果公布率85%，污染源自动监测数据传输有效率71.39%。减排监测体系年度考核分数为71.4分，综合评价合格。

环境统计 2014年，钦州市共有工业源(165家工业企业)、农业源(127家规模化畜禽养殖场/小区)、集中式污染治理设施(5家污水处理厂、3家生活垃圾处理场、2家危险废物集中处置厂)和城镇生活源、机动车污染源列入环境统计年报，共有16家废水、5家废气和5家污水处理厂列入国控重点企业季度直报工作。所有统计均按国家和自治区有关要求完成减排对接和上报。

重金属污染防治 2014年，钦州市坚持“加强监控、积极治理”的原则，认真实施《广西重金属污染综合防治规划(2010~2015年)》，深入开展重金属污染综合防治工作。2014年，铅、汞、镉、铬和砷的排放量分别为1824.143千克、15.172千克、43.272千克、122.720千克和106.792千克，与2007年铅、汞、镉、铬和砷的排放量1806.740千克、12.620千克、32.880千克、8.621千克和124.220千克相互比较，砷减少排放量17.428千克，铅增加排放量17.403千克，汞增加2.552千克，镉增加10.392千克，铬增加114.099千克。砷的排放量能控制在2007年度的排放量以内，铅、汞、镉和铬污染物的排放量比2007年度的排放量有所增加。铅、汞、镉和铬污染物的排放量增加的主要原因是广西钦州中港皮业有限公司、钦州市进达工贸有限公司和广西腾飞锌业有限公司是2007年以后新建的项目，这些项目新建是造成重金属污染物排放新增量的原因。

【环境监察】 *环境安全检查活动* 2014年，钦州市围绕“环境安全”主题，深入开展环境风险和安全隐患大清查、大整治行动、环保专项行动和钦州饮用水水源保护区专项检查行动。在元旦、春节、两会、党的十八大期间及“五一”汛期等敏感、重要时期，共出动监察人员1104人次(其中市本级390人次)，检查企业552家次(其中市本级195家次)。

环保专项检查行动 2014年，钦州市环境保护局组织开展环保专项检查行动，印发《钦州市环境保护局关于开展环境保护专项检查的紧急通知》。此次专项检查行动共出动检查人员192人次，检查企业101家，处理处罚企业8家，责令停产整治2家，取缔关闭16家，罚款6万元；检查饮用水源地、水源保护区8个；检查污水处理厂、垃圾填埋场8个，处理群众投诉信访问题25件，办结23件。年内，根据《2014年钦州市整治违法排污企业保障群众健康环保专项行动实施方案》，钦州市成立了市环保专项行动领导小组，组织开展工作。此次环保专项行动共出动人员556人次，检查企业208家次，查处存在环境问题企业5家，限期整改4家(并把1家问题企业列为县级挂牌督办企业)，关闭取缔1家，另外3家问题企业完成整改。

2014年9月10日，自治区环境保护厅督察组到钦州市开展“绿色卫士·2014”环保专项行动督查

环境安全隐患清查整治行动 2014年，钦州市环境保护局结合工作实际，联合工业和信息化、发展改革、国土资源、安全监管4部门组织开展环境安全隐患排查整治行动，共出动检查人员479人次，排查企业232家，其中2014年大清查大整治存在安全隐患问题41个，涉重金属企业8家，其他重点行业企业183家；共排查环境安全隐患问题企业3家，限期整改3家，取

缔无证无照非法生产经营窝点15家。

年内，钦州市印发《钦州市全面深入开展环境安全隐患大清查大整治行动方案》，将整治行动纳入党的群众路线教育实践活动中，明确清查整治工作重点、职责分工、行动步骤和时间安排等要求，及时清查各种环境安全隐患，保障群众健康利益。各县（区）分别组织环境保护、发展改革、公安、工业和信息化、国土资源、水利、安全监管和工商等部门，在辖区开展环境安全隐患大清查大整治行动，重点对重有色金属矿采选冶炼企业、尾矿库及危险化学品企业、其他重点污染企业等进行清查，对钦江、茅岭江、大风江、武思江、南流江、钦州湾等流域区域的环境安全风险企业进行全面彻底清查，对钦江、金窝水库、灵山县和浦北县集中式饮用水水源保护区的工业和城镇生活排污口、网箱养殖等进行全面清查整治，完成了问题整治。全市大清查行动共出动检查人员1176人次，检查企业728家，共排查存在安全隐患问题企业41家，完成整改36家，整改完成率87.8%；关闭清理23家，关闭清理率56%。

排污申报与收费　2014年，钦州市排污申报企业共666家（市本级268家，灵山240家，浦北158家），其中收费企业541家（市本级196家，灵山220家，浦北125家），征收排污费共1851.31万元（市本级1511.57万元，灵山175.61万元，浦北164.13万元），完成全年1750万元指标任务。年内发放排污许可证484家（市本级92家，灵山235家，浦北157家）。

环境违法行为查处　2014年，钦州市环境保护局对环境违法企业依法调查，移送局案件审议小组处理。年内对钦州市青鹏地材矿业有限公司等9家企业违法案件开展调查取证工作，处以罚款共56万元，没收非法所得3万元。其中对钦州市青鹏地材矿业有限公司处罚6万元并停产整治；对钦州市泰盛木业有限公司处罚3万元；对钦州市大地油脂化工有限公司处罚10万元并责令整改；对钦州市湘大化工有限公司处罚2万元并责令停产整治；对钦州市宏兴化工有限公司处罚9万元没收非法所得3万元并责令停产整治；对钦州市力顺机械有限公司处罚10万元；对广西盛凯新型建材有限公司处罚4万元并责令停产整治；对钦州天恒石化有限公司处罚4万元并责令改正违法行为；对广西宏鑫生物科技有限公司处罚8万元并责令停止建设。

【环境监察网格化精细化管理】　2014年，钦州市环境保护局印发《钦州市环境监察网格化精细化管理工作实施方案》，共有16名环境监察人员对全市环境监管实行网格化、扁平化、全覆盖、精细化管理，最大限度消除环境监管的盲区、盲点。合理划分和建立市、县两级环境监察网格，每级监察网格包括区域网格和单元网格。区域网格明确区域范围和联系导，单元网格明确监管乡镇、企业和联络员（监管员），并明确联系领导、联络员的网格任务和网格监管责任。全市划分和建立区域网格12个，其中市级5个，县级7个；单元网格58个，其中市级24个，县级34个。

【国控重点源监管】　*国家重点监控企业主要污染物达标排放*　2014年，钦州市有国控企业27家，其中废水国控企业22家，废气国控企业5家。年内，共对26家废水企业进行监测65次，达标60次，不达标5次，达标企业19家；对5家废气企业进行监测23次，达标23次，达标企业5家。

国家重点监控企业现场监察　2014年，钦州市环境保护局按照《2014年国家重点监控企业名单》开展污染源现场监察工作，做好现场监察记录。从27家废水国家重点监控企业中选择5家污水处理厂、1家重金属企业作为重点企业开展现场监察工作。5家废气国家重点监控企业均建有脱硫设施，开展减排监察。国家重点监控企业做到每月监察1次。年内共对27家废水重点监控企业进行522次减排现场监察检查，共对5家废气重点监控企业的8台套脱硫设备进行112次现场监察检查，经核定减排监察系数为1。

【在线自动监控系统建设与监管】　*在线自动监控系统建设*　2014年，钦州市共有27家国家重点监控企业，大部分已安装在线监控设备。年内全市54家企业共安装了75套在线监控设施，其中废水39套，废气36套；联网73套，未联网2套；验收71套。年内新增污染物指标设备已安装29套氨氮在线监控设备，未安装1套，申请免装1套，关闭2套，验收27套；24套氮氧化物在线监控设备，未安装3套，验收23套。

在线自动监控系统监管　2014年，钦州市共对全市43家（次）企业进行在线监控数据有效性审核，审核结果为全部通过。市环境保护局结合每月减排监察工作及季度例行检查，对安装了在线自动监控设备的企业进行监督检查污染源自动监控设施运行情况，并做好现场检查记录，对存在问题的企业提出整改意见，确保自动监控设施正常运行。市环境保护局按照《污染源自动设施例行检查表》各个检查项目的要求，对企业硬件设施的使用安装状况、维护情况及现场端机房整洁情况进行检查，对仪器的参数设置、数据差异、有效性评估进行重点核查，防止数据造假、丢失、无效。年内共对2130家（次）企业进行现场检查，监控数据均能稳定传输。

【环境应急管理】　*环境应急专家库管理*　2014年，钦州市环境保护局制定《钦州市环境保护局环境应急专

家管理办法》，建立环境应急专家库，聘任李素霞等31人作为市环境保护局环境应急专家，涉及环境、化工、海洋、生物等专业领域。

应急预案编制和备案登记　2014年，结合全市重污染天气出现的新情况，钦州市正式印发《钦州市重污染天气应急预案》。自治区环境保护厅公布第二批应编制、报备突发环境事件应急预案企业41家，年内共有75家企业报备，其中26家重点监控企业的突发环境事件应急预案经过专家评审。

环境应急演练　2014年，钦州市环境保护局组织参演3次突发环境事件应急演练。参演中石油广西石化公司2014年地企联动综合应急演练，主题是广西石化公司生产四部26万吨/年硫磺回收装置硫化氢气体泄漏事故，钦州市环境保护局派出环境监测、应急管理人员共10人参加。参演钦崇高速路往崇左方向鸡排山隧道口隧道油品火灾重大交通事故应急演练，钦州市环境保护局派出应急管理人员4人参加。联合自治区环境应急中心和钦州天恒石化有限公司开展主题为“绿色卫士·2014”行动——钦州苯系物泄漏突发环境事件联合应急演练，共有36个单位、210人参加演练和观摩，其中参演单位12个，参演人数119人（企业40人，应急监测39人）；观摩单位24个，观摩人数91人；出动车辆22台，其中应急监测车辆9台；出动多台应急监测、处置设备；污染监测点位共设8个，其中大气污染监测点5个，海水污染监测点3个，监测化验有效数据14个。此次演练是钦州市环境保护部门有史以来规模最大最规范的一次突发环境事件应急预案演练。

2014年8月25日，钦州市开展“绿色卫士·2014”行动——苯系物泄漏突发环境事件联合应急演练

【环境影响评价】　规划环评　2014年，钦州市环境保护局共对广西浦北经济开发区总体规划等5个工业园区的规划环境影响报告书进行审查，印发了规划环评审查小组的审查意见2个。

建设项目环境管理　建设项目环保审批　2014年，钦州市环境保护局本级审批建设项目环境影响评价文件共535份，其中报告书38份，报告表115份，登记表382份；涉及项目总投资236亿元，其中环保投资4.1亿元。年内全市列入自治区层面统筹推进的重大项目共16个（含增补），其中新开工项目10个，预备项目6个，有13个项目的环评文件通过审批。

建设项目竣工环保验收　2014年，钦州市环境保护局本级受理竣工环境保护验收项目共217个，通过验收215个，其中环境影响报告书2个，环境影响报告表项目89个，登记表项目124个；不予通过竣工环保验收项目2个。

试生产环境监管　2014年，钦州市环境保护局接到试生产申请项目共112个，通过试生产审核的项目66个，企业试生产审批合格率100%，达到目标值要求。针对没有通过试生产的46家企业，钦州市环境保护局及时复函企业，告知整改内容，符合试生产条件并经批复方可开始试生产。

【核辐射环境监督管理】　2014年，钦州市环境保护局制订《2014年核与辐射安全检查实施方案》，印发《钦州市环境保护局2014年核与辐射安全检查实施方案的通知》，对全市12家使用射线装置单位开展年度辐射安全检查；协助自治区检查组对全市5家医院及3家异地用源单位进行现场检查。年内发放更换辐射安全许可证8本。年内基站辐射投诉共12件（其中市本级10件，浦北县2件），处理12起，完成率100%。年内编制完成《钦州市核应急执行程序》，指导广西防城港核电厂场外应急工作，共投资200万元完成钦州市核应急指挥中心建设。

【农村环境整治】　2014年，钦州市环境保护局组织开展自治区农村环境综合整治项目竞争性评选活动，灵山县那隆镇大平村、浦北县福旺镇中山村、浦北县小江镇街口村、钦北区那蒙镇屯周村和朱砂村5个行政村通过评选，获得自治区补助资金1000万元。

【清洁水源活动】　2014年，钦州市环境保护局举办“清洁水源”活动专题培训会2期，详细解读“清洁水源”活动方案，组织编印《美丽钦州·清洁水源工作指南》5000多册，用于指导基层开展“清洁水源”工作。指导各县区开展农村主要水源地水源调查和水体清理等工作，基本掌握全市500人以上自然村(638个)的水源地总体情况，初步开展以水源地周边小溪流、河道、池塘、沟渠等堆积和水面漂浮的生活垃圾清理为主要内容的水体清理活动，确保农村饮水安全。通过通讯公司、报纸、电台、电视台、门户网站宣传报道，大力宣传“清洁水源”工作。

2014年7月1日，钦州市环境保护局组织党员干部参加灵山县平山镇“清洁水源，共护母亲河”活动

【环境信访与议案提案】 2014年，钦州市环境保护局实施领导带案下访制度，对重大环境信访案件专题下访调解处理，及时化解矛盾。年内共处理环境纠纷、来信来访投诉案件700件（其中市本级592件，灵山县63件，浦北县45件），查处办结件642（其中市本级535件，灵山县62件，浦北县45件），查处办结率91.7%。其中“12345”市长热线接到环境投诉267件，处理253件，查处办结率94.76%。年内共办理人大议案3件，政协提案4件，代表、委员满意率100%。年内全市未发生较大以上环境污染事故。

【环境宣传教育】 环境宣传　2014年，钦州市环境保护局利用“世界环境日”、“地球日”、“法制宣传日”等纪念日，开展形式多样的环境宣传教育活动。“六五”世界环境日期间，钦州市在钦州湾广场举办“共建生态文明·共享绿色未来”纪念“六五”世界环境日环保宣传专题晚会，围绕环保主题，通过环保小品、双簧、歌

2014年6月5日，钦州市在钦州湾广场举办“共建生态文明·共享绿色未来”纪念“六五”世界环境日文艺专场晚会

曲、舞蹈、三句半、朗诵等形式宣传环保理念，受教育人数达上千人。市环境保护局、教育局联合发文要求中小学、幼儿园开展环保宣传活动，广泛利用黑板报、图片标语、学校广播等载体，因地制宜地开展环保演讲比赛、环保诗歌朗诵比赛、讲环保故事比赛、环保知识竞赛、环保美术书法比赛、环保漫画、绘画、壁画比赛、环保黑板报设计比赛、环保社会实践等活动。开展志愿者清洁水源活动，发放宣传单，印制宣传板报，提高群众保护饮用水源的意识。开展环保宣传进社区、进乡镇活动，设立咨询台、悬挂横幅，发放《一部长“牙齿”的法律》宣传资料600册。到钦州学院、灵山县职业中专等学校开展新《环境保护法》宣讲活动，悬挂环保宣传横幅及摆放环保宣传展板60多块，学生代表宣读环保倡议书，并进行签名活动，参加活动的师生达4000多人。

环境新闻宣传　2014年，钦州市利用广西电视台、钦州电视台、《钦州日报》、钦州电台等新闻媒体对“绿色卫士·2014”环境安全专项检查、3次应急演练、新修订《环境保护法》宣传等活动进行跟踪报道。年内，全市各级环境保护部门向各大新闻媒体及上级环境保护部门报送政务信息106条，被广西电视台、中国新闻网、人民网、广西新闻网、《中国环境报》、《广西日报》、《钦州日报》、《北部湾晨报》等媒体采用，其中自治区环境保护厅门户网站采用32条。同时在钦州市广播电台开展政风行风热线活动，解答听众关心的环保热点问题。

环保法规培训　2014年，钦州市举办环保法律法规知识培训，培训内容涉及企业环境管理工作、新修订的《环境保护法》、《最高人民法院、最高人民检察院关于办理环境污染刑事案件适用法律若干问题的解释》等，钦南区、钦北区、钦州港区范围各企业环保工作负责人和工作人员、市级环境保护部门全体人员、县级环境保护局中层以上领导干部共250人参加了培训。

绿色创建活动　2014年，钦州市开展绿色学校（幼儿园）创建考评工作，命名钦州市绿色学校（幼儿园）3所。

【党的群众路线教育实践活动】 2014年，在开展党的群众路线教育实践活动中，钦州市环境保护局组织理论学习7次，专家授课2次，主要领导讲课3次，组织党员干部学习讨论4次，参与学习党员干部60多人，党员干部撰写心得体会120多篇，调研文章4篇。发放征求意见表150多份，收到班子意见和建议60多条，班子成员个人意见建议24条，督导组反馈班子问题3条，班子成员问题4条，班子自查“四风”问题4条，班子成员自查“四风”问题3条，在专题民主生活会上提出批评意见。根据群众提、自己找的方式列出领导干部个人整改清单，制订具体整改方案，落实整改。截至2014年底，完成整改率80%，全面梳理各项规章制度，形成一批制度成果。

2014年3月28日，钦州市环境保护局全体党员到钦州监狱开展群众路线党风廉政建设警示教育活动

【环保大事记】

一月

1月22日，自治区人民政府在钦州市召开北部湾近岸海域环境保护工作现场会议，全面部署今后一段时期北部湾近岸海域污染治理、生态保护等各项工作。自治区党委常委、自治区副主席林念修出席会议并作重要讲话。会议传达自治区党委书记彭清华对北部湾近岸海域海水水质下降问题的重要批示，指出沿海各地各部门要清醒认识北部湾近岸海域生态状况和海洋环境保护形势，切实增强责任感、紧迫感，牢固树立生态优先的理念，在保护中开发、在开发中保护，坚持预防为主、源头治理，全面加强海洋环境保护工作。

二月

2月28日，钦州市召开全市环境保护工作会议，自治区环境保护厅副厅长蹇兴超出席会议并讲话。会议首先播放环保污染警示教育视频，分析总结贺江重大水污染的经验教训，并听取钦州市环境保护局2013年环保工作情况汇报。蹇兴超指出，钦州市各级各部门要正确处理经济发展与环境保护的关系，严格控制氮氧化物、二氧化硫、化学需氧量和氨氮的排放。

三月

3月5日，钦州市环境保护局局党组由党组书记陈巨生、纪检组组长施志灵带队，分两个调研组到各县区开展党的群众路线教育实践活动调研。调研主要采取与县区环境保护局（分局）全体职工和企业代表进行座谈和发放征求意见表的方式，听取基层群众对环保工作的意见和建议。

四月

4月25日，钦州市环境保护局党组书记陈巨生带领污染防治科科长及钦南区分局局长到广西钦州中港皮业有限公司进行调研，征询意见和建议，为企业污染防治工作排忧解难。

五月

5月6日，钦州市长李新元主持召开市四届人民政府第32次常务会议，专题研究讨论全市环境保护工作问题。会议听取了钦州市环境保护工作汇报，要求全市上下要清醒认识钦州市的环境保护形势，切实增强环保责任感、危机感，牢固树立生态优先的理念，在保护中开发、在开发中保护，坚持预防为主、源头治理，全面加强环境保护工作，助推钦州可持续发展。

5月7日，钦州市环境保护局召开钦州市机动车环保分类标志管理培训会。就机动车排气年检及环保分类标志管理的背景情况、现实意义、主要问题及其解决思路、今后工作的目标要求进行介绍，并现场解释有关机动车环保检测收费标准、机动车环保检测资质申报、机动车环保分类标志核发等问题。

六月

6月18日，钦州市召开全市“十二五”后两年主要污染物总量减排工作推进会。市长李新元出席会议并作重要讲话，强调政府领导必须做到一把手亲自抓，按照主要污染物节能减排行政过错问责暂时办法和“十二五”减排目标责任书的要求严格考核问责。

七月

7月22日，经钦州市机构编制委员会研究决定，同意设立钦州市固体废物管理中心，为钦州市环境保护局管理的相当正科级财政全额拨款事业单位，核定事业编制5名。

八月

8月1日，钦州市正式核发机动车环保标志，核发地点有钦州市安顺机动车安全技术检测有限公司钦州站、钦州德天机动车检测有限公司、钦州君林机动车检测有限公司、钦州市安顺机动车安全技术检测有限公司灵山站、浦北县机动车辆综合性能检测站。

8月25日，钦州市环境保护局在钦州港开展“绿色卫士·2014”行动——钦州苯系物泄漏突发环境事件联合应急演练，旨在检验广西2小时应急圈内同时应对两场突发环境事件的能力，做好钦州市大型企业苯系物泄漏突发环境事件应急演练。自治区环境监测中心站、自治区海洋环境监测中心站、北海市环境保护局和防城港市环境保护局参与演练。自治区环境保护厅副厅长钟兵、钦州市副市长张鸿到现场观摩指导。

九月

9月3日，钦州市环境保护局召开全局干部职工会议，传达市纪委《关于在中秋、国庆节期间严禁用公款购买月饼等节礼的通知》，通报广西至2014年8月的11起党员领导干部因违反纪律受到党内警告处分的例子，强调节日加强廉洁自律、防微杜渐，确保警钟长鸣。

十月

10月19日，钦州市全面开展新《环境保护法》进乡镇、进学校宣传活动,提高社会各界对新《环境保护法》的认识,增强社会公众和企业的环境法治意识,营造全民学法、守法、用法的良好氛围。

十一月

11月6日,钦州市召开2014年第四季度主要污染物总量减排工作推进会。会议贯彻落实全自治区污染减排工作推进会精神,进一步加快推进全市主要污染物总量减排工作,确保完成2014年度污染减排目标任务。市长李新元、副市长何有成出席会议并讲话。

十二月

12月11日,钦州市环境保护局联合大寺镇人民政府和供电、工商、公安等部门,对位于大寺镇自来水厂门口的大寺镇木炭屑加工厂开展联合执法取缔检查,对该厂采取强行断电措施,彻底掐断了其再生产能力。

贵港市环境保护

【综述】 2014年,贵港市有市县(市、区)两级环境保护机构6个。全市环保系统加强能力建设,强化环境监管,严格执行环境准入制度,开展环境监测,推进污染减排及污染防治,加强农村生态文明建设。环境质量总体保持良好,达到各类功能区质量要求。中心城区空气质量保持在国家环境空气质量二级标准。辖区内主要河流监控断面水质达到国家地表水环境质量Ⅲ类以上标准。城镇集中式饮用水水源得到有效保护。

【规划与投资】 环境规划 2014年,贵港市按照2012年制订的《贵港市环境保护与生态建设第十二个五年规划(2011~2015)》,继续深入贯彻落实科学发展观、建设资源节约型社会和环境友好型社会。

环境投资 贵港市环境保护局环境投资专项资金支出2830.37万元,其中中央资金1112.22万元,地方资金1718.15万元。专项资金包括大气环境监测264.23万元,辐射监测11.09万元,重金属污染防治(基础能力建设)专项资金365.09万元,环境应急监测86.72万元,火电和水泥企业脱硝减排工程补助资金440万元,污染源自动监控设施社会化补助资金242.05万元,畜禽养殖治污减排工作275万元,农村环境综合治理项目(港南区大郑村、陈村饮用水水源保护项目)68.19万元,平南西山村岐山屯农村清洁治理项目18万元,三区两县(市)环保局基本能力建设110万元,三区两县(市)环境保护局生态治理项目支出100万元,重点污染减排项目建设补助和奖励支出850万元。

预算资金管理 2014年,贵港市环境保护局预算资金3139.02万元(含上级下拨资金),其中人员经费支出预算588.86万元,日常公用经费支出预算43.2万元,专项支出预算2506.96万元。全年实际支出3701.75万元(含往年结余),其中人员经费支出672.03万元,日常公用经费支出23.33万元,专项支出3006.39万元。

2014年预算资金3139.02万元全部到位。2014年贵港市环境保护局应支出预算资金4760.56万元(含往年结余资金),由于贵港市环境监测站环境监测业务用房项目、农村环境综合治理项目(港南区大郑村、陈村饮用水水源保护项目)、污染源自动监控设施社会化补助资金(补助企业)、重金属污染防治(基础能力建设)专项资金等项目没能如期支付,实际完成支出3701.75万元。

贵港市环境保护局对资金的管理严格按照《中华人民共和国预算法》、《中华人民共和国会计法》、《中华人民共和国政府采购法》、《行政事业单位财务管理制度》和《财政专项资金管理办法》等有关财经法律法规执行。采购物资、服务、工程先完善政府采购申报手续才能实行采购,各种费用严格按照报销制度审批,各种款项支出时严格审核支出手续,有效防止国有资金流失、挪用。2014年所有支出均在保证资金安全和支付手续合法合规的情况下完成。

专项资金项目管理 2014年,贵港市环境保护局专项资金项目资金支出3006.39元。在专项资金项目管理上做到专款专用,拨款手续完备,无挪用现象发生。

环保专项补助资金项目申报 2014年,环保专项补助资金项目共10项,具体为中国华电贵港发电有限公司1号、2号机组脱硝改造项目;华润水泥(平南)有限公司3×4000吨/天+2×4500吨/天熟料水泥生产线烟气脱硝技术改造项目;广西金源生物化工实业有限公司木薯深加工综合废水治理及沼气回收发电技改工程;广西贵港金田糖业有限公司综合污水处理站深度处理工程项目;广西贵港市恒丰化肥有限责任公司生产中的冷却水回收利用(闭路循环);广西贵港钢铁集团有限公司220平方米烧结烟气脱硫工程;广西贵糖(集团)股份有限公司制浆造纸废水深度处理工程;广西华怡纸业有限公司年产5万吨中高档生活用纸抄纸生产线技改扩建项目生产废水处理改造工程;贵港瑞康饲料有限公司新增15吨/时生物质蒸气锅炉技改工程项目和华润水泥(贵港)有限公司水泥熟料生产线窑尾烟气脱硝技术改造项目,补助资金为850万元。

【政策与法规】 法制建设 2014年,贵港市环境保护局成立依法行政领导小组,负责领导、指导、检查和监

督全局依法行政工作。制定重大行政决策合法性审查制度，规范依法决策，加快法治机关建设。对行政审批事项进行清理，保留行政许可10项、非行政许可3项。制定行政执法工作制度、行政执法监督检查制度，印发《贵港市环境行政处罚主要文书制作指南》，统一规范执法文书。开展行政执法案卷评查工作，有效规范行政执法行为。开展对党政干部、环保执法人员、企业法人以及社会公众的环境法制教育，共培训环保执法人员和企业法人1200余人。2014年，贵港市环境保护局被授予贵港市第三批依法行政示范单位。

行政处罚　2014年，贵港市环境保护局对11起环境违法行为依法作出行政处罚，罚款总金额119866元，其中市本级查处4起。企业环境违法行为主要有超标排放污染物、环保设施不正常运行和未批先建3类环境违法行为。

绿色信贷　2014年，贵港市环境保护局共向人民银行贵港中心支行通报贵港市企业环境信息341条。其中，企业环境违法信息11件，企业建设项目环境影响评价审批信息261件，企业建设项目环境保护设施竣工验收信息69件，实施强制性清洁生产审核企业信息0件。

【机构改革与人事】　机构调整　2014年3月，贵港市机构编制委员会批复同意成立贵港市环境保护技术中心，在贵港市环境监测站挂牌，实行“一套人马，两块牌子”管理。主要职责是开展环境影响评价相关技术辅助服务和环境影响评价相关技术政策研究、咨询工作。2014年9月，经贵港市机构编制委员会批复，同意设立贵港市固体废物管理中心，为市环境保护局管理的相当正科级全额拨款事业单位，核定事业编制5名。主要职责是开展固体废物污染防治和综合利用技术研究，推广、交流、培训和宣传工作。

人事任免　2014年9月，经贵港市环境保护局党组研究决定，任徐德成为贵港市环境保护局污染物排放总量控制科科长，任李波为贵港市环境监察支队支队长；10月，中共贵港市委员会任吴飞为中共贵港市环境保护局党组书记，免去郑海平中共贵港市环境保护局党组书记职务；12月，任黄国峰为贵港市环境保护局规划财务科科长，任农强为贵港市环境应急与事故调查中心主任。

人才队伍建设　2014年，贵港市环境保护局按照全自治区干部教育培训的总体规划要求，围绕环境保护中心工作，结合年内开展党的群众路线教育实践活动和十八大三中全会报告等学习活动，制订《关于印发2014年贵港市环保系统干部培训计划的通知》、《市环境保护局党组中心组学习计划》，贵港市环境保护局局机关和下属各单位（科室）深入开展群众路线教育实践活动计划，并认真组织实施。分期分批组织在职干部参加上级业务部门和市委、市人民政府举办的各类培训学习。年内举办群众路线教育实践活动学习讲座6次，共700多人次；环境业务知识培训班6期，600多人次；组织公务员（参照管理人员）参加2014年贵港市公务员全员培训学习；组织参照公务员管理人员参加2014年贵港市参照管理人员《公务员法》知识全员培训学习，有效提高了干部职工的政治理论和业务水平。此外，2014年，经贵港市公务员局批复，贵港市环境保护局录用5人为贵港市环境监测站参照公务员管理单位工作人员，试用期1年；贵港市环境应急与事故调查中心应有在编人员5名，已到位4人，人员条件符合能力建设要求。

【环境科研与管理】　清洁生产与循环经济　2014年，贵港市开展清洁生产审核重点企业有5家，分别为广西贵港格雷蒙锑品有限公司、广西西江化工有限责任公司、中国华电集团贵港发电有限公司、台泥（贵港）水泥有限公司和广西远辰锰业有限公司。贵港市环境保护局按要求督促企业在网站上公布其主要污染物排放情况，如期开展清洁生产审核工作。截至2014年底，贵港市环境保护局严格按照《广西重点企业清洁生产审核评估、验收技术细则》，对广西贵港格雷蒙锑品有限公司、广西西江化工有限责任公司、中国华电集团贵港发电有限公司、台泥（贵港）水泥有限公司进行清洁生产审核评估或验收。

环境科研项目　2014年，贵港市环境保护局对贵港市饮用水水源环境状况进行核查，编写《2014年度贵港市饮用水水源环境状况自查报告》。此外，贵港市环境保护局根据《贵港市人民政府办公室关于印发大气污染防治行动工作方案的通知》（贵政办〔2014〕11号）、《环境保护厅办公室关于印发落实自治区大气污染防治行动工作任务分工方案的通知》（桂环函〔2014〕104号）、《贵港市环境保护局关于印发落实自治区大气污染防治行动工作任务分工方案的通知》（贵环〔2014〕23号）等文件要求，开展大气污染物源解析工作，至2014年底做好前期准备工作，编制完成工作方案初稿。

【环境质量】　2014年，贵港市环境质量总体保持良好状态，均达到各类功能区质量要求。贵港市城区空气质量保持在国家环境空气质量二级标准。辖区内主要河流监控断面的水质达到国家地表水环境质量Ⅲ类以上标准。城镇集中饮用水源得到较好保护。

环境空气质量　2014年，贵港市共设国控监测点位4个，分别为荷城子站、贵城子站、江南子站和德智子站，其中德智子站为对照点（其点位监测数据不参与统计),进行每日24小时连续自动监测。监测项目包括二氧化硫、二氧化氮、可吸入颗粒物。全年二氧化硫、二氧化氮、可吸入颗粒物共获监测数据2709个。其中,二氧化硫共获监测数据910个,日均浓度范围在0.001~0.062毫克/立方米之间,二氧化硫年日均浓度为0.013毫克/立方米,符合《环境空气质量标准》(GB3095-1996)中的二级标准,年超标率为0;二氧化氮监测共获数据911个,日均浓度范围在0.002~0.102毫克/立方米之间,年日均浓度为0.029毫克/立方米,符合《环境空气质量标准》(GB3095-1996)中的二级标准,年超标率为0;可吸入颗粒物共获监测数据888个,日均浓度范围在0.012~0.253毫克/立方米之间,年日均浓度为0.074毫克/立方米,符合《环境空气质量标准》(GB3095-1996)中的二级标准,年超标率为7.7%。与上年相比,二氧化硫年平均浓度下降0.002毫克/立方米,二氧化氮上升0.005毫克/立方米,可吸入颗粒物下降0.005毫克/立方米。城区空气质量全部达到二级标准,综合污染指数比上年有所下降,空气质量有所好转。年内,贵港市城区环境空气API指数范围在46~94之间,优良率为95.9%,大气质量级别为Ⅱ级,首要污染物为可吸入颗粒物。

地表水环境质量　河流水质　2014年,贵港市河流水质监测布点设有1个国控监测断面和3个区控监测断面:郁江港北区河段的火电厂断面(区控)、黔江桂平河段的白额断面(区控)、浔江桂平河段的石嘴断面(国控)、浔江平南县河段的武林渡口断面(区控)。每个断面设左、中、右3个测点,共12个。每月采样1次。河流水质监测项目共25项,2014年共获监测数据3456个。所有监测断面年均值均符合Ⅲ类水功能区目标要求,与2013年相比,水质无明显变化。

饮用水水源水质　2014年,贵港市对本辖区1个集中式饮用水水源地进行水质监测,采样点位为龙床井水厂抽水口,设左、中、右3个测点,监测频率为每月监测1次,监测项目61项。评价按《地表水环境质量标准》(GB3838-2002)Ⅲ类水标准执行。2014年共获饮用水水质监测数据2947个,水质达标率为100%。

声环境质量　2014年,贵港市环境监测站对贵港市进行环境噪声监测,主要监测项目有道路交通噪声、城市建成区区域环境噪声和功能区噪声监测,共获监测数据5340个。

道路交通声环境质量　2014年,贵港市区道路交通昼间噪声平均值为70.5分贝,比2013年昼间噪声平均值(73.0分贝)下降2.5分贝,噪声强度等级属三级。

城市区域声环境质量　2014年,贵港市城市建成区区域环境昼间噪声平均值为56.6分贝,比2013年昼间噪声平均值(58.6分贝)下降2.0分贝,噪声总体水平等级属三级。

功能区声环境质量　2014年,贵港市功能区噪声布设监测点位8个,共4个类别功能区。这4个类别功能区的等效声级季度均值昼间、夜间均不超标,年均值昼间、夜间也均不超标。

【核辐射环境质量】　截至2014年底,贵港市无辐射环境监测能力,无法了解掌握辖区内核辐射环境质量。

【污染物减排】　*减排政策措施*　2014年,贵港市以加快火电、水泥企业脱硝、规模化畜禽养殖减排和机动车排气污染防治为重点,着力推进重点行业重点领域污染减排工作。2014年2月,在全自治区率先提前执行国家水泥、火电大气污染物排放新标准,对2台火电机组和11条水泥生产线实行氮氧化物总量控制管理。通过督促相关水泥生产企业进一步完善水泥脱硝设施的中控系统,强化对已建成减排设施的运行监督,建立完善运行台账等措施,确保脱硝效率,发挥减排效益。年内,贵港市环境保护局会同水产畜牧等部门,强力推进农业源(规模化养殖业)减排工作,共安排387家养殖场污染治理项目,总投入4600多万元,至2014年11月底所有项目全部完成建设,完成率100%。此外,联合公安交警部门全面开展机动车绿色环保标志发放工作。通过开展新注册、在用机动车以及转入、注销车辆和转出外省的车辆的环保检验合格标志发标工作,提高二手车准入门槛,逐步淘汰高污染排放车辆,实施机动车环保管理,切实减少机动车污染物排放,有力推动贵港市机动车污染防治工作。2014年贵港市新注册车辆的环保标志发放率达100%,在用车辆环保标志发标率达86%,注销车辆和转出外省的车辆环保标志核发率达100%。淘汰黄标车、报废老旧机动车7625辆,全面完成自治区下达贵港市车辆环保标志发放工作任务,有力促进高排放车辆的更新淘汰。年内,贵港市3个机动车排气检测站全部建成并投入试运行。完成推行国Ⅳ油品升级工作,贵港辖区内实现油品全面升级。

减排督查与监管　2014年,贵港市加强重点减排工程项目建设的调度和监督指导,从年初开始对重点减排工程项目进行调度,对重点减排项目加大现场督查力度。年内共下发减排项目限期整改通知书7份,确保年度减排项目按期实施完成。同时,结合日常监察及环保专项行动,继续实行火电、水泥企业和城镇污水处理设施运行月报制度,进一步强化对已建成减排设施的日常监督,确保设施正常运行。2014年共检查企业1000多家次,检查环保污染治理设施6000多台(套)次,确保污染治理设施发挥应有的减排效益。此外,贵港市把排污许可证管理工作作为"十二五"污染减排工作的重要抓手,全面推动贵港市排污许可证制

度落实与健全，进一步规范排污许可证管理，切实把排污许可、总量控制、污染减排等重点工作紧密结合起来，督促企业加强污染治理与管理，确保污染源监管工作落到实处，从源头杜绝环境污染事件的发生。

减排重点项目 2014年，贵港市列入2014年总量减排目标责任书重点减排项目共3个，分别是贵港市江南污水处理厂、广西桂平立泰隆针强印染有限公司废水深度治理项目及桂平市中联畜牧有限公司养殖废水治理项目。至2014年底，贵港市江南污水处理厂项目进入设备安装调试阶段；广西桂平立泰隆针强印染有限公司废水深度治理项目完成项目建设并通过环保竣工验收；桂平市中联畜牧有限公司养殖废水治理项目，由于该养殖场处于桂平市陶瓷工业园区内，随着工业园区的发展，不适宜再进行养殖，桂平市人民政府已下文实施关停搬迁。

【环境影响评价】 *规划环评* 2014年，贵港市环境保护局完成《桂平市蒙圩镇龙门工业区规划》（修编）环境影响评价审批工作。

建设项目环评 2014年，贵港市环境保护局认真执行《中华人民共和国环境影响评价法》、《建设项目环境保护管理条例》及其他法律法规的相关规定，严把建设项目环保审批关，严格控制新污染源的产生。2014年全市共审批建设项目环境影响评价文件数量820个，其中市本级审批210个（报告书56个，报告表92个，登记表62个），县（市、区）环境保护局审批610个（报告表187个，登记表423个），按时办结率100%。

重大项目环评 2014年，贵港市大藤峡水利枢纽工程项目、贵港中心港石卡郁水作业区浙商码头工程项目、广西平南县恒祥钙业有限公司扩建年产20万吨纳米碳酸钙项目，以及西江流域文化城（一期）项目4个重大项目被列入2014年自治区层面统筹推进重大项目的绩效考核，均按期完成环评审批工作。

试生产环境管理 2014年，为提高建设项目竣工环保验收合格率，贵港市环境保护局加强试生产环保管理，严格要求建设项目按规定申请试生产。对不按环评审批要求，污染防治措施落实不到位、达不到试生产环保条件的建设项目，依法要求其进行整改、配套完善环保措施后才准予进行试生产活动。2014年累计同意22个建设项目进行试生产。

建设项目竣工环保验收 2014年，贵港市环境保护局加快建设项目竣工环保验收工作，对从2006~2014年环评审批的1000多个建设项目进行整理归类，加大“三同时”（同时设计、同时施工、同时投运）现场督查，确保建设项目“三同时”制度落到实处，全年共完成竣工环保验收项目101个（报告书项目4个，报告表项目58个，登记表项目39个），其中市本级共验收项目78个（报告书项目4个，报告表项目36个，登记表项目38个），全市建设项目“三同时”执行率和验收合格率均达100%。

政务窗口管理 2014年，贵港市政务服务中心环保窗口（以下简称“环保窗口”）根据《贵港市人民政府办公室关于印发贵港市行政审批规范化建设年主题活动实施方案的通知》（贵政办通〔2014〕45号）精神，结合市委党的群众路线教育实践活动，进一步深化行政审批制度改革，简化行政审批流程，规范行政审批行为，提高行政审批效率。贵港市环境保护局行政许可和非行政许可项目及便民服务事项共16项全部纳入广西政务服务业务通用软件V3.0版，接受电子监控，实行阳光审批，承诺时限在法定基础上压缩50%，提高了行政审批效率。2014年，环保窗口受理行政审批项目及便民服务事项共2976件，办结行政审批项目及便民服务事项共2968件，咨询件53件，比2013年同期大幅增加。环保窗口现场办结率为100%，比2013年提高6.1%；全年项目提前办结率为98.8%，按时办结率为99.9%，群众评议率为100%，群众满意度为100%，全年无群众投诉事件发生。至2014年底，环保窗口经过贵港市政务服务中心量化考核评比获得“红旗窗口”殊荣。环保窗口工作人员刘瀛方在2014年1月、6月、11月、12月分别被评为优秀窗口工作人员，并荣获“服务之星”称号。

环评技术评估 2014年3月14日，贵港市机构编制委员会《关于同意成立贵港市环境保护技术中心的批复》（贵编〔2014〕1号）同意成立贵港市环境保护技术中心。贵港市环境保护技术中心成立后，先后制定《贵港市环保局建设项目环境影响评价文件审批程序规范（试行）》、《贵港市环境保护专家库管理办法》、《贵港市环境影响评估中心环评文件技术评估监督管理制度》、《贵港市环境影响评价评估中心技术评估工作纪律》、《贵港市环境影响评价评估中心建设项目环境影响评价技术评估工作程序》、《建设项目环评报告技术评估工作流程》和《建设项目环评文件专家评审会议规程》等系列规章制度。全年累计完成50个建设项目的环境影响报告书技术评估，评估报告完成率达100%。技术评估实行留痕管理，从会议通知、评估材料、技术报告书（表）、专家评估意见、中心评估意见等都整理形成档案，存于贵港市环境保护技术中心档案室。

环评机构监督管理 2014年，贵港市环境保护部门加强对广西桂贵环保咨询有限公司（贵港市环境保护科学研究所由原具有国家环评乙级资质属事业单位改制转型为民营公司，是贵港市辖区内唯一一家拥有环评乙级资质的单位）的日常监管工作，基本做到环评改制“确保资质不降、队伍不散、业务不间断、环评质量

不下降”的要求。同时对在贵港市开展环评业务的环评机构，按自治区环境保护厅及贵港市环境影响评价机构管理规定》(2012年)的相关要求，对贵港市辖区三区两市(县)(覃塘区、港北区、港南区、桂平市、平南县)的环评审批部门加强日常沟通、业务指导工作。此外，配合自治区环境保护厅对贵港市辖区内的环评机构及区、县环境保护部门进行现场检查，环评质量抽查进行日常检查工作。对贵港市辖区外的环评单位南京国环环境科技发展股份有限公司进行环评质量抽查，抽查出项目环评的环境现状交代不清，区域地表水系不明晰等情况，并责成南京国环环境科技发展股份有限公司及时整改。对所辖区、县环境保护部门的环评审批情况、材料归档等规范建设情况进行抽查，整体情况符合要求。

【环境监测】 2014年，根据国家环境监测规范要求，贵港市环境监测站完成贵港市城区环境空气、降水、地表水、饮用水、噪声等监测，以及国控重点污染源监督性监测和其他工业污染源的委托监测任务；按时上报城市环境空气日报、河流水质监测、自动监测水质月报、城市集中式饮用水水源地水质月报；按时完成编制污染源监测季报、年度环境质量概要和年度环境质量报告书等。

环境空气质量监测 2014年，贵港市共设置4个区控监测点位(贵城子站、江南子站、荷城子站和德智子站，德智子站为对照点，数据不参与统)对本市城市环境空气质量进行自动监测，监测项目为二氧化硫、二氧化氮、可吸入颗粒物等6项。全年贵港市二氧化硫、二氧化氮、可吸入颗粒物共获监测数据2709个。其中，二氧化硫年日均浓度为0.013毫克/立方米，二氧化氮年日均浓度为0.029毫克/立方米，可吸入颗粒物年日均浓度为0.084毫克/立方米。环境空气API指数范围在46~94之间，优良天数350天，优良率为95.9%，大气质量级别为Ⅱ级，首要污染物为可吸入颗粒物。

$PM_{2.5}$监测 2014年，根据环境保护部统筹安排及自治区环境保护厅《2014年全区环境监测工作要点》的要求，贵港市环境空气自动监测能力建设项目在现有城市环境空气质量监测网络基础上进行更新完善，在全市4个空气自动监测子站新增细颗粒物($PM_{2.5}$)、一氧化碳(CO)、臭氧(O_3)3个项目的监测能力。至2014年12月，贵港市4个空气自动站全部安装$PM_{2.5}$六参数仪器，同时按照国家空气新标准的要求，空气自动站采集到的实时监测数据在各种公众平台同步发布。

降水监测 2014年，贵港市区的降水常规监测共设置2个区控监测点位，分别为庆丰一中、贵港市环境监测站。监测项目为：pH值、降雨量、硫酸根离子、硝酸根离子、电导率、氟离子、氯离子、铵离子、钙离子、镁离子、钠离子、钾离子共12项指标，监测频次为逢雨必测。降水酸度(pH值)以pH $>$ 5.6作为划分酸雨的界限。年内，贵港市区监测降水248场次，获降水监测数据2976个，降水的pH值范围为4.12~7.10，pH年均值为6.08。其中，pH值小于标准值5.6的降水15场次，酸雨频率达6.0%。2014年贵港市降水的pH年均值(6.08)较上年(6.05)上升0.03个pH值单位，年酸雨频率(6.0%)较上年(7.1%)下降1.1个百分点，表明酸雨污染较上年有所减少。

地表水环境监测 2014年，贵港市共获河流水质监测数据3456个，4个区控江河水质监测断面(郁江港北区河段的火电厂断面、黔江桂平河段的白额断面、浔江桂平河段的石咀断面、浔江平南县河段的武林渡口断面)的水质类别为Ⅲ类水质，达到国家《地表水环境质量标准》(GB3838-2002)的Ⅲ类标准。

饮用水环境监测 2014年，贵港市集中式饮用水水水源地监测断面为龙床井抽水口。全年共获水质监测数据2947个，饮用水水源地水质达标率为100%。

声环境监测 2014年度，贵港市环境监测站进行城市声环境质量监测，主要监测项目有城市道路交通噪声、区域环境噪声和功能区噪声，共获监测数据5340个。年内，贵港市环境监测站对辖区23个市区道路交通噪声点位进行道路交通昼间噪声监测，市区道路交通昼间噪声平均值为70.5分贝，噪声强度等级属三级；贵港市城市建成区区域环境昼间噪声平均值为56.6分贝，属轻度污染；贵港市功能区噪声布设监测点位8个，4个类别功能区的等效声级季度、年均值昼间、夜间均不超标。

重点污染源监督性监测 废气国控重点污染源监督性监测 2014年，贵港市废气国控重点污染源企业有11家，其中中国华电集团贵港发电有限公司由自治区环境监测中心站负责监测，其余10家企业由贵港市环境监测站进行监测。废气监测项目有烟道气参数、烟尘、二氧化硫、氮氧化物4项。根据环境监察人员对辖区内废气国控重点污染源的现场检查，2014年第一季度10家企业全部正常生产，监测完成率达100%，共获监测数据801个；第二季度9家企业正常生产(1家季节性停产)，监测完成率达100%，共获监测数据552个；第三季度8家企业正常生产(1家季节性停产，1家因市场原因停产)，监测完成率达100%，共获监测数据540个；第四季度9家企业正常生产(1家不具备监测条件)，监测完成率达100%，共获监测数据627个。全年贵港市国控废气污染源监督性监测共获监测数据2520个。

废水国控重点污染源监督性监测 2014年，贵港市废水国控重点污染源企业共12家。废水监测项目有PH、悬浮物、生化需氧量、化学需氧量、硫化物、氨

氮、石油类、色度、流量共9项。根据环境监察人员对辖区内废水国控重点污染源的现场检查，2014年第一季度有11家企业正常生产（1家不具备监测条件），正常运行的企业污染源监督性监测完成率达100%，共获监测数据544个；第二季度有9家企业正常生产（3家季节性停产9），正常运行的企业污染源监督性监测完成率达100%，共获监测数据404个；第三季度有6家企业正常生产（3家季节性停产，1家因设备及环保设施改造停产，1家因市场原因停产，1家不具备监测条件），正常运行的企业污染源监督性监测完成率达100%，共获监测数据276个；第四季度有11家企业正常生产（1家不具备监测条件），正常运行的企业污染源监督性监测完成率达100%，共获监测数据588个。全年贵港市国控废水污染源监督性监测共获监测数据1812个。

国控污水处理厂污染源监督性监测 2014年，贵港市有国控污水处理厂3家，废水监测项目有pH、化学需氧量、五日生化需氧量、氨氮、总氮、总磷、悬浮物、动植物油、石油类、阴离子表面活性剂、色度、粪大肠菌群、总汞、总铬、总镉、六价铬、总铅、总砷、流量共19项。根据环境监察人员对辖区内国控污水处理厂污染源的现场检查，第一季度3家国控污水处理厂全部正常生产，正常运行的企业污染源监督性监测完成率达100%，共获监测数据272个；第二季度3家国控污水处理厂全部正常生产，正常运行的企业污染源监督性监测完成率达100%，共获监测数据272个；第三季度3家国控污水处理厂全部正常生产，正常运行的企业污染源监督性监测完成率达100%，共获监测数据272个；第四季度3家国控污水处理厂全部正常生产，正常运行的企业污染源监督性监测完成率达100%，共获监测数据272个。全年国控污水处理厂污染源监督性监测共获监测数据1088个。

【污染防治】 *重点流域水污染防治* *工业污染源治理项目建设* 2014年，根据贵港市郁江流域重点水污染源的分布及其排污情况，贵港市环境保护局分别对市域范围内的生活污染源和工业污染源从政策和技术方面提出相应的治理措施，并根据贵港市水环境容量核算分析结果，提出总量控制要求及其相应的措施；对贵港市境内各个水源地保护区的现状分析，提出水源地保护区保护措施。年内，贵港市绍红纸业有限公司造纸废水气浮深度处理项目、广西贵糖（集团）股份有限公司废水深度处理项目（厌氧＋好氧＋深度处理）、广西贵港金田糖业有限公司废水深度治理项目（厌氧＋好氧＋深度处理）、广西贵港珠露食品有限公司结构减排项目（全厂关停）等4个项目均完成工业污染源治理项目建设。广西桂平立泰隆针织印染有限公司纺织印染废水深度治理＋节水项目完成项目建设并投入运行。

农村污水直排整治 针对农村污水直接排放的问题，贵港市环境保护局以加快推进农村环境连片整治示范项目建设为切入点，大力实施乡村生活污水处理。至2014年底，全市2011~2012年度农村环境连片整治示范项目均完成验收，建成污水治理设施33套，日处理生活污水达2740吨，生活污水处理率达70%以上。

畜禽养殖污水整治 2014年，在畜禽养殖污水处理方面，贵港市共投入4600多万元，安排381家养殖场污染治理项目，至2014年11月底所有项目均完成建设，完成率100%，削减化学需氧量（COD）2713.37吨，削减氨氮（NH3-N）532.70吨。

城镇污水整治 在城市污水集中处理情况方面，贵港市加大投入，进一步加快现有污水处理厂配套管网建设，大力推进贵港、桂平、平南城区污水集中排放口截污工程，完成2014~2015年贵港市（含三区两县市）计划实施的103.02公里污水管网建设任务，提高污水收集率和处理率。

大气污染防治 2014年，贵港市认真贯彻落实国务院《大气污染防治行动计划》，以完成贵港市人民政府与自治区人民政府签订的《大气污染目标责任书》目标任务为工作重点，全面推进全市大气污染防治工作。组织制订《贵港市大气污染防治行动工作实施方案》和《贵港市2014年度大气污染防治实施计划》，并由市人民政府颁布实施，明确大气污染防治工作年度目标任务。会同商务、工商、质监局等部门组成车用燃油专项整治工作小组，在全市范围内开展车用燃油市场专项整治行动，落实国Ⅳ标准车用燃油的供应及加油站、储油库、油罐车的油气回收治理。主动配合市政管理部门严格控制道路扬尘和建筑扬尘污染，着力改善城区空气环境质量。加强与市工业和信息化委沟通，开展燃煤小锅炉的淘汰工作。组织实施列入《贵港市2014年度大气污染防治实施计划》的工业企业污染治理项目，完成广西西江化工有限责任公司硫酸转化系统及尾气吸收塔技术改造等3个二氧化硫治理项目，年削减二氧化硫排放850多吨。完成台泥（贵港）水泥有限公等3家大型旋窑班干法水泥企业11条生产线和华电贵港公司2台火电机组共13个烟气脱硝治理工程项目，预计年削减氮氧化物排放11157吨。对华润水泥等4条水泥生产线进行除尘系统电改袋技术改造升级，开展工业烟（粉）尘治理共5项，提高烟粉（尘）处理效果，减少烟（粉尘）污染。

噪声污染防治 2014年，贵港市认真贯彻落实噪声污染防治法律法规，强化环境噪声监督管理，着力改善城市声环境质量。

源头控制　贵港市对在中心城区范围内新建设存在高噪声源的项目，要求在环评审批时明确配套隔音降噪措施或优先选择低噪声源设备；已建成的高噪声源项目在竣工环境保护验收时，要求逐步改用低噪声源设备降低噪声。对餐饮娱乐KTV建设项目，要求选址必须是周边没有集中居住区为主的环境敏感点，严格控制在居住为主的商住楼内或居民居住区附近新建娱乐场所建设项目。

社会生活噪声整治　贵港市对市民反映较大的文化娱乐场所和商业广告等噪声扰民现象，加大噪声监管力度，关停噪声严重超标的贵港行政中心广场露天演艺场所，对噪声超标的餐饮娱乐KTV场所限期整改治理。

严控城区道路交通噪声　贵港市开展机动车禁鸣宣传活动，限制入城车辆行驶范围，禁止大型货车白天交通繁忙时段在城区通行。

建筑施工噪声监管　贵港市严格审批建筑工地夜间施工作业环保手续，加大建筑施工工地现场环境监察频次，对监察巡查中发现存在噪声扰民行为的坚决给予制止。

工业噪声治理　贵港市配合城管、工商管理部门加强对装修材料加工、金属门窗加工等制作企业和个体经营户监管，禁止在噪声敏感建筑物集中区域内设立加工场所和占用道路作为加工场地，确保工业企业边界噪声符合所在区域的噪声环境标准。尤其是对搬迁至中心城区永达建材市场内多家存在较严重噪声污染的石料加工工厂（企业）加大监管力度。

饮用水水源保护　2014年，贵港市完成乡镇集中式饮用水水源保护区划定，编制完成三区两县市乡镇饮用水水源保护区划分技术报告。完成城市集中式饮用水水源环境状况年度评估，并组织开展2014年度贵港市集中式饮用水水源（泸湾江水源）水质状况和环境管理状况评估自查工作，完成数据采集系统填报及《自查报告》编制工作。着力解决泸湾江饮用水水源保护区二级保护区内生活污水未收集处理的问题。此外，由贵港市覃塘区和港南区人民政府牵头，贵港市环境保护局、财政局积极配合，结合开展“清洁水源”活动，在石卡镇、大岭乡等28个行政村148个自然屯，实施农村环境连片整治示范项目建设，项目总投资2142万元，建设农村集中式生活污水处理设施27套，日处理废水能力1510吨，配套污水收集管网48.2千米。截至2014年底，完成污水处理设施主体工程27套。启动水质自动监测站建设，贵港市环境监测站每月对泸湾江取水口饮用水水源地取样监测1次，监测分析项目61项，每年取1次水样送自治区环境监测中心站和南宁市环境监测站进行109项水质全分析。贵港市水利局按照自治区水利厅统一规划水源地全方位监控建设的规定，于2014年12月底完成贵港市郁江（泸湾江）饮用水水源地水质自动监测站建设，对水源地进行全方位监控。

重金属污染防治　2014年，贵港市环境保护局完成列入《广西重金属污染综合防治“十二五”规划》重金属污染防治企业贵港市金地矿业有限责任公司清洁生产审核项目和平南县华锌化工有限责任公司落后产能淘汰项目（自行淘汰），实现废水中重金属污染物削减量，其中铅9.906千克/年、汞0.065千克/年、镉0.57千克/年、砷2.08千克/年。

重点行业污染防治　2014年，贵港市环境保护局制订重污染企业环保搬迁计划，组织开展贵糖集团公司制糖造纸产业搬迁的前期工作，配合工业主管部门编制完成《贵港工业园区主导产业布局规划（2014~2020年）》和《粤桂循环经济产业园规划》。狠抓水泥、火电、钢铁等重点行业的除尘、脱硫、脱硝设施升级改造建设，完成华电贵港发电有限公司、华润（贵港）水泥有限公司等火电水泥行业脱硝设施建设；完成广西贵港钢铁集团有限公司烧结机脱硫和广西西江化工有限责任公司脱硫工程建设，在脱硫的同时提高除尘效率少烟粉尘排放总量。组织开展火电水泥行业“电改袋”的除尘设施升级改造，完成华润（贵港）水泥有限公司和华润（平南）水泥有限公司等4条水泥生产线“电改袋”除尘设施升级改造工程。

固体废物管理　2014年，贵港市产生固体废物的工业企业600多家，产生危险废物的工业企业有30多家，产生医疗废物的各类卫生机构690多家，每年产生工业固体废物约350万吨，工业危险废物约70吨，医疗废物约1800吨。城市生活垃圾每年产生量约30万吨，城市污水处理厂每年产生污泥约6500吨。

工业固体废物　2014年，贵港市工业固体废物产生量269.63万吨，综合利用量252.32万吨，处置量4.03万吨，贮存量13.28万吨，工业固体废物排放量为0。主要工业固体废物有炉渣、冶炼废渣、粉煤灰、脱硫石膏及造纸滤泥等固体废物。其中冶炼炉渣、污泥、脱硫石膏全部实现综合利用，炉渣、粉煤灰、造纸滤泥等大部分实现综合利用，其余小部分进行安全处置。

医疗废物　为贯彻《医疗废物管理条例》、《广西壮族自治区医疗废物管理办法》，进一步加强贵港市医疗废物管理工作，根据《关于印发开展医疗废物防治专项大检查行动实施方案的通知》（贵环固废〔2014〕6号）要求，2014年贵港市开展医疗废物污染防治专项大检查行动，对全市94家医疗卫生机构进行检查，进一步规范医疗废物管理工作，切实做好医疗废物污染防治，使贵港市医疗废物监管工作上一个新台阶。年内，贵港市医疗废物无害化处理站的医疗废物处置量为1870

吨，辖区内无医疗废物污染事故发生。

危险废物管理 2014年8月，贵港市开展危险废物规范化管理检查，由贵港市固体废物管理中心负责人带队对贵港市辖区范围内涉危企业进行危险废物规范化管理督查及指导，规范危险废物污染防治管理，有效预防和遏制危险废物环境污染事件的发生，切实维护环境安全。年内，自治区环境保护厅危险废物督查考核小组抽查考核贵港市7家危险废物产生企业，其中有6家企业抽查考核达标，1家企业抽查考核基本达标，贵港市危险废物规范化管理抽查考核总体合格率为96%。2014年贵港市未发生危险废物污染环境事件。

危险化学品管理 2014年7月，贵港市环境保护局派员参加自治区环境保护厅举办的广西危险化学品环境管理登记培训。根据培训会议精神及环境保护部《化学品环境风险防控"十二五"规划》相关要求，贵港市正式启动危险化学品生产、使用情况全面调查，同时开展危险化学品环境管理登记的前期工作。2014年8月，贵港市环境保护局制订《贵港市2014~2015年度危险化学品环境管理登记工作计划》，到2015年底前全面完成贵港市辖区内危险化学品环境管理登记工作，进一步促进贵港市危险化学品环境管理工作标准化、规范化。

【生态保护和建设】 *试点示范创建* 2014年，贵港市环境保护局积极组织各县（市、区）开展自治区级生态村申报工作，年内全市有平南县大安镇订木村、平南县思旺镇花石村、覃塘区石卡镇鹤心村、覃塘区大岭乡金沙村等4个行政村获得自治区级生态村命名。

生态建设资金 2014年，贵港市有广西桂平市西山碧水茶园有限公司原生西山茶提纯复种示范科技园项目和广西逸佳公司平南有机龙眼生产基地建设项目获得生态广西建设引导资金补助。项目总投资1803万元，其中生态广西建设引导资金补助85万元。截至2014年底，广西桂平市西山碧水茶园有限公司原生西山茶提纯复种示范科技园项目累计完成繁育原生态西山茶种茶苗200亩，种植提纯原生态西山茶560亩；广西逸佳公司平南有机龙眼生产基地完成建设项目，并通过项目验收。

农村环境综合整治 2014年，贵港市按照"突出重点、全面覆盖"的原则，加大"清洁水源"专项活动工作力度。针对突出的水环境问题，围绕畜禽养殖污染治理，村中水塘、沟渠清淤，水源地保护设施建设，农村环境连片整治等主要任务，组织群众全面、彻底清理乡村水井、水塘、小河流、排水沟、下水道堆积和水面漂浮的生活垃圾，清理村庄畜禽粪堆，清理污染严重池塘、沟渠的沉积污泥，建设水源地保护设施，开展农村环境连片整治。全市完成规模养殖场（小区）治理387家；建成畜禽养殖废弃物综合利用试点12个；清理污染严重池塘370个、沟渠650条；建设饮用水源地围栏396处，设置饮用水源地标志牌534个；建立乡镇环保站10个；建成农村生活污水集中处理设施27座和沿江农村污水处理试点8座，购置生活垃圾收集转运设备一批。

【核与辐射安全监管】 *核技术应用和电磁辐射设施* 截至2014年底，贵港市有辐射安全许可证的单位23家，放射源78枚，Ⅱ类射线装置8台；Ⅲ类射线装置使用单位107家，共有射线装置131台；暂无废旧金属回收熔炼单位以及伴生放射性矿开发利用单位。年内，贵港市环境保护局按照要求对移动通信基站等电磁辐射设施进行现场核查，同时完善环保手续，消除电磁辐射环境隐患。

辐射安全管理和监督检查 2014年，贵港市环境保护局开展核技术利用单位环保验收工作，印发《关于开展核技术利用建设项目竣工环境保护验收工作的通知》，对全市Ⅲ类射线装置单位组织验收，依法依规换发2个单位的辐射安全许可证。年内，为保障贵港市核技术利用事业健康有序发展，防止辐射事故发生，贵港市核与辐射监督管理站开展2次放射源日常检查工作，在全市范围内组织开展1次核与辐射环境风险和安全隐患检查的工作，确保"两会一节一赛"期间辐射环境安全。此外，贵港市成立核与辐射安全排查行动组，由分管领导负责领导工作，认真查找核技术利用中存在的问题和潜在隐患，及时发现并纠正核技术利用中的违法违规行为，使贵港市放射源利用单位的辐射安全与防护工作更加规范化，最大限度降低核技术利用对公众、社会和环境的影响。

核与辐射事故应急管理 2014年，贵港市印发《贵港市辐射事故应急预案》，积极做好核事故应急响应工作，实行24小时应急值班制度。年内全市辐射环境保持安全水平，未发生辐射事故。

【环境监察】 *监察稽查* 2014年，贵港市环境保护局开展2012~2014年环境监察专项稽查工作。贵港市环境监察支队对辖区5个被稽查单位进行7次专项稽查，出动稽查人员50人，共查阅5个县（市、区）单位的224套档案资料，稽查污染源现场监察记录案卷196份，现场验证企业196个，发现存在问题的案卷23份；稽查行政处罚案卷材料28份，发现存在问题的案卷材料5份。2014年共下达稽查意见书12份，涉及问题6个，落实问题6个。

环保专项行动 全国"两会"期间环保专项检查 2014年3月，根据环境保护部《关于开展环境保护专项检查的紧急通知》（环发〔2014〕35号）和自治区环境保护厅《关于开展环境保护专项检查的紧急通知》

（桂环函〔2014〕309号）要求，贵港市环境保护局印发《贵港市环境保护局关于开展环境保护专项检查的紧急通知》（贵环监〔2014〕17号），对全市开展环境保护专项检查工作，共出动检查人员1766人次，检查工业企业762家，其中停产整治2家，排查饮用水水源地54个。

保障群众健康环保专项行动　2014年，贵港市环境保护局开展整治违法排污企业保障群众健康环保专项行动，共出动人员1923人次，检查企业579家次，对存在违法行为的3个企业实施行政处罚，作出限期整改行政命令52个。通过环保专项行动，一批环境违法企业受到严厉惩处，存在问题得到纠正。

污染减排重点企业专项检查　贵港市重点对3家污水处理企业、26家涉重金属矿采选、冶炼企业、6家医药制造企业、2家电镀企业、10家水泥企业和1家火电企业进行专项检查。

水泥行业专项督查　贵港市重点对华润水泥（贵港）有限公司、华润水泥（平南）有限公司、台泥（贵港）水泥有限公司3家水泥企业的在线监控设施运行情况、脱硝设施运行情况进行专项检查。

“三同时”执行情况专项检查　贵港市针对工业企业“三同时”制度执行情况严格检查，对不符合环评要求建设、超期试生产、未经验收正式投入生产的企业严肃处理，如桂平市蒙圩镇陶瓷工业园5家陶瓷企业未经验收擅自投入生产，贵港市环境保护局于2014年底对其进行立案查处。

“绿色卫士·2014”环境安全专项检查　2014年9月9~11日，贵港市开展“绿色卫士·2014”环境安全专项检查行动，由贵港市环境保护局、市政局、安全监管局、工商局和工业和信息化委组成5个督察小组，对各县（市区）人民政府开展情况进行督查。全市共出动检查组41个，人员295人次，出动车辆61辆，检查企业147家，发现存在环境安全隐患企业22家。

2014年9月10日，“绿色卫士·2014”环境安全专项检查中，贵港市第四督察组在广西金源生物化工实业有限公司现场检查

2014年9月10日，“绿色卫士·2014”环境安全专项检查中，贵港市第五督察组在平南县污水处理厂检查

环境执法　2014年，贵港市环境保护局、公安局、工商行政管理局等部门联合印发《2014年深入开展环境安全隐患排查整治工作方案》（贵环〔2014〕13号），在全市范围内深入开展环境安全隐患排查整治工作，共出动检查人员1876人次，检查工业企业807家，发现存在环境安全隐患的企业和隐患点91家，完成整治86家，完成整改率94.5%。

排污申报与收费　2014年，贵港市环境保护局认真贯彻执行《排污费征收管理条例》及排污申报核定工作的有关规章制度，认真开展2014年排污申报登记工作，汇总污水申报核定户数145家，废气申报核定户数257家，其中重点污水申报核定户数37家，重点废气申报核定户数96家。自2014年4月1日起，贵港市环境监察支队启用排污费征收全程信息化管理系统进行排污申报、审核、核定、计算和征收排污费。全年排污费开单合计2365.6万元，其中地市级1133.6万元，县市级合计1232万元，并按规定程序对国控企业排污费开单情况在环境保护部排污费公告网上进行公示。同时，贵港市环境监察支队开展排污申报和排污费征收稽查工作，侧重对国控企业中的水泥行业的排污费征收稽查。年内对华润水泥（贵港）有限公司、台泥（贵港）水泥有限公司追缴2009~2010年欠缴排污费770多万元。

监察队伍管理和监察能力建设　2014年，贵港市环境监察支队先后举办《污染源自动监控设施现场监督检查培训班》、《环境监察业务培训班》，全市共有环境监察人员80多人参加培训学习。同时，选派70多人次参加环境保护部及自治区环境保护厅举办的各种业务培训，进一步提高环境监察人员的综合素质，提升环境执法水平。

【环境应急与事故调查】　突发环境事件　2014年，贵港市未发生一起较大以上级别突发环境事件，发生一

般环境事件2起，与2013年相比突发环境事件总数5起（均为一般环境事件）下降60%，事件数量和级别均明显下降。其中2起一般环境事件分别为：2014年4月29日晚10时36分，广西农垦集团西江农场原贵港市西江淀粉厂内一胶水厂发生火灾，大火引燃隔壁一农药仓库，导致该仓库内农药包装瓶受损，部分农药泄漏，随消防废水流到仓库外部环境。经及时有效处置，被农药污染的消防废水得到控制，农药残留得到有效降解，受影响面积没有扩大，也没有人员身体受到影响；2014年5月13日，在贵港市桂平金田水库旁发现疑似危险固体废物约21.7吨，经市、县两级环境保护部门排查后，对疑似废物进行取样分析，该丢弃固体废物为含金属钛一般废物，没有其他重金属成分，最后所有废物送有关危废处理单位进行无害化处理，此次突发事件得到成功处置。

环境应急管理　2014年，贵港市积极开展环境应急预案体系建设。贵港市环境保护局成立领导小组，制订《贵港市环境保护局加强应急预案体系建设实施方案》，完成《贵港市突发环境事件应急预案》、《贵港市环境保护局突发环境事件应急预案》和《贵港市环境保护局突发环境事件具体实施应急预案》等3个环境应急预案的修订工作。制定《贵港市环境保护局环境应急预案领导知晓制度（草拟稿）》。年内，贵港市环境应急与事故调查中心对本级所管辖66家企业初步开展风险源和应急资源普查建档，同时受理66家企业的环境应急预案备案。贵港市环境保护局举办全市环保系统环境应急工作人员业务培训和2014年度环境应急演练，共有52人参加培训和应急演练。同时，贵港市环境应急与事故调查中心组织4人次参加自治区环境保护厅和市人民政府组织的环境应急业务培训。此外，贵港市环境监测站派出12人参加自治区环境保护厅组织的环境应急演练。

2014年3月，贵港市公安系统应急联合演习中，贵港市环境监测站技术员使用便携式pH计进行户外采样分析

环境应急能力建设　2014年，贵港市环境保护局按照自治区环境保护厅基层能力建设年的要求，制订能力建设方案，加快环境应急能力建设步伐。根据贵港市编制委员会办公室批复，贵港市环境应急与事故调查中心应有在编人员5名，目前已到位4人，人员条件符合能力建设的要求。落实相应的办公业务用房，配备办公设备，完善环境应急装备，66台应急装备全部配置到位。开展下基层专项调研活动，摸清各区县（市、区）环境保护部门环境应急能力家底，以及各地开展能力建设情况，推进基层环境保护部门环境应急能力建设，努力实现环境应急指挥三级联动建设目标。

【环境宣传教育】　环境宣传　2014年，贵港市以“六五”世界环境日为契机，联合相关部门举办“生态环保成果”图片展、“向污染宣战”保护母亲河—西江流域环保公益大联动等环境宣传系列活动，利用报纸、电台、电视台、环境保护网、市人民政府网、广西人民政府信息公开统一平台及市新世纪广场环保宣传专栏等媒体和信息公开载体开展环保宣传。同时，通过参加“全国科技周”、“全国安全生产月”、“全国科普日”、“全国宪法宣传日”等活动，着力宣传国家环保政策、环保法律法规以及相关环保知识。全年共发放宣传手册6000多本、宣传挂图4000多张、宣传资料20000多份、环保宣传用品4000多份，悬挂环保标语70条，出版专栏及板报58板，现场解答群众咨询500多人次。此外，贵港市环境保护局与中国新闻网及贵港电视台签订2014年度合作协议，主动邀请《贵港日报》记者到市环境保护局采访报道，加大环保宣传力度。

2014年6月1日，“向污染宣战”保护母亲河—西江流域环保公益大联动中，环保志愿者在贵港市西江河畔开展发放环保宣传资料，清理江道、江堤杂物垃圾等环保公益活动

环境教育　2014年，贵港市环境保护局对党政干部、环保执法人员、企业法人以及社会公众开展环境法制教育，共培训环保执法人员和企业法人200余人。通过践行党的群众路线教育实践活动，开展环保宣传教育进乡镇、进农村、进学校“三进”活动，组织相关人员分别到港南区木格镇、木格镇云垌村和木格镇云垌村上垌分校开展环保宣传教育活动，向群众、村民和学生宣传环保理念，倡导低碳生活，发放环保宣传资料，详细解答群众提问。环保宣传教育“三进”活动向群众和村民发放环保宣传资料及宣传用品3000多份，现场解答群众咨询100多人次，向木格镇云垌村上垌分校全体160名学生发放一批印有“保护环境　从我做起”的环保宣传学习用品、《低碳生活每一天》环保宣传手册和《致学生家长的环保倡议信》。

绿色系列创建　2014年，贵港市环境保护局积极组织开展绿色单位创建活动，命名贵港市港龙湾幼儿园为贵港市绿色幼儿园。推荐贵港市西江中心小学和贵港市港龙湾幼儿园2个单位申报自治区级绿色环保创建单位，均被自治区绿色环保系列创建活动办公室授予自治区第七批绿色学校(幼儿园)荣誉称号，授予贵港市环境保护局和贵港市教育局自治区第七批绿色学校(幼儿园)创建优秀组织单位荣誉称号。

志鉴编纂　2014年，贵港市环境保护局按要求完成《广西环境年鉴(2013卷)》和《贵港年鉴》环境保护篇的编纂和报送工作。

【对外合作与交流】　2014年，贵港市环境保护局与广西大学中加国际学院、环境学院合作开展《中加城乡环境综合治理的比较研究—以中国贵港市和加拿大汉密尔顿市为例》科研项目研究，贵港市环境保护局局长吴飞及相关科室负责人、广西大学中加国际学院院长覃成强等课题组成员和有关专家参加开题仪式。

【信息公开与政务信息】　信息公开　2014年，贵港市环境保护局政务信息公开和政府信息公开工作由专人负责。信息公开发布严格遵循“谁审查、谁负责，谁发布、谁负责，先审查、后发布”的原则，严格遵守“上网不涉密，涉密不上网”的规定，严格按照自治区环境保护厅和市人民政府的要求，及时、准确、规范发布环保政务、政府公开信息。至2014年底，贵港市环境保护局在贵港市环境保护局门户网站累计主动公开政府信息2008条；在贵港市人民政府门户网站发布信息1018条；在自治区人民政府信息公开统一平台(贵港市环境保护局)发布信息960条。贵港市环境保护局2014年政务信息公开、政府信息公开工作在绩效考评工作中获得自治区加分，并荣获2014年度贵港市政务信息公开、政府信息公开工作先进单位，位居贵港市市直单位前列。

政务信息　2014年，贵港市环保系统干部职工共向各级报刊投报新闻报道稿件80多篇，被《贵港日报》采用19篇；上报自治区环境保护厅、贵港市委、市人民政府政务(党务)信息300余条，自治区环境保护厅、贵港市委、市人民政府采用200多条。

环境信访　2014年，贵港市环保举报电话“12369”24小时保持畅通，实行全天候值班。全年处理环境投诉信访案件612件，其中自治区环境保护厅环境信访转办40件，网上投诉8件，其他来信来访35件(65人次)，环保“12369”举报热线529件。截至2014年底，已办结610件，办结率99.7%。

人大建议与政协提案办理　2014年，贵港市环境保护局收到贵港市人大四届五次会议建议3件，贵港市政协四届四次会议提案6件，建议与提案均办结。年内，贵港市环境保护局荣获2014年度贵港市政协提案办理先进单位称号。

【党的建设与纪检监察】　建立健全党建工作机制　2014年，贵港市环境保护局认真贯彻落实《中国共产党党和国家机关基层组织工作条例》规定，落实贵港市直属机关工委的新要求，进一步提高基层党组织工作的操作性、规范性和科学性，推进建立健全党建工作机制，制定《贵港市环境保护局党务公开工作制度》、《贵港市环境保护局党建工作考评办法》等规章制度，实行量化考核，由局党总支部对下属各党支部进行党建工作考评。

创先争优活动　2014年，贵港市环境保护局继续深入开展创先争优活动，年初制订《贵港市环境保护局党总支部关于进一步推进基层组织建设年的实施方案》，并在年终对单位开展的各项创先争优活动进行总结，有力推进单位各项业务工作的有效开展。通过活动着力解决基层组织建设的突出问题，着力增强基层党组织的创造力、凝聚力、战斗力，着力完善基层党建工作的体制机制，实现基层党组织战斗力、基层党组织书记素质、党员队伍生机活力、基层基础保障水平和基层党建制度化水平进一步提升。

教育培训　2014年，贵港市环境保护局以创建学习型党组织、培养学习型党员干部为切入点，以建设高素质党员干部队伍为目标，全年组织开展理论学习20余次，以法纪讲座、专题讲学、理论讲学等形式，突出教育培训的针对性和有效性，坚持以理论学习为指导，不断提高全体党员干部的思想政治素质。

党风廉政建设　2014年，贵港市环境保护局坚持以党的十八大精神为指导，通过落实党风廉政建设责任制、加强党风廉政教育、加强效能建设从源头上预防和治理腐败等活动，进一步改进机关作风、增强服务意识、提高队伍整体素质，有力地推动环保各项工作的发展。

落实党风廉政建设责任制 贵港市环境保护局局党组高度重视党风廉政建设工作，把党风廉政建设列入重要议程，召开全市党风廉政建设工作会议，全面部署党风廉政建设工作。及时调整局党风廉政建设领导小组成员，明确“一岗双责”的职责范围、职责内容。制订《贵港市环境保护局2014年关于调整党风廉政建设责任制工作小组及领导责任分工的通知》，明确责任分工，有力促进全市环保系统党风廉政建设工作层层落实。

党风廉政教育 贵港市环境保护局组织全体干部职工学习党中央、自治区、市委领导的系列讲话精神，实行领导干部亲自上廉政党课制度，年内市环境保护局局领导亲自上党课4次。此外，邀请贵港市检察院副检察长李国勇以“珍惜岗位，珍惜家庭，依法履职，远离职务犯罪”为题，给贵港市环境保护局全局干部职工上一堂岗位廉政教育专题讲座。年内，市环境保护局全体干部职工集中学习6次，开展警示教育3次（其中参观警示教育基地1次，观看警示教育片2次），召开专题民主生活会1次，中心组学习3次，出板报5期。贵港市环境保护局以多种形式宣传党风廉政教育，开拓廉政文化教育新领域。

源头上预防和治理腐败 通过进一步健全和完善首问责任制、政务公开制、责任追究制等制度，从源头上防止腐败的发生，有效地铲除滋生腐败的温床，推进源头治腐工作。抓好环保审批、环保验收、环保处罚、排污费征收4个环节的监督检查，要求全体干部职工严格执行《廉政准则》和“全国环保系统六项禁令”。贵港市环境保护局在抓好自我监督、自我约束的同时，还积极利用社会外部监督力量，聘请行风监督员、特约环保监督员进行明察暗访，督促各项党风廉政制度的落实。

纪检监督检查 2014年，贵港市环境保护局对“美丽贵港·清洁乡村”活动、生态惠民工程建设情况（重点检查农村环境连片整治等惠民项目建设情况）开展专项监督检查。按照清房文件明确的清退对象、范围和时限，分别开展全局干部职工违规多占住房清退专项整治活动和全局办公用房标准调整工作，全局在职在编的95名干部职工均向本局纪检监察室作住房情况报告，均无多占住房情况，全局无任何超标使用办公用房现象。此外，在全局范围开展坚决抵制“会所中歪风”的工作，全局95名在职在编干部职工均向本局纪检监察室签订《坚决抵制“会所中歪风”承诺书》；对执行“厉行节约、制止奢侈浪费”的规定进行监督，重点检查“八条规定”执行、“三公”经费支出及公务用车的日常监管等情况，严格控制“三公”经费，规范财务审批。

政风行风建设 2014年4月起，贵港市环境保护局在全市环保系统组织开展新一轮的民主评议政风行风工作，进一步抓好政风行风评议工作的巩固完善和提高深化，以此推动全市环保系统政风行风建设再上新水平。年内，市环境保护局局长吴飞带领4位直属单位主要负责人到贵港广播电台“阳光热线”直播间，就环境保护工作与民众沟通交流，并现场解答听众提出的环境热点问题。为圆满完成政风行风工作任务，结合环保工作实际，贵港市环境保护局印发《贵港市环保局2014年民主评议政风行风工作方案》，召开全市环保系统2014年度民主评议政风行风工作动员会议。通过新闻媒体、宣传栏、政务公开栏等形式，把环境保护部门开展政风行风评议工作的目标任务和主要内容向社会公开，发动广大群众积极参与，促进政风行风评议工作深入开展。开展“下基层、转作风、强服务”民主评议政风行风征求意见调研活动。以市局党组书记郑海平为组长的政风行风评议办调研组走访9家企业，上门征求意见和建议。此次调研活动共印发征求意见表380份，其中发放给市直各有关单位、大中型企业、人大代表、政协委员230份，发放给市直环境保护局系统干部职工150份。并召集发展改革、工业和信息化、住房城乡建设、国土资源、安全监管、招商、水利等相关部门负责人、人大代表、政协委员、民主党派、人民团体、媒体记者、服务对象、群众代表参加环保座谈会14次，共收集意见建议36条，从外到内征求各界对环保业务工作及机关管理等方面的意见建议。

党的群众路线教育实践活动 2014年2月，根据中央、自治区和市委统一部署，贵港市环境保护局党的群众路线教育实践活动正式启动，覆盖全局所有科室及下属单位，涉及3个基层党组织、75名党员。活动期间，贵港市委书记王可专门到贵港市环境保护局调研指导工作，充分肯定市环境保护局教育实践活动取得的成效；贵港市市长李宁波到贵港市环境保护局检查指导，认为市环境保护局教育实践工作积极主动，富有成效；贵港市副市长黄星荣多次到贵港市环境保护局调研、讲课、听取汇报并指导工作。在学习教育阶段，自治区环境保护厅厅长檀庆瑞等厅领导多次到贵港市和贵港市环境保护局开展学习讲座，为做好党的群众路线教育实践活动工作和推进环保业务工作指明方向。在开展活动的过程中，贵港市环境保护局领导班子积极发挥表率作用，示范带动全局党员干部紧紧围绕“为民务实清廉”主题，按照“照镜子、正衣冠、洗洗澡、治治病”的总要求，扎实完成“规定动作”，出色做好“自选动作”，高起点谋划、高标准推进各个工作环节。

2014年5月9日，贵港市举办第三十八期领导干部前沿知识暨领导法学讲座，邀请自治区环境保护厅厅长檀庆瑞作题为“生态文明是建设美丽广西的路径”环境保护知识专题报告

【环保大记事】

一月

1月13~14日，以自治区党委常委、秘书长范晓莉为组长的自治区环境清查整治和安全生产专项检查工作组一行6人，到贵港市开展环境清查整治和安全生产专项检查。

1月23~24日，为确保春节及全国“两会”期间环境安全，贵港市人民政府督查室组织环境保护、安全监管等部门组成2个督察组，对贵港市三区两县市开展环境隐患再排查再整治工作进行督查。

二月

2月7日，贵港市副市长黄星荣到市环境保护局开展春节慰问，并就贵港市环保重点工作作指示。

2月11日，贵港市副市长黄星荣到市环境保护局召开座谈会，研究确定2014年贵港市环境保护10项重点工作。

2月20日，贵港市副市长黄星荣到市环境保护局召开调研会议，研究部署环保工作任务。

2月20日，自治区环境保护厅副厅长蹇兴超到贵港市环境保护局调研。

2月25日，自治区环境保护厅生态处调研员冯建华带队到贵港市检查覃塘区农村环境整治工作情况。

2月，贵港市在全自治区率先执行国家水泥、火电大气污染物排放新标准，对全市2台火电机组和11条水泥生产线实施总量控制管理，严格控制氮氧化物排放总量，比国家规定的实施时间提前1年半。

三月

3月11日，贵港市环境保护局在贵港市会议中心召开2014年全市环境保护工作会议，贵港市人民政府有关领导、市环境保护委员会成员单位领导、全市环保系统有关人员及相关重点企业负责人参加会议，自治区环境保护厅纪检组组长梁远略到会指导。

3月12日，自治区环境保护厅纪检组组长梁远略带队到桂平市、平南县开展环保基层能力建设调研，贵港市环境保护局局长吴飞全程陪同。

3月27日，贵港市副市长黄星荣到贵港市环境保护局调研，专题研究《贵港市大气污染防治行动工作实施方案》和《贵港市贯彻落实〈畜禽规模养殖污染防治条例〉实施方案》的修改制订工作。

3月29日，贵港市环境保护局召开2014年环保专题讲座，自治区环境保护厅副厅长蹇兴超到会讲授环境污染治理知识，贵港市副市长黄星荣主持会议，贵港市发展改革、工业和信息化、国土资源、水产畜牧等部门和三区两县市人民政府分管领导，以及全市环保系统有关干部参加会议。

四月

4月11日，自治区环境保护厅巡视员冯振年带队到平南县华润水泥有限公司检查污染减排工作，贵港市环境保护局局长吴飞全程陪同。

4月23日，贵港市副市长黄星荣带队到桂平市、平南县调研环保工作，贵港市环境保护局副局长覃常及相关科室主要领导陪同检查。

4月28日，贵港市委书记王可到贵港市环境保护局开展环保工作调研并召开座谈会，市委常委、秘书长黄卫平，副市长黄星荣等领导陪同。

4月29日，贵港市环境保护局开展“向环境污染宣战”宣誓签名活动。

五月

5月6日，贵港市副市长黄星荣到贵港市环境保护局主持召开覃塘区农村环境连片整治示范项目施工单位现场工作推进会，覃塘区人民政府、覃塘区环境保护局有关领导、贵港市环境保护局副局长吴光辉和农村环连片整治示范项目9个施工单位负责人参加会议。

5月9日，贵港市举办第三十八期领导干部前沿知识暨领导法学讲座，邀请自治区环境保护厅厅长檀庆瑞作题为“生态文明是建设美丽广西的路径”环境保护知识专题报告。

5月20日，环境保护部华南督查中心第二督察组副处长李华一行3人到贵港市开展总量减排日常督查。

5月27日，贵港市约谈主要污染物减排工作滞后相关单位，并召开2014年污染物减排工作会议。贵港市副市长黄星荣对各县市区人民政府分管领导进行约谈。污染物减排工作会议上，贵港市环境保护局局长吴飞通报2013年贵港市主要污染物减排完成情况，贵港市人民政府与各县市区人民政府签订减排责任书。

六月

6月5日，贵港市环境保护局在市新世纪广场开展纪念第43个“六五”世界环境日“生态环保成果”图片展、环境应急监测车实际操作展示、环保知识宣传和现场咨询解答系列宣传活动，贵港市副市长黄星荣亲临现场指导。

七月

7月10~11日，自治区环境保护厅督察组一行3人到贵港市对2013年农村环境连片整治示范项目进行督查。

7月25日，贵港市市长李宁波带队到南宁拜访自治区环境保护厅和财政厅领导，分别就贵港市环境保护工作和财政工作进行汇报，并就相关事宜请求帮助和支持。贵港市委常委、常务副市长黄志光参加。

八月

8月6日，贵港市常务副市长黄志光、副市长黄星荣到324国道石灰厂污染路段开展调研，贵港市环境保护局党组书记郑海平陪同。

8月6日，自治区环境保护厅规划财务处处长曹伯翔、副处长苏方彬等对桂平市、港北区、港南区环境保护局、环境监测站、环境监察支队的环保基层能力建设现状进行调研，贵港市环境保护局副局长李典才等陪同。

8月29日，贵港市市长李宁波主持召开全市国土环保大会，贵港市副市长黄星荣、秘书长玉彤、副市长张国华和各县市区人民政府主要领导，国土局(分局)、环境保护局全体班子成员领导，五大工业园区管委会各1名领导，以及贵港市纪委等30个市直单位主要领导参加会议。

九月

9月10日，贵港市市长李宁波到市环境保护局调研，秘书长玉彤等领导陪同调研。

9月11日，贵港市副市长黄星荣带队到平南县官成镇、港南区新塘乡实地检查畜禽养殖企业污染减排设施建设情况，贵港市环境保护局局长吴飞、贵港市水产畜牧兽医局局长潘展雄和市人民政府五秘科科长游原江陪同检查。

9月15日，贵港市副市长黄星荣和贵港市环境保护局局长吴飞到自治区环境保护厅参加全自治区污染减排工作推进会。

9月16日，自治区主要污染物总量减排监测体系第三督察组，由自治区海洋环境监测中心站王运芳带队一行6人到贵港市开展2014年主要污染物总量减排监测体系及环境监测质量督查工作。

9月18日，贵港市人民政府副市长黄星荣率贵港市环境保护局局长吴飞、副局长吴光辉等赴广州拜访环境保护部华南督查中心。环境保护部华南督查中心主任岳建华、副主任韩保新以及有关处室负责人参加座谈，贵港市副市长黄星荣汇报贵港市环保工作情况，双方就环保工作进行交流。

十一月

11月7~21日，贵港市环境保护局分两期在浙江大学举办2014年生态文明建设专题培训班。贵港市各县(市、区)人民政府分管环保工作的领导、全市环保系统领导干部及业务骨干共80多人参加培训。

11月12日，自治区环境保护厅纪检组组长梁远略带队一行3人到贵港市开展环保重点工作督办及调研。

11月12日，环境保护部华南督查中心检查组一行3人到贵港市开展污染减排工作日常督查。

11月，贵港市环境保护局被贵港市全面推进依法行政工作领导小组办公室授予贵港市第三批依法行政示范单位称号。

十二月

12月3日，贵港市环境保护局与广西大学中加国际学院、环境学院在市环境保护局举行《中加城乡环境综合治理的比较研究——以中国贵港市和加拿大汉密尔顿市为例》科研项目研究合作开题仪式。

12月25日，贵港市环境保护局召集各有关科室和港南区、港北区、覃塘区环境保护局主要负责人，按照贵港市人民政府《关于进一步明确市本级和三区环境保护部门环境监管职责的通知》要求，商议有关监管移交对接工作。

2014年12月，贵港市环境监测站完成城区所有环境空气质量监测站点$PM_{2.5}$监测设备的安装和调试工作，完成AQI发布平台的建设，并完成发布平台的内部试运行以及与国家空气监测网数据传输联网工作。

2014年，为确保贵港市地表水环境安全，防止水污染事件发生，贵港市对全市河流及水库进行全流域断面及市交界断面水质监测，对贵港市饮用水水源地4个断面、江河水33个断面、市交界江河水5个断面、水库3个断面开展水环境质量监测，全面掌握全市的水环境质量状况。

2014年，贵港市成立贵港市固体废物管理中心，核定事业编制5名；港北区、港南区分别成立环境监测站，分别核定编制3名和10名；平南县环境监测站新增编制5名。

玉林市环境保护

【综述】 2014年，玉林市环境保护局以生态文明建设为主线，以环境安全为目标，按照“23459”工作思路

（“2”即开展“基层能力建设年”，深化“环境安全年”活动；“3”即治理3条江：九洲江、南流江、北流河；“4”即全面完成自治区下达玉林市化学需氧量、氨氮、二氧化硫、氮氧化物4项约束性指标任务；“5”即实施“五项制度”，践行“五项承诺”；“9”即开展对有色金属、制革、制糖、淀粉、造纸、养殖、服装水洗、石油化工、涉重金属、水泥制造等9个重点行业企业的整治），在重点工作上发力，在突破难点上发力，在创造亮点上发力，各项环保工作取得良好成效。全市环境质量继续保持稳定趋好态势，境内的南流江、北流江相应功能区继续保持Ⅲ类水质，跨省界河流九洲江断面水质基本达标交接；玉林城区主要饮用水源苏烟水库继续保持Ⅱ类水质；玉林城区和各县（市、区）主要区域空气环境质量保持国家二级标准；城市功能区声环境质量达到相应标准。全年市区环境空气API优良天数共364天，占全年天数的99.7%；轻度污染天1天，占0.3%。环境保护工作所取得的成效，为玉林市经济社会发展作出了新的贡献。

2014年3月11日，玉林市召开2014年全市环境保护工作会议

2014年1月13日，自治区党委组织部部长周新建（右四）到玉林市调研环境安全隐患工作

【规划与投资】 专项资金管理　2014年，玉林市环境保护局获上级拨付专项资金391.8万元，其中污染源在线监控设施企业补助169万元，监控监察补助56万元，监督监测98.8万元，能力建设68万。

预算资金管理　2014年，玉林市环境保护局财政预算资金4921.5万元，年终结余1734.9万元，结余资金为项目资金，收支平衡。

审计工作　2014年5月26~30日，玉林市物价局、财政局、审计局联合审计小组对玉林市环境保护局进行2014年度收费年审工作，圆满完成收费年审任务。

环保专项资金补助项目申报　2014年，玉林市环境保护局争取专项经费支持重点有两大类，一是重点支持减排项目专项资金；二是着力安排解决推进节能减排工作经费。为积极争取财政支持节能减排资金，玉林市环境保护局紧紧围绕节能减排和生态建设为重点工作，对项目的可行性及效益性进行评估，认真研讨各项目申报，2014年玉林市环境保护局获得市本级安排专项资金380万元。

【政府采购】 2014年，玉林市环境保护局政府采购总金额约为518.16万元，其中货物类采购493.07万元，占采购总规模的95.16%；工程类采购22.79万元，占采购总规划的4.4%；服务类采购2.3万元，占采购总规模的0.44%。所有经过政府采购渠道的项目全部按要求进行网上公告及公示，政府采购信息公开率达100%。

【环境能力建设】 2014年，玉林市环境保护局基层环保能力建设计划投入2029.8万元，推进全市环境监测、环境监察、环境应急、辐射管理、固体废物管理体系建设。玉林城区3个空气自动监测站增加$PM_{2.5}$监测项目改造工程（本局大楼楼顶站、南江一中站、寒山水库站）已完成；ICP-MS、ICP重金属检测实验室已建成，运行正常；地表水水质自动监测站建设取得新进展。横塘水质自动监测站、文车桥临时水质自动监测站、自良临时水质自动监测站建成，并通过自治区环境监测中心站验收；永久水质自动监测站正在推进；饮用水水质分析61项达到42项。此外还开展计量认证工作，玉林市环境监测站、玉州区环境监测站获得证书，玉林市环境监测站认定资质范围为5大项123个参数（项目）、玉州区环境监测站认定资质范围为3大项24个参数（项目）。年内，玉林市级环境监测执法业务用房主体工程已完成。

【政策与法规】 行政处罚　2014年，玉林市本级环境行政处罚立案19件，下达处罚决定书19份，罚没款27.604万元，执行案件18件。没有法定职责不

作为或滥用执法权力乱作为等错案发生，没有申请行政复议的案件。此外对20多家有环境违法行为的企业进行调查取证，并移交给基层环境保护部门19件。

绿色信贷　2014年，玉林市环境保护局每月及时督促相关业务科室及7个县（市、区）环境保护局按时报送"绿色信贷"信息，及时将全市"绿色信贷"信息采集、整理、审核、同步上报到自治区环境保护厅和中国人民银行玉林市支行作为信贷参考。2014年度，玉林市环境保护局共报送企业环境违法信息3件，企业建设项目环境影响评价审批信息421件，企业建设项目环境保护设施竣工验收信息171件。

【机构改革与人事】　编制变动　2014年，玉林市环境保护局行政编制无变动，共有行政编制19人，机关事业编1人，工勤编制2人。玉林市环境监察支队核定编制30人，市环境监测站核定编制55人，市环境应急与事故调查中心核定编制6人，市固体废物管理中心核定编制5人。截至2014年底，玉林市环境保护局共有156人，其中在编人员109人，编外人员47人。

重要人事任免　2014年1月13日，原玉林市环境监察支队支队长李家明升任市环境保护局副局长；5月23日，原市环境保护局副局长徐娜庆调任市政协副秘书长。玉林市以市环境监察支队、环境监测站升格为副处级单位为契机，分批次组织民主推荐和选拔任用，2014年新任命科级领导干部27人。其中，市环境保护局机关2人，市环境监察支队10人，市环境监测站15人。新调入人员（含公招、特招）共7人。其中市环境保护局机关1人，市环境应急与事故调查中心6人。此外，对工作满1年录用人员进行考察，办理转正任职4人，复核批复各县市区环境保护局领导班子成员任免职21人。12月，玉林市环境监察支队定为公益一类事业单位，共有干部职工26人。

【环境监察】　监察稽查　2014年11月，玉林市8个县（市、区）环境保护局利用相互抽查的方式，共对80家污染源现场监察案卷和18家企业行政处罚案卷进行稽查。

环境执法　2014年，玉林市环境保护局共出动执法人员1900余人次，检查企业521家次，检查县级以上集中式饮用水水源地19个。对存在环境安全隐患的企业限期治理14家，依法取缔、关闭18家，停产治理4家，挂牌督办企业2家；市级立案调查企业2家，罚款7692元。

环保专项行动　2014年，玉林市环境保护局联合市安全监管、住房城乡建设等11个部门开展"绿色卫士·2014"环境安全专项检查，共检查企业和饮用水水源地95家（个），发现环境隐患11处，下发限期整改通知书11份。联合水产畜牧、农业等部门着手对辖区内畜禽规模养殖场（小区）进行整治。联合陆川县环境保护局对19家养殖场进行立案调查。同时，开展服装水洗行业企业环境安全隐患专项整治，责成福绵区环境保护局责令24家存在环境违法问题的水洗企业限期整改，取缔1家非法水洗企业。

2014年9月25日，全自治区畜禽养殖污染减排工作经验交流会在玉林市召开

监察队伍建设　2014年，玉林市环境监察支队升格为副处级单位，通过竞争上岗，择优录取，为各科室配备了能独当一面的负责人。同时通过开展全市环境监察人员培训，全面提升监察人员执法能力，2014年共培训监察人员300人次，执法人员持证上岗率达100%。

2014年2月27日，玉林市举办环保系统监测监察人员采样培训班

监察能力建设　2014年玉林市环境监察支队通过开展环境监察标准化建设工作，增加了部分执法取证设备、办公设备和执法车辆，环境执法设备不断完善，市环境监察支队标准化建设达国家二级标准。

【排污费申报与收费】 2014年，玉林市共对49户排污企业征收排污费54.5万元，其中建筑噪声8家，排污费18万元。

【环境应急与事故调查】 *环境应急管理* 2014年，玉林市环境保护局加大环境应急能力建设，通过统一招考等方式，市环境应急与事故调查中心配备了6名环境应急人员，以及一批环境应急设备。年内修订《玉林市环保局环境应急预案》，编写《九洲江突发环境事件应急预案》并备案。根据《突发环境事件应急预案管理暂行办法》，对全市45家重点企业下达文件，要求45家企业制定应急预案，2014年完成备案21家。

突发环境事件 2014年1月，北流市清湾镇新发建筑材料厂非法偷运沥青废液到广东茂名偷排导致环境污染事件；11月上旬九洲江（广东段）pH值、锰超标环境污染事件。玉林市环境保护局对上述两起突发事件均及时进行妥善处理。

【人大建议和政协提案办理】 2014年，玉林市环境保护局办理市人大建议1件、市政协提案13件，办复率100%，满意率100%。

【环境信访】 2014年，玉林市环境保护局共收到各类环境投诉案件1194件，查办1194件，查处率100%，其中涉水污染223件，涉气污染390件，涉声污染564件，电磁辐射污染1件，其他污染16件。全年玉林市本级共收到环境信访投诉案440件，无集体上邕进京上访事件发生。

【环境宣传教育】 *环境宣传* 2014年，玉林市环境保护局向各级新闻媒体（含环保网站）报送环保政务信息213篇，部分稿件被多家媒体单位和政务信息网站采用，其中自治区环境保护厅采用98篇，玉林市人民政府网站，市委、市人民政府政务信息及本地媒体采用156篇。中国玉林市人民政府门户网站下设的玉林市环境保护局网页发布环保动态信息147条。"六五"世界环境日当天，在玉林市人民中路青年广场组织市环环境保护委员会成员单位、玉州区和玉东区环境保护局共300多人参加宣传活动。2014年1~12月共接受新闻媒体记者采访6人次，刊发新闻报道10篇，为环境保护宣传工作营造了良好的氛围。此外还举办新《环境保护法》宣传"六进"（进机关、进学校、进企业、进社区、进乡镇，进环保组织）活动。

2014年6月5日，玉林师范学院参加2014年"六五"世界环境日宣传活动

2014年11月6日，新《环境保护法》宣传走进企业——北流海螺水泥厂开展专题宣传活动

环境教育 2014年，玉林市环境保护局加强环保业务培训，邀请自治区环境保护厅政策法规处领导为全市环保系统干部职工及市环境保护委员会成员负责人及全市国控企业负责人等200余人授课解读新《环境保护法》，同时还采取形式多样的教学方式，增强培训效果。年内组织举办及参加各类培训班16期，共有500多人次参加培训。

2014年2月27~28日，2014年广西环保系统"送培训下基层"活动在玉林市举行启动仪式

【志书编纂】 2014年，玉林市环境保护局完成《玉林年鉴·环境保护》、《广西环境年鉴·玉林篇》的编纂任务。

【部门合作】 2014年,玉林市环境保护局与玉林师范学院联合开展新《环境保护法》宣传活动进校园演讲比赛。

【核与辐射安全监管】 2014年,玉林市核技术应用单位积极配合环境保护部门做好各项监督检查和整改工作,辐射安全管理和监督检查工作到位,核辐射环境执法严格,辐射环境质量优良,全年无辐射事故发生。

2014年8月17日，自治区环境保护厅专家到玉林市举办辐射安全法律法规与防护知识培训班

核技术应用和电磁辐射设施 2014年,玉林市应用放射性同位素的单位有15家,其中工业应用10家,医疗应用5家。工业应用均使用密封放射性同位素,共17枚;医疗应用的单位同时使用密封放射性同位素(6枚)和非密封性放射性同位素(12套),以上单位的辐射安全许可证均由自治区环境保护厅核发。玉林市单纯使用Ⅲ类射线装置的单位有162家,使用Ⅰ类、Ⅱ类射线装置有4家。根据审批权限,单纯使用Ⅲ类射线装置项目的辐射安全许可证由玉林市环境保护局核发,其他放射性项目由自治区环境保护厅核发。玉林市移动通讯基站总数超过4000座(包括中国移动公司、中国联通公司和中国电信三大公司);电视发射接收站1座,中波短波信号发射台若干;110千伏高压送变电站22座,线路631.924千米;220千伏高压送变电站11座,线路727.732千米;500千伏高压送变电站1座,线路87.92千米。

辐射安全管理和监督检查 2014年1~2月,玉林市环境保护局根据《环境保护厅关于做好2014年春节期间辐射安全工作的通知》(桂环办函〔2014〕27号)要求,开展春节期间辐射安全监督检查;6月,下发《玉林市环境保护局关于开展2014年辐射安全与防护监督检查工作的通知》(玉市环〔2014〕117号),并开展监督检查;7月,下发《关于开展放射性同位素紧急清查工作的通知》(玉市环〔2014〕107号),并开展相关工作。年内,玉林市共对六靖镇中心卫生院等42家核技术应用单位开展辐射环境安全检查,并对存在环境安全隐患的4家单位下达限期整改通知。

核辐射环境执法 2014年,玉林市环境保护局加大核辐射环境执法工作力度,覆盖所有使用放射性同位素的单位,赴现场监督检查42家单位,对存在辐射环境安全隐患的4家单位下发了限期整改通知,督促6家单位收贮闲置放射性同位素13枚。同时,玉林市环境保护局还对61个Ⅲ类射线装置应用项目和10个高压输变电项目开展竣工环境保护验收。

核与辐射事故应急管理 2014年12月24日,玉林市修订并印发《玉林市人民政府办公室关于印发玉林市辐射事故应急预案的通知》(玉政办发〔2014〕137号),该预案进一步明确各参与部门的职责,细化事故的预防、处置及善后处理工作。

【生态保护和建设】 生态村创建 2014年,玉林市积极开展国家级、自治区级生态村、镇创建工作。其中,北流市南庆村等52个行政村获得自治区环境保护厅命名为“2014年度自治区级生态村”,玉州区南江街道广恩村等122个行政村获命名为“2014年度玉林市级生态村”。

农村环境连片整治 2014年,玉林市积极推进中央传统村落环境保护项目和农村环境连片整治示范项目建设。玉州区、陆川县、博白县、玉东新区申报获得2014年度农村环境连片整治示范项目资金5050万元,其中玉州区1200万元,陆川县1500万元,博白县850万元,玉东新区1500万元。玉州区高山村获得中央2014年传统村落环境保护项目150万元。玉林市总投入4950万元,计划整治行政村17个,建设集中式污水处理站46个。2013~2014年农村环境连片整治示范项目建设共建成集中式农村生活污水处理站91个并试水运行,完成任务100%,形成污水处理能力8380吨/日,建成管网207公里,建成一批具有浓郁的生态、休闲、园林、旅游、观光风格的农村生活污水处理站示范工程;完成52个分散式户用型人工湿地;建设乡镇垃圾中转站7个,向109个行政村发放了农村生活垃圾集中无害化处理设施。

新农村建设 2014年,玉林市新农村建设总投入1079万元,在玉东新区10个行政村建设10个集中式农村生活污水处理站示范工程,设计处理污水能力1105吨/日。在玉州区大塘镇大双村建成“垃圾不出村”式农村生活垃圾生物处理站,实现垃圾处理无害化、减量化、资源化,成为广西第一个建成“垃圾不出村”的行政村。

生态养殖 2014年,玉林市创建一批种养企业向生态、循环、有机、环保发展的典型亮点。其中巨东集团成均基地引进微生物高新技术,利用猪鸡固体粪便、污水厂污泥、废弃菌棒等有机废物综合加工开发5000

吨生物腐熟剂、高效有机无机复合肥项目取得巨大成功，改善了猪鸡粪便倾倒入河的状况。兴业县和丰禽业有限公司引进“东园家酒”技术与模式，利用猪鸡粪污建成液态生物有机肥，强化粪污的氮、磷、钾分解能力，是玉林市第一家利用鸡粪生产液态生物有机肥的鸡场，同时大量种植喜水肥的生态豆角、生态水稻、生态黄金桔，使种养实现有机结合、循环利用，有效解决了养殖尿液和冲洗污水污染问题。陆川县英平牧业公司利用猪场粪污建设液态生物有机肥8万吨生产设施，建设喜水肥植物湿地处理系统，是玉林市第一家利用猪尿、冲洗污水加工开发液态生物有机肥的养猪场，为通过生态循环综合利用模式破解养猪场尿液和冲洗污水难题探索提供经验。北流市中澳生猪养殖场建成生物垫3万平方米、1.4万立方米HDPE黑膜沼气池，是广西最大的生物发酵床与HDPE养猪场。陆川县盛隆养猪场在“高架床＋沼气池”养殖模式基础上增建“土工布＋防渗膜＋喜水肥植物”粪污处理模式，引导一批养殖企业向“高架床＋沼气池＋土工布＋防渗膜＋喜水肥植物”的现代生态养殖与粪污处理模式转型升级。福昌种猪场建设的雨污分流、固液分离、固粪有机肥开发项目，示范引导了大批养殖猪开展雨污分流、固液分离建设。

生态建设资金　2014年，玉林市获得生态广西建设引导资金项目10个（福绵区1个、陆川县6个、博白县2、兴业县1个），其中有9个是养殖项目，资金总额480万元。

【清洁水源】 2014年，玉林市制定并印发《玉林市2014年持续推进“美丽玉林·清洁乡村”活动意见》、《玉林市2014年“清洁水源”专项活动实施方案》、《关于加强“河长制”工作领导小组办公室工作的方案》等文件，确定2014年清洁水源专项活动的主要工作计划、内容和项目，明确了年度专项活动的指导思想、主要目标、活动内容、组织机构与责任分工、保障措施，成立了由市人民政府分管领导担任组长，市环境保护、财政、住房城乡建设、发展改革、工业和信息化、水利、卫生、林业、水产畜牧等部门为成员的清洁水源组织机构。

【环境质量】 环境空气质量　2014年，玉林市区环境空气质量为二级。空气中的二氧化硫、二氧化氮、可吸入颗粒物年平均浓度分别为0.036毫克/立方米、0.022毫克/立方米、0.060毫克/立方米，均达到国家二级标准水平（一般居住区空气质量）。全年市区环境空气API优良天数共364天，占全年天数的99.7%；轻度污染天数1天，占0.3%。降水pH值年均值为6.20，无酸雨。

水环境质量　2014年，玉林市环境保护局对境内的南流江、北流江和九洲江3条主要河流5个区控断面进行监测。按全年监测平均值评价，河流各监测断面年均值除文车桥断面未达相应水环境功能目标外，其余监测断面年均值均达到相应水环境功能目标，达到的断面数占总监测断面数的80%。城市集中饮用水水源地年度水质达标率为100%。

声环境质量　2014年，玉林市城市区域环境噪声平均值为56.0分贝，低于2类区域标准60分贝，属轻度污染水平。2014年玉林市城市道路交通噪声平均值为67.6分贝，控制在4类区域昼间标准70分贝范围内。

【环境监测】 空气环境质量监测　2014年，玉林市共有市环境监测站、南江一中、寒山水库3个环境空气自动监测点，每天24小时连续监测（仪器检修、标定等情况除外），全年日均值有效数据不低于95%。

$PM_{2.5}$监测　2014年，玉林市新建寒山、南江一中空气自动站站房2个，均于2014年12月底通过验收。完成市环境监测站办公楼站点老3项（SO_2、NO_2、PM_{10}）、南江一中站点6项（SO_2、NO_2、O_3、CO、PM_{10}、$PM_{2.5}$）、寒山站点新3项（$PM_{2.5}$、CO、O_3）的仪器购买与安装，所有新购置的仪器设备均于2014年11月底开始试运转，数据分别上传到自治区环境保护厅、环境保护部，并在市、厅、部的环保系统官方网站可以查询实时数据。

降水监测　2014年，玉林市区共有2个降水监测点位，分别为市环境监测站、苏烟水库（远郊点），全年逢雨监测。

噪声环境质量监测　2014年，玉林市环境保护局开展城市区域声环境质量监测、功能区声环境质量监测和城市道路交通噪声监测。全年城市区域声环境质量和城市道路交通噪声昼间监测1次。

地表水水质监测　2014年，玉林市环境保护局开展4条主要河流南流江、北流江、九洲江和杨梅河的水质监测工作，共设监测断面5个，共分析水质指标28项（其中7月、12月增加5项，其他月份23项），监测频率为每月开展，每月采集样品分析1次。玉林市共有3个地表水水质自动监测，分别为文车桥临时水质自动监测站、横塘水质自动监测站、自良水质自动监测站，监测基本项目5个。

饮用水水源地水质监测　2014年，玉林市环境保护局对大埌取水点、苏烟水库和江口水库3个集中式饮用水水源地水质进行监测，共分析水质指标61项（湖库为63项）；监测频率为每月采集1次样品分析，市级集中式生活饮用水水源地每年6~7月进行1次水质全分析监测109项。

比对监测　2014年，玉林市环境保护局开展国控重点源监测与线监控仪器比对监测工作，共完成34家国控重点源监测与线监控仪器比对监测，废水、废气的

监测率达100%，达标率达92%以上。同时，完成44个建设项目的环评与验收监测，2起应急监测工作。

国控重点污染源监测 2014年，玉林市国控重点污染源企业共34家，其中废水由2013年的35家减少到19家，废气由10家减少到5家，污水处理厂7家，重金属企业3家，无规模化养殖场企业。国控源监测与在线监控仪器比对监测做到同步完成。

核辐射环境监测 2014年，玉林市环境监测站未获得辐射检测计量认证，即无辐射环境监测资质。2014年的辐射环境监测采取引入自治区环境保护厅承认的第三方辐射环境检测机构对玉林市核技术应用项目进行检测。从检测数据看，玉林市96%以上的核技术应用项目辐射防护设施合格。

【污染物减排】 2014年，玉林市减排工作取得明显成效，化学需氧量、氨氮、二氧化硫、氮氧化物4项主要污染物排放量分别比2013年上升0.9%、下降0.3%、上升6.8%、下降2.1%，根据《环境保护厅关于通报玉林市2014年污染减排完成情况的函》（桂环函〔2015〕214号）确认玉林市完成了自治区下达的2014年度减排任务。

减排政策措施 2014年，玉林市印发《玉林市2014年度主要污染物总量减排实施方案》（玉市环〔2014〕95号），确定实施983个重点减排项目。印发《玉林市进一步加强污染物减排工作实施方案》（玉政办发〔2014〕69号），提出全面完成规模化畜禽养殖污染减排工作，全力推进生活污水处理设施和配套管网建设，强化对水泥企业脱硝设施的监管，推进机动车减排取得实质进展，加快推进淘汰落后产能，规范和做好统计工作等6大工作任务，并明确各级各部门的责任。

减排重点项目 2014年，玉林市减排计划的重点项目共983项，涉及460个养殖场、5个城镇污水厂、18个镇的农村集中式污水处理设施、1个垃圾渗滤液处理工程、4个企业关闭、5条新型干法水泥生产线治理，全部按时完成；完成列入《玉林市“十二五”主要污染物总量削减目标责任书》2014年必须完成的玉林市污水处理厂中水回用工程。

减排督查与监管 2014年，玉林市人民政府和各部门多次组织减排督查，了解掌握实际情况。玉林市环境保护局对北流海螺、兴业海螺、陆川华润3家新型干法水泥企业治污设施加强督查，及时发现北流海螺、兴业海螺氮氧化物排放量过大的情况，向2家企业发出预警通知，使3家水泥企业氮氧化物排放总量全部控制在自治区下达指标内。抽调力量深入各养殖场开展减排工作督促和指导，重点加强对博白县、陆川县、兴业县3个养殖大县的督查指导。此外还组织4次减排督查，每次督查有通报有整改，针对博白县、容县的突出问题分别发出预警函；协调市人民政府对减排工作滞后的博白县、容县、陆川县分管领导进行约谈，提出整改要求。

机动车环保标志管理 2014年，玉林市环境保护局根据机动车污染防治和机动车氮氧化物减排的迫切需要，积极加强机动车环保标志分类管理工作，把新车核发环保标志工作纳入常态化管理。截至2014年底，全市新车注册登记数为35457辆，发放环保检验合格标志30542枚，标志发放率为86.1%。全市在用机动车数量为288051辆，发放环保检验合格标志261252枚，发放率为90.6%。同时对2014年新车与在用车核发环保检验合格标志的档案进行整理归档。

【污染防治】 *饮用水水源地保护* 2014年1月，玉林市完成第一批44个乡镇饮用水水源保护区划定技术报告及划定方案，并由玉林市人民政府统一上报自治区人民政府审批。玉林市第二批（陆川县、博白县、兴业县、玉东新区、容县）44个乡镇饮用水源保护区划定技术报告及划定方案已完成市级审查，并根据审查意见修改完善。截至2014年底，玉林市饮用水水源保护区划定的乡镇达到全市乡镇的98%以上。

主要河流防治 *九洲江治理* 2014年，玉林市建设完成30个村的农村环境连片整治项目，完成市九洲江沿岸10个镇10个污水处理厂的选址、可研批复和初步设计，并开展招标投标工作。完成拆除禁养区内10头以上的生猪养殖场共795家，其中，陆川县清拆养殖场675家，博白县清拆养殖场120家。共清理生猪45054头，清拆猪舍面积170648平方米，对743家已清拆养殖场进行经济补偿（余下52家的经济补偿未办结），补偿金额共5662.6万元。同时，开工建设2个病死畜禽无害化处理和畜禽粪便利用项目、1个畜禽粪便利用项目，其中1家畜禽粪便利用项目建设完成并试运行。监测数据显示，广西—广东跨界文车桥交界断面水质2014年丰水期（5~11月）基本达到地表水Ⅲ类水质标准，其中7月达到地表水Ⅲ类水质标准；枯水期、平水期（1月、2月、3月、4月、12月）除氨氮、总磷超标外，其他指标均达到地表水Ⅲ类水质标准。

2014年2月19日，自治区副主席林念修到九洲江调研

2014年2月19日，自治区副主席林念修（右）到九洲江调研

2014年3月14日，玉林市市长苏海棠（右三）到九洲江检查工作

南流江治理 2014年，玉林市制订《玉林市南流江流域环境污染整治工作总体方案》、《玉林市南流江流域污染综合治理三年工作计划的通知》。通过畜禽养殖污染防治、城镇生活垃圾污水处理设施建设、农村环境连片整治、工业企业监管等一系列措施，南流江流域的农村生活垃圾、生活污水、养殖污染、工业废水得到有效整治，玉林市城区生活污水收集率达85%以上，南流江流域农村生活垃圾收集率达75%以上，农村环境得到改善，地表水环境初步好转。监测数据表明，南流江玉林—钦州交界的横塘断面水质，除枯水期2月份氨氮和3月份氨氮、总磷略有超标外，其余月份均达到地表水水质Ⅲ类标准。

饮用水水源地防治 根据2014年4月30日环境保护部召开“切实加强饮用水源保护，妥善应对突发环境事件工作视频会议”的精神，玉林市环境保护局组织市环境监察支队、市环境监测站及污染防治科人员分组对玉林市辖区内的饮用水水源地进行排查，确保玉林市饮用水环境安全形势平稳趋好。

持久性有机污染物(POPs)污染防治 2014年，玉林市开展持久性有机污染物统计报表制度更新调查工作，摸清了2013年玉林市持久性有机污染物产生情况：二噁英排放的企事业单位共24家，其中7家关停，17家正常生产。按行业分，废弃物焚烧行业单位1家，即医疗废物处置单位，无生活垃圾和一般工业废物等其他废弃物焚烧单位；铁矿石烧结行业单位1家；炼钢生产行业单位1家；铸铁生产行业单位10家；再生有色金属生产行业单位2家；遗体火化行业单位2家。玉林市无含多氯联苯(PCBs)电力设备的使用及其废物贮存单位。根据持久性有机污染物统计报表系统统计，玉林市2013年度二噁英估算总排放量为7378.37mg TEQ，其中废气二噁英估算总排放量为791.63mg TEQ。截至2014年底，完成玉林市持久性有机污染物(POPs)“十二五”污染防治规划中期评估报告工作。列入《广西持久性有机污染物(POPs)“十二五”污染防治规划》中的淘汰目标任务中，完成2个二噁英重点行业淘汰落后产能项目，6个淘汰关停废弃物焚烧项目，剩余3个实施淘汰中，二噁英重点行业减排项目实施效果明显，未产生二噁英排放。

重金属污染防治 2014年，玉林市环境保护局制订《2014年玉林市重金属污染防治年度实施方案》，并报市人民政府印发实施，明确职责，分工落实任务目标。年内，玉林市环境保护局依法关闭取缔涉重企业1家，即广西容县金丰活塞环有限公司。同时加快基础能力建设，完成玉林市环境监测站重金属实验室改造。

【危险废物监管】 *危险废物规范化管理* 2014年，玉林市环境保护局联合市环境监察支队开展危险废物专项检查。玉林市环境保护局、玉林市卫生局印发《玉林市医疗卫生机构环境管理情况专项检查工作方案》，6~7月组织各县(市、区)开展医疗卫生机构环境管理专项检查工作，并对各县(市、区)进行抽查。联合市环境监察支队，对玉林市爱民医疗废物处理有限公司、市第一人民医院、市第二人民医院和市骨科医院进行检查，重点对医疗废物中存在的问题提出整改，并做现场检查和询问笔录。要求医院在停炉维修期间，启动应急处置医疗废物方案，严格审批跨市转移医疗废物，并发函至北海市环境保护局商请转移处置危险废物。截至2014年底，玉林市爱民医疗废物处理有限公司收集处置医疗废物1690吨。此外根据《环境保护厅办公室关于报送2013年度城镇污水处理厂污泥污染防治工作情况的通知》(桂环办函〔2014〕113号)的要求，组织各县(市、区)环境保护局对玉林市城镇污水处理厂污泥处理处置情况进行检查。

危险废物转移审批 2014年，玉林市环境保护局审批16家涉危企业跨市转移危险废物，并发函至相关地市环境保护局商请转移处置危险废物，转移工业危险废物约381吨。

危险废物规范化管理培训 2014年，玉林市环境

保护局举办危险废物培训班，共有148人参加，参训人员由各县（市、区）环境保护局和危险废物产生单位（含医疗卫生机构）组成。

【清洁生产与循环经济】 2014年玉林市主要抓制革、水泥、冶炼行业清洁生产审核工作，年内有4家重点企业开展清洁生产审核工作。

【环境影响评价】 2014年，玉林市共审批建设项目环评文件1080个，总投资额322.21亿元，全市环评执行率达100%，为玉林市经济发展提供了环保支持。

规划环评　2014年，玉林市环境保护局组织完成《福绵区石和工业区控制性详细规划》和《陆川县九洲江上游流域中小企业产业转移园控制性详细规划》环境影响报告书的审查工作。规划环评审批进度加快，为自治区、玉林市重大建设项目和扩大内需的投资项目开辟“绿色通道”。对不符合环境要求的产业，及时协调、调整。截至2014年底，玉林市园区规划环评工作基本完成，为今后加快玉林市园区招商引资工作打好基础。

环北部湾经济区战略环境评价　2014年，玉林市环境保护局积极配合环北部湾经济区战略环境评价工作，为战略环境评价技术支撑单位提供资料保障服务。

建设项目环评　2014年，玉林市环境保护局坚持从源头强化环境管理，对报批建设项目强调落实新增污染物排放总量指标来源，对技改、扩建项目坚持“以新带老”的污染物减排措施，对落后产能、设备实行“先淘汰、后建设”的结构调整，否则不予受理和审批。截至2014年底，玉林市共审批建设项目环境影响报告书38项、报告表325项、登记表717项，平均办结时限有很大提高。

重大项目环评　2014年，玉林市列入自治区层面统筹推进的项目共有12项，全部完成环保审批。玉林市环境保护局积极协助业主与相应环境保护部门对接，加快完成审批前期工作，利用玉林市电子政务平台加快环保审批，提高工作效率。

政务窗口管理　2014年，玉林市环境保护局行政审批办公室不断提高窗口办事效率，为环保工作顺利开展提供保证。全年共受理建设项目环评审批1080项，相应投资总额322.21亿元，其中报告书38项、报告表325项、登记表717项，市级审批项目143项，相应总投资约158.98亿元（其中报告书27项、报告表88项、登记表28项）。市监察局电子监察系统统计显示，2014年玉林市环境保护局窗口按时办结率、一次性告知率和群众满意率均为100%。

环评机构监督管理　2014年，玉林市环境保护局根据环境保护部《建设项目环境影响评价资质管理办法》和《关于加强环境影响评价机构及人员管理的通知》的有关规定，加强对辖区内环评机构的监督与管理，严格环评单位的资质管理。通过成立玉林市环评技术评估中心，严格环评文件的质量管理，加强环评工作人员的培训，使玉林市境内从事环境影响评价机构及从业人员自觉遵守环境保护部的有关规定，确保建设项目环评文件编制质量和保障项目业主的合法权益。

建设项目竣工环保验收　2014年，玉林市环境保护局完成建设项目竣工环保验收29个，其中编制报告书项目7个，编制报告表项目19个，填报登记卡项目3个。

环评文件评估　2014年，玉林市本级共审查环境影响评价文件104本。其中，报告表66本、报告书38本。按类别分，社会区域类项目71项，工业类建设项目31项，养殖类建设项目2项；有4个项目因不符合相关规定，作退稿处理。

【信息公开与政务信息】 2014年，玉林市环境保护局通过政府公报、政府网站、单位门户网站、新闻媒体等主动公开政府信息，内容涉及政策法规、环评审批、环境执法、环境监测、财务预算决算、人事任免及工作动态等，让广大人民群众了解、理解、支持和参与环保工作，推动全市环保事业发展。

环境信息公开　玉林市环境保护局按照《中华人民共和国政府信息公开条例》，规定在每年3月31日前通过政府网站和政务服务中心、档案馆、图书馆公布上一年度的政府信息公开工作年度报告，属于主动公开的政府信息于信息形成或者变更之日起20个工作日内报送政府信息公开查阅点。2014年，玉林市环境保护局主动公开政府信息320条。

办公信息化建设　2014年，玉林市环境保护局重视办公信息自动化建设，充分利用玉林市人民政府云政务平台实现无纸化办公，节约了大量资源。同时，投入53万元升级改造污染源在线监控中心及环境数据中心平台，更新和维护部分设备，保障信号传输稳定；升级改造单位门户网站，增强单位网关管理和防入侵能力，使玉林市环境保护局信息化和网络安全建设上新台阶。

公文办理　2014年，玉林市环境保护局主动对接和参与全市环保中心工作，努力采取措施做好“办文、办会、办事”3件大事，并实现提质增效。全年共处理来文4866份，核发公文1029份，完成综合性材料85份。

【党的建设与纪检监察】 教育培训　2014年3月9日，

玉林市环境保护局组织干部职工到北流市李明瑞、俞作豫教育基地参观学习，接受革命传统教育。

防腐体系建设 2014年，玉林市环境保护局根据自治区环境保护厅“从严治厅”的要求，结合市局的实际开展从严治局，对上下班、公车管理、公务接待用餐等方面进行规范管理，取得明显成效，没有出现违纪现象。

政风行风建设 2014年6月20日，玉林市环境保护局召开全局民主评议政风行风动员会，市局领导班子、各科室、直属单位全体人员参加。

党的群众路线教育实践活动 按照玉林市委的统一部署，玉林市环境保护局围绕“照镜子、正衣冠、洗洗澡、治治病”总要求和“为民务实清廉”主题，扎实推进党的群众路线教育实践活动深入开展。自2014年2月10日活动正式启动以来，玉林市局机关、市环境监察支队、市环境监测站3个支部共67名党员参加了活动。

2014年2月16日，玉林市环境保护局召开党的群众路线教育实践活动动员会

2014年4月14日，玉林市委常委、副市长冯祥英到市环境保护局调研党的群众路线教育实践活动

【环保大事记】

一月

1月7日，玉林市2014年度鹤地水库(广西库区)移民项目投资计划出炉。

1月13日，玉林市人民政府任命原市环境监察支队支队长李家明任市环境保护局副局长。

1月13日，以自治区党委常委、组织部部长周新建为组长，自治区住房城乡建设厅厅长严世明为副组长的自治区环境清查整治和安全生产专项检查工作组，就玉林市环境安全隐患大清查大整治和安全生产工作进行检查。

1月14日，玉林市委副书记李常官、副市长邓长球率相关部门负责人赴广东省广州市，代表玉林市与广东省水利厅签署《关于妥善解决鹤地水库广西库区移民遗留问题会谈备忘录》。

二月

2月19~20日，自治区党委常委、自治区副主席林念修率自治区考察调研组到玉林市考察九洲江流域污染治理工作。市委书记王凯向考察调研组介绍了玉林市相关情况，代市长苏海棠参加了在陆川县召开的九洲江流域污染治理办公现场会。

2月25日，玉林市环境保护局召开党的群众路线教育实践活动动员会，标志着该局党的群众路线教育实践活动正式启动。

2月27~28日，2014广西环保系统“送培训下基层”活动在玉林市启动。自治区环境保护厅副巡视员李一平、自治区环境保护宣传教育中心副主任宋洪涛、玉林市环境保护局副局长林强等领导出席了开班仪式，来自玉林市环境保护局、各县(市、区)环境保护局100多名学员参加培训。

三月

3月3日，经过多次对鹤地库区的调查核实和筛选，玉林市完成2014年度鹤地水库广西库区玉林市移民遗留问题处理项目投资计划的编制工作，并将项目投资计划上报自治区审批。项目计划总投资2922万元，其中自治区安排重点库区扶持资金2000万元，广东省专项补助资金922万元，项目共63个。

3月11日，玉林市召开2014年环境保护工作会议，自治区环境保护厅副巡视员李一平，玉林市副市长郑杰忠、副秘书长唐胜，市发展改革委、工业和信息化委等15个市环境保护委员会主要成员单位分管领导，各县(市、区)人民政府和玉东新区管委分管领导、环境保护局局长，市环境保护局领导班子成员以及各科室、各直属单位负责人参加会议。

3月13日，玉林市市长苏海棠深入陆川县就九洲江流域水源生态建设工作进行调研，要求以更大的决心、更大的力度、更实的举措，全力推进九洲江流域水源生态建设工作。

四月

4月10日，自治区环境保护厅和自治区水产畜牧兽医局在陆川县召开全自治区畜禽养殖污染减排经验交流会。

4月11日，玉林市在陆川县召开九洲江流域建立“河长制”动员大会，市委副书记李常官、副市长郑杰忠出席会议。

4月29日，玉林市环境保护局对2013年度全市环保系统政务信息5个先进工作单位和23名先进工作者进行表彰。

4月29日，针对玉林市农村养殖业发展迅速的情况，农村养殖污染物排放量大大超出了环境承载能力的实际，玉林市召开第四届人民代表大会常务委员会第二十七次会议，会议通过了《关于加大力度整治农村养殖污染的决议》，从5个方面对全市养殖污染防治工作提出要求。

五月

5月5日，自治区环境保护厅副厅长粟定成到玉林市玉州区检查指导生态项目建设情况。

5月5日，玉林市委书记王凯率市直有关部门负责人到陆川县调研九洲江流域环境综合整治等工作。

5月5日，玉林市大塘镇大双村生活垃圾生物分解分类与全资源回收利用处理站(“生活垃圾不出村”项目)顺利建成并投入使用，该村成为广西第一个真正实现农村生活垃圾“不出村”的村庄。

5月7日，联合国儿童基金会、中国疾病预防控制中心农村改水技术指导中心联合在北流市沙垌镇举办农村环境卫生全覆盖项目“粪便无暴露村庄”命名仪式，北流市的沙垌镇三江村、民乐镇罗政村等11个村获得联合国儿童基金会授予“粪便无暴露村庄”的荣誉称号。

5月16日，湖南省益阳市环境保护局一行13人到陆川县对高架网床养殖模式进行实地考察，并与陆川县环境保护局领导和业务股室人员进行座谈。

5月23日，玉林市人民政府免去徐娜庆市环境保护局副局长职务，调任市政协副秘书长。

5月22日，环境保护部华南督查中心副处长李华一行4人莅临玉林市，督查指导该市2014年上半年主要污染物减排工作及九洲江流域污染治理工作情况。

六月

6月5日，由玉林市人民政府和玉林市环境保护委员会主办，玉林市环境保护局承办的2014年“六五”世界环境日大型宣传活动在玉林市青年广场隆重举行，来自市环境保护局、水产畜牧局、发展改革委、工业和信息化委、国土资源局、住房城乡建设委、水利局、林业局等26个环境保护委员会成员单位及玉柴机器集团有限公司、燕京啤酒、玉林制药等企业参加了宣传活动，副市长郑杰忠到现场检查指导。

6月5日，玉林市人民政府召开全市“十二五”后两年污染减排工作推进会。会议通报全市减排工作进展情况，分析“十二五”后两年减排工作的难点，部署“十二五”后两年污染减排工作。

6月6日，自治区环境保护厅副厅长粟定成到北流市西埌镇督查农村环境连片整治工作。

6月13日，玉林市环境保护局组织玉林师范学院环保志愿者深入玉州区南江第一中学开展环保宣讲活动，受到师生们热烈欢迎。

6月17日，2014年玉林环保世纪行宣传活动正式启动。在为期6天的时间里，各级新闻媒体分别到玉林各县(市、区)进行采访报道。

6月19日，玉林—湛江九洲江环境保护工作座谈会在玉林市召开，广东省湛江市市长王中丙、副市长庄晓东，玉林市委书记王凯、市长苏海棠、副市长郑杰忠参加座谈会。双方就进一步加强九洲江流域、鹤地水库的生态环境治理工作进行深入交流，并达成共识。

6月25日，玉林市委副书记李常官率环境保护、水利、水产畜牧、农业等相关部门负责人到陆川县，就九洲江流域环境综合情况进行检查。

七月

7月4日，玉林市委常委、组织部部长覃天卫到玉林市环境保护局就群众路线、干部队伍、党建、环境保护等工作进行调研。

7月5日，玉林、湛江两市组织陆川、博白、廉江三县(市)水利海事等多部门开展联合行动，共出动250人对九洲江文车桥至下游两广交界断面河段开展非法采砂专项整治行动，并集中清理水葫芦等水面垃圾。

7月6~7日，自治区党委书记彭清华深入玉林市九洲江流域调研，强调要按照自治区党委的部署要求，下大力气推进九洲江流域环境综合治理，打造成为跨省区小流域环保合作示范工程。自治区党委常委、自治区副主席唐仁健，自治区党委常委、秘书长范晓莉一起调研。玉林市委书记王凯、市长苏海棠、市委常委、秘书长李玉振陪同调研。

7月9日，玉林市环境保护局召开2014年年中工作会议，会议分析了上半年的主要工作，对下半年工作提出要求。

7月11日，玉林市召开《玉林市九洲江流域养殖业发展规划(2013~2020)》专家评审会，玉林市副市长邓长球、自治区水产畜牧兽医局、自治区畜牧总站、自治区土壤肥料工作站、市直相关单位专家、陆川县和博白县专家代表及领导、编制单位广西城乡规划设计院相关人员等参加了会议。

7月14日，由自治区环境保护厅总量处副处长王凯河为主要成员的自治区2014年上半年减排核查核算现场核查组第五组到玉林市兴业县，对2014年上半年主要污染物减排工作进行现场核查核算。

7 月 18 日，自治区环境监察总队副总队长汪剑灵一行 5 人到玉林市兴业县城隍镇福地锰矿进行试运行现场核查。

7 月 20 日至 12 月 31 日，玉林市在全市范围内开展畜禽规模养殖场（小区）专项整治行动。

7 月 29 日，玉林市开展《畜禽规模养殖污染防治条例》进机关、进农村、进企业专题宣传活动。

八月

8 月 19 日，玉林市委书记、市人大常委会主任金湘军深入陆川县就九洲江水源地保护工作进行专题调研。

8 月 22 日，玉林市水产畜牧兽医部门在陆川县乌石镇龙化村放生园举办 2014 年玉林市九洲江流域渔业资源增殖放流活动，通过活动达到改善九洲江生态环境的目的。

8 月 27 日，玉林市人民政府经济发展研究中心组织专家学者对玉林市的水体污染情况进行专项调研，并提出了治理建议。

8 月 27 日，根据自治区环境保护厅和自治区安全监管局的统一部署，玉林市召开会议部署环境安全年“3 号行动”，对全市尾矿库、沿江沿河化工企业进行联合执法检查。

8 月 25~29 日，全自治区安全辐射培训班在玉林市举办。

九月

9 月 3 日，玉林市环境保护局与西尔拓新（北京）环保科技咨询有限公司开展环保业务知识网络远程培训工作，培训时间从 2014 年 10 月开始至 2015 年 10 月。

9 月 24 日，玉林市环境应急与事故调查中心筹备办挂牌，玉林市环境保护局局长蔡明、副局长龚冲仪，市环境监察支队、监测站负责人等参加揭牌仪式。

十月

10 月 15 日，玉林市环境保护局、水产畜牧兽医局联合举办 2014 年全市养殖减排培训班，被列入 2014 年减排计划的 460 家养殖场业主共 500 人参加培训。

10 月 28 日，玉林市玉州区 19 套集中式生活污水处理设施正式运营。

10 月，玉林市环境保护局与西尔拓新（北京）环保科技咨询有限公司开展环保业务知识网络远程培训，采取网上授课、在线答疑、网上随机抽题考试和评分的方式进行教学。

十一月

11 月 11 日，玉林市环境保护局联合陆川县环境保护局、博白县环境保护局对辖区内的九洲江流域段养殖企业进行检查。此次行动共出动环境监察、监测人员 156 人次，详细排查规模养殖企业 37 家，对存在环保手续不完善、污染防治设施不完善、超标排污等环境违法行为的企业进行严肃查处。玉林市环境保护局将存在环境风险隐患的 11 家养殖企业名单移送陆川县环境保护局，要求立案查处。

11 月 17 日，北流市被自治区列为“2011~2013 年农村环境连片整治示范县（市、区）”。

11 月 17~19 日，2014 年广西农村环境综合整治项目工作现场会暨培训班在北流市召开。自治区环境保护厅生态处处长潘国尧、副处长黄颖，自治区畜牧总站副站长王国利，自治区环境保护科学研究院工程师李骋，桂林理工大学博士李海翔以及全自治区各市环境保护局生态科科长，有关县（市、区）环境保护局项目负责人等参加会议。

11 月 24~25 日，自治区党委副书记危朝安率自治区相关部门负责人先后深入玉林市陆川县、北流市、玉东新区，就乡村建设、九洲江治理进行调研。

11 月 27 日，玉林市环境保护局举办学习新《环境保护法》专题培训班，邀请自治区环境保护厅政策法规处处长周平顺授课。玉林市环境委员会成员单位、玉林市环境保护局全体人员，各县（市、区）、玉东新区环境保护局分管执法的副局长、法规宣教股负责人、环境监察大队大队长（负责人）、环境监测站站长（负责人）以及全市 27 家国控企业负责人参加培训。

11 月，玉林市环境保护局投资 55 万元，牵头组织编写《玉林市生物多样性规划》，为创建国家园林城市打好基础。

十二月

12 月 6 日，湖南省人大环资委副主任委员姜玉泉（正厅级）一行 4 人，在自治区人大环资委办公室调研员刘杰，玉林市人大有关领导、玉东新区工委委员吕湖川的陪同下，到玉林市玉东新区“五彩田园”现代特色农业示范基地调研。

12 月 7~8 日，玉林市委副书记李常官率调研组深入陆川县、博白县、福绵区、北流市、玉州区视察玉林三大主要河流：九洲江、南流江、北流河。

12 月 23 日，由中国环保产业协会水污染防治委员会秘书长王家廉率领的技术专家调研组一行 8 人，到玉林市就九洲江环境综合治理事宜开展调研。

百色市环境保护

【综述】 2014 年，百色市环境保护局坚持以科学发展观为指导，认真贯彻国家环境保护政策和方针，坚持以污染减排为主线，以重点流域区域和国家重金属污染防治为着力点，以解决危害群众健康的突出环境问题为改善和保障民生的重要抓手，努力争创环保工作新业绩，为促进全市经济社会又好又快发展提供良好的环境保障。

【规划与投资】 环境规划 百色市环境保护“十二五”规划按照“环境保护优先，优化经济发展”的要求，全面落实主要污染物总量控制，突出环境风险防范，基本保障环境安全，强化生物多样性保护因素，突出解决民生环境问题。2014年继续完善环境保护“十二五”规划中期评估、动态调整监督检查工作，重金属污染防治规划、总量减排年度计划等工作的实施，提出环境保护“十三五”规划思路。

预算资金管理 2014年，百色市环境保护局部门预算收入3609.75万元，其中财政拨款收入3239.48万元，其他收入370.27万元，与上年同期相比增加1249.21万元，增幅52.9%，原因为项目支出拨款增加。部门决算支出3037.29万元，部门年度收支结余2111.67万元，为项目支出结余。

专项资金项目管理 2014年，百色市环境保护局完成市财政支持180万的ICP重金属检测实验室建设，具备饮用水109项全分析中全部重金属项目监测能力；完成自治区支持100万的百色市环境监测站重金属基础监测能力建设项目；完成“南盘江8大河”和“难滩河上皿屯”2个点位的重金属水质自动监测站选址工作。自治区对该2个点位分别投入80万，地方配套每个点位投入60万。

环保专项补助资金项目申报 2014年，百色市申报自治区和本级财政环保专项补助资金15项，其中自治区6项，市本级财政9项，共拨款1182.4万元。重点支持市环境监测站、祈福高中空气自动站的能力建设、国家环境空气监测网建设项目；空气自动站运行，以及靖西隘屯重金属水质自动站；西林8大河重金属水质自动站能力建设；辐射运行监测、网络运行等项目。其中市本级财政拨款1078万元，上级补助拨款104.4万元。

【政策与法规】 环保政策 2014年，百色市环境保护局贯彻落实《广西壮族自治区人民政府关于加强全区基层环境监管能力建设的意见》精神和要求，以提升环境监测监察能力为目标，积极推进市、县环境基础能力建设，各县区配制环境监测站，各县区环境监察机构升为副科级单位。根据国家大气污染防治行动的“气十条”规定，百色市环境保护局制定印发《百色市推进落实大气污染防治行动计划重点任务及考核评分细则》，要求各县(区)人民政府和各有关单位制订2014~2017年度实施计划并组织实施。百色市环境保护局草拟《百色市环境保护“一岗双责”责任制实施办法》报市人民政府，向各市直部门、各县区人民政府征求意见。

法制建设 2014年，百色市环境保护局贯彻实施国务院《全面推进依法行政实施纲要》，加大推进依法行政工作力度，深入推进环境保护法制建设；提高行政决策水平，规范重大行政决策程序；严格遵守规范性文件制定权限和程序；坚持依法行政，规范环保执法行为；健全和完善环保行政处罚工作；开展环境监察专项稽查，行政执法案卷评查及领导带案下访活动等具体行政监督工作，完善和落实监督制度，强化对行政行为的监督。

行政处罚 2014年，百色市环境保护局严格依照相关环保法律法规，对辖区内15家存在环境违法行为的企业下达行政处罚决定书，跟踪落实行政处罚案件执行工作，督促当事人积极履行环保义务，提高案件结案率，年内上缴财政罚没款82.5万元。15例环境违法案件分别为：田阳县常安保洁有限公司规避监管排污案、广西田东新特化工有限责任公司违法排放污染物案、广西田东锦盛化工有限公司私设暗管排放污染物案、广西田东锦华化学有限公司违法排放污染物案、广西田东宏泽混凝土私设暗管排放污染物案、广西田东道尔新能源材料有限公司涉嫌私设暗管排放污染物案、广西华银铝业有限公司热电厂第一季度氮氧化物浓度超标案、广西田阳华美纸业有限公司未按规定建设在线案、广西绿实环保材料有限公司违反“三同时”(同时设计、同时施工、同时投产使用)案、广西昊龙硅业有限公司擅自停运环保设施案、百色融达铜业有限责任公司环境违法案、武汉建工股份有限公司擅自在禁止时间段内施工严重扰民案、百色百矿集团有限公司未批先建案、广西凌云永和冶炼有限责任公司涉嫌不正常使用大气污染物处理设施案、凌云县天龙锰业责任有限公司涉嫌不正常使用大气污染物处理设施案。

行政复议 2014年，根据百色市法制办统一部署，百色市环境保护局继续开展行政复议规范化建设。依据环境保护部《环境行政复议办法》，制定百色市环境保护局复议办法、出台操作规范、制定流程图和复议受理、权利告知制度，制定行政复议办理指南并在局官方网站公布，畅通网站、邮件、书面、口头申请渠道，积极做好受理行政复议申请的准备。指导辖区环境保护局开展环境行政复议工作，接受上级业务主管部门、同级人民政府法制部门监督，并出台行政复议的配套制度。规范行政复议的受理、审理、决定、指导监督、基础、保障六方面的工作。2014年，百色市环境保护局没有接到行政复议申请，无复议案件。

【机构改革与人事】 2014年，百色市环境保护部门在机构建设、人员编制、业务用房、队伍建设方面均有较大突破，环境监管能力标准化、规范化建设迈上新台阶。通过加强请示汇报，积极争取自治区环境保护厅和地方政府支持解决业务用房、办公设备和调查取证等环境监察、监测装备短缺问题，逐步配齐配强环境监测和监察执法装备。

机构调整　2014年9月，百色市机构编制委员会批复同意百色市环境监察支队从原正科级升格为副处级。新增内设机构办公室、征管财务科、环境监察一科、环境监察二科、环境督查科、环境信访科、污染源监控科7个科室；同意增核副支队长1名，调整后单位编制结构为支队长1名（副处长级），副支队长3名（正科长级），内设科室科级领导职数9名，管理或专业技术人员15名，后勤服务编制2名，人员编制从20人增至30人。此外，获批增设百色市固体废物管理中心，核定编制3人，直属市环境监察支队二层正科级事业单位。各县（区）均成立了环境监测站及环境监察大队，并落实编制及人员。截至2014年底，12个县（区）环境监测站人员编制总数达93人，实际在岗在编44人；环境监察大队人员编制总数达92人，实际在岗在编61人。

重要人事任免　2014年，百色市环境监测站通过民主测评、竞争上岗等方式，从班子到科室进行全面提拔调整，新提任4位副站长、9位科长（主任）、9位副科长（副主任），其中提拔2名同志到正科级岗位，提拔9名同志到相当于副科级岗位。市环境监测站人员结构的调整，解决了几年来班子人员不足、科室中层领导不全的问题，同时对部分科室成员进行换岗，调整后整个监测队伍结构日趋完善，业务工作开展更顺畅，也使业务人员尤其是优秀职工得到更多的岗位历练机会和上升空间。

人才队伍建设　2014年，百色市环境监测站通过公务员招考录用8人、选调生分配1人、调入3人。同时，争取到市人民政府同意聘用同工同酬技术人员20人，监测力量大大增强。通过培训、学习、交流等方式，不断加强人员业务能力和素质，2014年累计参加专业技术类培训37人次、90天次，组织全监测站技术人员采样培训考核1次，评审通过助理工程师5人、工程师3人。截至2014年底，百色市环境应急与事故调查中心通过调入、考录方式，有6人（核定编制共8人）到岗。

【环境科研与管理】　环境科技管理　2014年，百色市环境保护局加强环境监测管理工作，做好项目环评执行标准审核管理工作。完成右江矿务局长岭煤矿扩建工程项目等6个项目的标准复函工作，切实落实环境保护验收标准。组织开展年度质量兴市督查、迎检工作，完成2013~2014年上半年的自查及材料收集、汇总上报工作。开展2014年国控重点污染源减排体系建设自动监测数据有效性审核、监督性监测信息公开和自行监测信息公开工作，制定工作方案，举办培训班，下达监测计划，加强对企业的督查。

清洁生产与循环经济　2014年，百色市清洁生产审核重点放在大气污染行业和国家计划内涉重金属企业第二轮审核方面。确定将广西斯达特锰材料有限公司等涉重金属冶炼及压延加工、非金属矿物制品业等3个行业12家企业列入2014年度强制性清洁生产审核企业名单。完成广西东泥股份有限公司、广西登高（集团）田东水泥有限公司、华润水泥（田阳）有限公司、广西百色华侨实业有限责任公司淀粉厂、广西百色市万林糖业有限公司等5家企业的清洁生产审核验收和广西德保华宏糖业有限公司审核评估。

生态工业示范园区创建　2014年，百色市环境保护局把服务百色生态型铝产业示范基地建设作为环保重点工作来抓，进一步明确环境保护部门在生态型铝产业示范基地建设中的职责、服务重点及任务。组织专题学习生态铝产业示范基地的政策措施，并研究制定有关规定，推进措施落实。

环保社团发展　2014年，百色市环境保护局继续扶持百色市大专院校环保协会发展和开展工作。邀请环保协会参与“六五”世界环境日的宣传教育活动。资助右江民族医学院“心之绿”环境保护协会、百色学院同心环保协会、百色职业学院青年志愿者协会开展“保护母亲河”活动，使环保协会更深入了解身边的环境保护工作，以学生环保社团的良好发展带动大学生群体、社会群体的环保行为。

重要学术活动　2014年，百色市环境监测站积极参加环境监测技术工作学习交流活动，派出参加环境监测技术学习交流活动有：陈加林参加广东省环境监测中心站组织召开的自动监测技术学习交流会议；胡晓宁参加自治区环境监测中心站在南宁市组织召开的2014年广西环境应急监测工作学习交流活动协调会，以及在桂林市组织的全自治区环境应急监测工作学习交流活动；罗金琴、覃嫣、黄礼、张国军等参加自治区环境监测中心站在钦州市组织举办的2014年全自治区市级饮用水水源地水质监测、土壤环境质量监测技术培训交流会。

【环境质量】　环境空气质量　2014年，百色市全年开展环境空气监测365天，优良天数350天，优良率95.9%，二氧化硫、氮氧化物、可吸入颗粒物年平均值分别为0.042毫克/立方米、0.020毫克/立方米、0.073毫克/立方米，均达到或优于环境空气质量二级标准，全年首要污染物为可吸入颗粒物。

水环境质量　2014年，百色市所监测地表水断面水质均达到或优于Ⅲ类地表水标准的断面数量达100%，其中靖西隘屯跨国界断面继续保持100%的达标率，水质状况保持优良。全年市区饮用水水源地达

标率 100%。

声环境质量 2014 年，百色市城区区域噪声昼间平均值 53.6 分贝，夜间平均值 47.0 分贝，交通干线噪声昼间平均值 65.2 分贝，夜间平均值 55.1 分贝。城市区域声环境质量昼间符合《声环境质量标准》(GB3096-2008) 2 类标准限值的测点占 96.6%，超标的测点占 3.4%；夜间符合《声环境质量标准》(GB3096-2008) 2 类标准限值的测点占 98.3%，超标的测点占 1.7%。与 2013 年相比，夜间噪声达标率上升 15.4 个百分点，最大声级比 2013 年的 54.9 分贝下降了 4.3 分贝，声环境质量总体保持稳定。

辐射环境质量 2014 年，百色市有辐射自动监测站 1 个，全年正常运行，数据直接由自治区辐射环境监督管理站提取。据自治区辐射环境监督管理站数据反馈，全年百色市辐射量处于正常水平。

【污染物减排】 *减排政策措施* 2014 年 6 月，针对百色市污染减排存在问题，百色市环境保护局组织制订《百色市污染减排整改实施方案》，明确百色市"十二五"后两年污染减排工作的整改内容和时限，有力推动污染减排工作进展。

减排督查与监管 2014 年，百色市环境保护局将减排项目及国控重点源企业列入日常监察计划，重点监察广西华银铝业有限公司、中国铝业股份有限公司广西分公司、百色市污水处理厂等既属减排项目又属国控重点源的企业。2014 年，百色市环境监察部门对 21 个废水国控重点源、7 个废气国控重点源、13 家城镇污水处理厂、9 个重金属国控重点源进行现场 791 次监察，监察达标次数 732 次，监察达标率 92.54%。同时，抓好火电、水泥行业脱硫、脱硝等重点工程减排项目建设。深入企业调查了解情况，指导企业做好工程建设实施计划；加强对各个企业工作推进情况的跟踪，对进度缓慢或存在思想问题的企业进行约谈；把国家、自治区有关"十二五"火电、水泥行业减排政策和要求函告知相关企业，督促其认真贯彻落实国家、自治区政策，做好脱硝工程建设工作。百色市环境保护局对全市减排项目进行全面督查，将存在问题及建议函告县(区)人民政府。百色市环境保护局还联合相关市直部门多次对各县区污水管网建设、脱硝进展、养殖减排、机动车减排等项目加强督查。2014 年 6 月至 9 月，百色市环境保护局联合水产畜牧兽医局组织开展 3 次养殖业污染减排专项督查，有力推进百色市养殖业污染减排工作。2014 年 11 月，百色市人民政府派出 3 个督察组，对各县区污水管网建设进行全面检查，并通报检查情况。

减排重点项目 2014 年，百色市列入自治区减排计划项目共 178 个，其中化学需氧量减排项目 72 个，氨氮减排项目 72 个，二氧化硫减排项目 8 个，氮氧化物减排项目 20 个。经环境保护部核定，2014 年百色市 178 个减排项目新增削减量分别为：化学需氧量 1271.88 吨、氨氮 259.27 吨、二氧化硫 35246.93 吨、氮氧化物 1070.23 吨。2014 年百色市化学需氧量、氨氮、二氧化硫、氮氧化物排放总量分别为 49462 吨、4467 吨、92870 吨、55356 吨，比 2013 年分别上升 8.3%、6.4%、7.1%、16.9%。2014 年，百色市共完成 6 台锅炉脱硝设施建设投运，分别为广西华银铝业有限公司 3#、4#、5#、中国铝业有限公司广西分公司 6#、7#、8# 炉，另有 4 台锅炉脱硝设施基本完成建设。2014 年，百色市无列入国家和自治区责任书项目。

减排专项行动 2014 年，百色市环境保护局积极开展机动车、养殖等专项减排工作。2014 年，百色市环境保护局加强机动车减排工作，组织全市各县(区)开展绿色环保标志发放工作。截至 2014 年底，全市共发放环保标志 140368 枚，超额完成全年环保标志发放任务。2014 年 5~7 月，市环境保护局联合市水产畜牧兽医局联合开展百色市养殖减排突击攻坚战活动，并对全市 57 个养殖减排项目分两批进行验收。全年配合环境保护部华南督查中心和自治区环境保护厅完成半年减排工作核查。

【环境影响评价】 2014 年，百色市继续做好项目环评审批工作。加强与发展改革、工业和信息化部门的项目筛选联审工作机制，配合相关县区、业主做好项目选址，建立环保部门服务台账，细化跟踪服务联系人。加强与项目环评机构的对接和联系，协调解决项目环评阶段存在的问题和困难。指导业主组织开展环评内审工作，提高环评质量。加强与上级环境保护部门联系，做好项目环评技术评审、审批的跟踪、对接与服务。加快项目审批速度，提高审批效率，强化审批权限下放，积极推动项目的审批进度。

规划环评 在规划环评方面，百色市环境保护局完成平果工业区综合工业园控制性详细规划修编环境影响报告书、百色市右江区禄源工业区总体规划环境影响报告书、田林县工业集中区潞城旺吉工业片区控制性详细规划环境影响报告书的技术审查。西林县工业集中区总体规划、乐业县工业集中区总体规划的规划环评提交百色市环境影响技术评估中心进行技术审查。

建设项目环评 2014 年，百色市环境保护局贯彻落实《广西壮族自治区建设项目环境影响评价文件分级审批管理办法》(桂环发〔2014〕10 号)，并起草完成百色市建设项目环境影响评价文件分级审批管理办法，提高了建设项目环境管理效能，进一步理顺和优化了市、县两级环境保护部门环评审批事权关系，做到该

下放的审批权全部下放。同时，抓好县区环境保护部门环评审批业务培训，进一步提高县区环境保护部门技术审查、环评审批水平，推动相关项目的审批进度，实现项目审批工作提速，着眼为企业提供优质服务，切实提高审批效率，优化服务水平，为经济、社会发展提供环境保障。2014年，自治区环境保护厅审批百色市建设项目8项（包括广西苏源公司煤电铝一体化项目、广西银海铝业公司年产15万吨铝水节能改造项目、百色华鑫电力有限公司生物质能发电项目、平果县凯特有限公司年产5.5万吨食用酒精异地搬迁项目）。市、县（区）共审批环境影响报告1287项（市本级115项），其中环境影响报告书47项，环境影响报告表370项，环境影响登记表870项。

重大项目环评 2014年，百色市环境保护局与市发展改革委、工业和信息化委、国土资源局等相关部门建立项目、环评、用地联审会议制度，对项目、环评、用地3个重点环节的工作做到通气、会商，努力使项目前期工作做到同向、同步，及时掌握工作推进的计划与安排。建立市、厅、县3级环境保护部门的审查、评审对接机制，加强与上级、下级环境保护部门联系，做好项目环评审批的跟踪、对接与服务，制定好服务项目的保障机制。重点抓好百色百矿集团有限公司煤电铝一体化项目、广西泰吉铝业有限公司高性能铝材一体化项目、广西信发铝电有限公司煤电铝一体化项目以及百色市局域电网建设等项目的环评审批跟踪与服务好工作。

试生产环境管理 2014年，百色市环境保护局强化项目试生产管理，对不符合试生产条件的项目，不予批准试生产。加强建设项目审批后监管，严查建设项目环境违法行为，进一步促进建设项目环保“三同时”（同时设计、同时施工、同时投产使用）制度的落实，有效防止新污染源的产生，改善区域环境质量。百色市环境监察支队严把试生产核查关，采取措施将开工备案、日常巡查、试生产现场核查等各项工作落到实处，确保建设项目建设期和试生产期的环境监察工作及时有序开展，极大地促进全市建设项目环境管理工作。2014年完成广西靖西县世纪飞龙制糖有限责任公司技改工程建设项目等16个建设项目的试生产现场核查，其中通过核查14家，未通过2家；完成百色皓海科技研发有限公司煤气综合利用技改项目等26个项目的试生产及延期试生产的批复工作。严把试生产核查发现环境问题的整改关，及时要求企业落实各项环境保护措施，加强环保设施的管理，有力地推进建设项目环境保护“三同时”的执行，从源头上控制环境污染。

建设项目竣工环保验收 2014年百色市环境保护局严格按照验收标准组织验收，做到现场核查验收，验收后规范建档。全年共完成62个项目的竣工环保验收现场核查，其中通过竣工环保验收需要进行整改完善的项目47个，需完成整改和再核查后通过竣工环保验收的项目15个。组织开展核技术利用建设项目竣工环境保护验收工作，对138家核技术利用单位下发限期验收通知，其中完成80家单位的验收监测工作。开展历年审批未验收项目清理工作，2014年12月下达203个项目（第一批）限期验收企业名单。同时，认真落实《广西壮族自治区环保厅关于印发加快建设项目竣工环境保护验收工作方案的通知》（桂环函〔2014〕1418号），督促列入自治区环境保护厅2014年下达的7批限期验收项目（38个）、普通公路与水利项目（30个）以及单独下达的限期验收项目（10个）开展竣工环保验收工作。其中，已完成验收或验收监测3个，正在开展验收监测的2个，建成未达到验收要求的6个（已向自治区环境保护厅说明），在建（未建设）的12个，停产（闭矿）的6个。对未开展竣工验收的项目，建议自治区环境保护厅进行立案查处。

政务窗口管理 2014年，百色市环境保护局根据上级有关行政审批事项“接、放、管”工作要求，接收到自治区环境保护厅下放“建设项目环境影响评价文件审批”等3项行政审批事项权限，相应下放“建设项目环境影响评价文件审批”等2项行政审批事项权限。同时，对保留的8项行政审批事项办事流程进一步简化和优化，将办事指南放置行政审批办证窗口和市环境保护局官方网站。全年共受理申请182项，全部在规定时限内办结，窗口群众评议满意率为100%。

环评技术评估 2014年，新成立的百色市环境影响技术评估中心通过调入、考录的方式，4个编制名额已满，现有主任1名、专业技术人员3名。主要对环境影响报告书类的环评文件组织专家进行技术评估，全年共组织专家评估环境影响报告书47本，其中项目类45项，工业园区规划类2项。

环评机构监督管理 2014年，百色市与环评单位、项目业主和技术评估机构建立沟通会商机制，共同研究和解决环评和技术审查中存在的问题，及时批复项目环评执行的环境标准，帮助提供环评所需的基础资料，进一步提高项目环评编制的进度和质量。加强对环评机构的日常考核，对环评文件编制较差的环评单位进行约谈和落实整改要求。通过采取一系列措施增强环评机构和环评技术人员的责任意识、服务意识，进一步提高环评编制的进度和质量，避免因环评编制质量低、达不到要求而影响项目落地进程。

【环境监测】 2014年，百色市环境监测站顺利通过标准化建设达标验收，成为全国环境监测站标准化建设（二级站）达标单位；完成全市3个空气自动监测站$PM_{2.5}$项目建设，实现$PM_{2.5}$空气质量自动监测全覆盖，

使百色市环境空气质量数据从API时代进入AQI时代。完成水质自动监测能力和环境空气新标准监测能力建设,并于2014年第三季度投入使用。西林8大河省界断面、靖西难滩河国界断面等2个重金属水质自动监测站仪器设备由自治区统一采购,并落实市财政配套资金;右江公篓重金属水质自动监测站通过自治区环境保护厅专家组验收,正式投入运行。百色市财政支持市环境监测站点位(国控)、市祈福高中点位(市控)的环境空气质量新标准监测能力建设。2014年3月17日,百色市环境监测站获得计量认证证书,同时通过本次计量认证进行扩项,目前有资质项目达到188项。完成ICP重金属检测实验室初步建设工作,市财政落实180万元项目资金,仪器设备于6月底前全部安装到位。自治区环境保护厅加大辐射环境监测基础能力建设,计划下达给百色市环境辐射监测站168万元的监测仪器设备,已下达42万元。

环境空气监测 2014年,百色市城区设有市环境监测站、市中心血站2个国控环境空气自动监测子站和祈福高中1个市控环境空气自动站及马鹿场1个手工采样清洁对照点位,自动监测站按日监测,手工监测点按季度监测。全年百色市环境空气总有效监测天数为365天,优良天数349天(其中空气质量达到优的天数为75天、达到良的天数为274天),轻微污染天数为16天,空气质量优良率为95.6%。环境空气综合污染指数API为62,百色市城区大气中二氧化硫、二氧化氮、可吸入颗粒物年均浓度值分别为0.042毫克/立方米、0.020毫克/立方米、0.073毫克/立方米,均符合《环境空气质量标准》(GB3095-1996)二级标准浓度限值。

降水监测 2014年,百色市城区设置市环境监测站、马鹿场2个酸雨自动采样点,采取逢雨必测,监测项目为降雨量、pH值、电导率、硫酸根、硝酸根、氟离子、氯离子、铵离子、钙离子、镁离子、钠离子、钾离子共12项。右江区城区点(市环境监测站)全年降雨39场,总降雨量为891.2毫米,出现13场酸雨,酸雨频率为33.3%(2013年为46%),降水pH值范围为3.12~7.07。右江区城区远郊点(马鹿场)全年降雨40场,总降雨量为928.8毫米,出现18场酸雨,酸雨频率为45.0%(2013年为40.4%),降水pH值范围为3.48~7.07。2个测点pH值、电导率监测率为100%,因部分场次降水量少,全年离子组分监测率为77.2%。

地表水环境监测 百色市有14个地表河流、湖库监测断面,包括2个国控断面、2个区控河流断面、3个湖库专项监测点,那音水库断面(公篓断面既是区控断面,又是行政交接断面)等7个行政交接断面。国控、区控断面按月监测,市控断面单月监测,湖库断面半年监测。全年监测断面122个,任务完成率100%;水质达到或优于Ⅲ类地表水标准的断面数量达到100%;靖西隘屯跨国界断面继续保持100%的达标率,水质状况保持良好。

饮用水水源环境监测 百色市城区共有澄碧河水库取水口、东笋取水口等2个集中式饮用水水源地,每月监测1次,其中年中开展1次全分析。2014年,2个集中式饮用水水源地共取水3909万吨,其中达标取水量为3909万吨,达标率为100%。

声环境监测 百色市城区按规定设置城市区域声环境质量监测点位117个,交通干线噪声点位19个,监测频次为每年1次,昼夜分别监测1次。2014年,百色城市区域环境昼间噪声监测值在46.4~63.1分贝之间,平值为53.6分贝,夜间噪声监测值在37.9dB~50.6分贝之间,平值为47.0分贝,声环境质量昼间符合《声环境质量标准》(GB3096-2008)2类标准限值的测点占96.6%,超标的测点占3.4%;夜间符合《声环境质量标准》(GB3096-2008)2类标准限值的测点占98.3%,超标的测点占1.7%。交通噪声昼间监测值在57.5~70.6分贝之间,平均值为65.2分贝,夜间监测值在55.1~62.9分贝之间,平均值为55.1分贝;昼间噪声平均值符合《声环境质量标准》(GB3096-2008)4类标准限值的监测点占94.7%,超标的监测点占5.3%;夜间噪声平均值符合《声环境质量标准》(GB3096-2008)4类标准限值的监测点占25.0%,超标的监测点占75.0%。

辐射环境监测 2014年,按自治区辐射环境监督管理站要求,百色市每月进行大气气溶胶采样监测工作,每次采集样品约1.2万立方米,送自治区辐射环境监督管理站进行分析。2014年,百色市环境保护局购买2套辐射监测设备。

国控重金属企业污染源监测 2014年,百色市国家重点监控重金属类企业有9家,完成监测47次,任务完成率100%,完成数据1694个,排放口外排总沟均达标排放。

重点污染源监督性监测 2014年,百色市有国家重点监控污染源企业50家。按季度对正常运行的43家企业开展181次监督性监测,废水类、重金属类国控企业各项监测指标均达标;废气类部分企业氮氧化物项目超标,达标率55.1%;部分污水处理厂出现粪大肠菌群超标,达标率96.2%。同时对通过验收的在线监控设备进行季度性比对监测,全年对44家水在线监测仪进行169次比对监测,合格率100%;全年对32家废气在线监测仪进行89次比对监测,合格率100%。

【污染防治】 *重点流域水污染防治* 2014年,百色市按照自治区的部署和要求,在全市范围内开展涉重金属、制糖、酒精、造纸等重点行业企业环境风险和安全隐患大排查大整治工作,加强重点区域、流域、行业等环境专项整治。在2013年清查整治的基础上,2014年百色市排查出存在环境安全隐患的企业21家,限期整改21家,完成整治12家;排查出手续不完善的企业25家,其中限期整改8家,停产整治14家,关闭取缔3家,完成整治11家。

大气污染防治 2014年,百色市根据《百色市大气污染防治2014年度实施计划》(百政办发〔2014〕44号)要求,积极开展大气污染防治工作。全年全市企业大气污染防治共投入约58403万元,其中脱硫工程治理18270万元,脱硝工程治理36985万元,工业烟粉尘治理1148万元,油气回收项目2000万元。

产业结构调整优化 2014年,百色市全面完成淘汰落后产能铁合金7万吨、水泥85.6万吨,关闭融达铜业公司2万吨粗铜冶炼生产线,对重污染企业广西平果凯特生物化工有限公司实施拆除搬迁。全部完成自治区下达的淘汰落后产能任务量。

燃煤小锅炉整治 2014年,百色市共淘汰燃煤小锅炉15台,其中淘汰10吨/小时及以下燃煤锅炉14台,25吨水膜除尘燃煤锅炉1台。

工业大气污染整治 2014年,百色市继续抓铝、电、造纸等企业锅炉脱硫脱硝工程和水泥行业脱硝工程的大气污染物减排项目建设。中石化、中石油完成61座加油站油气回收改造项目,油气回收改造项目投入资金约1550万。

机动车污染防治 2014年,百色市共淘汰老旧黄标车9872辆,完成自治区下达任务6991辆的141.21%,发放机动车环保合格标志140368枚。年内成立百色市机动车排气污染监管中心,核准事业编制5名。

噪声污染防治 2014年,百色市加强对群众投诉强烈的噪音影响问题的突查整治力度。对中城丽景一带半夜至凌晨臭气、沙滩公园建筑工地夜间施工噪声扰民、东合桥头露天KTV及逸夫小学旁边烧烤摊噪声影响学生高考复习等群众反映强烈的问题,先后开展4次夜查整治工作,有效遏制夜间排污和噪声扰民问题。

饮用水水源地保护 2014年,百色市完成市、县两级城市集中式饮用水水源地环境状况评估工作,完成全市112个乡镇139个乡镇饮用水水源地保护区分。对各县(区)城镇集中式生活饮用水水源地,市、县两级环境保护部门严格按照监测技术规范要求进行监测,每月监测1次。监测结果表明,各县(区)城镇集中式生活饮用水水源地达标率100%。

重金属污染防治 2014年,百色市落实重金属污染综合防治年度实施方案,对百色融达铜业有限责任公司年产2万吨粗铜冶炼项目(国家规划项目)、广西桂鑫金属有限公司82台75KVA小预焙槽年产1.6万吨生产线(国家规划项目)、广西田东锦盛化工有限公司年产20万吨聚氯乙烯生产线、百色银泉锑业有限公司年产300吨锑冶炼生产线等4家涉重企业项目实施关停。开展涉重金属企业环境安全隐患排查整治、环境安全风险隐患大排查大整治、环境安全隐患大清查大整治等专项行动。根据清查结果,全市涉重企业环保设施基本正常运行,均落实厂区雨污分流建设和应急措施,危险废物建有专门的贮存库房,停产、半停产企业在停产期间依照规定安排专人值守。

重点行业污染防治 2014年,百色市以大气污染防治、重金属污染防治和污染减排为重点,深入开展环保专项行动,着力解决危害群众健康和影响可持续发展的突出环境问题,不断提升环保工作水平。一是多管齐下防治大气污染。从燃煤小锅炉整治、移动源污染整治、挥发性有机物整治、城市扬尘污染控制等多方面开展大气污染防治工作。二是大力推进重点行业重金属污染综合防治。严格落实年度方案关停4家涉重企业,狠抓有色金属矿采选冶炼、化工、电解锰等行业重金属排放企业排查整治,加大重金属污染防治专项资金投入,提高重金属防治综合监督执法能力。三是加强污染减排重点企业的环境监管,加大打击违法排污力度。继续加大对各类污水处理厂的监管力度,加强电力行业燃煤机组脱硫、脱硝设施建设和运行维护监管,大力推行清洁生产,提前完成“十二五”淘汰落后产能计划。四是高度重视并做好饮用水水源地排查整治,严格按照相关规范对饮用水水源地进行保护建设,坚决治理水源保护区内的排污口,切实保障人民群众身体健康。

危险废物和固体废物管理 2014年,百色市环境保护局制订《百色市2014年度危险废物督查考核工作实施方案》,重点对涉锰行业、有色金属冶炼及加工企业、石油化工企业、危险废物经营单位进行规范化管理。百色市纳入危险废物规范化管理督查考核范围的企业有23家,其中危险废物产生企业22家,医疗废物处置企业1家,涉及含铬、汞、砷、含氟废渣、废酸、废矿物油及医疗废物等15种危险废物。2014年11月22~24日,百色市环境保护局组织对23家危险废物产生单位和经营单位的危险废物规范化管理工作进行检查,自治区环境保护厅检查组对百色市7家涉危企业进行抽查,对检查中发现的问题下达通知要求限期整改。

危险化学品管理 2014年,百色市制订《百色市危险化学品环境管理登记工作计划》,并依此开展化学品生产、使用及环境情况调查;危险化学品生产、使用企业专项检查;危险化学品环境管理登记培训指导;危险化学品环境管理登记等工作,将14家企业列入《百色市危险化学品环境管理登记企业名单》。全年百色市组织各县(区)开展持久性有机污染物(POPs)统计工作。通过统计,确定百色市共有3家二噁英类POPs排

放源企业及1家使用含多氯联苯电力设备，并完成相关数据的录入，为全面、准确地掌握持久性有机污染物(POPs)污染源及其排放变化趋势，为政府制定持久性有机污染物(POPs)污染防治政策、计划及环境监督管理提供依据。

城市环境综合整治　2014年，百色市环境保护局根据《广西壮族自治区人民政府办公厅关于印发2014年城镇污水生活垃圾处理设施建设工作计划的通知》(桂政办发〔2014〕67号)要求，建设污水管网95.97公里，完成2014年任务量的107%。同时严格按照相关要求，对城区内涉及服装店、数码通信、建材铝制品加工装修店、KTV、音像、流动摊点、建筑施工等行业场所进行噪声控制，保障周边群众生活环境质量。通过淘汰建成区内燃煤小锅炉使用，加油站油气回收装置建设，城市扬尘控制等措施，推进城市大气污染防治工作。

【生态保护和建设】 2014年，百色市坚持以推进生态文明示范区建设为主线，以推动生态市、县，生态乡镇和生态村建设为重点，进一步加强生态保护和建设。一是深入开展美丽百色乡村建设活动。继续大力推进农村生活污水治理和饮用水水源保护工作，建立和完善长效机制，巩固和深化清洁水源专项活动成效。二是推动"水质良好湖泊生态环境保护试点项目"申报工作。三是继续推进农村环境连片综合整治和生态引导资金项目建设工作。组织指导各县区积极申报2014年生态广西建设引导资金项目，加强对在建的21个生态引导资金项目的监管和验收工作。四是抓好矿山生态环境安全和自然保护区建设管理工作。五是积极推进百色市生态文明建设示范区创建工作，进一步采取措施抓好生态文明建设示范县、示范乡镇和示范村的创建和申报工作。

试点示范创建　2014年，百色市获得42个自治区级生态乡镇和生态村命名。百色市环境保护局组织专家组深入创建村屯，指导凌云县泗城镇金保村等162个行政村完成自治区级生态村创建和申报工作。积极开展"美丽百色·生态乡村"、"饮水净化"活动，全市1000人以上集中式饮用水水源地195个，已完成乡镇集中式饮用水水源地划定并报自治区人民政府审批139个，占任务的71%。

生态建设资金　2014年，百色市凌云县、乐业县、德保县、田林县、西林县、靖西县、那坡县7个国家和自治区重点生态功能区域县获得生态补偿转移支付资金2.6136亿元。其中，凌云县、乐业县为国家重点生态功能区域县，田林县、西林县、德保县、靖西县、那坡县为自治区重点生态功能区域县，7个重点生态功能区域县生态环境质量基本保持稳定。

自然保护区建设和管理　2014年，百色市积极贯彻执行《中华人民共和国自然保护区管理条例》，加强对全市19个自然保护区管理建设。根据《环境保护厅关于开展环境保护大检查国家级自然保护区专项检查的通知》(桂环函〔2015〕762号)文件要求，百色市环境保护局积极配合自治区环境保护厅对雅长兰科植物、金钟山黑颈长尾雉国家级自然保护区进行专项检查。

资源开发项目生态保护　2014年，百色市环境保护局加强矿山企业环境安全隐患风险专项检查。采取日常与节假日敏感期定期和不定期检查的方式，对存在的环境安全隐患提出整改意见，切实防范矿山生态环境事故。2014年，全市未发生矿山环境安全事故。

农村环境综合整治　2014年，自治区人民政府下达百色市11个农村环境连片整治项目资金共2750万元。百色市环境保护局生态科完成项目申报、前期准备和项目建设等阶段的各项业务工作和监督管理、检查指导工作，所有项目均进入建设阶段。同时，对2010~2014年获得农村环境连片整治项目资金补助且尚未通过验收的项目进行实地检查，提出整改要求，为下一步推进百色市农村环境综合整治工程深入开展打下良好基础。

生态农业　2014年10月，按照自治区环境保护厅《关于组织申报2015年度生态广西建设引导资金项目的通知》(桂环函〔2014〕1347号)要求，组织专家组对百色市拟申报项目进行现场考察，筛选19个基本符合申报条件的项目，纳入2015年项目申报建设计划并上报自治区环境保护厅与财政厅审查，最终有8个项目获得资金补助，共计285万元。

【核与辐射安全监管】 核技术应用和电磁辐射设施　2014年，百色市环境保护局完成5个辐射类项目竣工环境保护验收。同时，督促广西华银铝业有限公司完成4枚废弃放射源和金百林水泥有限公司2枚废弃放射源的收贮工作。

辐射安全管理和监督检查　2014年，百色市环境保护局对22家核技术利用单位进行监督检查，出动检查人员80人，对检查发现的问题进行通报和网上公示，责令限期整改。2014年百色市共检查20个移动基站。

核与辐射事故应急管理　2014年，百色市环境保护局完成辐射环境应急预案的编制工作。全年未发生放射性污染事故。

【环境监察】 监察稽查　2014年，为规范百色市排污费核定、征收工作，百色市环境保护局组织稽查人员对广西信发铝电有限公司2008~2013年排污费进行稽查，追缴欠缴排污费3840.63万元。同时，完成广西田东锦盛化工有限公司2012~2013年排污费的征收稽查工作，追缴欠缴排污费270.89万元。此外，为进一步规范环境执法工作程序，提高现场执法质量和水平，2014年9月，百色市环境保护局对右江区、凌云县、乐业县环境保护局开展环境监察专项稽查。通过交叉稽查的方式，稽查组由百色市环境监察支队牵头，12个县（区）环境监察主要负责人组成，共核查企业档案59家，核查行政处罚立案案卷3份，发现问题86个。通过稽查，有效解决县（区）环境监察工作的实际困难和疑惑，并规范环境监察人员的执法行为。

环保专项行动　在2013年环境安全隐患清查整治的基础上，2014年百色市环境保护局开展“回头看”，继续组织环境保护、公安、工商、供电等相关部门深入开展环境安全隐患排查整治。2014年排查出存在环境安全隐患的企业21家，限期整改21家，完成整治12家；排查出手续不完善的企业25家，其中限期整改8家，停产整治14家，关闭取缔3家，完成整治11家。对3家存在突出环境问题的企业进行挂牌督办，其中市级挂牌督办案件2家，国家级挂牌督办案件1家，对历年6家完成整改挂牌督办企业进行摘牌。

环境执法　非法处置危险废物整治　2014年，百色市环境保护局组织各县（区）开展环保专项检查工作，涉及燃煤发电、水泥、化工等大气排污企业，酒精、淀粉、制糖等废水排放企业，集中式饮用水水源保护区、涉重金属行业、城镇、工业园污水处理设施及垃圾填埋场等方面进行全面检查。全市共出动检查人员799人次、检查企业270家，立案处罚企业2家，处罚款10万元，停产整治2家，下达责令改正违法行为决定书7份，排查县级以上饮用水水源地17个。

饮用水水源专项检查　2014年，百色市环境保护局下发《百色市开展2014年集中式饮用水水源保护专项行动的通知》，并组织指导各县（区）开展水源保护专项检查工作。全市共出动检查人员3534人次、检查企业及饮用水水源地周边的污染源共286家（个），排查全市集中式饮用水水源地（1000人以上）83个。

环保后督察　2014年，百色市环境保护局对百色市12个县（区）90余家涉及行政处罚，以及上级部门、领导交办的事项、热点敏感信访等问题企业开展后督察。对百色融达铜业有限责任公司实行驻厂监管制度，确保24小时全覆盖监管，防范污染事故发生。

“零点行动”执法检查　2014年，百色市环境保护局为严厉打击利用深夜偷排各类污染物的环境违法行为，解决危害群众身心健康和影响可持续发展的突出环境问题，在全市范围内开展4次夜间突击检查，解决中城丽景一带半夜至凌晨臭气问题、沙滩公园建筑工地夜间连续施工噪声扰民问题、东合桥头露天KTV噪音影响学生高考复习问题以及逸夫小学旁边烧烤摊噪声影响百色高中学生复习问题。对武汉建工股份有限公司未向环境保护部门申请及未得到批准夜间施工的情况下，多次擅自在夜间禁止时间段施工进行行政处罚，罚金1万元，有效遏制夜间排污问题。

排污费征收　2014年，百色市环境保护局完成152户排污单位（工业企业124家、中小企业15家、污水处理厂13家）的排污申报登记工作。同时，基本完成排污量核定工作，制订年度排污费预征计划，对重点企业开展以监督性监测数据核定排污费，征收排污费。年内，全市开征排污费户数332户（其中市本级16户），征收排污费6598.01万元（其中市本级169.25万元），与上年相比排污费增加2051万元，增长45%。

监察队伍管理　2014年，百色市环境保护局坚持“建章立制，促进规范，稳步提升，力求实效”的工作思路，逐步健全完善各项规章制度，自身能力建设进一步加强。制定完善《百色市环境监察支队财务管理制度》、《百色市环境监察稽查工作制度》、《百色市工业企业环境现场监察工作制度》等5项制度。此外，加强业务人员培训。市环境监察支队内部业务培训举办3期；组织全市环境监察业务骨干132人次参加自治区及国家举办的各种业务培训；市环境监察支队分4批次对全市127名一线执法人员开展全面培训，进一步提升一线执法人员业务水平。

监察能力建设　2014年，百色市环境保护局利用环境监察移动执法项目和环境执法绩效评估试点的契机，抓好环境监察标准化、规范化、网格化、精细化建设；积极开展环境安全年活动；制订《百色市环境监察基层能力建设年指导方案》，下发《关于落实檀庆瑞厅长到百色市调研有关意见的通知》，对各县（区）环境监察机构基层建设进行指导。2014年，百色市环境监察支队升格为相当副处级单位，全市12个县区环境监察机构有11个先后升格为相当副科级单位。

【环境应急与事故调查】　2014年，百色市环境保护局强化环境应急能力建设，以确保环境安全、有效遏制突发环境事件为目标，以“绿色卫士·2014”环境安全专项检查为抓手，以完善环境应急预案为重点，对环境风险源实施全过程进行环境应急管理，积极防范环境风险，妥善处置各类突发环境事件，确保环境安全，促进全市经济和社会和谐稳定发展。

突发环境事件　2014年，百色市环境保护局应急出动处理突发事件1起，为交通事故。突发环境事件为靖西县湖润镇三叠岭路段废糖蜜罐车侧翻导致逻河水质异常。经现场调查，事发地点位于古龙山风景区出口处下游约100米的S316省国道路面，4月20日

凌晨1时许，一辆车牌号为桂A95902的牵引车（罐车号为桂A6292挂）在该路段发生侧翻，导致约29吨的废糖蜜泄漏，废糖蜜经公路导流渠进入逻水河（下雷河上游）。通过采取各种应急处置措施，泄漏废糖蜜未对百色市辖区逻水河水质、湖润镇和沿途村庄安全造成影响，崇左市大新县境内下雷河的水质很快恢复正常。

环境应急管理　2014年，百色市环境保护局定期对百色市的环境安全形势，特别是敏感时期的环境安全形势进行分析并形成环境安全形势研判报告。在2013年开展突发环境事件危险源普查的基础上，百色市继续深入排查、完善和及时更新突发环境事件危险源数据库，为预防环境安全隐患提供可靠数据。进一步加强与相临市的突发环境事件应急联防联控工作。5月，百色市与崇左市签订《联防联控跨市江河流域突发环境事件合作备忘录》。8月29日，参加自治区环境保护厅组织的崇左市涉重金属突发环境事件应急演练，参与现场处置的指导工作。主持草拟《百色市重污染天气应急预案》，继续指导企业做好环境应急预案备案工作，督促全市环保系统做好环境安全隐患排查。

2014年5月9日，崇左市和百色市环境保护局在百色市联合召开两市环保工作区域协作座谈会

环境应急能力建设　2014年，百色市对环境应急与事故调查中心办公场所进行装修，开展办公设备采购工作，到岗人员到市局机关各科室、市环境监察支队跟班学习。年内百色市发生小型环境突发事件6起，市环境监测站均及时做好监测、数据上报工作，启动应急预案0次。投入14万元用于申购应急设备以及相关药品，分别用于购置新增便携式悬浮物测定仪1台，便携式pH计2台，生物毒性发光菌2套，PDV6000plus便携重金属仪等相关试剂等药品试剂。2014年拥有便携式pH计、溶解氧仪、悬浮物仪、综合毒性检测仪、便携式重金属测定仪、便携式气象色谱仪、便携式气体检测仪等数十台应急监测设备，基本满足百色市突发环境应急监测的需求。2014年，百色市环境监测站应急监测科人员由原来的3人增加至8人，学历均为全日制本科及硕士，人员数量和素质保证环境应急监测需求。

【环境宣传教育】　环境宣传　“六五”主题宣传活动　2014年，为纪念“六五”世界环境日，百色市环境保护局开展一系列纪念宣传活动，制订《2014年百色市“六五”世界环境日纪念宣传活动方案》并组织实施。2014年6月5日，在百色市森林广场举行现场咨询宣传活动，市直、右江区人民政府有关行政机关、城区部分绿色单位、企业共30多家单位参加活动，展出宣传板报，发放宣传单、环保袋、生活污泥肥料等宣传资料，向群众发放各类环境保护知识宣传资料1000册、环保购物袋500个。百色市环境保护部门设立“12369”环保举报热线现场投诉受理、建设项目环评、室内环境监测、群众路线活动征求意见等现场咨询活动，向市直部门、社区发放《广西农村环保工作手册》、《大气污染防治法》等宣传资料，邀请市人大环资委、政协环保委领导参加现场宣传活动。百色市电视台对现场活动进行宣传报道，并在《百色新闻》和《直播百色》播出城区、乐业县、田林县“六五”世界环境日宣传活动的新闻报道。“六五”世界环境日期间，还开展环保知识宣讲和“招录环保义务监督员”活动。

2014年6月2日，百色市环境保护局在市森林广场举办“六五”世界环境日广场宣传活动

环保公众开放日活动　“六五”世界环境日期间，百色市在市环境监察支队开展环保公众开放日活动。为增强环境监察工作的透明度，满足人民群众对环境监察工作的知情权和参与权，增进人民群众对环境监察工作的了解，让人民群众亲身感受到阳光监察执法，百色市环境保护局邀请人大、政协、新闻媒体、环保志愿者、群众代表约30人参加公众开放日活动。现场展示市环境监察支队执法图片、重点污染源在线监控

系统演示、“12369”环保举报热线系统演示，并组织代表到百色市污水处理厂观摩企业现场执法。年内，百色市环境保护局出台《百色市环保义务监督员管理办法》，在百色电视台、右江论坛、百色论坛发布公告，公开征聘辖区机关、人大、社会团体等市、县级约 200 名环保义务监督员。

2014年6月2日，百色市环境保护局在市环境监察支队举办“六五”环保公众开放日活动

媒体宣传　2014 年，利用《右江论坛》作为环保执法的辅助手段，百色市环境监察支队针对涉及的环保投诉、举报情况进行综合调处，加强网络舆论引导。一是主动宣传环保法律法规，倡导群众保护环境法律维权意识；二是引导网民采取正规渠道（“12369”、网站投诉）、对应职能部门（露天烧烤找市政管理局、经营噪声找公安局、垃圾乱堆放找市政管理局等）进行投诉；三是对网民诉求及时答复，避免事态扩大化。

环境教育　2014 年，百色市环境保护局举办各类环保执法培训，对执法人员进行法律法规培训。组织开展新环保法专题宣传活动，为新环保法实施做大量准备工作和一系列宣传培训。新环保法于 2014 年 4 月 24 日发布，局领导干部带头学法，于 5 月 4 日组织开展专题学习会。11 月翻印新《环境保护法》60 册发放给市领导、相关市直部门，局长覃志坚在市人民政府常务会上作新《环境保护法》解读，深入浅出报告新环保法相关环保新形势、新要求，做好政府牵头、部门联动执法的准备。2014 年，百色市局机关分管领导、法制工作人员以及各县区环境保护局领导参加全自治区依法行政培训班。组织相关部门参加环境保护部举办的新《环境保护法》宣讲辅导会，市直、县级各部门、相关企业负责人共计 200 多人参加。此外，结合党的群众路线教育实践活动，积极开展干部职工政策理论知识和业务技能培训，确定集中学习日，认真学习国家新颁布的《环境保护法》、《畜禽规模养殖污染防治条例》、《大气污染防治行动计划》等法律法规。通过开展形式多样的培训，有效提高全体环保行政执法人员的行政执法理论水平。

绿色系列创建　2014 年 6 月 5 日，百色市环境保护局组织城区绿色单位代表参与“六五”世界环境日广场宣传咨询活动，为进一步弘扬生态文明、传播绿色消费理念，营造全社会关心、支持和参与环境保护的良好氛围。

志书编纂　2014 年，百色市环境保护局明确 1 名相对固定的组稿人员，负责督促各科室、单位负责编写相关工作，按时完成《广西环境年鉴》（2014 卷）百色市内容的编纂工作，尽量全面、客观反映 2013 年百色市环境保护工作。

【政务信息】 环境信息公开　2014 年，百色市环境保护局认真贯彻执行《政府信息公开条例》和《环境信息公开办法（试行）》，不断规范和完善政府信息公开的内容、程序、形式及监督保障措施，推进政府信息公开工作，鼓励公众积极参与环保工作，切实保障人民群众的知情权、参与权、监督权和表达权，全面提升环境保护部门的服务质量。通过百色市环境保护局门户网站、市人民政府门户网站、“12369”环保举报热线、报刊、广播、电视等新闻媒体和互联网，及时公开报道百色市环保工作动态。

百色市环境保护局在年初将政务公开列入重要议事日程，将信息公开作为建设学习型、服务型、节约型、效能型、廉洁型机关的首要任务来抓，从源头上推进政务公开，按时保质保量完成政府信息公开的各项任务。

公开审批程序　百色市环境保护局坚持重大事项集体决策制度，召开专题会议研究行政审批工作，对需要公开的内容及项目进行整理，列出清单，然后对整理结果进行汇总审核，最后由局务会研讨审核后，交办公室对照清单进行全面公布。对重要的政务活动，一律要求民主议事在前，决策公布在后；对涉及各类财务收支的，一律审计理财在前，核实公布在后。深入推进“公开、统一、高效、服务”的“一站式”受理服务。同时，全面推行行政过错责任追究，促进依法行政，提高行政效能。

完善网站管理　百色市环境保护局将市局门户网站、自治区政府信息公开统一平台市环境保护局子站作为政府信息发布的主要平台，根据政务公开网站建设的有关要求，公开“机构概况”、“工作动态”、“领导讲话”、“部门文件”、“政策法规”、“发展规划”、“重点项目”、“办事指南”、“领导信箱”、“咨询建议”等栏目信息，以及环保工作动态、各类办事指南、项目审批公示、公众意见征集等内容，及时、全面、准确反映环境保护部门工作情况。截至 2014 年底，在市环境保护局门户网站主动公开政府信息 1280 条，其中工作动态类信息 923 条，信息公开类 357 条。

公文办理 2014年,百色市环境保护局办公室加强对收文、办文、办会、文件阅送工作的管理,全年共收文1792份。加强办公自动化建设,接入百色市市直单位办公网和政府OA网,便捷接收市委、市人民政府各类文件,及时将各类电子文件转发局各科(室)、直属各单位、各县(区)环境保护局及相关市直部门。通过电信通讯助理转发通知到各领导和干部职工手机,简化办公程序,节约办公成本,提高办公效率。规范发文程序,按程序报局领导审核、会签、签发、登记和发文,全年共印发红头文件236份。

【信息化建设】 *完善互联网办公* 2014年,百色市环境保护局加强信息化基础工程建设。一是完善互联网办公。接入百色市市直网、市政府OA办公系统,强化广西环境监管与预警信息系统、环境业务协同系统、自治区环境信息报送系统、市环境保护局门户网站、自治区政府信息公开统一平台等网络办公系统的管理,保证网络连接顺畅,办文和数据输送快捷、安全。同时,完成内网与外网的完全隔离,开通机关大楼20余个网点上互联网,各科室查询资料、获取最新信息的问题得到解决,完成从自治区到市一级、县一级的内网系统覆盖。二是初步完成信息化建设方面技术知识资料的整理归档,解决岗位变化、人员调动等引起的技术、管理脱节问题,实现岗位知识共享,并完成近十年来档案电子归档的收集登记。三是改变计算机设备管理模式,实现计算机设备"责任到人,机随人走"的管理体制。同时严格计算机设备废旧淘汰管理,推进会议视频化建设。四是合理配备计算机资源,新购置一台佳能C2220L彩色复印打印一体机,提高办公效率,同时合理调配收回可用的打印机,使资源得到整合利用,提高资源利用率。

自动监控系统安装 2014年,百色市环境保护局加强对重点排污企业安装自动监控系统的监管。全市共有71家重点排污企业安装了自动监控系统,总计安装自动监控设备151套,其中48家企业列入2015年国家重点监控企业名单。百色市监控设施均正常运行,县级环境保护部门对国控企业每月均到现场例行检查,同时市级环境保护部门对国控企业每季度均进行重点检查,对安装的自动监控设施开展数据有效性审核,保障自动监测数据准确。在平时监管中,发现设施故障及数据异常情况,要求企业上报故障、异常的原因及处理情况,及时通知运维商到现场对设施进行运行维护。

环境监测信息化管理 2014年,百色市环境保护局全面推行环境监测信息化管理并深入推进系统开发工作。市环境监测站的监测工作按照安排工作、外出采样、室内分析、分析报告、汇总报告单等全套工序执行,模块由环境质量监测扩展到污染源监督性监测、委托监测、应急监测等内容,并进一步扩展信息化系统的应用,争取把谷歌地图结合到环境噪声监测模块之中,全方位立体呈现百色市区域噪声、交通噪声状况;增加大气、水质自动监测站方面的内容,直接实现数据整理、上报的对接,同时将信息化管理系统融入计量认证复评审工作。全年监测业务全套工序全部纳入环境监测信息化管理系统执行,共有10多个大类、60余个模块,囊括环境质量、污染源监督、委托等各项工作。根据计量认证复评审需要,成立了信息协调组,负责协调管理体系文件修订过程中信息化管理系统与原有手册的衔接工作。

环境信访 2014年,百色市环境保护局完善环境信访工作责任制,及时协调处理信访稳定工作突出问题,增加信访稳定工作力量,提高处理、解决问题的能力。同时加强全市所有污染源的监督管理工作,从源头上解决信访案件的发生。一是结合党的群众路线教育实践活动,百色市环境保护局成立了信访工作领导小组,设立环境信访接待室,落实领导接访制度。二是畅通和完善环境信访渠道,严格值守"12369"环保举报热线值班制,及时反馈处理群众投诉;在市环境保护局网站开设投诉举报专栏,方便信访人提出和查询信访事项情况;设专人关注网络舆情,与有关部门做好网络舆情监控;设立环境信访接待室,每月5日安排半天时间开展领导接访活动,倾听群众呼声,研究解决环境信访工作问题。三是创新信访工作机制,成立信访工作领导小组,制定《百色市环境违法行为有奖举报办法》及《百色市环保义务监督员管理办法》,开展环境信访形势分析研判工作。全年百色市、县(区)两级共受理环境信访668件,办理668件,办理率100%,办结662件,办结率99.1%。无因环境污染信访投诉引起的重大矛盾纠纷,信访案件基本得到有效办理,有效解决了群众关注的环境热点难点问题。其中,办理1件积案和1件纠纷案,分别为百色融达铜业有限责任公司长期无组织排放生产废气积案、田东石化工业园区污水处理厂和广西田东锦盛化工有限公司外排水导致周边村庄农作物受损纠纷案。

百色融达铜业有限责任公司长期无组织排放生产废气积案:百色融达铜业有限责任公司长期无组织排放生产废气,影响周边群众生活,自2012年起不断被群众投诉。为彻底解决该企业废气污染问题,百色市在编制百色市重点行业"十二五"淘汰落后产能方案及制订《百色市大气污染防治2014年度实施计划》(百政办发〔2014〕44号)时,将该企业粗铜冶炼项目列入淘汰落后产能项目。在该公司落后产能未淘汰到位前,百色市环境监察支队会同右江区环境保护局制订《百色融达铜业有限责任公司环境安全监管工作方案》,对企业实行驻厂监管制度,全时段、全覆盖监管,防范污染事故发生。2014年11月5日起,该企业全面停产并着手进行拆除设备、清理物料等工作。截至2014年底,该企业铜冶炼生产线主要生产设备10.55m^{2}密闭鼓风炉正被拆除,硫酸生产线全线停产。危险废物(压滤渣、铜烟灰)因未获得危险废物转移审批暂存于专门的危废库房。为做好该企业停产清理期间的环境安全保障工作,百色市环境保护局下达《关于保障停产清理期间环境安全工作的通知》(百环字〔2014〕33号),责令企业做好停产清理期间厂区残留污染物的收集处置、厂区废水的收集处理、环境应急值守等工作,并要求企业加强废水环保设施的管理和维护,废水全部处理完毕后,必须提前报辖区环境保护部门批准,方可停止环保设施运行。

2014年9月3日,百色市环境保护局局长覃志坚率队到百色市融达铜业有限责任公司召开协调会

广西田东锦盛化工有限公司外排水导致周边村庄农作物受损纠纷案:因田东石化工业园区污水处理厂和广西田东锦盛化工有限公司外排水导致子安村那朔屯农作物受损,农户要求赔偿。田东县环境保护局经调查核实,对广西田东锦盛化工有限公司4个项目下达停产限期治理决定书,并将相关情况上报田东县人民政府。田东县人民政府组织相关部门实地调处,赔偿事宜落实完毕。

人大建议和政协提案办理 2014年,百色市环境保护局承办2014年百色市三届人大五次会议代表建议共2件,承办2014年百色市政协第三届四次会议提案共4件,均提前完成办复。

【党的建设与纪检监察】 *建立健全党建工作机制* 2014年,百色市环境保护局抓学习教育,夯实机关党建思想基础。采取专题辅导、集中学习、个人自学、集体研讨、案例分析等多种方式进行学习。同时,把健全工作机制作为党建工作的重要环节来抓,市环境保护局机关党总支与各支部签订党建工作责任书,制定党建工作考评实施细则,并将党建考核纳入年度目标任务一体化考核中。此外,把党风廉政作为机关党建工作的重要保障来抓,认真落实党风廉政责任制,层层签订《党风廉政责任书》,把任务分解到科室,落实到人。坚持"一岗双责",齐抓共管,形成党风政风廉洁建设工作合力,加强领导班子和干部队伍建设,加强机关党组织建设,打造创新型、高凝聚、执行强、勤廉型的党建队伍。

教育培训 2014年,百色市环境保护局高度重视党员的教育培训。一是上好党课,创新教育机制。始终把党员的教育作为治本之策、长久之计,在教育方式上,采取分级教育的办法,以上党课为主,充分发挥教育阵地的作用。在教育内容上,突出邓小平理论、"三个代表"重要思想、理想信念、宗旨观念、法律法规等。二是健全各项制度,规范教育行为。从日常教育管理,组织关系转移、流动党员、离退休党员管理,党支部结合各自实际,制定党员教育制度。同时,对党内组织制度,党员定期学习制度,"三会一课"制度、民主生活会、民主评议党员等各项制度进行修订和完善,各党支部1年召开1次民主生活会、开展1次民主评议活动。三是开展党建活动,丰富教育管理内容。通过开展深入扎实的党建系列活动来不断丰富党员教育管理内容,促使广大党员以更大的热情投身工作,更好地激发基层党组织和党员活力。

2014年3月11日,百色市环境保护局开展走访"老三篇"群众路线活动

党风廉政建设 2014年,百色市环境保护局以党的十八大精神为指导,深入贯彻十八届二中、三中全会和习近平总书记一系列重要讲话精神,全面落实中央、自治区和市委反腐倡廉工作新部署,进一步加强反腐败体制创新和制度保障,强化各级党组(支部)党风廉政建设的主体责任,加大力度纠正"四风",坚持不懈抓好中央八项规定精神落实,加强对领导干部的监督、管理和教育,加大预防腐败工作力度,加强纪检监察干部

队伍建设，不断提高履行职责能力，努力开创环保系统党风廉政建设和反腐工作的新局面。

落实环评问题整改 百色市环境保护局结合本单位实际，组织负责项目环评技术评估、项目环评审批、项目“三同时”监管、项目竣工环保验收等单位、科室，认真对照反馈意见，查找自身存在问题，将存在问题的整改措施和完成时限分解落实到领导、科室、责任人，并制订《百色市环境保护局做好中央巡视组对环境保护部专项巡视反馈意见中环评有关问题整改工作方案》，将反馈意见中存在的6大问题逐一分解落实，确定第一责任人、分管领导、责任科室、责任人。同时，将整改工作方案印发县（区）环境保护局，要求各县（区）环境保护局对照反馈意见认真查找存在问题，结合本单位实际制订整改工作方案。组织各县（区）环境保护局结合新环保法，认真开展清查工作，限期整治“久拖不验”、在建项目违反“三同时”制度、违反环保行政许可、环境风险措施落实不到位、环境管理相关责任不落实的环境违法行为。进一步加强百色市环境影响评价机构及从业人员的管理，强化监管考核工作，提高环评服务效率和环评文件编制质量。进一步完善健全环评审批制度，细化工作流程，制定建设项目环评文件技术评估和审批从受理到办结的信息公开等规程，严格约束力、增强执行力，将权力约束进制度的笼子，依规办事。严肃查处环评审批环节中违规违纪、顶风违纪的问题，发现一起查处一起，切实构建反腐倡廉长效机制，落实“一岗双责”的要求，堵塞滋生不正之风的漏洞，实现作风建设制度化、规范化、常态化，廉政防控措施精准到位。

政风行风建设 2014年，百色市环境保护局通过发放征求意见函、召开座谈会、开展自查等方式，多渠道、广范围征集服务对象、企业、群众等社会各界对市环境保护局机关政风行风的意见和建议。市环境保护局对所收集到的意见、建议，经过认真梳理，通过局班子会议研究后，形成整改方案，明确整改措施、整改内容、整改责任人和整改时限。通过加强队伍建设，提高环保队伍能力水平；完善制度建设，坚持用制度管人管事；加大执法力度，深入开展环境专项整治行动；加强预警监测，及时掌控环境质量；加强在线监控，积极推进减排监测体系建设工作；加强环保宣传，提高公众环保意识等，强化百色市环境保护部门的政风行风建设。

党的群众路线教育实践活动 2014年，百色市环境保护局为深入开展党的群众路线教育实践活动，成立市环境保护局党的群众路线教育实践活动领导小组，组织开展动员部署、营造舆论氛围、专题学习、自查整改等工作。在百色市环境保护局官方网站上开设党的群众路线教育实践活动专栏，编发市委、市局党组关于教育实践活动相关精神和工作动态简报12期，信息29条，制作活动宣传栏3期。开展集中学习讨论、专题教育28场次，每名党员撰写3篇以上学习心得体会；召开座谈会11场次，发放征求意见函50余份，个别访谈干部职工、离退休老同志、基层环境保护部门、服务对象代表76人次。共征求意见建议162条，经过梳理归纳出51条，其中“四风”方面11条，贯彻落实八项规定方面2条，开展教育实践活动方面3条，环境保护工作方面27条，其他方面8条；深入基层11批次了解群众的所盼、所想和迫切关注的热点、难点问题，清理信访积案和包案对点指导。按照“衡量尺子严、查摆问题准、原因分析透、整改措施实”的要求，局领导班子成员把自己摆进去，聚焦“四风”，正视问题，深挖思想根源，认真撰写个人对照检查材料。组织领导班子成员、分管科室、干部职工开展分层谈话，召开专题民主生活会和专题组织生活会，局领导班子成员相互提批评意见90条。制订“两方案一计划”和个人整改落实措施，细化领导班子整改措施25条，逐一明确责任领导、牵头科室、责任科室和完成时限，并下发各党支部广泛征求干部职工意见。意见主要针对整治“门难进、脸难看、事难办”，整治公款送礼、公款吃喝、奢侈浪费，整治超标配备公车、多占办公用房，整治“三公”经费开支过大等6个方面。此外，完善规章制度，对原有的规章制度进行清理，涉及“四风”方面需要废、改、立的制度共20项，切实做好有关制度的修改完善。

2014年1月16日，百色市环境保护局跟随百色市人大常委会副主任阙建林一行赴田林县八渡乡扶贫点慰问

【环境保护大事记】

一月

1月2~3日，环境保护部华东督查中心主任高振宁率核查组到百色市开展2013年主要污染总量减排现场核查工作，局长覃志坚、副局长陆峰及相关科室人员陪同。

1月3日，百色市环境保护局召开“自治区环境保护厅厅长檀庆瑞一行赴百色开展环境监察监测能力建设调研汇报会”，全局领导班子、各直属机构主要领导、各科室负责人、各县区环境保护局长及直属机构负责人参加会议。会上，局长覃志坚就环保工作面临的困难和问题与自治区环境保护厅进行交流汇报。

三月

3月13日，百色市环境保护局党组书记张传福，党组副书记、局长覃志坚分别带领由局党组其他成员和局机关相关科室负责人组成的工作组，深入百色工业园区、新山工业园区、田东工业园区、平果工业园区开展党的群众路线教育实践活动专题调研和征求意见工作。工业园区所在县（区）环境保护局有关领导和人员陪同调研。

四月

4月10日，百色市政协副主席吴俊军到百色市环境保护局开展群众路线工作指导，分别听取局长覃志坚、书记张传福的工作汇报，政协副主席吴俊军肯定了百色市环境保护局工作，并对环保工作提出要求。

4月11日，百色市党的群众路线教育实践活动督导组组长李青林带队到百色市环境保护局就群众路线工作进行例行督导，指出具体工作中的不足，要求对档案资料、宣传工作等方面进行加强和深化。

五月

5月8日，崇左市环境保护局到百色市考察交流酒精行业环境整治工作跨区域合作座谈会，百色市环境保护局局长覃志坚、市环境监测站、市环境监察支队负责人及相关科室人员参加座谈会。

5月26日，云南省文山州人民政府和百色市人民政府在昆明市举办文山—百色跨省经济合作区招商洽谈会，百色市副市长陶荣铅、市环境保护局局长覃志坚及相关单位领导参加会议。会上，百色市副市长陶荣铅介绍合作园区建设情况，昆明有色规划研究院、文山州人民政府研究室分别介绍园区规划和政策情况。

六月

6月5日，为纪念2014年"六五"世界环境日，百色市开展一系列纪念宣传活动。百色市环境保护局与右江区环境保护局联合在市森林广场开展环境日咨询宣传，发放宣传资料，开展现场咨询，展示宣传板报，受理环境投诉等宣传活动。同时，在市环境监察支队开展环保公众开放日活动。

七月

7月8日，百色市环境保护局副局长颜正纯参加推动百色纳入巴马长寿养生国际旅游区进行规划建设的调研工作，随巴马长寿养生国际旅游区发展规划修编专家调研组一行到百色市城区及相关县区调研。

7月10日，为增强排污费增收、环境执法方面的业务学习交流，桂林市环境保护局副局长刘学振带队到百色市环境保护局进行学习交流，百色市环境保护局总工程师罗志宏及市环境监察支队、各科室相关人员参加。

八月

8月26日，自治区环境保护厅与财政厅聘请广西汇力会计师事务所对全自治区各市重点污染源自动监控设施社会化运行补助项目资金的使用及管理情况进行现场审计，百色市环境保护局积极配合会计师事务所做好项目资金现场审计工作。

8月，百色市环境监测站顺利通过全国环境监测站标准化建设（二级站）达标建设验收。2014年百色市环境监测站全面抓好能力建设，新增34人，在岗总职工人数93人；对原饭堂装修改造成为实验室，增加218.6平方米实验室面积；完成扩项59项，分析项目达188项；新增ICP分析仪（市财政支持180万）、甲基汞分析仪（从上级补助经费中节约60万）等大型分析仪器，总仪器设备达到260多台（套）；完成3个空气自动监测站点的$PM_{2.5}$建设，开展南盘江八大河（省界）、难滩河上皿屯点位（国界）水质自动站选址工作。

九月

9月22日，为确保南宁市第11届中国—东盟博览会等"两会一节"活动的顺利举行，百色市环境保护局结合"绿色卫士·2014"环境安全专项行动要求，开展下半年环境保护重点工作督查，局长覃志坚、书记张传福、副局长文小春等带队到各县区进行督查。

十月

10月22~24日，百色市环境保护局副局长文小春、总工程师罗志宏及相关工作人员对百色市各县（区）危险废物产生企业和经营单位进行检查暨县（区）绩效考核。

十一月

11月3日，根据自治区环境保护厅印发的《关于在全区环保系统开展基层建设年工作先进集体和先进个人评选表扬活动的通知》，百色市环境保护局动员各县区、各直属单位积极参评。

11月17日，百色市环境保护局印发《百色市环境保护局关于对在我市注册登记的在用汽车核发机动车环保检验合格标志的通告》，并在百色市环境保护局官方网站、市人民政府网站公布。

十二月

12月1日，百色市环境保护局局长覃志坚、书记张传福及局机关、市环境监察支队所有干部职工到田林县八渡乡合塘村扶贫点开展扶贫工作。

12月5日，百色市党的群众路线教育实践活动第九督导组到百色市环境保护局检查"回头看"工作情况，局长覃志坚、书记张传福及活动办工作人员参加。

12月30日，百色市副市长陶荣铅、市法院、市公安局等相关市直部门及百色市环境保护局机关、市环境监测站、市环境监察支队，12个县区环境保护局在百

色市环境保护局参加由环境保护部组织召开的新修订《环境保护法》电视电话会议。

贺州市环境保护

【综述】 2014年，贺州市以改善环境质量为目标，以环境安全工作为重点，监管与服务并举，坚持做好项目审批、节能减排、环境综合整治、环保能力建设等工作。重金属监测能力得到较大提升，环境保护“一岗双责”责任制在全国、全自治区推广，环境质量得到明显改善。境内主要河流达到Ⅲ类水质标准，全年环境空气质量优良天数为359天。

【规划与投资】 *预算资金管理* 2014年，贺州市环境保护局加强固定资产管理，完成所有财务核算、收支工作和各种报表的上报及账务处理，做好内部审计，在编制预算、资金安排上做到量入为出，加强项目资金管理，确保专项资金及时拨付和专款专用。按时完成预算统计任务，全年预算资金总数为190万元。2014年12月17日，贺州市列入全国第三批城市环境总体规划编制试点。

环保专项补助资金申报 2014年，贺州市环境保护局获得自治区重点污染源自动监控设施社会化运行补助资金90万元，获得第二批中央重金属污染防治专项资金75万元。

【政策与法规】 *法制建设* 2014年，贺州市环境保护局制定《贺州市环境保护“一岗双责”责任制实施办法》并报市人民政府审定，经贺州市人民政府三届第三十九次常务会议审议通过并于2014年6月5日印发实施。按照“属地管理与分级管理相结合、以属地管理为主”、“谁主管、谁负责”、“谁审批、谁负责”的原则，切实落实环境保护“一岗双责”责任制，明确各级人民政府及各相关部门的环境保护职责，建立责任共担机制，形成工作合力，进一步健全环境监管工作机制。这一做法得到自治区环境保护厅的高度评价，专门下发文件在全自治区各市推广。

行政处罚 2014年，贺州市环境保护局对环境违法行为立案6起，结案5起，处罚金额合计131386元。

绿色信贷 2014年，贺州市环境保护局每月定时汇总贺州市内违法企业、建设项目环评、建设项目竣工环保验收等情况，向当地人民银行征信管理部门通报。

【机构改革与人事】 *机构调整* 2014年12月2日，根据《关于撤销市环境保护局平桂分局的通知》（贺编〔2014〕83号）文件，贺州市机构编制委员会第三十七次全体会议研究决定撤销贺州市环境保护局平桂分局。2014年12月31日，根据《关于核减部分市直事业单位编制的通知》（贺编〔2014〕98号）文件，核减贺州市环境保护科学研究所全额拨款事业编制2名，核减贺州市固体废弃物与危险化学品环境管理中心全额拨款事业编制1名。

重要人事任免 2014年1月，杨巧莹任贺州市环境保护局调研员，林裕旺任贺州市环境保护科学研究所所长；4月，免去陈荣光贺州市环境保护局副调研员职务，提前退休；5月，蒋凌云任贺州市环境保护局副局长；8月，免去廖美兴贺州市环境保护局调研员职务，退休；10月，免去李志刚贺州市环境保护局副局长职务，提前退休；11月，黄坚任贺州市环境保护局局长，免去苏业清贺州市环境保护局局长职务；梁刚（国家环境保护部中华环保联合会发展中心副总经理）挂任贺州市环境保护局副局长；梁明任贺州市环境保护局监察室主任。

【环境科研与管理】 *环境科技管理* 2014年，贺州市环境保护科学研究所共完成建设项目环境影响评价报告79个，其中环境影响评价报告书11本，环境影响报告表及技术论证报告68本，完成环评收入443.28万元。2014年，贺州市环境监测站顺利通过广西壮族自治区质量技术监督局组织的全自治区2013年度空气中二氧化硫和土壤中砷、铜、锌、铅、镉、总铬、汞、锰等检测项目能力验证。

清洁生产与循环经济 2014年，贺州市公布11家重点企业中，已开展清洁生产审核的重点企业8家，均委托咨询公司实施清洁生产审核，3家企业完成清洁生产审核评估或验收。其中，中铝广西有色金源稀土股份有限公司完成评估，广西平桂飞碟股份有限公司钛白粉厂和广西贺州市康宁纸业有限公司2家企业完成验收。因停产未按时开展清洁生产审核的重点企业3家，分别为广西平桂飞碟股份有限公司水泥厂、广西贺达纸业有限责任公司和浙江霸力集团贺州矿业有限公司。

重要学术活动 2014年，贺州市环境保护局举办“科长讲坛”活动，由市环境保护局机关各科科长、各直属单位负责人给干部职工授课，开展专题培训，提高整体业务水平。3月14日，贺州市环境监测站组织20多人进行持证上岗考核操作技术现场培训会。培训采用理论讲课与实践操作相结合的方式，结合持证上岗现场考核的要求，对水质采样、气体采样、噪声监测、土壤监测及仪器操作、注意事项等内容进行培训。6月11~12日，自治区环境应急监测工作学习交流组到贺州市环境监测站开展学习交流活动，交流活动采取现

场参观、调阅资料、现场座谈等形式进行。12 月 8 日，自治区环境监测中心站考核组对贺州市环境监测站 28 名监测人员进行持证上岗现场考核工作。通过现场采样演示、基本技能操作及提问、密码样品分析、各种实验记录检查、实验分析结果呈报等方式进行考核。

2014年7月4日，贺州市环境保护局举办科长讲坛

2014年12月8日，贺州市环境保护局开展持证上岗考核现场

环境科学普及　2014 年，贺州市环境保护局开展以新《环境保护法》、"两高" 司法解释为主要内容的环保宣传 "五进"（进社区、进乡镇、进企业、进学校、进环保组织）活动，掀起学习宣传新《环境保护法》高潮。

2015年12月，贺州市环境保护局开展新《环境保护法》"五进" 环保宣传活动现场

【环境质量】　环境空气质量　2014 年，贺州市环境质量状况保持总体良好，但整体呈下降趋势。城区环境空气质量达到《环境空气质量标准》(GB3095-1996) 二级标准，空气优良率为 98.4%，其中空气质量优天数 140 天，良好天数 219 天。城区降雨 pH 均值为 6.21，全年有 7 天 pH 小于 5.6，酸雨频率 8.24%。

水环境质量　2014 年，贺州市地表水常规监测中桂江桂花、贺江扶隆码头、贺江贺街 3 个断面的监测结果均符合《地表水环境质量标准》(GB3838-2002) 表 1 中Ⅲ类标准，水质评价为良好。集中式饮用水水源地龟石水库、贺江八步水质均符合《地表水环境质量标准》(GB3838-2002) 表 1 中Ⅲ类标准和表 2、表 3 中相关标准限值，水质状况良好。

2014年7月3日，贺州市环境监测站监测人员在龟石水库进行水质采样

声环境质量　2014 年，贺州市城市道路交通噪声、区域环境噪声监测结果均达到《声环境质量标准》(GB3096-2008) 相应标准限值。其中，城市道路交通噪声昼间平均等效声级为 68.1 分贝，质量等级为较好；区域环境噪声昼间平均等效声级为 53.4 分贝，质量等级为较好。

【污染物减排】　减排政策措施　2014 年，贺州市环境保护局、贺州市发展改革委联合印发《关于印发 2014 年度贺州市主要污染物总量减排计划的通知》（贺环字〔2014〕12 号），将全市 120 项总量减排任务分解落实到责任单位和企业，对贺州市主要污染物总量减排的具体目标、任务、措施、时间作分解落实，将污染减排工作列入各级人民政府、各部门年度考核目标，实行 "一票否决"，对工作不得力、不作为，影响工作进度的单位及其主要领导给予通报批评。

减排督查与监管　2014 年，贺州市对污染减排项目督查实行一对一监管，要求责任人每月至少到减排企业现场检查 1 次，并与相应县（区）密切联系，随时掌

握减排项目动态，及时反馈沟通相关信息。同时，进一步完善督查考核体制，全年贺州市污染减排现场检查小组到各企业现场检查督导 23 批次，撰写现场检查报告 100 余份。

重点减排项目 2014 年，贺州市城镇污水处理设施工程减排项目有贺州市污水处理厂、八步区信都污水处理厂、昭平县污水处理厂、贺州市旺高建设投资公司（旺高工业区污水处理厂）、钟山县利洁污水净化有限公司（钟山县污水处理厂）、富川瑶族自治县安洁污水净化有限公司（富川县污水处理厂）、富川县莲山镇大深坝村农村环境连片整治示范项目、昭平县黄姚镇篁竹村农村环境连片整治示范项目、昭平县樟木林乡潮江村农村环境连片整治示范项目、富川县朝东镇福溪村生活污水治理项目 9 个项目，合计减排化学需氧量 342.3 吨，氨氮 64.41 吨；大气工程减排项目有华润贺州电厂 2 号机组、华润水泥（富川）有限公司，合计减排氮氧化物 4702.73 吨。

减排专项行动 2014 年，贺州市人民政府先后印发《贺州市"十二五"后两年污水处理设施建设推进落实方案》和《贺州市推进 2014 年畜牧业污染物减排工作实施方案》等污染减排工作文件，同时印发实施《2014 年市人民政府挂牌督办重大环境风险安全隐患整改工作方案》，将重点减排项目列入市人民政府挂牌督办范围。

【环境影响与评价】 *规划环评* 2014 年，贺州市环境保护局完成《广西贺州高新技术产业开发区规划（2013~2030 年）》和《八桂木材加工集散中心（工业集中区）规划（2007~2020 年）》的规划环评审查。在工业园区规划建设过程中，贺州市环境保护局将跟踪督促建设单位完善环保基础设施建设，要求建设项目严格执行环境影响评价制度和"三同时"（同时设计、同时施工和同时投运）制度，确保建设项目的可持续发展。

建设项目环评 2014 年，贺州市环境保护局积极做好建设项目的环评审批服务工作，缩短审批时间，进一步提高项目环评审批效率和质量。2014 年共完成环评审批项目 381 个，其中环评报告书 27 个、报告表 134 个、登记表 220 个。市级审批项目 87 个；贺州市环境保护局平桂分局审批项目 79 个；八步区环境保护局审批项目 81 个；钟山县环境保护局审批项目 103 个；富川县环境保护局审批项目 28 个；昭平县环境保护局审批项目 56 个。

重大项目环评 2014 年，贺州市属自治区层面统筹推进重大项目 20 个，其中新开工项目 5 个、预备项目 3 个、续建项目 8 个、竣工投产项目 4 个。纳入 2014 年度绩效考评项目 5 个。

建设项目竣工环保验收 2014 年，贺州市环境保护局对全市建设项目进行全面梳理，督促建设单位办理建设项目竣工环保验收手续，共完成项目环保验收 33 个。

政务窗口管理 2014 年，贺州市环境保护局政务中心窗口获得贺州市环境保护局授权行政审批服务项目 11 项，环境保护窗口办结事项 181 件，均实现 100% 按时办结。

环评技术评估 2014 年，贺州市环境保护技术中心共受理技术评估申请 81 项，其中同意受理评估 79 项，因不符合有关规定不予受理 2 项；完成技术评估 78 项（通过 73 项，未通过 2 项，中止 1 项）。受理评估申请的项目中，属统筹推进重大项目共 5 项，全部通过技术评估。

环评机构监督管理 2014 年，贺州市环境保护局通过对建设项目环评的技术评估，加强环评单位环评工作质量的日常考核工作。对报告书类项目，将《建设项目环境影响评价工作质量日常考核表》分发给与会专家，由专家按《建设项目环境影响评价文件考核细则》要求考核评分，对考核评分低于 60 分的环评文件列为不合格，退回环评机构重新编制；对环评报告表类项目，实行审批科室内审制度，在 3 个工作日内将审查意见印发给项目业主，由业主送回环评单位进行修改，修改完善后方可报批。

【环境监测】 *环境空气监测* 2014 年，贺州市城区空气污染指数范围为 20~129。空气质量优天数 140 天，与上年相比减少 71 天；良好天数 219 天；轻微污染天数 6 天，优良率达 98.4%。

$PM_{2.5}$ 监测 贺州市环保小区站点于 2013 年 10 月 31 日建成，2014 年 9 月 4 日通过验收，11 月开始上报 AQI 数据。7 月，市政协大楼更新改造，原有的二氧化硫（SO_2）、二氧化氮（NO_2）、可吸入颗粒物（PM_{10}）监测仪器需全部更新，并增加细颗粒物（$PM_{2.5}$）、臭氧（O_3）、一氧化碳（CO）监测仪器和城市环境摄影系统等，但未验收。

降水监测 2014 年，贺州市城区降雨监测点共收集降水样品 85 个，降雨 pH 值均值为 6.21，呈弱酸性，与 2013 年降雨 pH 值均值 6.42 下降 0.21 个 pH 单位。

贺州市全年降雨 pH 值范围在 4.68~7.71，降雨 pH 最小值为 4.68，出现在第 1 季度，降雨 pH 值最大值为 7.71，出现在第四季度。全年有 7 天 pH 值小于 5.6 的降雨现象出现，酸雨频率为 8.24%。

地表水环境监测 2014 年，贺州市环境监测站对贺江和桂江干流进行江河水常规监测，共设置贺江扶隆码头、贺江贺街及桂江桂花 3 个监测断面，9 个采样点，每月监测 1 次，监测项目按《地表水环境质量标准》（GB3838-2002）表 1 中 23 项指标（总氮除外），以

及流量、电导率，共25项执行。桂花、贺街、扶隆3个监测断面的监测结果均符合《地表水环境质量标准》(GB3838-2002)表1中Ⅲ类标准限值。从监测断面来看，2014年扶隆码头断面、贺街断面、桂花断面水质类别符合Ⅲ类，水质状况良好。

饮用水环境监测　2014年，贺州市饮用水水源地龟石水库和贺江八步水质均符合《地表水环境质量标准》(GB3838-2002)表1中Ⅲ类标准和表2、表3中标准限值，水质状况良好。

声环境监测　2014年，贺州市区域环境噪声昼间均值为53.4分贝，质量等级较好，与上年相比下降1.1分贝。区域环境噪声昼间监测结果年平均值符合《声环境质量标准》(GB3096-2008)表1中的2类标准。贺州市城区5条道路交通噪声昼间均值为68.1分贝，质量等级较好，与上年相比下降0.1分贝。昼间监测结果年平均值符合《声环境质量标准》(GB3096-2008)表1中的4a类标准。

辐射环境监测　2014年，贺州市核与辐射环境管理站现有通过资质认定项目1项，项目为X-γ辐射剂量率，持证人员4名，其中3名在监测站工作，1名抽调至贺州市环境保护局平桂分局工作。

重点污染源监督性监测　2014年，根据《2014年国家重点监控企业名单》，贺州市国控重点监控企业(废水、废气、污水处理厂、重金属)共21家。其中废水10家，废气3家，污水处理厂5家，重金属企业3家。贺州市辖区内20家国控企业污染源监督性监测工作由贺州市环境监测站负责开展；自治区环境监测中心站承担单机装机容量30万千瓦以上(含30万千瓦)火电企业污染源监督性监测工作(华润电力贺州有限公司)。根据2014年污染源监督性监测情况统计，除停产的企业外，贺州市国控重点监控企业应监测68家次，实际监测企业68家次，监测完成率为100%。

【污染防治】 重点流域水污染防治　2014年，贺州市环境保护局开展环境风险安全隐患大清查大整治行动"回头看"活动，共复查企业(作坊、窝点)2000多家，新排查出存在环境隐患企业73家，对其中28家死灰复燃的非法采矿采砂窝点进行取缔关闭。

大气污染防治　2014年，贺州市制订《贺州市大气污染防治行动工作方案》和《贺州市大气污染防治2014年度实施计划》，明确大气污染防治的主要任务、措施及职责分工。年内完成脱硫项目2个，脱硝项目1个、工业烟粉尘治理项目22个，市区、各县县城共30家加油站完成油气回收治理项目，全市注销黄标车4309辆，超额完成自治区人民政府下达的2359辆任务，全年发放绿色环保标志6718枚。提前1年完成"十二五"淘汰落后产能目标任务。2014年底贺州市全市供应符合国家第四阶段标准的车用汽、柴油。

噪声污染防治　2014年，贺州市环境保护局加强夜间建筑施工作业审批，规定城区所有施工单位必须在工程开工前15日内向市环境保护局提出申报，评估可能产生的噪声污染以及所采取的防治措施方可开工，并禁止在施工现场使用混凝土搅拌机。加强中、高考期间周边环境的巡查。

饮用水水源地保护　2014年，贺州市环境保护局开展龟石水库综合整治行动、整治水污染及饮用水安全保障问题专项活动、集中式饮用水水源保护专项整治、全自治区生活饮用水安全行政执法专项督查检查等一系列整治工作，实施路花水库备用水源建设、取消河南水厂贺江八步厦良取水点等重点工程，共出动人员220多人次，出动船只8艘，取缔库区内灯光诱捕点380多处。督促钟山县、平桂管理区进行龟石水库东干渠周边环境整治，清理取缔养鸡场和养鸭场各1个，市城投公司完成207国道贺江大桥两端事故应急池建设。

重金属污染防治　2014年6月，贺州市人民政府印发《2014年重金属污染综合防治实施方案》(贺政办发〔2014〕63号)，明确年度工作目标，落实各部门责任。贺州市金琪矿业有限公司尾矿库废水综合治理工程等2个重金属污染防治项目通过竣工环保验收。广西平桂飞碟股份有限公司冶炼厂、浙江霸力集团贺州矿业有限公司、贺州市金琪矿业有限公司3家涉重金属企业监督性监测结果均达标。每月对贺江八步水源地、龟石水库饮用水水源及区控贺江扶隆断面进行常规监测，贺州市饮用水水源及国控贺江扶隆断面水质重金属浓度均达标。

2014年，贺州市环境监测站技术人员在重金属检测实验室进行样品分析前调试

重点行业污染防治　2014年，贺州市环境保护局开展环境风险安全隐患大清查大整治行动"回头看"活动，检查贺江、桂江及其支流、贺州市与外省交界地区等重点流域、区域的环境安全情况，检查有色和黑色

金属采选冶炼(含涉重金属)、电镀、造纸、化工等行业企业清查整治情况。同时,18处重大环境风险安全隐患实行贺州市人民政府挂牌督办,由市人民政府领导担任各整改项目的督办责任人,对每处重大环境风险安全隐患明确整改要求、整改期限、整改单位及责任人、监管单位及责任人。

固体废物管理 2014年,贺州市工业固体废物产生量为332.41万吨;工业固体废物综合利用量为248.81万吨,利用率为74.85%;工业固体废物处置量为82.2万吨;工业固体废物贮存量为2.89万吨。

危险废物管理 2014年,贺州市涉及产生危险废物的企业有9家,分别为广西真龙彩印包装有限公司、广西贺州市桂东电子科技有限责任公司、中国有色集团(广西)平桂飞碟股份有限公司冶炼厂、广西贺州大锰银鹤电池工业有限公司、钟山县金源五金塑料再生制品有限公司、广西有色金源稀土股份有限公司、贺州市欣荣星林业有限公司、华润电力(贺州)有限公司、广西恒希建材有限公司,涉及危险废物有废油墨(及油墨渣等)、废离子交换树脂、含砷废渣、含汞废渣、废机油、废电路板、废油、煤焦油等。2014年,自治区危险废物规范化管理督查考核工作组对贺州市重点危险废物产生单位,即广西真龙彩印包装有限公司、广西贺州市桂东电子科技有限责任公司、中国有色集团(广西)平桂飞碟股份有限公司冶炼厂、广西贺州大锰银鹤电池工业有限公司、钟山县金源五金塑料再生制品有限公司、广西有色金源稀土股份有限公司6家企业进行专项督查,达标企业5家,基本达标企业1家。

城市环境综合整治 2014年,贺州市环境保护局重点对绿洲家园、贺州市高中迁建、电子科技园区、平桂新城城区建设、贺旺一级路等施工场地开展扬尘治理。加大道路扬尘污染控制,市区机械化清扫面积为123.35万平方米,比2013年增长32%,使用洒水车机械化降尘作业面积为210.84万平方米。

【生态保护和建设】 *试点示范创建* 2014年,贺州市昭平县昭平镇、走马乡、黄姚镇三乡镇获得自治区级生态乡镇命名,43个行政村获自治区级生态村命名,181个行政村获得市级生态村命名。

生态建设资金 2014年,贺州市获得引导资金项目(以奖代补项目)1个,补助资金30万元。

生物多样性保护 2014年,贺州市有2个国家级自然保护区(七冲自然保护区和大桂山鳄蜥自然保护区)、3个自治区级自然保护区(姑婆山、滑水冲、西岭山),总面积52154.9公顷,保护区内物种丰富。

主体功能区划 2014年,贺州市有水源涵养生态功能区2个,分别为西岭山水源功能区和姑婆山水源涵养功能区,控制面积共计1895平方千米;中心城市功能区主要包括贺州市中心城区及以钟山县县城为中心的城市副中心城区;林产品生态功能区2个,主要分布于昭平县、八步区和平桂管理区,在钟山县和富川县有少量分布,森林覆盖度达70%以上。

农村环境综合整治 2014年,贺州市获农村环境综合整治项目19个及传统村落环境保护项目6个。其中,农村环境综合整治项目19个总投资5700万元,传统村落环境保护6个总投资900万元。

【核与辐射安全监管】 *核技术应用和电磁辐射设施* 2014年,贺州市有使用放射源单位9家,Ⅲ类射线装置72家。

辐射安全管理和监督检查 2014年,贺州市环境保护局完成辐射安全许可证变更申请6个,Ⅲ类射线装置环评审批1个。完成自治区环境保护厅审批辐射类建设项目环评初审2个,竣工环保验收初审8个,试运行现场检查项目1个。

辐射环境执法 2014年,贺州市环境保护局组织开展2次全市放射源大排查行动,同时配合公安部门深入开展放射源专项检查工作,对检查中发现的问题督促整改,完成放射源专项检查工作。

核与辐射事故应急管理 2014年,贺州市环境保护局修订2010年编制的《贺州市核与辐射事故应急预案》,组织各县区环境保护局开展县级辐射事故应急预案编制工作。组织参加自治区环境保护厅举办的市县两级辐射事故应急预案编制培训班、2014辐射安全监管培训、观摩自治区环境保护厅辐射事故应急演习等。

【环境监察】 *监察稽查* 2014年,贺州市环境保护局组成2个稽查组对贺州市5个县(区)环境保护局的环境行政处罚现场调查取证工作和污染源现场环境监察工作进行稽查,对存在的问题下达稽查意见,并要求限期完成整改。

环保专项行动 2014年,贺州市环境保护局开展环境保护专项检查、“绿色卫士·2014”环境安全专项检查行动、整治违法排污企业保障群众健康环保专项行动等环保专项行动,共出动人员1631人次,出动执法车辆320台次,检查企业555家。

环境执法 2014年,贺州市环境保护局加大对造纸、化工、制药、火电、涉重金属等重点行业企业、饮用水水源地的现场执法检查工作。年内贺州市环境保护局出动执法人员983人次,检查重点企业污染治理设施163次、建设项目95次、饮用水源26次,下达整改通知书45份,完成整改36个,正在整改9个。

排污申报与收费 2014年,贺州市征收排污费899.18万元,其中,贺州市本级606万元、八步区77.6万元、钟山县131.6万元、富川县26.5万元、昭平县57.48万元。

监察队伍管理　2014年，贺州市环境保护局派出环境监察人员46人次参加环境保护部、自治区环境保护厅等举办的环境监察业务培训。此外，贺州市环境保护局举办排污费征收全程信息化管理业务培训班，由市环境保护局业务骨干对县级环境监察机构监察人员进行授课，并组织环境监察人员参加廉政警示教育活动。

监察能力建设　2014年，贺州市共有5个环境监察机构，其中市级1个，区级1个，县级3个，均为财政全额拨款并实行参公管理。贺州市环境监察人员编制39个，实有41人（其中聘用人员8人），其中市级14人、县（区）27人。环境监察人员中本科32人，大专9人，其中环保相关专业11人。环境监察人员岗位培训率93.8%，持证上岗率76.3%。

【环境应急和事故调查】　突发环境事件　2014年，贺州市发生突发环境事件2起，即信都镇合面狮段贺江江面油污事件、羊头镇洞石村石仁岭自然村部分饮用水受污染事件。经及时应对处置，妥善处理，未产生较大影响。

环境应急管理　2014年，贺州市环境保护局组织环境应急人员参加2014年贺州市高速公路隧道重特大交通事故救援演练、贺州市地表水重金属污染应急监测演练、贺州市桂东电子科技有限责任公司突发环境事件应急实战演练。

环境应急能力建设　2014年，贺州环境保护局配备完成第二批重金属应急能力建设，相关应急设备、仪器已到位，达到《全国环保部门环境应急能力建设标准》（地市级三级建设标准）。

【环境宣传教育】　环境宣传　2014年，贺州市环境保护局在贺州市灵峰广场开展贺州市综治宣传月集中宣传服务日、新《环境保护法》“五进”宣传活动、“12.4”法制宣传日等环境宣传活动，发放环保宣传册和环保袋4000多份。6月5日，在《贺州日报》开设专版，围绕世界环境日中国主题“向污染宣战”、新《环境保护法》等主题开展宣传。

环境教育　2014年，贺州市环境保护局参加2014年“十月科普大行动”启动暨《农业技术通》微课件首映式，发放科普书籍400余册。

绿色系列创建　2014年，贺州市环境保护局组织华润电力（贺州）有限公司成功申报绿色环保企业，获得第四批绿色环保企业命名，贺州市环境保护局荣获第四批绿色环保企业创建优秀组织单位奖。

志鉴编纂　2014年，贺州市环境保护局完成《广西环境年鉴》（2014卷）贺州市部分的编纂工作及《贺州年鉴（2014卷）》环境保护部分的编纂工作。

【对外交流与合作】　2014年，贺州市先后与广东省清远市、肇庆市和湖南省永州市签订《环境联防联控合作协议》，重点内容包括定期召开联席会议，建立信息共享平台、联合监测机制、联动监察机制、环境突发事件应急联动机制等。

【信息公开与政务信息】　环境信息公开　2014年，贺州市环境保护局在各类公开载体公开政府信息712条。其中，在门户网站公布634条，自治区人民政府信息公开统一平台78条。内容涉及工作动态、人事任免、政策法规、环评审批、环境监测、财政预算决算等方面。

办公信息化建设　2014年，贺州市环境保护局重视办公信息自动化建设，做到人手配有1台电脑，用以加强信息交流，并逐步向无纸化办公发展，将文件扫描后，用网络传输方式分发给各科室及单位。

环境信访　2014年，贺州市环境保护局共受理信访案件168件，其中废水类40件、废气类61件、噪声类60件、电磁辐射类2件、其他5件。已办结160件，正在处理8件，处理率100%，办结率95.2%。

人大建议和政协提案办理　2014年，贺州市环境保护局完成政协提案2份，协办3份。

【党的建设和纪检监察】　结对帮扶　2014年，贺州市环境保护局党支部在“七一”前，开展走访慰问老党员、长期患病的党员、生活相对困难的党员活动。在新农村建设联系点富川县麦岭镇涌泉村开展党员与困难群众的结对帮扶活动。此外，支持八步区城东街道太白社区3000元经费。

党风廉政建设　2014年，贺州市环境保护局组织开展“每月一课”，通过观看反腐倡廉警示教育录或由局领导班子成员讲课等形式，邀请市委讲师团成员黄盛全给全局干部职工授课，切实加强勤政廉政教育。组织40多名党员干部到钟山县英家起义地址纪念馆开展现场教育活动。

2014年3月11日，贺州市环境保护局组织党员干部到钟山县英家起义地址纪念馆开展现场教育活动

政风行风建设 2014 年 6 月 17 日，贺州市环境保护局由副局长杨中雄、王振兴带领市环境监察支队、市环境监测站负责人共 4 人到贺州市人民广播电台参加"政风行风热线"节目。2014 年，贺州市环境保护局召开 2 次民主评议政风行风座谈会，1 次群众满意率测评会，向各有关单位、服务对象发放民主评议政风行风评议调查问卷，征求各界意见和建议。

党的群众路线教育实践活动 2014 年，贺州市环境保护局制订《贺州市环境保护局党的群众路线教育实践活动"四风"问题专项整治方案》，贺州市环境保护局党组召开专题会议部署"四风"整治工作，制订工作计划，明确具体整改措施、目标要求。

【环保大事记】

一月

1 月，杨巧莹任贺州市环境保护局调研员。

1 月 26 日，贺州市人民政府召开全市环境保护工作会议暨第一季度环境风险清查整治工作会议。

二月

2 月 14 日，贺州市环境保护局召开党的群众路线教育实践活动动员会。

2 月 20 日，贺州市环境保护局召开党的群众路线教育实践活动集中学习会。

2 月 28 日，贺州市人民政府召开环境风险安全隐患大清查大整治行动"回头看"工作会议。

三月

3 月 12 日，自治区环境保护厅巡视员冯振年到贺州市昭平县环境保护局调研基层环保工作。

3 月 18~20 日，环境保护部华南环境科学研究所环境工程技术中心主任谌建宇带队到贺州市调研考察，并与贺州市环境保护局开展技术交流。

3 月 31 日，贺州市土地领导审批领导小组成员 2014 年第 3 次会议审议同意贺州市环境保护监测站执法业务用房项目用地选址方案。

五月

5 月，蒋凌云任贺州市环境保护局副局长。

5 月 14 日，自治区督导组常务副组长甘向群、冯振年一行在贺州市委常委、组织部部长覃黎魁陪同下深入市环境保护局，检查指导党的群众路线教育实践活动开展情况。

5 月 22 日，贺州市人民政府召开 2014 年全市环境保护工作会议暨第二季度环境风险清查整治工作会议。

六月

6 月 4 日，自治区环境保护厅副厅长粟定成、生态处处长潘国尧等一行 3 人到贺州市昭平县调研指导农村环境保护工作。

6 月 5 日，贺州市人民政府办公室印发《关于印发贺州市环境保护"一岗双责"责任制实施办法的通知》，6 月 13 日印发文件在全自治区各市推广。

七月

7 月 10 日，贺州市人民政府召开贺州市"十二五"污染减排工作推进会议，市长李宏庆、副市长闭海东出席会议并讲话。

7 月 23~24 日，贺州市人民政府副市长闭海东率领市环境保护局、八步区环境保护局和富川瑶族自治县环境保护局领导一行先后到广东省清远市、肇庆市和湖南省永州签订环境联防联控合作协议。

八月

8 月 19 日，贺州市环境监测站参加由自治区环境保护厅组织的贺州、梧州、桂林三市环境监测应急联合演练。

十月

10 月 29 日，贺州市环境保护局召开党的群众路线教育实践活动总结大会。

10 月，王振兴继续挂任贺州市环境保护局副局长（延长挂任期 1 年）。

十一月

11 月，黄坚任贺州市环境保护局局长，免去苏业清贺州市环境保护局局长职务；梁刚（国家环境保护部中华环保联合会发展中心副总经理）挂任贺州市环境保护局副局长。

十二月

12 月 2 日，根据《关于撤销市环境保护局平桂分局的通知》（贺编〔2014〕83 号）文件，贺州市机构编制委员会第三十七次全体会议研究决定撤销贺州市环境保护局平桂分局。

河池市环境保护

【综述】 2014 年，河池市环境保护局以"基层能力建设年"为主题，以"环境安全"为主线，持续开展重金属污染综合防治，着力解决涉及民生的突出环境问题，继续推进污染减排、环保能力建设和环保专项行动，深化农村生态环境保护和建设，进一步提升监管和服务水平，环境质量持续稳步好转。2014 年，全市获得中央、自治区各类环保项目资金 1.4 亿元，同比增长 107.9%；市环境保护监测站和金城江、南丹、宜州、大化 4 个县级环境保护监测站实验室取得计量认证并通过标准化验收；南丹、环江、罗城、大化 4 个县级环境监察大队通

碧波如练的巴马赐福湖

过标准化建设验收，是全自治区县级环境监察机构通过标准化验收最多的市；全市主要河流平均水质保持在国家Ⅲ类水质标准以上；城市集中式饮用水源水质达标率 100%；中心城区空气环境质量共监测 365 天，优良天数 357 天(其中优 176 天、良 181 天)，优良率 97.8%，中心城区空气环境质量持续稳定达到国家二级标准；全年未发生重特大环境污染事件。

【机构设置与人员编制】 2014 年，河池市环境保护局机关内设机构共有 7 个科室，分别为办公室、规划科、法规宣教科、污染防治科、环境影响评价管理科、污染物排放总量控制科、自然生态与农村环境保护科。河池市环境保护局机关行政编制 16 名，其中局长 1 名，副局长 3 名，科级领导职数 6 名；事业编制 95 名，其中参照公务员管理 85 名；直属单位 3 个，均属财政全额拨款事业单位，分别为河池市环境监察支队、河池市环境保护监测站、河池市环境应急与固废管理中心。2014 年，河池市共有环境保护机构 40 个，其中市环境保护局机关 1 个，二层机构 3 个，县级环境保护局 11 个，县级环境监察大队 11 个，县级环境保护监测站 10 个，县级环境应急与固体废物管理中心 4 个。

【规划与投资】 环境规划　2014 年，河池市环境保护局组织编制市本级及 3 个重金属污染防控区重金属污染综合防治 2014 年度实施方案；配合河池市发展改革委编制完成《广西河池生态环保型有色金属产业示范基地规划 2014 年实施方案》；研究启动《河池市环境保护和生态建设“十三五”规划》、《盘阳河流域环境保护规划》编制工作。

专项资金项目管理　2014 年，河池市环境保护局组织专家组对天峨六画山鸡生态环保养殖示范项目、巴马香猪养殖苗屯基地建设项目、东兰县乌鸡林下生态养殖示范项目、巴马县凤凰长合村有机巴马香猪生产示范基地建设、东兰县乐丰畜牧有限公司生态环保养猪示范项目等 5 个生态广西建设引导资金项目进行现场竣工验收；对南丹县刁江源选矿行业选矿尾矿脱水干堆、废水处理回用技术示范项目，南丹县刁江源选矿行业选矿尾矿脱水干堆、废水处理回用技术示范项目，南丹县刁江源选矿行业选矿尾矿脱水干堆、废水处理回用技术示范项目，重金属废水综合治理示范工程，铜坑矿矿井废水深度处理和雨污分流减排工程，南丹县茂晨矿业有限公司尾矿脱水干堆废水深度治理项目等 6 个自治区专项资金项目进行现场竣工验收；对广西高峰矿业有限公司采矿废水处理项目、广西罗城仫佬族自治县金源有色金属工业总公司四堡锡矿采选废水治理工程、金城江区原河池大阳拉辛砒霜厂旧址无害化处置项目等 3 个国家规划项目进行现场竣工验收。

专项补助资金项目申报　2014 年，河池市环境保护局组织申报中央重金属专项资金、中央江河湖泊生态环境保护专项资金、中央排污费专项资金、自治区本级重金属专项资金、生态广西建设引导资金、农村环境连片整治示范专项资金项目共 6 批次。2014 年获得各类环保资金补助 22396 万元，其中中央重金属专项资金 13730 万元，中央江河湖泊生态环境保护专项资金 3500 万元，中央排污费专项资金 276 万元，自治区本级重金属专项资金 1700 万元，生态广西建设引导资金 190 万元，农村环境连片整治示范专项资金 3000 万元。

【饮用水水源地保护】 2014 年，河池市环境环保局完成全市乡镇集中式饮用水水源地保护区划分工作，11 个县(市、区)的乡镇集中式饮用水水源地保护区划定方案全部通过市人民政府审查，并上报自治区人民政府；牵头组织开展河池市集中式饮用水水源地专项执法检查工作；完成上年度县级以上城市集中式饮用水水源环境状况评估。

【行政处罚】 2014 年，河池市环境保护局办理的行政处罚案件共 7 件，分别对广西宜州市常乐茧丝有限公司、广西宜州市宏基茧丝有限公司、广西宜州茂源

茧丝绸有限公司、环江双宫丝工艺品有限责任公司、广西江缘茧丝绸有限公司、广西华锡集团股份有限公司铜坑矿、广西金河矿业股份有限公司拉么锌矿等违反环保法律法规的企业进行处罚，行政处罚全部执行完毕。

【环境质量】 环境空气质量　2014年，河池市城区空气质量为Ⅱ级，达到国家环境空气保护目标要求。河池市城区二氧化硫年平均值为0.018毫克/立方米，首要污染物可吸入颗粒物年平均值为0.062毫克/立方米，与上年相比分别下降33.3%、6.1%；二氧化氮年平均值为0.024毫克/立方米，与上年相比上升4.3%，污染程度有所增加。全年环境空气质量优良天数为357天，占总监测天数的97.8%，与上年相比轻微污染天数减少1天。

水环境质量　河流断面水质　2014年，河池市境内红水河、龙江、刁江、大环江4条河流常规监测共布设7个断面，枯水期、丰水期、平水期断面水质均达到Ⅲ类水质标准。2014年河流断面年均水质达标率为100%。

城市集中式饮用水水源地水质　2014年，河池市城市集中式饮用水水源地水质达到《地下水质量标准》(GB/T14848-1993)Ⅲ类标准。

湖库水质　2014年，河池市湖库水质达到《地表水环境质量标准》(GB3838-2002)Ⅲ类标准。

声环境质量　区域环境噪声　2014年，河池市城区区域环境噪声平均值为48.4分贝，与2013年相比降低0.8分贝。声源构成：城区生活噪声占63.4%，交通噪声占32.7%。

城市道路交通噪声　2014年，河池市城市道路交通噪声昼间、夜间平均值分别为67.4分贝、52.2分贝，与2013年相比分别增加0.9分贝、1.9分贝，道路交通噪声质量状况比上年略差。

功能区环境噪声　2014年，河池市1类功能区昼间等效声级均值范围为37.7~52.5分贝、夜间等效声级均值范围为31.3~39.1分贝；2类功能区昼间等效声级均值范围为42.2~48.7分贝、夜间等效声级均值范围为38.6~47.8分贝；3类功能区昼间等效声级均值范围为45.3~54.5分贝、夜间等效声级均值范围为30.0~48.2分贝；4a类功能区昼间等效声级均值范围为46.3~60.7分贝、夜间等效声级均值范围分别为47.9~55.9分贝。各类功能区昼、夜间噪声均值都符合《声环境质量标准》(GB3096-2008)各类功能区噪声限值。

【污染减排】 减排核查核算　2014年，河池市环境保护局根据“十二五”主要污染物总量减排核算细则，组织全市各县(市、区)环境保护局以2010年污染源普查动态更新及年度环境统计数据作为主要污染物总量减排核算的基础，根据经济社会发展、资源能源消耗情况，核算河池市污染物新增排放量、削减量和实际排放量。核细工程减排项目，核准削减率和削减量；核清结构减排项目，仔细清查淘汰关闭生产线或工艺设备；核实管理减排项目。2014年，河池市国家考核的4项主要污染物排放情况分别为化学需氧量38494吨，氨氮4525吨，二氧化硫49915.19吨，氮氧化物12108.95吨。

污染减排监管与督查　2014年，河池市环境保护部门加大日常污染减排监管力度，保证已形成减排能力项目的稳定运行，严肃查处污染防治设施不正常运行、擅自停运及偷排偷放行为，严肃查处擅自停运自动监控系统或变更数据的行为，做到有法必依、违法必究，确保设施运行正常，切实发挥减排效力。按照环境保护部及自治区环境保护厅有关要求，督促企业完善自动在线监控系统，实现与环境保护部门监控平台联网，确保减排成果的连续性。加强监督检查，严格责任追究。各县(市、区)组织相关部门对污染减排工作每月进行1次自查，并向市节能减排领导小组汇报。发现问题及时解决，确保减排工作落到实处。在县(市、区)自查的基础上，市节能减排领导小组办公室组织有关部门每季度对全市减排工作进行1次督查，并将督查结果向市人民政府汇报。对减排工作有弄虚作假、失职渎职行为的，按有关规定对相关责任人进行责任追究。

编制总量控制计划　2014年，河池市为切实做好全市污染减排工作，确保全市主要污染物减排目标和任务顺利完成，组织各县(市、区)人民政府编制完成2015年主要污染物总量控制计划并经市人民政府同意，下达各县(市、区)人民政府、市直和驻河池中直区直各有关单位及各重点企业，明确2015年控制目标和减排量以及重点项目主要污染物减排任务并提出完成工作任务的保障措施。2015年，全市主要污染物减排计划工业治理项目1项，生活污水治理项目24项，农业污染源治理项目34项。

【核与辐射安全监管】 辐射安全管理和监督检查　2014年，河池市环境保护局根据自治区环境保护厅《关于加强医疗卫生机构核技术应用辐射安全管理工作的通知》精神，下发《关于加强全市核技术利用单位辐射安全管理工作的通知》(河环发〔2014〕14号)，并对全市核技术应用单位开展检查，各县(市、区)检查率达90%以上。市环境保护局组成检查组对各县(市、区)进行抽查，抽查率达10%以上。同时配合自治区辐射环境监督管理站对河池市5个辐射工作单位进行检查，并做好现场检查记录。通过检查，全市辐射工作单位对辐射环境管理有了全新认识，为加强全市核技术利用单位辐射安全管理，防止辐射事故的发生，保障公众健康和环境安全提供有效保障。

辐射环境执法　监督性检查　2014年，河池市环境保护局对辐射工作单位开展监督检查，对检查发现的问题，能及时整改的均在现场提出整改意见，一时难以整改的提出书面整改意见，限时完成整改任务。年内，全市共对12家违反辐射环境保护法相关规定的单位下发限期整改通知；责令3个长期闲置放射源的辐射工作单位依法处置放射源；对78家未按要求上报放射性同位素与射线装置安全和防护状况年度评估报告的单位进行通报，并责令限期上报。

辐射建设项目审批　为从源头上保护辐射环境安全，河池市坚决执行《建设项目环境保护管理条例》和《中华人民共和国放射性污染防治法》的有关规定，严格落实建设项目审批。全市共审批涉及辐射建设项目19项，核发8个单位辐射安全许可证，给7家单位办理辐射安全许可证变更手续。对不符合暂住证条件的3家单位，书面通知申请单位并说明理由，告知重新申办所需材料和时间。

【污染防治】　重金属污染防治　2014年，河池市环境保护局组织编制市本级及金城江、南丹、环江3个重点防控区《重金属污染综合防治2014年实施方案》并印发实施。组织申报18个重金属污染防治专项资金项目，预计总投资5.96亿元，申请中央、自治区专项资金4.3亿元，2014年全市共获得重金属污染综合防治专项资金1.543亿元，其中中央资金1.373亿元、自治区资金1700万元。首次开展原址重金属污染场地修复示范工作，引进国内土壤修复专业公司对南丹县广西广田冶炼有限公司精炼厂原厂址污染场地开展原址土壤修复工作，采用固定/稳定化工艺进行原位修复，为全自治区、全市重金属污染历史遗留问题的土壤治理提供重要的技术示范和操作流程。认真做好环境保护部核查河池市2013年重金属污染综合防治工作，金城江区、环江县、南丹县3个重点区域完成废水、废气重金属污染物排放量均比2007年减少9%的目标，非重点区域2013年重金属主要污染物排放量未超过2007年排放量，完成年度削减目标。

2014年5月，河池市环境监测站工作人员在河池化工股份有限公司现场采集废水样品

机动车污染防治　2014年，河池市获得自治区环境保护厅委托具有机动车排气污染检测资质的环保检测机构2家，共建成10条机动车检测线。河池市环境保护局与市工业和信息化委员会、公安局、交通运输局联合发布《关于执行国家第四阶段机动车污染物排放标准的通告》，对不符合国Ⅳ级以上排放标准的新购置或外地转入的机动车，公安车辆管理部门不予办理注册登记或转入业务，环境保护部门不予核发环保标志。制订《河池市黄标车和老旧车淘汰工作2014年度实施方案》，共淘汰黄标车及老旧车5410辆。开展免检核发机动车环保检验合格标志工作，全市共核发机动车环保标志7016枚。

【环境应急和固废管理】　备案工作　2014年，河池市有13家企业、3个重点区域（南丹县、金城江区及环江县）的环境风险评估报告以及36家企业的突发环境事件应急预案召开专家评审会，其中3家企业的环境风险评估报告和2家企业的突发环境事件应急预案按照专家意见修改完毕并备案，进一步提高河池市涉重复产企业和涉及危险化学品企业的环境风险和应急管理水平。

预案编制　启动龙江河突发环境事件应急预案编制工作，开展龙江河流域环境风险源和敏感点调查；启动河池市重污染天气应急预案的编制工作，开展大气污染源调查工作，建立河池市大气污染源清单。积极向市人民政府申请预案编制和评估的专项经费，市人民政府同意拨付刁江和龙江河突发环境事件预案编制和评估专项经费各5万元。

固体废物管理　2014年4月，河池市环境保护局在全市开展涉重金属、化工行业企业原料、中间物料、固体废物环境管理检查。2014年5月，在全市开展选矿企业硫铁渣专项整治工作。同时继续推进全市危险废物规范化管理工作，组织辖区内企业完成2013年度工业危险废物申报登记工作，及时更新河池市工业危险废物管理基础数据库信息，参照工业危险废物对全市医疗废物进行规范化管理，确保2014年全市危险废物规范化管理督查考核合格率达标。

【生态保护和建设】　2014年，河池市积极争取获得中央江河湖泊生态保护专项补助资金3500万元，开工建设龙岩滩水库生态保护项目11个。组织开展巴马长寿养生国际旅游区基础设施建设大会战，将旅游区6个县共509个农村环境整治项目纳入项目库规划上报自治区环境保护厅农村环境综合整治办公室，并报环境保护部申报专项资金。2014年，河池市共获得农村环境综合整治专项资金支持项目共40个，获得资金3100万元，其中巴马旅游区共获得项目16个，获得资

金1700万元。全力做好河池市土壤污染综合防治示范区的前期工作，编制完成《广西壮族自治区河池市土壤污染综合防治示范区建设方案》并报环境保护部审核备案，与2个技术支撑公司签署合作框架协议，示范区的一期项目正在进行策划和包装。

自治区级生态村——天峨云榜村

【环境影响评价】 2014年，河池市环境保护局积极参与项目前期工作，切实做好环保服务，提醒业主单位要依法依规，及时委托有资质的环评单位开展规划环境影响评价工作，为下一步项目建设理顺环保相关程序和手续。通过高起点高要求的环评审批，促使企业采用最先进的生产工艺和生产设备，从源头上防范环境风险。

产业园建设项目环评　针对广西成源矿冶有限公司等6家首批进入大任产业园的企业，河池市多次召开专题会、协调会，研讨协商如何做好入园项目环评前期服务工作，及时讨论并解决环评编制工作遇到的问题与困难，明确环评工作推进的时间节点。安排专人及时跟踪服务，对接首批6家入园企业项目环评工作，保障大任产业园入园项目顺利推进。

建设项目环评　通过理顺行政审批操作规范，缩短承诺办结时限，简化办事程序，办事流程由原来五步缩减为三步，极大提高审批效率。同时强化环保验收，从建设项目审批到项目竣工环保验收，实行全过程跟踪，指导和督促项目业主按照环境影响报告书(表)和环评批复的要求，全面落实“三同时”制度。截至2014年底，全市依法审批建设项目563个(其中报告书38个、报告表174个、登记表351个)，通过“三同时”验收项目共247项。此外，征集60名从事环境保护、环境监测、环境应急、化工、冶炼等专业技术人才组成环评专家库，其中具有高级及以上职称22人。

【环境监测】 2014年，河池市环境保护监测站共报出各类监测数据209286个，其中空气自动监测120255个，拉浪水质自动监测站5107个，河流湖库水质监测5003个，城市集中式饮用水水源地1168个，降雨监测2150个，城区噪声监测2341个，国控重点源监督性监测6556个，委托性监测61028个，重金属污染专项监测2694个，竣工验收监测2600个，污染纠纷仲裁、污染事故调查、突发性污染事故应急监测及预警监测384个。

2014年，河池市环境保护监测站技术人员在实验室进行样品分析

空气环境质量监测　2014年，河池市环境保护监测站对空气环境质量共监测365天，其中优天数176天，占监测总天数的48.2%，轻微污染8天，占监测总天数的2.2%。全年降水pH值范围3.74~7.57，最低值3.74出现在第一季度，季度酸雨率范围26.1%~73.0%，季度重酸雨率范围4.6%~40.5%，年酸雨率38.1%，年重酸雨率为13.3%，硫酸根离子占阴离子总量的57.69%，酸雨属硫酸型酸雨。

地表水水质监测　河流水质监测　2014年，河池市环境保护监测站主要对红水河、龙江、刁江、大环江4条河流开展例行监测。布设的监测点有：红水河的六排、大化断面，龙江的六甲、三江口、杨民断面，刁江的马陇断面，大环江的东江断面等7个断面。评价标准执行《地表水环境质量标准》(GB3838-2002)Ⅲ类标准。监测结果：六排、大化、六甲、三江口、杨民、马陇、东江7个断面各监测项目年均浓度均符合标准，年均水质均达到优或良好，全年水质达标率为100%。

湖库水质监测　2014年，河池市全市设有龙滩库区1个监测点，全年龙滩库区水质监测项目均达到《地表水环境质量标准》(GB3838-2002)Ⅲ类标准，符合集中式生活饮用水水源地水质要求，所监测项目达标率均为100%。

饮用水水质监测　2014年，河池市城区饮用水水源地4个监测点城西水厂、城北水厂、加辽水厂、肯冲水厂的水质达到《地下水质量标准》(GB/T14848-1993)Ⅲ类标准，符合集中式生活饮用水水源地水质要求，所监测项目达标率均为100%。

声环境质量监测　2014年，河池市环境监测站对城市声环境开展监测，城区区域环境噪声平均值为48.4分贝，噪声值处于55分贝以下的区域占城区面积的 84.7%，处于 55.1~60.0 分贝区域占城区面积的 15.3%。声源构成：城区生活噪声所占比重最大，占 63.4%；其次是交通噪声，占 32.7%。与上年相比，区域环境噪声均值下降 0.8 分贝；城市道路交通噪声昼间、夜间平均值分别为 67.4 分贝和 52.2 分贝，比上年分别下降 0.9 分贝和 1.9 分贝。1 类功能区昼、夜间噪声均值范围分别为 33.1~40.5 分贝，2 类功能区昼、夜间噪声均值范围分别为 43.0~44.5 分贝，3 类功能区昼、夜间噪声均值范围分别为 39.2~47.2 分贝，4 类功能区昼、夜间噪声均值范围分别为 49.3~50.2 分贝。各类功能区监测昼、夜间噪声均值都符合《声环境质量标准》(GB3096-2008)标准。

【环境监察】 环保专项行动 2014 年，河池市环境保护局狠抓环境保护专项检查，采取交叉检查和夜间突击检查相结合，先后检查辖区企业 747 家，对存在突出环境问题的 14 家企业进行挂牌督办。抓好大清查大整治“回头看”，巩固大清查大整治成果，督促指导相关企业对存在的清污分流不完善、应急防范措施不到位等环境问题进行整改。开展饮用水水源地专项整治，积极解决影响群众饮水安全问题。

环境执法 2014 年，河池市环境保护局加强节假日环境监察，组织多个督察组先后对 133 家企业进行督查，对 58 个环境问题限期整改。不定期对企业明察暗访，在日常监管的基础上，采取不定时间，不打招呼，直奔现场的方式对辖区内的重点企业进行检查，保持监管的高压态势。依法约谈违法企业，针对存在严重环境问题的企业，直接约谈违法企业法人代表，先后约谈企业 3 家。加大行政处罚力度，查处涉及未批先建、排污设施不正常运行、未经环保验收擅自投入运行等环境违法企业 8 家。严格环评审批，依法审批建设项目 563 个，通过“三同时”验收项目 247 个。加强固体废物日常监管，全市危险废物规范化管理督查考核全部达标。2014 年，全市未发生重特大环境污染事件。

监察能力建设 2014 年，河池市环境保护局以“基层建设年”活动为契机，全市环境监管能力进一步提升，基层环保能力建设取得可喜成效，监测机构标准化建设步伐加快。市环境保护监测站和金城江、南丹、宜州、大化等 4 个县级环境保护监测站实验室取得计量认证，并通过标准化验收；监察机构标准化建设得到加强。河池市有南丹、环江、罗城和大化等 4 个县的环境监察大队通过标准化建设验收，是全自治区 14 个设区市中县级环境监察机构通过标准化验收最多的市。截至 2014 年底，河池市有金城江、环江、南丹 3 个重点防控县(区)设立环境应急和固体废物管理中心，河池市环境应急和固体废物管理机构得到加强。

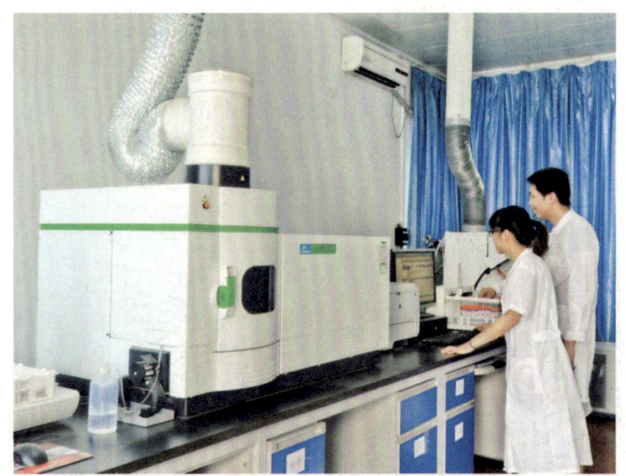

2014年，河池市环境保护监测站技术人员在调试原子吸收仪

【生态文明建设】 2014 年，河池市相继出台《河池市关于加快推进生态文明建设的实施意见》和《河池市环境保护“党政共管、一岗双责”责任制管理办法》。积极探索，建立健全生态资源台账制度、生态保护红线制度、责任追究制度、科学民主决策机制、生态环境执法监督机制、生态补偿制度等生态文明建设制度。初步建立生态资源台账制度，在全市范围内开展生态普查工作，进行生态环境现状调查与评估，为全市环境保护、社会经济发展规划以及生态文明综合考评和责任追究等提供基础依据。初步建立起生态保护红线制度，在生态普查的基础上，结合生态功能区划，划定河池市生态保护红线。2014 年，河池市完成凤山县生态保护红线试点划定工作。

【环境宣传教育】 2014 年，河池市环境保护局多措并举，大力宣传新修订环保法。紧紧围绕新修订的《环境保护法》及环境违法行为有奖举报办法，组织全市环保系统开展“六五”世界环境日暨环境保护宣传月系列活动和新环保法“进机关、进企业、进校园、进社区”活动。组织市中心城区周边企业围绕新环保法及“六五”世界环境日主题制作板报展；在《河池日报》设专版宣传，在河池电视台、河池人民广播电台播进行为期 1 个月的新环保法公益广告宣传；市人民政府分管领导及市环境保护局领导带队到相关县(市、区)和企业开展新环保法宣讲活动。

【环保大事记】

二月

2 月，河池市开展龙岩滩水库生态环境保护项目第四轮水生态环境调查。

三月

3 月 11 日，自治区调研组到河池市开展盘阳河流域生态环境保护条例草案立法调研工作。

3 月 29 日，环境保护部核查组到河池市南丹县开展重金属污染综合防治考核工作。

七月

7 月 10~11 日，自治区环境保护厅调研组到河池市开展民主评议政风行风征求意见大调研。

八月

8 月 29 日，《广西壮族自治区河池市土壤污染综合防治示范区建设方案(2014~2020 年)》专家咨询会在北京市召开。

九月

9 月 29 日，河池市出台《关于加快推进全市生态文明建设的意见》(河发〔2014〕11 号)。

十月

10 月 11 日，自治区党委第四巡视组到河池市就龙江河突发环境事件整改情况进行巡视检查。河池市市委书记、市人大常委会主任黄世勇参加巡视检查专题汇报会。

十一月

11 月 10 日，全自治区重金属污染防治项目验收会在河池市南丹县召开。

11 月 12 日，自治区涉重金属企业关闭工作调研组到河池市开展调研。

11 月 12 日，河池市召开全市加快推进污水处理设施建设工作会议。

11 月 27 日，河池市印发《河池市环境保护“党政共管、一岗双责”责任制管理办法(试行)》(河办发〔2014〕114 号)，该办法于 2015 年 1 月 1 日起施行。

十二月

12 月 2~5 日，全自治区固体废物管理培训班在河池市举办。

来宾市环境保护

【综述】 2014 年，来宾市环境保护围绕“基层建设年”主题，以改善环境质量为目标，以确保环境安全、完成年度主要污染物减排目标任务和做好项目环评审批服务等工作为重点，克难攻坚，积极推进各项工作开展，全市环保重点工作取得新成效。2014 年，据环境保护部核定，来宾市化学需氧量排放量为 4.31 万吨，比 2010 年削减 0.58 %；氨氮排放量为 0.41 万吨，比 2010 年增长 1.85 %；二氧化硫排放量为 7.23 万吨，比 2010 年削减 51.82%；氮氧化物排放量为 4.07 万吨，比 2010 年削减 8.20%。化学需氧量指标控制在“十二五”控制目标内，二氧化硫指标完成总任务的 94.05%，氮氧化物指标完成总任务的 15.33%，氨氮指标仍上升，全市基本完成年度减排目标任务。2 个国控环境空气质量监测点于 2014 年 10 月前完成 $PM_{2.5}$ 设备安装，并与自治区环境保护厅实现联网，实时传送监测数据，$PM_{2.5}$ 检测站建设进度走在全自治区 10 个非重点市的前列。2014 年，全市空气日报总报出 365 天，空气污染指数(API)在 12~145 之间，环境空气质量达到优的天数为 163 天，占总天数的 44.66%，达到良好的天数为 188 天，占总天数的 51.51%。轻微污染天数 14 天，占总天数的 3.83%。环境空气质量达到二级标准。2014 年，地表水和饮用水水源地达标率均为 100%。

2014年11月21日，来宾市副市长刘德祥（左一）、来宾市环境保护局局长玉德（右三）陪同自治区环境保护厅厅长檀庆瑞（左二）到来宾市环境监测执法业务用房用地检查指导工作

2014年1月23日，来宾市召开第一季度防范重特大安全事故暨环境保护工作会议

【规划与投资】 2014 年，来宾市环境保护局积极推进预算资金管理、环保专项资金项目管理、环保规划等，较好地完成了环保规划建设各项工作。

环境规划　2014 年，来宾市环境保护局积极参与来宾市环境规划决策，扎实推进区域环境规划工作，年内编制完成“十三五”来宾市生态建设和环境保护基本思路研究报告。

环境投资 2014年，来宾市完成环保验收项目环保投资85048.4万元。完成工业企业污染治理投入资金62948.4万元，其中治理废水12560.9万元，治理废气49280万元，治理固体废物396.8万元，治理噪声133.7万元，绿化及生态环保投资103.5万元，其他环保投资473.5万元。

预算资金管理 2014年，来宾市环境保护局机关部门预算836.54万元，比上年净减162.09万元，减少16.23%。年内，来宾市环境保护局加强资金管理，严格控制“三公”经费支出，提高资金使用效益，2014年“三公”经费支出与上年同期比缩减37.08%。

专项资金项目管理 2014年，来宾市环境保护局积极推进各专项资金项目。继续推进农村环境连片整治示范项目，2014年自治区投入资金750万元，来宾市忻城县、武宣县分别落实配套资金100万元、50万元，推进两县3个农村环境连片整治项目建设。加强生态广西引导资金项目指导及检查，对各县往年实施的生态广西建设引导资金项目的实施情况进行检查，并对检查中发现的问题提出整改措施，督促各项目业主严格按项目管理办法和资金管理办法要求实施项目。对已实施完成的项目按《生态广西建设引导资金补助项目验收管理办法（试行）》进行验收。积极开展重金属污染防治（基础能力建设）项目，按自治区环境保护厅的要求，结合本地实际，报送来宾市及各县市区重金属监测仪器设备采购方案、对来宾市辖区的重金属监测仪器进行采购。组织开展来宾市污染源自动监控设施社会化运行考核工作，及时发放相关补助资金。

环保专项补助资金项目申报 2014年，来宾市环境保护局积极组织申报中央及自治区环保专项补助资金，全年共获得各类环保补助资金2238万元，其中农村环境连片整治示范资金750万元，生态广西建设引导资金185万元，重金属污染防治专项资金582万元，火电和水泥企业脱硫减排工程补助资金300万元，污染源自动监控设施社会化运行补助资金200万元，国家环境空气监测网建设项目资金221万元。

政府采购 2014年，来宾市环境保护局机关申请政府采购计划支出105225元，实际支出89688元，节约资金15537元，完成台式电脑、打印机、复印机等一批办公设备的采购。

【政策与法规】 *环保政策* 2014年，来宾市环境保护局严格依法履职，认真贯彻落实各项环保政策，为进一步规范环境行政处罚行为，提高依法行政水平和行政执法效能，积极推行行政执法责任制，加大对《最高人民法院、最高人民检察院关于办理环境污染刑事案件适用法律若干问题的解释》，2015年1月1日施行的新《环境保护法》等环保相关法律法规运用的培训力度，加强对实施的环境执法行政行为的监督指导，按照法定职责和权限规范、公正、文明开展行政执法活动。

法制建设 2014年，来宾市环境保护局为强化环境社会监督，严厉打击危害公共安全的环境违法行为，保障环境安全，来宾市环境保护局制定《来宾市环境保护局环境违法行为有奖举报办法》，鼓励和发动社会力量举报环境违法行为，进一步维护来宾市环境质量。

行政处罚 2014年，来宾市环境监察支队对存在环境问题较为严重的广西合山煤业有限责任公司进行立案查处；对未办理“市区中午、夜间特殊需要建筑连续施工证明”并存在严重扰民行为的广西建工集团第三建筑工程有限公司行为当场进行行政处罚。全年共收缴罚没款10.1万元人民币。2014年，全市未发生需组织听证和申请法院强制执行的环境案件。

行政复议 2014年，来宾市环境保护局严格按照国家各项法律法规开展环境保护工作，开展环境行政处罚案件评查，没有因环境执法案件处理不当引起行政复议案件发生。

【机构改革与人事】 *重要人事任免* 2014年9月，来宾市环境保护局通过党组动议、民主推荐、组织考察，提拔黄赳任来宾市环境监察支队办公室主任。2014年11月，市人民政府下文任命朱胜雄为来宾市环境保护局副局长。

人才队伍建设 2014年，来宾市环境保护局通过广西公务员录用考试新招录14名参照公务员管理工作人员，其中来宾市环境保护监测站10名，来宾市环境监察支队4名。新增聘用编外人员6名。年内，来宾市环境保护局先后举办来宾市环境监察、监测业务知识、新修订《环境保护法》暨“两高”司法解释、办公室实务、信息工作等13期培训班。通过培训，来宾市环保队伍的业务素质和工作能力得到一定提升。截至2014年底，全市环保系统核定编制数174人，实有人数153人，大专以上学历达98%。

【环境科研与管理】 *环评制度改革* 2014年，为顺利完成来宾市环境保护科学研究所环境影响评价体制改革工作，来宾市环境保护科学研究所根据环境保护部《关于推进事业单位环境影响评价体制改革工作的通知》（环办〔2013〕109号）精神，成立改革工作领导小组，制订《来宾市环境保护科学研究所环境影响评价体制改革实施方案》，同时上报来宾市人民政府。来宾市人民政府由副秘书长方革主持召开市环境保护科学研究所环境影响评价体制改革专题会议，市编制办、市人社局、市总工会、市审计局、市财政局、市国资委、市环境保护局、市法制办、市环境保护科学研究所等单位领

导参加讨论。会议认为，根据环境保护部相关文件精神，来宾市环境保护科学研究所环境影响评价体制改革只是剥离环评业务，划出相应的环评职能，解除从事环评业务的全部人员，继续留其他相关职能（继续保留来宾市环境保护科学研究所）。会议议定，来宾市环境保护科学研究所环境影响评价体制改革应当把环评资质纳入资产评估范围进行资产评估，为争取改革时间，来宾市环境保护科学研究所可以先行委托具有评估资质的评估机构进行资产评估；同意来宾市环境保护科学研究所环境影响评价体制改革后按照规定程序环评资质证无偿变更到新组建的环评机构；来宾市环境保护局要依法依规稳步推进来宾市环境保护科学研究所环境影响评价体制改革工作，确保改革顺利完成。

清洁生产与循环经济　2014年，来宾市按照清洁生产相关法律法规的规定和自治区环境保护厅要求，于2014年6月11日下发《关于做好我市2014年度重点企业清洁生产审核工作的通知》（来环控〔2014〕21号），结合来宾市主要污染物减排、排污许可证管理等环保重点工作，加强组织领导，建立完善工作机制，全力推进重点企业清洁生产审核工作。全年共组织完成12家重点企业清洁生产审核评估工作，完成重点企业清洁生产审核验收7家，取得了明显的“节能、降耗、减排、增效”清洁生产效果。

【环境质量】　2014年，来宾市空气环境质量和水环境质量保持优良，城市声环境质量保持稳定，电磁辐射环境处于正常水平。

环境空气质量　2014年，来宾市区二氧化硫、二氧化氮和可吸入颗粒物浓度分别为0.027毫克/立方米、0.030毫克/立方米和0.067毫克/立方米，达到《环境空气质量标准》（GB3096-1996）二级标准。环境空气质量日报总天数为365天，环境空气污染指数在12~145之间。环境空气质量达到优的天数为163天，占总天数的44.66%；达到良好的天数为188天，占总天数的51.51%；轻微污染14天，占总天数的3.83%。市区降水pH值在4.56~7.80之间，降水pH值均值为5.50，低于酸雨界限（5.60），酸雨频率为35.12%。从统计的离子组分看，硫酸根离子浓度占阴离子总量的比例最大，说明来宾市降水酸性主要是受硫氧化物影响，酸雨污染属硫酸型污染。

水环境质量　2014年，来宾市地表水区控断面红水河垒亭、马安、车渡断面，柳江石龙断面和黔江大陆洲断面水质均符合Ⅲ类地表水水质保护目标要求；集中式饮用水源地来宾水厂、磨东水厂、合山水厂、象州水厂、武宣县县城、金秀县公安冲、金秀县金秀河和忻城县鸡叫地下河断面水质均符合Ⅲ类或者Ⅲ类以上地表水水质标准，水质达标率为100%，均符合城市水质控制目标要求（Ⅲ类）。其中，来宾水厂、磨东水厂、合山市水厂、金秀县公安冲、金秀县金秀河、武宣县县城、象州水厂饮用水水源地断面109项全分析中，所有监测项目均未超过标准限值。

声环境质量　*城市区域噪声*　2014年，来宾市昼间区域环境噪声年均值为55.7分贝，夜间年均值为46.1分贝，昼间区域环境噪声符合《声环境质量标准》（GB3096-2008）2类标准，夜间区域环境噪声符合2类标准。对照《环境噪声监测技术规范　城市声环境常规监测》（HJ640-2012）表1，城市区域环境噪声总体水平等级为三级，处于一般水平。

交通噪声　2014年，来宾市区昼间平均交通噪声为67.0分贝，夜间平均交通噪声为52.4分贝，对照《声环境质量标准》（GB3096-2008）4类a标准，来宾市交通噪声符合标准要求。对照《环境噪声监测技术规范　城市声环境常规监测》（HJ640-2012）表2，道路交通噪声强度级别为一级，处于良好水平。

辐射环境质量　2014年，来宾市环境电磁辐射水平总体情况较好，但尚不具备辐射环境监测能力。根据年内来宾市移动通信基站天线及变电站等建设项目的验收监测情况，移动通信基站天线周围环境敏感点的电磁辐射水平低于《电磁辐射防护规定》中规定的公众照射导出限值，输变电设施周围环境敏感点工频电场强度和工频磁感应强度均低于相关标准限值要求。

【污染物减排】　2014年，来宾市按照“三严三实”的要求，把主要污染物减排作为调整经济结构、转变发展方式、改善环境质量、推进生态文明、建设美丽来宾的一项重要手段，上下联动，部门协作，全力推进主要污染物总量减排工作。

2014年5月16日，来宾市召开主要污染物总量减排工作电视电话会议

减排政策措施　2014年，来宾市通过健全减排机制，完善减排政策，落实减排责任，加大资金投入，大力推进污染减排各项工作有序开展。出台《来宾市2014年主要污染物总量减排实施方案》和《重金属污染综合防治“十二五”规划2014年度实施方案》，并狠抓落

实。完善财政激励政策,加大对污染减排资金的投入力度,多渠道筹措减排资金,加快污染减排重点工程实施和能力建设。深化"以奖代补"、"以奖促治"支持机制,强化财政资金的引导作用。落实经济政策,严格执行脱硫电价、脱硝电价、城镇污水处理费征收政策。

减排督查与监管 2014年,来宾市环境保护局通过加强减排监管的领导力,把减排任务具体分解落实,狠抓减排重点项目建设,健全污染减排政策,严格控制新增排放量,实行问责制和月进度报告制度。

减排重点项目 按照《2014年度广西主要污染物总量减排计划》,2014年来宾市完成化学需氧量、氨氮、二氧化硫和氮氧化物减排量分别为10572吨、597吨、10881吨和14125吨,分别比2013年下降5.2%、9.7%、15.0%、26.9%。全年来宾市完成2个工业企业工程减排、6个城镇污水处理厂减排、12个农村环境连片整治污水处理设施减排、133个规模化畜禽养殖工程减排等化学需氧量和氨氮减排重点项目;完成5个火电行业管理减排、7个非电结构减排等二氧化硫减排重点项目;完成7个火电行业工程减排、1个水泥行业工程减排和7个非电结构减排等氮氧化物减排重点项目,圆满地完成上级下达的主要污染物总量减排目标任务。

【环境影响评价】 2014年,来宾市环境保护局认真贯彻执行建设项目环境管理的各项法律、法规、规章及其他有关规范性文件,与实际工作相结合,积极开展来宾市招商引资项目、重大项目、环评文件和建设项目竣工环保验收的行政审批工作,并加强审批信息公开力度,环境管理工作取得较好的成绩。

规划环评 2014年,来宾市环境保护局积极参与来宾市规划决策,扎实推进规划环评。全年督促规划环评编制2项,分别为来宾市河南工业园区总体规划环评、来宾迁江华侨工业园区总体规划环评。在规划的编制过程中,建议规划编制部门充分考虑环境因素,着力解决建设项目的合理布局及排水走向问题,努力从决策源头防止建设项目与环境功能交叉错位现象发生。

建设项目环评 2014年,来宾市环境保护局以提前介入、主动服务来推进项目环评,积极与企业联系,进一步了解企业存在的问题,主动深入实地对项目选址进行勘察,对选址不符合环保要求的项目提出调整意见并积极协助业主重新选址,防止因选址不当给企业造成损失和环境污染事件发生。2014年来宾市市本级审批的建设项目共200个,其中环境影响报告书、报告表项目136个,环境影响登记表项目64个。县(市)级环保审批的建设项目共260个,其中环境影响报告表60个,环境影响登记表200个。

重大项目环评 2014年,来宾市列入自治区层面统筹推进的重大项目共18项,其中新开工项目12个,预备项目6个,属于市级审批的项目15个。来宾市环境保护局积极推进重大项目环评审批,2014年2月组织相关重大项目业主进行座谈,通过电话等方式为项目环评推进做服务,并定期跟踪项目环评进展情况。广西捷和科技公司年产60万台新能源电动车项目、来宾旭洋金属制造有限公司铝镁合金精密压铸生产项目、广西福斯特再生资源环保科技有限公司新型净水材料及环保设备生产项目等15个项目完成环评审批。

建设项目竣工环保验收 2014年,来宾市环境保护局认真做好项目竣工环保验收工作。年内,来宾市环境保护局对98个项目进行环保竣工验收,其中环境影响报告书、报告表类项目71个,环境影响登记表类项目27个。县(市)级环境保护局对62个建设项目进行环保竣工验收,其中环境影响报告书、报告表类项目31个,环境影响登记表类项目31个。完成环保验收项目"三同时"(同时设计、同时施工、同时投产)执行率为100%,无限期改正验收合格项目。全年完成环保验收项目总投资13.5亿元,完成环保验收项目环保投资0.7806亿元,包括废水、废气、噪声、固体废物及绿化及生态环保投资治理环保投资。

政务服务窗口管理 2014年,来宾市环境保护局始终把服务"窗口"建设作为加强环境建设、推行和落实政务公开的重要内容来抓,认真执行《服务承诺制》、《首问责任制》、《一次性告知制》和《限时服务制度》,严格按照行政许可的有关程序、制度和规定办理,集中接件、受理、办结、取件。为更好地服务科学发展,采取措施进一步优化服务环境,一是对符合国家法律法规、产业政策要求的项目减少审批环节,简化审批程序,根据业务特点,分简单、一般和特殊3种程序办理,对简单程序项目当场办理;二是继续派责任心强、工作态度好、审批业务更熟悉的1名干部常驻市行政审批中心,充分授予审批权限,实现行政审批窗口人员常驻化,完善来宾市环境保护局行政许可输入全自治区政务公开信息网公开信息报送工作;三是领导挂帅,集中解决审批问题,局领导不定期到行政审批中心巡查和现场办公,解决项目审批中遇到的大、特、急审批事项。此外,在原有行政审批操作规范的基础上,进一步完善行政审批操作标准化规范,制定行政审批事项办理工作规范、流程图和办事指南,对审批事项办结时限进行承诺,提速基本达到70%以上,实行审批事项规范化建设,严格按照规范操作,并在来宾市环境保护局门户网站公开,接受社会监督,加强行政审批监管,规范行政审批行为。2014年,来宾市环境保护局市政务服务中心窗口办件量410件,办结率100%,接待各项环保咨询业务520项;核发新机动车环保标志业务,共办理2791项。所有审批事项正常办理后给予发文,均在

国家规定的审批时限内完成审批工作，群众满意度为100%。无超时办结件，无收取与行政审批事项无关的费用。

环评技术评估　2014年7月1日，来宾市环境保护技术中心正式挂牌成立，承担全市建设项目环境影响报告书技术评估工作，有专家库成员18名，报告书编制完成后委托来宾市环保技术评估中心开展技术评估，并根据专家组意见修改完成进入报批程序。2014年共完成报告书评估51个。

环评机构监督管理　2014年，来宾市环境保护局加强对环评机构监管工作，凡在来宾市从事环评业务的外埠环评机构必须向来宾市环境保护局提交近年来的工作业绩和资质材料。2014年，来宾市环境保护科学研究所、广西南宁新元环保技术有限公司、中环国评（北京）科技有限公司、广东省生态环境与土壤研究所、南京科泓环保技术有限责任公司等22个环评机构在来宾市开展环评业务，来宾市环境保护局对这些环评单位进行资质检查，并对其环评文件进行日常考核。2014年，来宾市环保局出具环保意见146多个，出具建设项目立项备案表意见180个，有力地推进项目落地。因环评文件不符合审批要求，退回不合格环评文件30个。

【环境监测】　2014年，来宾市环境保护监测站完成对辖区内环境空气、降水、地表水、珠江流域水质月报、城市集中式饮用水水源地断面和城市噪声以及国家重点监控企业污染源监督性监测等例行监测工作，采样方法、监测分析方法按国家颁布的相关技术规范及标准执行。

环境空气监测　2014年，来宾市区环境空气质量采用环境空气自动监测系统进行连续监测。来宾市环境空气自动监测系统设两个子站，分别位于来宾冶炼厂招待所和来宾二中。监测项目有可吸入颗粒物（PM_{10}）、二氧化硫（SO_2）和二氧化氮（NO_2）。环境空气监测点位情况详见表1，监测分析方法详见表2。

表1　环境空气监测点位基本情况

监测名称	测点代码	测点位置	地理坐标		功能区	控制级别
			东经	北纬		
1#来冶招待所	532	南京路1号	109° 12′ 47″	23° 43′ 15″	一般工业区	二级
2#来宾二中	531	北四路62号	109° 13′ 54″	23° 44′ 13″	商业交通居民混合区	二级

表2　环境空气质量监测分析方法

监测项目	使用仪器	分析方法	最低检出浓度
二氧化硫	4108型紫外荧光法二氧化硫分析仪	紫外荧光法	0.003毫克/立方米
二氧化氮	2108型化学发光法氮氧化物分析仪	化学发光法	0.002毫克/立方米
可吸入颗粒物	7001型β射线法悬浮颗粒分析仪	β射线法	0.002毫克/立方米

$PM_{2.5}$监测　2013年11月，来宾市环境空气自动监测子站来宾二中站点在原来的基础上，新增颗粒物（$PM_{2.5}$）、臭氧（O_3）和一氧化碳（CO）、气象五参数等项目的自动监测设备，并于2014年1月通过现场验收，完成新增环境空气监测项目的能力建设，正式开展新标准试点监测工作。根据自治区环境监测中心站要求，2014年3月起，来宾市区环境空气点位来宾二中站点按《环境空气质量标准》（GB3095-2012）上报数据。2014年，来宾市$PM_{2.5}$年均值为0.065毫克/立方米。

降水监测　2014年，来宾市区降水监测共设3个点位，分别位于市环境保护局和兴宾区人民政府，监测项目有pH值、电导率和离子组分。降水监测点基本情况详见表3，监测分析方法详见表4。

表3　降水监测点位基本情况

监测名称	测点代码	测点位置	地理坐标		功能区	控制级别
			东经	北纬		
1#市环境保护局	534	大桥路190号	109° 12′ 52″	23° 43′ 44″	酸雨控制区	—
2#兴宾区人民政府	533	前卫路	109° 13′ 51″	23° 43′ 52″	酸雨控制区	—
3#北五乡卫生院	—	北五乡卫生院	109° 13′ 33″	23° 58′ 12″	郊区	—

表4　降水监测分析方法

监测项目	使用仪器	分析方法	最低检出限	监测频次
pH值	手工采样	玻璃电极法	0.01（无量纲）	逢雨采样，逢雨必测
电导率		实验室电导率仪法	—	
SO_4^{2-}		离子色谱法	0.01毫克/升	雨量充足时，逢雨必测
NO_3^-			0.010毫克/升	
Cl^-		离子色谱法	0.003毫克/升	
F^-			0.002毫克/升	
NH_4^+		纳氏试剂分光光度法	0.02毫克/升	
K^+		原子吸收分光光度法	0.01毫克/升	
Na^+			0.01毫克/升	
Ca^{2+}			0.02毫克/升	
Mg^{2+}			0.003毫克/升	

地表水环境监测　2014年，来宾市环境保护监测站对红水河垒亭、马安、车渡断面、柳江石龙断面和黔江大陆洲断面5个地表水区控断面水质进行监测。监测指标按照《地表水环境质量标准》(GB3838-2002)表1、表2中项目和电导率，共30项。地表水区控断面每月进行1次常规监测。

表5　来宾市地表水区控断面基本情况一览表

断面名称	断面代码	位置	地理坐标		断面功能	所属河流	河流代码
			东经	北纬			
垒亭	374	忻城县红渡镇	108° 34′ 41″	23° 59′ 03″	对照	红水河	804001
马安	449	合山马安	108° 51′ 57″	23° 42′ 43″	控制	红水河	804001
车渡	435	红河糖厂车渡	109° 23′ 26″	23° 43′ 07″	控制	红水河	804001
石龙	459	象州县石龙镇	109° 31′ 12″	23° 50′ 03″	控制	柳　江	805101
大陆洲	434	武宣县武宣镇	109° 38′ 21	23° 36′ 37″	控制	黔　江	805002

备注：“粪大肠菌群”采样后委托广西柳州钢铁（集团）公司疾病预防控制中心检验。

饮用水水源环境监测　2014年，来宾市市级和各县级集中饮用水水源地断面的监测均按照《地表水环境质量标准》(GB3838-2002)来进行，地下水饮用水水源地全分析监测按照《地下水质量标准》(GB/T14848-93)中的39项。

市级集中式饮用水水源水质监测　2014年，来宾市市级集中式饮用水水源地有来宾水厂和磨东水厂2个监测断面，常规监测按照《地表水环境质量标准》(GB3838-2002)表1、表2和表3中的33项优选项目共43项进行监测，每月监测1次；全分析监测：来宾市集中式饮用水水源地断面按《地表水环境质量标准》(GB3838-2002)中的109项进行监测，每年6~7月进行1次水质全分析，其中来宾市环境保护监测站分析42项，“粪大肠菌群”采样后委托广西柳州钢铁(集团)公司疾病预防控制中心检验，其他66项采样后委托柳州市环境保护监测站分析。

县级城镇集中式饮用水水源水质监测　2014年，来宾市各县市饮用水水源地断面水质由其自行委托有资质的单位自行安排监测，监测频率为每季度1次，2014年8月，县级地表水饮用水水源地各断面进行109项全分析，忻城县饮用水水源地鸡叫地下河断面(地下水)因2013年度已进行地下水39项全分析，故2014年度未进行全分析。忻城县集中式饮用水水源地断面常规监测项目有pH值、总硬度、氨氮、高锰酸盐指数、氟化物、氰化物、六价铬、挥发酚、硫酸盐、氯化物、硝酸盐、亚硝酸盐、阴离子表面活性剂、铁、锰、铜、锌、汞、砷、镉、铅、硒和总大肠菌群，共23项。县级城镇集中式生活饮用水水源地每2年(第双数年)开展1次水质全分析监测。

2014年来宾市集中式饮用水水源地断面基本情况见表6。

表6　2014年来宾市集中式饮用水水源地断面基本情况一览表

服务区域	水源地名称	监测断面	所属河流	水源地性质	地理坐标	
					东经	北纬
兴宾区	来宾市市区集中式饮用水水源地	来宾水厂	红水河	河流地表水	109° 13′ 05″	23° 44′ 08″
兴宾区	来宾市磨东水厂饮用水水源地	磨东水厂	红水河	河流地表水	109° 8′ 24″	23° 43′ 53″
合山市	合山市水厂水源地	合山市水厂	红水河	河流地表水	108° 51′ 44″	23° 49′ 24″
象州县	象州水厂水源地	象州水厂	柳　江	河流地表水	109° 40′ 26″	23° 57′ 49″
武宣县	武宣县集中取水水源地	武宣县县城	黔　江	河流地表水	109° 38′ 28″	23° 36′ 32″
金秀县	公安冲取水水源地	金秀县公安冲	金秀河	河流地表水	110° 11′ 20″	24° 8′ 14″
金秀县	金秀河饮用水水源地	金秀县金秀河	金秀河	河流地表水	110° 11′ 46″	24° 7′ 31″
忻城县	忻城水厂水源地	忻城县鸡叫地下河	清水河	地下水	108° 38′ 51″	24° 4′ 38″

声环境监测　2014年，来宾市市区声环境共设104个区域环境噪声监测点，在第三季度昼夜各监测1次；市区交通干线噪声监测在11条道路监测19个点位，在第三季度昼夜各监测1次。全市监测路段总长度为22868米。区域环境噪声统计结果见表7，暴露在各等效声级下的面积情况见表8。

表7　区域环境噪声统计结果

建成区面积（平方千米）	网格覆盖人口数（万人）	功能区	平均值（分贝）							
			L_{Aeq}		$\overline{L_{10}}$		$\overline{L_{50}}$		$\overline{L_{90}}$	
			昼间	夜间	昼间	夜间	昼间	夜间	昼间	夜间
13	45	二类区	55.7	46.1	57.7	47.2	52.8	43.1	48.6	40.6

表8　暴露在各等效声级下的面积状况表

声级范围[分贝]	35.1~40.0		40.1~45.0		45.1~50.0		50.1~55.0		55.1~60.0	
	昼间	夜间	昼间	夜间	昼间	夜间	昼间	夜间	昼间	夜间
声级覆盖面积（平方千米）	0	0.64	0	5.98	0	15.58	7.90	0	14.30	0
占总网格面积（%）	0	2.89	0	26.92	0	70.19	35.58	0	64.42	0

辐射环境监测　2013年11月，来宾市核与辐射安全监测站在来宾市环境保护监测站挂牌，实行一套人马的管理模式。2014年来宾市尚不具备开展辐射环境监测能力。

重点污染源监督性监测　2014年，来宾市辖区内21家废水、6家废气、6家污水处理厂和6家重金属排污企业被列入国家重点监控企业名单。国控源监测项目按照行业或地方排放标准以及该企业环评报告书的规定来确定监测项目；排放主要污染物为化学需氧量、氨氮、二氧化硫和氮氧化物的常年生产企业监测频次为每季度监测1次；对于季节性生产企业，在其生产期间每月监督性监测1次；涉重金属企业每2个月监督性监测1次。2014年来宾市国控重点污染源监测情况见表9。

表9　2014年来宾市国控重点污染源监测情况

种类	企业名称	监测日期			
废水1	广西农垦糖业集团红河制糖有限公司	1月8日比	2月12日	3月4日	12月8日比
废水2	广西来宾东糖桂宝有限公司	1月8日比	2月12日	3月4日	12月9日比

续表

种类	企业名称		监测日期			
废水3	广西来宾东糖迁江有限公司		1月9日比	2月23日	3月4日	12月3日比
废水4	广西来宾东糖凤凰有限公司		1月15日比	2月13日	3月4日	12月8日比
废水5	来宾华锡冶炼有限公司		1月8日比	6月3日比	8月14日比	10月13日比
废水6	广西来宾九龙淀粉有限公司		1-9比	停产	停产	12月5日比
废水7	广西来宾永鑫糖业有限公司		1月9日比	2月12日	3月4日	12月8日比
废水8	广西来宾东糖纸业有限公司		3月4日比	4月28日比6月3日 重点源	7月21日比	10月28比
废水9	广西农垦糖业集团天成纸业有限公司		3月4日比	4月28日比	7月21日比	10月28比
废水10	广西金嗓子药业股份有限公司		2月18日	4月23日	8月4日	10月15日 比对验收
废水11	广西来宾东糖石龙有限公司		1月13日比	2月12日	3月4日	12月5日比
废水12	广西博华食品有限公司		1月2日比	2月12日	3月4日	11月24日比
废水13	广西象州红枫科技有限公司		无人承包停产			
废水14	广西象州联壮化工有限公司		1月17日比	5月8日比	7月18日比	11月12日比
废水15	广西象州龙腾纸业有限责任公司		3月4日	5月19日	7月21日	10月13日
废水16	广西博宣食品有限公司		1月14日比	2月2日	3月2日	11月24日比
废水17	广西农垦糖业集团黔江制糖有限公司		1月14日比	2月2日	3月2日	12月9日比
废水18	广西伟业淀粉有限责任公司		1月14日比	停产	停产	12月10日比
废水19	广西农垦思源酒业有限公司		1月14日比	2月2日	3月2日	12月9日比
废水20	武宣县金黔湾食品工业有限责任公司		1月14日比	2月2日	3月2日	12月9日比
废水21	广西金竹源纸业有限公司		3月3比	4月28日比	7月21日比	10月28比
废气1	广西来宾东糖迁江有限公司		1月9日比	2月23日	3月4日	12月3日比
废气2	来宾华锡冶炼有限公司		1月8日	5月15日	8月11日 比对验收	10月13日比
废气3	广西农垦糖业集团红河制糖有限公司		1月8日比	2月12日	3月14日	12月8日比
废气4	广西来宾法资发电有限公司		由自治区环境监测中心站监测			
废气5	广西方元电力股份有限公司来宾电厂					
废气6	大唐桂冠合山发电有限公司					
污水厂1	来宾市水质净化有限公司		2月19日比	4月21日比	7月14日比	10月27日比
污水厂2	忻城县污水处理厂		2月19日比	4月21日比	7月14日比	10月27日比
污水厂3	象州县污水处理厂		2月19日比	4月21日比	7月14日比	10月27日比
污水厂4	武宣桂润环境工程有限公司		2月19日比	4月21日比	7月14日比	10月27日比
污水厂5	金秀瑶族自治县新艺污水处理厂		1月19日比	4月21日比	7月14日比	10月27日比
污水厂6	合山市建合城市开发投资有限责任公司		2月19日比	4月21日比	7月14日比	10月27日比
重金属1	来宾华锡冶炼有限公司	废水	1月8日	3~25、6~3	8月14日	10~13、11~12
		废气	1月8日	3~25、5~15	8月14日	10~13、11~12
		无组织	1月8日	3~25、5~15	8月20日	10~13、11~12

续表

种类	企业名称		监测日期			
重金属2	广西忻城县中远矿业有限责任公司		市场原因停产			
重金属3	广西忻城县宏图锰业有限责任公司	废水	1月3日	4~24、5~8	停产	10~14、11~11
		无组织	1月3日	4~24、5~8	停产	10~14、11~11
重金属4	广西下田锰矿有限责任公司	废水	1月17日	3~17、5~8	7月16日	9~23、11~11
		无组织	1月17日	3~17、5~8		9~23、11~11
重金属5	广西象州吉东锰业有限公司		停业			
重金属6	广西中金岭南矿业有限责任公司	废水	1月14日	3~6、5~15	8月14日	10~13、11~13

注：表中含“比”的是本次监测时同时进行在线比对监测。

【污染防治】 重点流域水污染防治　2014年，来宾市环境保护局严格执行环评审批制度，从源头上控制水体污染源的产生。同时，严格执行《排污染物许可证》制度，控制排污单位超总量、浓度向水体排放污染物。加强对重点流域沿岸的重点排污企业的环境风险排查力度，坚决打击环境违法行为。充分利用环保专项资金，大力支持水污染治理项目建设。2014年，来宾市环境保护局严抓审批制度和制度执行力，确保红水河、黔江、清水河等重点流域水环境质量达Ⅲ类水质以上。

大气污染防治　2014年，来宾市环境保护局结合主要污染物减排重点工作，严格执行国家新颁布的大气污染物排放标准，加大环保执法力度，加速淘汰燃煤小锅炉，大力推进大气污染治理。完成火电行业5个脱硝工程减排项目，实现氮氧化物减排量7964吨。

噪声污染防治　2014年，来宾市采取一系列的噪声污染防治措施，全力打造安静幽美的宜居环境。一是严格声环境准入；二是强化工业企业噪声污染防治；三是推进社会生活噪声污染防治；四是强化建筑施工噪声污染防治；五是加强交通噪声污染防治；六是积极开展环境噪声监测工作。

饮用水水源地保护　2014年，来宾市按照自治区环境保护厅的规定分级划定饮用水水源保护区，完成全市6个县市（区）共58个乡镇的饮用水水源保护区划分工作，并在市城区饮用水水源保护区设置标志警示牌。加快治污工程和环境基础设施建设，提高饮用水水源地保护的硬件水平。开展集中式饮用水水源地专项整治，加大饮用水水源地保护力度。组织开展城市河流型集中式饮用水水源地专项执法检查工作，对各县（市、区）河流型集中式饮用水水源地现状进行全面排查、检查，对存在环境问题的集中式饮用水水源地逐一开展重点整治。加强饮用水水源地监管，建立完善水源地保护的长效机制。制订印发《来宾市城区2014年饮用水水源地环境保护工作方案》，组织环境保护、建设、水利、卫生等部门，按照各自的工作职责，加强对饮用水水源地的监督、检查和管理，积极探索建立长效管理的体制和机制。

重金属污染防治　2014年，来宾市按照自治区环境保护厅的部署，制订《来宾市2014年度重金属污染综合防治实施方案》，将重金属污染综合防治工作任务分解落实到各县（市、区）人民政府和各市直单位。全年完成来宾华锡冶炼有限公司粗锡冶炼节能减排改造工程、来宾华锡冶炼有限公司锌高渣处理工程等3个重金属污染防治项目；完成金秀瑶族自治县冶炼厂淘汰1000吨/年三氧化二砷生产线和广西象州金煜金属材料有限责任公司淘汰3300吨/年铅锑冶炼生产线及20.5吨/年电解银金生产线的落后产能淘汰关闭项目。

危险废物管理　2014年，来宾市环境保护局按照《来宾市2014年危险废物规范化管理督查考核工作实施方案》开展危险废物规范化管理工作。年内，共有10家涉危险废物企业：来宾华锡冶炼有限公司、武宣荣隆废渣再生利用金属有限公司、武宣县广集实业有限责任公司、武宣县汇丰实业有限责任公司、广西有色金属集团汇元锰业有限公司、广西来宾银海铝业有限责任公司、来宾中科环保电力有限公司、志光家具（象州）有限公司、合山锌业科技有限公司、象州金煜金属材料有限责任公司均按要求完成危险废物申报登记工作，完善危险废物标志制度、危险废物台账登记制度，并认真落实危险废物转移工作。10家涉及危险废物企业安全转出危险废物15000吨，转入1486吨，市内转移3193.8吨，危险废物得到有效安全处置，危险废物规范化管理抽查合格率为91%。

城市环境综合整治　2014年，来宾市为打造宜居城市，由市环境保护局牵头，组织建设、市政、交通等部门对城区粉尘污染进行综合整治，使城区PM_{10}、$PM_{2.5}$大气环境质量达到优良等级天数明显提高，得到市民好评。

【生态保护和建设】 2014年，来宾市继续推进生态文明建设，将自然生态和农村环境保护工作摆上重要议程，全力以赴抓好农村环境连片整治示范工作，做好资源开发的生态保护监管工作；同时加强自然保护区建设与管护、生物多样性和生物遗传资源保护工作。

试点示范建设　2014年，来宾市环境保护局加强对生态示范创建工作的培训和指导，各县（市、区）人民政府和环境保护部门积极开展生态乡镇和生态村创建工作。全市共有46个行政村获得自治区级“生态村”命名，其中金秀县9个、象州县13个、武宣县4个、忻城县18个、合山市2个。

生态建设资金　2014年，来宾市环境保护局积极主动加强与自治区沟通联系，获得生态广西建设引导资金项目4个，获得专项建设资金185万元。其中，金秀县有机灵芝、茶叶种植及采集基地的建设项目3个，武宣县种牛扩繁养殖项目1个。

自然保护区建设和管理　2014年，来宾市有自然保护区4个，其中国家级1个（金秀大瑶山自然保护区），自治区级3个（红水河来宾段、大乐泥盘纪、金秀老山自然保护区）。自然保护区面积达34376公顷。2014年，来宾市完成野生动物驯养繁殖和经营利用单位的检查和年审换证工作，为19家养殖场换发养殖证和经营利用许可证；依法为21家野生动物养殖场核发驯养繁殖和经营利用许可证；在来宾市各县（市、区）范围内开展“爱鸟周”活动，加强野生保护科普宣传，提高群众保护意识；开展保护野生动植物和湿地宣传1次，开展执法活动1次新建设金秀县上古陈野生茶自然保护小区、忻城县城关镇泮水村、内城屯水源林自然保护小区等自然保护小区。

生物多样性保护　植物资源　根据20世纪80年代大瑶山自然资源综合考察以及金秀、武宣、忻城等县重点林区调查粗略统计，来宾市高等植物（包括苔藓、蕨类）有327科1388属5400余种，占广西现有维管束植物8354种的65.5%，其中主要乡土树种有106科326属1047种。资源植物门类主要有用材、纤维、鞣料、芳香、油脂、树脂、胶用、淀粉、食用、色素、甜味、饲料、药用、观赏等。材用植物主要有杉树、马尾松等417种，占广西630种的66.2%；纤维植物主要有黄竹、粉丹竹等283种，占广西416种的68%；鞣料植物主要有桃金娘、余甘子等180种；树脂植物主要有马尾松、湿地松等80余种；胶用植物主要有杜仲、杜仲藤等50种；淀粉植物主要有金狗毛、蕨等92种，占广西112种的82%；油脂植物主要有黄樟、山胡椒等240种，占广西381种的63%；芳香植物主要有红花八角、大八角等106种，占广西220种的48.2%；甜味植物主要有罗汉果、甜茶等14种；色素植物含食用色素植物和纺织品染料植物主要有苋、小叶红豆等30种；食用植物全地区有130种；药用植物主要有黄柏、银杏等2396种，占广西3623种的66.1%；观赏植物主要有苏铁、银杏等748种。

动物资源　根据80年代广西林业勘测设计院珍贵动物资源调查队以及大瑶山自然资源综合考察资料，来宾市陆栖脊椎野生动物有460余种，占广西884种的52.1%。全市现有国家Ⅰ级保护动物8种，国家Ⅱ级保护动物31种，属广西重点保护动物有120多种。其中野生兽类主要有猕猴、短尾猴等63种，占广西野生兽类136种的46.3%；两栖类主要有大鱼儿、黑眶蟾蜍等50余种，占广西两栖类74种的67.6%；爬行类主要有平胸龟、地龟等40余种，占广西爬行类动物157种的25.5%；鸟纲主要有苍鹭、绿鹭瑶山亚种等290种，占广西鸟类520种的55.8%。

资源开发项目生态保护　2014年，来宾市环境保护局着重做好资源开发项目审批，生态环境影响项目的环评审查和竣工环保验收的工作。对风景名胜区和旅游区的建设规划、土地利用总体规划、矿产资源总体规划、矿山地质环境保护与治理恢复方案的审查提出生态保护措施，减轻开发活动对生态环境的破坏。

主体功能区划　《广西壮族自治区主体功能区规划》中规定自治区的主体功能区分为重点开发、限制开发、禁止开发3类区域。2014年，来宾市兴宾区、合山市被列为自治区层面的重点开发区域，功能定位为建设新兴现代化工业城市、区域性商贸物流基地和富有浓郁地方文化和民族特色的山水园林宜居城市。忻城和金秀县分别被列为国家和自治区层面的限制开发区（重点生态功能区），功能定位为提供生态产品、保护环境的重要区域，保障国家和地方生态安全的重要屏障，人与自然和谐相处的示范区。象州和武宣县部分区域被列为限制开发区（农产品主产区），功能定位为全区重要的商品粮生产基地，保障农产品供给安全的重要区域，现代农业发展和社会主义新农村建设的示范区；部分区域被列为禁止开发区，功能定位为保护自然文化资源的重要区域，珍稀动植物基因资源保护地，区域生态环境的核心区域。

农村环境综合整治　2014年，来宾市进一步推进农村环境连片整治示范工作，并将其纳入市人民政府为民办实事重点任务之一。忻城县及合山市获得农村环境连片整治项目3个，共涉及2个乡镇2个行政村3个自然村屯，专项建设资金900万元。重点实施农村污水处理及农村饮用水水源地保护。共建设农村污水

处理设施5套，配套主管网12.5千米，支管网17.5千米；设置水源地保护标识牌2块，水源地污染治理措施2项（栏污坝、排污沟、围栏、抽水点提升封闭），人饮安全措施3项（围栏、饮用水源地保护警示牌）。受益人口约8700余人，有效解决村庄突出环境问题，改善农村环境质量。

生态农业　2014年，来宾市大力发展生态循环农业。全市粮食播种面积达271.3万亩，总产量84.2万吨，增长2.5%。创建“鸣象”、“吉象”、“内圣”等一批优质大米品牌和“忻玉”牌忻城优质糯玉米品牌，其中“鸣象”牌大米获得农业部无公害农产品认证，“内圣”牌大米获得国家有机农产品认证。全市桑园面积56万亩，鲜茧产量达6.35万吨，同比增长3.0%，是广西第二大桑蚕生产基地，建立桑园千亩“三高”基地15个，500亩以上的基地22个。全市新增茶园面积4000亩，比上年同期增长23.93%，茶叶产量790吨，比上年同期增长7%。常年蔬菜基地生产规模进一步扩大，新增面积1500亩，全年蔬菜种植面积80.92万亩，蔬菜总产量110.09万吨，增长8.3%。同时，来宾市大力扶持农业标准化生产和品牌培育，组织业主申报无公害产地和产品认证，其中凤凰华侨农场无公害葡萄获农业部产地论证；忻城马泗乡高龙果蔬合作社无公害蔬菜西甜瓜、合山市北泗乡瀑泉村无公害蔬菜甜瓜获自治区农业厅产地论证；国营凤凰华侨农场的“凤华龙珠”葡萄获2013年全国中、晚熟优质鲜食葡萄评比优质奖。

【核与辐射安全监管】　2014年，来宾市环境保护局核与辐射安全监管工作取得新成绩。全年新发放辐射安全许可证6个，到期换证1个，法人变更换证2个，排查放射源1枚，含放射源装置4台，安全送贮放射源1枚，含放射源装置3台。电磁辐射项目审批管理方面，在配合自治区环境保护厅完成一批移动基站工程级输变电工程验收的同时，开展来宾市本级输变电工程的验收工作。

核技术应用和电磁辐射设施　截至2014年底，来宾市获得辐射安全许可证的核技术应用单位有115家，其中密封放射源使用单位有17家，Ⅲ类射线装置使用单位有97家。来宾市电磁辐射设施主要包含移动通讯基站和输变电设施。移动通讯基站多为跨市项目，因此相关环境影响评价文件审批主要由自治区环境保护厅负责审批。在输变电设施方面，2014年完成110千伏齐心（寺村）送变电工程、110千伏河西变电站扩建工程、220千伏虎山（红渡）变电站110千伏配套送出工程、110千伏磨合凤线改造工程环境4个项目的环评审批。组织完成110千伏定良送变电工程、110千伏古良（小平阳）送变电工程、110千伏河西送变电工程、110千伏岭南变电站扩建工程、110千伏龙庆变电站扩建工程、110千伏文辉送变电工程和110千伏二塘（宣北）送变电工程等8个建设项目竣工的环境保护验收；配合自治区环境保护厅完成沿海铁路外部电源供电工程和220千伏莆田变电所工程项目竣工环境保护验收。

辐射安全管理和监督检查　2014年，来宾市环境保护局共发放使用Ⅲ类射线装置的辐射安全许可证6个。截至2014年底，来宾市辐射工作单位的辐射安全许可证发放率基本达到100%，辐射工作单位录入国家核技术利用监督管理系统信息的数量达115家。

辐射环境执法　2014年，来宾市环境保护局对象州县1家非法使用放射源企业进行查处，并下达限期整改通知书，督促该企业向自治区环境保护厅申请补办环境影响评价及辐射安全许可证等手续。开展年度辐射环境安全检查及废旧放射源排查工作，下达限期送贮通知书4份。

核与辐射应急事故管理　2014年，来宾市环境保护局完成市级及各县（市、区）核与辐射事故应急预案的编制及发布工作，完善来宾市核与辐射事故应急体系。

【环境监察】　2014年，来宾市环境监察支队围绕“基层建设年”，以加强环境监察基础能力建设为主线，控制污染排放和污染事故发生为重点，开展环境保护专项检查、整治违法排污企业保障群众健康环保专项行动、2014年集中式饮用水水源保护专项行动、“绿色卫士·2014”环境安全专项检查等环保专项行动。同时，利用污染源在线监控中心平台，加强企业污染超标排放监管，依法处理超标事件。

2014年5月8日，来宾市环境保护局局长玉德（左二）在市环境监察支队会议室认真听取企业反映意见并解答群众诉求

监察稽查　2014年7月，来宾市环境保护局对全市辖区5个县（市）环境保护部门开展环境监察专项稽查工作，查阅污染源现场监察记录26套，行政处罚案

件16套,发现问题27个,下达环境监察稽查意见书5份,落实整改27个。

环保专项行动　2014年,来宾市环境监察支队在加强日常环境监察的基础上,依托环保专项行动,严厉打击环境违法行为。重点开展环境保护专项检查、整治违法排污企业保障群众健康环保专项行动、2014年集中式饮用水水源保护专项行动、“绿色卫士·2014”环境安全专项检查等环保专项行动,对辖区内重点污染源、重点饮用水水源保护区、涉重金属企业及其他环境敏感区域等开展全面排查和整治。严肃查处不正常运行污染处理设施、超标排污等环境违法行为,督促企业整治环境污染隐患,改善环境质量。全市共出动执法人员2063人(次),检查企业731家(次),对7家存在环境违法行为的企业进行立案,结案7家;对2家企业进行经济处罚,处罚金额18.1万元;挂牌督办环境问题1个,其中自治区级挂牌督办1个。

环境执法　国控重点污染源监察　2014年,来宾市各级环境保护部门结合辖区内重点污染源企业的实际情况,按照规范的现场监察程序、具体的检查频次和现场监察内容,对21家废水国控企业开展现场监察253次,监察达标253次;监督性监测54次,化学需氧量监测达标52次,氨氮监测达标51次;对6家废气国控企业开展现场监察72次,监察达标72次,监督性监测8次,二氧化硫监测达标5次,氮氧化物监测达标8次;对6家污水处理厂开展现场监察64次,监察达标64次,监督性监测24次,化学需氧量监测达标24次,氨氮监测达标24次;对6家重金属国控企业开展现场监察72次,监察达标72次,监督性监测15次,重金属监测达标15次。

2014年11月7日,来宾市环境保护局局长玉德(右三)、来宾市城市管理局局长朱柱伟(左三)一行到迁江污水处理厂检查项目进展

环境安全隐患排查整治　2014年1月,来宾市开展环境隐患和安全风险大排查,对制糖、造纸、淀粉酒精行业的生产工艺、产污环节、关键设备、污染防治设施的运行管理、突发环境事件应急预案、应急能力建设以及环境监管等方面进行检查,共出动人员106人次,检查企业38家,进一步消除环境安全隐患,确保春节期间来宾市环境安全。

2014年3~6月,来宾市环境保护局联合市公安局、市工商局、来宾供电局等部门深入开展环境安全隐患排查整治活动,重点检查2013年环境安全隐患大清查大整治未完成整改的问题企业、未取缔关闭的非法企业、涉重金属企业及非法生产加工经营场所等。来宾市各级环境保护、公安、工商、供电等部门联合出动执法人员150人次,检查企业105家次,共排查问题企业29家(含2013年未完成整改的15家企业)。

2014年,按照《环境保护厅办公室关于印发2014年上半年全区环保部门安全隐患检查整治活动工作方案的通知》(桂环办函〔2014〕118号)要求,来宾市对辖区内重点污染源、重点饮用水水源保护区、涉重金属企业及其他环境敏感区域等开展全面检查,共出动环境监察执法车35台次,环境监察执法人员81人次,对30家企业(6家为挂牌督办企业),14处饮用水水源地开展一次全面、彻底的地毯式检查,检查覆盖率达到100%,查出问题企业8家。

排污申报与收费　2014年,来宾市环境保护局继续加大排污费的征收力度,对兴宾区辖区内15个行业,涉及11项污染类别征收排污费共计1023.19万元。辖区各县(市)征收排污费情况:合山市319.71万元,武宣县155.23万元,象州县205.22万元,金秀县13.4万元,忻城县41.86元。全年全市征收排污费总额1758.61万元。

监察队伍管理　2014年,来宾市环境监察支队在编人员由20人增加至21人,完成领导干部竞聘上岗1人,调入人员1人,新招录参公人员4人,辞职1人,退休3人。年龄结构方面:35岁以下12人,占57.14%;35~45岁4人,占19.05%;45岁以上5人,占23.81%。学历方面:硕士2人,占9.52%;本科16人,占76.19%;大专3人,占14.29%。2014年,来宾市共有7个独立的环境监察机构,其中市级1个,县级6个,市级环境监察机构在编人员21人,实际在岗人员27人,比2013年增加1人。5月6~8日,来宾市环境保护局举办2014来宾市环境监察业务培训班,56人参加培训。通过业务培训,全市环境监察执法人员业务素质和现场执法能力得到提升,为环境监管奠定了坚实的基础。

监察能力建设　2014年,来宾市环境监察支队投入10万元用于完善环境监察标准化建设。截至2014年底,市环境监察支队共有环境监察车4台,其他设备如监察取证设备、办公装备硬件装备,应急取证设备价值共计80多万基本达到二级标准化建设要求。

【环境应急与事故调查】 2014年,为进一步加强环境应急与事故调查工作,来宾市环境监察支队设立环境应急与调查事故中心办公室,安排4名专职工作人员负责环境应急和矛盾纠纷调处工作,确保环境监察工作的顺利开展。同时按照完善环境应急系统,完成《来宾市环境保护局突发环境事件应急预案》修编工作,并对42家企业应急预案进行备案。全市全年未发生突发环境事件。

【环境宣传教育】 2014年,来宾市环境保护局深入贯彻落实党的十八大精神,紧紧围绕环保各项中心工作,以"六五"宣传、环保法"五进"、绿色创建、环境年鉴编纂等工作为重点,积极开展环境宣传教育工作,不断普及和提高公众环境保护意识。

环境宣传 来宾市、县两级环境保护局以环境保护为主线,以世界环境日、环境宣传月、新《环境保护法》"五进"、科普活动宣传周等活动为载体,扎实推进环境宣传工作。

环保宣传月活动 以纪念第43个"六五"世界环境日为切入点,扎实开展形式多样的环境宣传活动。来宾市环境保护局与市人大城建环保委、来宾市书法家协会在来宾大剧院联合举办"保护环境 . 生态来宾"书法、摄影展,生动形象地展现环保治理设施、环保工作和生态建设成果,让更多公众直观了解并支持环保工作。同时,市环境保护局通过与市委宣传、交通、广电等部门联合,利用新华政务信息平台发送纪念"六五"世界环境日宣传信息2万条,在城区60台公交车上的LED滚动播出环境保护标语,在来宾市电视台上免费定期播放环境保护以及生态建设的公益广告。此外,各县因地制宜借台发力:合山市联合学校开展"环保小卫士"宣讲活动,举办"最美合山环境文化"摄影书法赛,到矿区开展环保宣传活动;武宣县通过学生发出倡议书、万名青少年签名、环保知识进课堂和"四个一"(小小环境保洁员、监督员、宣传员)主题实践活动等;忻城县结合"美丽忻城·清洁乡村"在县中心文化广场开展集中宣传,到农村环境连片整治项目点分片宣传,利用手机短信、板报墙报全面宣传;金秀县通过图片展览、现场咨询、发放环保手册、赠送宣传品等形式,在桐木镇开展"加强环境保护,共建生态金秀"的宣传活动;象州县充分利用新闻媒体专题宣传环保工作情况,在县城文化广场举办文艺演出、环保有奖竞猜,通过移动通信向全县移动手机用户发放环保宣传短信。

环保法"五进"活动 来宾市扎实开展新环保法宣传进企业、进学校、进乡镇、进社区、进环保组织"五进"活动。为确保活动取得实效,市县两级及时制订活动方案,各县(市、区)针对每个"进"培养2个示范点,通过以点带面确保活动有效推进。其中,市本级投入3万多元定制围裙、环保袋、杯垫、宣传读本等宣传品,悬挂标语18幅,制作板报7块,分发宣传册2000多份,宣传品近5000份。广电、市政、教育等部门联动在主要新闻媒体、公益LED屏幕、固定大型宣传牌等宣传新修订的环保法,营造学习宣传环保法的氛围;合山市与邮政公司合作,投入2万多元制作新修订《环境保护法》宣传板报200块,利用"政信通"张贴新修订《环境保护法》宣传海报,发放宣传资料800份,宣传小册600本,发送宣传短信12万条;象州县印发宣传资料近1万份,悬挂横幅22条于各乡镇集市喧闹处,并将新环保法的简本张贴于各乡镇、各村委宣传栏处;武宣县在县城区环保大型户外公益广告牌及每个工厂、乡镇、村屯、社区均有新环保法宣传标语;忻城县投入资金11085元,制作宣传板报12块,横幅标语16条,围裙、环保袋、书(企业版、公众版)和农村环保知识宣传资料等一批,开展新环保法宣传活动;金秀县开展各类宣传活动8次,参与活动的干部职工50人次,制作宣传板报4块,制作横幅9条,发放宣传资料5000多份。同时,开展新环保法宣讲活动。市环境保护局联合兴宾区环境保护局,先后深入来宾电厂等8家大型企业对中层以上管理人员进行新环保法宣讲,2次组织企业人员开展专题培训,指导企业通过企业内网进行环保法宣传。各级环境保护部门通过在乡镇、街道主干道制作永久性宣传标语,拉横幅、制作宣传板报等形式,开展环保法宣传活动;通过国旗下讲话、班队会、校园广播和校园(班级)板报的多形式在学校宿舍开展宣传;结合"美丽广西·生态乡村"建设,各级环境保护部门以宣传科学使用农药化肥入手,深入田间地头,宣传环保知识。

其他公益环保宣传 来宾市环境保护局在全市开展感恩自然主题征文活动,积极参与3月15日"消费者权益日"、科技宣传周、安全生产宣传月、中国环境与健康宣传周、十月科普大行动活动、12月4日法制宣传日和市法制办牵头开展的环保专项行动宣传等宣传活动,现场咨询服务近1546人,发放各种宣传册(单)达32250份。

环境教育 2014年,来宾市环境保护局通过采取走出去和请进来相结合的方式,狠抓教育培训工作的落实。4月28~29日,在象州县以会代训的方式对全市40多名环境保护宣传教育、廉政、信息工作人员进行信息和办公室业务培训。5月5~8日,举办2014年来宾市环境监察业务培训班,参加培训的人员包括市环境监察支队全体人员、各县(市、区)环境保护局分管环境监察工作的领导及环境监察大队人员。培训班采取理论学习与现场观摩的方式,邀请自治区环境监察总队2位专家授课。通过业务培训,全市环境监察执法人员业务素质和现场执法能力均得到提升,为新环

保法的实施及环境监管奠定坚实基础。10月15日，召开环境行政处罚案卷集中评查学习会，要求各县(市、区)环境保护局、市环境监察支队分管领导及1名具体负责人参加，通过对全市环境行政处罚案卷现场观摩评查，查找问题和不足，并就如何规范环境行政处罚工作进行培训。11月8日，自治区环境保护厅政策法规处处长周平顺到来宾市为环保系统和相关企业300多人进行新修订《环境保护法》和两高“关于环境污染犯罪司法解释”进行专题辅导培训。同时，通过走出去学习、走出去宣讲、走出去交流来提升教育培训质量，先后派出20多批100多人次到上级部门参加各种环保业务培训，组织100多人次到企业、社区、乡镇、学校进行培训和宣讲。

绿色系列创建　2014年，来宾市环境保护局完成绿色创建工作15年全自治区创绿先进工作经验组稿和市级创绿工作先进材料撰写，制订并下发《2014年度绿色系列创建工作方案》，重点指导来宾市启慧幼儿园、来宾市祥和小学、兴宾区第二小学、合山市地税局4个创建条件较好的单位参加自治区级绿色环保系列创建活动，并及时组织创绿单位有关人员参加培训。同时，多次深入创绿单位现场指导，定期对创建情况进行核查，不断完善创绿档案材料，及时查漏补缺。10月下旬，来宾市绿色创建单位均顺利通过自治区考评组的考评验收，并获得自治区命名表彰，来宾市环境保护局、来宾市教育局获得创绿工作先进单位荣誉称号。

【志鉴编纂】 2014年，来宾市环境保护局完成《广西环境年鉴·来宾市部分》(2014年卷)和《来宾年鉴》环境保护部分编纂工作。

【信息公开与政务信息】 2014年，来宾市环境保护局根据《政府信息公开工作条例》的要求和来宾市人民政府的统一部署，进一步完善和落实政府信息公开工作制度，拓宽主动公开范围，推行行政权力公开透明运行，强化审批信息、环境质量信息和污染源环境监管信息公开，推动公众参与和服务群众，接受社会监督。

信息公开　2014年，来宾市环境保护局加强组织领导，健全工作机制，完善各项制度，扎实推进政府信息公开工作，按时主动公开政府信息数1106条、动态信息273条，办理政府信息公开申请5件。

政务信息　2014年，来宾市环境保护局政务信息报送工作严格按照自治区环境保护厅要求，及时调整报送方式，工作力度不断加大，信息质量不断提高，共报送信息160条，为上级领导科学决策提供参考作用。来宾市环境保护局获得来宾市政府信息工作先进单位表彰。

环境信访　2014年，来宾市环境保护局制订《来宾市环境保护局领导干部接访工作方案》，健全领导定期接待群众来访、登记、回复一站式服务制度，进一步规范信访工作程序，提高信访工作水平，取得较好的社会效果。全年共接到群众投诉118件，接待来访19人次，化解109件，化解率为92.4%。年内，来宾市未发生因环境问题群体性上访事件。

人大建议和政协提案办理　2014年，来宾市环境保护局共承办市政协提案6件，人大建议1件，人大议案2件，全部按要求会办或答复代表和委员。内容主要涉及饮用水安全和水资源保护、扶持风景区生态保护与特色旅游开发项目、推进清洁乡村工作、加强乡镇垃圾(包括医疗垃圾)和污水处理工作、推进扬尘污染整治工作，改善全市空气质量等。

【党的建设与纪检监察】 2014年，来宾市环境保护局认真按照来宾市委“关于落实党风廉政建设党委主体责任和纪委监督责任的意见通知”精神，坚持“从严治党”方针，围绕中心，服务大局，以党的群众路线教育实践活动为契机，扎实推进党风廉政建设并取得新成效，为促进社会稳定和谐，保障环保事业的健康发展发挥积极作用。

党建工作机制　2014年，来宾市环境保护局按照自治区、市纪委等开展有关廉政工作的要求，认真贯彻落实中央深化纪律检查体制机制改革。成立来宾市环境保护局纪检监察室，并经市纪委监察局同意，由局机关办公室主任罗鸿兼任纪检监察室主任，负责对党员干部党风廉政建设工作落实情况做好日常监督工作。重新调整市环境保护局属二层单位兼职的纪检监察员，确保纪检监察工作有人管有人抓。认真贯彻落实党风廉政建设责任制和领导班子述职述廉制，按时按质按量组织召开民主生活会，开展批评与自我批评；同时，严格执行重大事项“四亲自”制度，做到党风廉政建设工作亲自部署、重大问题亲自过问、重点环节亲自协调、重大案件亲自督办。

2014年6月12日，来宾市环境保护局开展批评与自我批评征求意见活动

创先争优活动 2014年，来宾市环境保护局坚持以农村为核心，深入开展创先争优活动。制订《来宾市环境保护局2014年开展“三万三进”活动实施方案》、《来宾市环境保护局2014年驻遂意乡加龙村扶贫工作计划》，积极筹集资金共计68.7万元，完成扶贫联系点忻城县遂意乡加龙村多条道路硬化。开展志愿服务，面向贫困家庭子女征集并认领“微心愿”，广大党员争当圆梦使者，共认领5个“微心愿”。5月7日，由来宾市环境保护局局长玉德带队到平西小学捐赠乒乓球拍、新书包、故事书、大抱枕等慰问品，实现他们的“微心愿”。5月9日，来宾市环境保护局购买洋紫荆、羊蹄甲共10棵树，组织20余名党员干部到维林小区开展种树活动，美化社区环境，为社区办实事、办好事。

教育培训 2014年，为进一步提高干部职工的廉政自律意识，来宾市环境保护局严格按照市纪委的要求，组织开展“坚定理想信念·坚守组织纪律”党风廉政主题教育活动，局长玉德和书记陈林结合实际，分别给全体干部职工上题为“坚定理想信念·坚守组织纪律”和“强化服务意识·提高工作效能”的党课。组织全体干部职工开展“贺江事件”、“4.9迁江事件”典型案例分析会。同时，制定来宾市环境保护局机关领导干部廉洁自律制度，每个季度开展1次廉政教育学习会。

党风廉政建设 2014年，按照来宾市纪委“一岗双责”的工作要求，来宾市环境保护局结合工作实际，印发《来宾市环保局2014年纪检监察工作要点》（来环发〔2014〕4号）、《来宾市环保局党风廉政任务分工》，及时召开党风廉政工作会议与环保工作同部署、同落实。结合党的群众路线教育实践活动，先后开展治理小金库、“吃空饷”、会员卡零持有、办公用房、职工多占住房等清理活动，进一步肃清歪风邪气，有力推进廉洁型机关建设。

政风行风建设 2014年，来宾市环境保护局按照自治区环境保护厅和市纠风办统一部署，结合工作实际，开展优化环境发展公众评议活动，有效促进机关作风转变。年内，没有发生涉及投资软环境案件，也没有被全市通报或上级有关部门追究责任。

党的群众路线教育实践活动 2014年，来宾市环境保护局党组按照来宾市委党的群众路线教育实践活动领导小组办公室统一部署，从2月开始，全局围绕“为民务实清廉”主题，组织全体党员干部职工开展党的群众路线教育实践活动。通过认真深入学习研讨，广泛听取意见建议，为深刻吸取迁江镇“4·9”事件的教训，领导班子及成员认真综合归纳、剖析查找出“四风”突出问题12个，并坚持以整风精神开好专题民主生活会，认真研究制订“两方案一计划”，狠抓整改落实，建章立制，达到预期目的。

2014年2月20日，来宾市环境保护局组织召开党的群众路线教育实践活动动员会

【环保大事记】

一月

1月23日，来宾市召开2014年第一季度防范重特大安全事故暨环境保护工作会议，市长杨和荣对2014年安全生产和环境保护工作提出要求。

三月

3月12日，按照自治区环境保护厅《关于开展环境保护专项检查的紧急通知》（桂环函〔2014〕309号）精神，来宾市实际结合开展环保专项检查。

3月24日，来宾市环境保护局印发实施《来宾市级生态村创建标准（试行）》和《来宾市级生态村申报及管理规定（试行）》。

四月

4月30日，来宾市召开2014年环保系统政务信息暨政府信息公开工作会议，部署推进2014年政务信息和政府信息公开工作。

五月

5月，来宾市环境保护局实行领导干部接访日制度，每月10日前由1名局领导带领责任科室负责接待来访群众，解决群众反映的环境信访问题。

5月16日，来宾市召开2014年推进全市主要污染物总量减排电视电话会议。会上市环境保护局局长玉德通报2013年主要污染物总量减排完成情况，副市长刘德祥就2014年主要污染物总量减排工作作详细部署。

5月20~22日，环境保护部华南督查中心和自治区环境保护厅一行4人组成督察组，赴来宾市进行2014年上半年主要污染物减排日常督查。

5月26日，自治区环境保护厅辐射处、自治区辐射安全监督管理站、自治区环境监察总队一行共5人，到来宾市开展辐射安全监督检查工作，重点检查使用Ⅱ类以上射线装置或使用放射源的单位。

5月30日，自治区环境保护厅副厅长蹇兴超率调研组到来宾市就污染减排工作访谈来宾市市长。

六月

6 月 4~5 日，来宾市举办“保护环境 · 生态来宾”书法、摄影展，以纪念“六五”世界环境日。

6 月 26 日，自治区环境保护厅联合公安厅、南方能源监管局广西分局等部门组成督察组到来宾市督查环境安全隐患大排查大整治工作。

6 月 30 日，来宾市环境保护局出台《来宾市环境保护局环境违法行为有奖举报办法》。

6 月，来宾市开展放射源与射线装置专项检查，进一步掌握来宾市放射源及射线装置的使用现状，加强放射源与射线装置监管工作，防范辐射事故发生。

6 月，来宾市开展整治违法排污企业保障群众健康环保专项行动。

七月

7 月 1 日，来宾市环境保护技术中心正式揭牌运行。

7 月 2 日，来宾市环境保护局组织召开 2014 年全市主要污染物总量减排监测体系考核工作布置会暨企业自行监测信息公开调度管理系统培训会。

7 月 4 日，为推进来宾市畜禽规模化污染减排工作，市水产畜牧兽医局、市环境保护局召开 2014 年畜禽规模养殖污染减排工作推进会。

7 月 7 日，自治区环境保护厅到来宾市抽查 2013 年度来宾市环评文件质量。

7 月 27 日，针对来宾华锡冶炼有限公司存在环境安全隐患问题，来宾市环境保护局对该公司主要领导进行约谈。

八月

8 月 25 日，来宾市环境保护局组织人员观摩由钦州市环境保护局主办，钦州天恒石化有限公司承办的“绿色卫士 ·2014”——钦州苯系物泄漏突发环境事件联合应急演练。

8 月，来宾市环境保护局开展来宾市 2014 年集中式饮用水水源保护专项行动。

九月

9 月 17~19 日，来宾市环境保护局纪检组长朱柳英率督察组一行 4 人对全市 2008~2013 年生态广西建设引导资金补助项目情况进行专项督查。

十月

10 月，来宾市率先完成空气质量国控点 $PM_{2.5}$ 监测设备安装，提前具备新标准六参数监测能力，为 2015 年 1 月 1 日正式发布新标准环境空气质量打下基础。

10 月 29 日，自治区环境监测中心站副站长凌年敏到来宾市环境保护监测站就基层能力建设情况进行走访调研。

10 月 30~31 日，自治区环境保护厅副厅长蹇兴超率队一行 16 人到来宾市开展污染减排及大气污染防治工作调研。

十一月

11 月 7 日，来宾市环境保护局邀请自治区环境保护厅政策法规处处长周平顺主讲，举办新环保法暨“两高”司法解释培训班。

11 月 21 日，自治区环境保护厅厅长檀庆瑞率队一行 5 人到来宾市开展环保能力建设工作调研。

崇左市环境保护

【综述】 2014 年，崇左市加强环境保护工作，继续开展污染减排和环境整治，全市电解锰企业环境整治工作走在全国前列。在经济快速发展的同时，城市环境质量保持良好，2014 年空气质量达到 Ⅰ 级（优良）的天数为 196 天、达到 Ⅱ 级（良好）的天数为 163 天，轻微污染天数为 6 天，环境空气质量总体优良。

2014年3月11日，崇左市召开2014年全市环境保护工作会议

【机构改革与人员编制】 机构设置　2014 年，崇左市环境保护局为市人民政府工作部门正处级行政单位，核定局长 1 名，副局长 3 名，总工程师 1 名（副处级）。局机关内设办公室、科技标准宣传教育科、污染物排放总量控制科、环境影响评价管理科（行政审批科）、自然生态与农村环境保护科、核与辐射安全管理科。直属单位有崇左市环境监察支队（崇左市污染源监控中心）、崇左市环境保护监测站（崇左市辐射环境监测站、崇左市机动车排气污染管理中心）、崇左市环境科学研究所（崇左市环境保护技术中心）和崇左市环境应急与事故调查中心（崇左市固体废物管理中心）。派出机构有崇左市环境保护局城市工业区分局。

机构调整　2014年5月28日，中共崇左市委员会办公室、崇左市人民政府办公室印发《中共崇左市城市工业区工作委员会崇左市城市工业区管理委员会主要职责内设机构和人员编制方案》的通知(崇办发〔2014〕8号)，成立崇左市环境保护局城市工业区分局，为崇左市环境保护局派出机构。

人员调整　人员定编　2014年，崇左市环境保护局机关核定编制23名，年末实有20人。市环境监察支队(市污染源监控中心)核定事业编制18名，年末实有17人。市环境保护监测站(市辐射环境监测站、市机动车排气污染管理中心)核定事业编制47名，年末实有44人。市环境科学研究所(市环境保护技术中心)核定事业编制8名，年末实有5人。市环境应急与事故调查中心(崇左市固体废物管理中心)核定事业编制6名，年末实有3人。

人事任免　2014年7月崇左市委任命阮高利为崇左市环境保护局党组书记，同时免去韦家杰崇左市环境保护局党组书记职务；同年市人民政府任命韦家杰为崇左市环境保护局调研员。12月，陆冠勇任崇左市环境监察支队支队长。

【环境质量】　环境空气质量　2014年，崇左市环境空气总有效监测天数为365天，其中空气质量达到Ⅰ级(优良)的天数为196天、达到Ⅱ级(良好)的天数为163天，轻微污染天数为6天，分别占全年总有效天数的53.7%、44.7%和1.6%。二氧化硫日均浓度范围在0.003~0.052毫克/立方米，未超标；年均浓度为0.012毫克/立方米；二氧化氮日均浓度范围在0.004~0.054毫克/立方米，未超标；年均浓度为0.018毫克/立方米；可吸入颗粒物日均浓度范围在0.009~0.210毫克/立方米，未超标；年均浓度为0.058毫克/立方米。全年崇左市环境空气符合《环境空气质量标准》(GB3095-1996)二级标准要求。

酸雨　2014年，崇左市区降水总收集115场次，pH值范围为3.88~6.90，全年仅出现25次酸雨，酸雨频率为21.7%。各降雨化学组分中，硫酸根离子浓度占各组分总量的比例最大、浓度最高。

地表水环境质量　2014年，崇左市地表水监测的10个断面中，有9个断面年均值达到《地表水环境质量标准》(GB3838-2002) Ⅱ类标准。弄欣断面水质类别为Ⅴ类，主要污染物氨氮年均值超标0.78倍，属中度污染，该断面为下雷河从百色市进入崇左市的入境断面。2014年崇左市饮用水水源地崇左市水厂水质达到《地表水环境质量标准》(GB3838-2002) Ⅱ类标准。

声环境质量　城市区域声环境质量　2014年，崇左市市区暴露在达标声级下的面积占建成区的100%，声环境质量等级为较好。城市区域声环境平均等效声级为55.3分贝，比上年度(56.0分贝)下降0.7分贝，平均等效声级优于2013年。

城市道路交通声环境质量　2014年，崇左市道路交通噪声平均等效声级为66.5分贝，优于2013年交通噪声平均等效声级(68.0分贝)。全年崇左市道路交通噪声所有监测路段总长为12160米，所有监测路段达标率为100%，平均车流量约为740辆/小时。

【环境监测】　环境质量监测　2014年，崇左市环境保护局对3个国控断面、4个区控断面、3个市控断面及1个饮用水水源地开展地表水环境质量常规监测，共获得监测数据6684个。监测频次为每月1次，每个断面监测12次；获得市区大气环境质量常规监测数据4365个，酸雨监测数据1552个，建设项目环保设施竣工验收监测完成32家，使环境监测成为环保工作的有力依据，充分发挥环境监测技术支撑的作用。

重点污染源监测　2014年，崇左市环境保护局按照国家对重点污染源管理和污染减排工作的要求，对企业开展污染源监测，监测频次为正常生产企业每季度1次，每年监测4次；季节性生产企业为生产期间每月监测1次；重金属企业每2个月监测1次。2014年，除部分企业因季节性或其他原因停产等无法实施监测外，均按要求完成国控重点监控企业监督性监测184家次，上报监测数据8120个，任务完成率为100%。

【项目环评】　2014年，崇左市环境保护局认真执行环境影响评价制度，共审批项目环境影响评价文件41项，其中环境影响报告书7项，环境影响报告表20项，登记表14项。审批项目总投资35.5亿，其中环保投资9276万元，占总投资额的2.16%。

【项目验收】　2014年，崇左市共受理项目竣工验收17项，批复17项。

【环境违法案件】　2014年，崇左市环境保护局查处环境违法行为企业3家，其中撤销处罚1家，处罚2家，处罚金额为70.08万元。

【生态乡村创建】　2014年，崇左市生态创建工作取得突出成效。江州区新和镇获得国家级生态乡镇命名，是全自治区唯一获此殊荣的乡镇；获得自治区级生态乡镇命名8个、自治区级生态村命名18个、市级生态村命名126个。

【农村环境综合整治和生态广西建设引导资金】　2014

年，崇左市积极争取中央农村环境综合整治示范项目和生态广西建设引导资金项目，助推本市“美丽广西”生态乡村建设。全年崇左市共获得农村环境综合整治示范项目12个，专项资金2400万元。项目建设内容为农村饮用水源保护、农村生活污水收集处理设施和污水收集管网建设等。同时，获得生态广西建设引导资金补助项目2个，专项资金90万元，向自治区申请2015年生态广西建设引导资金项目4个。

【环境监察与环境执法】 *环境现场监察* 2014年，崇左市环境保护局结合制糖、淀粉、酒精等企业季节性生产周期特点，环境监察工作以抓治理设施运转为重点，采取夜间突击检查和节假日巡查等多措并举推动环境现场监察工作。2014年市环境监察支队共下达环境监察书23份，开展夜间突击检查5次，出动环境监察人员49人次，检查企业26家；在国庆节期间共出动环境监察人员144人次，检查国控企业24家，重点查看废水处理设施及废气处理设施运行情况，为南宁市举办世界体操锦标赛提供了环境安全保障。通过强化现场监察，崇左市各企业污染物减排设施正常运转、污染物达标排放，保障了污染物总量减排的顺利实施。

2014年3月5日，崇左市环境保护局局长阮高利（右一）现场检查企业环保工作

污染源在线监管 2014年，为提高环境监管效能，崇左市环境保护局大力推进污染源自动监控系统建设和验收工作，将污染源自动监控设施现场端监督管理纳入到日常监管的范畴，按时开展数据有效性审核，并积极推动企业开展自行监测工作。全年崇左市列入国家重点污染源监控的56家企业，有43家企业按时完成相关在线监测设备的安装、验收工作，有2家企业因停产尚未完成在线监测设备的安装工作，有11家已安装在线监测设备的淀粉企业因季节性生产原因尚未完成新安装的氨氮在线监测设备验收，所有国控企业均完成2014年数据有效性审核工作。2014年崇左市重点污染源数据传输有效率为86.92%，达到环境保护部规定的75%以上和自治区环境保护厅规定的80%以上要求。

环境监察专项稽查 2014年，崇左市环境保护局按照自治区环境保护厅统一部署，市环境监察支队在全市范围内开展环境监察专项稽查工作，对市辖区内156家企业2012至2014年的现场监察与执法档案记录进行全面稽查，共发现问题67个，其中现场监察记录问题60个，现场调查取证问题7个。针对存在的问题，市监察支队下达了《环境监察稽查意见书》7份，各县（市、区）均按照意见书对相关问题进行整改。

饮用水水源地保护区环境监察 2014年，崇左市环境保护局结合“绿色卫士·2014”环境安全专项检查，开展集中式饮用水水源保护专项行动，大力推进饮用水水源地保护区环境监察工作，对保护区内的排污口依法进行取缔，重点督促扶绥县环境保护局和江州区环境保护局加强对保护区内的污染源、排污口、网箱鱼养殖等进行全面整治。目前，客兰水库签订自行拆除网箱协议的养殖户有50户，涉及1047.5个网箱，拆除网箱23户，共292个网箱。

【环境监察标准化建设】 2014年，崇左市委、市人民政府把环境监察标准化建设列入政府环保目标责任书，把工作任务分解落实到各县（市、区）人民政府、相关部门和责任人，并明确完成时限。崇左市环境保护局对各县（市、区）环境监管能力进行全面、深入地调研，主动向崇左市委、市人民政府汇报全市环境监管能力建设情况；根据调研情况制订实施崇左市基层环境监管能力建设方案，崇左市环境保护局领导班子成员每人对点帮扶1~2个县（市、区），帮助指导当地开展能力建设工作。各县（市、区）环境保护部门主动汇报工作，努力争取当地党委、政府和上级环境保护部门在人员编制、业务用房、车辆装备、经费保障等方面予以大力支持。崇左市环境监察支队获得崇左市政府财政资金支持，购买环境监察标准化建设所需设备仪器，顺利完成各项软硬件基础建设，于2014年12月30日以299分高标准通过自治区环境保护厅对崇左市环境监察支队开展的环境监察标准化建设国家二级达标的验收，成为自治区环境保护厅开展“基层能力建设年”以来广西首个通过达标验收的市级环境监察机构，被自治区环境保护厅誉为“市级环境监察标准化建设的标杆”；扶绥县环境保护部门增加人员编制16名，环境监察业务用房面积达到建设标准，争取到100万元资金作为基层能力建设配备仪器专项资金，于2014年8月通过了环境监察标准化建设国家三级达标验收，被自治区环境保护厅誉为“县级环境监察标准化建设的标杆”；

天等县环境保护部门争取到100万元资金购买了一批环境监察、监测设备；宁明县环境保护部门增加人员编制12个；江州区环境保护部门自筹经费购置了便携式溶氧仪1台。

2014年11月17日，环境保护部总工程师万本太（前左二）到崇左市城南新区监测子站检查工作

【环保专项整治】 2014年，崇左市环境保护局按照自治区环境保护厅及自治区环境监察总队的工作部署，牵头组织开展全市“春季行动”、为期1个月的环境保护专项检查、环境安全隐患排查整治活动、“夏季行动”、整治违法排污企业保障群众健康环保专项行动、“绿色卫士·2014”环境安全专项检查和“秋冬季行动”等一系列环保专项行动。在各类专项行动中，全市共出动环境监察执法人员4879人次，检查企业849家次，排查建设项目371个，排查饮用水水源地37个，印发环保专项行动简报11期。

通过开展各类环保专项行动，全面深入排查企业环境安全隐患，及时督促整改，崇左市环境风险得到较好防范和化解，环境安全水平得到大提升。2014年崇左市仅发生1起一般性污染事件。建设项目管理规范化。督促和指导开工后不及时备案、竣工后不及时开展验收项目进行备案或申请环保竣工验收的建设项目责任单位完善审核验收程序，并对排查发现存在未批先建、超期试生产等环境问题的7个建设项目责令限期整改，目前整改均完成。涉重金属企业整治取得成效。原大新铅锌矿重金属污染防治专项资金2021.8万元到位，扶绥县渌井铅锌矿治理项目方案完成编制并经自治区环境保护厅评审，获得2014年第二批中央重金属污染防治专项资金1500万元；天等县和大新县电解金属锰企业完成含铬废渣转移前期准备工作，并办理危险废物转移报批手续，待广西固体废物（危险废物）处置中心设备维护完毕后即可开展转运工作。联动执法机制得到加强。2014年崇左市多部门联合执法取缔了小炼油、小造纸、废弃物加工等10家非法生产单位，供电部门同时采取了停止生产供电措施。全市计划淘汰的9家企业（生产线）有8家拆除设备，剩余1家（先锋水泥厂）停产开展拆除工作。2014年7月1日，崇左市环境监察支队与崇左市公安局签署联动执法工作机制备忘录，在崇左市启动环境行政执法与刑事司法衔接工作程序。

【排污费征收】 2014年，崇左市环境监察支队以征收建筑施工噪声排污费为重点，积极开展市本级管辖企业排污费的核算征收和拖欠排污费追缴工作，并对各县（市、区）环境保护局排污费征收工作进行稽查。2014年全市共征收排污费1137.8292万元。

【信息公开与政务信息】 *环境信访* 2014年，崇左市共受理各类环境信访事项444件，其中水污染88件，大气污染168件，噪声污染150件，其他41件，信访事项处理率和办结率均达到100%。

【环境应急与事故调查】 2014年，崇左市环境保护局强化环境应急预警和处置能力。一是制订、修编、完善《崇左市空气重度污染应急预案》、《崇左市环境保护局突发环境事件应急预案》和《崇左市突发环境事件应急预案》，并指导各县（市、区）环境保护局编制完成大气污染源清单。督促各县（市、区）指导企业开展突发环境事件应急预案备案。二是与百色市环境保护局就信息共享、跨流域突发环境事件联防联控、污染纠纷调解处理等有关事宜签订合作备忘录，崇左市已建立沿江沿河企业信息。三是妥善处置1起一般性突发环境事件。四是初步落实应急中心人员和应急设备，应急基础能力得到进一步加强。五是协助自治区环境保护厅在中信大锰矿业有限责任公司崇左分公司成功开展左江地表水重金属污染应急演练。

2014年8月29日，崇左市环境保护局与自治区环境保护厅联合举办“绿色卫士·2014”行动崇左突发环境事件应急演练

【污染物减排】 2014年,根据自治区下达的年度减排任务,崇左市环境保护局重点通过提高全市污水处理厂处理负荷和实施脱硝工程项目、结构调整减排项目以及畜禽养殖减排项目来落实年度减排任务。经环境保护部核定,2014年崇左市计划实施的46项减排项目均完成,共削减氨氮103吨,氮氧化物1938吨,全面完成年度减排目标任务。

减排重点项目 污水处理设施建设 2014年,为削减污水处理厂处理负荷,崇左市大力推进污水处理设施建设。崇左市本级江南污水处理厂配套管网二期工程已开工建设,中国—东盟青年产业园污水处理厂进入试运行阶段,城区污水管网建设和10个重点建制镇污水处理厂建设有序推进。

脱硝工程减排管理 2014年,崇左市脱硝减排有成效。扶绥新宁海螺水泥有限责任公司投入1800万元完成了脱硝工程项目建设并通过验收,脱硝工程项目运行正常,对崇左市年度减排工作贡献大。

产业结构减排 2014年,崇左市淘汰5家水泥厂的立窑和磨机,淘汰落后产能71.8万吨;淘汰3家铁合金厂4台6300千伏安以下矿热炉,淘汰落后产能4万吨;淘汰1家造纸厂,淘汰落后产能3.5万吨。

农业污染源减排 2014年,崇左市29个规模化畜禽养殖项目污染减排基本完成整改。

机动车污染减排 2014年,崇左市淘汰"黄标车"和老旧车7636辆,超额完成自治区下达的任务,为14274辆机动车核发环保标志。

减排督查与监管 2014年,崇左市环境保护局有效推进减排监测体系建设,污染源监督性监测结果公布率100%,国控重点企业自行监测结果公布率100%,自动监测数据传输有效率达87.34%,3项指标均高于国家考核要求。

【核与辐射安全管理】 核技术应用 截至2014年底,崇左市共有放射性同位素使用单位22家,持有放射源98枚,其中Ⅳ类放射源88枚,用于制糖和建材行业,Ⅴ类放射源10枚,用于造纸和木材加工行业。全市共有射线装置使用单位91家,持有应用射线装置144套,其中Ⅱ类射线装置5套,用于医疗和检疫行业,Ⅲ类射线装置139套,主要用于医院放射科医用诊断检查和出入汽车站、海关、法院等人员的行李包安检。全市共有通信基站1946个。

辐射安全监管 辐射安全许可 2014年,崇左市环境保护局共审批编制输变电项目环境影响报告表4个,填写Ⅲ类射线装置使用项目环境影响登记表10个;受理编制输变电项目竣工环保验收调查表7个,填写Ⅲ类射线装置使用项目验收登记卡29个。为崇左市建设的通信基站项目环评文件出具6份预审意见。

辐射安全监督检查 2014年,针对南京Ⅱ类放射源丢失辐射事故和"两会一节一赛"的举办,崇左市分别开展以放射源为重点的专项检查和全市辐射环境安全的检查,并配合自治区环境保护厅做好辖区医疗单位的抽查工作。

核与辐射安全管理 2014年,崇左市各县(市、区)环境保护局与市人民政府签订了关于落实县级环境保护行政主管部门分管核与辐射安全管理工作,以及核与辐射安全管理专员的目标责任书,明确核与辐射安全监管责任落实到人。各县(市、区)环境保护局全部编制了核与辐射事故应急预案,并报自治区环境保护厅备案。

危废放射源安全收贮 2014年,崇左市环境保护局督促核技术利用单位送贮闲置放射源5枚,销毁废旧Ⅲ类射线装置4台;扶绥县辖区内有2枚闲置的密封放射源未能及时送贮,存在安全隐患。年内未发生放射源丢失、被盗等辐射安全事故。

【环境宣传教育】 环境宣传 2014年崇左市环境保护局充分利用电视、报纸、门户网站等媒体加大对崇左市环保重点工作的宣传。崇左电视台播放环境各类新闻、消息等82篇,《左江日报》刊登各类环保信息58篇。开展2014年纪念"六五"世界环境日一系列活动:举行"保护左江母亲河,我们在行动"鱼苗放养活动,共向左江投放鱼苗10000余尾;向全市人民发出保护左江母亲河倡议书;组织市环委会成员单位、市国控重点企业等40多家单位参加世界环境日板报一条街活动;开展环保咨询活动,现场向市民发放环保袋300多个和环保宣传资料2000多份;开展环保公众开放日活动,6月5日,环保青年志愿者、广西民族师范学院师生等近200人参观市环境保护监测站实验室、污染源监控中心和空气自动监测站;评选崇左市首届"环保小卫士"活动,共评出10名"环保小卫士";聘请8名环保工作监督员,聘期2年。10月20日至11月20日开展新《环境保护法》宣传月活动:在《左江日报》上开辟专栏,刊登新环保法全文及新法的亮点、对新法的解读等等;开展新环保法进社区、进乡镇、进企业、进学校、进机关"五进"活动。统一印制2000份《中华人民共和国环境保护法》塑料宣传版及7000本《中华人民共和国环境保护法》学习手册发放到全市各个乡(镇)、社区、行政村、国控企业及绿色机关。并在入城路口、主要活动场所及交通要道等地悬挂新环保法宣传横幅45条;利用移动公司短信平台和市委组织部的"崇左短信课堂"网络平台发送新环保法知识短信5万条。

2014年6月5日，“六五”世界环境日期间，崇左市副市长雷海良（右一）向群众宣传环保知识

环境教育　2014年，崇左市环境保护局共举办3期新修订的《环境保护法》培训班，邀请环境保护部、自治区环境保护厅有关专家到崇左市授课。市、县两级有关单位的领导及全市国控重点企业负责人等300多人参加了培训；2014年9月，与市教育局联合组织开展全市中小学生环保作文征文比赛，全市共评选和表彰了135篇优秀环保作文，其中高中、初中、小学组一等奖各10篇、二等奖各15篇、三等奖各20篇，评出62名优秀指导老师，19所学校获优秀组织奖。

绿色系列创建　2014年，崇左市稳步推进绿色系列创建工作，崇左市地方税务局、天等县地方税务局、天等县国家税务局、大新县地方税务局、大新县国家税务局、龙州县工商管理局6个单位荣获自治区级“绿色机关（单位）”命名；宁明县审计局荣获市级“绿色机关（单位）”命名；江州区那隆中学、凭祥市竹山小学荣获市级“绿色学校”命名；天等县直属机关保育院荣获市级“绿色幼儿园”命名。崇左市环境保护局、天等县环境保护局、大新县环境保护局、龙州县环境保护局荣获自治区第三批“绿色机关（单位）”创建优秀组织奖，崇左市环境保护局周莉获自治区“绿色机关（单位）”创建工作先进个人。

【党的建设与纪检监察】　2014年，崇左市环境保护局认真抓好党的建设和纪检监察工作。一是加强党员干部的学习教育。多次组织党员领导干部学习党的十八大精神和中央、自治区、市纪委相关会议精神。重点学习“八项规定”、《党政机关厉行节约反对浪费条例》等。二是开展主题党课活动。在“七一”建党节组织党员开展“学党章、守纪律、转作风”集中教育活动。三是开展廉政警示教育课。3月28日，邀请崇左市检察院检察长黄继平到崇左市环境保护局上廉政与履职教育课。四是开展警示教育。组织干部职工观看反腐倡廉电教片，观看《毛绍烈如何变成“毛造孽”》、《焦裕禄影片》、《无悔的选择》、《山魂》、《为了边陲的安宁》、《践行群众路线好榜样》6部正反面教育影片。3月21日，组织全体党员干部赴龙州县开展以“弘扬革命传统，学习红八军精神”为主题的党的群众路线教育实践活动。9月29日，组织全局党员干部到市人民会堂参观以案明纪警示教育图片展。五是开展民主评议政风行风活动。六是开展党的群众路线教育实践活动。

2014年2月17日，崇左市环境保护局召开党的群众路线教育实践活动动员大会

2014年5月21日，崇左市环境保护局局长阮高利（左二）到挂点扶贫村宁明县板棉镇板棉村调研扶贫工作

【人大建议和政协提案处理】　2014年，崇左市环境保护局协办人大代表建议1件，协办政协提案1件，办复率100%，满意率100%。

【获奖与表彰】　2014年，崇左市环境保护局荣获全自治区环保系统2014年基层建设年先进集体称号。

【环保大事记】

一月

1月22~23日，以自治区副主席陈刚为组长的自治区环境清查整治和安全生产专项检查组到崇左市检查指导。崇左市市长孙大光出席汇报会并向检查组汇报崇左市环境清查整治和安全生产情况，副市长雷海良陪同检查。检查期间，陈刚一行先后到扶绥县、天等县检查广西扶南东亚糖业有限公司、广西扶南生物能源有限公司、广西沙钢锰业有限公司的环境清查整治和安全生产工作情况。

二月

2月17日，崇左市环境保护局召开党的群众路线教育实践活动动员大会，深入贯彻落实中央、自治区党委和市委关于党的群众路线教育实践活动的相关要求，对全市环保系统党的群众路线实践活动进行动员部署。市委党群众路线教育实践活动督导组第五组到会指导工作。

三月

3月11日，崇左市召开2014年全市环境保护工作会议。副市长雷海良、自治区环境保护厅副厅长钟兵出席会议并讲话。会议强调，要以党的十八届三中全会精神为指导，认真贯彻落实全自治区环保工作会议精神，坚决落实自治区党委、自治区人民政府和市委、市人民政府的部署要求，迎难而上，真抓实干，服务“两加”“两成”工作目标，为崇左的天更蓝、水更清、山更绿作出更大的贡献。

五月

5月28日，由环境保护部污染防治司、规划院和中国稀土学会组成的调研组到崇左市开展稀土资源开发生态环境管理政策调研。

六月

6月5日，崇左市环境保护局组织开展“保护左江母亲河，我们在行动”活动、环保知识宣传活动、环保公众开放日活动等纪念“六五”世界环境日，进一步营造全社会支持环境保护工作的浓厚氛围。

6月5日，崇左市环境保护局在全市范围内聘请8名环保工作监督员。

八月

8月29日，自治区环境保护厅联合崇左市环境保护局在中信大锰崇左分公司举办崇左市地表水重金属污染应急演练。自治区环境保护厅副厅长钟兵、崇左市副市长雷海良到场观摩并指导演练。全自治区环保系统、市人民政府、企业代表近300人参加演练。

九月

9月29日，崇左市环境保护局组织党员干部职工参加崇左市党风廉政警示教育展。

十月

10月20日，崇左市环境保护局召开党的群众路线教育实践活动总结大会。党组书记、局长阮高利，调研员韦家杰，副局长、党组成员白小强出席会议。市委党的群众路线教育实践活动督导组第五组到会指导工作。

10月21日，2014年广西环保基层能力建设暨年度重点工作推进会在扶绥县召开。自治区环境保护厅厅长檀庆瑞，崇左市副市长雷海良，自治区环境保护厅副厅长钟兵、蹇兴超，副巡视员邓超冰等领导出席会议。

十二月

12月11日，崇左市举办领导干部学习新修订的《中华人民共和国环境保护法》知识讲座，市人大常委会、市人民政府、市政协分管领导，各县(市、区)分管环保工作的副县(市、区)长、环境保护局局长，市直、中区直驻崇左有关单位的领导和崇左市环境保护局全体人员参加讲座。讲座邀请了环境保护部政策法规司法规处副处长李静云为崇左市县(处)级领导干部授课。

12月17~20日，环境保护部工程师万本太率督察组到崇左市督查空气质量新标准第三阶段实施和跨界水站工作。崇左市副市长雷海良、自治区环境保护厅副厅长钟兵和崇左市环境保护局局长阮高利等领导参加督查。

12月30日，崇左市环境监察支队通过环境监察标准化建设国家二级标准达标验收；崇左市环境保护监测站通过国家西部地区二级站建设标准达标验收。

环保大事记

2014年广西环保大事记

一月

1月2日，由自治区环境保护厅推荐的“广西壮族自治区大气环境容量研究”和“广西农村生活污染源核算体系研究与综合治理技术集成开发”两项成果获得2013年度广西壮族自治区科学技术进步奖三等奖。

1月3日，环境保护部批复广西钦州电厂二期扩建工程环境影响报告书。

1月8日，在全自治区环保志愿者中开展“广西优秀千名青年环境友好使者”评选活动，11月21日正式发文评选出优秀青年环境友好使者30名，分别为最具影响力奖10名，最佳活动参与奖10名，最佳组织能力奖10名。

1月8日，自治区环境保护厅荣获广西“2013年度政协提案先进承办单位”荣誉称号。

1月14~15日，广西作为列入生态红线划定试点省区的4个省区之一，环境保护部生态司在广西南宁市召开生态保护红线划定试点工作部署会议。

1月15日，自治区环境保护厅拍摄的电视新闻《广西野生金花茶怒放兆丰年》在中央电视台《新闻联播》栏目中播出，取得较好宣传效果。

1月19日，为落实《国务院关于印发大气污染防治行动计划的通知》（国发〔2013〕37号）和自治区与环境保护部签订的《大气污染防治目标责任书》工作任务，自治区人民政府办公厅印发《大气污染防治行动工作方案》（桂政办发〔2014〕9号），明确到2017年，空气质量有所改善，优良天数逐年提高，全自治区空气中的可吸入颗粒物浓度比2012年下降5%以上的工作目标。

1月22日，自治区人民政府在在钦州市召开近岸海域环境保护工作现场会。参加会议的有自治区11个厅（委、局、办），北海、钦州、防城港、玉林市人民政府及相关单位、有关县区人民政府及部门、企业等。会上，自治区党委常委、自治区副主席林念修就广西近岸海域污染防治工作作全面部署。

1月，自治区环境保护厅制定并印发《广西危险废物经营许可证管理办法》、《违法进境固体废物处置的企业管理办法》2项规范性文件，为加强广西危险废物规范化管理及处置违法进境固体废物企业环境管理提供技术支撑。

1月，自治区环境保护厅组成9个调研组由厅领导带队，深入全自治区14个市109个县区开展基层能力建设大调研，与百名环境保护局长、百名环境监测站长、百名环境监察支队（大队）长面对面座谈，摸清情况，了解需求，形成《广西壮族自治区基层环保能力建设调研报告》，分别呈报环境保护部及自治区党委、政府、人大、政协四家班子领导。这是广西环保史上最大规模的基层能力建设调研。

1月，自治区环境监测中心站的项目课题《区域土壤污染风险评估关键技术与示范应用》荣获“2013年度环境保护科学技术奖二等奖”。

二月

2月18日，自治区海洋环境监测中心站蓝文陆在环境保护部组织开展的第一批国家环境保护专业技术领军人才和青年拔尖人才选拔工作中，被授予“国家环境保护专业技术青年拔尖人才”称号，为广西入选2名人员之一。

2月19~20日，自治区人民政府在玉林市陆川县召开九洲江流域污染治理现场办公会议，全面部署加快九洲江流域污染治理的各项工作。会前，自治区党委常委、自治区副主席林念修带领自治区有关部门赴广东省湛江市，学习考察鹤地水库库区水污染治理工作，与广东省人民政府和湛江市有关方面深入交换了流域污染整治意见。会后，自治区人民政府印发《研究九洲江流域污染治理工作的纪要》，提出了“一年打基础、两年见成效、三年水达标、四年保长效”的总部署,突出抓好畜禽养殖污水、城乡生活污水以及工业污水等“三污水”治理,至2017年全面完成九洲江流域污染治理任务,实现九洲江粤桂交界断面水质稳定达到Ⅲ类水质。

2月24日,广西核应急指挥信息支撑平台初步设计通过了自治区发展改革委组织的评审;4月18日,自治区发展改革委批复该初步设计;6月5日,自治区财政厅投资评审中心完成广西核应急指挥信息支撑平台投资预算评审;8月1日,自治区财政厅下达项目预算资金;8月启动项目招标程序,11月所有分项完成招标。

2月25日,自治区环境保护厅召开全自治区环保系统纪检组长座谈会,深入贯彻落实十八届中央纪委三次全会、自治区十届纪委五次全会和2014年全国环保系统党风廉政建设工作视频会议精神,总结2013年全自治区环保系统纪检监察工作,交流先进经验和典型做法,研究部署2014年反腐倡廉建设重点工作。

三月

3月初至7月底,自治区组织环境保护、公安、工商、能源监管部门开展环境安全隐患排查整治工作,全自治区各市县(区)各有关部门认真组织开展行动,重点对2013年环境安全大清查大整治存在问题企业、涉重企业、非法生产经营单位开展整治,大部分县(区)以政府牵头组织开展。

3月5日,自治区环境保护厅组织完成《广西桂江流域生态健康评估报告》和《广西大王滩流域生态健康评估报告》。

3月6日,在征求各设区市人民政府意见的基础上,自治区环境保护厅编制完成《大气污染防治工作目标责任书》并上报自治区人民政府。自治区人民政府同意《大气污染防治工作目标责任书》,由自治区人民政府领导与各设区市人民政府签订责任书。

3月10日,自治区环境保护厅召开2014年全自治区环保系统党风廉政建设工作视频会议,传达学习十八届中央纪委三次全会、自治区十届纪委五次全会和2014年全国环保系统党风廉政建设工作视频会议精神,总结2013年工作,部署2014年工作任务。

3月13日,《广西生物多样性保护战略与行动计划》经自治区十二届人民政府第二十一次常务会议审议通过并正式印发,为广西进一步加强生物多样性保护工作明确了方向、目标和任务。

3月13日,大湄公河次区域核心环境项目计划与生物多样性保护廊道规划广西二期项目在南宁市正式启动。

3月13日,自治区环境保护厅印发《广西壮族自治区建设项目环境影响评价文件分级审批管理办法》(2014年修订),推进简政放权,提高建设项目环境管理效能。

3月19日,自治区环境保护厅下发《关于进一步加强环境监测安全管理的通知》,结合百色市环境监测站工作人员外出监测途中发生交通事故,要求加强全自治区环境监测安全管理,保护监测人员的人身安全和样品安全,规范采样、分析等管理流程,防止人身伤害、车船事故和火灾、爆炸等事件发生。

3月20日,广西环境保护对外合作交流中心在自治区环境保护科学研究院挂牌,自治区环境保护厅厅长檀庆瑞出席揭牌仪式。

3月21日,《木薯淀粉行业污染控制新技术的研发与示范工程》项目通过自治区科技厅组织的专家鉴定,一致认为该研究成果达到国际先进水平。

3月27~29日,由澳门特区政府主办的“2014年澳门国际环保合作发展论坛及展览”在澳门举行,自治区副主席黄日波率广西政府代表团出席论坛及展览活动。本届论坛以“跃动中的绿色商机”为主题,通过绿色展览、绿色论坛以及绿色公众日等一系列活动,促进国际先进环保商务与技术交流,推动国际环保事业合作发展,为环保业界创造商机,宣传环保理念。来自中国内地、美国、澳大利亚、西班牙等13个国家和地区的50名专家学者在论坛上发表专题演讲,20个国家和地区的近400家企业和机构参加展览。自治区环境保护厅组织广西鸿生源环保科技有限公司、广西博世科环保科技股份有限公司等区内19家环保企业参展。

3月31日,自治区环境保护厅组织自治区重金属污染防治工作领导小组成员单位、各市及重点县召开广西重金属污染防治工作汇报会,向环境保护部核查组汇报广西重金属污染综合防治“十二五”规划2013年度实施进展等情况。

四月

4月4日,自治区主席陈武到自治区环境保护厅就污染减排工作进行专题调研。会议听取了自治区环境保护厅、住房和城乡建设厅、自治区水产畜牧兽医局污染减排工作情况汇报,特别是今后两年广西城镇污水处理设施建设方案及规模化畜禽养殖污染治理方案,研究污染减排工作措施、城镇污水处理设施建设和运营、加强环境监管和处置能力建设等问题,部署“十二五”后两年全自治区污染减排工作。自治区副主席黄道伟、蓝天立参加调研。

4月7日,环境保护部批复同意《关于大藤峡水利枢纽工程环境影响报告书》。

4月10日,自治区环境保护厅成立第一届共青团

广西壮族壮族自治区环境保护厅委员会，冯亮亮任团委书记。

4 月 10 日，自治区环境保护厅党组成员、总工程师陈晓菲带领污染防治处、环境应急中心负责人参加自治区纠风办和 FM910 广西新闻广播共同主办的《阳光在线・厅长在线》直播节目，认真解答听众提出的热点环保问题，听取大家对环保工作的意见和建议，积极回应广大群众的诉求。

4 月 15 日，《广西壮族自治区环境保护厅环境违法行为有奖举报办法》正式颁布实施，对举报非法偷排、危险废物处置和涉及辐射污染等可能危害公共安全的环境违法行为给予 800~30000 元的奖励。

4 月 16 日，自治区环境保护厅正式启动《广西壮族自治区环境保护条例》修订起草工作。

4 月 20 日至 5 月 15 日，自治区环境保护厅开展广西持证环境影响评价机构 2013 年度考核工作，加强对辖区各持证环评机构的监管。

4 月 21~25 日，由自治区党委组织部主办、自治区环境保护厅承办的广西地方领导干部生态文明建设专题培训班在浙江大学举办，自治区环境保护厅厅长檀庆瑞和自治区党委组织部干教处处长吕勇江出席仪式，来自广西 26 个县(市、区)的党政一把手和 14 个设区市环境保护局局长共 40 人参加了培训。

4 月 22 日、5 月 4 日，大容山自治区级自然保护区范围和功能区调整、涠洲岛自治区级自然保护区功能区调整分别获得自治区人民政府批准。

4 月 23 日，自治区环境保护厅荣获全国“六五”普法中期先进单位荣誉称号。

4 月 25 日，自治区环境保护厅印发《广西环境影响评价专项整顿工作方案》，在全自治区范围开展为期 1 年的环境影响评价专项整治工作，通过严格依法管理、强化责任追究、加大信息公开等手段，规范项目环评文件编制、评估和行政审批行为，促进广西经济社会与环境保护的协调发展。

4 月 25 日，广西合浦儒艮国家级自然保护区管理站举行南京师范大学教学科研实践基地揭牌仪式，启动与南京师范大学科研合作事宜。

4 月 30 日，自治区环境保护厅会同自治区发展改革委编制完成《广西实施国家环境保护“十二五”规划中期评估报告》。

4 月底，自治区党委书记彭清华、自治区主席陈武率广西党政代表团赴贵州考察，陈武主席向贵州省省长陈敏尔提出了贵州加快解决都柳江出境断面水质污染问题的建议，得到贵州省的重视和积极回应。根据广西反映的问题，贵州省专门召开都柳江流域污染治理工作现场会，布置加强流域污染整治工作，责令相关企业停产整治，并列入贵州省环保“十二件实事”认真落实，要求黔东南州、从江县环境保护局立即恢复与广西环境保护部门对都柳江黔出境、桂入境断面水质联合监测。

4 月，自治区环境保护厅会同财政厅组织申报并审核确定 2014 年度生态广西建设引导资金支持项目 63 个，下达资金总额 3000 万元。

4 月，由自治区环境保护厅党的群众路线教育实践活动领导小组办公室组织撰写的论文《开好高质量民主生活会的实践与探索——以广西壮族自治区环境保护厅为例》，在党的群众路线教育实践活动总结大会的论文评比活动中，被自治区党的群众路线教育实践活动领导小组办公室评为省部级一等奖。

五月

5 月 8 日，自治区环境保护厅联合监察厅对南宁、柳州、梧州、钦州、贵港、百色、贺州、河池、来宾等 9 个未完成 2013 年度污染减排目标任务的市分管副市长进行约谈。会议通报各相关市 2013 年污染减排完成情况，分析污染减排进展缓慢的原因并提出整改要求。

5 月 8 日，2014 年第一次九洲江流域污染治理工作厅际联席会议召开，审议《2014 年广西九洲江流域污染治理工作计划》，标志着九洲江治理工作正式进入工程实施阶段。

5 月 9 日，《广西壮族自治区核应急预案》、《广西防城港核电厂场外应急预案》通过国家核事故应急协调委员会专家评审。

5 月 12 日，广西合浦儒艮国家级自然保护区、厦门珍稀海洋物种国家自然保护区、珠江口中华白海豚国家级自然保护区和江门中华白海豚省级自然保护区等 4 个保护区签署了联盟协议，成立中华白海豚保护联盟，以加强中华白海豚保护组织之间的协作与交流，进一步提升中华白海豚管护和救助水平，保护和恢复中华白海豚资源。

5 月 16 日，自治区环境保护厅印发《关于进一步规范和加强建设项目环境影响评价公众参与工作的通知》，严格公众参与工作规程，强化公众参与工作监管。这是广西首部建设项目环境影响评价公众参与工作规范性文件。

5 月 20 日，自治区环境保护厅在南宁市召开 2014 年全自治区环境影响评价工作会议，分析目前环评工作难点和原因，研究讨论深化环评制度改革，加强和改善环评工作的意见。

5 月 22 日，《广西壮族自治区环境保护厅规范性文件监督管理办法》印发。

5 月 26 日，广西生态学学会通过自治区民间组织管理局的评估，荣获 4A 级社会组织称号。

5月29日，自治区环境保护科学研究院联合中国环境科学研究院、广西博世科环保科技股份有限公司等单位共同成功申报“陆川县养殖废弃物和农村生活垃圾综合整治技术示范”国家科技惠民2014年度项目。

5月30日，自治区环境保护厅召开环境空气质量预报预警及大气颗粒物来源解析座谈会。自治区环境监测中心站、自治区环境保护科学研究院，南宁、柳州、桂林、北海市环境保护局等有关人员参加会议。各单位汇报了大气颗粒物源解析工作进度及空气质量预报预警建设进度，并就有关工作进行交流。组织完成广西省会城市大气颗粒物来源解析研究实施方案编制工作并上报环境保护部。组织举办2014年广西大气颗粒物来源解析研究及空气质量预报预警培训班。

5月至7月，完成环境监测“三五”人才遴选工作。7月11日，对全自治区14个设区市监测站、环境监测中心站及自治区海洋环境监测中心站提交的材料组织评审专家组进行初审，向环境保护部报送广西第一批环境监测“三五”人才遴选名单，共有1位尖端人才候选人、5位一流专家候选人、50位同志为技术骨干候选人。完成全自治区第一次大规模的环境监测人才评审、建库、储备工作，为今后一系列监测专业工作打下坚实基础。

5月和12月，自治区环境保护厅分别举行全自治区辐射安全监管培训班和辐射事故应急预案编制培训班，共培训人员近200人次，有效提高了辐射安全监管人员的业务水平。全年全自治区各级环保系统共投入700多万元配备辐射监测仪器设备。

5月，在征求各有关市人民政府意见的基础上，自治区环境保护厅会同自治区海洋局编制完成北海市、防城港市、钦州市《近岸海域环境保护目标责任书》和玉林市《南流江流域环境保护目标责任书》并上报自治区人民政府，自治区人民政府领导批示，由自治区环境保护厅与4市人民政府签订责任书。

六月

6月3日，在《广西日报》发布广西环境状况公报，并印刷成册寄至全国各省、直辖市自治区环境保护厅（局）等部门。

6月4日，自治区环境保护厅召开全自治区环保系统民主评议政风行风动员视频会议。自治区纠风办副主任王新力参加会议，并充分肯定广西环保系统扎实稳步推进民主评议政风行风工作。

6月5日，自治区党委常委、自治区副主席唐仁健到自治区环境保护科学研究院、南宁市环境保护监测站调研，实地考察自治区环境保护科学研究院大气$PM_{2.5}$研究观测站、环境测试中心实验室和南宁市机动车排气污染管理中心等。

6月7日，自治区环境保护厅成功举办环保公众开放日活动。社会环保组织代表、政风行风评议员、环保志愿者等近200名社会公众参观了大气自动监测车、水质自动监测车、广西环境质量监测网络展示平台等环境监测设施，并前往琅东污水处理厂参观污水处理管网运营情况。

6月9~14日，自治区环境保护厅学习贯彻习近平总书记系列讲话精神培训班在自治区党委党校举办，厅机关处级及以下公务员和直属单位班子成员80多人参加了轮训。副厅长黎敏、蹇兴超出席开班仪式并讲话，副厅长粟定成出席培训班总结会并讲话。

6月10日，自治区环境保护厅印发“基层建设年”送环评审批培训下基层活动暨全自治区县级环境保护局2013年审批环评文件编制质量抽查工作方案，首次将环评文件编制质量抽查工作开展至县级。

6月12~13日，自治区环境保护厅在南宁市举办2014年全自治区环境应急管理与环境应急处置培训班。

6月17日，环境保护部将广西河池市列为全国6个土壤污染综合防治示范区之一。

6月18日，2014年全自治区主要污染物总量减排监测体系考核工作布置会议暨企业自行监测信息公开系统及考核调度系统培训在南宁市举办。

6月23日，自治区核应急委第二次全体会议在防城港市召开。会议有两个内容：一是现场考察防城港核电厂核应急联合演习污染洗消点，二是观看福建省福清市核应急联合演习视频录像，听取有关部门核应急工作情况汇报，研究核应急工作存在的问题，部署下一阶段核应急工作。

6月23日，《中国环境报》头版刊发“广西清洁水源改变乡村面貌”，7月9日，《中国环境报》刊发“广西全民行动留住最美山水”专版，7月16日，《广西日报》刊发“广西：‘清洁水源’让百姓喝上放心水”专版，报道广西清洁水源、农村环境整治成效。

6月30日，《制糖工业污染防治技术政策》和《水产加工污染防治技术政策》，获2015年度国家环保技术管理项目。

6月，自治区环境保护厅编制完成《广西2013年度大气污染防治行动计划实施情况自查报告》，并由自治区人民政府报送环境保护部。

6月，自治区环境保护科学研究院申请发明专利“木薯淀粉生产废水ABIC—生物接触氧化法—混凝处理组合工艺”1项、实用新型专利7项。“一种带陶瓷膜的废矿物油预处理装置”、“危险固体废物填埋场地下水叶脉状导流系统”、“一种含重金属酸碱废液物化综合处理系统”、“一种危险废物处置中心废水处理系

统"、"一种危险废物双搅拌固化稳定化处理系统"等5项实用新型专利已获国家知识产权局授权。

6月,自治区环境保护厅组织全自治区环境保护部门开展一次以高风险放射源为重点的紧急专项检查,会同公安部门对全自治区的放射源进行安全检查,确保广西辐射环境安全。

6月底和7月初,自治区环境保护厅印发全自治区环保专项行动方案和信息报送通知,对全自治区环保专项行动进行部署,督促各市按要求完成专项行动在线信息填报。全自治区各市县(区)围绕大气、水污染重点企业开展整治。据统计,全自治区出动人员约3.2万人次,检查企业1.09万多家,对101家企业进行立案。

七月

7月6~7日,自治区党委书记、自治区人大常委会主任彭清华考察调研九洲江污染治理工作,自治区党委常委、自治区副主席唐仁健,自治区党委常委、秘书长范晓莉一同调研。彭清华强调,九洲江流域环境综合治理是广西、广东两省区的合作项目,要按照自治区党委的部署要求,自治区及玉林市进一步与广东方面健全合作机制,拓展合作领域,深化合作内涵,创新合作方式,搭建合作平台,坚持标本兼治,共同参与,扎实推进生态文明建设和环境保护,将九洲江流域环境综合治理打造成为跨省区小流域环保合作的示范工程,惠及两广群众。

7月7日,自治区海洋环境监测中心站与中国环境科学研究院签订北部湾海洋生态环境野外科学观测研究站合作共建协议。双方以该观测研究站为现场观测、科学研究和试验示范的合作平台,开展长期(初步定为10年)科学研究和建设,共同研究北部湾生态系统在经济建设的大力开发下的响应机制和演替规律,为北部湾生态环境保护提供科技支撑和决策依据。

7月8日,经自治区环境保护厅修订完善,自治区人民政府发布新的《广西壮族自治区突发环境事件应急预案》。新预案认真分析总结近年发生突发环境事件的教训,结合国家对应急预案的新要求,对自治区环境应急预案进行适当补充完善,明确各部门职责,规范应急处置程序,使应急预案更加适合广西的实际情况。

7月8~20日,自治区环境保护厅组成8个调研组,由厅领导带队分赴14个设区市,集中时间、集中力量开展"下基层、强服务、转作风"民主评议政风行风征求意见调研活动。

7月16~18日,自治区环境保护厅在南宁市举办2014年全自治区环境法制暨依法行政培训班,邀请有关领导专家解读新修订环境保护法、"两高"环境污染刑事案件司法解释、行政执法知识以及环保执法过程中的注意事项。

7月17日,"中国环境科学研究院西南大气科学观测研究站"在自治区环境保护科学研究院挂牌成立,自治区环境保护科学研究院与中国环境科学研究院签订"西南大气科学观测研究站合作协议",并举办大气污染防治学术交流会。

7月20~27日,由驻自治区环境保护厅纪检组监察室牵头,会同自治区环境监察总队、法规处,抽调12个设区市环境保护局纪检组组长和14个市环境监察支队排污收费专业骨干共76人分成14个组,分赴全自治区14个设区市43个县(市、区)开展广西排污费核定征缴检查调研。重点检查2011年至2013年排污申报登记及排污费征收明显偏低、欠缴较多的企业,每个设区市抽取至少5家企业,共检查调研企业73家,检查发现欠费、不科学、不及时、不全面等一批突出问题。

7月25日,自治区环境保护厅制订印发《自治区环境保护厅关于规范办理环境污染刑事案件环境监测数据认可的通知》(桂环函〔2014〕1078号),规范"两高"司法解释环境监测报告认定工作,本年度认定9份报告。

7月31日,环境保护部批复黎湛铁路电气化改造工程环境影响报告书。

八月

8月6日,自治区党委常委、自治区副主席唐仁健率队赴广州市,与广东省副省长许瑞生共同签署《广东省人民政府 广西壮族自治区人民政府九洲江流域跨界水环境保护合作协议》。

8月10日,广西首个海洋地方环保标准《海水池塘养殖清洁生产标准》正式发布。该标准的实施,将规范广西海水池塘养殖,对于改善广西近岸海域环境质量,保障海水池塘养殖清洁生产,实现海水养殖业持续健康发展具有重要意义。

8月15日,《广西饮用水水源地环境现状调查及保护对策研究报告》和《广西西江经济带环境承载能力评价》获广西第13次社会科学优秀成果奖二等奖,《广西壮族自治区生物多样性保护战略与行动计划(2013~2030年)研究报告》获三等奖。

8月15日,自治区海洋环境监测中心站牵头申请的"北部湾近海工程疏浚磷释放对浮游植物群落结构的影响及其机理研究"获得国家自然科学基金委资助立项,实现广西环保系统在国家自然科学基金项目上零的突破。

8月15~17日,广西环保产业协会在南宁国际会展中心首次举办 2014 年广西环保节能展览会。

8 月 18 日至 12 月 29 日，自治区环境保护厅责令 7 批共 340 个项目限期办理竣工环境保护验收手续。

8 月 19 日，自治区环境保护厅在贺州市八步区信都镇开展应对跨省界河流突发环境事件联合应急监测演练。

8 月 22 日，由自治区环境保护厅牵头组织，公安厅、卫生计生委配合，在南宁市广西体育中心成功举行以“脏弹”爆炸引发辐射事故为背景的“绿色卫士·2014”行动广西辐射事故应急演习。此次演习是全国环保系统第一次以“脏弹”爆炸引发辐射事故的应急演习，得到了环境保护部和自治区各级领导的高度重视，环境保护部核总工刘华观摩演习，环境保护部核一司司长郭承站率全国 6 个地区的核与辐射安全监督站和 15 个省(市、自治区)自治区环境保护厅的领导共 80 多人到广西观摩演习，自治区党委常委、自治区副主席唐仁健亲临演习指挥部慰问参演人员。此次演习得到环境保护部的高度评价，要求将此次演习录像编辑，作为全国辐射演习培训的教学材料。

8 月 25 日，自治区环境保护厅在钦州市组织开展应对石化企业有机危险化学品泄漏的联合应急演练。

8 月 26~28 日，自治区环境保护厅赴河池市督查南丹县大厂镇铜坑河道环境修复工程——固体废物集中堆场建设(一期)等 2014 年重金属污染防治专项资金支持项目，深入了解项目存在问题，督促有关单位加快项目建设，形成 2014 年自治区人民政府为民办实事工程(重金属污染防治项目)建设情况报告，并报送自治区人民政府督查室和自治区发展改革委。

8 月 29 日，自治区环境保护厅在崇左市组织以保护南宁市饮用水安全为背景的联合应急演练。

8 月底，按照《广东省人民政府广西壮族自治区人民政府九洲江流域跨界水环境保护合作协议》，加快支持广西推动治理，广东省财政厅一次性拨付 3 亿元到广西财政专户，支持广西 2014~2017 年九洲江流域污染治理。截至 8 月底，粤桂两省区人民政府已到位资金 4.5 亿元，专项用于九洲江污染治理。

8 月，广西、福建、广东、海南四省(区)签订核应急支援合作协议。在协议框架下，四省(区)重点在核应急工作经验交流、核应急信息资料共享、核事故信息通报、核事故场外应急支援及核事故应急演习观摩等 5 个方面加强区域交流与合作。该协议的签订，标志着四省(区)在核应急方面形成统一阵地，通过资源优化共享，更加有效地预防和处置核应急事故。

8 月，自治区海洋环境监测中心站在全球最大的汞测试实验室——美国 Brooks Rand Labs(布鲁克兰实验室)组织的 2014 年全球总汞及甲基汞实验室比对测试中以良好成绩顺利通过，并获比对研究参与证书。

8 月，广西合浦儒艮国家级自然保护区与保护区周边政府、派出所等 10 个单位签订保护珍稀海洋生物信息共享协议，建立海兽搁浅或者死亡应急救护信息网络。

九月

9 月 1 日，自治区环境保护厅与自治区气象局签订《开展重污染天气监测预警预报工作合作协议》，联合下发《关于开展重污染天气监测预警预报合作的通知》(桂环函〔2014〕1443 号)，建立共同应对重污染天气预报预警联动工作机制。

9 月 4 日至 10 月 17 日，自治区党委第四巡视组到自治区环境保护厅开展巡视工作。

9 月 5 日，自治区环境保护厅党组书记、厅长檀庆瑞率机关及直属单位副处级以上党员干部到广西美术馆参观自治区党风廉政警示教育展览，接受警示教育。

9 月 9~12 日，自治区核事故应急办公室组织自治区环境保护厅、自治区气象局、卫生计生委、交通运输厅、广西电网公司、防城港市核事故应急办公室、钦州市核事故应急办公室等单位 53 名核应急工作人员到广西教导大队接受封闭式军事训练活动。这是自治区核事故应急办公室首次针对一项工作组织开展的军训活动。训练内容包括军事理论学习、队列操练、军体拳、射击等科目。以“军训”形式进行核应急队伍训练，提高核应急队伍的综合素质和组织纪律性，强化广西核应急响应能力和整体作战能力，为顺利完成核应急联合演习任务、建设一支“喊得应、拉得出、打得赢”核应急队伍奠定良好基础。

9 月 10 日，自治区环境保护厅与广西海事局签订《关于建立应急联动工作机制的合作协议》。

9 月 10~12 日，自治区海洋环境监测中心站通过国家级计量认证扩项评审，扩项后实验室能力达到 10 大类 318 项。

9 月 15 日，自治区人民政府召开全自治区污染减排工作推进会。自治区党委常委、自治区副主席唐仁健，自治区副主席蓝天立出席会议并作重要讲话。会上，自治区环境保护厅通报减排形势，住房和城乡建设厅通报污水处理设施建设存在的问题及下步工作要求，2014 年上半年减排进展缓慢的南宁、梧州、钦州、贵港、百色、河池、来宾 7 个市分管副市长作表态发言。

9 月 16~17 日，由环境保护部、广西壮族自治区人民政府、东盟秘书处联合主办的 2014 年中国—东盟环境合作论坛在南宁市红林大酒店成功举行。来自东盟各成员国和东盟秘书处有关部门的高级官员，联合国环境规划署、亚洲开发银行等国际组织代表，以及环境保护部、广西壮族自治区人民政府、香港和澳门特别行政区，国内有关机构和地方环境保护部门的官员、学者

和企业界代表近200人应邀出席论坛。

9月22日，自治区环境保护厅印发《广西壮族自治区不纳入环境影响评价审批的建设项目目录(第一批)》，进一步优化和规范建设项目环境影响评价管理工作，推进简政放权，提高建设项目环境管理效能，促进广西小微企业的发展。这是广西首次在自治区层面颁布不纳入环境影响评价审批建设项目目录。

9月22~30日，自治区环境保护厅组织成立5个督察组，对各市开展国控重点污染源自动监控专项检查行动进行督查，此次专项行动全自治区各级环境保护部门共出动431人次，检查国控企业538家，自动监控设施644套，发现存在问题企业32家，涉及66套自动监控设施。

9月24日，自治区环境保护厅印发《规范畜禽养殖建设项目环评工作的通知》，贯彻落实《畜禽规模养殖污染防治条例》(国务院令第643号)，加快推进广西畜牧业污染减排工作。

9月24日至10月22日，自治区环境保护厅对防城港、崇左、来宾、贺州市开展环境监察专项稽查。环境保护部于2012年4月印发《关于开展全国环境监察专项稽查的通知》(环发〔2012〕70号)，启动了为期3年的环境监察专项稽查工作，2014年是环境监察专项稽查工作的收官之年，广西3年稽查工作任务按环境保护部要求完成，同时督促指导各市对辖区的稽查任务。

9月28日，《河池市土壤污染综合防治示范区建设方案》通过环境保护部组织的专家咨询和技术审查。

9月30日，自治区环境保护厅会同自治区财政厅通过竞争性评选确定130个行政村作为2014年广西农村环境综合整治项目，下达2014年农村环境整治总资金计划3.25亿元，其中中央资金0.65亿元，自治区财政资金1.95亿元，中央和自治区资金比例达到了1∶3，远远超过中央对西部地区投入比例1∶0.5的要求，为广西继续扩大农村环境综合整治范围奠定了坚实的基础。

9月，制订完成《广西大气污染防治2014年度工作实施计划》，经自治区人民政府审定同意，由自治区环境保护厅印发实施。

9月，自治区环境应急与事故调查中心购置无人机应急调查系统，系广西环保系统首次配备无人机，在国内也是较早配备无人机的省份，初步实现了环境应急、监测“天地一体化”。

9月，百色市成立固体废物管理中心。至此，全自治区14个设区市均成立固体废物管理专职机构。全自治区省、市、县三级固体废物管理专职机构共计19个，人员编制总数达107人，实际到位57人。其中，自治区、市两级固体废物管理人员编制数为90人，从原来的全国倒数第二晋升到全国第四、西部地区第一。全自治区固体废物管理机构队伍建设取得明显成效，初步建立健全全自治区固体废物监管网络。

9月，环境保护部通报2014年国家重点生态功能区县域生态环境质量监测、评价与考核结果，广西16个国家重点生态功能区县2011~2013年县域生态环境质量变化情况为：凌云县“轻微变好”，三江县“轻微变差”，其余14个县基本稳定。

十月

10月4日，自治区环境保护厅完成广西环境保护“十三五”规划前期研究和基本思路报告。

10月9日，环境保护部批复新建合浦至湛江铁路环境影响报告书。

10月11日，自治区环境保护厅对2013年和2014年上半年未完成氨氮减排任务、污染减排工作严重滞后的百色、来宾市及武鸣县、横县、阳朔县、岑溪市、容县、罗城仫佬族自治县实施环评限批。

10月13~21日，自治区核事故应急办公室在防城港市举办“红沙—2014”广西核事故应急联合演习暨广西防城港核电厂首次装料前场内外核应急联合演习学习培训班。

10月16日，自治区环境保护厅印发《广西壮族自治区环境保护厅关于2012~2013年度优秀环评文件评选结果的通报》(桂环函〔2014〕1470号)，公布了2012~2013年度优秀环评文件评选工作中评选出的8本优秀环境影响评价报告书及6本优秀环境影响评价报告表。

10月16日，自治区环境保护厅印发《加快建设项目竣工环境保护验收工作方案》，贯彻落实《中华人民共和国环境保护法(2014年修订)》对建设项目环境管理提出的新要求，强化建设项目审批后环境管理，扭转自治区环境保护厅审批建设项目竣工环境保护验收滞后的局面。

10月16~17日，自治区环境保护技术中心在南宁市举办2014年度广西壮族自治区环境影响评价审查专家库入库专家培训，主要授课内容包括《大气污染防治行动计划》、《中华人民共和国环境保护法》及饮用水源有关管理及保护规定的解读。本次专家培训首次引入现场教学形式，安排了广西金川有色金属有限公司60万吨铜冶炼项目及防城港南潢作业区码头考察。

10月21日，自治区环境保护厅在崇左市扶绥县召开2014年全自治区环保基层能力建设暨年度重点工作推进会，14个设区市、109县(区)共300余人参加会议。会上对通过标准化建设达标验收的9个环境监测站和2个环境监察大队进行授牌。

10月22日，自治区环境保护厅首次召开广西环保企业及院校座谈会，转变工作职能，践行群众路线，倾听意见建议，化被动管理为主动服务。座谈会就如何推动环保产业发展广泛听取意见，为研究促进广西环保产业奠定基础。

10月22日至11月24日，自治区环境保护厅联合自治区政协人口资源环境委员会、发展改革委、科技厅、教育厅、共青团广西区委、妇联等单位下发开展第二届广西千名青年环境友好使者、首届广西千名巾帼环境友好使者项目活动的通知，启动新一轮的环境友好使者行动。

10月28日，自治区环境保护厅印发《图说新环保法》（企业版和公众版）。

10月30日，自治区环境保护厅会同联合国工业发展组织（UNIDO）及环境保护部清洁生产中心，在南宁市召开推进广西木薯产业链资源高效利用与清洁生产研讨会议，邀请自治区发展改革、工业和信息化部门及有关单位共同研讨推进木薯产业链资源高效利用与清洁生产的工作事宜。

10月31日，自治区环境保护厅完成2014年全自治区环境保护行政执法案卷集中评查工作。通过案卷评查工作的深入开展，基层环境保护部门的执法水平逐步提高，法律意识逐步增强，依法行政理念得到进一步提高。

10月，自治区环境保护厅完成《广西九洲江水资源保护与水污染防治规划（2013~2020年）》编制、审查，为科学治理九洲江提供保障。

十一月

11月2~23日，由自治区党委组织部主办、自治区环境保护厅承办的循环经济与可持续发展专题培训班在美国举办，自治区环境保护厅厅长檀庆瑞担任团长，20多名领导干部参加了培训。

11月4日，自治区科技厅厅长谢迺堂一行到自治区环境保护科学研究院调研，考察大气$PM_{2.5}$研究观测站和环境测试中心实验室。

11月11日，自治区环境保护厅组织各市环境保护局在南丹县召开重金属污染防治项目验收工作现场会，指导各市加快重金属污染防治项目验收。

11月14日，自治区人民政府在自治区环境保护厅组织召开“红沙—2014”广西核事故应急联合演习动员会。

11月14日，环境保护部批复神华国华广投北海电厂新建项目环境影响报告书。

11月14日，由自治区环境保护厅推荐的木薯淀粉行业污染控制新技术研发与示范工程项目获得2014年广西科学技术进步奖二等奖。

11月14日，自治区海洋环境监测中心站申报的《广西近岸海域水环境质量变化及保护对策研究》和《钦州湾海域生态系统健康及其保护和修复对策》2项科研成果分别荣获广西第13次社会科学优秀成果奖二等奖和三等奖。

11月17日，《广西环科院科技创新平台建设三年行动计划（2014~2016）》印发实施。

11月20日，自治区环境保护厅与自治区质监局2013年10月联合发布的广西首部环境保护地方标准——《甘蔗制糖工业水污染物排放标准》（DB45893-2013）被列入广西2012~2013年重要技术标准项目。

11月24日，自治区机构编制委员会下文，同意广西壮族自治区环境监测中心站增挂广西壮族自治区环境空气质量预报预警中心牌子。

11月26日，自治区财政厅《关于2013年度区直部门决算工作考评情况的通报》（桂财库〔2014〕59号），自治区环境保护厅获2013年度自治区本级部门决算工作先进单位。

11月27日，“环评基础数据库共享平台广西壮族自治区2014年试点项目”通过环境保护部环境工程评估中心组织的验收。

11月27~29日，由自治区环境保护厅、科技厅与中国工程院环境与轻纺工程学部共同举办，自治区环境保护科学研究院和自治区海洋环境监测中心站联合承办的2014年“保护优先发展，生态文明探新路”中国工程院院士广西生态环保行活动在广西举行。

11月28日，清华大学环境科学与工程院院长、中国工程院院士郝吉明和中国工程院一局局长谢冰玉为“广西院士工作站”揭牌，中国环境科学研究院研究员、中国工程院院士段宁，中国工程院二局巡视员王元晶，自治区环境保护厅纪检组组长梁远略参加揭牌仪式。

11月30日，自治区环境保护厅按时完成广西10个非环保重点城市共28个国控空气自动站建设、联网；12月15日完成所有实时监测数据及AQI指数在厅官网的发布，圆满完成空气新标准第三阶段建设工作，整体工作进度全国领先。

11月，自治区环境保护厅在全自治区范围内全面举办新《环境保护法》宣传“五进”活动，赴南宁、柳州、桂林、玉林、钦州五市指导活动，覆盖至县级。活动围绕新修订《环境保护法》宣传进社区、进乡镇、进企业、进学校、进环保组织开展。

11月，自治区环境监测中心站《南宁市城市饮用水水源地现状调查及安全保障对策研究——兼论〈广西饮用水水源污染防治管理条例的制定〉》荣获广西第13次社会科学优秀成果一等奖。

11月，自治区环境保护厅完成广西生物多样性保护战略与行动计划专题研究报告和研究成果集汇编。

十二月

12月2~5日，自治区环境保护厅在河池市举办2014年广西固体废物管理培训班。培训班聘请环境保护部固体废物与化学品管理技术中心副总工程师臧文超、博士张俊丽以及北京建工环境修复股份有限公司专家，就污染场地环境管理、固体废物管理、危险废物规范化管理等内容进行专题讲授。

12月5日，自治区环境保护科学研究院申报的“广西村镇环境综合治理工程技术研究中心”列入自治区科技厅2014年度新组建的广西工程技术研究中心。

12月16日，自治区环境保护厅修订并重新印发《自治区环境保护厅“三重一大”决策制度》（桂环函〔2014〕1805号）。

12月16日，自治区环境保护厅召开广西贯彻实施新《环境保护法》新闻发布会。

12月17日，自治区环境保护科学研究院向自治区科学技术协会申报的2014年广西壮族自治区科普教育基地获得命名。

12月23日，由自治区环境保护厅科技标准处牵头，会同规划财务处编制的《广西壮族自治区环境保护厅环保科研项目管理试行办法》，经2014年第6次厅办公会议研究审议通过并正式印发。该办法的印发规范了广西环保科研项目的科学管理，更好地发挥科研项目对环境管理工作的支撑作用。

12月23日，经国务院批准，广西昭平七冲自然保护区晋升为国家级自然保护区，至此全自治区国家级自然保护区达到22个。

12月25日，自治区机构编制委员会下文，对自治区环境保护厅所属12个事业单位分类意见进行批复，自治区环境保护科学研究院和自治区辐射环境监督管理站为公益二类事业单位，其余10个均为公益一类事业单位。

12月25日，《自治区环境保护厅关于贯彻落实〈建立健全惩治和预防腐败体系2013~2017年工作规划〉实施办法》（桂环发〔2014〕39号）印发，文件要求深入贯彻落实党的十八大、十八届三中、四中全会精神，进一步加强自治区环境保护厅党风廉政建设和反腐败工作，切实抓好中央《建立健全惩治和预防腐败体系2013~2017年工作规划》各项任务的落实。

12月25日，自治区核事故应急委员会向自治区核事故应急成员单位印发《广西防城港核电厂场外应急预案》（以下简称《预案》）。该《预案》适用于广西防城港核电厂的核事故场外准备和响应，针对防城港核电厂发生核事故时，自治区核应急指挥部按照《预案》及时启动应急响应程序，有效实施各项应急响应行动，把核事故造成的危害降到最低程度。《预案》经国家核事故应急协调委员会审查批准，由自治区核事故应急委员会颁布实施。

12月31日，《广西壮族自治区环境保护条例（修订草案）》经自治区第十二届人民政府第43次常务会议审议通过。

12月，国家核事故应急协调委员会正式下达关于《广西壮族自治区核应急预案》《广西防城港核电厂场外应急预案》的批复。

12月，自治区环境保护宣传教育中心荣获2014年度全国千名青年环境友好使者行动活动开展先进单位称号，这也是该中心连续第四年获此殊荣。

12月，自治区环境保护厅编制完成《广西壮族自治区辐射事故应急预案》。

12月，广西防城金花茶国家级自然保护区管理处组织申报2014年全国生物多样性保护专项（原“国家级自然保护区专项”），申报资金555.85万元，涉及建设内容为：生物多样性监测和预警体系建设；就地和迁地保护设施建设；生物多样性与减贫示范项目。项目于2015年第一季度组织实施。该项目的实施，大大提高金花茶保护区生物多样性的研究能力，保护区预警体系建设也上一个台阶。

12月底，自治区环境保护厅与火炬路社区对接，帮助50个困难家庭完成50个“微心愿”。

全年

2014年自治区环境保护厅完成全自治区12个设区市乡镇集中式饮用水水源保护区划定方案审查，并上报自治区人民政府。

2014年广西组织开展九洲江流域污染治理2014年度工作检查。玉林市完成九洲江干流200米禁养区养殖场清拆工作，完成清空和拆除1055家养猪场，10个乡镇污水处理厂、3个生活垃圾处理项目完成前期工作，其中3个开工建设，完成2013年度下达的33个农村环境连片整治项目，对流域内16家涉水企业实施“一厂一策”整治，启动流域工业转移园区建设，开展流域水土保持综合治理，积极推动农业产业转型升级。

广西完成14个设区市2014年度环境空气质量考核，2014年仅防城港、河池、崇左3个市的考核结果为“良好”，其余城市均为“不合格”。广西9个城市PM_{10}浓度达标，其中，防城港市、河池市、崇左市PM_{10}浓度较2013年度实现下降，其余6个达标城市PM_{10}浓度不降反升；南宁、柳州、桂林、贵港、百色等5个城市PM_{10}浓度超标，其中南宁市PM_{10}浓度较2013年度实现下降。

2014年自治区环境保护厅在南宁、玉林、来宾等市成功举办5期辐射安全法律法规与防护知识培训班，参训人数达1100余人，对辐射安全法律法规与防护知识做了深入解读剖析，为全自治区核与辐射的规范管理打下良好基础。

2014年以来，自治区环境保护厅继续加强广西放射性废物库安全管理工作，改进废物库安防系统，增设驻库保安加强巡防，与自治区治安总队和库区所在派出所建立以应急通讯、应急联动、技术支持为内容的废物库安防应急联动机制。

2014年自治区环境保护厅共完成170多家单位电离监测，监测项目数量同比增长43%；完成电信17个项目的基站监测，监测基站数量同比增长50.8%。

在2014年全国辐射环境监测质量考核和辐射应急工作中，自治区辐射环境监督管理站表现突出，荣获4项奖项：质量考核团体三等奖，辐射应急工作表现突出单位，黄美琴、黄彬丽荣获水中铀项目考核个人二等奖，彭崇、许明发荣获应急监测项目考核个人二等奖。

2014年“两会一节一赛”（第11届中国—东盟博览会、中国—东盟商务与投资峰会、第16届南宁国际民歌艺术节和第45届世界体操锦标赛）期间，自治区环境保护厅制订了《2014年南宁市“两会一节”、世界体操锦标赛环境质量保障方案》，构建和实施大气、水、声环境保障措施和危险废物保障措施，进一步加强执法监管，及时召开南宁、钦州、贵港、百色、来宾、崇左等市人民政府分管领导和环境保护局负责人参加的协调会议，定期实行部门会商，分析和研究环境质量保障工作推进过程中的难点、重点问题；不定期对各牵头单位、各城区人民政府、各开发区管委会空气质量保障方案落实情况进行现场督查，较好地保障了南宁市2014年“两会一节一赛”期间的环境质量。对重大活动实施环境质量保障行动，这在广西是第一次。

2014年自治区环境保护厅出台《干部轮岗交流暂行规定》、《机构编制管理办法（试行）》、《挂职学习锻炼工作管理办法（试行）》等制度规定。

2014年自治区环境保护厅协调4名厅领导及厅机关、直属单位30多名党员干部到乐业县达道村调研、指导扶贫工作。筹资8.4万元建成饮水工程，解决13户102人饮水问题；投资3.5万元新建1个篮球场。

2014年广西污染减排目标任务是化学需氧量、氨氮和氮氧化物排放量分别比2013年下降1.5%、2.0%和8.0%，二氧化硫排放量与2013年持平。2015年1月，经环境保护部核定，广西2014年化学需氧量、氨氮、二氧化硫和氮氧化物排放量分别比2013年下降了2.03%、2.12%、1.13%和12.28%，4项指标均完成2014年度污染减排目标任务。

2014年自治区环境保护厅对排污单位加大日常监管力度，使广西污染源自动监控设施在稳定运行方面和数据有效率传输效率方面得到明显提高。2014年广西污染源自动监控数据传输有效率达84.88%，排名全国第11位，华南五省（区）第一，超出国家75%的考核指标9.88个百分点，超额完成国家下达考核任务。

2014年自治区环境保护厅制订《落实广西壮族自治区大气污染防治行动计划实施情况考核工作任务分工方案》，多次召开黄标车淘汰、燃煤小锅炉淘汰、车用尿素供应体系建设等专题部门协调会议。2014年广西完成黄标车淘汰14.4556万辆，完成燃煤锅炉淘汰1000多台，超额完成国家下达广西10万辆机动车和800台燃煤锅炉的淘汰任务指标。

2014年移动执法系统基本完成，系统录入自2010年至2014年自治区环境保护厅审批项目753项，其中环境保护部审批项目46项，系统信息录入各工程项目的审批单位、审批机关、审批文号、审批时间、项目类型、环评单位、工艺、原料和企业产能，移动执法信息逐年完善，为环境监管执法提供有力支持。

2014年广西共发生突发环境事件8起（其中因违法排污引起的3起），均为一般事件。相比2012年20起（其中重大1起，较大3起），2013年16起（其中重大1起，较大1起），事件数量和级别均明显降低。

附　录

中华人民共和国环境保护法

（1989 年 12 月 26 日第七届全国人民代表大会常务委员会第十一次会议通过　2014 年 4 月 24 日第十二届全国人民代表大会常务委员会第八次会议修订）

第一章　总则

第一条　为保护和改善环境，防治污染和其他公害，保障公众健康，推进生态文明建设，促进经济社会可持续发展，制定本法。

第二条　本法所称环境，是指影响人类生存和发展的各种天然的和经过人工改造的自然因素的总体，包括大气、水、海洋、土地、矿藏、森林、草原、湿地、野生生物、自然遗迹、人文遗迹、自然保护区、风景名胜区、城市和乡村等。

第三条　本法适用于中华人民共和国领域和中华人民共和国管辖的其他海域。

第四条　保护环境是国家的基本国策。

国家采取有利于节约和循环利用资源、保护和改善环境、促进人与自然和谐的经济、技术政策和措施，使经济社会发展与环境保护相协调。

第五条　环境保护坚持保护优先、预防为主、综合治理、公众参与、损害担责的原则。

第六条　一切单位和个人都有保护环境的义务。

地方各级人民政府应当对本行政区域的环境质量负责。

企业事业单位和其他生产经营者应当防止、减少环境污染和生态破坏，对所造成的损害依法承担责任。

公民应当增强环境保护意识，采取低碳、节俭的生活方式，自觉履行环境保护义务。

第七条　国家支持环境保护科学技术研究、开发和应用，鼓励环境保护产业发展，促进环境保护信息化建设，提高环境保护科学技术水平。

第八条　各级人民政府应当加大保护和改善环境、防治污染和其他公害的财政投入，提高财政资金的使用效益。

第九条　各级人民政府应当加强环境保护宣传和普及工作，鼓励基层群众性自治组织、社会组织、环境保护志愿者开展环境保护法律法规和环境保护知识的宣传，营造保护环境的良好风气。

教育行政部门、学校应当将环境保护知识纳入学校教育内容，培养学生的环境保护意识。

新闻媒体应当开展环境保护法律法规和环境保护知识的宣传，对环境违法行为进行舆论监督。

第十条　国务院环境保护主管部门，对全国环境保护工作实施统一监督管理；县级以上地方人民政府环境保护主管部门，对本行政区域环境保护工作实施统一监督管理。

县级以上人民政府有关部门和军队环境保护部门，依照有关法律的规定对资源保护和污染防治等环境保护工作实施监督管理。

第十一条　对保护和改善环境有显著成绩的单位和个人，由人民政府给予奖励。

第十二条　每年 6 月 5 日为环境日。

第二章　监督管理

第十三条　县级以上人民政府应当将环境保护工作纳入国民经济和社会发展规划。

国务院环境保护主管部门会同有关部门，根据国民经济和社会发展规划编制国家环境保护规划，报国务院批准并公布实施。

县级以上地方人民政府环境保护主管部门会同有关部门，根据国家环境保护规划的要求，编制本行政区域的环境保护规划，报同级人民政府批准并公布实施。

环境保护规划的内容应当包括生态保护和污染防治的目标、任务、保障措施等，并与主体功能区规划、土地利用总体规划和城乡规划等相衔接。

第十四条 国务院有关部门和省、自治区、直辖市人民政府组织制定经济、技术政策，应当充分考虑对环境的影响，听取有关方面和专家的意见。

第十五条 国务院环境保护主管部门制定国家环境质量标准。

省、自治区、直辖市人民政府对国家环境质量标准中未作规定的项目，可以制定地方环境质量标准；对国家环境质量标准中已作规定的项目，可以制定严于国家环境质量标准的地方环境质量标准。地方环境质量标准应当报国务院环境保护主管部门备案。

国家鼓励开展环境基准研究。

第十六条 国务院环境保护主管部门根据国家环境质量标准和国家经济、技术条件，制定国家污染物排放标准。

省、自治区、直辖市人民政府对国家污染物排放标准中未作规定的项目，可以制定地方污染物排放标准；对国家污染物排放标准中已作规定的项目，可以制定严于国家污染物排放标准的地方污染物排放标准。地方污染物排放标准应当报国务院环境保护主管部门备案。

第十七条 国家建立、健全环境监测制度。国务院环境保护主管部门制定监测规范，会同有关部门组织监测网络，统一规划国家环境质量监测站（点）的设置，建立监测数据共享机制，加强对环境监测的管理。

有关行业、专业等各类环境质量监测站（点）的设置应当符合法律法规规定和监测规范的要求。

监测机构应当使用符合国家标准的监测设备，遵守监测规范。监测机构及其负责人对监测数据的真实性和准确性负责。

第十八条 省级以上人民政府应当组织有关部门或者委托专业机构，对环境状况进行调查、评价，建立环境资源承载能力监测预警机制。

第十九条 编制有关开发利用规划，建设对环境有影响的项目，应当依法进行环境影响评价。

未依法进行环境影响评价的开发利用规划，不得组织实施；未依法进行环境影响评价的建设项目，不得开工建设。

第二十条 国家建立跨行政区域的重点区域、流域环境污染和生态破坏联合防治协调机制，实行统一规划、统一标准、统一监测、统一的防治措施。

前款规定以外的跨行政区域的环境污染和生态破坏的防治，由上级人民政府协调解决，或者由有关地方人民政府协商解决。

第二十一条 国家采取财政、税收、价格、政府采购等方面的政策和措施，鼓励和支持环境保护技术装备、资源综合利用和环境服务等环境保护产业的发展。

第二十二条 企业事业单位和其他生产经营者，在污染物排放符合法定要求的基础上，进一步减少污染物排放的，人民政府应当依法采取财政、税收、价格、政府采购等方面的政策和措施予以鼓励和支持。

第二十三条 企业事业单位和其他生产经营者，为改善环境，依照有关规定转产、搬迁、关闭的，人民政府应当予以支持。

第二十四条 县级以上人民政府环境保护主管部门及其委托的环境监察机构和其他负有环境保护监督管理职责的部门，有权对排放污染物的企业事业单位和其他生产经营者进行现场检查。被检查者应当如实反映情况，提供必要的资料。实施现场检查的部门、机构及其工作人员应当为被检查者保守商业秘密。

第二十五条 企业事业单位和其他生产经营者违反法律法规规定排放污染物，造成或者可能造成严重污染的，县级以上人民政府环境保护主管部门和其他负有环境保护监督管理职责的部门，可以查封、扣押造成污染物排放的设施、设备。

第二十六条 国家实行环境保护目标责任制和考核评价制度。县级以上人民政府应当将环境保护目标完成情况纳入对本级人民政府负有环境保护监督管理职责的部门及其负责人和下级人民政府及其负责人的考核内容，作为对其考核评价的重要依据。考核结果应当向社会公开。

第二十七条 县级以上人民政府应当每年向本级人民代表大会或者人民代表大会常务委员会报告环境状况和环境保护目标完成情况，对发生的重大环境事件应当及时向本级人民代表大会常务委员会报告，依法接受监督。

第三章　保护和改善环境

第二十八条 地方各级人民政府应当根据环境保护目标和治理任务，采取有效措施，改善环境质量。

未达到国家环境质量标准的重点区域、流域的有关地方人民政府，应当制定限期达标规划，并采取措施按期达标。

第二十九条 国家在重点生态功能区、生态环境敏感区和脆弱区等区域划定生态保护红线，实行严格保护。

各级人民政府对具有代表性的各种类型的自然生态系统区域，珍稀、濒危的野生动植物自然分布区域，重要的水源涵养区域，具有重大科学文化价值的地质构造、著名溶洞和化石分布区、冰川、火山、温泉等自然遗迹，以及人文遗迹、古树名木，应当采取措施予以保护，严禁破坏。

第三十条 开发利用自然资源，应当合理开发，保护生物多样性，保障生态安全，依法制定有关生态保护

和恢复治理方案并予以实施。

引进外来物种以及研究、开发和利用生物技术，应当采取措施，防止对生物多样性的破坏。

第三十一条　国家建立、健全生态保护补偿制度。

国家加大对生态保护地区的财政转移支付力度。有关地方人民政府应当落实生态保护补偿资金，确保其用于生态保护补偿。

国家指导受益地区和生态保护地区人民政府通过协商或者按照市场规则进行生态保护补偿。

第三十二条　国家加强对大气、水、土壤等的保护，建立和完善相应的调查、监测、评估和修复制度。

第三十三条　各级人民政府应当加强对农业环境的保护，促进农业环境保护新技术的使用，加强对农业污染源的监测预警，统筹有关部门采取措施，防治土壤污染和土地沙化、盐渍化、贫瘠化、石漠化、地面沉降以及防治植被破坏、水土流失、水体富营养化、水源枯竭、种源灭绝等生态失调现象，推广植物病虫害的综合防治。

县级、乡级人民政府应当提高农村环境保护公共服务水平，推动农村环境综合整治。

第三十四条　国务院和沿海地方各级人民政府应当加强对海洋环境的保护。向海洋排放污染物、倾倒废弃物，进行海岸工程和海洋工程建设，应当符合法律法规规定和有关标准，防止和减少对海洋环境的污染损害。

第三十五条　城乡建设应当结合当地自然环境的特点，保护植被、水域和自然景观，加强城市园林、绿地和风景名胜区的建设与管理。

第三十六条　国家鼓励和引导公民、法人和其他组织使用有利于保护环境的产品和再生产品，减少废弃物的产生。

国家机关和使用财政资金的其他组织应当优先采购和使用节能、节水、节材等有利于保护环境的产品、设备和设施。

第三十七条　地方各级人民政府应当采取措施，组织对生活废弃物的分类处置、回收利用。

第三十八条　公民应当遵守环境保护法律法规，配合实施环境保护措施，按照规定对生活废弃物进行分类放置，减少日常生活对环境造成的损害。

第三十九条　国家建立、健全环境与健康监测、调查和风险评估制度；鼓励和组织开展环境质量对公众健康影响的研究，采取措施预防和控制与环境污染有关的疾病。

第四章　防治污染和其他公害

第四十条　国家促进清洁生产和资源循环利用。

国务院有关部门和地方各级人民政府应当采取措施，推广清洁能源的生产和使用。

企业应当优先使用清洁能源，采用资源利用率高、污染物排放量少的工艺、设备以及废弃物综合利用技术和污染物无害化处理技术，减少污染物的产生。

第四十一条　建设项目中防治污染的设施，应当与主体工程同时设计、同时施工、同时投产使用。防治污染的设施应当符合经批准的环境影响评价文件的要求，不得擅自拆除或者闲置。

第四十二条　排放污染物的企业事业单位和其他生产经营者，应当采取措施，防治在生产建设或者其他活动中产生的废气、废水、废渣、医疗废物、粉尘、恶臭气体、放射性物质以及噪声、振动、光辐射、电磁辐射等对环境的污染和危害。

排放污染物的企业事业单位，应当建立环境保护责任制度，明确单位负责人和相关人员的责任。

重点排污单位应当按照国家有关规定和监测规范安装使用监测设备，保证监测设备正常运行，保存原始监测记录。

严禁通过暗管、渗井、渗坑、灌注或者篡改、伪造监测数据，或者不正常运行防治污染设施等逃避监管的方式违法排放污染物。

第四十三条　排放污染物的企业事业单位和其他生产经营者，应当按照国家有关规定缴纳排污费。排污费应当全部专项用于环境污染防治，任何单位和个人不得截留、挤占或者挪作他用。

依照法律规定征收环境保护税的，不再征收排污费。

第四十四条　国家实行重点污染物排放总量控制制度。重点污染物排放总量控制指标由国务院下达，省、自治区、直辖市人民政府分解落实。企业事业单位在执行国家和地方污染物排放标准的同时，应当遵守分解落实到本单位的重点污染物排放总量控制指标。

对超过国家重点污染物排放总量控制指标或者未完成国家确定的环境质量目标的地区，省级以上人民政府环境保护主管部门应当暂停审批其新增重点污染物排放总量的建设项目环境影响评价文件。

第四十五条　国家依照法律规定实行排污许可管理制度。

实行排污许可管理的企业事业单位和其他生产经营者应当按照排污许可证的要求排放污染物；未取得排污许可证的，不得排放污染物。

第四十六条　国家对严重污染环境的工艺、设备和产品实行淘汰制度。任何单位和个人不得生产、销售或者转移、使用严重污染环境的工艺、设备和产品。

禁止引进不符合我国环境保护规定的技术、设备、材料和产品。

第四十七条 各级人民政府及其有关部门和企业事业单位，应当依照《中华人民共和国突发事件应对法》的规定，做好突发环境事件的风险控制、应急准备、应急处置和事后恢复等工作。

县级以上人民政府应当建立环境污染公共监测预警机制，组织制订预警方案；环境受到污染，可能影响公众健康和环境安全时，依法及时公布预警信息，启动应急措施。

企业事业单位应当按照国家有关规定制订突发环境事件应急预案，报环境保护主管部门和有关部门备案。在发生或者可能发生突发环境事件时，企业事业单位应当立即采取措施处理，及时通报可能受到危害的单位和居民，并向环境保护主管部门和有关部门报告。

突发环境事件应急处置工作结束后，有关人民政府应当立即组织评估事件造成的环境影响和损失，并及时将评估结果向社会公布。

第四十八条 生产、储存、运输、销售、使用、处置化学物品和含有放射性物质的物品，应当遵守国家有关规定，防止污染环境。

第四十九条 各级人民政府及其农业等有关部门和机构应当指导农业生产经营者科学种植和养殖，科学合理施用农药、化肥等农业投入品，科学处置农用薄膜、农作物秸秆等农业废弃物，防止农业面源污染。

禁止将不符合农用标准和环境保护标准的固体废物、废水施入农田。施用农药、化肥等农业投入品及进行灌溉，应当采取措施，防止重金属和其他有毒有害物质污染环境。

畜禽养殖场、养殖小区、定点屠宰企业等的选址、建设和管理应当符合有关法律法规规定。从事畜禽养殖和屠宰的单位和个人应当采取措施，对畜禽粪便、尸体和污水等废弃物进行科学处置，防止污染环境。

县级人民政府负责组织农村生活废弃物的处置工作。

第五十条 各级人民政府应当在财政预算中安排资金，支持农村饮用水水源地保护、生活污水和其他废弃物处理、畜禽养殖和屠宰污染防治、土壤污染防治和农村工矿污染治理等环境保护工作。

第五十一条 各级人民政府应当统筹城乡建设污水处理设施及配套管网，固体废物的收集、运输和处置等环境卫生设施，危险废物集中处置设施、场所以及其他环境保护公共设施，并保障其正常运行。

第五十二条 国家鼓励投保环境污染责任保险。

第五章　信息公开和公众参与

第五十三条 公民、法人和其他组织依法享有获取环境信息、参与和监督环境保护的权利。

各级人民政府环境保护主管部门和其他负有环境保护监督管理职责的部门，应当依法公开环境信息、完善公众参与程序，为公民、法人和其他组织参与和监督环境保护提供便利。

第五十四条 国务院环境保护主管部门统一发布国家环境质量、重点污染源监测信息及其他重大环境信息。省级以上人民政府环境保护主管部门定期发布环境状况公报。

县级以上人民政府环境保护主管部门和其他负有环境保护监督管理职责的部门，应当依法公开环境质量、环境监测、突发环境事件以及环境行政许可、行政处罚、排污费的征收和使用情况等信息。

县级以上地方人民政府环境保护主管部门和其他负有环境保护监督管理职责的部门，应当将企业事业单位和其他生产经营者的环境违法信息记入社会诚信档案，及时向社会公布违法者名单。

第五十五条 重点排污单位应当如实向社会公开其主要污染物的名称、排放方式、排放浓度和总量、超标排放情况，以及防治污染设施的建设和运行情况，接受社会监督。

第五十六条 对依法应当编制环境影响报告书的建设项目，建设单位应当在编制时向可能受影响的公众说明情况，充分征求意见。

负责审批建设项目环境影响评价文件的部门在收到建设项目环境影响报告书后，除涉及国家秘密和商业秘密的事项外，应当全文公开；发现建设项目未充分征求公众意见的，应当责成建设单位征求公众意见。

第五十七条 公民、法人和其他组织发现任何单位和个人有污染环境和破坏生态行为的，有权向环境保护主管部门或者其他负有环境保护监督管理职责的部门举报。

公民、法人和其他组织发现地方各级人民政府、县级以上人民政府环境保护主管部门和其他负有环境保护监督管理职责的部门不依法履行职责的，有权向其上级机关或者监察机关举报。

接受举报的机关应当对举报人的相关信息予以保密，保护举报人的合法权益。

第五十八条 对污染环境、破坏生态，损害社会公共利益的行为，符合下列条件的社会组织可以向人民法院提起诉讼：

（一）依法在设区的市级以上人民政府民政部门登记；

（二）专门从事环境保护公益活动连续五年以上且无违法记录。

符合前款规定的社会组织向人民法院提起诉讼，人民法院应当依法受理。

提起诉讼的社会组织不得通过诉讼牟取经济利益。

第六章　法律责任

第五十九条　企业事业单位和其他生产经营者违法排放污染物，受到罚款处罚，被责令改正，拒不改正的，依法作出处罚决定的行政机关可以自责令改正之日的次日起，按照原处罚数额按日连续处罚。

前款规定的罚款处罚，依照有关法律法规按照防治污染设施的运行成本、违法行为造成的直接损失或者违法所得等因素确定的规定执行。

地方性法规可以根据环境保护的实际需要，增加第一款规定的按日连续处罚的违法行为的种类。

第六十条　企业事业单位和其他生产经营者超过污染物排放标准或者超过重点污染物排放总量控制指标排放污染物的，县级以上人民政府环境保护主管部门可以责令其采取限制生产、停产整治等措施；情节严重的，报经有批准权的人民政府批准，责令停业、关闭。

第六十一条　建设单位未依法提交建设项目环境影响评价文件或者环境影响评价文件未经批准，擅自开工建设的，由负有环境保护监督管理职责的部门责令停止建设，处以罚款，并可以责令恢复原状。

第六十二条　违反本法规定，重点排污单位不公开或者不如实公开环境信息的，由县级以上地方人民政府环境保护主管部门责令公开，处以罚款，并予以公告。

第六十三条　企业事业单位和其他生产经营者有下列行为之一，尚不构成犯罪的，除依照有关法律法规规定予以处罚外，由县级以上人民政府环境保护主管部门或者其他有关部门将案件移送公安机关，对其直接负责的主管人员和其他直接责任人员，处十日以上十五日以下拘留；情节较轻的，处五日以上十日以下拘留：

（一）建设项目未依法进行环境影响评价，被责令停止建设，拒不执行的；

（二）违反法律规定，未取得排污许可证排放污染物，被责令停止排污，拒不执行的；

（三）通过暗管、渗井、渗坑、灌注或者篡改、伪造监测数据，或者不正常运行防治污染设施等逃避监管的方式违法排放污染物的；

（四）生产、使用国家明令禁止生产、使用的农药，被责令改正，拒不改正的。

第六十四条　因污染环境和破坏生态造成损害的，应当依照《中华人民共和国侵权责任法》的有关规定承担侵权责任。

第六十五条　环境影响评价机构、环境监测机构以及从事环境监测设备和防治污染设施维护、运营的机构，在有关环境服务活动中弄虚作假，对造成的环境污染和生态破坏负有责任的，除依照有关法律法规规定予以处罚外，还应当与造成环境污染和生态破坏的其他责任者承担连带责任。

第六十六条　提起环境损害赔偿诉讼的时效期间为三年，从当事人知道或者应当知道其受到损害时起计算。

第六十七条　上级人民政府及其环境保护主管部门应当加强对下级人民政府及其有关部门环境保护工作的监督。发现有关工作人员有违法行为，依法应当给予处分的，应当向其任免机关或者监察机关提出处分建议。

依法应当给予行政处罚，而有关环境保护主管部门不给予行政处罚的，上级人民政府环境保护主管部门可以直接作出行政处罚的决定。

第六十八条　地方各级人民政府、县级以上人民政府环境保护主管部门和其他负有环境保护监督管理职责的部门有下列行为之一的，对直接负责的主管人员和其他直接责任人员给予记过、记大过或者降级处分；造成严重后果的，给予撤职或者开除处分，其主要负责人应当引咎辞职：

（一）不符合行政许可条件准予行政许可的；

（二）对环境违法行为进行包庇的；

（三）依法应当作出责令停业、关闭的决定而未作出的；

（四）对超标排放污染物、采用逃避监管的方式排放污染物、造成环境事故以及不落实生态保护措施造成生态破坏等行为，发现或者接到举报未及时查处的；

（五）违反本法规定，查封、扣押企业事业单位和其他生产经营者的设施、设备的；

（六）篡改、伪造或者指使篡改、伪造监测数据的；

（七）应当依法公开环境信息而未公开的；

（八）将征收的排污费截留、挤占或者挪作他用的；

（九）法律法规规定的其他违法行为。

第六十九条　违反本法规定，构成犯罪的，依法追究刑事责任。

第七章　附则

第七十条　本法自2015年1月1日起施行。

国务院办公厅关于加强环境监管执法的通知

（国办发〔2014〕56号）

近年来，各地区、各部门不断加大工作力度，环境监管执法工作取得一定成效。但一些地方监管执法不到位等问题仍然十分突出，环境违法违规案件高发频发，人民群众反映强烈。为贯彻落实党的十八届四中全会精神和党中央、国务院有关决策部署，加快解决影响科学发展和损害群众健康的突出环境问题，着力推进环境质量改善，经国务院同意，现就加强环境监管执法有关要求通知如下：

一、严格依法保护环境，推动监管执法全覆盖

有效解决环境法律法规不健全、监管执法缺位问题。完善环境监管法律法规，落实属地责任，全面排查整改各类污染环境、破坏生态和环境隐患问题，不留监管死角、不存执法盲区，向污染宣战。

（一）加快完善环境法律法规标准。用严格的法律制度保护生态环境，抓紧制（修）订土壤环境保护、大气污染防治、环境影响评价、排污许可、环境监测等方面的法律法规，强化生产者环境保护的法律责任，大幅度提高违法成本。加快完善重金属、挥发性有机物、危险废物、持久性有机污染物、放射性污染物质等领域环境标准，提高重点行业环境准入门槛。鼓励各地根据环境质量目标，制定和实施地方性法规和更严格的污染物排放标准。通过落实环保法律法规，约束产业转移行为，倒逼经济转型升级。

（二）全面实施行政执法与刑事司法联动。各级环境保护部门和公安机关要建立联动执法联席会议、常设联络员和重大案件会商督办等制度，完善案件移送、联合调查、信息共享和奖惩机制，坚决克服有案不移、有案难移、以罚代刑现象，实现行政处罚和刑事处罚无缝衔接。移送和立案工作要接受人民检察院法律监督。发生重大环境污染事件等紧急情况时，要迅速启动联合调查程序，防止证据灭失。公安机关要明确机构和人员负责查处环境犯罪，对涉嫌构成环境犯罪的，要及时依法立案侦查。人民法院在审理环境资源案件中，需要环境保护技术协助的，各级环境保护部门应给予必要支持。

（三）抓紧开展环境保护大检查。2015年底前，地方各级人民政府要组织开展一次环境保护全面排查，重点检查所有排污单位污染排放状况，各类资源开发利用活动对生态环境影响情况，以及建设项目环境影响评价制度、“三同时”（防治污染设施与主体工程同时设计、同时施工、同时投产使用）制度执行情况等，依法严肃查处、整改存在的问题，结果向上一级人民政府报告，并向社会公开。环境保护部等有关部门要加强督促、检查和指导，建立定期调度工作机制，组织对各地检查情况进行抽查，重要情况及时报告国务院。

（四）着力强化环境监管。各市、县级人民政府要将本行政区域划分为若干环境监管网格，逐一明确监管责任人，落实监管方案；监管网格划分方案要于2015年底前报上一级人民政府备案，并向社会公开。各省、市、县级人民政府要确定重点监管对象，划分监管等级，健全监管档案，采取差别化监管措施；乡镇人民政府、街道办事处要协助做好相关工作。各省级环境保护部门要加强巡查，每年按一定比例对国家重点监控企业进行抽查，指导市、县级人民政府落实网格化管理措施。市、县两级环境保护部门承担日常环境监管执法责任，要加大现场检查、随机抽查力度。环境保护重点区域、流域地方政府要强化协同监管，开展联合执法、区域执法和交叉执法。

二、对各类环境违法行为“零容忍”，加大惩治力度

坚决纠正执法不到位、整改不到位问题。坚持重典治乱，铁拳铁规治污，采取综合手段，始终保持严厉打击环境违法的高压态势。

（五）重拳打击违法排污。对偷排偷放、非法排放有毒有害污染物、非法处置危险废物、不正常使用防治污染设施、伪造或篡改环境监测数据等恶意违法行为，依法严厉处罚；对拒不改正的，依法予以行政拘留；对涉嫌犯罪的，一律迅速移送司法机关。对负有连带责任的环境服务第三方机构，应予以追责。建立环境信用评价制度，将环境违法企业列入“黑名单”并向社会公开，将其环境违法行为纳入社会信用体系，让失信企业一次违法、处处受限。对污染环境、破坏生态等损害公众环境权益的行为，鼓励社会组织、公民依法提起公益诉讼和民事诉讼。

（六）全面清理违法违规建设项目。对违反建设项目环境影响评价制度和“三同时”制度，越权审批但尚未开工建设的项目，一律不得开工；未批先建、边批边建，资源开发以采代探的项目，一律停止建设或依法依规予以取缔；环保设施和措施落实不到位擅自投产或运行的项目，一律责令限期整改。各地要于2016年底前完成清理整改任务。

（七）坚决落实整改措施。对依法作出的行政处罚、行政命令等具体行政行为的执行情况，实施执法后督察。对未完成停产整治任务擅自生产的，依法责令停业关闭，拆除主体设备，使其不能恢复生产。对拒不改正的，要依法采取强制执行措施。对非诉执行案件，环境保护、工商、供水、供电等部门和单位要配合人民法

院落实强制措施。

三、积极推行"阳光执法"，严格规范和约束执法行为

坚决纠正不作为、乱作为问题。健全执法责任制，规范行政裁量权，强化对监管执法行为的约束。

（八）推进执法信息公开。地方环境保护部门和其他负有环境监管职责的部门，每年要发布重点监管对象名录，定期公开区域环境质量状况，公开执法检查依据、内容、标准、程序和结果。每月公布群众举报投诉重点环境问题处理情况、违法违规单位及其法定代表人名单和处理、整改情况。

（九）开展环境执法稽查。完善国家环境监察制度，加强对地方政府及其有关部门落实环境保护法律法规、标准、政策、规划情况的监督检查，协调解决跨省域重大环境问题。研究在环境保护部设立环境监察专员制度。自2015年起，市级以上环境保护部门要对下级环境监管执法工作进行稽查。省级环境保护部门每年要对本行政区域内30%以上的市（地、州、盟）和5%以上的县（市、区、旗），市级环境保护部门每年要对本行政区域内30%以上的县（市、区、旗）开展环境稽查。稽查情况通报当地人民政府。

（十）强化监管责任追究。对网格监管不履职的，发现环境违法行为或者接到环境违法行为举报后查处不及时的，不依法对环境违法行为实施处罚的，对涉嫌犯罪案件不移送、不受理或推诿执法等监管不作为行为，监察机关要依法依纪追究有关单位和人员的责任。国家工作人员充当保护伞包庇、纵容环境违法行为或对其查处不力，涉嫌职务犯罪的，要及时移送人民检察院。实施生态环境损害责任终身追究，建立倒查机制，对发生重特大突发环境事件，任期内环境质量明显恶化，不顾生态环境盲目决策、造成严重后果，利用职权干预、阻碍环境监管执法的，要依法依纪追究有关领导和责任人的责任。

四、明确各方职责任务，营造良好执法环境

有效解决职责不清、责任不明和地方保护问题。切实落实政府、部门、企业和个人等各方面的责任，充分发挥社会监督作用。

（十一）强化地方政府领导责任。县级以上地方各级人民政府对本行政区域环境监管执法工作负领导责任，要建立环境保护部门对环境保护工作统一监督管理的工作机制，明确各有关部门和单位在环境监管执法中的责任，形成工作合力。切实提升基层环境执法能力，支持环境保护等部门依法独立进行环境监管和行政执法。2015年6月底前，地方各级人民政府要全面清理、废除阻碍环境监管执法的"土政策"，并将清理情况向上一级人民政府报告。审计机关在开展党政主要领导干部经济责任审计时，要对地方政府主要领导干部执行环境保护法律法规和政策、落实环境保护目标责任制等情况进行审计。

（十二）落实社会主体责任。支持各类社会主体自我约束、自我管理。各类企业、事业单位和社会组织应当按照环境保护法律法规标准的规定，严格规范自身环境行为，落实物资保障和资金投入，确保污染防治、生态保护、环境风险防范等措施落实到位。重点排污单位要如实向社会公开其污染物排放状况和防治污染设施的建设运行情况。制定财政、税收和环境监管等激励政策，鼓励企业建立良好的环境信用。

（十三）发挥社会监督作用。环境保护人人有责，要充分发挥"12369"环保举报热线和网络平台作用，畅通公众表达渠道，限期办理群众举报投诉的环境问题。健全重大工程项目社会稳定风险评估机制，探索实施第三方评估。邀请公民、法人和其他组织参与监督环境执法，实现执法全过程公开。

五、增强基层监管力量，提升环境监管执法能力

加快解决环境监管执法队伍基础差、能力弱等问题。加强环境监察队伍和能力建设，为推进环境监管执法工作提供有力支撑。

（十四）加强执法队伍建设。建立重心下移、力量下沉的法治工作机制，加强市、县级环境监管执法队伍建设，具备条件的乡镇（街道）及工业集聚区要配备必要的环境监管人员。大力提高环境监管队伍思想政治素质、业务工作能力、职业道德水准，2017年底前，现有环境监察执法人员要全部进行业务培训和职业操守教育，经考试合格后持证上岗；新进人员，坚持"凡进必考"，择优录取。研究建立符合职业特点的环境监管执法队伍管理制度和有利于监管执法的激励制度。

（十五）强化执法能力保障。推进环境监察机构标准化建设，配备调查取证等监管执法装备，保障基层环境监察执法用车。2017年底前，80%以上的环境监察机构要配备使用便携式手持移动执法终端，规范执法行为。强化自动监控、卫星遥感、无人机等技术监控手段运用。健全环境监管执法经费保障机制，将环境监管执法经费纳入同级财政全额保障范围。

各地区、各有关部门要充分认识进一步加强环境监管执法的重要意义，切实强化组织领导，认真抓好工作落实。环境保护部要会同有关部门加强对本通知落实情况的监督检查，重大情况及时向国务院报告。

（国务院办公厅2014年11月12日印发）

环境保护部关于加强基层环保人才队伍建设的意见

（环发〔2014〕170号）

为深入贯彻党的十八大和十八届三中、四中全会精神，落实《生态环境保护人才发展中长期规划(2010~2020年)》要求，进一步提高基层环保人才队伍整体素质和工作能力，为探索环保新路、建设生态文明和美丽中国提供有力的人才支撑，现就加强基层环保人才队伍建设提出如下意见。

一、充分认识加强基层环保人才队伍建设的重要意义

地市级以下基层环保人才队伍，是全国环保系统人才队伍的主体，在推动环保事业发展中发挥着重要作用。近年来，全国基层环保人才队伍建设取得了长足进展，但总体看，仍然存在人才总量不足、能力素质不高、结构不尽合理、高层次专业技术人才缺乏、人才培养工作薄弱等突出问题，与新时期环保工作的新要求、新任务相比还有较大差距。必须从人才兴环保的战略高度，把加强基层环保人才队伍建设摆在更加突出的位置，解放思想，创新机制，采取更加系统有效的措施，努力建设一支思想好、作风正、懂业务、会管理、敢担当、人民满意、适应环保工作需要的基层环保人才队伍。

二、加大基层环保人才交流培养力度

实施“环保专家服务中西部地区行动计划”。每年安排若干名部属单位和东部地区实践经验丰富、业务水平较高的环保专家，针对中西部地区基层环保单位提升工作人员业务水平的需求，开展援助式培养。

实施“中西部地区环保专业技术人才交流培养计划”。每年选派若干名中西部地区基层环保人才到部属单位或东部地区，通过“一帮一、结对子”的形式，在业务导师指导下参与具体业务工作，接受进修式培养。

强化干部实践锻炼，提高综合素质和能力。继续组织基层环保业务骨干到部机关、部属单位和东部地区挂职和学习锻炼。注重选派部机关、部属单位缺乏地方工作经历的干部到基层环保单位，特别是艰苦地区和一线岗位锻炼。

创新科研合作形式培养人才。部属科研单位应积极吸收熟悉实际情况、实践经验丰富的基层环保业务骨干参加科研课题研究，与具备条件的基层环保单位共建环保工程技术中心、生态环境野外观测台(站)等科研平台。各地环境保护部门应积极与相关科研院所、高等院校合作，通过联合开展科研项目培养基层环保人才。

积极推行人才柔性流动机制，培养带动基层环保专业技术人才队伍。通过建立特聘专家、项目合作、兼职等灵活的用人机制，聘请相关领域高层次专家解决业务难题，承担专项工作，培养工作团队。

三、提升基层环保人才教育培训效果

强化职业道德教育，弘扬中国环保精神。把环保行为规范和职业道德准则列为各类教育培训的重要内容，增强基层环保人才的社会责任感和职业认同感。不断培育提升基层环保人才履职尽责意识，狠抓作风养成，巩固党的群众路线教育实践活动成果。

加强培训管理，提高基层环保人才教育培训覆盖面和质量。各级环境保护部门应加强年度培训计划管理，紧紧围绕环保重点难点工作和急需紧缺业务领域，每年安排适量培训班次面向基层环保人才尤其是一线业务骨干。认真开展培训需求调研和质量评估，加强培训绩效管理。

努力创新基层环保人才培训模式，改进教育培训方式方法。坚持培训问题导向，提高基层环保人才培训班次中专题研讨和案例教学的比例，推动教学相长、学学相长。建设全国环保系统网络学习平台、培训师资库和教材库，让基层环保人才共享优质培训资源。

推动建立实训基地，加强基层环保人才实践培训。分级分批遴选具备条件的单位，建立环境监测、环境监察、环境应急等业务领域的实训基地和现场教学点，提升基层环保人才实际操作和解决问题能力。

四、改善基层环保人才队伍结构和评价激励工作

加强基层环保人才队伍管理，提高管理精细化和队伍专业化水平。基层环境保护部门应结合实际制定环境监测、环境监察等岗位职责标准，明确工作人员能力素质要求，增强人岗匹配性。对有规定的岗位，应严格执行持证上岗和资格管理制度。

努力创造条件，改善基层环保人才结构。积极协调有关部门，在“大学生志愿服务西部计划”中设立基层环保岗位，拓宽选人渠道，采取措施，逐步改善基层环保人才工作条件，吸引环保专业毕业生到基层一线和中西部地区工作。鼓励本籍人才学成报效桑梓。注重发挥志愿者在基层环保工作中的作用。

建立基层环保人才激励机制和长期从事环保工作人员荣誉制度。各级环境保护部门组织的各类表彰奖励活动坚持向基层环保人才倾斜。积极发掘和主动培育环保系统“最美基层干部”，加强社会宣传。注重选拔任用德才兼备、实绩突出的基层环保人才。在每年环境日前后，为本单位从事环保工作满30年的人员颁发荣誉证书。

五、加强对基层环保人才队伍建设的组织领导

坚持党管人才原则，进一步加强对基层环保人才工作的领导。各级环境保护部门要增强工作主动性，突出重点，因地制宜，采取针对性、实效性强的措施，稳步推进基层环保人才队伍建设。积极协调同级机构编制和组织人事部门，加强基层环保人才队伍建设。积极协调同级财政部门，将基层环保人才队伍能力建设经费列入财政预算。努力营造良好政策环境，充分发挥调动各方面力量参与基层环保人才工作的积极性。

（环境保护部办公厅2014年11月18日印发）

环境保护部办公厅关于进一步加强环境影响评价机构管理的意见

（环办〔2014〕24号）

建设项目环境影响评价技术服务机构（以下简称环评机构）是建设项目环境影响报告书（表）［以下简称报告书（表）］的法定编制机构。为规范环评从业行为，促进环评机构健康发展，现就进一步加强环评机构管理提出如下意见：

一、充分认识加强环评机构管理的必要性

截至2014年2月，全国共有环评机构1158家，其中甲级机构192家，乙级机构966家。多年来，环评机构在环评工作中发挥了重要的技术支撑和技术服务作用，但也存在一些突出问题：环评机构发展仍不平衡，专业性的大型环评机构数量偏少，部分地区工作能力严重不足；一些环评机构内部管理制度不完善，质量审核体系不健全，环评工程师负责制流于形式，档案合同管理混乱；一些环评机构编制报告书（表）过程中不踏勘现场、不开展环境状况调查、不分析数据可靠性和代表性，甚至弄虚作假；一些环评机构超越资质范围从业，出租、出借资质，甚至通过提供虚假材料等欺骗手段取得资质。这些问题在一定程度上阻碍了环评制度的执行，制约了环评事业的发展，部分问题甚至造成了恶劣的社会影响，损害了环评机构的社会信誉。各级环境保护行政主管部门和各环评机构必须高度重视，认真加以解决。

二、营造更加公平开放的环评市场

加大环评资质信息公开力度，全面公开环评资质受理和审查情况，全面公开环评机构资质等级、评价范围、工作业绩和环评专职技术人员相关信息。各级环境保护行政主管部门及其工作人员不得与环评机构发生利益关系，不得为建设单位指定或向建设单位推荐环评机构，不得在环评机构参股分利。严禁地方各级环境保护行政主管部门以备案等方式设置准入条件，限制外埠环评机构在本地承接环评业务。环评机构须在资质等级和评价范围内接受环评业务委托和开展报告书（表）编制，并与建设单位签订书面委托合同。环评委托合同中不得附加涉及环评审批事项的各类承诺条件，不得由内设、分支机构或个人、其他中介机构代签。鼓励建设单位采取公开招标方式选择环评机构。

三、加快事业单位环评体制改革

全面推进事业单位环评体制改革，现有事业法人类型的环评机构要通过体制改革，形成独立企业法人类型的环评机构，逐步建立起产权清晰、权责明确、政企分开、管理科学的现代企业制度，成为自主经营、自担责任的市场主体。各级环境保护行政主管部门要积极支持改革，加强对改革工作的组织领导和沟通协调，指导所属事业单位做好环评体制改革方案的制订和实施，会同相关部门研究出台改革的配套保障措施，倒排时限，确保实现在2015年底前完成改革的目标任务。各省级环境保护行政主管部门要及时调度本行政区内的环保系统事业单位环评体制改革进展情况，按照稳步推进的原则，抓紧制订2014年、2015年推进改革的具体工作计划，并于2014年4月底前将有关改革的时间进度安排报送环境保护部。环境保护部所属事业单位环评体制改革应在2014年底前完成。各省级环境保护行政主管部门也要确保全省（区、市）环保系统事业单位2014年底前完成环评体制改革的数量，原则上应达到总数的60%以上（不含试点期间已完成改革的单位）。各改制单位要加强对环评体制改革实施过程中环评工作的管理，做到队伍不散、业务不断、质量不降。

四、推动环评机构规模化专业化发展

支持有实力的环评机构开展跨行业、跨地区兼并重组，做大做强，推动形成若干具有行业龙头地位的大型环评机构。支持环评机构加强环评技术研究，发挥专业优势，促进形成企业核心技术和实现品牌化经营。提高新申请环评资质机构和晋升资质等级、调整评价范围的环评机构人员规模和专业准入条件。申请第一个甲级报告书评价范围的，要具有15名及以上环评工程师，申请第二个及以上甲级报告书评价范围的，要具有20名及以上环评工程师，每个甲级报告书评价范围要具有8名及以上相应类别的环评工程师；申请乙级报告书评价范围的，要具有9名及以上环评工程师，每个报告书评价范围要具有4名及以上相应类别的环评工程师；仅申请乙级报告表评价范围的，要具有5名及以上环评工程师。现有环评机构申请资质延续以及西部地区尚无环评机构的地级市（州、盟、地区）仅申请报告表评价范围的，环评工程师数量暂按原规定执行。

五、加强环评专职技术人员管理

环评专职技术人员是环评机构开展环评业务的主

要技术力量，必须为环评机构的全职工作人员。环评机构要完善环评专职技术人员管理制度，建立健全环评专职技术人员引进和使用的激励机制，构建合理的专业人才梯队，培育技术核心人才，鼓励环评工程师和环评岗位证书持有人员通过参加培训等方式更新和补充业务知识，提升专业化水平和对复杂环境问题的分析处理能力。严禁将本机构兼职或未在本机构供职的外单位人员作为环评专职技术人员，用以申请环评资质。环境保护部对在资质申请中隐瞒有关人员情况或提供虚假人员材料的机构，一律不予批准资质，相关机构一年内不得再次申请资质；对已取得资质的，一经发现，一律撤销资质，相关机构三年内不得重新申请资质；对隐瞒个人情况、虚报本人全职工作单位的相关人员按照有关规定予以处理，并纳入从业人员信用信息系统。环评机构中的环评专职技术人员情况发生变化的，应及时向我部报告。环境保护部每年年中对环评机构人员情况进行抽查，对抽查中发现不符合相应资质条件的机构，重新核定其资质等级和评价范围。

六、健全环评工作质量保证体系

环评机构要努力提高报告书（表）的科学性和规范性，确保报告书（表）内容客观真实和环评结论正确可信。要建立和完善报告书（表）从业务承接到资料存档的全过程管理制度，细化质量控制程序，明确各环节质量责任。环评机构应独立主持编制报告书（表），对确需委托其他单位完成的专业性和基础性工作，应明确委托事项，认真分析审核协作单位提供的调查资料、监测数据和技术报告，并对报告书（表）质量负责。报告书（表）项目负责人须由主持编制报告书（表）机构中相应类别的环评工程师担任，负责组织项目现场踏勘，深入了解项目相关情况，组织报告书（表）的起草编制和审核，对报告书（表）质量负主要责任。报告书各章节负责人须由主持编制报告书机构中的环评专职技术人员担任，对相关章节质量负主要责任。

七、强化环评机构日常监督管理

各级环境保护行政主管部门应结合报告书（表）受理和审批，加强对环评机构的日常监督与考核。在受理报告书（表）时，应对编制报告书（表）机构的资质有效性及其与建设单位签订的书面委托合同进行查验，对编制机构不具备相应资质等级和评价范围、项目负责人不具备相应专业类别，以及编制机构与合同签订机构不一致或由其分支机构等签订合同的报告书（表）不予受理。在报告书（表）审批过程中，对未落实环评工程师责任制和质量较差的报告书（表）不予审批。地方各级环境保护行政主管部门在报告书（表）受理和审批中发现上述问题的，应将有关情况记入环评机构日常考核结果，可视情况采取通报批评或在辖区内限期整改的管理措施，并将相关情况及时抄报环境保护部。环境保护部对受到地方环境保护行政主管部门通报批评和限期整改的环评机构，一年内不予批准资质等级晋升和评价范围调整，并将相关情况纳入环评机构信用信息系统向社会公开。

八、提高环保部门科学管理水平

各级环境保护行政主管部门在环评审批工作中，要进一步加强自身能力建设，及时了解宏观经济发展动态和产业政策导向，熟练掌握环境准入标准和审批原则，正确运用环评管理相关法律法规，提高环评审批工作的执行力和公信力。要进一步转变工作作风，规范监管行为，健全勤政廉政措施。要坚持依法行政，坚持公平、公正原则，防止出现地方保护和行业保护。要听取和采纳环评机构的合理诉求，维护其合法权益，对环评机构采取的通报批评和限期整改措施要做到事实清楚、依据充分。

（环境保护部办公厅2014年3月5日印发）

环境保护部办公厅关于推进环境保护公众参与的指导意见

（环办〔2014〕48号）

环境保护公众参与是指公民、法人和其他组织自觉自愿参与环境立法、执法、司法、守法等事务以及与环境相关的开发、利用、保护和改善等活动。公众参与环境保护是维护和实现公民环境权益、加强生态文明建设的重要途径。积极推动公众参与环境保护，对创新环境治理机制、提升环境管理能力、建设生态文明具有重要意义。为深入落实党的十八大和十八届三中全会精神，进一步推进公众参与环境保护工作的健康发展，特制定以下指导意见。

一、指导思想

以邓小平理论、“三个代表”重要思想、科学发展观为指导，认真贯彻落实习近平总书记系列讲话精神，坚持以人为本，尊重和保障公众的环境知情权、参与权、表达权和监督权，积极构建全民参与环境保护的社会行动体系，广泛动员社会力量，为推动环境质量全面改善，共同建设美丽中国而奋斗。

二、基本原则

（一）畅通渠道、接受监督。积极搭建公众参与环境保护平台，畅通联系渠道，及时公布涉及环境法律法规、政策制定、环境决策、环境管理等方面的信息，接受社会监督。

（二）依法有序、理性有效。不断规范公众参与程序，加强宣传引导，确保各项公众参与活动有法可依、有序开展；积极探索参与的形式和方法，使公众参与切实有效。

（三）平等自愿、公益优先。坚持公众在参与环境事务过程中自主自愿，参与主体地位平等，参与多元、广泛。鼓励出于公益目的的参与行为，推进环境公益事业健康发展。

三、主要任务

（一）加强宣传动员。培育公众参与环境保护的热情，广泛动员公众参与环境保护事务，维护自身的环境权益。推动电视、广播、报纸、网络和手机等媒体积极履行环境保护公益宣传社会责任，培养公众的环境伦理和道德，使公众理解并支持环保政策，知晓环境知识，提升环境素养，掌握参与技巧，提高参与能力，推动公众依法、理性、有序参与环保事务。

（二）推进环境信息公开。环境信息公开和透明是公众参与的前提，除法律法规规定的不得公开的环境信息外，各级环境保护部门应当主动公开环境信息。完善环境信息发布机制，细化公开条目，明确公开内容。通过政府和环境保护行政主管部门门户网站、政务微博、报刊、手机报等权威信息发布平台和新闻发布会、媒体通气会等便于公众知晓的方式，及时、准确、全面地公开环境管理信息和环境质量信息。加强新闻发言人制度建设，及时回应群众关注的环保热点和焦点问题。积极推动企业环境信息公开，定期公布重点企业污染物排放情况，监督企业公开污染物排放自行监测信息。开展企业环境信用等级评定工作，定期公布评定结果。

（三）畅通公众表达及诉求渠道。建设政府、企业、公众三方对话机制，开辟有效的意见表达和投诉渠道，搭建公众参与和沟通的对接平台。发挥环保社会组织在不同利益群体之间化解环境矛盾与纠纷的作用，为百姓分忧，为政府助力。支持环保社会组织合法、理性、规范地开展环境矛盾和纠纷的调查和调研活动，对其在解决环境矛盾和纠纷过程中所涉及的信息沟通、对话协调、实施协议等行为，提供必要的帮助。

（四）完善法律法规。建立健全环境公益诉讼机制，明确公众参与的范围、内容、方式、渠道和程序，规范和指导公众有序参与环境保护。加强与司法机关的协调沟通，加大公众参与环境保护的司法保障。制订和采取有效措施保护举报人，避免举报人遭受打击报复。在公众向人民法院提请环境污染损害赔偿民事诉讼时，环境保护行政主管部门应当对环境污染损害取证等事务给予支持。

（五）加大对环保社会组织的扶持力度。建立环保社会组织服务记录制度，对环保社会组织的服务进行及时、完整、准确记录，为表彰激励提供依据。加强与环保社会组织的沟通与交流，增进理解与互信。坚持服务与培训并重的原则，在通过项目资助、政府向社会组织购买服务等形式促进环保社会组织参与环境保护的同时，对环保社会组织及其成员进行专业培训，提升其公益服务意识、服务能力和服务水平，使他们成为公众参与的中坚力量。积极支持环保社会组织开展环境保护宣传教育、咨询服务、环境违法监督和法律援助等活动，充分发挥环保社会组织在参与环境政策、法规、规划和标准的制定与实施中的咨询与参谋作用，鼓励他们为完善环保法律法规和政策制定积极建言献策。

四、重点领域

（一）大力推进环境法规和政策制定的公众参与。在环境法规、政策、规划和标准的制定、修改过程中，应依法在政府和环境保护行政主管部门门户网站、当地主流媒体上公布草案，召开座谈会、论证会、听证会等，公开征求公众意见，并对公众意见的征求、采纳情况及时予以公布。

（二）大力推进环境决策的公众参与。提高环境决策透明度，鼓励建立环境决策民意调查制度，把民意支持度作为是否决策的重要参考。建立健全专家论证会制度，发挥专家的专业支撑作用。鼓励公众、社会组织全程参与环境规划的实施与考核，提高环境决策民主化和科学化水平。

（三）大力推进环境监督的公众参与。环境保护行政主管部门可以聘请人大代表、政协委员、民主党派和无党派人士、环保社会组织代表担任环境保护特约监察员，对环境保护行政主管部门的环境执法工作进行监察；可以聘请环保志愿者、环保社会组织代表担任环境保护监督员，监督企业的环境保护行为和建设项目的环境事务。对公众反映的环境问题，环境保护行政主管部门应积极调查处理并及时反馈信息。支持新闻媒体进行舆论监督。

（四）大力推进环境影响评价的公众参与。严格落实环境影响评价公众参与的有关规章制度，及时公开建设项目环评信息，并召开专家论证会、公众听证会，充分、广泛征求公众意见。环境保护行政主管部门在受理建设项目或规划环境影响报告书后，要向公众公告环境影响报告书受理的有关信息。在作出审批或者重新审核决定后，应将审批或审核结果进行公告。环境保护行政主管部门在建设项目竣工环境保护设施验收、重点工业污染防治及生态恢复治理工程完成时，要公开征求公众意见，并对公众提出的合理意见予以采纳。

（五）大力推进环境宣传教育的公众参与。严格落实全国环境宣传教育行动纲要及相关政策，引导公众和环保社会组织积极参与环境宣传教育和知识普及工作。加强与电视、广播、报刊等传统媒体的深度合作，发挥网络、手机、微博等新媒体的作用，及时发布环境信息，解读相关政策，为公众解疑释惑。

五、保障措施

（一）加强组织领导。地方各级环境保护部门要把做好环境保护公众参与工作摆上重要日程，制定工作计划，逐级落实责任。要加强工作机构建设，已经设置专门机构的，要加强力量配置，把专业水平高、责任心强的人员配置到关键岗位；尚未设置专门机构的，要明确专人负责，并保障必要的工作经费。建立与当地宣传部门的联动机制，确保信息互通互享。

（二）开展业务培训。要建立培训工作常态化机制，通过集中授课、解读交流、案例分析等方式对负责环境保护公众参与的人员进行相关知识和技能培训，不断提高他们的政策把握能力、解疑释惑能力、沟通协调能力和反馈引导能力。

（三）完善相关制度。建立健全环境保护公众参与相关制度，完善考核、检查等工作措施，加强政府各部门间的合作联动，及时协调解决公众参与方面的矛盾和问题，确保环境保护公众参与工作健康发展。

（环境保护部办公厅2014年5月22日印发）

广西壮族自治区人民政府关于进一步加强基层环境监管能力建设的意见

（桂政发〔2014〕53号）

为贯彻落实党的十八届三中全会关于深化生态文明体制改革的部署，根据新修订的《中华人民共和国环境保护法》、《国务院关于加强环境保护重点工作的意见》（国发〔2011〕35号）、《中共广西壮族自治区委员会　广西壮族自治区人民政府关于开展以环境倒逼机制推动产业转型升级攻坚战的决定》（桂发〔2012〕9号）的有关要求，现就进一步加强广西基层环境监管能力建设提出如下意见。

一、重要性和紧迫性

当前，广西环境保护形势严峻。一方面，长期粗放的增长方式致使环境问题不断累积、日趋凸显，已对经济可持续发展、人民群众身体健康造成影响，且随着工业化、城镇化加快发展，环境保护面临的压力和挑战前所未有。另一方面，广西环境监察、监测、预警和应急等监管能力仍较薄弱、整体建设水平不高，特别是基层普遍存在队伍不健全、人员素质偏低、设备装备缺乏、业务用房不足等问题，难以适应环境保护新形势、新要求。环境保护事关经济社会协调可持续发展，事关人民群众切身利益和社会和谐稳定。环境监管能力是环境保护工作的重要基础和保障。

加强环境监管能力建设，提升环境监管水平，是应对严峻的环境安全形势、提高生态文明水平的现实需要和紧迫任务，是保障和改善民生、维护公共安全、建设富裕文明和谐新广西的客观要求。全自治区各级人民政府要高度重视环境监管能力建设，强化环境保护责任意识，采取有效措施尽快改变基层环境监管能力薄弱的状况，全面提升环境监管能力和水平，为经济社会更好更快发展和构建和谐社会提供有力保障。

二、总体要求

根据国家和自治区相关环境监管能力标准化建设要求，以基层环境监测、监察、应急、固体废物管理、辐射安全管理等能力建设为重点，通过多方面政策、资金支持和强化培训管理，着力解决队伍建设、基础设施建设、监测和执法设备装备、业务技能等方面的薄弱环节和突出问题。

力争用两年的时间，基本形成较为完善的环境监管监测及预警应急体系，队伍素质明显提高，基层环境监管基础保障能力和监管水平与履职要求相适应。到2014年底，重点加强14个设区市及武鸣、横县、柳江、柳城、鹿寨、临桂、恭城、岑溪、桂平、平果、西林、金城江、宜州、大化、扶绥等15个县（市、区）环境监测机构，14个设区市环境监察、应急管理、辐射安全监管机构，南宁、柳州、桂林、北海、河池、防城港、贺州等7个设区市和河池市金城江区、南丹县、环江毛南族自治县等3个国家重金属重点防控区的固体废物管理机构建设。到2015年底，力争14个设区市和40%的县级环境监测机构、14个设区市和70%的县级环境监察机构、14个设区市环境应急管理机构、14个设区市和重点县（市、区）固体废物管理、辐射安全监管机构能力建设得到进一步加强；全自治区基层环境监测、监察、应急、固体废物管理、辐射安全管理等监管能力达到全国西部地区中上水平。

三、主要任务

（一）加强基层环境监测及预警应急能力建设。各设区市环境监测机构尽快配备完整的饮用水水源地水质109项指标全分析仪器和基于细颗粒物（$PM_{2.5}$）等6项指标的空气质量自动监测设备；县级环境监测机构配备能够基本满足常规监测及污染源监督性监测需求的仪器设备，并建设1个环境空气质量自动监测站。在重点流域、国家及自治区重金属污染重点防控区等所在县（市、区）补充必要的重金属监测仪器设备，使其形成重金属污染监督性监测能力。完善全自治区水质自动监测系统，在跨国界河流及跨省界、跨设区市界河流交接断面新建一批水质自动监测站，并配齐重金属、有机物、生物毒性等指标监测设备。建立健全环境应急体系，按照能够同时应对两起突发重大环境污染事件的要求，将南宁、柳州、桂林、梧州、北海、百色、河池等7个设区市市级环境监测站建设成区域性应急监测分中心，有针对性地配备应急监测设备和交通工具，建立环境监测数据信息化管理平台，以提升其快速反应能力，打造“两小时应急监测圈”；设区市和有条件的县级环境保护部门配备应急指挥、通讯、现场调查、防护等设备装备，实现自治区、市、县三级环境应急联动。

（二）加强基层环境监察能力建设。根据国家环境监察机构标准化建设要求和实际需要，补齐市、县两级环境监察机构应配置的专项执法、现场执法交通工具和取证、通讯、办公、信息化设备，重点加强工矿企业集中区域、重金属污染重点防控区等所在市、县（市、区）环境监察机构标准化建设。加强设区市污染源自动监控中心建设，并建立移动执法数据平台，配置移动执法终端，提升环境执法现代化、信息化、规范化水平。

（三）加强基层固体废物和辐射安全监管能力建设。各设区市要加强市级固体废物管理、辐射环境监管监测机构建设，配备适应工作需要的专业人员。固体废物管理机构应配置危险废物转移GPS定位追踪监视设备、现场取证设备和交通工具；辐射环境监管监测机构应配备辐射环境监测与事故应急仪器设备，形成电离辐射、电磁辐射监测和辖区内核技术应用、电磁辐射项目的监管能力。各县级环境保护部门应配置固体废物和辐射安全监管员。

（四）夯实基层环境综合监督管理基础。市县人民政府要结合转变政府职能和机构改革，进一步加强基层环境保护机构建设。在不突破各地事业编制总量的情况下，进一步盘活存量，优化结构，调剂人员编制，以适应日益繁重的环境保护任务需要。编制确实难以调剂的，通过政府购买服务的方式予以解决。加快落实基层环境监察、监测、应急、固体废物管理、辐射安全监管等机构监督执法人员纳入公务员管理序列。探索建立乡镇环境管理体制机制，明确负责乡镇环保工作的机构，落实专（兼）职管理人员，推动环境监管工作向农村延伸。要重视并着力解决基层环保监管业务用房紧缺的问题，在建设资金、用地等方面给予支持，确保业务用房面积达到标准化建设的要求。将全自治区各级环境监察、监测和应急用车纳入特殊业务用车和特种专业技术用车配备序列管理范围，并根据国家相关环境监管能力标准化建设要求和各地区实际，配备适应工作需要的环境监察、监测和应急交通工具。

（五）加强基层环保监管队伍培训和管理。全自治区各级环境保护部门要根据新形势下环境管理的需要，制订人才培养规划，创新培训方式，加大培训和演练力度，切实增强培训实效，不断提升基层环境监管人员业务素质和能力。基层环保监管队伍补充人员时，要坚持公开、平等、竞争、择优的原则，重点从具备环保专业知识和具有环保工作经验的人员中考试录用或公开招聘，确保进入环境保护部门的人员懂专业、能力强，同时进一步加强和规范队伍的管理，打造一支高素质的环保监管队伍。

四、保障措施

（一）加强领导。各市县人民政府要切实履行环境保护职责，将环保监管能力建设纳入经济社会发展规划，组织有关部门认真研究加强基层环境监管能力建设的问题，采取必要措施帮助解决实际困难。要结合本地区实际，制订环境监管能力建设方案，将各项任务分解到相关部门和单位，落实责任。

（二）保障资金投入。要按照财政管理体制改革要求，分清事权，分级负责基层环境监管能力建设和运行保障经费。自治区财政厅、发展改革委、环境保护厅等部门要积极争取中央相关专项资金，加大自治区本级财政资金投入力度，对基层环境监管能力建设进行统筹安排；各市县人民政府负责本地区环境监管能力建设，所需支出纳入年度预算予以保障。

（三）加强指导和督促检查。环境保护厅要会同有关部门对各地基层环境监管能力建设工作加强指导和督促检查，并于2015年1月、2016年1月分别组织对设区市基层环境监管能力建设工作进行检查评估，评估结果报自治区人民政府。

（广西壮族自治区人民政府2014年8月11日印发）

自治区环境保护厅关于加强基层环保能力建设的指导意见

（桂环发〔2014〕7号）

加强和提升环境保护监管能力，建设一支专业化、高素质的环境监管队伍，是环境安全工作的重要基础，也是经济社会可持续发展的重要保障。近年来，在国家的重视、支持下，经过全自治区各级政府及环境保护部门的共同努力，广西环境监管能力建设得到了加强。但由于环境监管能力建设涉及体制机制改革，需要大量投入，从目前的状况看，广西环境监管整体能力仍然薄弱，尤其是基层环境监管机构不健全、人员缺乏且素质不高、监测预警和应急能力不足、队伍建设激励稳定机制仍不完善等问题还未能很好地解决，仍难以适应环保工作新形势新任务的要求。为了进一步增强广西基层环境监管能力，全面提升监管水平，结合广西环境保护工作实际，提出如下指导意见。

一、指导思想

贯彻落实党的十八届三中全会以及全国环保工作会议精神，以“抓基层，打基础，强能力，保安全”为主题，以开展“基层环保能力建设年”活动为载体，加快推进全区基层环境监测、监察、应急、固体废物管理、核与辐射安全监管等能力标准化建设，着力解决基础设施建设、监测和执法设备装备、机构编制人员、业务技能等方面存在的突出问题，夯实环境监管基础，提高队伍素质，不断提升环境执法和监管水平，满足环保机构履职与环保事业发展的需要，更好地服务经济社会发展，为实现广西“两个建成”目标提供有力保障。

二、建设原则

（一）统筹规划，分步实施。在摸清底数的基础上，依据国家和自治区“十二五”环境监管能力建设规划所确定的建设内容和建设标准，综合考虑不同地区环境特点、环境功能定位、差异性和基本需求，按照“市县兼顾、重点在县”的工作思路确定建设目标、任务，有计划、分步骤地推进各级环境监测、监察、预警应急、固体废物管理、核与辐射安全监管五大领域能力建设。

（二）突出重点，确保急需。根据重点工作需要，合理配置资源，优化建设布局，重点加强基层环境监管机构标准化建设，重点建设完善跨国、跨省、跨市主要河流水质自动监控预警体系、区域性应急监测中心、主要城市空气环境质量监测预警体系、重金属重点防控区域监控体系、近岸海域水质监控预警和应急体系；重点解决基层业务用房、监测和执法设备装备，优先支持机构及编制人员已落实、业务用房已建成、具备能力上台阶的市、县(市、区)，使之尽快形成监管能力。

（三）分清事权，上下联动。进一步加强沟通协调，增强各级人民政府的环保责任意识，充分调动各级人民政府加强环境监管能力建设的主动性，分清各级事权，自治区根据需要给予必要的政策、项目和资金支持，推动各级人民政府落实机构、人员编制和配套建设运行经费。

（四）厉行节约，严控标准。各级应积极筹措建设资金，严格执行中央和自治区的有关规定，以满足工作需要为原则，对业务用房项目建设规模、标准和交通工具保有量从严控制，合理安排建设资金，防止重复建设和设备闲置，最大限度发挥建设资金使用效益。

三、工作目标

按照国家和自治区环境监测、监察、应急、固体废物管理、核与辐射安全监管能力标准化建设的要求，多方面争取政策、资金支持，力争用两年时间使基层环境监测、监察、应急、固体废物管理、核与辐射安全监管等基础保障能力明显增强，一线履职能力显著提高，硬件设施和能力与履职要求相适应。到2014年底，广西20个市、县监测站基本达到标准化建设要求，14个设区市环境监察、应急管理、核与辐射安全监管机构基本达到标准化建设要求；6个设区市(柳州、桂林、北海、防城港、河池、贺州)固体废物管理机构基本达到标准化建设要求；到2015年，全自治区环境保护监管机构进一步建立健全，监管力量得到进一步充实，执法装备配备满足监管需要，监管人员素质得到提升，力争市、县两级监测站标准化建设达标率分别为80%和40%，县级监察机构标准化达标率70%，14个设区市固体废物管理、核与辐射安全监管能力建设基本达到标准化建设要求，全自治区基层能力建设水平达到全国西部中上水平。

四、主要任务

（一）加强环境监测及预警能力建设

推进基层环境监测站和辐射站标准化建设。配强市级，进一步配备、完善市级监测站饮用水水源地109项全指标分析、空气质量6项指标监测及预警仪器设备，使之具备较强能力。配齐市级辐射站基本监测设备，配齐县级监测站基本监测设备，满足常规监测需要；重点流域、国家和省级重金属污染重点防控区等所在县、区补充必要的重金属监测仪器设备，推动县级环境监测站形成污染源监督性监测能力。打造两小时应急圈，重点扶持7个区域监测分中心应急监测能力，有针对性地配备完善应急设备。完善环境监控预警体系，在重点流域跨行政区交界断面新建水质自动监测站3座(包括：桂林市的资江广西—湖南省界断面、百色市的剥隘河云南—广西省界断面、梧州市的黄华河广东—广西省界断面)，现已建成运行的水质自动站视需求增加重金属监测仪器，并接入自治区环境监管与预警信息系统。

（二）推进基层环境监察机构标准化建设

配齐各级环境监察机构执法设备装备。鼓励、帮助各级市、县(市、区)环境监察机构根据实际需要增加专项执法设备和强化现场执法装备。着重加强重点流域、污染源重点区域、重金属污染重点防控区等所在市、县级环境监察机构标准化建设。建立移动执法数据平台，对有条件的市、县级环境监察机构配置移动执法终端，推动执法规范化、现代化、信息化；完成南宁市、百色市环境监察移动执法试点工作，力争实现14个设区市推广运用环境监察移动执法。推进自治区、市污染源自动监控中心建设，按财政现行管理体制分级保障监控中心运行经费、提高广西污染源自动监控能力。

（三）推进基层环境应急机构标准化建设

配齐区、市两级环境应急指挥系统、通信设备、现场调查设备、防护装备、应急交通装备等硬件设施；有针对性地为有条件的县级环境保护部门配备应急调查、通讯、防护、交通等装备，实现自治区、市、县(有条件的县)三级环境应急指挥联动。

（四）推进基层固体废物管理机构标准化建设

推进设区市及重点县(区)成立固体废物管理中心(或专职机构)，其余县(区)环境保护局设立固体废

物专管员。市级固体废物管理机构配置必备的危险废物转移GPS定位追踪监视设备、现场取证设备、办公管理设备，推动固体废物管理规范化、现代化、信息化。

（五）推进核与辐射安全监管机构标准化建设

推动各市按标准化建设的要求建立健全市级核与辐射安全监管机构，县（区）环境保护局配备核与辐射安全监管人员；市级辐射站按标准化建设要求配齐仪器设备。

（六）推动基层环境监管业务用房建设

督促、指导市县环境保护部门严格对照国家环境监管业务用房建设标准，加快业务用房项目建设前期工作。优先支持已建（尚未获得过国家资金支持）、在建、具备开工条件的县（市、区）业务用房建设。在国家专项补助资金落实的前提下，2014~2015年，全自治区力争完成77个业务用房项目建设（其中2014年54个、2015年23个），使所有市、县（区）基本达到国家标准要求的业务用房，业务用房标准化建设达标率达到100%。2014年要重点确保27个前期工作手续完成较好的项目开工并基本完工，其余50个项目要督促加紧前期工作，力争年内开工。

（七）加强人员培训教育

通过多种形式加强各级环境保护部门业务培训，提升业务素质和能力。实施千人培训计划，采取培训班、技术大讲堂、巡回指导、技术大比武、应急演练以及挂职锻炼、跟班学习等方式，分层次开展监管和现场执法、监测、应急业务培训，自治区对100名基层环保局长、基层500名监测人员、500名监察应急人员、70名核与辐射安全监管人员、50名固体废物管理人员进行培训；每个市也要对辖区内80%以上县（区）环境监察、监测、应急业务人员进行培训，重点培养一批业务骨干。推行监测人员持证上岗培训制度。

（八）加强基层依法行政的能力

加强全系统环境保护法律法规的学习培训，以案说法，加强警示教育，使基层环保人员懂法、守法、严格执法，充分运用“两高”司法解释等法律武器严厉打击环境违法行为。

（九）推动健全基层环境监管机构

积极协调编制管理部门，切实加强市、县两级环境监测、监察、应急、固体废物管理、核与辐射安全监管机构建设，协调争取解决基层环保监测、监察、应急、固体废物管理、核与辐射安全监管机构编制、行政级别、机构性质等突出问题，提高工作人员工作积极性。探索建立乡镇一级环保机构，探索试行环保兼职或雇员方式授权履职，消除基层环境监管盲区。加强基层环保队伍政治保障，结合开展党的群众路线教育实践活动，切实提高队伍人员政治素质和业务水平，努力把基层环境保护部门打造成为“党委政府信任、人民群众喜爱、污染企业惧怕”的为民务实清廉部门。

五、实施步骤

（一）准备阶段（2013年12月至2014年1月）

一是成立自治区环境保护厅“基层建设年”领导机构，明确分工，强化责任。二是开展基层能力建设大调研，摸清底数，了解需求。三是研究制订“能力建设活动年”指导意见及实施方案，周密计划，精心安排。

（二）启动阶段（2014年2月）

适时召开基层建设年启动会，进行宣传动员、安排部署，统一全系统干部职工的思想，激发基层参与能力建设年活动的积极性。厅领导、直属单位带队到具体帮扶的市、县环境保护局进行对接，制订具体帮扶方案。

（三）实施阶段（2014年3月至2015年11月）

按照实施方案和工作计划，分阶段、分步骤组织实施。选择2个基层能力建设基础较好的典型县召开现场会（计划监测、监察各选择一个县委、县人民政府大力支持环保基层能力建设的县召开现场会），推广先进经验和做法，典型示范，以点带面。开展建设工作推进情况的检查，并进行中期评估。根据实际情况作必要的调整和完善。

（四）总结阶段（2015年12月）

对能力建设工作成效进行总结、评估，通报基层能力建设年活动情况，表彰激励先进典型。研究提出“十三五”环保能力建设思路。

六、保障措施

（一）加强基层能力建设工作的组织领导

自治区环境保护厅成立基层环境监管能力建设工作领导小组，有关处室、直属单位为成员单位，负责基层能力建设工作的组织实施、方案制定、资金筹措、督促指导。各市、县环境保护部门要相应成立领导机构，并落实专人负责相关工作。

（二）出台加强基层环保能力建设的指导性文件

及时向自治区党委、政府汇报基层环保监管能力现状及问题，推动将环境保护工作纳入对各级政府政绩考核评价的内容，争取自治区人民政府制定出台加强全区基层环境监管能力建设的指导性文件，对各级政府提出明确要求，切实提高各级政府对环境监管能力建设重要性和紧迫性的认识，增强落实主体责任的自觉性，将本地区环境监管能力建设所需支出纳入同级政府预算予以重点保障。各市也要出台相关措施，推动辖区各县环境监管能力建设工作。

（三）积极协调和帮助解决基层能力建设问题

积极协调编制部门，探索健全基层环境监管机构的思路办法。深入开展调研活动，实行厅领导对点帮扶，每名厅领导确定1~2个市及县作为联系点开展对口帮扶，主动与当地党委、政府领导沟通协调，并通过项目带动、资金支持等方式争取当地党委、政府对环保工作的重视和支持，协调、帮助市县环境保护部门解决机构编制、监察监测部门行政级别、人员待遇、业务用房、监测执法用车入编等方面遇到的困难和问题，力求率先取得突破。环境监管能力较强的南宁市、柳州市、桂林市环境保护局分别负责帮助辖区内2个县通过监测、监察标准化验收，其余每个市负责对口帮扶辖区内一个基层单位。领导帮扶的重点市、县要在机构编制、硬件设施、精神文明建设等方面的能力全面提高。

（四）积极筹措落实建设资金

适应财政管理体制改革要求，分清事权财权，多渠道筹措资金，支持基层能力建设。对接国家和自治区环境监管能力建设规划，积极争取中央专项资金和自治区本级资金支持，力争筹措1亿元资金支持市、县（区）环境监管能力建设项目。地方人民政府也要在项目建设资金、用地、日常运行经费方面给予重点保障。

（五）完善激励和问责机制

加强全系统干部职工的思想政治教育，进一步增强责任意识，牢固树立为民务实清廉理念，提高依法行政和履职能力。积极协调组织部门建立环境保护部门干部任用激励机制，充分利用双管干部机制保护和使用好环保系统干部，将环保工作任务完成得好、成绩突出的市、县环境保护部门领导班子向同级党委组织部通报，为环境保护部门多出干部创造条件，并对工作贡献大的一线监测、监察人员给予表彰；对市县调整环境保护部门干部进行严格把关，对环保干部的调整也可以说“不”。完善、规范环保行政过错问责机制，协调监察部门制定环境监管履职免责办法，明确环境监管免责情形，使正确履行职责的环保监管人员得到保护，减缓思想压力。对基层建设能力做得好，积极性高的市、县（区），给予表彰，并优先予以资金项目扶持、奖励。

七、工作要求

基层环保能力建设不是简单的添置设备，增加人员，而是一个全面的系统工程。做好基层建设年活动的各项工作，必须正确处理好以下“五个关系”。

（一）处理好硬件与软件建设的关系。既要配齐仪器设备、装备等硬件设施，又要想方设法加强机构编制建设，提高人员政治素质和业务技能，增强工作责任心。

（二）处理好输血与造血的关系。加强基层能力建设，不能单靠中央、自治区的帮助，要全系统都行动起来，上下一条心，拧成一股绳；市县环境保护部门不能有“等、靠、要”思想，既要积极争取中央和自治区的支持，更重要的是积极争取地方政府的支持。要将环境保护监管能力建设纳入地方政府领导班子综合考核评价的重要内容，作为干部选拔任用、奖励处罚的重要依据。

（三）处理好基层建设与环境安全的关系。要充分认识到环保能力建设对保障环境安全的重要性，充分认识到加强基层能力建设就是为环境安全提供基础保障。要以基层建设年为契机，重点提升跨国、跨省、跨流域、重金属重点防控区域、钦北防石化工业区域、饮用水源保护区的环境监测、监察、应急、固体废物管理能力，着力打造两小时应急监测圈，运用形成的能力确保环境安全。

（四）处理好政府与市场的关系。探索和运用市场机制推动基层环保能力建设工作，个别地区可以通过“试点先行、分步推进”的模式推动广西环境监测市场化进程，发挥科研院所、社会团体、企业等市场主体的积极性，进一步提升环境监测工作效率。做好有奖举报、信息公开工作，以社会监督、群众监督推动环境监察工作上一个台阶。

（五）处理好奖优与罚劣的关系。探索建立基层能力建设“奖先惩后”的长效机制。对“基层建设年”活动开展较好、成效显著的市、县，及时总结，加强宣传，表彰先进，树立典型，优先安排中央和自治区环保专项资金；对工作有困难的、工作推动较慢的市、县，要深入基层帮助解决问题，采取通报批评、约谈、暂停受理新增污染物排放建设项目环评审批等手段，推动工作。对在2014年6月底前仍未按《广西壮族自治区人民政府办公厅关于印发全面深入开展环境安全隐患大清查大整治行动方案的通知》（桂政办电〔2013〕111号）要求建立ICP-MS、ICP重金属检测实验室，并配备样品前处理设备的设区市，暂停受理其新增重金属污染物排放建设项目的环评审批；未配备便携式GC-MS检测仪的沿海设区市，暂停受理其新增有机污染物排放建设项目的环评审批；对在2015年内未完成固体废物管理机构标准化建设、不具备固体废物监管能力的设区市，暂停受理其新增重金属污染物排放或新增产生危险废物建设项目的环评审批；对在基层建设年中工作不力的市、县（区），暂停安排中央和自治区环保专项资金。

自治区环境保护厅基层能力建设对点帮扶方案

挂点领导名单	对点帮扶地级市	对点帮扶县（市、区）	责任处室
自治区副主席林念修		富川县	办公室、规划财务处
自治区环境保护厅厅长檀庆瑞		田阳县	办公室、规划财务处

续表

<table>
<tr><th>挂点领导名单</th><th>对点帮扶地级市</th><th>对点帮扶县（市、区）</th><th>责任处室</th></tr>
<tr><td rowspan="3">自治区环境保护厅副厅长钟兵</td><td>来宾市</td><td>金秀县</td><td>自治区环境监察总队、规划财务处</td></tr>
<tr><td rowspan="2">崇左市</td><td>扶绥县</td><td rowspan="2">自治区环境应急与事故调查中心、规划财务处</td></tr>
<tr><td>天等县</td></tr>
<tr><td rowspan="4">自治区环境保护厅副厅长黎敏</td><td rowspan="2">南宁市</td><td>宾阳县</td><td rowspan="2">环境影响评价管理处</td></tr>
<tr><td>武鸣县</td></tr>
<tr><td rowspan="2">百色市</td><td>平果县</td><td rowspan="2">核与辐射安全管理处、自治区环境监测中心站</td></tr>
<tr><td>西林县</td></tr>
<tr><td rowspan="2">自治区环境保护厅副厅长粟定成</td><td rowspan="2">桂林市</td><td>临桂县</td><td rowspan="2">自然生态与农村环境保护处</td></tr>
<tr><td>灌阳县</td></tr>
<tr><td rowspan="3">自治区环境保护厅副厅长蹇兴超</td><td>钦州市</td><td>灵山县</td><td>污染防治处</td></tr>
<tr><td>北海市</td><td>合浦县</td><td>污染物排放总量控制处</td></tr>
<tr><td>防城港市</td><td>东兴市</td><td>自治区辐射环境监督管理站</td></tr>
<tr><td rowspan="3">自治区环境保护厅总工程师陈晓菲</td><td rowspan="3">河池市</td><td>南丹县</td><td rowspan="3">重金属处、自治区固体废物管理中心</td></tr>
<tr><td>金城江区</td></tr>
<tr><td>宜州市</td></tr>
<tr><td>自治区环境保护厅纪检组长梁远略</td><td>贵港市</td><td>桂平市</td><td>监察室、自治区环境保护科学研究院</td></tr>
<tr><td rowspan="2">自治区环境保护厅巡视员冯振年</td><td>梧州市</td><td>岑溪市</td><td>自治区环境信息中心、自治区环境监测中心站</td></tr>
<tr><td>贺州市</td><td>昭平县</td><td>科技标准处、自治区环境监察总队</td></tr>
<tr><td rowspan="2">自治区环境保护厅副巡视员邓超冰</td><td rowspan="2">柳州市</td><td>鹿寨县</td><td>环境监测处、自治区环境监测中心站</td></tr>
<tr><td>柳江县</td><td>环境监测处、自治区海洋环境监测中心站</td></tr>
<tr><td rowspan="2">自治区环境保护厅副巡视员李一平</td><td rowspan="2">玉林市</td><td>陆川县</td><td rowspan="2">人事处、自治区海洋环境监测中心站</td></tr>
<tr><td>博白县</td></tr>
</table>

（广西壮族自治区环境保护厅办公室 2014 年 3 月 5 日印发）

自治区环境保护厅关于加强 2014 年环境安全工作的意见

（桂环发〔2014〕9 号）

近两年，广西先后发生龙江、贺江重大水污染事件。为确保环境安全，自治区党委、自治区人民政府作出开展以环境倒逼机制推动产业转型升级攻坚战的决定，部署了环境安全隐患大清查大整治行动，及时消除了一批环境安全隐患，取得了积极成效。但是，2013 年 12 月中旬到 2014 年 1 月中旬，广西又接连发生了 4 起环境事件和案件，表明广西的环境安全形势仍不容乐观，同时警示我们，对环境安全工作必须毫不松懈、切实抓紧抓实。现就做好 2014 年的环境安全工作提出如下意见。

一、切实增强抓好环境安全工作的责任感和使命感

环境安全事关人民群众的切身利益，事关经济社会健康和谐发展。全自治区各级环境保护部门要进一步提高对加强环境安全工作重要性、紧迫性的认识，牢固树立责任意识、使命意识，时刻绷紧环境安全这根

弦,始终把确保环境安全作为环保工作的主线,摆到突出位置,切实加强组织领导,认真履行环境安全监管职责。要把加强环境安全工作与贯彻落实党的十八大、十八届三中全会精神结合起来,把环境安全隐患清查整治作为党的群众路线教育实践活动的重要内容之一,研究提出切实可行的对策措施,下大力气抓紧抓好、抓出实效。

二、全力实现2014年环境安全工作目标

2014年广西环境安全工作目标是:环境安全长效管理机制基本健全和完善,各级环境监管、监测预警、应急能力得到较大提升,环境安全隐患问题整治完成率100%,全自治区突发环境事件高发频发势头得到进一步遏制,力争事件发生数量与上年比较下降20%以上,努力实现重大环境事件"零发生"。

三、建立和完善环境安全管理长效机制

(一)推动完善各级人民政府环境安全目标责任机制。将环境安全工作成效纳入政府绩效考核体系,突出环境安全隐患排查整治、环境事件情况等指标的考核,考核结果作为领导班子综合考核评价的重要内容,作为干部提拔任用或问责的重要依据;对不重视环境安全、清查整治工作不力、环境违法问题突出的地方,要进行通报批评,并实行区域限批,对发生较大以上突发环境事件的地方要严格问责,促进各级人民政府切实落实环境安全属地责任。

(二)完善环境安全部门共同监管责任机制。进一步明确相关部门环境监管职责,强化环境安全共同责任意识,落实监管责任,构建环境联合执法和安全防控体系,形成防范、打击环境违法犯罪活动的合力。建立和完善各级环境安全部门联席会议制度,充分发挥联席会议的协调指导作用,定期召开联席会议通报情况、研判形势、研究部署工作。加强与公安、工商、安全监管、供电等部门环境监管执法的衔接配合,建立联动工作机制,杜绝给无证无照排污单位提供生产用电和危险化学品生产资料。

(三)健全企业内部环境安全管理机制。强化企业作为环境保护的责任主体、企业法人为企业环境安全主要责任人的意识,督促企业健全环保规章制度,加强内部管理,守法生产经营,依法治污排污。指导、推动企业建立岗位责任、排污监测信息公开、环境事件信息报告等各项制度。推行环评审批、管理制度和排污信息上墙,统一和规范工艺流程、清污管线走向标识。

(四)强化环保系统环境风险防范机制。继续实行定期研判环境安全形势、各级环境保护部门领导班子环境安全工作区域负责、环保监管员、环境违法行为有奖举报等制度。建立环境风险管理责任单位与环境风险监管专员联动工作机制,将监管责任落实到具体单位,将隐患整改跟踪落实到具体人员,切实提升全自治区环境风险监督管理效能。加强环境风险源头控制,在进行建设项目环评审批和环保验收时要明确提出环境风险防控措施要求并监督落实。

四、深入开展环境隐患排查整治专项行动

(一)加大重点行业的清查整治力度。在各级人民政府的领导下,持续开展环境风险隐患清查整治行动和环保专项行动,查缺补漏,严格执法,保持对违法企业的高压态势,着力消除突出隐患问题。以涉重企业、涉危险化学品企业、产生高浓度有机废液的行业以及有色金属采选企业尾矿库、铝企业排泥库等为重点,认真检查企业环境影响评价和安全评价审批及污染防治措施落实情况、环保设施运行管理情况、环境管理制度落实情况、符合国家产业政策情况、生产工艺和原材料变化情况、污染物排放方式及去向情况、危险废物处置及转移情况、近年大排查发现问题整治情况等,针对存在问题及时整改、严格验收,对问题特别严重且整改不到位的要挂牌督办。开展清查整治工作"回头看",确保问题整治到位,对已由当地人民政府作出限期治理决定但逾期未完成整改的企业,要依法予以关停。

(二)全面清查、严厉打击无证无照违法生产的小作坊和窝点。各地要进一步排查辖区内无证无照的小选冶、小电镀、小制革、小造纸、土炼油特别是极易引发重大突发环境事件的非法炼铟窝点,并坚决予以取缔。

(三)彻底清查、整治重点饮用水水源保护区环境隐患。对全自治区县城及以上集中式饮用水水源保护区存在的隐患要做到"三个彻底",即彻底取缔一、二级保护区内的各种污水排放口及养殖等可能污染饮用水水体的活动,彻底清理危险化学品、工业固体废弃物、生活垃圾及畜禽养殖粪便,彻底拆除或者关闭集中式饮用水水源地一级保护区内已建成的与供水设施和保护水源无关的建设项目;制订保护区相关风险防范和应急预案;完成乡镇集中式饮用水源保护区划定;督促、指导各地加快开展备用水源地建设及备用水源供水工程建设,确保按照《全面深入开展环境安全隐患大清查大整治行动方案》要求的时限完成建设任务。

五、加强应急管理工作

(一)加强突发环境事件的监测预警。加强对跨界河流、县级以上饮用水水源地的例行监测,及时发现环境质量的异常变化,迅速妥善应对,将污染控制在萌芽状态,避免突发环境事件的扩大、升级。强化重点污染源监督性监测和实时监控,发现超标排污及时查找原因并整改。根据需要适时组织开展环境安全突击检查行动。在开展大清查大整治成果的基础上,建立环境风险源数据库。

(二)加强企业突发环境事件风险评估和应急预案管理。指导督促有色金属冶炼、石化化工、制浆造纸、酒精等重点企业开展环境风险评估,划分环境风险等级，编制评估报告，制订完善风险防控措施实施计划，落实责任人和完成时限，并以风险评估报告为依据，进一步完善企业突发环境事件应急预案，并与评估报告共同备案。

（三）完善突发环境事件应急机制。各地尽快对照新修订的国家、自治区突发环境事件应急预案，修订本地区突发环境事件应急预案。严格执行应急值守制度、突发环境事件信息报告制度，规范信息报送，重要时段实行“零报告”。探索建立企业应急救援队伍、物资互助共享平台，提高应对能力。

（四）加强重污染天气应对工作。重点城市要及时发布空气质量状况信息，其他设区市要抓紧环境空气质量六项指标监测站点建设，力争年底正式发布监测信息。各市环境保护部门要建立区域大气污染源清单，汇总近几年气象和大气污染数据，分析污染发生时段、频率、持续时间、污染来源和特征污染物，掌握工业源、面源、移动源等动态数据；督促、指导地方政府组织编制重污染天气应急预案，提出应急响应阶段停产减产、限产限排的具体实施方案，将任务分解到具体部门和企业；要会同气象等部门开展重污染天气监测和预警会商工作，及时报送重污染天气应对信息，在地方政府统一领导下，做好预警信息发布、应对措施的解读等工作。

六、加强和提升环境安全监管和预警应急能力

以“抓基层、打基础、强能力、保安全”为主题，以开展“基层环保能力建设年”活动为载体，加快推进全区基层环境监察、监测预警、应急管理等能力标准化建设，加强队伍培训，着力解决基础设施、监测和执法设备装备、机构编制人员、业务技能等方面存在的突出问题，不断提升环境安全监管能力和水平。重点建设完善跨国、跨省、跨市主要河流水质自动监控预警体系、区域性应急监测中心、主要城市空气环境质量监测预警体系、重金属重点防控区域监控体系、近岸海域水质监控预警和应急体系，重点解决基层业务用房、监测和执法设备装备，推动机构及编制人员落实、业务用房建设。

七、建立跨省联防联控合作机制

积极推进粤桂和湘桂跨省区河流水污染联防联治协作框架协议落实，适时召开相关地区环境保护部门协商会议，研究、协调落实相关工作事项，完善合作机制，形成合作成果。抓紧与云南、贵州两省共商建立合作机制事宜，共同应对和妥善处置跨界突发环境事件和环境污染纠纷。

八、加大环保宣传工作力度

充分利用各类新闻媒体，加大环境保护宣传力度，突出做好“两高”司法解释和环境违法行为有奖举报制度的宣传，及时报道各地加强环境安全工作的措施和成效，公开曝光环境违法企业以及挂牌督办问题，鼓励社会各界监督企业的环境违法行为，提高企业的守法自觉性，促进形成政府、社会、公众共同参与的环境安全监督体系，营造全社会高度关注、支持环境保护的良好氛围。

（广西壮族自治区环境保护厅办公室 2014 年 3 月 14 日印发）

自治区环境保护厅关于推进从严治厅进一步加强机关建设的意见

（桂环发〔2014〕8 号）

当前，环境保护工作面临新形势、新任务、新要求，必须加强机关建设，打造一支坚强有力的干部队伍迎接艰巨的考验。为此，自治区环境保护厅干部职工一定要坚持以“从严治厅”为统领，进一步加强本厅机关建设。经厅务会审议同意，现提出如下意见。

一、强化学习培训，全面提升干部队伍履职能力

（一）加强政治理论学习。深入学习党的十八大和十八届三中全会精神，学习《中共中央关于全面深化改革若干重大问题的决定》。坚持理论联系实际，及时发现和总结工作中的新经验、新创造，不断理清思路、改进工作。坚持改革创新思维，破解突出问题，重点加强生态文明制度学习研究。以支部为单位，每月集中学习交流 1 次。

（二）加强业务知识学习。定期开展“环保讲坛”活动，不定期开展业务知识培训活动，请资深专家学者、厅领导和各业务处长做业务辅导报告和讲座。坚持学以致用，学习与业务紧密结合，在学中干、在干中学，做到干学相长，通过工作的创新、质量、效率检验学习的成果。增强学习的针对性，“缺什么补什么”，注重学习效果。加强多岗位锻炼干部，鼓励干部职工参加高层次或第二学位教育。

（三）加强专题分类培训。积极参加环境保护部、自治区党委组织部、直属机关工委、党校组织的培训，争取每人每年学习 1 次。对处级干部集中进行更新知识、提高能力培训；对新录用人员在试用期内进行岗位培训，实行先培训后上岗；对晋升领导职务的公务员在任职前或者任职后半年内进行任职培训；对从事专项工作的人员进行专项业务知识培训。

（四）加强学习成效考核。开展日常检学，确保学习培训活动制度化、常态化、规范化。开展成果评学，每一位处长每年度公开发表 1 篇文章。开展评选促学，组织优秀公文评比、优秀论文评比、读书心得评比。把学习成效作为评选先进、评价干部和年度考核的一项重要内容，充分调动广大干部职工学习的积极性、主动性。

二、加强机关管理，切实提高工作执行力

（五）加强经费财务管理。建立健全财务管理制度，严格经费支出管理。科学制订全年项目资金使用计划，均衡高效使用项目资金。落实财务人员轮岗制度和监督制度，加强财务分析和审计检查。严格执行集中支付制度、银行结算和公务卡结算制度、政府采购制度等规定。

（六）加强固定资产管理。建立和完善固定资产管理制度并严格执行，规范资产配置、使用和处置。加强资产日常管理，落实专人做好资产建账、核算和登记工作，建立资产购买、登记、领用、清查、核销管理模式，并定期或不定期进行清查盘点。加强资产合理配置和共享共建，提高资产使用效率。

（七）加强日常行政管理。建立健全规章制度，清理和修订不合时宜条款，补充完善相关内容，汇编成册。落实工作岗位纪律、会议纪律、重大事项报告制度、工作协调制度、保密制度等规定，严格进行检查问责。加强作风建设，重点解决"服从意识差、办事拖拉、责任不严、纪律不强"四个突出问题。

（八）加强业务工作管理。及时分解目标任务，明确责任单位、责任人、办结时限。加强重点工作和重要业务督办，将督办事项完成情况作为各处室及直属单位相关负责人年度考核的重要内容。提高行政效能和服务质量，落实首问负责制、服务承诺制、一次性告知制、限时办结制等。

（九）加强领导决策管理。认真落实《环境保护厅"三重一大"决策制度》，坚持科学决策、民主决策、敢于决策。做到未经调查研究的不决策，未经专家论证的不决策，未经集体讨论的不决策。加强决策的落实，做到议而有决，决即有行，行即有效。

三、加强文化建设，不断增强机关活力

（十）落实奖励激励措施。开展评优评先活动，给予精神和物质奖励，营造"比学赶帮超"氛围。对工作表现突出，有显著成绩和贡献，或者有其他突出事迹的工作人员，按照相关规定给予奖励。对在特定环境中做出突出贡献的，作为特例给予奖励。在晋升职务或正式录用时，同等条件下，优先考虑。

（十一）发挥工青妇的作用。进一步加强工会、妇委会、共青团管理，鼓励成立各类活动组（队），着力培育和谐、进取的机关文化，营造机关团结、紧张、严肃、活泼的生动局面。

（十二）开展多样文体活动。加快职工文体活动设施建设，开展丰富多彩、健康有益的机关文体活动，丰富干部职工精神文化生活，增强身体素质，培养团队精神和竞争意识，提升机关的亲和力、凝聚力和战斗力。

四、加强基层党建，进一步增强党组织凝聚力

（十三）提高党务工作能力。进一步完善基层党组织，加强对基层党务工作者的培训。支部书记要充当党建工作的带头人，解决支部书记不会做、不愿做、不会管、不敢管的问题，把支部搞活，将队伍带好。

（十四）落实"三会一课"制度。"三会一课"是党日活动的主要内容，是加强支部建设的根本制度，是党员增强党的组织意识和参加党组织生活的基本要求。认真落实"三会一课"制度，每季度至少召开1次支部党员大会、上1次党课，每月至少召开1次支部委员会和党小组会。通过"三会一课"夯实基础，建强组织，强化领导，增强党性。

（十五）开展创先争优活动。树立典型，充分发挥先锋模范导向作用。开展优秀党员、先进支部、优秀党务工作者评选，"七一"前表彰一批先进党员、优秀党务工作者和先进支部。

（十六）开展评议党员活动。"七一"前，在全体干部职工中，开展1次评议党员活动，评议结果向群众公布，接受群众监督，促进问题整改。

（十七）开展支部结对活动。机关支部与直属单位支部或扶贫联系点、"美丽广西·清洁乡村"联系村党支部互结对子，共同开展有利于加强党的建设的活动，互帮互学，共同进步。

五、加强廉政建设，进一步增强拒腐防变能力

（十八）严格执行廉政规章。严格执行《廉政准则》、中央八项规定、《党政机关厉行节约反对浪费条例》、《党政机关国内公务接待管理规定》等有关规定，严格落实自治区党委关于《贯彻落实中央关于改进工作作风、密切联系群众有关规定的实施意见》30条具体要求，切实执行自治区环境保护厅党组关于改进工作作风密切联系群众有关规定的实施意见以及"从严治厅"各项规章制度。纪检监察部门要不定期进行明察暗访和抽查，加强巡查，发现问题，一经查实，要严肃追究当事人及处室单位领导的责任。

（十九）加强廉政文化教育。建立与检察院、纪检监察机构的联动机制，每年邀请相关专家专题讲座1次，放映1场廉政电影，组织参观1次相关展览，相关权力运行业务培训班增加规范廉政培训内容。各处室、单位要经常组织干部职工学习有关廉政规章制度文件，做到警钟长鸣。

（二十）严格规范权力行使。严格执行《环境保护厅"三重一大"决策制度》、《环境保护厅督查工作制度》以及环境审批、环境评审、环境专项资金分配、采购、人事、环境执法处罚流程规定，推行领导干部、重要岗位限期轮岗制度。新提任处级、副处级领导干部执行廉政谈话制度，参加廉政培训。做好廉政材料的收集和归档，为厅党组选拔任用和考核干部提供依据。纪检监察部门对投诉举报信件，要及时核查处理。

（广西壮族自治区环境保护厅办公室2014年3月12日印发）

自治区环境保护厅关于巩固和扩大党的群众路线教育实践活动成果的意见

（环境专报 2014 年第 2 期）

巩固和加强党的群众路线教育实践活动成果，是当前和今后一个时期的重要任务。在新的一年，自治区环境保护厅必须以更高标准、更高要求继续深入践行教育实践活动的要求，努力实现主要工作“走在前”的目标。

学习《决定》走在前。党的十八届三中全会通过的《中共中央关于全面深化改革若干重大问题的决定》（以下简称《决定》），是全面深化改革的又一次总部署、总动员。领导干部带头学。学习贯彻《决定》是党组和党员干部的首要政治任务。要通过党组中心组学习、领导干部带头自学、机关开办环保讲坛、下基层宣讲等多种方法，帮助干部职工学习和理解，重点围绕生态文明制度建设中的理论和实际问题探索研究。充分认识良好的生态环境也是生产力，而且是可持续的生产力，生态环境是发展生产力的重要组成部分，是广西全面深化改革需要重点突破的领域，事关提升广西发展核心竞争力。通过学习，对生态文明建设重大意义的认识更加清醒，对生态文明建设重大任务的把握更加清晰，对生态文明建设有效路径的理解更加透彻，对生态文明建设的责任担当更加坚定。积极探索改革思路。自治区环境保护厅成立环保改革领导小组，率先开展改革，将学习《决定》与解决重大环境问题相结合，进一步明确改革的指导思想、目标模式、路线图和时间表，对于方向明确又立即可行的，要加快推进；对于认识还不深入，但又必须推进的，要加强调查研究，大胆探索，有的要先行试点；对于需要国家层面决策支持的，要加快研究提出改革思路。着力研究解决制约广西生态文明建设和环保工作的政策、机制和制度问题，进一步转变环保职能，创新行政管理方式，进一步向市场、社会、基层放权，依法依责梳理行政范围和权责，简化审批环节，提高审批效率和政务服务水平。推进重点领域改革。2014 年重点推进“三项改革”，即环境综合执法改革、环评机构改革、建设项目环保审批改革。积极推动生态补偿试点、国家扶贫开发工作重点县试行取消地区生产总值考核试点工作，主动服务经济社会发展大局。

班子建设走在前。领导班子是环保事业发展的“火车头”，自治区环境保护厅党组要在班子建设方面当好排头兵。常讲党性建班子。不断加强党性锻炼，经常进行党性分析，积极开展批评与自我批评，经常开展谈心交心活动，加强了解、促进谅解、增强信任，精诚合作。党组书记做到“四先带头”，即要求别人遵守的，自己先遵守；要求别人做到的，自己先做到；要求别人管好的，自己先管好；要求别人不干的，自己先不干。班子成员落实“五项要求”，即政治立场的坚定性、服务大局的自觉性、督查管理的原则性、改革创新的敏锐性、抵制歪风的战斗性。党员领导干部做到办事要有政治头脑、说话要有政治分寸、处理问题要有政治水平，始终保持理论上的清醒和政治上的坚定，永葆共产党人的政治本色。常用党规带队伍。把党的各项规定与环保实际相结合，贯彻落实领导班子自身建设专题研究制度、督查工作制度、领导干部谈心谈话制度、书面回复组织询问制度、领导班子和干部工作报告制度、“三重一大”（重大事项决策、重要干部任免、重大项目安排和大额资金使用）决策制度，着力抓好制度的贯彻执行。特别要执行好民主集中制，坚持“集体领导，民主集中，个别酝酿，会议决定”，班子议而有决，决即有行，行即有效，带动机关形成既有民主又有集中，既有自由又有纪律，既有统一意志又有个人心情舒畅的“六有”局面。常抓党建干事业。思想、组织、作风、制度建设，涵盖了党的建设和机关工作的主要内容，是环保事业发展的保障。思想建设的重点是严格遵守政治纪律，与党中央保持高度一致，确保党中央、国务院和自治区党委、自治区人民政府政令在环保系统畅通无阻。组织建设主要是解决好“选什么人，怎样用人”的问题，给想干事的人以机会，能干事的人以舞台，干成事的人以荣誉，不干事的人以危机，打造一支朝气蓬勃、奋发有为的干部队伍。作风建设的重点是下功夫抓落实，转变职能，服务基层。制度建设主要是做到公平、公正、公开，提高工作效率和质量，坚持用制度管事，用制度管人。

改进作风走在前。良好的作风是树立干事创业形象、改进党群干群关系、凝聚攻坚克难力量的重要保证。发扬四干精神落实五项承诺。要发扬广西环保人“咬着牙干、握着拳干、硬着头皮干、顶着压力干”的四干精神，激励干部职工献身环保事业。要深入践行“环保审批依法快捷，主动服务发展大局；环境监测公开透明，保障公众环境知情权；环境执法严格公正，维护群众环境权益；环境质量保持优良，努力建设美丽广西；环保队伍阳光履职，坚决做到务实清廉”的五项承诺，打造“党委政府信任、人民群众满意、污染企业惧怕”的为民务实清廉部门。科学决策提高执行力。要坚持“未经调查研究的不决策，未经专家论证的不决策，未经集体讨论的不决策”，做到科学决策、民主决策、集体决策。要按照对上讲服从、对下讲服务、对内讲协作、对外讲协调的要求，加强与相关部门的配合协作。要提高参与宏观决策能力、监测预警能力、污染防治能力、应急处置能力、综合保障能力，从而全面提高环境保护的监督管理水平，为党委政府当好参谋，推动环保工作上水平上台阶。加强管理打造清廉队伍。要重点解决“服从意识差、办事拖拉、责任不严、纪律不强”四个突出问题，强化从严治厅，加强对环境行政审批权、环境行政评审权、环境执法权、环保资金（项目）分配权、物资（设备）采购权、干部人事权六项环保权力的监督，深化与自治区检察院预防环保系统职务犯罪合作机制，模范执行中央八项规定，对腐败行为实行“零容忍”，营造干部廉洁自律、领导一身正气、全厅风清气正的良好氛围。

服务基层走在前。基层环境保护部门是环保工作执行力和战斗力的基础。2014 年要以“基层建设年”为主题，进一步提高广西基层环保监管能力。开展面对面交流。做到坚持从群众中来、到群众中去，广泛听取群众意见。群众的实践是获得正确认识的源泉，也是检验和深化认识的根本所在。组织调研组赴全自治区 14 个设区市 50 个县调查研究，与全自治区百名环境保护局长、百名环境监测站长、百名环境监察支队（大队）长面对面交流，全面调查了解广西环保系统基层能力建设现状，听取基层环境保护部门干部职工的意见和建议，针对基层能力建设存在的问题和困难，研究提出可行的解决方案和措施，为推进“基层建设年”做好准备，为贯彻落实《决定》精神奠定基础。实行点对点帮扶。厅领导班子成员一年下基层时间不少于 2 个月，主动了解全自治区环保工作现状，掌握工作的主动权。每位厅领导确定 1 个市、1 个条件差的县，每个厅直属单位确定 1 个县开展对口帮扶，帮助县环境保护局开展环境监测、监察能力建设，力求率先通过环境监测、监察的国家标准化验收。2014 年力争筹集 1 个亿资金，用于全自治区环保系统基层能力建设，重点支持跨国、跨省、跨流域、重金属重点防控区域、钦北防石化工业区域、饮用水源保护区的环境监测、监察能力提升。实施千人培训计划。开展送培训、送技术下基层活动，采取“监测技术大讲堂”、“师徒对子”、“培训大篷车”等多种形式，将先进环境治理技术、先进理念、先进经验送到市、县环境保护部门，全年将对市、县 500 名环境监测技术骨干和 500 名环境监察人员进行手把手技术培训，并通过开展“技术大比武”、“优秀实验室评比”、“大考核”等方式，树立先进典型，激励后进单位，全面提升广西环境监测、监察水平。推进一线工作法。做到一线调研、一线决策、一线协调、一线帮扶、一线倾斜，促进工作落实。要经常深入基层、深入一线，调查研究，解决问题，有问题开专题研讨会，有困难开现场办公会，有好做法开经验交流会，创造性开展工作。要提高处理复杂问题的能力，完成重大任务特别是处理重大突发事件后，要及时进行总结，把成功的做法转化为制度，针对暴露出来的问题，完善工作程序和规范，不断提升执行力，推动工作迈上新台阶。

环境质量走在前。良好的生态环境是广西最具魅力、最富竞争力、最持久的独特资源和宝贵财富，确保广西作为西南地区和珠江流域重要生态屏障地位不动摇，力争全年 14 个设区市可吸入颗粒物年均浓度比 2013 年下降 6%，城市集中式饮用水源地水质达标率达到 98%，近岸海域水质保持稳定，全自治区环境质量状况走在全国前列。建立制度强化联控。探索建立和推行污染物排放许可制度和总量控制制度、排污权交易制度、资源有偿使用制度和自然资源资产离任审计制度、生态环境责任追究制度和环境损害赔偿制度；完善主体功能区和环境功能区配套政策、资源环境市场化配置政策、环境保护基层能力建设政策。协调国土、水利、农业、林业等形成部门合力，联合西南中南区域合作，加强区域联控，努力打造中南西南区域生态安全体系。狠抓环境污染防治。全力实施完成火电、水泥企业脱硝工程建设，严管机动车排气污染，加快城镇污水处理设施建设和脱磷脱氮技术改造，全面推进规模化畜禽养殖污染治理，坚决完成“十二五”减排目标任务。贯彻落实大气“国十条”，实施多污染物协同控制，建立重污染天气监测预警应急体系，提高综合防治技术水平，防控复合型大气污染；以保障饮用水安全和落实国家《清洁水行动计划》为重点，加大重要水源的保护力度，加快西江等流域特别是九洲江流域综合治理，推动水环境质量改善，保障饮用水安全；深入推进“美丽广西·清洁乡村”活动，深化农村环境综合整治，整体推进农村生活污水处理、垃圾收运、饮用水源保护、畜禽养殖污染整治，建立农村环境管理长效机制。坚守生态环境底线。划定生态保护红线，加强对自然生态系统和重要生态功能区的保护，建设生态安全屏障；充分发挥环境影响评价“控制闸”作用，强化环境保护对经济结构调整的倒逼功能，推进绿色发展、循环发展、低碳发展；进一步完善全自治区环境安全隐患台账，强化动态管理，将环境风险控制到最低程度，确保环境安全。建立北部湾地区各市“陆海统筹”的污染防治体系，实施北部湾入海污染物总量控制，对入海河口、排污口、重点港湾进行实时监测，建立海洋生态监控区，全力守住北部湾这片洁海。

2014 年，自治区环境保护厅将以“五个走在前”作为政治誓言和工作目标，不辱实践活动取得的成绩，不忘“四风”整改许下的诺言，不负清查整治承担的责任，以“基层建设年”为主题，为实现自治区党委、自治区人民政府提出的“两个建成”目标作出新贡献。

（广西壮族自治区环境保护厅办公室 2014 年 2 月 8 日印发）

瑶保苗节等传统民族文化，还有大瑶山甜茶、金秀绞股蓝等传统地理标志产品。

广西壮族自治区生物多样性保护战略与行动计划(2013~2030年)

(桂环发〔2014〕12号)

一、生物多样性现状

自然环境复杂。广西属多山地区，山地丘陵面积占全自治区陆地总面积的75%。边缘山地与周边的越南北部山地、南岭山地和云贵高原等大地貌相连，内部山地为广西山字型构造；占广西国土面积35%的岩溶地区，发育有大量的地下河和岩溶洞穴，形成地表和地下双层空间结构；南部濒临北部湾，大陆海岸线长1595公里，20米等深线以内浅海域面积约65万公顷。此外，沿海有岛屿697个，总面积约66.9平方公里，岛屿岸线461公里。多样的生态环境类型孕育了丰富和独特的生物多样性。

生态系统类型多样。广西主要有森林、草丛、岩溶、湿地、海洋等自然生态系统。其中，森林是最重要的生态系统类型，植被类型达1000多个；海洋生态系统包括了多种海岸和近海类型，其中红树林、海草床、珊瑚礁及岛屿独具特色；岩溶生态系统地表包括岩溶洞穴、洼(谷)地、峰林、峰丛、天坑等多种形态，地下有溶洞和地下河，典型性和脆弱性都极为突出。

生物物种丰富。广西是中国野生动植物分布最多的省区之一，已知野生脊椎动物1906种，昆虫5876种，高等植物9494种，大型真菌种类891种，种类数量居全国第三位。物种特有成分高，仅分布于广西的陆生野生脊椎动物18种，陆生野生植物848种。已知洞穴生物350种，特有种150种，洞穴鱼类多样性举世闻名，洞穴甲虫中有进化程度最高的种类，穴居倍足亚纲节肢动物群落最丰富。

遗传资源丰富多彩。广西植物及其野生近缘种有数千种，其中栽培作物约1200种、经济林植物4000多种。已收集保存的作物遗传资源6万余份、林木15000多份，作物遗传资源总库存量、水稻品种数、野生稻种质资源均居全国之首。畜类遗传资源有陆川猪、环江香猪、巴马香猪、德保矮马、菜牛等49个地方遗传品种。淡水动物主要天然经济种类126种、养殖种类59种，海水动物主要天然经济种类209种、养殖种类95种。

传统知识特色鲜明。广西是全国少数民族人口最多的自治区，有壮、汉等12个世居民族。主要的传统知识有稻作文化、彩棉种植等传统作物资源，壮医药、瑶医药等传统民族医药，田间养鱼、梯田水利等传统技术，祭祀蚂蚂、树木和山林崇拜等民族信仰，糍巴、蓝靛瑶保苗节等传统民族文化，还有大瑶山甜茶、金秀绞股蓝等传统地理标志产品。

二、生物多样性受威胁分析

(一)受威胁情况

自然生态系统功能退化，生物物种面临威胁。天然植被逐渐被人工植被取代，植被破碎化扩大，生态系统功能下降。自然湿地面积持续减少，湿地功能衰退。一些典型海洋生态系统和滨海湿地生境丧失，红树林湿地、海草床、盐沼植被部分消失。重点保护野生植物分布点中有76%仍处在自然保护区之外，部分野生动植物分布范围萎缩，一些物种如黑叶猴、中国穿山甲等野生种群数量下降，部分物种如梅花鹿、水松等野外种群已经灭绝或可能灭绝。此外，物种种群组成单一化，结构低龄化、小型化，严重威胁生存延续。

遗传资源部分丧失，传统知识逐渐淡化。传统的遗传资源品种逐渐被新品种取代，品种单一化日益突出，大多数传统农作物、家养动物及地方品种面临消失的威胁，特别是广西野生稻原有分布点中的75%~80%已经消失或大面积萎缩。随着少数民族的村落环境逐步向现代化过渡，一些农业生产知识、民居建筑知识、生活节庆民俗知识等逐渐淡化或消失。

(二)主要威胁因素

自然环境脆弱，灾害性天气频发，自然资源的过度利用，严重干扰了自然生态过程，加剧生态系统的破碎化和功能退化；野生动植物的非法贸易，对野生动植物的非理性消费刺激导致对野生动植物的过度捕捞和盗采盗猎，加剧了物种濒危；环境污染的影响，矿冶、造纸等传统产业排污大，农业、农村面源污染严重，严重破坏了野生动植物生境；外来物种的入侵，外来物种入侵种类逐年增加、形式越来越复杂、区域不断扩大，对原有野生动植物构成了较大的威胁。

三、生物多样性保护成效与面临的形势

(一)主要成效

就地保护成绩显著，迁地保护初见成效。构建以自然保护区为主体的类型多样、功能互补的保护网络体系。占广西国土土地面积5.8%的自然保护区，保护了90%以上陆地生态系统类型、90%的国家重点保护野生动物种类、82%的国家重点保护野生植物种类、31%的红树林湿地。通过建立动植物园、物种种质基因库(圃)、禽畜保种场、动植物养殖种植园或保存库等多种形式，收集了5000多个植物种类，保存了6万余份作物遗传资源。成功实施了德保苏铁、黑颈长尾雉等多项珍稀野生动植物"再引种"或野外放归工程。

保护管理机制不断完善，政策法规逐步建立。建立了自治区生物物种资源保护部门联席会议制度、多部门联合调查和执法检查工作机制。设立了自然保护区、生物病虫害防治、疫源疫病防控等管理机构，建立

了大气、土壤、江河、海洋、森林等环境监测机构和野生动物保护救助机构。建立自然保护区与地方社区共建共管机构，探索保护管理与促进地方发展、改善群众生活的良性循环机制。制定和完善了与生物多样性保护相关的地方性法规和规章，出台了一系列有关野生动植物保护与利用、自然保护区、生态补偿、差别化政绩考核的地方政策措施。

对外交流合作取得突破，科研监测稳步开展。与相关国际组织开展多形式、多层次交流合作，实施多项生物多样性保护合作项目。山口和猫儿山两处自然保护区加入“国际人与生物圈”保护区网络，山口和北仑河口两处自然保护区被列入“国际重要湿地名录”。实施湿地资源、动植物资源、外来入侵物种、重要野生生物物种资源原生地保护和受威胁状况等调查，开展了生物多样性评价和监测，在弄岗、大瑶山、猫儿山、木论等自然保护区设立大样地开展生态定位观测，完成了全自治区 60 多个自然保护区的资源考察和总体规划，开展了白头叶猴、鳄蜥、雉类、银杉、南方铁杉、苏铁植物和兰科植物等物种驯化繁殖和引种栽培。

（二）面临的形势

生物多样性保护政策法规不够完善、操作性不强，社会和公众对生物多样性保护认识不足；部分自然保护区四至界限不清，经费投入不足，相关机构、设施、人员不能满足生物多样性保护管理工作要求；生物多样性监测及科研水平落后，尚未建立物种保护、遗传资源等监测和预警体系，部分重要的生物多样性资源本底不清，生物多样性资源减少趋势扩大。

城市化、工业化的快速发展对动植物栖息环境造成巨大影响，生物资源过度利用和无序开发加剧对生物多样性的威胁。环境污染事件、水电开发项目对水生和河岸生物多样性及物种栖息地造成破坏，经济作物的不合理种植和扩大破坏了生物多样性资源，外来入侵物种增加了生物安全的压力，部分野生动植物种群数量呈下降趋势，不少单一种群物种濒临灭绝。

四、生物多样性保护战略

（一）指导思想与原则

1. 指导思想

以可持续发展理论为指导，深入贯彻落实科学发展观，以协调生物多样性保护与经济社会发展、实现保护和可持续利用生物多样性、公平合理分享利用遗传资源产生的惠益为目标，创新生物多样性保护体制与机制建设，增强生物多样性保护、管理的系统性、科学性和导向性，提高公众保护与参与意识，全面加强生物多样性保护和管理能力，提升履行国际公约和应对全球气候变化水平，为促进人与自然和谐提供有力保障。

2. 基本原则

统筹规划、重点突出的原则。坚持科学规划，按优先区域和保护需求，实行分区、分类、分级保护管理。以就地保护为主，辅以抢救性异地保护。

政府主导，社会参与的原则。坚持政府主导，统筹协调保护与发展的关系，鼓励全社会参与，共同推进生物多样性保护事业的发展。

持续利用、惠益共享的原则。坚持科学合理利用生物资源，公平分享生物多样性保护带来的效益。

科学引领，深化交流的原则。坚持科技支撑，深化交流与合作，依靠先进的理念和科技手段、务实创新的保护管理措施，科学有效地保护生物多样性。

（二）战略目标

1. 总目标

到 2030 年，生物多样性保护相关政策法规体系完善，保护体系健全，管护能力全面增强，全社会保护意识显著提升，公众参与以及部门管理协调机制形成，生态系统完整性得到有效保护和恢复，生物资源实现可持续利用，遗传资源及传统知识的惠益共享机制建立，生物多样性保护与经济社会协调发展。

2. 近期目标与评估指标

到2015年，生物多样性受威胁状况逐步得到遏制，生物多样性优先区域和重点物种保护工作逐步加强，生物多样性保护能力逐步提升。

完成部分保护优先区生物多样性和重要物种本底调查和评估，建立信息管理系统，编制生物多样性保护总体规划，建立生物多样性监测与预警评估体系；开展优先保护区域内自然保护小区、森林公园、湿地公园建设，确保 90% 以上陆地生态系统类型、90% 的国家重点保护野生动物种类、85% 的国家重点保护野生植物种类、50% 的红树林湿地得到有效保护；保护区网络体系覆盖广西土地总面积的 23% 以上，其中自然保护区和自然保护小区（包括生态保护小区，下同）面积占广西土地总面积的比重保持在 5.8% 左右。

3. 中期目标与评估指标

到 2020 年，生物多样性受到有效地保护，生态系统功能总体维持、局部提升，生物多样性工作机制体制逐步完善。

完成保护优先区生物多样性和重要物种本底调查和评估，开展保护优先区域内多种类型保护区及其之间的生物廊道建设，确保 95% 以上陆地生态系统类型、95% 的国家重点保护野生动物种类、90% 的国家重点保护野生植物种类、80% 的红树林湿地得到有效保护；完善各级生物多样性保护行政管理网络，理顺保护管理体制机制、加强机构及人员能力，完善相关管理法规和政策，促进生物多样性保护与经济社会协调发展；保护区网络体系覆盖广西土地总面积达到 25% 以上，其中自然保护区和自然保护小区面积占广西土地总面积的 8.0% 以上，形成布局更合理、覆盖更广泛、功能更完善的生物多样性保护网络。

4. 远期目标与评估指标

到2030年，全自治区生物多样性保护机制体制进一步完善，保护能力和水平显著增强，生物多样性得到全面保护。

保护区网络体系覆盖广西土地总面积的30%，其中自然保护区和自然保护小区面积占广西土地总面积的比重稳定在12%左右。生态系统、物种和遗传多样性得到有效保护。形成完善的生物多样性监测体系、评估与预警体系、生物物种资源出入境管理制度以及生物遗传资源获取与惠益共享体系，生物资源政策法律体系和可持续利用机制完善，保护生物多样性成为公众的自觉行动，保护事业健康可持续发展。

（三）主要任务

1. 加强生物多样性资源保护管理

采取多种方式并举保护生物多样性，强化生物多样性就地保护，辅以种质库保存和野外回归。加强生物多样性保护基础能力建设，开展生物多样性本底调查与编目及评估，人才培养和科研支撑能力建设。提高生物安全保障能力，建立外来入侵物种、病源和疫源微生物、转基因生物的监测预警和安全管理，加强应对气候变化生物多样性保护技术研究和能力建设。

2. 实现生物资源持续利用和公平惠益分享

促进生物资源可持续开发利用，加强遗传资源的研究和应用。推进生物遗传资源及相关传统知识惠益共享，加强研究，完善制度，开展试点示范。统筹生物多样性保护和扶贫减贫，探索生物多样性丰富地区的生计替代模式，提高公共服务水平。

3. 建立健全生物多样性保护机制体制

完善生物多样性保护相关政策、法规和制度，建立健全部门协调、成果共享机制。加快实施国家和自治区主体功能区规划和海洋主体功能区规划，强化禁止开发区的功能定位，形成有利于生物多样性保护的国土空间开发格局。推动生物多样性保护纳入各级国民经济和社会发展规划，以及各部门相关规划。建立和完善生物多样性保护公众监督和参与机制，广泛调动利益相关方保护的积极性。加强和深化国际交流与合作，引进国外先进技术和经验。

五、生物多样性保护优先重点

（一）生物多样性保护优先区域

综合考虑广西的自然条件、重要物种及栖息地状况、经济社会发展等因素，通过采用MARXAN技术分析与专家评判相结合，以生物多样性不可替代性为主要分析方法，确定了桂西山原区、九万山区、桂北南岭地区、大瑶山—大桂山区、大明山区、桂西岩溶山地区、十万大山区、广西北部湾沿海地区等8个生物多样性优先保护区。

1. 桂西山原区

本区涉及西林、隆林、田林、乐业、天峨、凌云、右江等县（区），面积为2.53万平方公里。已建国家级3处、自治区级7处、市级自然保护区1处。保护重点包括南盘江—红水河流域河谷季雨林、亚热带常绿阔叶林等生态系统，黑叶猴、黑颈长尾雉、中国穿山甲等及其分布地，兰科植物、苏铁植物、喙核桃等野生植物，洞穴生物及其岩溶生境。

2. 九万山区

本区涉及环江、罗城、融水等县，面积0.85万平方公里。已建国家级、自治区级自然保护区各2处。保护重点包括中亚热带常绿阔叶林、山地常绿落叶阔叶混交林以及中亚热带喀斯特常绿落叶阔叶混交林森林生态系统，金钱豹、林麝、黑熊、鼋、元宝山冷杉、单性木兰、南方红豆杉、合柱金莲木、兰科植物和洞穴生物等野生动植物及其生境，候鸟及迁徙通道。

3. 桂北南岭地区

本区主要涉及龙胜、资源、全州、兴安、灌阳、恭城、富川、平桂、钟山等县（区），面积2.13万平方公里。已建国家级3处、自治区级自然保护区7处。保护重点包括亚热带常绿阔叶林、山地常绿落叶阔叶混交林等生态系统，资源冷杉、南方红豆杉、喙核桃等野生植物，熊猴、林麝、中国穿山甲、雉类、猫儿山小鲵等珍稀濒危动物，以及迁徙候鸟等。

4. 大瑶山—大桂山区

本区主要涉及八步、昭平、蒙山、金秀、武宣、象州、桂平等县（市、区），面积1.75万平方公里。已建国家级2处、自治区级自然保护区4处。保护重点包括亚热带常绿阔叶林生态系统，瑶山苣苔、银杉、南方红豆杉等野生植物，鳄蜥、金斑喙凤蝶、金秀肥螈等野生动物及其迁徙候鸟。

5. 大明山区

本区主要涉及马山、上林、宾阳、武鸣、隆安等县，面积0.51万平方公里。已建国家级1处、自治区级自然保护区2处。保护重点包括南亚热带季风常绿阔叶林生态系统，钟萼木、桫椤、黑桫椤、白豆杉、林麝、淡水龟等野生动植物及其生境。

6. 桂西岩溶山地区

本区主要涉及那坡、靖西、德保、天等、大新、龙州、宁明、凭祥、江州、扶绥等县（市、区），面积2.44万平方公里。已建国家级、自治区级、县级自然保护区2处、10处、3处。保护重点包括国际和区域生物多样性保护廊道，北热带岩溶季雨林、常绿阔叶林、岩溶洞穴等生态系统，退化的生态系统，东黑冠长臂猿、白头叶猴、黑叶猴、蜂猴、弄岗穗鹛、冠斑犀鸟、广西林蛇、泰北小头蛇、细脆蛇蜥、河口水蛙、广西火桐、广西青梅、扣树、毛瓣金花茶、苏铁植物、兰科植物、洞穴生物等野生动植物及其生境。

7. 十万大山区

本区主要涉及防城、上思、钦北等县(区),面积0.37万平方公里。已建国家级自然保护区2处。保护重点包括北热带沟谷雨林、季雨林、常绿阔叶林等生态系统,金花茶组植物、海南风吹楠、粗齿桫椤、狭叶坡垒、十万大山苏铁、叉叶苏铁、蜂猴、鹦鹉等野生动植物及其生境。

8. 广西北部湾沿海地区

本区主要涉及钦南、合浦、银海、铁山港、东兴、港口、防城等县(市、区),面积0.58万平方公里。已建国家级自然保护区3处、自治区级自然保护区2处、县级自然保护区1处,国家级海洋公园2处。保护重点包括红树林、海草床、珊瑚礁、重要滩涂、海湾湿地和浅海区等生态系统,儒艮、中华白海豚、江豚、海龟类、文昌鱼、克氏海马等及分布区,候鸟及其迁徙通道,膝柄木、金花茶组植物及其生境。

(二)优先保护重点

1. 优先保护野生动植物

根据野生动植物濒危评估等级、国家重点保护等级、国际贸易公约限制级别,以及相关专题评估结果和物种在广西的分布现状,确定广西优先保护的野生动植物共101种(类),其中优先保护野生动物有蜂猴、黑叶猴等53种和鹦鹉类、龟鳖类、洞穴鱼类、珊瑚类等4类,优先保护野生植物有中华水韭、资源冷杉、元宝山冷杉等40种和苏铁植物、金花茶组、兰科兜兰属植物、兰科石斛属植物等4类。

2. 优先保护自然生态系统

将优先保护的野生动植物栖息地,以及江南油杉林、矩鳞油杉林、竹柏林、红锥+红车林、橄榄+米老排林、红鳞蒲桃林、银叶树林、红树林、海草床、盐沼植物、滨海植被等列为优先保护自然生态系统类型。

3. 优先保护遗传资源与传统知识

优先保护遗传资源包括农作物遗传资源、林木遗传资源、禽畜遗传资源、药用遗传资源、农作物野生近缘种等91种(类)。

优先保护的传统知识包括传统医药及疗法、传统技术与生产生活方式、传统文化与习俗等19项。

4. 优先防治外来入侵物种

优先防治的外来入侵物种有福寿螺、薇甘菊、球形棕囊菌等20种动物、植物及海洋生物。

六、生物多样性保护行动计划

根据生物多样性保护总目标和主要任务,确定近阶段在生物多样性保护的8大领域实施24个优先行动。

领域一:政策法规体系

优先行动1:将生物多样性保护纳入部门和地方规划

将生物多样性保护纳入地方国民经济与社会发展规划和相关部门规划中,并将规划实施纳入投资决策和政绩考核;地方人民政府及生物多样性相关主管部门制定本地区、本部门的生物多样性保护实施方案。

优先行动2:完善生物多样性保护和可持续利用相关政策法规

研究制定有利于生物多样性保护与可持续利用的价格、税收、信贷、贸易、土地利用、项目审批和政府采购政策措施;制定生物多样性资源可持续开发利用、生物遗传资源及传统知识的获取与惠益分享政策,提出保护广西少数民族传统知识的制度;自然保护区制定有针对性的管理办法("一区一法");开展自然保护区人工用材林合理利用试点,探索出台相关政策;根据不同的林下经济发展模式,制定林下经济发展、保护生物多样性的技术规程和相关政策;研究制定外来物种入侵防控管理办法;探索将生物多样性保护内容纳入环境影响评价,建立监测和后评估制度;制定湿地、水生生物资源等保护管理办法。

领域二:本底资源调查监测与评估

优先行动3:开展生物多样性本底调查

开展保护优先区内野生生物资源、植被资源、重要遗传资源调查,优先保护物种调查,启动洞穴生物多样性、海岛生物多样性、外来入侵物种等专项调查,各自然保护区每10年开展1次综合科学考察等,建立数据库和定期调查制度,编制各类生物名录。

优先行动4:建立监测评估与预警体系

编制全自治区生物多样性监测规划,构建监测体系;在优先区域内和洞穴生物丰富区设置固定监测站、气象站,开发管理信息系统,监测外来物种入侵动态、预测生物多样性在不同外界条件下可能出现的变化趋势;开展外来入侵物种环境风险评估,进行预测预警;加强有害病原微生物及动物疫源疫病监测预警体系建设,从源头控制其发生及蔓延。

优先行动5:开展生物多样性相关少数民族传统知识调查与编目

对广西世居少数民族与生物多样性相关的传统知识进行调查、评估和编目,建立数据库,开展案例研究。

领域三:就地保护

优先行动6:优化整合及升级自然保护区

重点对尚未确界的自然保护区进行边界确定或勘界立标工作,开展总体规划编制或修编;按照自然地理单元和物种的天然分布对已建自然保护区进行优化整合,与周边的其他类型保护地建立协同管理制度;对具备晋升条件的自然保护区开展晋级工作。

优先行动7:新建各种类型保护区域

在保护优先区,针对红树林、海草床、海洋海岸及浅海区域、河流、湖库等生态系统，以及部分优先保护物种和重要种质资源分布点，建立自然保护区、森林公园、湿地公园、海洋公园、风景名胜区、自然保护小区、种源保护地。

优先行动 8：建设自然保护区外的相关保护工程

在生物多样性保护优先区、优先保护生态系统和优先保护物种分布区实施退耕还林、封山育林、石漠化治理、生态公益林管护、水土保持、矿山生态恢复与治理、滩涂养殖生态改造、海洋与海岸生态治理等生态工程，恢复退化生境和自然生态系统；开展生物廊道建设和重点生态功能区管理评估、保护和建设。

优先行动 9：加强保护管理基础设施建设

建设和维护自然保护区、海洋公园、湿地公园、森林公园、风景名胜区等保护管理机构的办公、监测、巡护、宣教等方面的设施，添置必需的保护和管理设备。

领域四：迁地保护

优先行动 10：实施珍稀濒危物种拯救工程

实施黑叶猴、穿山甲、鳄蜥、大鲵、江豚、龟鳖类、佛耳丽蚌、广西火桐、广西青梅、苏铁植物、海草（床）、珊瑚礁等珍稀濒危物种拯救工程，建立或完善珍稀野生动植物迁地保护园（地），探索和建立野生动植物迁地保护的长效管理模式。

优先行动 11：加强生物种质资源保存

广泛收集各种种质资源，建立种子库、基因载体物质库，开展离体保存，建立原位保护基地和异地种质圃；采用冷冻精液、冷冻胚胎等方法保存遗传物质，对濒临灭绝的地方品种进行异地保种。

优先行动 12：开展珍稀濒危物种人工繁殖与野化放归

开展黑叶猴、穿山甲、鳄蜥、大鲵、龟鳖类、广西火桐、广西青梅、苏铁植物等濒危动植物的人工繁育以及生物学和生态学研究，对人工种群进行野化试验，适时放归并开展跟踪监测。

领域五：资源可持续利用示范

优先行动 13：开展自然保护区社区共建示范

引进先进的社区共管与发展的理念和模式，根据自然保护区及周边区域的自然、经济、社会等条件，开展有利于可持续发展和生物多样性保护的共建共管示范和推广。

优先行动 14：开展自然资源合理利用示范

选择不同类型自然保护区、森林公园、生态公益林区、湿地，结合自然资源的特点，实施既有开发潜力，又有典型示范意义的项目，开展多形式的自然资源利用示范建设、推广与交流。

优先行动 15：开展生物遗传资源及相关传统知识惠益共享示范

选择部分典型的传统知识和标志产品对其开发利用现状进行深入调查，研究并提出获取与惠益分享的机制与模式；开展获取与惠益分享试点示范、推广。

领域六：宣传教育与伙伴合作

优先行动 16：加大生物多样性保护宣传与教育基地建设

在自然保护区、森林公园、物种迁地保护园（地）等具有科普宣传意义的区域进行宣传标识体系建设；加强动植物标本室、自然生态博物馆建设；在山口、大明山、猫儿山等 10 处具有全球保护意义的国家级自然保护区建设专题博物馆、生态体验和保护恢复参与基地。

优先行动 17：扩大生物多样性保护交流与合作

构建与国内外生物多样性保护机构对话和合作平台，与国际保护机构、科研单位、企业及个人开展生物多样性保护项目合作，引进先进的管理经验和技术方法，进行试验和示范；与东盟各国建立合作机制，与周边省份保持合作关系，定期交流与学习，分享生物多样性保护管理工作的经验；建立生物多样性保护志愿者参与机制。

领域七：保护管理基础能力建设

优先行动 18：培养和合理配置人才

针对生物多样性保护所需各种专业和工作技能，制订培训方案并制度化，对从业人员进行各相关专业与领域的培训；制订广西生物多样性保护人才建设方案，引进相关专业的高等院校毕业生和具有相关专业和管理经历与背景的优秀人才，并从经济条件、工作环境等方面给予支持。

优先行动 19：提升保护管理机构管理能力

国家级自然保护区和位于保护优先区域内的自然保护区制订管理计划，其他自然保护区，湿地公园、森林公园和风景名胜区制订保护规划，定期监测与评估保护成效；相关行政主管部门建立自然保护管理目标考核评估机制；开发自然保护区综合管理系统，开展数字化管理。

优先行动 20：加强对外来入侵物种防控管理能力建设

按地区、行业部门的需求建设引种隔离检疫圃和基地、隔离试验场与检疫中心；加强环保领域使用的微生物菌剂进出口管理能力建设，对养殖业使用微生物实施规范化管理和长期跟踪监测。

领域八：科学技术研究

优先行动 21：开展基础研究

完成约 50 个优先保护物种的基础生物学研究，15~20 个珍稀濒危物种的致危因素调查、致危机理研究以及解濒技术攻关，3~5 处生境恢复，3~5 种物种的种群壮大；开展野生稻、病虫害天敌、水生生物资源、保护物种系统进化单元、超富集植物筛选研究等，完成 3~5 项生物技术研究。

优先行动22:开展专题研究

开展优先保护物种分布、种类、威胁因素、生境状况、保护措施等研究;开展生物多样性保护优先区和优先保护生态系统的保护研究,尤其关注具有广西地域特征的桂西石灰岩地区、广西北部湾沿海区等区域,以及石灰岩森林、沟谷雨林、红树林、海草床、珊瑚礁、洞穴等重要生态系统;开展生态损失研究。

优先行动23:开展应用研究

开展主要森林病虫害和重要的入侵生物综合防治技术方法研究,进行示范推广;制定水生动物增殖放流等技术规范和放流效果评价标准;选择不同资源类型的植物进行保护利用研究,建立示范区,形成资源植物可持续经营的技术体系。

优先行动24:开展政策研究

探索区域、流域生态补偿和生物多样性补偿机制,选择具有代表性的自然保护区、森林公园开展集体林合理利用政策及方式研究;选取不同级别的生态公益林,建立示范区,提出有利于提高生态公益林生态服务功能政策体系;选择代表性自然保护区、森林公园、湿地公园,开展生态旅游研究。

七、保障措施

(一)加强组织领导,完善管理体系

地方人民政府是本行政区域内生物多样性保护工作的责任主体,要落实责任分工,分解保护任务。要加强各级政府及部门之间的信息交流和行动协调,强化统一监管,建立发展改革、环境保护、林业、农业、海洋、水产畜牧、国土资源、水利、财政等多部门联合的生态保护协调机制,明确分工,加强联动。

(二)健全保护政策法规,强化法制管理

依据国家和广西的相关法律法规,制定生物多样性保护的地方性法规和管理办法,特别是针对集体土地和集体森林的土地使用、管理政策,切实推进生态补偿制度化或法制化。推动形成部门协同、上下联动的整体执法机制,建立案件移送制度和联合执法机制,健全执法监督机制,保障生物多样性保护各项法律、法规、规章和规划计划的落实,依法保护和管理广西的生物多样性。

(三)完善经济政策,增加资金投入

利用财政转移支付、保证金等手段,研究与推进重要生态功能区、自然保护区、重要湿地、流域水资源开发和矿产资源开发等重点区域和领域的生态补偿,探索同一流域上下游生态保护与生态受益地区之间建立生态补偿机制。逐步加大各级财政投入生物多样性保护的力度,加大对生物多样性丰富地区的资金和项目倾斜。鼓励和引导社会资金投向生物多样性保护项目,加强生物多样性保护和合理利用的资金保障。

(四)加强科技支撑,提高科研能力

开展生物多样性保护基础理论研究和科技攻关,优先安排重大生态环境问题与关键技术科研课题。推动设立生态保护科技重大专项,重点开展重点生态功能区保护和建设的方法与技术模式、生物多样性与生物安全支撑技术、生态产业发展、生态修复技术、生态系统监测评价等关键技术的研究。深化产学研合作,加强市场培育,加快科技成果转化为服务和产品。

(五)建立监督机制,开展绩效评估

建立生物多样性保护目标责任制,把生物多样性保护内容纳入各级人民政府的绩效考核。加强各级人大、政协监督,加强各部门间的执法监督,开展舆论监督和公众监督;健全资源环境执法监督机制,保障生物多样保护执法的规范化。

(六)加强宣传教育,提高公众意识

开展多层次、多形式的舆论宣传和科普教育,提高舆论引导效果。充分发挥相关社团组织的桥梁纽带作用,动员社会各方力量共同推进生态保护与建设工作。将生物多样性教育纳入国民教育体系,建设一批各具特色的生物多样性教育示范基地,普及生物多样性保护知识,培育和弘扬生态文化。

(七)深化国际合作,拓展区域交流

积极开展国际国内生物多样性保护合作与交流,深入开展海洋生物多样性保护、跨境生态安全、大湄公河次区域生物多样性保护,泛北部湾生态环境合作机制等领域的国际合作,积极引进和吸收国外先进技术方法和管理经验。

附件1

广西生物多样性保护优先项目表

序号	名称	内容	负责部门	实施期
合计				
1	将生物多样性保护纳入各级人民政府及相关部门规划和计划	各级人民政府及相关部门将生物多样性保护纳入其发展规划和政绩考核中,制订本地区或本部门的保护实施方案并实施。	各级人民政府及相关部门	8年

续表

序号	名称	内容	负责部门	实施期
2	开展自然保护区人工用材林生态改造试点	开展自然保护区人工林调查与研究，在尊重相关法律法规的前提下，制定人工用材林生态改造的技术方法，选择5~10处自然保护区开展试点。	自治区人大、政府法制办，自治区发展改革委，财政厅，水利厅，林业厅，环境保护厅，国土资源厅等	3年
3	将生物多样性影响评价内容纳入环境影响评价	提出区域开发规划及建设项目环境影响评价中的生物多样性影响评价内容、方法和指南，探索建立监测和后评估制度。	环境保护厅，自治区发展改革委，水利厅，林业厅，农业厅，国土资源厅，自治区海洋局、水产畜牧兽医局等	8年
4	实施野生动物损害补偿	落实有关野生动物保护法律，对由于重点保护陆生野生动物损坏庄稼和造成人身伤亡实行补偿。	各级野生动物行政主管部门	8年
5	开展桂西岩溶山地保护优先区生物多样性本底调查	开展保护优先区内生物多样性、优先保护物种本底调查，以及国家珍稀濒危及广西特有野生动植物专项调查等，建立数据库，编制各类生物名录。	自治区财政厅，林业厅，环境保护厅，农业厅，卫生厅，自治区水产畜牧兽医局等	8年
6	开展广西生物遗传资源调查与评估	对广西生物遗传资源特别是农作物近缘野生植物种质资源进行广泛调查、评估和编目，并建立数据库，为挖掘优异种质基因提供科学基础。	自治区农业厅	5年
7	开展生物多样性相关传统知识调查与评估	对广西生物多样性相关传统知识进行广泛调查、评估和编目，并建立数据库，为制定有效保护和可持续利用政策提供科学参考。	自治区文化厅，民政厅等	5年
8	开展全自治区植被资源调查与编目	对广西植被资源数量、分布、结构进行调查和评估并编目，建立数据库，制定保护和可持续利用的技术、政策与法规制度。	自治区林业厅	5年
9	建立生物多样性变化监测评估与预警体系	在优先区域内设置监测站（点）、气象站，对生物多样性、自然环境、人为活动、外来入侵物种、有害病原微生物及动物疫源疫病、气候变化等内容实施监测，建立管理信息系统，开展预测预警。	环境保护厅，财政厅，科技厅，林业厅，国土资源厅，农业厅，自治区海洋局、水产畜牧兽医局、气象局，广西出入境检验检疫局等	8年
10	开展自然保护区界线和面积确定	对尚未确界的三匹虎、青狮潭、银殿山、银竹老山、达洪江、那林、三锁、百东河、西大明山、寿城、海洋山、架桥岭等12处森林和野生动植物自然保护区、5处地质遗迹自然保护区进行边界确定，完成资源考察和总体规划。	自治区林业厅，环境保护厅，国土资源厅等	3年
11	优化整合和升级自然保护区	对花坪、九万山、大瑶山、滑水冲、七冲、大容山、老虎跳等自然保护区进行适当调整，下雷、银竹老山、龙滩、茅尾海、春秀、青龙山、澄碧河、古龙山等自然保护区进行晋升其级别。	自治区林业厅，环境保护厅等	3年

续表

序号	名称	内容	负责部门	实施期
12	新建保护区	都阳山一带，新建2～3处自然保护区；在田林县的驮娘江与西洋江一带，田阳县古美村一带，田东县作登镇各新建1处苏铁自然保护区；新建凤山县巴腊猕猴、融水县的滚贝老山、环江县驯乐等自然保护区。在滨海地带建立湿地公园、海洋公园等保护地。对拟建保护区的进行资源考察和总体规划。	环境保护厅，林业厅，水利厅，农业厅，自治区海洋局、水产畜牧兽医局等	8年
13	新建自然保护小区	在保护优先区、不具备建立自然保护区的生物多样性重要分布地每年划建100个自然保护小区，开展勘界工作，每年给予社区管护经费。	林业厅，农业厅，自治区海洋局、水产畜牧兽医局等	8年
14	建设中越边境生物多样性保护廊道	在中越边境区域实施退耕还林、封山育林、石漠化治理、生态公益林管护、水土保持、矿山生态恢复与治理、生态农业等生态工程，恢复退化生境和自然生态系统。	自治区发展改革委，财政厅，自治区扶贫办，林业厅，农业厅，国土资源厅，水利厅，环境保护厅，自治区海洋局、水产畜牧兽医局等	8年
15	启动地方级自然保护区基础设施建设	增加对地方级自然保护管理机构的办公、监测、巡护、宣教等方面的设施建设和设备投入。	自治区发展改革委，财政厅，林业厅，环境保护厅，国土资源厅，住房城乡建设厅，自治区海洋局、水产畜牧兽医局等	8年
16	建立和完善口岸检疫设施	按地区、行业部门的需求建设引种隔离检疫圃和基地、隔离试验场与检疫中心。	广西出入境检验检疫局，南宁海关等	8年
17	珍稀濒危野生植物迁地保护	对因环境胁迫的珍稀野生植物开展迁地保护。开展对龙滩水库、百色水利枢纽珍稀植物迁地保护等工程的后续抚育和管理。探索野生植物迁地保护的长效模式。	环境保护厅，林业厅	8年
18	实施海洋重要生态系统保护工程	对位于自然保护区外的红树林、海草床、珊瑚礁等重要海洋生态系统实施抢救性保护。	自治区海洋局，自治区发展改革委，财政厅	8年
19	实施极小种群野生植物拯救工程	对列入全国极小种群野生植物的32种广西分布植物实施抢救工程。	林业厅，自治区发展改革委，财政厅	8年
20	实施极度濒危野生动物拯救工程	对黑叶猴、穿山甲、鳄蜥、大鲵、江豚、龟鳖类等极度濒危动物拯救工程。开展黑叶猴、穿山甲、鳄蜥等濒危动物人工繁育以及生物学和生态学研究，对人工种群进行野化放归。	林业厅，自治区海洋局、水产畜牧兽医局，自治区发展改革委，财政厅	8年
21	开展广西特色蔬菜种质资源保护	对生姜、芋头、莲藕等广西特色蔬菜种质资源建立原位保护基地、异地种质圃等。	农业厅	8年
22	开展生态种植（养殖）引导示范	通过生态引导资金，在保护优先区以自然保护区为主导，开展生态种植（养殖）示范，并向社区推广。	环境保护厅	8年

续表

序号	名称	内容	负责部门	实施期
23	实施生物多样性友好的扶贫项目	选择位于保护优先区内国家贫困县所在地的自然保护区5处，结合扶贫工作、新农村建设等政策，引进先进的协议共管、社区发展的理念和模式，发展社区经济。	自治区发展改革委，自治区扶贫办，财政厅，林业厅等	8年
24	开展自然资源合理利用示范	选择代表性的自然保护区、森林公园、湿地公园、海洋公园、生态公益林区10处，开展自然资源合理利用示范区建设、推广与交流。	林业厅，环境保护厅，自治区水产畜牧兽医局、海洋局等	5年
25	开展传统遗传资源标志产品开发利用的惠益共享示范	选择10个典型的标志产品，调查目前商业公司与地方社区合作形式、获取与惠益分享现状，开展惠益分享机制试点示范。	林业厅，农业厅，自治区水产畜牧兽医局，文化厅、环境保护厅，自治区扶贫办等	3年
26	开展生物多样性保护人才培养	全面调查和评估广西生物多样性人才队伍总体能力及专业空缺，制订培养和配置方案，开展人才培训。	人力资源社会保障厅，环境保护厅，林业厅，科技厅，农业厅，自治区海洋局、水产畜牧兽医局等	8年
27	开展生物多样性保护宣传与教育示范建设	选择十万大山、大明山、猫儿山、山口红树林、崇左白头叶猴等5处具全球保护意义的国家级自然保护区，建设专题博物馆、生态体验和保护恢复参与基地，开展生物多样性保育宣传和展示。	环境保护厅，林业厅，自治区海洋局，文化厅等	8年
28	开展生态博物馆示范建设	在南宁市周边划建1处模拟广西主要生态系统、重要动植物及其生境、各类生态系统关系仿真的室内展示馆。	自治区发展改革委，林业厅，环境保护厅，文化厅等	8年
29	建设广西—东盟生物多样性保护交流中心	建设广西—东盟生物多样性保护交流中心，作为与国内外相关机构对话和合作的平台，开展项目合作。建立与东南亚跨境合作机制，与周边省份保持合作关系，共同分享生物多样性保护管理工作的经验。	生物多样性相关行政主管部门	8年
30	建立生物多样性保护伙伴关系	鼓励政府、企业及个人、社会各机构组织共同参与生物多样性保护，推动建立生物多样性公共私营合作制、建立相应的志愿者参与机制。	环境保护厅	5年
31	建立生物多样性信息管理系统	研制广西生物多样性信息管理系统，实时进行信息采（收）集、更新，为保护管理科学决策提供快捷、准确的依据。	环境保护厅	3年
32	编制管理计划和保护规划	国家级自然保护区、位于优先区内的地方级护区编制管理计划，其他自然保护区、湿地公园、海洋公园、森林公园等制订保护规划。	环境保护厅、财政厅，林业厅，国土资源厅，自治区海洋局、水产畜牧兽医局等	3年
33	开展濒危物种致危机理及解濒技术攻关	每个优先区选择5个左右旗舰保护物种，开展致危因素调查、致危机理研究以及解濒技术攻关，3-5处生境恢复，3~5种物种的种群壮大。	科技厅，林业厅，自治区海洋局、水产畜牧兽医局等	8年

续表

序号	名称	内容	负责部门	实施期
34	开展北部湾经济区生物多样性保护专题研究	收集沿海区域多次专题调查成果，开展生态系统演替研究及恢复技术攻关，特别注重针对北部湾开放开发带来的新问题的解决方案研究。	科技厅，自治区水产畜牧兽医局，林业厅，自治区海洋局等	8年
35	开展热带森林保护专题研究	调查广西热带森林的数量、分布及结构特征，研究热带森林的保护技术与对策。	科技厅，林业厅	8年
36	开展外来入侵生物防技术控研究	在开展对广西外来生物入侵调查的基础上，针对重要的入侵物种开展入侵防控技术研究，制定相应的技术规范和评估标准。	科技厅，环境保护厅，农业厅，林业厅，自治区海洋局、水产畜牧兽医局等	8年
37	开展水生动物增殖放流应用技术研究	制定水生动物增殖放流技术规范和放流效果评价标准。开展水生动物增殖放流效果评价。	科技厅，自治区海洋局、水产畜牧兽医局等	8年
38	开展生态公益林保护与可持续经营利用政策研究	研究生态公益林改造管理、经营利用的途径，分区、分类型制定不同的保护管理规定和经营利用模式，并开展示范。	林业厅	8年
39	建立和健全生态补偿机制	完善现有生态补偿机制，开展流域生态补偿和生物多样性补偿示范研究。	自治区发展改革委，财政厅，水利厅，环境保护厅，林业厅，自治区海洋局，相关市县人民政府等	8年

附件2

广西优先保护野生动物名录

序号	物种名称	重点保护	IUCN	CITES	特有种	其他
1	蜂猴（*Nycticebus bengalensis*）	国家Ⅰ级	VU	Ⅱ		国内仅分布于广西、云南，野外种群数量稀少。
2	黑叶猴（*Trachypithecus francoisi*）	国家Ⅰ级	EN	Ⅱ		种群数量下降急速。
3	白头叶猴（*Trachypithecus leucocephalus*）	国家Ⅰ级	CR	Ⅱ	广西特有	仅分布于广西崇左一带不足200平方公里范围。
4	东黑冠长臂猿（*Nomascus nasutus*）	国家Ⅰ级	CR	Ⅰ		仅分布在广西与越南交界一带，广西不足30只。
5	中国穿山甲（*Manis pentadactyla*）	国家Ⅱ级	EN	Ⅱ		受威胁非常严重，在广西濒临消失。
6	云豹（*Neofelis nebulosa*）	国家Ⅰ级	VU	Ⅰ		食物链顶端动物，种群数量稀少。
7	金猫（*Catopuma temminckii*）	国家Ⅱ级	NT	Ⅰ		食物链顶端动物，种群数量稀少。
8	云猫（*Pardofelis marmorata*）		VU	Ⅰ		食物链顶端动物，仅分布上思、防城、大新，种群数量稀少。
9	熊狸（*Arctictis binturong*）	国家Ⅰ级	VU	Ⅲ		广西仅分布于大瑶山，种群数量稀少。

续表

序号	物种名称	重点保护	IUCN	CITES	特有种	其他
10	小爪水獭（*Aonyx cinerea*）	国家Ⅱ级	VU	Ⅱ		种群数量稀少。
11	水獭（*Lutra lutra*）	国家Ⅱ级	NT	Ⅰ		种群数量稀少。
12	儒艮（*Dugong dugon*）	国家Ⅰ级	VU	Ⅰ		种群数量稀少。
13	中华白海豚（*Sousa chinensis*）	国家Ⅰ级	VU	Ⅰ		种群数量稀少。
14	江豚（*Neomeris phocaenoides*）	国家Ⅱ级	EN	Ⅰ		种群数量稀少。
15	林麝（*Moschus berezovskii*）	国家Ⅰ级	EN	Ⅱ		种群数量稀少。
16	獐（*Hydropotes inermis*）	国家Ⅱ级	VU			种群数量稀少。
17	中华鬣羚（*Capricornis milneedwardsii*）	国家Ⅱ级	NT	Ⅰ		种群数量稀少。
18	中华斑羚（*Naemorhedus griseus*）	国家Ⅱ级	VU	Ⅰ		种群数量稀少。
19	黄腹角雉（*Tragopan caboti*）	国家Ⅰ级	VU	Ⅰ		种群数量稀少。
20	白颈长尾雉（*Syrmaticus ellioti*）	国家Ⅰ级	NT	Ⅰ		种群数量稀少。
21	黑颈长尾雉（*Syrmaticus humiae*）	国家Ⅰ级	NT	Ⅰ		种群数量稀少。
22	白额山鹧鸪（*Arborophila gingica*）	广西重点	NT		中国特有	广西亚种为广西特有，种群数量稀少。
23	青头潜鸭（*Aythya baeri*）		CR			种群数量稀少。
24	海南鳽（*Gorsachius magnificus*）	国家Ⅱ级	EN			种群数量稀少。
25	黄嘴白鹭（*Egretta eulophotes*）		VU			种群数量稀少，分布于保护区之外。
26	斑嘴鹈鹕（*Pelecanus philippensis*）	国家Ⅱ级	NT			国内仅见于广西，在广西属边缘分布。
27	小青脚鹬（*Tringa guttifer*）	国家Ⅱ级	EN	Ⅰ		种群数量稀少。
28	勺嘴鹬（*Eurynorhynchus*）		CR			种群数量稀少。
29	冠斑犀鸟（*Anthracoceros albirostris*）	国家Ⅱ级		Ⅱ		分布范围狭窄，种群数量稀少。
30	鹩哥（*Gracula religiosa*）	广西重点		Ⅱ		受威胁严重。
31	弄岗穗鹛（*Stachyris nonggangensis*）		VU		广西特有	种群数量稀少。
32	金额雀鹛（*Alcippe variegaticeps*）		VU			分布区狭窄，种群数量稀少。
33	鳄蜥（*Shinisaurus crocodilurus*）	国家Ⅰ级		Ⅱ		分布区狭窄，种群数量稀少。
34	圆鼻巨蜥（*Varanus salvator*）	国家Ⅰ级		Ⅱ		种群数量稀少。
35	蟒（*Python molurus*）	国家Ⅰ级	NT	Ⅱ		种群数量稀少。
36	大壁虎（*Gekko gecko*）	国家Ⅱ级				种群数量下降急速。
37	广西林蛇（*Boiga guangxiensis*）				广西特有	种群数量稀少。
38	百花锦蛇（*Elaphe moellendorffi*）	广西重点				种群数量稀少。

续表

序号	物种名称	重点保护	IUCN	CITES	特有种	其他
39	大鲵（*Andrias davidianus*）	国家Ⅱ级	CR	Ⅱ		种群数量稀少。
40	广西瘰螈（*Paramesotriton guangxiensis*）		EN		广西特有	仅分布于宁明派阳山，保护区外，种群数量稀少。
41	广西拟髭蟾（*Leptobrachium guangxiense*）				广西特有	种群数量稀少。
42	高山掌突蟾（*Leptolalax alpinus*）		EN			仅分布于底定保护区。
43	棘腹蛙（*Paa boulengeri*）	广西重点	EN			受威胁严重。
44	双团棘胸蛙（*Paa yunnanensis*）		EN			种群数量稀少。
45	瑶山树蛙（*Rhacophorus aoshanensis*）		EN		广西特有	种群数量稀少。
46	克氏海马鱼（*Hippocampus kelloggi*）	国家Ⅱ级	EN			种群数量稀少。
47	近江牡蛎（*Crassostrea rivularis*）					受威胁严重。
48	中华鲟（*Acipenser sinensis*）	国家Ⅰ级	CR	Ⅱ		种群数量稀少。
49	文昌鱼（*Branchiotoma belcheri*）	国家Ⅱ级				种群数量稀少。
50	佛耳丽蚌（*Lamprotula mansuyi*）	国家Ⅱ级				种群数量稀少。
51	马氏珠母贝（*Pinctada martensii*）	广西重点				种群数量稀少。
52	中国鲎（*Tachypleus tridentatus*）	广西重点				受威胁严重。
53	金斑喙凤蝶（*Teinopalpus aureus*）	国家Ⅰ级				分布区狭窄，种群数量稀少。
Ⅰ	鹦鹉类（Psittacidae spp.）	均属国家Ⅱ级重点保护，CITES附录Ⅱ物种，受威胁严重。				
Ⅱ	龟鳖类（Testudoformea）	大多列为国家重点保护名录，IUCN极危、濒危和易危种，CITES附录Ⅱ、附录Ⅲ，受威胁严重。				
Ⅲ	洞穴鱼类	大多数属广西特有种、分布环境独特、科研价值大、种群数量稀少。				
Ⅳ	珊瑚类	珊瑚种群数量稀少，受威胁严重，其中红珊瑚（*Corallium rubrum*）属国家Ⅰ级重点保护物种。				

注：IUCN：世界自然保护联盟；CITES：濒危野生动植物种国际贸易公约；IUCN（2010）受威胁物种级别：CR—极危，EN—濒危，VU—易危，NT—近危。

附件3

广西优先保护野生植物名录

序号	中文名	重点保护	CITES附录	IUCN名录	特有种	其他重要种
1	中华水韭（*Isoetes sinensis*）	国家Ⅰ级				稀少。
2	资源冷杉（*Abies beshanzuensis var. ziyuanensis*）	国家Ⅰ级		CR		极小种群。
3	元宝山冷杉（*Abies yuanbaoshanensis*）	国家Ⅰ级		CR	广西特有	极小种群。
4	银杉（*Cathaya argyrophylla*）	国家Ⅰ级				极小种群。

续表

序号	中文名	重点保护	CITES附录	IUCN名录	特有种	其他重要种
5	南亚松（*Pinus latteri*）	广西重点				广西属分布最北缘，受威胁严重。
6	水松（*Glyptosstrobus pensilis*）	国家Ⅰ级				极小种群。
7	翠柏（*Calocedrus macrolepis*）	国家Ⅱ级				在广西野外仅存1株。
8	小叶罗汉松（*Podocarpus wangii*）	广西重点				受威胁严重。
9	红豆杉（*Taxus chinensis*）	国家Ⅰ级	Ⅱ			受威胁严重。
10	南方红豆杉（*Taxus chinensis var. mairei*）	国家Ⅰ级	Ⅱ			受威胁严重。
11	单性木兰（*Kmerria septentrionalis*）	国家Ⅰ级				极小种群。
12	馨香木兰（*Magnolia odoratissima*）	国家Ⅱ级		CR		种群数量稀少。
13	粗梗木莲（*Manglietia crassipes*）	广西重点		CR		种群数量稀少。
14	狭叶含笑（*Michelia angustioblonga*）			CR		种群数量稀少。
15	峨眉拟单性木兰（*Parakmeria omeiensis*）	国家Ⅰ级		CR		种群数量稀少。
16	地枫皮（*Illicium difengpi*）	国家Ⅱ级				受威胁严重。
17	蕉木（*Chieniodendron hainanense*）	广西重点				极小种群。
18	海南风吹楠（*Horsfieldia hainanensis*）	国家Ⅱ级				极小种群。
19	藤枣（*Eleutharrhena macrocarpa*）	国家Ⅰ级		CR		种群数量稀少。
20	猪血木（*Euryodendron excelsum*）	广西重点		CR		极小种群。
21	狭叶坡垒（*Hopea chinensis*）	国家Ⅰ级			广西特有	极小种群。
22	望天树（*Parashorea chingnsis*）	国家Ⅰ级				分布区狭窄，种群数量稀少。
23	广西青梅（*Vatica guangxiensis*）	国家Ⅱ级		CR		极小种群，分布区狭窄。
24	角果木（*Ceriops tagal*）	广西重点				分布区狭窄，种群数量稀少。
25	滇桐（*Craigia yunnanensis*）	国家Ⅱ级				极小种群。
26	广西火桐（*Erythropsis kwangsiensis*）	国家Ⅱ级		CR	广西特有	极小种群。
27	粗齿梭罗（*Reevesia rotundifolia*）	广西重点			广西特有	种群数量稀少。
28	小叶红豆（*Ormosia microphylla*）	广西重点				受威胁严重。
29	华南锥（*Castanopsis concinna*）	国家Ⅱ级				种群数量稀少。
30	膝柄木（*Bhesa robusta*）	国家Ⅰ级		CR		极小种群。
31	伯乐树（*Bretschneidera sinensis*）	国家Ⅰ级				种群数量稀少。
32	喙核桃（*Annamocarya sinensis*）	广西重点				极小种群。
33	瑶山苣苔（*Dayaoshania cotinifolia*）	国家Ⅰ级		CR	广西特有	极小种群。
34	单座苣苔（*Metabriggsia ovalifolia*）	国家Ⅰ级		CR	广西特有	种群数量稀少。

续表

序号	中文名	重点保护	CITES附录	IUCN名录	特有种	其他重要种
35	报春苣苔（*Primulina tabacum*）	国家Ⅰ级				极小种群。
36	出水海菜花（*Ottelia emersa*）			CR	广西特有	分布区狭窄，种群数量稀少。
37	贵州地宝兰（*Geodorum eulophioides*）	广西重点	Ⅱ	CR		极小种群。
38	洛氏蝴蝶兰（*Phalaenopsis lobbii*）	广西重点	Ⅱ			极小种群。
39	药用野生稻（*Oryza officinalis*）	国家Ⅱ级				受威胁严重。
40	普通野生稻（*Oryza rufipogon*）	国家Ⅱ级				受威胁严重。
Ⅰ	苏铁植物（Cycas spp.）	全部列入国家Ⅰ级重点保护名录和CITES附录Ⅱ，部分列入IUCN“CR”等级和极小种群。				
Ⅱ	金花茶组（Camellia Sect. Chrysantha）	多数种属广西特有和IUCN“CR”等级，部分种为极小种群。				
Ⅲ	兰科兜兰属植物（Paphiopedilum spp.）	所有种列这CITES附录Ⅰ、IUCN“CR”等级和广西重点保护名录，受威胁严重。				
Ⅳ	兰科石斛属植物（Dendrobium spp.）	所有种列这CITES附录Ⅱ、IUCN“CR”等级和广西重点保护名录，受威胁严重。				

注：IUCN：世界自然保护联盟；CITES：濒危野生动植物种国际贸易公约；IUCN受威胁级别：CR—极危，EN—濒危，VU—易危，本表只列出CR物种。

附件4

广西优先保护遗传资源及相关传统知识名录

类别	种（类、项）
农作物	白香粳、长北香糯、黑糯稻、黑壳男女谷、白占、白谷、蚂拐糯、勿谷、油占、桐禾米、二早谷、观音粘、青脚占、矮脚占、都安大糯、都安八月谷、唐足、红尤、天旱占、瑶油粘、百日粘、百老飘、瑶粳、光头小麦、猫豆、十月黄、苏圩苦瓜、博白空心菜、横县大头菜、荔浦芋、覃塘莲藕、天等指天椒、桂林马蹄、八渡笋等34种
林木	苦苣苔科植物、秋海棠科植物、兰科植物、杜鹃科植物、木兰科植物、八角、肉桂、海菜花等8种（类）
禽畜	陆川猪、环江香猪、巴马香猪、环江菜牛、东山猪、涠洲黄牛、南丹黄牛、西林水牛、富川水牛、都安山羊、隆林山羊、德保矮马、环江香鸭、靖西大麻鸭、广西小麻鸭（西林）、广西三黄鸡、霞烟鸡、东兰乌鸡、南丹瑶鸡、瑶山黑毛鸡等20种
药用生物	罗汉果、田七（三七）、山银花、黄花蒿、千斤拔、鸡骨草、鸡血藤、姜、土茯苓、广豆根、两面针、水半夏、穿心莲、葛根、灵香草、绞股蓝、青天葵、巴戟天、千年健、黄藤、扶芳藤、木蝴蝶、灵芝、木耳、珍珠、百花锦蛇、红毛鸡等27种
农作物野生近缘种	野生大豆、野生花生、野生薏苡、野水生薏苡、野生茶、野生猕猴桃、野生黄皮、野生荔枝、野生毛葡萄、野生香蕉、野生莲、野生韭菜等12种
传统医药及疗法	医药、瑶医药、麝香针疗法、竹筒梅花针法、两面针治疗民间方剂、骨七涯治疗民间方剂等6种
传统技术与生产生活方式	稻作文化、梯田水利、甲布侬人的彩棉种植、田间养鱼、高跷捕鱼、靛染工艺、壮锦等7项
传统文化与习俗	祭祀蚂蚜、放飞节、树木和山林崇拜、崇奉动植物神灵、蓝靛瑶保苗节、石牌制、口头传承的村规民约等7项

附件 5

广西优先防治外来入侵物种名录

类别	种（类）
动物	福寿螺（*Pomacea canaliculata*）、美洲斑潜蝇（*Liriomyza sativae*）、稻水象甲（*Lissorhoptrus oryzophilus*）、湿地松粉蚧（*Oracella acuta*）、松材线虫（*Bursaphelenchus xylophilus*）、桉树枝瘿姬小蜂（*Leptocybe invasa*）、克氏原螯虾（*Procambarus clarkii*）等7种
植物	薇甘菊（*Mikaina micrantha*）、飞机草（*Eupatorium odoratum*）、紫茎泽兰（*Eupatorium adenophorum*）、互花米草（*Spartina alterniflora*）、加拿大一枝黄花（*Solidago canadensis*）、银胶菊（*Parthenium hysterophorus*）、白花鬼针草（*Bidens alba*）、肿柄菊（*Tithonia diversifolia*）、五爪金龙（*Ipomoea cairica*）等9种
海洋生物	球形棕囊藻（*Phaeocystis globosa*）、沙筛贝（*Mytilopsis sallei*）、南美白对虾（*Penaeus vannamei*）、尼罗罗非鱼（*Oreochromis nilotica*）等4种

附件 6

广西生物多样性保护优先区域图

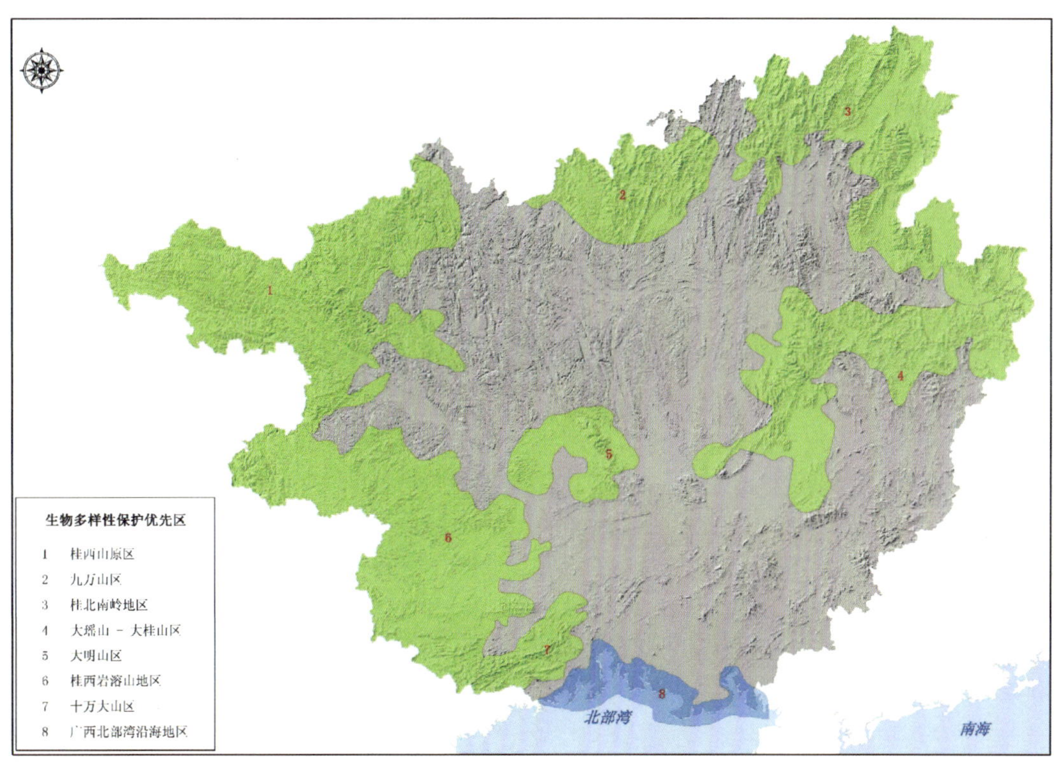

（广西壮族自治区环境保护厅2014年3月13日印发）

广西壮族自治区环境空气质量管理考核办法（试行）

（桂环函〔2014〕1919号）

第一条　为落实各市人民政府保护环境空气质量的法定职责，推动大气污染防治工作，改善环境空气质量，促进区域经济社会与环境协调发展，根据《中华人民共和国环境保护法》、《中华人民共和国大气污染防治法》、国务院《大气污染防治行动计划》等有关规定，制定本办法。

第二条　本办法适用于设区城市环境空气质量保护目标责任制的管理考核。考核工作纳入自治区对各设区城市工作目标责任考核体系。考核结果作为评价当地政府履行改善环境空气责任及环境保护绩效评价的依据。

第三条　根据城市环境空气质量现状、环境空气质量年度变化、当地政府落实《大气污染防治目标责任书》等情况进行考核。按照《大气污染防治行动计划》，2017

年前,重点考核可吸入颗粒物(以下简称 PM_{10})指标。

第四条 按照《环境空气质量标准》(GB3095-2012)进行城市环境空气质量评价。环境空气质量变化,以本年度考核指标年均浓度值与上年度进行比较。以环境空气国控城市点考核指标日均浓度的算术平均值作为城市日均浓度;以本年度城市日均浓度的算术平均值作为城市年均浓度。

第五条 考核结果分良好、合格和不合格3个等级。

良好:PM_{10} 年均浓度均达到《环境空气质量标准》(GB3095-2012)二级标准,并持续改善。

合格:PM_{10} 年均浓度达二级标准,且年均浓度上升幅度不超过3%(含)。

不合格:PM_{10} 年均浓度未达二级标准,或年均浓度达到二级标准但 PM_{10} 浓度较上年上升幅度超过3%(不含)。

第六条 环境空气质量考核采用各市国控城市点的环境空气自动监测站的监测数据,监测工作由自治区环境保护行政主管部门统一监督管理。

第七条 各市人民政府应根据2014年初与自治区人民政府签订的《大气污染防治目标责任书》,每年4月1日前制订年度实施计划,连同大气污染防治重点工程及工程实施进度(至少每季度更新一次实施进度)在各市人民政府门户网站上公布,接受社会监督。未公布和未按要求及时更新的,年度考核不得评为良好及以上。

第八条 考核结果与市人民政府年度绩效考核挂钩。自治区环境保护厅将年度考核结果上报自治区党委和自治区人民政府,作为当地人民政府主要领导环境保护政绩考核评价的主要依据之一。

第九条 环境空气质量管理年度考核结果,报经自治区人民政府同意后,向社会公布。

第十条 环境空气质量考核工作由自治区环境保护厅组织实施。本办法自印发之日起执行。

(广西壮族自治区环境保护厅2015年1月4日印发)

自治区环境保护厅关于进一步加强环境影响评价机构监督管理的通知

(桂环发〔2014〕45号)

为规范广西从业环境影响评价机构(以下简称“环评机构”)行为,提高环境影响评价文件(以下简称“环评文件”)编制质量,自治区环境保护厅2011年6月印发《关于进一步规范和加强广西辖区内从业环境影响评价机构日常监督管理的通知》(桂环函〔2011〕927号),经过几年的持续监管整顿,广西环评行业秩序有所改善,环评文件总体编制质量有所提高。为贯彻落实环境保护部《关于进一步加强环境影响评价机构管理的意见》(环办〔2014〕24号),加大对环评机构的监管力度,提高环评服务质量,促进广西环境影响评价市场的健康发展,现就进一步加强广西从业环境影响评价机构的监督管理通知如下:

一、加强环评队伍建设,营造“公平、公正、开放”的市场氛围,创造良好的竞争环境

(一)支持有实力的科研院所、大专院校等组织、机构申请环境影响评价资质,加强人员职业资格及专业技术培训,加快环评队伍建设。涉及环评体制改革的环评机构应做到平稳过渡,确保资质不降、队伍不散、业务不间断、环评质量不下降。

(二)各环评机构应进一步完善环评专职技术人员管理制度,提升凝聚力;重视员工培训和交流学习,提高业务能力,构建合理的专业人才梯队,培育技术核心人才,提升环评的整体水平。

(三)各级环境保护行政主管部门(以下简称“环保部门”)及其工作人员不得与环评机构发生利益关系,不得为建设单位指定或推荐环评机构。严禁地方各级环保部门以备案等方式设置准入条件,限制外埠环评机构在本地承接环评业务。要坚持依法行政,坚持公平、公正原则,防止出现地方保护和行业保护。要听取和采纳环评机构的合理诉求,维护其合法权益。

环评机构在环评委托合同中不得附加涉及环评审批事项的各类承诺条件,不得由内设、分支机构或个人、其他中介机构代签。

(四)支持鼓励成立广西环保社会组织,推进环评行业自律及社会监督。

二、规范环评机构日常监管,建立考评档案

(一)为便于日常管理和信息公开,在广西开展环境影响评价业务的辖区外环评机构(以下称“外埠环评机构”)按自愿原则,将机构基本信息表以及环评机构资质证书(复印件加盖单位公章)送环境保护厅备档,并接受各级环保部门的日常监督管理。

(二)自治区环境保护厅委托自治区环境保护技术中心负责环评机构日常考评和考评档案的管理。日常考评包括环评文件编制质量日常考核评分、对辖区内自治区级以下环境保护部门(包括市、县级)审批环评文件编制质量抽查、对辖区内环评机构及外埠环评机构广西境内开展环评业务的年度考核等。考评档案主要包括日常考评情况、年度自查报告及工作业绩、信用评价结果、约谈奖惩记录等。

(三)建设项目环评文件编制质量考核评分委托环保部门直属技术评估机构在环评文件技术评估过程中一并完成,通过组织专家依据《建设项目环境影响评价工作质量日常考核评分表》进行,总分≥85分为优秀,

85 分＞总分≥ 75 分为良好，75 分＞总分≥ 60 分为合格，总分＜ 60 分为不合格。因编制质量问题不能通过技术评估形式审查的视同不合格。

（四）自治区环境保护厅负责组织自治区环境保护技术中心和相关设区市环境保护部门开展辖区内环评机构及外埠环评机构的年度考核工作，考核结果报环境保护部。年度考核重点包括评价机构的人员配置、内部管理、遵守行业规定、证书经营范围、环评文件编制质量和效率，以及地方环境保护部门、项目建设（业主）单位对环评机构（包括项目负责人）的环境影响评价工作情况的反映（或投诉）等。

每年 2 月底前，辖区内各环评机构及外埠环评机构将上年度环评工作自查报告及广西境内环评业绩报送自治区环境保护厅，设区市环境保护部门将辖区环评机构监督管理工作总结报送自治区环境保护厅。

三、重视环评文件的有效性审查，加强联合监管

（一）各级环境保护部门在受理审批环评文件时应进行有效性审查，并将对环评机构的监督管理作为日常工作的重要内容，如发现环评文件编制质量问题突出或违规承接业务等情形，应及时向自治区环境保护厅报告。通过各级环境保护部门的联合监管和相关部门及社会的监督，形成对环评市场的联合监管体系。

（二）各级环境保护部门在受理报告书（表）时，应对编制报告书（表）机构的资质有效性及其与建设单位签订的书面委托合同进行查验，对编制机构不具备相应资质等级和评价范围、项目负责人不具备相应专业类别，以及编制机构与合同签订机构不一致或由其分支机构等签订合同的报告书（表）不予受理。受理审批的环评文件盖章、签名等必须为原件。环评文件各章节应由具有相应专业技术的持证人员负责，并负责技术审查过程中的汇报和答辩。

（三）设区市环境保护部门定期（每季度）将辖区内审批环评文件的日常考核评分结果报送自治区环境保护技术中心，考核不合格的还应随附环评文件文本及技术评估专家审查意见（由自治区环境保护技术中心组织核实）。对不需进行考核评分的环评文件如发现问题突出的也应一并报送。

（四）所承接自治区统筹推进重大项目环评文件出现一次不合格的环评机构，将通报有关部门和建设单位。

（五）在环评文件日常考核过程中，由建设单位对环评机构的服务质量、完成效率等进行评议，作为日常考核参考依据。

（六）任何单位和个人均有权向自治区环境保护厅检举环评机构的违规行为。自治区环境保护厅将为检举单位和个人保密。

四、加大环评机构违法违规行为处理力度

（一）环评机构有下列情形之一的，将进行全自治区通报批评，责令限期整改，整改期限 6 个月，并报告环境保护部。

1. 采用不正当竞争手段，严重影响环评市场正常秩序的；

2. 借用、挂靠资质证书的；

3. 超越评价资质等级、评价范围提供环境影响评价技术服务的；

4. 在环境影响评价工作中弄虚作假的；

5. 不认真履行合同，环评服务效能低下，建设单位和有关部门投诉属实的；

6. 不接受属地管理、情节恶劣的；

7. 在环评文件编制质量日常考核中年内出现 3 次不合格的（含市、县级审批项目）；

8. 在自治区级以下环境保护部门审批环评文件质量年度抽查中出现 2 次质量差的（即环评文件存在重大问题、不能支持环评结论，下同）。

（二）环评机构有下列情形之一的，将进行全自治区通报批评，责令限期整改，整改期限 3 个月。

1. 自治区统筹推进重大项目环评文件编制质量日常考核年内出现 1 次不合格的；

2. 在环评文件编制质量日常考核中年内出现 2 次不合格的（含市、县级审批项目）；

3. 在自治区级以下环境保护部门审批环评文件质量年度抽查中出现 1 次质量差的或者出现 3 次质量较差的（即环评文件编制存在一定问题，但仍可基本支持环评文件结论，下同）；

（三）环评机构有下列情形之一的，由自治区环境保护厅对机构负责人及相关项目负责人进行约谈，并提交书面检讨。

1. 在自治区级以下环境保护部门审批环评文件质量年度抽查中出现 2 次质量较差的（含市、县级审批项目）；

2. 无正当理由导致编制时间过长并造成不良后果的；

3. 其他需要约谈的情形。

（四）被责令限期整改的环评机构在整改期间不得承担广西辖区内建设项目的环境影响评价工作，已承接但尚未完成的项目清单及合同提交自治区环境保护厅备案，经审核后方可继续完成；整改期满后应向环境保护厅提交整改情况报告，经审核达到要求后方可继续在广西辖区内承接环评业务。

被责令限期整改的环评机构，情节严重的，自治区环境保护厅将上报环境保护部建议责令限期整改、缩减评价范围、降低资质等级或取消评价资质；对辖区内的环评机构，自治区环境保护厅一年内不予推荐增加评价资质范围或晋级；对外埠环评机构，自治区环境保护厅将同时抄送注册地所在省（直辖市）环境保护行政主管部门。

（五）对所负责的环评文件编制质量考核评分（包括日常考核和抽查）年内出现2次不合格的环评工程师，进行全区通报批评；出现3次不合格的将有关情况上报环境保护部。

五、建立信用评价系统

（一）为营造环境影响评价市场诚信环境，促进环境影响评价市场健康发展，自治区环境保护厅委托自治区环境保护技术中心对广西从业环评机构进行信用评价管理，对环评机构开展环境影响评价工作的信用信息进行采集和评价。信用评价周期为1年，自治区环境保护厅每年5月份将评价结果在环境保护厅门户网站公布。

（二）环评机构信用评价实施分级制度。信用等级分为：A级（优秀）、B级（良好）、C级（合格）和D级（不良）四个等级。

（三）信用等级为“A级”、“B级”的环评机构在申请办理资质延续、晋级、调整业务范围等涉及资质审查的日常管理中可简化审查程序，并优先推荐参加国家级优秀环评机构评比，鼓励企业在招投标中优先考虑；“A级”环评机构在下一年度环评文件质量抽查中免于抽查考核，“D级”环评机构列入下一年度环评文件质量抽查必检名单。

六、加大环评信息公开

（一）自治区环境保护厅在门户网站建立“环评机构信息公开”栏目，公布环评机构基本信息（资质等级、评价范围、联系方式等）、工作业绩及信用评价结果，便于建设单位根据需要查询并自主择优选择环评机构。

（二）环评文件日常考核评分结果应在审批部门门户网站上及时公布，年度考核情况由自治区环境保护厅在门户网站上公布。

（三）信用评价等级为D级的环评机构列入年度“黑名单”，并在自治区环境保护厅等部门门户网站上公布。

七、各市可参照本通知制订相关管理办法

（广西壮族自治区环境保护厅办公室2014年12月29日印发）

自治区环境保护厅“三重一大”决策制度

（桂环函〔2014〕1805号）

第一条 为认真贯彻执行民主集中制，健全和完善决策监督机制，推进决策的民主化、科学化、规范化，确保重大事项决策、重要干部任免、重大项目安排和大额度资金使用（以下简称“三重一大”）集体决策制度落实到位，特制定本制度。

第二条 重大决策类范围

（一）研究贯彻党和国家的路线、方针、政策以及中央、环境保护部和自治区重要文件、会议精神及中央、环境保护部、自治区党委、自治区人民政府领导的重要指示、批示。

（二）本厅起草的环境保护法规、规章、规范性文件草案、环境管理政策和重大措施、环境保护规划、地方环境质量标准和污染物排放标准。

（三）本厅机关内设机构及直属单位的设置与变更、重要制度的制定、修改、变更及废止，重要改革方案的制订。

（四）各市请示本厅的重大事项、全自治区区性的会议计划、厅及直属机关执行的制度规定。

（五）建设项目环评、验收文件申请暂缓审批或不予审批项目。

（六）罚款金额30万元人民币以上（含30万元）处罚决定。

（七）环境保护限制生产、停产整治决定。

（八）环境保护部门移送司法部门案件。

（九）提请人民政府批准责令停业、关闭报告。

（十）监督发现下级环境保护部门工作人员有违法行为应当依法处分向其任免机关或者监察机关提出处分建议。

（十一）年度绩效考核、奖励方案政策，以自治区环境保护厅名义开展的评比、命名、达标、创建等活动方案和结果。

（十二）研究决定重大违纪案件的查处、违纪党员的处理和直属党组织违纪责任追究。

（十三）其他应由领导班子集体研究决定的事项。

第三条 重要干部任免、奖惩类范围

（一）厅机关副处级及以上、直属单位领导班子副职以上干部的选拔、任免、推荐、调整、交流、考评和奖励、处罚。

（二）副处级及以上后备干部的推荐、选拔、考核和使用。

（三）厅机关、厅直属单位公开招录入编人员、直属单位在编人员的调入、调出等事项。

（四）推荐申报自治区级及以上综合类先进个人或先进集体。

第四条 重大项目事项安排类范围

（一）厅机关及厅直属单位的基础设施建设和基本建设项目，大宗办公或监测设备的采购和固定资产购置项目。

（二）厅机关及直属单位组织举办、承办的全自治区系统范围、区域性、全国性、国际性会议和活动，重大

庆典、纪念活动方案等。

（三）厅机关及直属单位国有资产出租出借、投资合作。

（四）厅环保规划编制、重大环保项目建设规划。

（五）厅年度重要实事项目、年度重大工程建设计划。

第五条　大额度资金使用类范围

（一）厅年度财政资金安排项目、计划分配（各项环保专项资金等）和调整。

（二）厅机关临时购置设备、对外赞助、预算外对本系统下属单位、直属单位补助等一次性经费开支20万元及以上，厅直属各单位临时购置设备、对外赞助一次性开支15万元以上。

（三）厅机关及直属单位依法应当采取公开招投标程序的事项，财政资金在100万元及以上其招投标方案及代理公司遴选方案。

（四）财政资金项目较大变更。

（五）年度接待经费预算。

第六条　凡属“三重一大”事项，除遇重大突发事件和紧急情况外，应由厅党组、厅长办公会议或厅务会议集体讨论决定，其中重要干部任免、决定重大违纪案件的查处、违纪党员的处理、直属党组织违纪责任追究以及对下级环保工作人员违法处分建议由厅党组会议集体讨论决定。

第七条　酝酿决策阶段

（一）“三重一大”事项决策前，应由厅分管领导成员牵头负责，开展深入的调查研究，充分听取各方面意见；对专业性、技术性较强的事项应进行专家论证、技术咨询、决策评估；对与人民群众利益密切相关的事项，应实行听证和公示制度。

（二）涉及“三重一大”事项议题的有关材料要在会前送达参会人员（通过内网），保证其有必要时间了解相关情况。

（三）“三重一大”事项决策前，厅领导班子成员可通过适当形式对有关议题进行个别酝酿，但不得作出决定或影响决策。

第八条　集体决策阶段

（一）确定议题。议题应在会前决定，不能搞临时动议。需集体研究的议题，相关处室单位要提前征求分管厅领导和相关部门意见，汇总后由厅长或厅党组书记确定。

（二）充分论证。厅重大决策的议题必须进行调查研究，广泛征求意见，提出讨论方案，有必要时需提前向参会人员提供书面材料。

（三）集体决策。党组、厅长办公会议、厅务会议需三分之二以上的班子成员到会方能举行。研究事项涉及与会成员本人及其亲属的，本人必须回避。

（四）厅党组成员、厅领导班子成员集体研究决定“三重一大”事项时，各成员应对决策建议逐个明确表示同意、不同意或缓议的意见，并说明理由。需要表决的，应按规定进行表决：决定多个事项时，应当逐项进行表决；研究推荐、提名和决定干部人事任免、奖惩事项，应当逐项表决；对意见分歧较大或有重大问题不清楚的，应暂缓表决，待进一步查清后，下次再进行表决。进行表决，以厅党组成员、厅领导班子成员应到会成员超过半数同意形成决定。

（五）厅党组、领导班子主要负责人应在其他成员充分发表意见的基础上，最后发表意见。

（六）会议要安排专人做好会议记录，班子成员的表决意见和理由等应形成会议记录，并根据需要编发会议纪要。

（七）研究“三重一大”事项，有关职能部门和监督部门人员可以根据议题内容需要列席。

（八）对“三重一大”事项进行集体决策的相关会议记录、投票实样等应立卷归档。

第九条　执行决策阶段

（一）“三重一大”事项经厅领导集体决策后，由成员按分工和职责组织实施，遇有分工和职责交叉的，由主要负责人明确一名成员牵头。

（二）个人对集体决策有不同意见的，可以保留，但没有作出新的决策前，应无条件执行，同时，可按组织程序向上级反映意见。

（三）个人不得擅自改变集体决策，确需复议的，应当经厅党组、厅领导班子超过半数成员同意后方可进行。如遇重大突发事件和紧急情况作出临时处置的，应在事后及时向厅党组、厅领导班子成员通告。未完成事项如需厅领导集体重新作出决策的，经再次决策后，按新决策执行。

第十条　对厅领导集体决策的事项，由厅领导班子成员按照分工负责督促检查，抓好落实，定期向厅领导班子报告，并将执行情况列入年度班子民主生活会和述职述廉的重要内容。

第十一条　会议决定的事项，根据事项性质不同，由办公室或人事处负责催办查办，并及时将落实情况向厅长或党组书记汇报；对涉及党纪政纪的事项，驻厅纪检组、监察室根据职责权限，对决策执行情况进行监督检查，发现问题，及时报告，提出纠正建议。

第十二条　对未经厅领导集体决策实施的“三重一大”事项，有关部门和人员应及时向厅党组或人事、纪检监察部门报告。

第十三条　对个人或少数人决定“三重一大”事项的，以及拒不执行或擅自改变厅领导集体决策的，厅领导集体决策执行不力或错误执行，给国家、单位造成重大经济损失或严重政治影响的责任人要根据事实、性质、情节及应承担的责任，依据《中国共产党纪律处分条例》、《行政机关公务员处分条例》和《广西壮族自治区党政领导干部环境保护过错问责暂行办法》等相关规定，追究有关责任人的责任。

第十四条 发现厅领导集体决策失误或涉嫌违纪违法的，应在查明情况、分清责任的基础上，报上级相关部门并接受相应的责任追究。

第十五条 “三重一大”事项集体讨论决定后按照规定予以公开，接受群众监督。

第十六条 本制度自颁布之日起施行。

（广西壮族自治区环境保护厅2014年12月16日印发）

2014年自治区级生态乡镇、生态村名单

一、自治区级生态乡镇（28个）

序号	地市命名数量	地市	县	乡镇
1	4	南宁市	上林县	白圩镇
2		南宁市	上林县	三里镇
3		南宁市	上林县	澄泰乡
4		南宁市	横　县	横州镇
5	14	桂林市	临桂县	黄沙瑶族乡
6		桂林市	临桂县	六塘镇
7		桂林市	龙胜各族自治县	龙脊镇
8		桂林市	恭城瑶族自治县	平安乡
9		桂林市	恭城瑶族自治县	龙虎乡
10		桂林市	恭城瑶族自治县	嘉会乡
11		桂林市	恭城瑶族自治县	栗木镇
12		桂林市	恭城瑶族自治县	西岭乡
13		桂林市	兴安县	崔家乡
14		桂林市	兴安县	华江瑶族乡
15		桂林市	兴安县	溶江镇
16		桂林市	阳朔县	葡萄镇
17		桂林市	灵川县	海洋乡
18		桂林市	灵川县	三街镇
19	2	梧州市	蒙山县	长坪瑶族乡
20		梧州市	蒙山县	蒙山镇
21	8	崇左市	龙州县	逐卜乡
22		崇左市	龙州县	武德乡
23		崇左市	扶绥县	中东镇
24		崇左市	扶绥县	龙头乡
25		崇左市	扶绥县	昌平乡
26		崇左市	天等县	龙茗镇
27		崇左市	凭祥市	凭祥镇
28		崇左市	大新县	桃城镇

二、自治区级生态村（437个）

序号	地市命名数量	地市	县（区）	乡镇	村（社区）
1	75	南宁市	横　县	校椅镇	石井村
2		南宁市	横　县	校椅镇	六凤村
3		南宁市	良庆区	大塘镇	大塘社区
4		南宁市	良庆区	那陈镇	西宁村
5		南宁市	良庆区	那陈镇	邕乐村
6		南宁市	良庆区	那马镇	冲陶村
7		南宁市	良庆区	那马镇	子伟村
8		南宁市	良庆区	那马镇	坛良村
9		南宁市	良庆区	那马镇	那僚村
10		南宁市	良庆区	那马镇	那马社区
11		南宁市	良庆区	那马镇	共和村
12		南宁市	良庆区	南晓镇	晓元村
13		南宁市	隆安县	屏山乡	屏山社区
14		南宁市	隆安县	屏山乡	群力村
15		南宁市	隆安县	屏山乡	刘家村
16		南宁市	隆安县	那桐镇	方村
17		南宁市	隆安县	乔建镇	廷罗村
18		南宁市	隆安县	丁当镇	英敏村
19		南宁市	马山县	白山镇	古腰村
20		南宁市	马山县	白山镇	上龙村
21		南宁市	马山县	古零镇	里民村
22		南宁市	马山县	古零镇	古统村
23		南宁市	马山县	古寨瑶族乡	加善村
24		南宁市	马山县	古寨瑶族乡	加显村
25		南宁市	马山县	古寨瑶族乡	龙林村
26		南宁市	马山县	古寨瑶族乡	古今村
27		南宁市	马山县	加方乡	新联村
28		南宁市	马山县	里当瑶族乡	雅联村
29		南宁市	马山县	里当瑶族乡	加荣村
30		南宁市	马山县	里当瑶族乡	太平村
31		南宁市	马山县	里当瑶族乡	青龙村
32		南宁市	马山县	林圩镇	东七村
33		南宁市	马山县	林圩镇	合理村
34		南宁市	马山县	林圩镇	将军村
35		南宁市	马山县	乔利乡	乔利社区
36		南宁市	马山县	乔利乡	古楼村
37		南宁市	马山县	永州镇	三村村
38		南宁市	马山县	永州镇	永州社区
39		南宁市	马山县	永州镇	永久村
40		南宁市	马山县	永州镇	宁寿村

续表

序号	地市命名数量	地市	县（区）	乡镇	村（社区）
41	75	南宁市	马山县	永州镇	亲爱村
42		南宁市	马山县	周鹿镇	大坛村
43		南宁市	马山县	周鹿镇	双联村
44		南宁市	马山县	周鹿镇	杨树村
45		南宁市	马山县	周鹿镇	石塘村
46		南宁市	青秀区	长塘镇	洞江村
47		南宁市	青秀区	伶俐镇	石塘村
48		南宁市	青秀区	伶俐镇	上王村
49		南宁市	青秀区	刘圩镇	良合村
50		南宁市	青秀区	刘圩镇	刘圩村
51		南宁市	青秀区	刘圩镇	那里村
52		南宁市	青秀区	刘圩镇	禄强村
53		南宁市	青秀区	刘圩镇	那烈村
54		南宁市	青秀区	刘圩镇	那度村
55		南宁市	青秀区	刘圩镇	三簕村
56		南宁市	青秀区	刘圩镇	大里村
57		南宁市	青秀区	刘圩镇	槐里村
58		南宁市	青秀区	南阳镇	新光村
59		南宁市	青秀区	南阳镇	南阳村
60		南宁市	上林县	澄泰乡	下江村
61		南宁市	上林县	西燕镇	江卢村
62		南宁市	上林县	明亮镇	罗堪村
63		南宁市	上林县	镇圩瑶族乡	东罗村
64		南宁市	武鸣县	仙湖镇	连才村
65		南宁市	武鸣县	锣圩镇	清凤村
66		南宁市	武鸣县	锣圩镇	群兴村
67		南宁市	武鸣县	罗波镇	旧陆斡村
68		南宁市	西乡塘区	金陵镇	三联村
69		南宁市	西乡塘区	金陵镇	陆平村
70		南宁市	西乡塘区	石埠街道办	上灵村
71		南宁市	西乡塘区	石埠街道办	下灵村
72		南宁市	西乡塘区	坛洛镇	庆林村
73		南宁市	西乡塘区	坛洛镇	下楞村
74		南宁市	兴宁区	五塘镇	四平村
75		南宁市	邕宁区	蒲庙镇	良勇村
76	78	柳州市	柳城县	冲脉镇	大要村
77		柳州市	柳城县	冲脉镇	米村
78		柳州市	柳城县	大埔镇	勤俭村
79		柳州市	柳城县	东泉镇	对河村
80		柳州市	柳城县	凤山镇	思练村

续表

序号	地市命名数量	地市	县（区）	乡镇	村（社区）
81	78	柳州市	柳城县	古砦仫佬族乡	大户村
82		柳州市	柳城县	六塘镇	拉燕村
83		柳州市	柳城县	龙头镇	瓦窑村
84		柳州市	柳城县	龙头镇	田厂村
85		柳州市	柳城县	马山乡	马山村
86		柳州市	柳城县	沙埔镇	大安村
87		柳州市	柳城县	社冲乡	社冲村
88		柳州市	柳城县	太平镇	龙兴村
89		柳州市	柳城县	太平镇	长岭村
90		柳州市	柳城县	寨隆镇	下尧村
91		柳州市	柳江县	白沙乡	王眉村
92		柳州市	柳江县	百朋镇	官塘村
93		柳州市	柳江县	百朋镇	里团村
94		柳州市	柳江县	百朋镇	五九村
95		柳州市	柳江县	成团镇	龙山村
96		柳州市	柳江县	成团镇	大荣村
97		柳州市	柳江县	穿山镇	根伦村
98		柳州市	柳江县	进德镇	沙子村
99		柳州市	柳江县	拉堡镇	木罗村
100		柳州市	柳江县	里高镇	里高村
101		柳州市	柳江县	里高镇	保仁村
102		柳州市	柳江县	里雍镇	里雍村
103		柳州市	柳江县	流山镇	广荣村
104		柳州市	柳江县	洛满镇	凤阳村
105		柳州市	柳江县	土博镇	梅里村
106		柳州市	鹿寨县	导江乡	长垌村
107		柳州市	鹿寨县	黄冕乡	爱国村
108		柳州市	鹿寨县	江口乡	六合村
109		柳州市	鹿寨县	江口乡	丹竹村
110		柳州市	鹿寨县	拉沟乡	民主村
111		柳州市	鹿寨县	拉沟乡	拉沟村
112		柳州市	鹿寨县	拉沟乡	木龙村
113		柳州市	鹿寨县	鹿寨镇	角塘村
114		柳州市	鹿寨县	鹿寨镇	俄洲村
115		柳州市	鹿寨县	鹿寨镇	思义村
116		柳州市	鹿寨县	平山镇	石龙村
117		柳州市	鹿寨县	平山镇	平山社区
118		柳州市	鹿寨县	四排乡	三排村
119		柳州市	鹿寨县	四排乡	德占村
120		柳州市	鹿寨县	四排乡	思民村

续表

序号	地市命名数量	地市	县（区）	乡镇	村（社区）
121	78	柳州市	鹿寨县	四排乡	四排村
122		柳州市	鹿寨县	寨沙镇	寨沙村
123		柳州市	鹿寨县	寨沙镇	九甫村
124		柳州市	鹿寨县	寨沙镇	教化村
125		柳州市	鹿寨县	中渡镇	马安村
126		柳州市	融安县	长安镇	江口村
127		柳州市	融安县	大将镇	富乐村
128		柳州市	融安县	浮石镇	六寮村
129		柳州市	融安县	雅瑶乡	大琴村
130		柳州市	融安县	雅瑶乡	福田村
131		柳州市	融水苗族自治县	安陲乡	大塅村
132		柳州市	融水苗族自治县	白云乡	白照村
133		柳州市	融水苗族自治县	大年乡	大年村
134		柳州市	融水苗族自治县	洞头乡	六进村
135		柳州市	融水苗族自治县	杆洞乡	小河村
136		柳州市	融水苗族自治县	滚贝乡	平浪村
137		柳州市	融水苗族自治县	和睦镇	古顶村
138		柳州市	融水苗族自治县	怀宝镇	盘荣村
139		柳州市	融水苗族自治县	良寨乡	安全村
140		柳州市	融水苗族自治县	融水镇	三合村
141		柳州市	融水苗族自治县	融水镇	小荣村
142		柳州市	融水苗族自治县	三防镇	乃文村
143		柳州市	融水苗族自治县	四荣乡	荣地村
144		柳州市	融水苗族自治县	汪洞乡	腾合村
145		柳州市	融水苗族自治县	香粉乡	大方村
146		柳州市	融水苗族自治县	香粉乡	金兰村
147		柳州市	融水苗族自治县	永乐乡	北高村
148		柳州市	三江侗族自治县	程村乡	大树村
149		柳州市	三江侗族自治县	独峒乡	岜团村
150		柳州市	三江侗族自治县	福禄乡	高岩村
151		柳州市	三江侗族自治县	和平乡	大寨村
152		柳州市	三江侗族自治县	和平乡	和平村
153		柳州市	三江侗族自治县	老堡乡	东竹村
154	26	桂林市	恭城瑶族自治县	恭城镇	渡雷村
155		桂林市	恭城瑶族自治县	恭城镇	古城村
156		桂林市	恭城瑶族自治县	观音乡	水滨村
157		桂林市	恭城瑶族自治县	莲花镇	势江村
158		桂林市	恭城瑶族自治县	龙虎乡	龙岭村
159		桂林市	恭城瑶族自治县	三江乡	黄坪村
160		桂林市	恭城瑶族自治县	栗木镇	建安村

续表

序号	地市命名数量	地市	县（区）	乡镇	村（社区）
161	26	桂林市	恭城瑶族自治县	栗木镇	石头村
162		桂林市	恭城瑶族自治县	西岭乡	杨溪村
163		桂林市	灌阳县	西山瑶族乡	李家村
164		桂林市	灵川县	大圩镇	毛洲村
165		桂林市	灵川县	潮田乡	寨底村
166		桂林市	龙胜各族自治县	龙胜镇	平野村
167		桂林市	龙胜各族自治县	瓢里镇	界泉村
168		桂林市	龙胜各族自治县	泗水乡	八滩村
169		桂林市	龙胜各族自治县	泗水乡	细门村
170		桂林市	全州县	黄沙河镇	麻川村
171		桂林市	全州县	大西江镇	峡口村
172		桂林市	全州县	安和乡	广塘村
173		桂林市	兴安县	兴安镇	源江村
174		桂林市	兴安县	兴安镇	东界村
175		桂林市	兴安县	兴安镇	柘园村
176		桂林市	阳朔县	福利镇	顺梅村
177		桂林市	永福县	堡里乡	波塘村
178		桂林市	永福县	百寿镇	江岩村
179		桂林市	永福县	三皇乡	文明村
180	1	梧州市	蒙山县	蒙山镇	北楼村
181	3	北海市	海城区	涠洲镇	荔枝山村
182		北海市	海城区	涠洲镇	后背塘村
183		北海市	银海区	福成镇	三合口村
184	5	防城港市	东兴市	江平镇	榕树头村
185		防城港市	东兴市	东兴镇	江那村
186		防城港市	东兴市	马路镇	吊应村
187		防城港市	上思县	那琴乡	联惠村
188		防城港市	上思县	思阳镇	昌墩村
189	18	钦州市	灵山县	平山镇	山秀村
190		钦州市	灵山县	平山镇	插花村
191		钦州市	灵山县	平山镇	思林村
192		钦州市	灵山县	平山镇	里村
193		钦州市	灵山县	平山镇	古朴村
194		钦州市	灵山县	平山镇	龙垌村
195		钦州市	灵山县	石塘镇	廖村
196		钦州市	灵山县	石塘镇	大化村
197		钦州市	灵山县	石塘镇	平历村
198		钦州市	灵山县	石塘镇	石塘村
199		钦州市	灵山县	檀圩镇	溦山村
200		钦州市	灵山县	檀圩镇	黄楼村

续表

序号	地市命名数量	地市	县（区）	乡镇	村（社区）
201	18	钦州市	浦北县	福旺镇	福旺村
202		钦州市	浦北县	福旺镇	北兰村
203		钦州市	浦北县	北通镇	那新村
204		钦州市	浦北县	北通镇	那良村
205		钦州市	浦北县	北通镇	兰田村
206		钦州市	钦北区	平吉镇	垭塘村
207	4	贵港市	平南县	大安镇	订木村
208		贵港市	平南县	思旺镇	花石村
209		贵港市	覃塘区	大岭乡	金沙村
210		贵港市	覃塘区	石卡镇	鹤心村
211	52	玉林市	北流市	北流镇	九代村
212		玉林市	北流市	北流镇	勾漏村
213		玉林市	北流市	民安镇	丰村
214		玉林市	北流市	民安镇	民安村
215		玉林市	北流市	民乐镇	石塘村
216		玉林市	北流市	民乐镇	大容村
217		玉林市	北流市	民乐镇	桃冲村
218		玉林市	北流市	民乐镇	万平村
219		玉林市	北流市	民乐镇	萝村
220		玉林市	北流市	民乐镇	民乐村
221		玉林市	北流市	民乐镇	元常村
222		玉林市	北流市	民乐镇	贺平村
223		玉林市	北流市	清水口镇	旺冲村
224		玉林市	北流市	山围镇	甘竹村
225		玉林市	北流市	山围镇	铁炉村
226		玉林市	北流市	西埌镇	坡心村
227		玉林市	北流市	新荣镇	振新村
228		玉林市	北流市	新圩镇	覃冲村
229		玉林市	博白县	三滩镇	学田村
230		玉林市	博白县	松旺镇	松山村
231		玉林市	博白县	宁潭镇	宁潭村
232		玉林市	陆川县	大桥镇	平山村
233		玉林市	陆川县	横山镇	稔坡村
234		玉林市	陆川县	良田镇	鹿垌村
235		玉林市	陆川县	良田镇	文官村
236		玉林市	陆川县	沙湖镇	永旺村
237		玉林市	陆川县	沙湖镇	长沙村
238		玉林市	陆川县	沙湖镇	永安村
239		玉林市	陆川县	沙湖镇	官山村
240		玉林市	陆川县	沙坡镇	龙湾村

续表

序号	地市命名数量	地市	县（区）	乡镇	村（社区）
241	52	玉林市	陆川县	滩面镇	新旺村
242		玉林市	陆川县	温泉镇	洞心村
243		玉林市	陆川县	乌石镇	王沙村
244		玉林市	陆川县	乌石镇	谢鲁村
245		玉林市	容县	容州镇	杨叶村
246		玉林市	容县	黎村镇	六胜村
247		玉林市	容县	六王镇	古泉村
248		玉林市	兴业县	卖酒镇	周覃村
249		玉林市	兴业县	石南镇	东山村
250		玉林市	兴业县	蒲塘镇	炉岭村
251		玉林市	兴业县	大平山镇	雅桥村
252		玉林市	兴业县	城隍镇	湖村
253		玉林市	玉东新区	茂林镇	鹿峰村
254		玉林市	玉东新区	茂林镇	鹿潘村
255		玉林市	玉东新区	茂林镇	湘汉村
256		玉林市	玉州区	名山街道	名山社区
257		玉林市	玉州区	名山街道	旺瑶社区
258		玉林市	玉州区	南江街道	广恩村
259		玉林市	玉州区	仁东镇	石地村
260		玉林市	玉州区	仁厚镇	上罗村
261		玉林市	玉州区	玉城街道	胜利垌社区
262		玉林市	玉州区	玉城街道	东岳社区
263	42	百色市	德保县	城关镇	云梯村
264		百色市	德保县	足荣镇	巴明村
265		百色市	德保县	都安乡	都安村
266		百色市	靖西县	湖润镇	新灵村
267		百色市	靖西县	新靖镇	旧州街
268		百色市	乐业县	甘田镇	夏福村
269		百色市	乐业县	甘田镇	达道村
270		百色市	乐业县	逻沙乡	山洲村
271		百色市	乐业县	同乐镇	上岗村
272		百色市	乐业县	同乐镇	六为村
273		百色市	乐业县	同乐镇	常仁村
274		百色市	乐业县	新化镇	仁里村
275		百色市	乐业县	新化镇	乐翁村
276		百色市	乐业县	新化镇	连篆村
277		百色市	凌云县	沙里瑶族乡	弄塘村
278		百色市	凌云县	泗城镇	白马村
279		百色市	凌云县	泗城镇	陇浩村
280		百色市	凌云县	泗城镇	陇照村

续表

序号	地市命名数量	地市	县（区）	乡镇	村（社区）
281	42	百色市	凌云县	泗城镇	教村村
282		百色市	凌云县	泗城镇	品村村
283		百色市	凌云县	泗城镇	官仓村
284		百色市	凌云县	下甲乡	水陆村
285		百色市	隆林各族自治县	新州镇	者隘村
286		百色市	隆林各族自治县	者浪乡	央腊村
287		百色市	那坡县	百合乡	那乐村
288		百色市	那坡县	平孟镇	那万村
289		百色市	那坡县	坡荷乡	那池村
290		百色市	田东县	朔良镇	那娄村
291		百色市	田东县	朔良镇	那腾村
292		百色市	田林县	乐里镇	那色村
293		百色市	田林县	潞城瑶族乡	八洞村
294		百色市	田阳县	百育镇	九合村
295		百色市	田阳县	百育镇	六联村
296		百色市	田阳县	那满镇	露美村
297		百色市	田阳县	那坡镇	那笵村
298		百色市	西林县	古障镇	渭归村
299		百色市	西林县	那劳镇	那宾村
300		百色市	西林县	八达镇	新达村
301		百色市	西林县	普合乡	大河村
302		百色市	西林县	西平乡	者车村
303		百色市	右江区	四塘镇	新明村
304		百色市	右江区	四塘镇	永靖村
305	43	贺州市	八步区	贺街镇	河西村
306		贺州市	八步区	贺街镇	五协村
307		贺州市	八步区	信都镇	狮峰村
308		贺州市	八步区	步头镇	滦水村
309		贺州市	八步区	灵峰镇	爱群村
310		贺州市	八步区	莲塘镇	厚田村
311		贺州市	八步区	莲塘镇	炭冲村
312		贺州市	富川瑶族自治县	朝东镇	秀水村
313		贺州市	富川瑶族自治县	朝东镇	龙归村
314		贺州市	富川瑶族自治县	城北镇	栗木岗村
315		贺州市	富川瑶族自治县	富阳镇	江塘村
316		贺州市	富川瑶族自治县	葛坡镇	极乐村
317		贺州市	富川瑶族自治县	柳家乡	下湾村
318		贺州市	富川瑶族自治县	麦岭镇	秀林村
319		贺州市	平桂管理区	鹅塘镇	鹅塘村
320		贺州市	平桂管理区	公会镇	双洋村

续表

序号	地市命名数量	地市	县（区）	乡镇	村（社区）
321	43	贺州市	平桂管理区	黄田镇	安山村
322		贺州市	平桂管理区	沙田镇	道石村
323		贺州市	平桂管理区	水口镇	水口村
324		贺州市	平桂管理区	望高镇	新联村
325		贺州市	平桂管理区	西湾街道	石梯村
326		贺州市	昭平县	黄姚镇	篁竹村
327		贺州市	昭平县	黄姚镇	界塘村
328		贺州市	昭平县	昭平镇	裕益村
329		贺州市	昭平县	走马乡	森冲村
330		贺州市	钟山县	凤翔镇	同枝村
331		贺州市	钟山县	公安镇	大桥村
332		贺州市	钟山县	公安镇	里太村
333		贺州市	钟山县	红花镇	俄柳村
334		贺州市	钟山县	花山瑶族乡	平西村
335		贺州市	钟山县	花山瑶族乡	三叉村
336		贺州市	钟山县	回龙镇	回龙村
337		贺州市	钟山县	回龙镇	龙虎村
338		贺州市	钟山县	清塘镇	榕水村
339		贺州市	钟山县	清塘镇	南妙村
340		贺州市	钟山县	珊瑚镇	卫田村
341		贺州市	钟山县	石龙镇	黎塘村
342		贺州市	钟山县	同古镇	四合村
343		贺州市	钟山县	同古镇	义安村
344		贺州市	钟山县	同古镇	和平村
345		贺州市	钟山县	燕塘镇	玉坡村
346		贺州市	钟山县	燕塘镇	燕塘村
347		贺州市	钟山县	钟山镇	榕马村
348	26	河池市	大化瑶族自治县	百马乡	百马村
349		河池市	大化瑶族自治县	板升乡	弄纪村
350		河池市	大化瑶族自治县	大化镇	达悟村
351		河池市	大化瑶族自治县	贡川乡	贡川村
352		河池市	大化瑶族自治县	贡川乡	红柳村
353		河池市	大化瑶族自治县	七百弄乡	弄腾村
354		河池市	大化瑶族自治县	岩滩镇	常吉村
355		河池市	大化瑶族自治县	乙圩乡	巴追村
356		河池市	东兰县	长乐镇	永模村
357		河池市	东兰县	花香乡	英兰村
358		河池市	东兰县	东兰镇	委荣村
359		河池市	东兰县	三石镇	弄英村
360		河池市	都安瑶族自治县	大兴乡	池花村

续表

序号	地市命名数量	地市	县（区）	乡镇	村（社区）
361	26	河池市	都安瑶族自治县	地苏镇	丹阳村
362		河池市	都安瑶族自治县	地苏镇	兴利村
363		河池市	都安瑶族自治县	加贵乡	加图村
364		河池市	环江毛南族自治县	大才乡	新坡村
365		河池市	环江毛南族自治县	大安乡	大安社区
366		河池市	金城江区	东江镇	齐美村
367		河池市	罗城仫佬族自治县	兼爱乡	旦兴村
368		河池市	罗城仫佬族自治县	兼爱乡	兼爱村
369		河池市	罗城仫佬族自治县	纳翁乡	肯才村
370		河池市	罗城仫佬族自治县	纳翁乡	纳翁社区
371		河池市	罗城仫佬族自治县	黄金镇	宝聚村
372		河池市	天峨县	六排镇	纳洞村
373		河池市	天峨县	六排镇	登里村
374	46	来宾市	合山市	北泗镇	六龙村
375		来宾市	合山市	岭南镇	溯河村
376		来宾市	金秀瑶族自治县	大樟乡	花炉村
377		来宾市	金秀瑶族自治县	金秀镇	和平村
378		来宾市	金秀瑶族自治县	金秀镇	金田村
379		来宾市	金秀瑶族自治县	六巷乡	门头村
380		来宾市	金秀瑶族自治县	六巷乡	青山村
381		来宾市	金秀瑶族自治县	三江乡	古范村
382		来宾市	金秀瑶族自治县	三角乡	龙围村
383		来宾市	金秀瑶族自治县	三角乡	甲江村
384		来宾市	金秀瑶族自治县	桐木镇	龙庆村
385		来宾市	武宣县	武宣镇	大禄村
386		来宾市	武宣县	金鸡乡	新村
387		来宾市	武宣县	三里镇	灵湖村
388		来宾市	武宣县	三里镇	双龙村
389		来宾市	象州县	百丈乡	练石村
390		来宾市	象州县	百丈乡	新寨村
391		来宾市	象州县	百丈乡	大满村
392		来宾市	象州县	百丈乡	百丈村
393		来宾市	象州县	百丈乡	那沙村
394		来宾市	象州县	寺村镇	大井村
395		来宾市	象州县	中平镇	中平社区
396		来宾市	象州县	中平镇	架村
397		来宾市	象州县	中平镇	落沙村
398		来宾市	象州县	中平镇	古磨村
399		来宾市	象州县	中平镇	多福村
400		来宾市	象州县	中平镇	谢官村

续表

序号	地市命名数量	地市	县（区）	乡镇	村（社区）
401	46	来宾市	象州县	中平镇	良山村
402		来宾市	忻城县	安东乡	新桥村
403		来宾市	忻城县	安东乡	安东村
404		来宾市	忻城县	安东乡	桃源村
405		来宾市	忻城县	安东乡	加益村
406		来宾市	忻城县	北更乡	塘太村
407		来宾市	忻城县	城关镇	范团村
408		来宾市	忻城县	大塘镇	龙安村
409		来宾市	忻城县	大塘镇	敬流村
410		来宾市	忻城县	大塘镇	大同村
411		来宾市	忻城县	古蓬镇	枝林村
412		来宾市	忻城县	红渡镇	古钵村
413		来宾市	忻城县	红渡镇	西江村
414		来宾市	忻城县	红渡镇	红渡社区
415		来宾市	忻城县	欧洞乡	欧洞村
416		来宾市	忻城县	欧洞乡	林况村
417		来宾市	忻城县	欧洞乡	永合村
418		来宾市	忻城县	思练镇	梅岭村
419		来宾市	忻城县	遂意乡	联堡村
420	18	崇左市	大新县	那岭乡	那廉村
421		崇左市	大新县	榄圩乡	新球村
422		崇左市	扶绥县	渠旧镇	濑滤村
423		崇左市	扶绥县	龙头乡	滕广村
424		崇左市	扶绥县	中东镇	九和村
425		崇左市	扶绥县	昌平乡	石丽村
426		崇左市	龙州县	上金乡	联江村
427		崇左市	龙州县	上金乡	云江村
428		崇左市	龙州县	武德乡	武德村
429		崇左市	龙州县	武德乡	保卫村
430		崇左市	宁明县	那楠乡	岽站村
431		崇左市	凭祥市	友谊镇	平而村
432		崇左市	凭祥市	上石镇	马垌村
433		崇左市	天等县	福新乡	种典村
434		崇左市	天等县	进远乡	岩造村
435		崇左市	天等县	上映乡	温江村
436		崇左市	天等县	龙茗镇	龙英社区
437		崇左市	天等县	天等镇	大隆村

2014年广西自然保护区统计表

国家级自然保护区(22个)

自然保护区名称	自然保护区位置	总面积（公顷）	主要保护对象	始建时间（年、月）	现级别批准时间（年、月）
大明山自然保护区	武鸣县、马山县、上林县、宾阳县	16994	常绿阔叶林、水源涵养林及自然景观	1981.08	2002.06
元宝山自然保护区	融水苗族自治县	4159	元宝山冷杉、珍稀动物及水源涵养林	1982.06	2013.12
花坪自然保护区	龙胜各族自治县、临桂县	17400	银杉及典型常绿阔叶林生态系统	1961.11	1978
猫儿山自然保护区	兴安县、资源县	17008.5	典型常绿阔叶林生态系统、水源涵养林	1976.05	2003.01
千家洞自然保护区	灌阳县	12231	水源涵养林及野生动植物	1982.06	2006
合浦营盘港—英罗港儒艮国家级自然保护区	合浦县	35000	儒艮及海洋生态系统	1986.04	1992.10
山口红树林自然保护区	合浦县	8000	红树林生态系统	1990.09	1990.09
北仑河口自然保护区	防城港市防城区	3000	红树林生态系统	1990.03	2000.04
防城金花茶自然保护区	防城港市防城区	9195.1	金花茶及森林生态系统	1986.04	1994.04
十万大山自然保护区	上思县、防城区、钦州市	58277.1	水源涵养林	1982.06	2003.06
九万山自然保护区	融水、罗城、环江3个自治县	25212.8	水源涵养林	1982.06	2005
木论自然保护区	环江毛南族自治县	8969	中亚热带石灰岩常绿阔叶混交林生态系统	1991	1998.08
岑王老山自然保护区	田林县、凌云县	18994	季风常绿阔叶林	1982.06	2005
广西邦亮东部黑冠长臂猿自然保护区	靖西县	6530	东部黑冠长臂猿及北热带岩溶山地季雨林生态系统	2009.07	2013.12
金钟山黑颈长尾雉自然保护区	隆林各族自治县	20924.4	鸟类及其生境	1982	2007.06
大桂山鳄蜥自然保护区	贺州市八步区	3780	鳄蜥及其生境	2005.04	2013.07
雅长兰科植物自然保护区	乐业县	22062	兰科植物及其生态系统	2005.04	2009.09
大瑶山自然保护区	金秀瑶族自治县	24907.2	水源林及瑶山鳄蜥、银杉	1982.06	2000.04
弄岗自然保护区	龙州县、宁明县	10080	亚热带石灰岩季雨林、白头叶猴、黑叶猴	1978	1980
崇左白头叶猴自然保护区	崇左市江州区、扶绥县	35148	白头叶猴、黑叶猴、猕猴	1979	2005.03
恩城自然保护区	大新县	25819.6	黑叶猴、猕猴等珍稀动物	1982.06	2013.12
昭平七冲自然保护区	昭平县	14336.3	常绿阔叶林、典型山地森林生态系统	1982.06	1982.06

自治区级自然保护区(46个)

自然保护区名称	自然保护区位置	总面积（公顷）	主要保护对象	始建时间（年、月）	现级别批准时间（年、月）
广西弄拉自然保护区	马山县	8481	南亚热带岩溶森林生态系统	2008.06	2008.06
三十六弄—陇均自然保护区	武鸣县	12822	苏铁、林麝等珍稀动植物	2004.11	2004.11
龙虎山自然保护区	隆安县	2255.7	广西猕猴、珍贵药用植物及自然景观	1980.11	1991.01
上林龙山自然保护区	上林县	10749	常绿阔叶林、典型山地森林生态系统	2003.11	2003.11
横县六景泥盆系地质自然保护区	横县	5	泥盆系地质剖面	1983.01	1983.01
泗涧山大鲵自然保护区	融水苗族自治县	10384	大鲵及其生境	2004.10	2004.10
广西拉沟鸟类自然保护区	鹿寨县	11500	白颈长尾雉为主的野生雉类及亚热带原生性常绿阔叶林	1982.06	2011.08
南边村国际泥盆——石炭系界线副层型剖面自然保护区	桂林市	25	泥盆—石炭系地质剖面	1989.01	1989.01
青狮潭自然保护区	灵川县	47362.4	青狮潭水库水源林	1982.06	1982.06
海洋山自然保护区	全州、灌阳、恭城、灵川、阳朔、兴安等县	90400	水源涵养林	1982.06	1982.06
五福宝顶自然保护区	全州县	8567	水源涵养林	1982.06	1982.06
架桥岭自然保护区	永福县、荔浦县、阳朔县	67000	水源涵养林	1982.06	1982.06
寿城自然保护区	永福县、临桂县	75900	水源涵养林	1982.06	1982.06
建新鸟类自然保护区	龙胜各族自治县	4860	迁徙候鸟	1982.06	1982.06
银竹老山自然保护区	资源县	28670	资源冷杉、珍稀动物	1982.06	1982.06
银殿山自然保护区	恭城瑶族自治县	48000	水源涵养林及野生动植物	1982.06	1982.06
古修自然保护区	蒙山县	8546	野生动植物	1982.06	2007.01
涠州岛鸟类自然保护区	北海市	2600	各种候鸟和旅鸟	1982.06	1982.06
茅尾海红树林自然保护区	钦州市	2784	红树林生态系统	2005.01	2005.01
大平山自然保护区	桂平市	1867	水源林、桫椤、瑶山鳄蜥	1982.06	1982.06
博白县那林自然保护区	博白县	19890	野生动植物及其生境	1982.06	1982.06
北流大风门泥盆系	北流市	8	泥盆系地质剖面	1983.01	1983.01
天堂山自然保护区	容县	2817	森林生态系统及水源涵养林	2008.06	2008.06
大容山自然保护区	玉林市玉州区、北流市、兴业县	18198.5	森林生态系统及水源涵养林	2009.12	2009.12
滑水冲自然保护区	贺州市	9929	水源林、野生动物	1982.06	1982.06
姑婆山自然保护区	贺州市	6550	水源涵养林	1982.06	1982.06
西岭山自然保护区	富川瑶族自治县	17560	水源涵养林及野生动植物	1982.06	2008.03

续表

自然保护区名称	自然保护区位置	总面积（公顷）	主要保护对象	始建时间（年、月）	现级别批准时间（年、月）
罗富泥盆系剖面自然保护区	南丹县	12	泥盆系地质剖面	1983.01	1983.01
三匹虎自然保护区	南丹县、天峨县	3105	水源涵养林及珍稀动植物	1982.06	1982.06
龙滩自然保护区	天峨县	42848.4	猕猴及水源涵养林	1982.06	2002.11
大王岭自然保护区	百色市	55010	水源涵养林	1982.06	1982.06
黄连山-兴旺自然保护区	德保县	21035.5	水源涵养林	1982.06	1982.06
靖西底定自然保护区	靖西县	4907.04	水源涵养林及野生动植物	1986.01	2002.02
老虎跳自然保护区	那坡县	27008	水源涵养林及野生动植物	1982.06	2004.10
凌云泗水河自然保护区	凌云县	20950	水源涵养林	1982.06	1982.06
王子山雉类自然保护区	西林县	32209	雉类及栖息地、南亚热带森林生态系统	1982.06	2005.05
那佐苏铁自然保护区	西林县	12458	水源涵养林及野生动植物	1982.06	1982.06
大哄豹自然保护区	隆林各族自治县	2035	岩溶森林生态系统及黑叶猴等珍稀动物	2005.04	2005.04
广西凌云洞穴鱼类自然保护区	凌云县	684	珍稀洞穴水生生物及水域生态环境	2008.04	2008.04
红水河来宾段珍稀鱼类自然保护区	来宾市	582	珍稀鱼类及其栖息地、产卵场	2005.09	2005.09
大乐泥盘纪剖面自然保护区	象州县	12	泥盆系地质剖面	1983.01	1983.01
金秀老山自然保护区	金秀瑶族自治县	8875	南亚热带常绿阔叶林及珍稀动植物	2007.01	2007.01
左江佛耳丽蚌自然保护区	崇左市江州区、龙州县	417.4	佛耳丽蚌等淡水贝类及其栖息地	2005.09	2005.09
西大明山自然保护区	崇左市江州区、扶绥县、大新县、隆安县	60100	水源涵养林	1982.06	1982.06
下雷自然保护区	大新县	27185	水源涵养林及猕猴	1982.06	1982.06
广西青龙山自然保护区	龙州县	16778.6	北热带石灰岩季雨林生态系统和黑叶猴、蚬木、苏铁等珍稀濒危野生动植物及其生境	1982.06	2013.04

2013年度广西环保系统政务信息工作先进单位和先进个人名单

一、先进单位(22个)

一等奖(11个)

来宾市环境保护局

柳州市环境保护局

南宁市环境保护局

忻城县环境保护局

防城区环境保护局

田东县环境保护局

自治区环境保护厅办公室

自治区环境保护厅环境影响评价管理处

自治区环境保护厅污染物排放总量控制处

自治区环境监测中心站

自治区环境保护宣传教育中心

二等奖(11个)

桂林市环境保护局

玉林市环境保护局

贵港市环境保护局

扶绥县环境保护局

全州县环境保护局

合浦县环境保护局

自治区环境保护厅自然生态与农村环境保护处

自治区环境监察总队

自治区海洋环境监测中心站

自治区固体废物管理中心

自治区环境应急与事故调查中心

二、先进个人(21名)

唐湘旖　来宾市环境保护局

秦仁华　柳州市环境保护局

许小文　贵港市环境保护局

刘　茜　南宁市环境保护局

刘学圃　桂林市环境保护局

梁活明　玉林市环境保护局

卢建明　忻城县环境保护局

唐广和　全州县环境保护局

肖海波　扶绥县环境保护局

卜凡恩　防城港市防城区环境保护局

黄冠群　田东县环境保护局

庞体喜　合浦县环境保护局

叶志平　自治区环境保护厅办公室

王　昆　自治区环境保护厅污染物排放总量控制处

梁　辉　自治区环境保护厅环境影响评价管理处

何玉霞　自治区环境监察总队

杨　剑　自治区环境应急与事故调查中心

陈　洋　自治区环境监测中心站

何欣凌　自治区固体废物管理中心

李莉梅　自治区海洋环境监测中心站

韦建华　自治区环境保护宣传教育中心

2013年度广西环境监察工作先进单位名单

一、市级先进单位名单(共6个)

南宁市环境监察支队

柳州市环境监察支队

梧州市环境监察支队

防城港市环境监察支队

玉林市环境监察支队

百色市环境监察支队

二、县级先进单位名单(共14个)

南宁市兴宁区环境监察大队

武鸣县环境监察大队

鹿寨县环境监察大队

柳城县环境监察大队

兴安县环境监察大队

东兴市环境监察大队

灵山县环境监察大队

兴业县环境监察大队

百色市右江区环境监察大队

靖西县环境监察大队

南丹县环境监察大队

武宣县环境监察大队

扶缓县环境监察大队

大新县环境监察大队

2013年度广西环境好新闻获奖作品

序号	作品题目	作者	选送单位	刊播单位
一等奖（4件）				
1	勇于揭短亮丑敢于动真碰硬——自治区环保厅真刀真枪开展批评与自我批评纪实	李新雄　许丹婷　贝为超	广西日报	广西日报
2	引来“治土草”解去“环江毒”	梁雅丽　马新萍	中国环境报驻广西记者站	中国环境报
3	广西首次公开审查项目环评	赖秋羽　谈　圳　董祖敬　唐　杰　郭子华	广西电视台	广西卫视
4	巴马不能承受之重	刘国雄　畅　鹤　陈　霓	广西人民广播电台	广西人民广播电台经济广播
二等奖（8件）				
1	广西贺州铺门镇每年花12万元发包垃圾　垃圾围村的市场化解答	王明浩　谢振华	人民日报广西分社	人民日报
2	广西：排查环境隐患“动真格不姑息”	王军伟　覃星星	新华社	新华每日电讯
3	处理农村生活垃圾亟须完善法律制度	吴志刚	广西法治日报社	广西法治日报
4	关注南宁佛子岭路扬尘污染	肖世艳　徐庆成　罗　旸	南国早报	南国早报
5	广西：实施清洁生产改造木薯淀粉加工业柳暗花明	林　茵　唐杰　孔晓梦	广西电视台驻环境保护厅记者站	广西电视台广西新闻
6	“臭粪”育“甜李”——凌云县陇浩村产业链上走出清洁之路	李　可　宁春燕	广西人民广播电台	广西人民广播电台经济广播
7	谁污染了竹排冲	罗　妍　吕新新	南宁人民广播电台	FM101.4新闻综合广播
8	玉林：给生猪搬家为生态让路	赵必强　刘文杰	玉林电视台	玉林电视台
三等奖（20件）				
1	贺江污染系列报道	王明浩　庞革平	人民日报广西分社	人民日报
2	北海：“垃圾围滩”的尴尬	翁　晔　钟　群　程　群	新华社广西分社	新华社通稿
3	美丽乡村绽放新颜——来自广西农村环境整治的报告	梁雅丽　韦建华	中国环境报驻广西记者站	中国环境报
4	同饮一江水　共护一江清　粤桂联手探寻九洲江跨界水污染防治良方	昌苗苗	中国环境报驻广西记者站	中国环境报
5	千亩水草美迎得鹭归来	韦夏妮	中国环境报驻广西记者站	中国环境报
6	刘老和他的4副“治污对联”	陈新援	南国今报	南国今报
7	如何冲出垃圾臭水的包围圈？——本报记者深入调查提出“三问”告诉大家一条真实的竹鹅溪	唐峰林	柳州日报社	柳州日报社

续表

三等奖（20件）				
序号	作品题目	作者	选送单位	刊播单位
8	“炼化”“诚德”抱了亿元金娃娃	扶建邦	北海日报社	北海日报
9	万亩防护林映绿那板库区山水	侯东光　覃丽园	防城港日报社	防城港日报
10	合山致力打造“山清水秀天蓝”	肖丽艳	合山市环保局	新华网、人民网等
11	【环保世纪行·美丽广西清洁乡村】融水古选屯：破解农村污水之困	龚国盛	广西电视台	广西电视台
12	【环保世纪行·美丽广西清洁乡村】恭城：生态旅游的新星清洁乡村的标杆	李晴　肖　铮　郭子华	广西电视台	广西电视台
13	广西首部环保地方标准今天正式施行	韦黎　陈　芸　韩金秦	广西人民广播电台	广西人民广播电台
14	环保意识放心中，盈利靠后责任先行	罗　赟	南宁人民广播电台	FM101.4新闻综广播
15	环保，从我做起	心语（覃瑛）全　怡	柳州市广播电视台	FM9910柳州交通广播
16	建快速公交　享低碳生活	刘节峰　全　怡　覃　瑛	柳州市广播电视台	柳州交通广播
17	回首2013·十八大一年来（九）推进节能减排建设生态宜居城市	黄志坚　王少伟	柳州市广播电视台	柳州市广播电视台新闻综合频道
18	桂林市对青狮潭水库水质实行综合治理	韦玉文	桂林人民广播电台	桂林人民广播电台
19	四种模式破解“垃圾围村”难题	蒋甲济　龙文勤　侯呈志	兴安县广播电视局兴安新闻	兴安县广播电视局兴安新闻
20	【我的中国梦】新胜屯的生态旅游梦	陈全斌　陈提　龚雪丽	崇左市电视台崇左市电视台	崇左市电视台崇左市电视台
优秀奖（20件）				
序号	作品题目	作者	选送单位	刊播单位
1	陈章良：争取将广西西江流域列入中央生态补偿机制试点范围	刘晓莉	新华社广西分社	新华社
2	知耻后勇　贺江重生——广西贺州以贺江水污染事件为鉴，全面排查整治污染乱象	梁雅丽	中国环境报驻广西记者站	中国环境报
3	扶贫书记的致富梦	梁雅丽　韦建华	中国环境报驻广西记者站	中国环境报
4	广西脱贫致富与生态工程相互促进　农民尝到甜头　自然更有劲头	昌苗苗	中国环境报驻广西记者站	中国环境报
5	防城港构筑北部湾生态屏障	韦夏妮	中国环境报驻广西记者站	中国环境报
6	公众代表受邀“挑刺”	潘登　韦夏妮　谢曼妮	中国环境报驻广西记者站	中国环境报
7	我区21个乡镇成为“国家级生态乡镇”	李新雄　孔晓梦	广西电视台驻环境保护厅记者站	广西日报
8	“今天垃圾分一分明天环境美十分”——宾阳县农村环境整治示范项目长效机制出成效	李新雄　唐杰	广西日报	广西日报
9	生态立区　让八桂在绿色中崛起	黄世钊	广西法治日报社	广西法治日报

续表

优秀奖（20件）				
序号	作品题目	作者	选送单位	刊播单位
10	生态环境改善了　农民群众得益多　北海红树林面积十年增长32.9%（主）	刘玉珠	北海日报社	北海日报
11	打包垃圾美了谁	侯东光	防城港日报社	防城港日报
12	合山市环保局开展环保公众开放日活动	肖丽艳	合山市环保局	广西新闻网
13	绿色崛起：北海红树林角逐中国“十大魅力湿地”	唐佳	广西人民广播电台	广西人民广播电台新闻综合广播
14	要开发更要环保，“坡纳村模式”的启示	刘国雄　丁惠　梁婷	广西人民广播电台	广西人民广播电台新闻综合广播
15	我的中国梦　环保梦：建设生态柳州　打造宜居城市	吴玲芳　赵培	柳州市广播电视台	柳州市广播电视台新闻综合频道
16	力争年内建设30个生态村　加速建设自治区生态市	黄志坚　王少伟	柳州市广播电视台	柳州市广播电视台新闻综合频道
17	直面新华网曝光　柳南区迅速采取措施　两家违规排污企业面临关停	黄志坚　王少伟	柳州市广播电视台	柳州市广播电视台新闻综合频道
18	兴安：产业增收富瑶胞永葆漓江水长清	蒋甲济　尹秋璇	兴安县广播电视局	兴安新闻
19	崇左：打造清洁乡村　建设美丽家园	陈全斌　陈提　黄媛	崇左市电视台	崇左市电视台
20	龙州：“人工湿地”驻家门污水出门化清波	陈全斌　周欣陆易斯	崇左市电视台	崇左市电视台

2012~2013年度广西优秀环评文件获奖名单

一、优秀环境影响报告书				
获奖类别	项目名称	环评单位	资质证书编号	报告书主要编写人员
一等奖	广西中金岭南矿业有限责任公司铅锌采选3000吨/天扩产改造项目	北京矿冶研究总院	甲字第1014号	梁文寿、刘静静、黄伟、黄江波、唐文杰
	西江航道干线贵港至梧州3000吨级航道工程	广西交通科学研究院	乙字第2920号	农丽薇、李云涛、张志蓉、李冬冬、吴家勇
二等奖	广西罗城伟隆煤业有限公司小山煤矿年产9万吨煤炭机械化改造项目	中国人民解放军后勤工程学院环境保护科学研究所	甲字第3101号	张伟、敖漉、李海晶、查忠勇
	广西天鹅蓄电池有限责任公司免维护及新能源铅酸蓄电池技改搬迁项目一期工程	广西壮族自治区环境保护科学研究院	甲字第2902号	赵侣璇、庞少静、陈秋颖、陈巧慧、庾乐
三等奖	北部湾玉柴能源化工有限公司200万吨/年重油制稀烃和芳烃项目	北海市碧蓝海洋环境保护服务有限公司	乙字第2919号	林树权、巫强、陈兰、彭小燕、柳露梅
	广西（桂林）园林园艺博览园	桂林市环境保护科学研究所	乙字第2914号	刘宇明、赵李燕、齐姗姗、黄静、王芬梅
	华能桂林世界旅游城分布式能源项目	广西泰能工程咨询有限公司	甲字第2901号	张旭东、唐长海、张海东、吕义、李东晓
	南宁市平里静脉产业园生活垃圾焚烧发电工程	广西壮族自治区环境保护科学研究院	甲字第2902号	曾广庆、秦建国、庞少静、冯波、翟慧泉

续表

二、优秀环境影响报告表				
获奖类别	项目名称	环评单位	资质证书编号	报告表主要编写人员
一等奖	南宁快环路面维护及交通完善工程	广西交通科学研究院	乙字第2920号	张志荣、梁艳

二、优秀环境影响报告表				
获奖类别	项目名称	环评单位	资质证书编号	报告表主要编写人员
二等奖	国电桂林昌盛坪风电场工程	广西泰能工程咨询有限公司	甲字第2901号	熊妁、李德宁
	河池市津泰资源再生有限公司污（废）水深度处理及循环使用工程	广西壮族自治区环境保护科学研究院	甲字第2902号	冯波、梁静
三等奖	来宾电厂2×300兆瓦机组脱硝改造工程	广西泰能工程咨询有限公司	甲字第2901号	张旭东、王涛
	扶绥新宁海螺水泥有限责任公司2×4000吨/天、1×4500吨/天熟料生产线烟气SNCR脱硝技改项目	崇左宇宏环保技术有限公司	乙字第2904号	农方机、曾焱
	华能富川金子岭风电场项目	贺州市环境保护科学研究所	乙字第2906号	林裕旺、农荣兰

2014年广西绿色环保系列创建活动命名表彰单位名单

一、绿色学校

南宁市

南宁市上尧小学

南宁市西乡塘小学

南宁市西乡塘区双定镇中心小学

南宁市西乡塘区金陵镇那龙小学

南宁市秀厢东段小学

南宁市良庆区南晓镇台马小学

南宁市良庆区南晓镇晓元小学

武鸣县罗波镇高级学校

武鸣县罗波镇中心学校

武鸣县城厢镇大同小学

武鸣县城厢镇第二小学

柳州市

柳州市柳太路小学

融安县初级中学

三江县民族实验学校

三江县林溪乡中学

桂林市

桂林市第十九中学

桂林市雁山中学

桂林市中山中学

桂林市西山小学

桂林市桥头小学

桂林市大河中心校

恭城县县城中心校

桂林市七星幼儿园

灵川县第一幼儿园

北海市

北海市海城区第十五小学

北海市海城区第六中学

贵港市

贵港市港北区贵城西江中心小学

贵港市港南区港龙湾幼儿园

来宾市

来宾市祥和小学

来宾市兴宾区第二小学

来宾市启慧幼儿园

防城港市

防城港市防城区防城镇第三小学

上思县民族中学

二、绿色环保社区（小区）

南宁市

南宁市中华社区

南宁市望州社区三建小区

柳州市

柳州市鱼峰区龙擎苑社区

柳州市鱼峰区民泰社区

柳州市柳城县大埔镇洛涯社区
柳州市柳北区盛庭苑小区
柳州市柳南区柳岸春晓小区
柳州市柳北区半岛中央花园小区
柳州市城中区文源华都小区
柳州市阳和工业新区盛天龙湾小区

三、绿色环保企业

贺州市
华润电力(贺州)有限公司
柳州市
中广核红花水电有限公司
柳州花红药业股份有限公司

四、绿色环保医院

南宁市
广西中医药大学第一附属医院

五、绿色机关

崇左市
崇左市地方税务局
天等县国家税务局
天等县地方税务局
大新县国家税务局
大新县地方税务局
龙州县工商行政管理局
防城港市
防城港市公安局交警支队
防城港市公安局交警支队钦东高速公路管理大队
防城港市地方税务局
上思县国家税务局
来宾市
合山市地方税务局

2014年广西绿色环保系列创建活动先进个人名单

一、绿色学校

南宁市
吴雅洁　南宁市上尧小学
梁秋兰　南宁市西乡塘小学
卢建运　南宁市西乡塘区双定镇中心小学
卢梅桂　南宁市西乡塘区金陵镇那龙小学
李　丹　南宁市秀厢东段小学
黄增贤　南宁市良庆区南晓镇台马小学
梁佩华　南宁市良庆区南晓镇晓元小学
韦德宏　武鸣县罗波镇中心学校
韦小华　武鸣县城厢镇大同小学
杨利瑛　武鸣县城厢镇第二小学
卢品友　武鸣县罗波镇高级学校
柳州市
唐春平　柳州市教育局
宋小玉　柳州市环境保护局
张　蔚　融安县环境保护局
杨诚友　三江县环境保护局
曹持英　三江县教育局
郭　进　柳州市柳太路小学
蒋庆昌　融安县初级中学
杨顺儒　三江县林溪中学
杨伟雄　三江县林溪中学
吴兴锋　三江县民族实验学校
桂林市
苟斌国　桂林市环境保护局
黄逢春　桂林市教育科学研究所
全　波　桂林市中山中学
秦艳玲　桂林市七星幼儿园
李　昱　桂林市西山小学
秦江玲　桂林市大河中心校
吕忠荣　桂林市第十九中学
唐海明　桂林市雁山中学
田　健　恭城瑶族自治县县城中心校
梁艳梅　桂林市灵川县第一幼儿园
熊体康　桂林市桥头小学
防城港市
罗水英　防城港市上思县民族中学
邓立华　防城港市防城区防城镇第三小学
北海市
梁　勤　北海市环境保护局
万振宁　北海市海城区教育局
李科贵　北海市海城区第十五小学
何日月　北海市第六中学
来宾市
磨　笛　来宾市启慧幼儿园
陆贵艳　来宾市兴宾区第二小学
韦新兰　来宾市祥和小学

二、绿色环保社区(小区)

南宁市
罗治兄　南宁市中华社区
陈诗林　南宁市望州社区三建小区
柳州市
邓志烨　柳州市委宣传部
张烈强　柳州市环境保护局
刘慧慧　柳州市环境保护宣传教育信息中心
肖岳飞　柳州市城中区环境保护局
贲卫贤　柳州市阳和工业新区规划建设环保局

肖向东　柳州市柳南区委文明办
曾永前　柳州市柳城县环境保护局
邱威围　柳州市柳城县大埔镇人民政府
汪露露　柳州市鱼峰区龙擎苑社区
赖　明　柳州市鱼峰区民泰社区
唐海萍　柳州市柳城县大埔镇洛涯社区
彭宏梅　柳州市柳北区盛庭苑小区
黄凤凤　柳州市柳南区柳岸春晓小区
陈　红　柳州市柳北半岛中央花园小区
詹　磊　柳州市城中区鹿山社区居民委员会
文庆菊　广西利澳物业服务有限公司柳州分公司

三、绿色环保企业

柳州市

宋小玉　柳州市环境保护局
雷　志　柳州市工业和信息化委员会
韦庄仕　柳江县经济贸易局
吴江洹　中广核红花水电有限公司
庞　丽　广西壮族自治区花红药业股份有限公司

贺州市

窦长江　华润电力（贺州）有限公司

四、绿色环保医院

南宁市

韦良华　南宁市环境保护宣传教育中心
米琼霞　广西中医药大学第一附属医院
周建国　广西中医药大学第一附属医院

五、绿色机关

崇左市

周　莉　崇左市环境保护局
蔡　伟　崇左市地方税务局
黄　斌　天等县国家税务局
林志民　天等县地方税务局
黄永昌　龙州县工商行政管理局

防城港市

梁新文　防城港市环境保护局
韦珍珍　防城港市公安局交警支队
陈晓云　防城港市公安局交警支队钦东高速公路管理大队
刘春美　防城港市地方税务局
陆玉刚　上思县国家税务局

来宾市

杨纯广　合山市地方税务局

2014年广西绿色环保系列创建活动优秀组织单位名单

一、绿色学校（幼儿园）

南宁市

南宁市环境保护局
南宁市教育局
南宁市西乡塘区环境保护局
南宁市西乡塘区教育局
南宁市良庆区环境保护局
南宁市良庆区教育局
武鸣县环境保护局
武鸣县教育局

柳州市

柳州市环境保护局
柳州市教育局
三江县环境保护局
三江县教育局

桂林市

桂林市环境保护局
桂林市教育局

北海市

北海市环境保护局
北海市海城区教育局

贵港市

贵港市环境保护局
贵港市教育局

来宾市

来宾市环境保护局
来宾市教育局

防城港市

防城港市环境保护局
防城港市教育局

二、绿色环保社区（小区）

南宁市

南宁市环境保护局
南宁市文明办

柳州市

柳州市环境保护局
柳州市文明办
柳州市鱼峰区环境保护局
柳州市柳北区环境保护局
柳州市柳北区委文明办

柳州市柳南区环境保护局
柳城县环境保护局
三、绿色环保企业
柳州市
柳州市环境保护局
柳州市工业和信息化委员会
柳江县环境保护局
柳江县委宣传部
贺州市
贺州市环境保护局
四、绿色机关(单位)
崇左市
崇左市环境保护局
崇左市委文明办
天等县环境保护局
天等县委文明办
大新县环境保护局
龙州县环境保护局
防城港市
防城港市环境保护局
上思县环境保护局
来宾市
来宾市环境保护局
合山市环境保护局

2011~2013 年度广西优秀青年环境友好使者表彰名单

一、最具影响力奖(10 名)
王　琨　广西绿色区域绿盟
李龙达　广西中医药大学赛恩斯新医药学院
黄昕遥　广西师范学院
唐丽花　广西医科大学
黄进册　广西职业技术学院
高开湧　钦州学院
玉桂芳　广西卫生职业技术学院
叶世玲　广西绿色区域绿盟
李杰明　广西中医药大学
莫仙喜　广西卫生职业技术学院

二、最佳活动参与奖(10 名)
张海金　广西中医药大学江南学院
黄华萍　广西外国语学院
卢蓉蓉　广西教育学院
梁耀元　广西医科大学
杨宗晟　广西中医药大学赛恩斯新医药学院
杨超梅　广西教育学院
王　琼　梧州学院
罗运生　广西大学
骆宗敏　南宁地区师范学院
程伟斌　钦州学院

三、最佳组织能力奖(10 名)
陈莹莹　广西医科大学
李华伟　广西理工大学
刘昭群　广西大学
陈泽娟　广西中医药大学江南学院
韦　鹏　广西职业技术学院
黄永劲　钦州学院
韦静严　广西师范大学
凌绿茵　广西师范学院
蒙沛发　广西民族师范学院
陈　莹　中国移动通讯公司广西分公司

2014 年广西壮族自治区环境状况公报

综　述

2014 年,广西环境质量总体良好。环境空气质量优良天数比例为 95.6%;39 条主要河流 72 个断面水质达标率为 93.1%,城市集中式饮用水水源地水质达标率为 98.4%;近岸海域一、二类海水水质比例为 81.9%,环境功能区达标率为 84.1%;环境电离辐射水平保持稳定,环境电磁水平总体良好;城市区域噪声、道路交通噪声、功能区噪声良好;生态环境质量状况保持稳定,14 个设区市生态环境状况指数为 69.4~95.5,10 个设区市及 32 个县域生态环境质量为优。

主要污染物总量减排

状况

经环境保护部核定,广西完成了年度主要污染物减排目标任务。全年主要污染物排放情况为:化学需氧量排放总量 74.40 万吨,比上年下降 2.03%;氨氮排放总量 7.93 万吨,比上年下降 2.12%;二氧化硫排放总量 46.66 万吨,比上年下降 1.14%;氮氧化物排放总量为 44.24 万吨,比上年下降 12.28%。

措施与行动

明确目标责任

将主要污染物减排指标列入 2014 年广西经济社会发展主要目标,制订年度污染减排计划,并将减排任务层层分解落实到各市、县,作为各级相关部门年度绩效考核的重要内容,健全工作机制,严格考核问责。

落实减排经济政策

落实火电和水泥行业脱硝减排工程建设补助资金、脱硫脱硝除尘电价和提高城镇污水处理费等减排经济政策；印发《广西燃煤发电机组环保电价及环保设施运行监管实施细则》，对辖区内所有燃煤发电企业发电机组环保电价进行严格核定。

实施总量控制

印发实施了《火电厂、水泥厂氮氧化物实施主要污染物总量控制的通知》，将广西13家火电企业27台燃煤发电机组、26家水泥企业46条水泥生产线的氮氧化物排放情况全部纳入总量控制目标，并通过实时在线监控系统强化日常监管。

加强工作督查

继续严控污染物新增量，把污染物总量控制指标作为建设项目环评审批的前置条件。自治区人民政府先后两次组织开展全自治区城镇污水生活垃圾处理建设运行督查工作；多次开展污染减排专项督查，重点检查城镇污水处理厂、火电、水泥、钢铁、酒精、制糖、石化、造纸等行业企业，对减排重点企业、重点项目保持高压态势。

推进重点领域工程建设

年内全自治区纳入总量控制目标火电企业、燃煤发电机组及水泥企业生产线的烟气脱硝工程全部建成投运；完成投资19.5亿元，新增污水处理设施及配套管网建设项目146项，建设污水管网1052千米，新增污水处理能力28万吨/日，新增污水处理量24万吨/日；实施完成1847项规模化畜禽养殖改造项目；淘汰老旧机动车14.45万辆，淘汰落后燃煤小锅炉866台，超额完成国家分解下达的目标任务。

淘汰落后产能

落实淘汰落后产能中央财政资金2.56亿元、自治区财政资金2000万元，完成淘汰落后炼钢58万吨、水泥907万吨、铁合金84.9万吨、造纸75万吨、铅冶炼1万吨、锌冶炼21.3万吨、制革5万标张，全面完成年度淘汰落后产能目标任务。

执行处罚措施

约谈2013年未完成减排目标任务的9个设区市人民政府分管负责人，并对2013年和2014年上半年未完成氨氮减排任务及污染减排工作严重滞后的2个设区市和6个县(市)实施区域环评限批。

重金属污染防治

状况

2014年，广西14个设区市的40个城市集中式饮用水水源地、17个地表水国控断面及11个重点区域水环境监测断面的5项重点重金属指标(铅、汞、镉、铬和类金属砷)达标率均为100%。3个重点防控区(南丹县、环江毛南族自治县、金城江区)环境空气中3项重金属指标(铅、镉、类金属砷)达标。

措施与行动

自治区人民政府将重金属污染防治列入自治区环境保护年度重点工作，加大重金属污染防治规划实施力度，将重金属污染防治项目作为2014年为民办实事工程进行推进。自治区重金属污染防治工作领导小组各成员单位各司其责，相互协作，形成工作合力。筹措4.16亿元推进重金属污染治理项目和监管能力建设；16个国家规划项目完成治理并获环境保护部考核认定；加强对规划项目实施的督查，先后约谈项目实施进度缓慢的崇左市扶绥县、大新县政府及相关企业负责人；针对非重点防控区部分企业涉重产品产量虚报导致重金属污染物排放量虚增的问题进行核实，并责成整改和纠正。

大气环境

状况

城市环境空气质量

2014年，广西14个设区市环境空气质量均达到《环境空气质量标准》(GB3095-1996)二级标准，达标城市比例连续三年达到100%。

14个设区市环境空气质量优良天数比例为95.6%，比2013年下降0.2个百分点。

14个设区市二氧化硫年平均浓度范围为0.008~0.037毫克/立方米，城市年平均浓度为0.021毫克/立方米，优于二级标准(0.06毫克/立方米)，比2013年(0.025毫克/立方米)下降16.0%。

14个设区市二氧化氮年平均浓度范围为0.014~0.037毫克/立方米，城市年平均浓度为0.024毫克/立方米，优于二级标准(0.08毫克/立方米)，与2013年持平。

14个设区市可吸入颗粒物(PM_{10})年平均浓度范围为0.055~0.092毫克/立方米，城市年平均浓度为0.069毫克/立方米，优于二级标准(0.10毫克/立方米)，比2013年(0.064毫克/立方米)上升7.8%。

14个设区市环境空气综合污染指数平均值为1.34，低于2013年的1.36，空气质量总体略有改善。柳州综合污染指数最高(1.83)，防城港最低(0.92)。与2013年相比，来宾、贺州、梧州、钦州综合污染指数升高，其余10个设区市有所下降。

南宁、柳州、桂林、北海等4个环保重点城市按《环境空气质量标准》(GB 3095-2012)进行评价，城市环境空气质量均不达标，优良天数比例分别为80.0%、65.8%、68.5%、89.9%。(注：2014年，其他10个非环保重点城市尚未按照GB 3095-2012标准监测和评价。)

南宁、柳州、桂林、北海4市细颗粒物($PM_{2.5}$)年均值分别为49、67、66、29微克/立方米，除北海外，其他3个城市均超过二级标准(35微克/立方米)；细颗粒物($PM_{2.5}$)24小时平均第95百分位数分别为120微克/立方米、149微克/立方米、135微克/立方米、87微克/立方米,均超过二级标准(75微克/立方米)。可吸入颗粒物(PM_{10})年均值分别为84微克/立方米、92微克/立方米、86微克/立方米、58微克/立方米,除北海外,其他3个城市均超过二级标准(70微克/立方米);可吸入颗粒物(PM_{10})24小时平均第95百分位数分别为192微克/立方米、188微克/立方米、178微克/立方米、117微克/立方米,除北海外,其他3个城市均超过二级标准(150微克/立方米)。一氧化碳24小时平均第95百分位数分别为1.6毫克/立方米、1.7毫克/立方米、2.0毫克/立方米、1.9毫克/立方米,优于二级标准(4毫克/立方米)。臭氧日最大8小时滑动平均值第90百分位数分别为126微克/立方米、155微克/立方米、136微克/立方米、144微克/立方米,优于二级标准(160微克/立方米)。

酸雨

2014年城市酸雨污染平均水平略劣于2013年。设区城市降水pH值年均值范围为4.34(百色)~6.36(北海),平均值为5.30,较2013年(5.50)有所下降;酸雨频率范围为0(南宁、玉林)~64.8%(桂林),年平均酸雨频率为21.6%,比2013年(17.9%)上升3.7个百分点。

措施与行动

实施《大气污染防治行动计划》

开展广西大气污染综合治理,超额完成国家2014年度下达的淘汰燃煤小锅炉800台、黄标车及老旧车10万辆两项“硬指标”;提前一年超额完成“十二五”淘汰落后产能目标,全面清理钢铁、水泥、电解铝等严重过剩行业违规在建项目。推动钢铁、化工、有色金属冶炼、水泥等重污染企业应用清洁生产技术改造计划实施,发布93家重点企业清洁生产审核名单,实施2469项清洁生产方案。加强火电厂、水泥厂氮氧化物总量控制,实施煤炭消费总量控制,2014年全区能源消费总量约10250万吨标煤,增速同比下降1.7%,其中,煤炭消费量7600万吨,同比下降1.2%;氮氧化物年度排放总量大幅削减,扭转了连续3年不降反升的状况。大力治理城市建筑工地及道路扬尘,严格城市道路扬尘管控,加大执法监管,依法查处违章施工、超载运输、撒落渣土行为,提高道路保洁机械化水平和保洁频次。加强机动车污染防治工作,加快机动车排气环保监测站建设和检测方法升级改造,调整收费标准;加强机动车环保分类标志发放;2014年12月底全自治区完成第四阶段车用柴油封闭供应工作;在广西范围开展油库、加油站油气回收治理。

加强城市环境空气质量考核

根据新修订的《中华人民共和国环境保护法》,自治区人民政府批准印发了《广西壮族自治区环境空气质量管理考核办法(试行)》。考核工作纳入自治区对各设区市工作目标责任考核体系,考核结果与市人民政府年度绩效考核挂钩,年度考核结果上报自治区党委和自治区人民政府,作为地方人民政府主要领导环境保护政绩考核评价的主要依据之一。

完善监测预警应急体系

2014年广西全面完成空气质量新标准监测建设任务,并与国家发布平台顺利联网,14个市空气质量监测数据可在发布系统中实时查询。2014年11月,自治区环境空气质量预报预警中心成立。自治区环境保护厅与广西气象局合作开展重污染天气监测预警预报工作,建立会商研判及预警信息发布机制。

强化对重点区域大气环境科技支撑力度

组织开展大气颗粒物来源解析工作,指导科学防控。与中国环境科学研究院、复旦大学、清华大学等多家科研单位和院校合作开展大气环境研究,为大气污染防治提供决策依据。

水环境

状况

河流

2014年,广西对39条主要河流的72个断面进行监测,河流水质总体良好,大部分河流满足水环境功能区目标要求。其中,67个断面水质符合《地表水环境质量标准》(GB 3838-2002)的Ⅲ类标准,水质达标率为93.1%,较2013年(95.8%)下降2.7个百分点。

珠江水系的红水河、刁江、黔江、浔江、西江、黄华河、杨梅河、北流江、都柳江、融江、洛清江、龙江、大环江、柳江、漓江、桂江、难滩河、归春河、黑水河、水口河、平而河、明江、左江、剥隘河、右江、邕江、郁江、贺江,长江水系的湘江、资江,独流入海水系的北仑河、武利江、钦江、防城江、茅岭江、大风江,年均水质均达到《地表水环境质量标准》(GB 3838-2002)Ⅲ类标准,河流水质优良。下雷河(属珠江水系)、九洲江(属独流入海水系)和南流江(属独流入海水系)3条河流的年均水质未达到Ⅲ类标准,其中下雷河和九洲江为中度污染,南流江为轻度污染。

与2013年相比,2014年广西24条河流的平均综合污染指数持平或略有下降。其中明江、武利江、洛清江、平而河、水口河、融江、浔江、黑水河等河流水质有所改善。

水库

2014年对平龙水库、武思江水库、达开水库、六陈水库、大王滩水库、天生桥水库、平班水库、龙滩水库、青狮潭水库、澄碧河水库、西津水库、岩滩水库、土桥水库、百色水库、那板水库、凤亭河水库、龟石水库、苏烟水库和小江水库共19座水库开展水质监测。结果表明,18座水库水质达到Ⅲ类标准,1座水库水质为Ⅳ

类,主要超标项目为总磷;除武思江水库为轻度营养状态外,其他 18 座水库均为中度营养状态。

城市地下水环境

2014 年,广西共设地下水监测点 476 个,地下水监测面积 6626 平方千米。地下水质量以优良、良好级别为主,地下水水质污染以点状污染为主,局部存在小范围的面状污染。与 2013 年相比,地下水水质变化不大。

城市集中式饮用水水源

2014 年,对 14 个设区市 40 个城市集中式饮用水水源地开展监测,其中地表水水源地 33 个,地下水水源地 7 个。水质达标率为 98.4%,比 2013 年上升 0.4 个百分点。除南宁及玉林的集中式饮用水水源地水质达标率分别为 96.2% 和 96.0% 外,其余 12 个设区市均为 100%。

措施与行动

狠抓重点流域污染治理

组织实施九洲江流域污染防治,重点抓养殖污水、生活污水、工业污水等“三污水”治理。

加大农业面源和养殖业污染治理

推广减排型种植制度和保护性耕作、优化施肥、合理施用农药等农业生产技术;修建生态拦截沟,减少农田氮磷流失。加强农村环境综合整治,推进农村沼气建设,加强农业废弃物资源化利用。推广生态禽畜、生态水产养殖技术和模式,加强养殖生产管理,科学养殖,优化养殖生产结构,以减少养殖污染物排放。

持续推进“清洁水源”专项活动

截至 2014 年底,广西累计投入 14.5 亿元,建成并运行 1164 座村屯集中式污水处理设施,有效地治理了村屯生活污水,进一步改善了村容村貌。

加大对城市地下水的监控力度

2014 年启动广西国家地下水监测工程,计划增加 257 个地下水监测点,对重点城市、地下水开采利用较大地区、大泉名泉等区域的地下水动态和演变规律进行监控,项目初步设计已通过国土资源部组织评审,工程预计于 2018 年全面建成。

加强集中式饮用水水源地保护力度

一是组织开展广西集中式饮用水水源保护专项行动,进一步排查和清理整治集中式饮用水水源地保护区内的污染源及排污口。二是基本完成 12 个设区市 759 个乡镇 877 个集中式饮用水水源保护区划定方案编制。

近岸海域水环境

状况

近岸海域

2014 年广西近岸海域海水质量总体良好。监测站位达《海水水质标准》(GB 3097-1997) 第一、二类水质比例为 81.9%,与 2013 年相比持平;监测站位环境功能区达标率为 84.1%,与 2013 年相比下降 4.5 个百分点。

海洋沉积物

2014 年,广西近岸海域监测站位的沉积物质量状况优良,全部符合《海洋沉积物质量》(GB18668-2002) 第一类标准和环境功能区达标要求,与 2013 年持平。

措施与行动

强化近岸海域污染防治责任制

加大入海河流污染防治力度,自治区人民政府召开近岸海域环境保护工作现场会,与北海、钦州、防城港和玉林市人民政府签订了北部湾近岸海域及南流江流域环境保护目标责任书,督促落实近岸海域污染防治任务。

加强船舶和码头污染物排放监管

完善港口码头的污水、垃圾接收处理设施,主要港口建设污水回收处理设施,港内禁止排放机舱污水,机舱舱底含油污水收集排入港口处理设施;加强对渔港、渔船的监督管理,建设和完善渔港渔船污染物接收处理设施;加强对船舶、港口、海洋工程的监管;落实相关的污染防治措施,防止海洋运输和石化产业发生的海上溢油事故;加强对海底输油管道的管护,防止输油管道泄漏。

开展主要入海河流流域环境综合整治

对近岸海域环境影响较大的河流以及污染较重的支流、沟渠进行环境综合治理,削减河流入海污染负荷。开展沿河生态带建设,加强河口湿地保护和修复。

科学引导海岸带开发利用活动

开展生态“红线”的划定,引导海岸线的开发活动,严把涉海项目审批关。加强生态敏感区、珍稀物种等资源的保护,加强陆海生态过渡带建设。开展重点区域围填海工程的环境影响评估工作,在围填海工程集中区域开展生态修复试点工程。

开展互花米草治理与生态恢复试验

在环境保护部和中国环境科学研究院的支持和指导下,通过“割除 + 遮光”或“割除 + 水淹”以阻断光合作用的方式,在北海市青山头开展 1.3 万平方米的互花米草治理与生态恢复试验,取得明显成效。

声环境

状况

城市区域声环境

14 个设区市区域昼间声环境质量为“较好”的城市占 57.1%,“一般”的占 42.9%,无“较差”和“差”的城市。城市区域声环境质量与 2013 年持平。

城市道路交通声环境

14 个设区市城市道路交通声环境质量为“好”的城市占 57.2%,“较好”的占 35.7%,“一般”的占 7.1%。与 2013 年相比,城市道路交通声环境质量为“好”的城市下降 11.0 个百分点,"较好"的上升 24.8 个百分点,"一般" 的持平,整体质量略有下降。

城市功能区声环境

开展监测的南宁、柳州、桂林、北海、河池 5 个城市的各类功能区监测结果表明,0 类(疗养区)功能区达标率最高,昼夜间均达 100%;4 类(交通干线两侧区域)功能区达标率最低,昼间达标率为 88.9%,夜间达标率为 44.4% ;1 类(居住区)、2 类(混合区)、3 类(工业区)功能区昼间达标率范围在 95.4%~100% 区间,夜间达标率范围在 63.6%~95.0% 区间。与 2013 年相比,昼间达标率上升的有 1 类和 3 类功能区,夜间达标率上升仅有 1 类区;昼间达标率下降的有 2 类和 4 类功能区,夜间达标率下降的有 2 类区、3 类区和 4 类区;0 类区达标率则无变化。

措施与行动

以城市环境综合整治为载体,突出重点从源头控制噪声危害,进一步规范噪声污染防治工作。大力整治城市环境噪声,加强对建筑施工噪声和社会生活噪声的污染防治;完善城市功能区规划,同时实行城区道路敏感路段机动车禁鸣,严格执行功能区噪声达标管理制度,及时查处噪声环境违法行为,切实解决群众关心的环境噪声污染问题。

固体废物

状况

2014 年,工业固体废物产生量为 8143.26 万吨,比 2013 年上升 5.3%。工业固体废物综合利用量 5019.28 万吨,处置量 1322.64 万吨,贮存量 1800.97 万吨,排放量为 0.37 万吨,比 2013 年下降 9.0%。

危险废物产生量为 123.9 万吨,处置量为 117.4 万吨(包括企业自行利用处置及转移到其他单位利用处置),贮存量为 8.78 万吨。

污水处理厂污泥产生总量为 29.7 万吨,污泥处置率为 100%。其中,南宁、柳州、桂林、百色市污泥处置中心共处置污泥 17 万吨,占广西污泥总量的 57.0% ;其他市县产生的污泥中有 9.4 万吨送至当地垃圾处理厂填埋,占广西污泥总量的 31.6% ;其余 11.4% 的污泥主要用于当地园林绿化。

生活垃圾无害化处理场实际日均处理垃圾 1.41 万吨,累计年处理垃圾约 514 万吨,生活垃圾无害化处理率实现了 80% 的设定目标。

措施与行动

加强固体废物管理机构建设

2014 年,14 个设区市已全部成立固体废物管理中心。各级固体废物管理专职机构共有 20 个,其中省级 1 个、市级 14 个、县(区)级 5 个,初步建立广西固体废物监管网络,扭转了固体废物管理机构不健全、监管力量严重不足的被动局面。

提升危险废物处置能力

截至 2014 年底,广西共有危险废物持证经营单位 26 家,形成 75.15 万吨 / 年的危险废物利用处置能力,处置类型包括危险废物焚烧处置、剧毒化学品包装物处置和废铅酸电池回收利用、含铅、锌渣回收利用、废矿物油回收利用、废酸综合利用及医疗废物处置。

推进危险废物规范化管理

广西继续贯彻落实危险废物环境管理目标责任制,将其纳入年度政府绩效考核指标;对 338 家危险废物产生单位和 26 家经营单位开展危险废物规范化管理自查、检查、抽查和督查考核,督促落实问题整改,依法查处涉嫌环境违法行为的 5 家涉危险废物单位。

2014 年,广西危险废物规范化管理考核合格率为 86.9%,比上年提升 9.6%,全国排名继续稳步上升。

强化进口废物环境管理

截至 2014 年底,广西固体废物进口加工利用企业 40 家,其中进口废五金类废物定点加工利用企业已增至 28 家(23 家位于梧州进口再生资源加工园区);企业获得环境保护部批准 176.46 万吨废五金、废塑料、废纺织原料、氧化皮等固体废物进口配额,实际进口约 26.7 万吨。

推进城镇生活垃圾及污泥处理设施建设

截至 2014 年底,广西已建成生活垃圾处理场共 80 座,实际投入运营 75 座,配套建成垃圾转运站 516 座,总垃圾实际处理能力达到 1.48 万吨 / 日;已在南宁、柳州、桂林、百色市建成 4 座污泥处置场,总处理规模为 840 吨 / 日。

辐射环境

状况

2014 年,广西辐射环境质量总体良好,与 2013 年持平。

陆地 γ 辐射空气吸收剂量率

广西辖区共有辐射环境自动监测站 4 个,分别为南宁市 2 个、百色市 1 个、桂林市 1 个。2014 年,4 个自动监测站的连续 γ 辐射空气吸收剂量率(未扣除宇宙射线响应值)监测范围值为 65.8~100.9 纳戈瑞 / 小时,平均值为 70.8 纳戈瑞 / 小时。

2014 年广西瞬时陆地环境 γ 辐射空气吸收剂量率(扣除宇宙射线的响应值)范围值为 37.0~214.7 纳戈瑞 / 小时,平均值为 70.8 纳戈瑞 / 小时,与 2013 年监测值相比,无明显变化,处于正常水平范围。

空气中放射性核素浓度

广西 4 个自动监测站空气中气溶胶总 α 放射性活度浓度 0.018~0.501 贝可 / 立方米、总 β 放射性活度浓度 0.379~2.480 贝可 / 立方米;大气沉降物总 α 放射性活度浓度 0.147~0.562 贝可 / 平方米·天、总 β 放射性活度浓度 0.203~0.939 贝可 / 平方米·天,均为环境正常水平。

水体中放射性核素浓度

境内珠江水系和长江水系主要河流断面水体中铀、钍、镭-226、钾-40、总α、总β、锶-90、铯-137放射性核素浓度均为环境正常水平。

南宁市邕宁清水泉地下水中各放射性核素活度浓度均为环境正常水平，总α、总β放射性活度浓度满足《地下水质量标准》(GB/T 14848-93)规定的Ⅰ类指标，且均在《生活饮用水卫生标准》(GB5749-2006)规定的限值内。

南宁市陈村水厂饮用水中各放射性核素活度浓度均为环境正常水平，总α、总β放射性活度浓度均在《生活饮用水卫生标准》(GB 5749-2006)规定的限值内。

北部湾近岸海域海水中各放射性核素活度浓度监测结果与历年相比，无明显变化，人工放射性核素锶-90、铯-137活度浓度均在《海水水质标准》(GB 3097-1997)规定的限值内。

土壤中的放射性核素含量

广西土壤中铀-238、钍-232、镭-226、钾-40、锶-90、铯-137放射性核素含量，与1986年广西环境天然放射性水平调查结果为同一水平，属正常范围。

环境电磁水平低于《电磁辐射防护规定》(GB 8702-88)规定的公众照射参考导出限值，电磁环境质量良好。

措施与行动

加强核与辐射安全监管，排除环境风险和安全隐患

开展核技术利用单位辐射安全监督检查，加强核技术应用单位辐射工作人员辐射安全法律法规与防护知识培训。

加强放射性废物安全管理工作

加强放射性废物安全管理工作，改进废物库安防系统，增设驻库保安加强巡防，建立了以应急通讯、应急联动、技术支持为内容的废物库安防应急联动机制。全年收贮37家核技术利用单位的79枚废(旧)放射源。

自然生态

状况

生态环境质量

2014年广西14个设区市生态环境状况指数为69.4~95.5，其中防城港、梧州、贺州等10个设区市生态环境质量为“优”等级；89个县域生态环境状况指数为58.6~89.7，生态环境质量为“优”等级的有32个，“良”等级的有57个。地域分布上大体呈现东部为优，西部为良的状况。与2013年相比，2014年广西生态环境质量状况总体保持稳定，空间分布特征无明显变化。

自然保护区

2014年，广西七冲自然保护区获国务院正式批复晋升为国家级自然保护区。77个自然保护区属国家级自然保护区22个，自治区级自然保护区46个，市级自然保护区3个，县级自然保护区6个。自然保护区总面积为1.35万平方千米，约占广西国土面积的5.71%。

措施与行动

大力实施“绿满八桂”造林绿化工程

自治区本级2014年安排2.4亿元专项资金实施“绿满八桂”造林绿化工程，完成植树造林面积35.12万公顷。完成通道单边绿化234千米、城镇绿化941万平方米、村屯绿化2159个、高速公路可视一面坡绿化提升1267公顷、义务植树9100万株。

继续实施重点林业生态工程

通过实施退耕还林、珠防林、海防林、石漠化综合治理等重点林业生态工程，2014年共完成人工造林2.84万公顷、封山育林4.36万公顷，其中退耕还林工程完成荒山造林1.5万公顷、封山育林4333公顷；防护林工程完成人工造林8933公顷、封山育林1600公顷；石漠化综合治理工程完成人工造林4500公顷、封山育林3.77万公顷。

加强水生生物资源保护

实施水生生物资源增殖，投入水生生物和珍稀濒危物种增殖放流资金1052万元，投放水生生物和珍稀濒危物种苗种2.43亿尾(粒、只)。开展水生生物自然保护区建设，完善广西泗涧山大鲵、左江佛耳丽蚌、红水河来宾段珍稀鱼类、凌云洞穴鱼类自然保护区四个保护区标牌标识；加强漓江光倒刺鲃金线鲃国家级水产种质资源等保护区建设，在郁江、浔江、黔江等重要鱼类栖息江段建设3900平方米的人工鱼巢；投资1400万元，在北海、防城港逐步建设海洋牧场和人工鱼礁500公顷。

开展生态保护红线划定试点工作

作为全国4个生态红线划定试点省区之一，广西积极组织开展生态红线划定试点工作，编制《广西生态保护红线划定建议方案》、《广西生态保护红线划定工作方案》及《广西生态保护红线划定技术指南》，基本完成河池市凤山县、桂林市资源县的生态保护红线划定建议方案，建立相关数据库，并根据环境保护部建议方案，在河池市凤山县和桂林市资源县等地区开展红线落地试点。

编制完成《广西壮族自治区生态环境十年(2000~2010年)变化遥感调查与评估报告》

组织完成《广西壮族自治区生态环境十年(2000~2010年)变化遥感调查与评估报告》，并向环境保护部提交各类数据、12个专题报告及课题总报告。

继续开展流域生态健康评估工作

组织完成《广西桂江流域生态健康评估报告》与《广西大王滩流域生态健康评估报告》，启动2014年广西红水河流域试点评估工作，开展红水河流域生态健

康评估涉及的大型底栖动物和鱼类监测、流域土地利用遥感解译和流域覆盖乡镇现场调查工作。

积极推进生态旅游示范区创建工作

举办生态旅游示范区创建工作业务培训班，对14个地市环境保护局、旅游局的相关业务人员及拟创建国家和自治区生态旅游示范区单位负责人进行了业务培训指导。柳州大龙潭景区成为广西第二个国家级生态旅游示范区。新增南宁大明山风景区等7个自治区级生态旅游示范区。

进一步加强生物多样性保护与国际合作

印发实施《广西生物多样性保护战略与行动计划(2013~2030年)》。协助环境保护部开展广西生物多样性优先区划定工作。启动大湄公河次区域环境核心项目(CEP)生物多样性保护廊道(BCI)二期项目，以跨境生物多样性保护廊道的建设为核心开展相关工作。

土地和农村环境保护

状况

土地

广西土地总面积2376.29万公顷。耕地、园地、林地、草地等利用情况与2013年变化不大。

耕地

广西耕地总面积441.30万公顷，比2013年减少0.15%。比《全国土地利用总体规划(2006土地利用总年)》确定的广西2010年耕地保有量目标(421.33万公顷)多19.97万公顷，比自治区下达的2014年耕地保有量目标(424.64万公顷)多16.66万公顷。

农村环境

农村环境保护专项资金分配管理环节首次引入竞争机制，通过竞争性评选确定130个村纳入年度农村环境整治项目，共投入3.26亿元，其中中央财政补助6500万元，地方财政配套2.61亿元，中央和地方资金比例达到1∶4，远远超过中央对西部地区投入比例要求。

以“美丽广西·清洁乡村”活动为平台，大力实施农村环境连片整治项目。随着农村环境连片整治项目陆续建成并投入使用，广西形成农村污水处理量2900万吨/年、生活垃圾处理量8万吨/年能力，化学需氧量、氨氮年减排量分别达到1.03万吨和303吨，整治的村庄生活污水处理率达到了60%，垃圾定点存放清运率达到100%，无害化处理率达到70%。

生态示范创建

广西各市县积极创建和申报国家级生态乡镇、自治区级生态乡镇和生态村，经各市组织申报、自治区专家复核及现场核查，28个乡镇、437个行政村分别荣获“自治区级生态乡镇”和“自治区级生态村”称号。截至2014年底，广西获国家级、自治区级生态乡镇命名的乡镇分别为22个和71个，810个村获得自治区级生态村命名。

石漠化

广西岩溶土地面积833万公顷，占广西土地总面积35.0%，涉及10个市77个县(市、区)，其中：石漠化土地面积193万公顷，占岩溶土地面积的23.1%；潜在石漠化土地面积227万公顷，占27.5%；非石漠化土地面积413万公顷，占49.4%。在现有石漠化土地面积中，轻度27.3万公顷，占14.3%；中度56.7万公顷，占29.4%；重度100万公顷，占51.8%;极重度8.7万公顷，占4.5%。

措施与行动

土地复垦、整治成效

坚持耕地保护的数量与质量并重，做好土地整治、农业综合开发、中低产田改造、小型农田水利建设、耕地培肥项目建设、优质高产高糖糖料蔗基地建设和鼓励自发整治耕地等耕地整治工作，加大高标准基本农田建设力度。

严守耕地红线，贯彻落实耕地占补平衡

完成22.3万公顷高标准基本农田建设，补充耕地任务量1130公顷，完成补充耕地义务量4074公顷，提质改造(旱改水)已完成立项面积4206公顷。安排以奖代补资金1亿元，深入推广“小块并大块”土地整治新模式，已完成5.3万公顷耕地整治。

巩固退耕还林成果

完成2013年度巩固成果林业项目补植补造847公顷，为计划任务数的110.4%；完成后续产业人工造林和低效林改造分别为4620公顷和1500公顷。

气候与自然灾害

状况

气候

2014年，广西各地年平均气温17.3~23.6℃，广西年平均气温21.0℃，比常年偏高0.3℃，比2013年高0.1℃。各地年降水量1050.2~3221.2毫米，广西平均年降水量1638.8毫米，比常年偏多6%，比2013年少56.0毫米。各地年日照时数1078~2210小时，广西平均年日照时数1479小时，较常年偏少40小时，比2013年少61小时。

气象灾害

2014年主要气象灾害有热带气旋、暴雨洪涝、局地强对流、低温雨雪霜(冰)冻等，共有4个热带气旋(含2个热带低压)影响广西，第9号超强台风“威马逊”是1949年以来的最强台风，给桂南沿海造成重大影响，损失惨重。此外，低温雨雪霜(冰)冻、高温、雾、霾等天气也给广西造成不同程度的影响。

2014年因气象灾害共造成农作物受灾面积114.9万公顷，绝收面积6.1万公顷，受灾人口1010万人次，死亡56人，失踪1人，直接经济损失190.5亿元。与2013年相比，农作物受灾面积增多44万公顷，死亡人数减少32人，受灾人口增加246万人，直接经济损失增多128.1亿元。

干旱灾害

2014年广西受旱程度总体轻于常年平均水平，但局部地区相对严重。2014年累计有14.94万人和5.04万头大牲畜饮水困难；农作物受旱面积8.32万公顷，其中成灾2.11万公顷，绝收0.01万公顷，灾害造成直接经济总损失为3.20亿元。

地质灾害

2014年发生地质灾害330起，造成12人死亡、2人受伤，直接经济损失2606万元。与2013年相比，地质灾害次数减少151起，死亡人数减少23人，受伤人数减少26人，直接经济损失减少312万元。

措施与行动

继续强化气象防灾减灾和服务成效

2014年广西共启动气象应急响应10次，启动重大气象信息报告368次，提供各类决策服务材料6264期，发布气象预警6000多次，气象预警短信接收6亿多人次。有效应对11次大范围暴雨天气、2个台风的袭击。组织实施飞机人工增雨作业61架次、火箭人工增雨防雹作业210次。

开展地质灾害隐患排查巡查

2014年广西各地出动地质灾害排查巡查5278组共15753人次，排查巡查地质灾害点和易发村屯14221个；发放防灾避险明白卡16.56万张。10000多处地质灾害隐患点和5000多个地质灾害易发村均未发生人员伤亡事件。

做好监测预警与应急处置

2014年广西发布地质灾害预警预报155天次，及时组织转移避让206次，转移群众9304人，成功预报地质灾害9起，避免人员伤亡663人，避免直接经济损失1279万元。

加强防灾宣传培训与应急演练

发放符合当地实际的地质灾害防治知识宣传挂图、手册和影视资料5万多份。开展地质灾害防治知识培训154场，培训人员2.49万人。举办地质灾害应急演练等101场，2.56万人参加演练。

实施地质灾害治理项目

投入地质灾害防治经费2.41亿元，对167处重大地质灾害隐患点进行治理，受益人口3.37万人；完成180处历年开工的重大地质灾害隐患治理点，4.9万人受益。

2014年广西壮族自治区环境统计公报

一、废水

2014年，广西废水排放总量219304.06万吨，其中，工业废水72936.28万吨，城镇生活污水146198.27万吨，集中式治理设施污水169.51万吨。废水中化学需氧量排放总量743985.19吨，其中，工业化学需氧量161863.02吨，农业化学需氧量204675.84吨，城镇生活污水化学需氧量373957.46吨，集中式治理设施化学需氧量3488.87吨。废水中氨氮排放总量79281.47吨，其中，工业氨氮6729.92吨，农业氨氮25044.70吨，城镇生活污水氨氮47229.53吨，集中式治理设施氨氮277.32吨。

二、废气

2014年，广西二氧化硫排放总量466588.74吨，其中，工业二氧化硫431074.86吨，城镇生活二氧化硫35469.11吨，集中式治理设施二氧化硫44.77吨。全自治区氮氧化物排放总量442398.76吨，其中，工业氮氧化物300190.97吨，城镇生活氮氧化物3822.02吨，机动车氮氧化物138296.37吨。广西烟（粉）尘排放总量402934.62吨，其中工业烟（粉）尘376018.51吨，城镇生活烟尘13668.52吨，机动车烟尘13231.06吨。

三、固体废弃物

2014年，广西一般工业固体废物产生量8037.55万吨，综合利用量5057.71万吨；处置量1454.36万吨；贮存量1791.72万吨。

全自治区危险废物产生量105.71万吨，综合利用量71.82万吨，处置量27.52万吨，贮存量9.24万吨。

2014年环境统计主要指标

一、废水	
1. 废水排放总量（万吨）	219304.06
其中：工业废水排放量（万吨）	72936.28
城镇生活污水排放量（万吨）	146198.27
集中式治理设施污水排放量（万吨）	169.51
2. 化学需氧量（COD）排放量（吨）	743985.19

续表

其中：工业废水中COD排放量（吨）	161863.02
农业COD排放量（吨）	204675.84
城镇生活污水中COD排放量（吨）	373957.46
集中式治理设施COD排放量（吨）	3488.87
3. 氨氮排放量（吨）	79281.47
其中：工业废水中氨氮排放量（吨）	6729.92
农业氨氮排放量（吨）	25044.70
生活污水中氨氮排放量（吨）	47229.53
集中式治理设施氨氮排放量（吨）	277.32
二、废气	
1. 二氧化硫（SO_2）排放量（吨）	466588.74
其中：工业SO_2排放量（吨）	431074.86
城镇生活SO_2排放量（吨）	35469.11
集中式治理设施SO_2排放量（吨）	44.77
2. 氮氧化物排放量（吨）	442398.76
其中：工业氮氧化物排放量（吨）	300190.97
城镇生活氮氧化物排放量（吨）	3822.02
机动车氮氧化物排放量（吨）	138296.37
集中式治理设施氮氧化物排放量（吨）	89.40
3. 烟（粉）尘排放量（吨）	402934.62
其中：工业烟（粉）尘排放量（吨）	376018.51
城镇生活烟尘排放量（吨）	13668.52
机动车烟尘排放量（吨）	13231.06
集中式治理设施烟尘排放量（吨）	16.53
三、固体废弃物	
（一）一般工业固体废物	
1. 一般工业固体废物产生量（万吨）	8037.55
2. 一般工业固体废物综合利用量（万吨）	5057.71
其中：综合利用往年贮存量（万吨）	108.30
3. 一般工业固体废物处置量（万吨）	1454.36
其中：处置往年贮存量（万吨）	158.31
4. 一般工业固体废物贮存量（万吨）	1791.72
5. 一般工业固体废物倾倒丢弃量（万吨）	0.37
（二）危险废物	
危险废物产生量（万吨）	105.71
危险废物综合利用量（万吨）	71.82

续表

其中：综合利用往年贮存量（万吨）	1.94
危险废物处置量（万吨）	27.52
其中：处置往年贮存量（万吨）	0.93
危险废物贮存量（万吨）	9.24
危险废物倾倒丢弃量（万吨）	0.00

2014年广西壮族自治区环境统计年报

一、概述

2014年，广西废水排放总量219304.06万吨，其中工业废水72936.28万吨，城镇生活污水146198.27万吨，集中式治理设施污水169.51万吨。废水中化学需氧量排放总量743985.19吨，其中，工业化学需氧量161863.02吨，农业化学需氧量204675.84吨，城镇生活污水化学需氧量373957.46吨，集中式治理设施化学需氧量3488.87吨。废水中氨氮排放总量79281.47吨，其中，工业氨氮6729.92吨，农业氨氮25044.70吨，城镇生活污水氨氮47229.53吨，集中式治理设施氨氮277.32吨。

全自治区二氧化硫排放总量466588.74吨，其中，工业二氧化硫431074.86吨，城镇生活二氧化硫35469.11吨，集中式治理设施二氧化硫44.77吨。全自治区氮氧化物排放总量442398.76吨，其中，工业氮氧化物300190.97吨，城镇生活氮氧化物3822.02吨，机动车氮氧化物138296.37吨。全自治区烟(粉)尘排放总量402934.62吨，其中工业烟(粉)尘376018.51吨，城镇生活烟尘13668.52吨，机动车烟尘13231.06吨。详见表1。

表1　2014年广西主要污染物排放量汇总表

名称	合计	工业源	城镇生活源	集中式治理设施	农业源	机动车
一、废水						
废水（万吨）	219304.0612	72936.27803	146198.273	169.510182	—	—
化学需氧量（吨）	743985.1864	161863.0202	373957.457	3488.865	204675.8442	—
氨氮（吨）	79281.4684	6729.9166	47229.528	277.324	25044.6998	—
石油类（吨）	269.873	267.835	—	2.038	—	—
挥发酚（千克）	9972.3292	9961.1192	—	11.21	—	—
氰化物（千克）	5516.3208	5505.5868	—	10.734	—	—
废水砷（千克）	5012.2242	5008.3642	—	3.86	—	—
废水铅（千克）	5009.3323	4999.3903	—	9.942	—	—
废水镉（千克）	953.7575	949.1905	—	4.567	—	—
废水汞（千克）	90.5544	89.4364	—	1.118	—	—
废水总铬（千克）	1353.3717	1339.6127	—	13.759	—	—
二、废气						
二氧化硫（吨）	466588.74	431074.855	35469.112	44.773	—	—
氮氧化物（吨）	442398.7607	300190.9697	3822.022	89.399	—	138296.37
烟（粉）尘（吨）	402934.6202	376018.5121	13668.52	16.5281	—	13231.06

注："—"表示该项目未列入环境统计数据库。

二、工业污染源

（一）各市废水主要污染物产生和排放情况

化学需氧量产生量最大的城市是南宁市，氨氮产生量最大的城市是柳州市；化学需氧量排放量最大的城市是南宁市，氨氮排放量最大的城市是南宁市。详见表2。

表2 2014年广西各市工业废水主要污染物产生和排放情况

单位：吨

名称	废水污染物产生量		废水污染物排放量	
	化学需氧量	氨氮	化学需氧量	氨氮
全自治区	1157618.03	42770.78	161863.02	6729.917
南宁市	291980.577	3137.538	22204.462	1231.378
柳州市	104727.88	15707.8	8570.7981	813.2286
桂林市	39067.9605	973.4392	7838.0014	491.025
梧州市	27665.5749	819.8328	9956.31	478.81
北海市	61572.3437	1274.186	8692.9889	38.9914
防城港市	80584.3087	603.97	8930.888	132.911
钦州市	38985.3876	522.1886	6360.61	180.66
贵港市	119605.402	1605.247	11623.9238	251.6154
玉林市	21628.0742	505.7656	5701.0789	268.3927
百色市	101789.847	3374.262	19578.0729	670.877
贺州市	16750.6395	586.8812	4920.0062	321.9058
河池市	57108.6903	7033.101	12400.139	874.8241
来宾市	117936.658	4503.647	15590.741	516.2976
崇左市	78214.6913	2122.922	19495	459

（二）各行业废水主要污染物排放情况

各行业废水主要污染物排放情况详见表3。

表3 2014年广西主要行业废水主要污染物排放情况

单位：吨

行业名称	化学需氧量排放量	氨氮排放量
煤炭开采和洗选业	156.6943	0.07
石油和天然气开采业	0	0
黑色金属矿采选业	35.1702	0.6402
有色金属矿采选业	4374.6907	10.6158
非金属矿采选业	86.155	4.705
其他采矿业	2.82	0
农副食品加工业	41378.4179	983.1698
食品制造业	2741.8784	173.3675
酒、饮料和精制茶制造业	21583.3803	785.8018
烟草制品业	9.9717	0.6225
纺织业	1297.773	59.442
纺织服装、服饰业	1126.327	138.64
皮革、毛皮、羽毛及其制品和制鞋业	840.6223	145.0914
木材加工和木、竹、藤、棕、草制品业	2011.1603	34.1337
家具制造业	0.241	0

续表

行业名称	化学需氧量排放量	氨氮排放量
造纸和纸制品业	42496.1416	1281.6774
印刷和记录媒介复制业	45.845	0.879
文教、工美、体育和娱乐用品制造业	5.6783	0
石油加工、炼焦和核燃料加工业	858.8078	39.0356
化学原料和化学制品制造业	12415.9459	1968.471
医药制造业	3106.5768	75.9528
橡胶和塑料制品业	56.1327	9.06
非金属矿物制品业	1518.3061	51.6655
黑色金属冶炼和压延加工业	854.1065	55.4045
有色金属冶炼和压延加工业	1421.4849	53.4252
金属制品业	124.0445	1.5683
通用设备制造业	76.31	5.5
专用设备制造业	97.9383	1.157
汽车制造业	475.8932	7.1302
铁路、船舶、航空航天和其他运输设备制造业	10.8131	0.0212
电气机械和器材制造业	41.2922	0.7975
计算机、通信和其他电子设备制造业	158.808	47.46
仪器仪表制造业	41.4009	1.7145
其他制造业	213.327	3.1
废弃资源综合利用业	0.191	0.026
金属制品、机械和设备修理业	52.8616	0
电力、热力生产和供应业	29.44	2.62
燃气生产和供应业	0	0
其他行业	0	0

（三）各市废气主要污染物产生和排放情况

各市废气主要污染物产生和排放情况详见表4。

表4　2014年广西各市废气主要污染物产生和排放情况

单位：吨

名称	废气污染物产生量		废气污染物排放量	
	二氧化硫	氮氧化物	二氧化硫	氮氧化物
全自治区	1555414	430003.2	431074.9	300191
南宁市	124026.6	49155.19	32076.55	37285.93
柳州市	152283	48583.79	45967.18	41857.96

续表

名称	废气污染物产生量		废气污染物排放量	
	二氧化硫	氮氧化物	二氧化硫	氮氧化物
桂林市	68493.13	30841.74	32686.89	25816
梧州市	14620.54	4096.388	10136.16	3713.256
北海市	38536.98	16210.39	11688.54	6293.354
防城港市	70734.88	21300.4	24444.69	14869.24
钦州市	47604.01	12178.98	16313.68	7289.52
贵港市	77666.31	78510.28	22310.16	34563.55
玉林市	12945.69	18214.27	9303.06	18165.06
百色市	198573.7	48369.15	90105.02	46454.97
贺州市	117213.5	19172.72	10436.32	9899.419
河池市	310021.2	7597.68	46833.77	5314.11
来宾市	312216	58062.51	71627.3	35416.49
崇左市	10479.09	17709.7	7145.531	13252.11

（四）各行业废气主要污染物排放情况

各行业废气主要污染物排放情况详见表5。

表5　2014年广西主要行业废气主要污染物排放情况

单位：吨

行业名称	二氧化硫排放量	氮氧化物排放量
煤炭开采和洗选业	0.432	0.266
石油和天然气开采业	0	0
黑色金属矿采选业	63.522	23.23
有色金属矿采选业	1488.8	18.5
非金属矿采选业	209.339	61.42
其他采矿业	0	0
农副食品加工业	16213.995	13052.253
食品制造业	3024.83	1134.059
酒、饮料和精制茶制造业	8415.014	1962.992
烟草制品业	100.634	86.044
纺织业	309.349	208.273
纺织服装、服饰业	471.712	95.195
皮革、毛皮、羽毛及其制品和制鞋业	243.358	48.466
木材加工和木、竹、藤、棕、草制品业	704.238	401.485
家具制造业	2.6	1.54

续表

行业名称	二氧化硫排放量	氮氧化物排放量
造纸和纸制品业	23501.85	9372.136
印刷和记录媒介复制业	28.82	7.74
文教、工美、体育和娱乐用品制造业	0.35	0.789
石油加工、炼焦和核燃料加工业	5982.973	2342.326
化学原料和化学制品制造业	27949.176	5396.309
医药制造业	2591.085	549.826
橡胶和塑料制品业	1521.57	353.484
非金属矿物制品业	50849.432	122720.507
黑色金属冶炼和压延加工业	39617.257	29303.825
有色金属冶炼和压延加工业	106047.205	22914.093
金属制品业	1308.502	276.039
通用设备制造业	8.996	2.586
专用设备制造业	180.466	82.087
汽车制造业	15.471	60.705
铁路、船舶、航空航天和其他运输设备制造业	1.21	1.232
电气机械和器材制造业	91.69	29.08
计算机、通信和其他电子设备制造业	32.575	44.99
仪器仪表制造业	24.099	6.584
其他制造业	34072.206	6433.414
废弃资源综合利用业	79.22	3.147
金属制品、机械和设备修理业	17.653	9.095
电力、热力生产和供应业	59496.854	66730.773
燃气生产和供应业	21.522	0
其他行业	0	0

（五）工业固体废物

2014年，广西一般工业固体废物产生量8037.55万吨，综合利用量5057.71万吨；处置量1454.36万吨；贮存量1791.72万吨。

广西危险废物产生量105.71万吨，综合利用量71.82万吨；处置量27.52万吨；贮存量9.24万吨。

三、农业污染源

农业源主要污染物排放情况

广西农业源主要污染物排放情况详见表6。

表6　2014年广西农业源主要污染物排放量情况

单位：吨

区域	化学需氧量排放量			氨氮排放量			
	水产	畜禽	合计	水产	畜禽	种植	合计
全自治区	12672.09	192002.8	204675.8	778.15	14933.65	9332.52	25044.70

续表

区域	化学需氧量排放量			氨氮排放量			
	水产	畜禽	合计	水产	畜禽	种植	合计
南宁市	3320.2	32361.8	35682	158.83	2438.04	1459.14	4056.00
柳州市	419.72	16595.25	17014.97	15.06	1279.88	763.27	2058.20
桂林市	247.65	31700.95	31948.59	12.23	2052.39	1027.69	3092.31
梧州市	362.91	10359.7	10722.61	9.03	711.04	308.77	1028.84
北海市	3009	6512.856	9522.256	159.87	303.17	355.87	818.91
防城港市	1025.34	2722.889	3748.229	46.49	156.80	142.95	346.24
钦州市	1583.11	11387.13	12970.24	143.71	589.88	532.3	1265.89
贵港市	312	17562.8	17875.1	6.67	1700.83	720.23	2428.02
玉林市	926.56	21250.97	22177.73	47.46	2488.01	633.6	3169.08
百色市	648.76	4749.896	5398.658	106.76	337.98	643.36	1088.09
贺州市	53.02	9778.948	9831.968	2.04	917.32	335.38	1254.74
河池市	88.55	3823.311	3911.861	14.82	235.89	698.18	948.98
来宾市	248.64	9574.929	9823.569	8.62	613.13	839.91	1461.65
崇左市	426.64	13621.41	14048.05	46.57	1109.29	871.87	2027.74

四、城镇生活污染源

（一）用水和污水排放情况

2014 年广西城镇居民生活用水和污水排放情况详见表 7。

表7　2014年广西城镇居民生活用水和污水排放情况

区域	辖区内城镇常住人口（万人）	生活用水总量（万吨）	生活污水排放量（万吨）
全自治区	2187.55	170090.5	146198.3
南宁市	403.7	30107.57	27436
柳州市	237.32	24138.72	21724.85
桂林市	224.12	17707.33	15051.23
梧州市	145.57	11556.43	9245.151
北海市	87.33	6757.6	5355.075
防城港市	49.09	4308.224	3046.034
钦州市	114.88	8134.653	7296.029
贵港市	194.18	12899.38	11645
玉林市	258.1	17911.61	14864.69
百色市	116.85	11432.78	9146.856
贺州市	83.72	5796.814	5500.404

续表

区域	辖区内城镇常住人口（万人）	生活用水总量（万吨）	生活污水排放量（万吨）
河池市	115.12	8403.76	6512.914
来宾市	85.47	6052.59	5220.92
崇左市	72.1	4883.083	4153.117

（二）城镇生活废水主要污染物产生和排放情况

城镇生活废水主要污染物产生和排放情况详见表8。

表8　2014年广西城镇生活废水主要污染物产生和排放情况

单位：吨

区域	化学需氧量产生量	化学需氧量去除量	化学需氧量排放量	氨氮产生量	氨氮去除量	氨氮排放量
全自治区	527918.5	153961.1	373957.46	65235.88	18006.35	47229.528
南宁市	98676	39833	58843	12224	4603	7621
柳州市	57093.44	28282.33	28811.11	7242.84	2555.923	4686.917
桂林市	54774.47	24340.27	30434.2	6976.55	2375.45	4601.1
梧州市	35252.59	6048.591	29204	4419.651	751.651	3668
北海市	18302.49	6682.213	11620.277	2139.714	1153.975	985.739
防城港市	11144	2235	8909	1497.95	534.95	963
钦州市	27906.11	4175.47	23730.64	3417.77	432.04	2985.73
贵港市	47153.75	5846.75	41307	5940.45	945.45	4995
玉林市	63118.36	16936.63	46181.73	7819.139	1959.097	5860.042
百色市	28575.67	4288.667	24287	3540	845	2695
贺州市	18532	788.5	17743.5	1968	98	1870
河池市	27634.19	5966.19	21668	3411.96	749.96	2662
来宾市	20801.47	3069.47	17732	2534.26	459.26	2075
崇左市	18953.98	5467.981	13486	2103.597	542.597	1561

（三）能源消费和废气污染物排放情况

能源消费和废气污染物排放情况详见表9。

表9　2014年广西城镇生活能源消费和废气污染物排放情况

区域	城镇生活煤炭消费量（万吨）	城镇生活天然气消费量（万立方米）	城镇生活二氧化硫排放量（吨）	城镇生活氮氧化物排放量（吨）	城镇生活烟尘排放量（吨）
全自治区	179.818	32709.36	35469.11	3822.022	13668.52
南宁市	51.46	5581.35	8748	1068	4631.45
柳州市	20.5	1795.15	5227.5	424.36	1563.13
桂林市	21.95	1890	4514.667	455.72	219.5

续表

区域	城镇生活煤炭消费量（万吨）	城镇生活天然气消费量（万立方米）	城镇生活二氧化硫排放量（吨）	城镇生活氮氧化物排放量（吨）	城镇生活烟尘排放量（吨）
梧州市	11.22	513.54	2289.03	239.666	1010.003
北海市	6.28	1760	1282.011	145.433	408.484
防城港市	5	20.66	960	100	400
钦州市	3.65	0.46	1117	76.7	237.25
贵港市	12	0	2348.45	375	940.37
玉林市	15.24	21000	926.96	89.4	1497.74
百色市	16.264	148.2	2765	325.29	1254.44
贺州市	2.09	0	711	44	188
河池市	10.07	0	3081.42	261.82	1007
来宾市	1.43	0	731.017	30.06	137.992
崇左市	2.664	0	767.057	186.573	173.161

五、机动车污染源

广西机动车保有量和氮氧化物排放情况详见表10。

表10　2014年广西机动车保有量和氮氧化物排放情况

区域	保有量（辆）	载客汽车（辆）	载货汽车（辆）	三轮汽车及低速载货汽车（辆）	摩托车（辆）	氮氧化物排放量（万吨）
全自治区	11681123	2482374	561373	45305	8592071	13.82964
南宁市	1985660	753767	118780	4173	1108940	3.759403
柳州市	921662	345397	48074	867	527324	1.14662
桂林市	1086294	295318	45935	3634	741407	1.155236
梧州市	797932	95799	29226	4594	668313	0.597697
北海市	402242	112736	23562	959	264985	0.39026
防城港市	282792	61456	14995	1872	204469	0.302442
钦州市	861145	88812	35761	2627	733945	0.776018
贵港市	995297	113118	36124	3549	842506	0.772562
玉林市	1495204	175377	74523	2074	1243230	1.87161
百色市	645528	113586	46268	7634	478040	0.857606
贺州市	494708	66184	18116	1215	409193	0.434107
河池市	848329	118287	31726	5730	692586	0.653302
来宾市	444851	83886	19533	2720	338712	0.531562
崇左市	419479	58651	18750	3657	338421	0.581212

六、集中式污染治理设施

(一)污水处理设施

广西污水处理设施污水处理和再生水利用情况详见表11。

表11　2014年广西污水处理设施污水处理和再生水利用情况

单位：万吨

区域	实际处理量	其中		再生水利用量
		生活污水	工业废水	
全自治区	107400.5	104880.6	2519.897	865.626
南宁市	25884	25677	207	1.2
柳州市	19049.15	18199.58	849.57	0
桂林市	12051.11	11957.33	93.777	28
梧州市	4363.015	4096.315	266.7	0
北海市	5120.885	4504.035	616.85	29.2
防城港市	2639.761	2639.761	0	37
钦州市	4150.75	4085.75	65	15.46
贵港市	5132.85	5132.85	0	0
玉林市	9086.37	8974.37	112	25
百色市	6919.428	6919.428	0	180.428
贺州市	2668.2	2387.2	281	0
河池市	4856	4856	0	448.29
来宾市	2691	2663	28	101.048
崇左市	2788	2788	0	0

(二)垃圾处理厂(场)

广西垃圾处理设施垃圾和渗滤液处理情况详见表12。

表12　2014年广西垃圾处理设施垃圾和渗滤液处理情况

区域	处理垃圾量（万吨）	渗滤液（万立方米）		
		产生量	处理量	排放量
全自治区	462.589	174.0466	153.9545	163.4183
南宁市	107.967	31.51	30.92	30.92
柳州市	49.7	18.57	13.79	13.79
桂林市	52.03	15.8814	12.6193	15.8814
梧州市	19.893	15.88	15.88	15.88
北海市	29	4.3	4.3	4.3
防城港市	18.469	5.3776	4.3036	4.3036
钦州市	24.056	10.362	8.9	8.9
贵港市	33.265	8.4294	8.2156	8.2156

续表

区域	处理垃圾量（万吨）	渗滤液（万立方米）		
		产生量	处理量	排放量
玉林市	45.192	17.1719	12.0474	15.1474
百色市	25.646	5.6033	4.2513	5.2743
贺州市	16.838	12.705	12.65	12.65
河池市	22.726	18.857	18.757	18.757
来宾市	4.545	2.7746	2.1802	2.7746
崇左市	13.262	6.6244	5.1401	6.6244

广西垃圾渗滤液主要污染物产生和排放情况详见表13。

表13　2014年广西垃圾渗滤液主要污染物产生和排放情况

单位：吨

区域	化学需氧量		氨氮	
	产生量	排放量	产生量	排放量
全自治区	31408.18	3488.617	2920.862	277.324
南宁市	4057.7	541.29	368.04	46.622
柳州市	1857	27.16	167.13	2.72
桂林市	1192.8	702.366	177.905	58.95
梧州市	1041.67	55.08	32.903	4.35
北海市	56.392	11.373	19.737	1.069
防城港市	203.066	153.234	41.402	12.41
钦州市	344.16	8.21	47.83	0.96
贵港市	97.17	2	15.885	0.36
玉林市	823.646	658.56	113.005	49.19
百色市	391.272	198.447	36.008	12.892
贺州市	313.17	144.907	51.38	12.251
河池市	20383.75	514	1807.968	39.2
来宾市	201.08	26.69	7.369	2.05
崇左市	445.3	445.3	34.3	34.3

七、环境污染治理投资情况

广西环境污染治理投资情况详见表14。

表14　2014年广西环境污染治理投资情况

单位：万元

工业污染防治投资	178908.92
其中：废水治理	32927.01

续表

废气治理	106049.48
固体废物治理	17201.36
噪声治理	
其他	22462.07
完成环保验收项目环保投资	387682.9
工业废气治理设施运行费用	336776.9
工业废水治理设施运行费用	

自治区环境保护厅政府信息公开工作2014年度报告

根据《中华人民共和国政府信息公开条例》(以下简称《条例》)、《环境信息公开办法(试行)》(以下简称《公开办法》)及《广西壮族自治区人民政府信息公开工作年度报告制度(试行)》(桂政办发〔2009〕180号)等有关规定,编制本报告。

一、2014年度自治区环境保护厅政府信息公开工作基本情况

自治区环境保护厅深入学习贯彻党的十八大精神,认真贯彻党中央、国务院和自治区党委、政府关于政府信息公开的有关文件精神,不断完善政府信息公开制度,加强政府信息公开体系建设,加大政府信息主动公开力度,提高依申请公开政府信息办理质量,政府信息公开工作开展总体情况良好。

(一)政府信息公开工作机构和人员设置情况

自治区环境保护厅认真贯彻执行《条例》,及时成立了由厅主要领导为组长,厅分管领导为副组长,厅机关和直属单位主要负责人为成员的政府信息公开领导小组,下设办公室负责自治区环境保护厅政府信息公开的日常工作。各处室和直属单位的主要负责人为本处室(单位)的第一责任人,每个处室(单位)指定1名工作人员作为政府信息公开工作联络员,负责本处室(单位)政府信息公开的具体工作。每年还根据人员变动情况适时进行调整,工作机构和人员设置不断得到加强。

(二)建立健全政府信息公开工作制度情况

自治区环境保护厅高度重视政府信息公开工作制度建设,2008年逐步建立了一套涵盖政府信息公开保密审查、主动公开、依申请公开、澄清虚假或不完整环境信息、监督检查等工作制度。为适应政府信息公开工作不断发展的需要,自治区环境保护厅于2010年10月,对有关工作制度进行了补充、修改和完善。2011年根据《中共中央办公厅国务院办公厅印发〈关于深化政务公开加强政务服务的意见〉的通知》(中办发〔2011〕22号)。2014年根据《国务院办公厅关于进一步加强政府信息公开回应社会关切提升政府公信力的意见》(国办发〔2013〕100号)等有关规定,建立健全了信息发布协调机制,明确了环保信息公开内部流程和主动公开、依申请公开、保密审查等工作要求,进一步完善了有关工作制度。

(三)政府信息公开目录、公开指南的编制、更新情况

自治区环境保护厅按要求编制并公开了政府信息公开目录和政府信息公开办事指南。2014年,根据国务院办公厅印发的《年度政府信息公开重点工作安排》明确的有关环境保护信息公开重点内容,自治区环境保护厅主动、及时地对门户网站的公开目录进行更新和调整。

(四)政府信息公开载体的建设、运行情况

自治区环境保护厅政府信息公开载体主要有自治区政府信息公开统一平台、厅门户网站,并适时通过广播、电视、报刊等媒体进行公开。通过加强对网站等主要公开载体的建设,政府信息公开渠道更加丰富、通畅,厅门户网站的政府信息公开目录实现了按业务主题、文件体裁和内设机构三种方式分类和显示;在门户网站开通了"网上办事大厅",提供了建设项目环境影响评价文件审批、竣工验收、危险废物经营许可证核发等20多项业务网上在线审批结果查询和部分审批项目在线申报服务,方便了公众查阅信息;在厅门户网站开设了领导信箱、在线咨询、投诉举报、民意征集、在线访谈等栏目,进一步畅通了自治区环境保护厅与社会、公众和企业之间的信息互动渠道。落实专人维护厅门户网站和信息发布工作,网站运行安全稳定。

二、围绕国家和自治区中心工作推进政府信息公开情况

紧紧围绕自治区党委、自治区人民政府中心工作,自治区环境保护厅把推进重大项目环评审批、主要污染物减排、流域区域污染防治、农村环境连片整治、生态文明建设等作为主动公开的重点内容,及时公开工作推进进度信息和社会关注的热点难点问题信息,并

拓展群众参与和知晓渠道，努力提升公共服务水平。

按照国务院办公厅、环境保护部办公厅和自治区人民政府办公厅有关2014年政府信息公开重点工作要求，通过政府网站、各新闻媒体及时向社会公布环境质量监测、环评审批、污染防治信息和污染物减排等相关政策、项目建设计划、项目落实情况等信息，切实保障公众的知情权、参与权和监督权，广泛接受社会和群众的监督，努力推行阳光行政。2014年，自治区环境保护厅还对本级负责实施的行政审批事项进行全面清理，只保留法律、法规确定的行政审批事项，形成行政审批公开事项目录，在自治区环境保护厅门户网站上向社会公开。根据清理结果，自治区环境保护厅目前承办和实施的行政审批事项共33项，其中行政许可事项15项，非行政许可审批事项18项（含预审8项）。

三、主动公开政府信息情况

2014年，自治区环境保护厅通过厅门户网站主动公开政府信息2882条，其中发布文件562份、公众参与的公示公告和许可项目受理、办结信息735条、工作动态信息893条，其他信息692条。全年在主流媒体刊播新闻共411篇，其中《中国环境报》86篇、《广西日报》86篇、广西电视台77条、自治区环境保护厅网站162条，共制作环保重点工作宣传板报60块；召开新闻发布会2次；主动向自治区政务服务中心、档案馆、公共图书馆等信息查阅场所各提供主动公开文件信息205份；无澄清虚假信息和不完整信息事项。

四、依申请公开政府信息情况

2014年，自治区环境保护厅共受理政府信息公开申请23件，经审查同意完全公开11件，同意部分公开5件，信息不存在3件，不予公开4件（均向申请公开人作出答复，说明不予公开的理由）。

五、政府信息公开的收费及减免情况

由于自治区环境保护厅受理的依申请公开的信息数量较少，为方便群众，2014年未收取检索、复制、邮寄等成本费用，对相关信息公开一律给予免费，无涉及收费及减免情况。

六、政府信息公开申请行政复议、提起行政诉讼的情况

2014年没有发生针对自治区环境保护厅政府信息公开问题的举报、投诉、行政复议和行政诉讼等事项。

七、主要问题和改进措施

（一）主要问题

政府信息公开的内容还不够全面；个别信息公开还不够及时；政府信息公开的配套制度有待进一步完善。

（二）改进措施

2015年重点做好以下几方面工作：一是继续加大政府信息工作的宣传教育力度，加强政府信息公开工作业务培训，努力提高人员队伍的素质。二是进一步完善政府信息公开工作制度，提升信息公开工作的效率和质量。三是进一步拓宽公开范围，提高信息公开的及时性，切实保障公众的知情权。

2014年广西壮族自治区国民经济和社会发展统计公报

2014年，面对复杂严峻的国际国内形势和艰巨繁重的改革发展稳定任务，自治区党委、自治区人民政府团结带领全区各族人民，认真贯彻落实党中央、国务院关于稳增长、促改革、调结构、惠民生、防风险的决策部署，主动作为，综合施策，攻坚克难，经济运行在新常态下稳中向好，各项社会事业取得新进展。

一、综　合

初步核算，2014年地区生产总值[2]（GDP）15672.97亿元，比上年增长8.5%。其中，第一产业增加值2412.21亿元，增长3.8%；第二产业增加值7335.60亿元，增长10.1%；第三产业增加值5925.16亿元，增长8.1%。第一、二、三产业增加值占地区生产总值的比重分别为15.4%、46.8%和37.8%，对经济增长的贡献率分别为6.4%、60.2%和33.4%。按常住人口计算，人均地区生产总值33090元。

图1　2014年广西地区生产总值及其增长速度

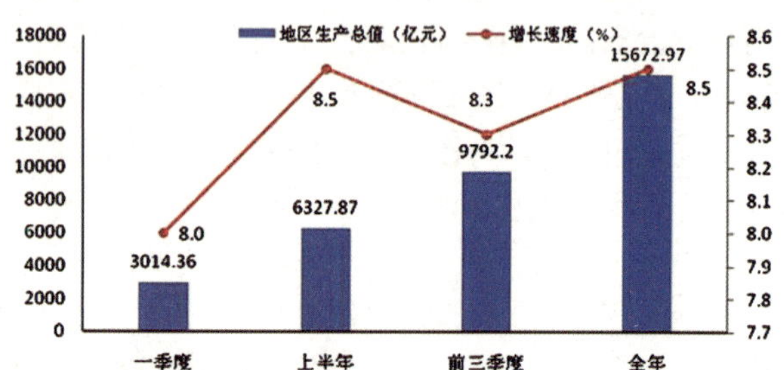

全年居民消费价格比上年上涨2.1%，其中食品价格上涨4.3%。固定资产投资价格上涨1.6%。工业生产者出厂价格下降1.6%。工业生产者购进价格下降1.8%。农产品生产者价格下降1.9%。农业生产资料价格下降1.1%。

图2　2014年广西居民消费价格月度涨跌幅度

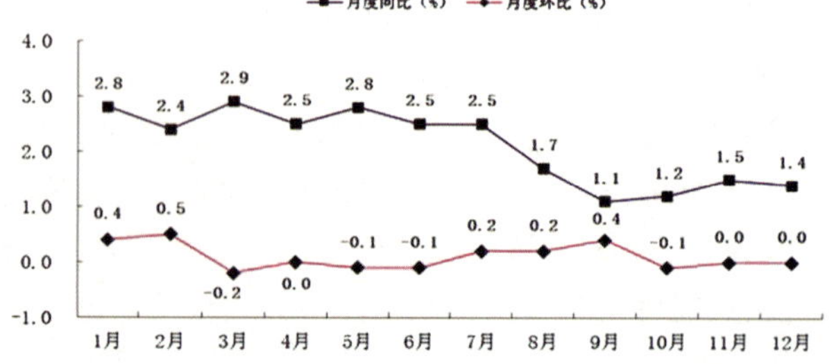

表1　2014年广西居民消费价格比上年涨跌幅度

单位：%

指　标	广西	城市	农村
居民消费价格	2.1	2.2	1.9
其中：食品	4.3	4.7	3.7
烟酒	-0.8	-0.8	-0.8
衣着	0.4	0.2	0.9
家庭设备用品及维修服务	0.3	-0.1	1.1
医疗保健和个人用品	1.0	1.2	0.8
交通和通信	-0.1	0.1	-0.4
娱乐教育文化用品及服务	1.5	1.7	1.1
居住	1.5	1.5	1.7

2014年末全自治区常住人口就业人员2795.35万人，比上年增长0.47%，其中城镇就业人数1145.81万人。城镇新增就业47.7万人，比上年减少3.35万人，下降6.56%。年末城镇登记失业率3.15%，比上年末下降0.15个百分点。

全年财政收入2162.4亿元，比上年增长8.1%。公共财政预算收入1422.05亿元，增长7.9%，其中，税收收入977.79亿元，增长11.7%。公共财政预算支出3475.92亿元，增长8.3%。

图3　2014年广西财政收入及其增长速度

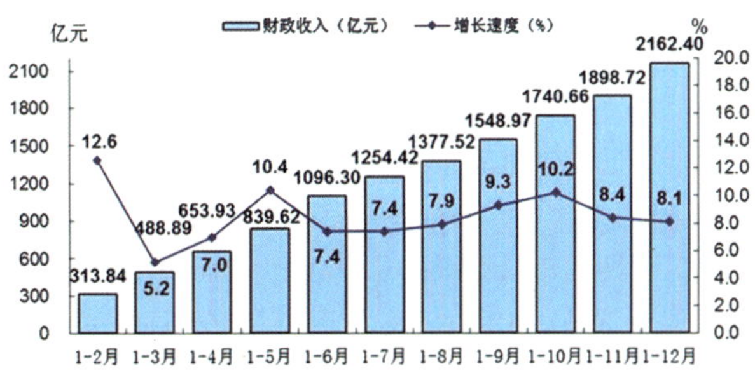

二、农业

全年粮食种植面积3067.7千公顷，比上年减少8.3千公顷；油料种植面积237.09千公顷，增加15.08千公顷；甘蔗种植面积1081.54千公顷，减少43.55千公顷；蔬菜种植面积1162.47千公顷，增加57.89千公顷；木薯种植面积224.09千公顷，减少5.02千公顷；果园面积1089.05千公顷，增加49.58千公顷；桑园面积192.63千公顷，增加6.38千公顷。

全年粮食产量1534.4万吨，比上年增加12.6万吨，增长0.8%。其中，夏粮产量36.9万吨，增长2.5%；早稻产量543.3万吨，下降2.1%；秋粮产量954.2万吨，增长2.5%。油料产量61.30万吨，增长7.2%；甘蔗产量7952.57万吨，下降1.9%；蔬菜产量（含食用菌）2610.08万吨，增长7.2%；园林水果产量1233.30万吨，增长9.9%。

表2　2014年广西主要农产品产量及其增长速度

单位：万吨

产品名称	产量	比上年增长%
粮食	1534.4	0.8
其中：稻谷	1166.12	0.85
其中：早稻	543.30	-2.1
油料	61.30	7.16
其中：花生	57.57	6.42
甘蔗	7952.57	-1.87
蔬菜（含菌类）	2610.08	7.16
烤烟	2.74	-11.99
木薯	182.82	-0.05
园林水果	1233.30	9.86
其中：柑橘类	472.18	11.69
香蕉	259.23	4.57
菠萝	3.43	4.71
荔枝	61.86	12.74
龙眼	55.81	8.15
芒果	40.84	19.91
茶叶	5.88	8.99
蚕茧	33.96	5.0

年末生猪存栏2360.3万头，比上年末下降4.5%。全年生猪出栏3518万头，增长1.8%。全年猪、牛、羊、禽肉类总产量412.1万吨，比上年下降0.5%。其中，猪肉产量266.3万吨，增长1.9%；牛肉产量14.4万吨，增长0.3%；羊肉产量3.2万吨，下降0.01%；禽肉产量128.2万吨，下降5.3%。全年禽蛋产量22.2万吨，减少2.4%。牛奶产量9.65万吨，增长1.0%。蚕茧产量33.96万吨，增长5%。水产品产量332.12万吨，增长4.09%，其中海水产品产量174.15万吨，增长2.02%。

全年木材采伐量2550万立方米，比上年增长2.8%。松脂产量61.7万吨，增长4.5%。

三、工业和建筑业

全年全部工业增加值6065.3亿元，比上年增长10.1%。

全年规模以上工业增加值增长10.7%。在规模以上工业中，国有企业增长2.5%，集体企业增长12.4%，股份制企业增长12.0%，外商及港澳台商投资企业增长9.0%，其他经济类型企业增长5.6%。轻工业增长8.6%，重工业增长11.6%。分门类看，采矿业增长11.7%，制造业增长11.3%，电力热力燃气及水生产和供应业增长2.9%。

图4 2014年广西规模以上工业增加值增速(累计同比,%)

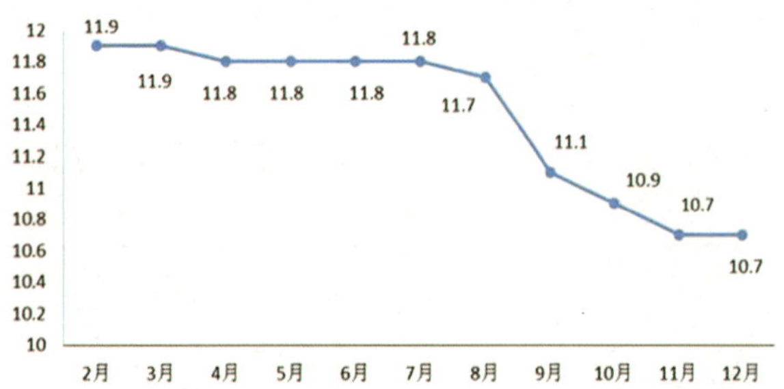

表3 2014年广西规模以上工业主要产品产量及其增长速度

产品名称	单 位	产 量	比上年增长%
成品糖	万吨	1077.15	6.6
发酵酒精	千升	85.81	2.9
卷烟	万箱	156.8	2.0
机制纸及纸板	万吨	319.62	-14.4
原煤	万吨	582.52	-6.5
发电量	亿千瓦小时	1247.33	4.6
其中：火电	亿千瓦小时	647.32	-12.0
水电	亿千瓦小时	566.96	33.7
粗钢	万吨	2084.32	-3.4
钢材	万吨	3262.6	9.4
十种有色金属	万吨	137.34	11.2
其中：电解铝	万吨	54.53	-21.8
氧化铝	万吨	796.8	9.5
水泥	万吨	10645.77	0.0
显示器	万台	1702.83	89.0
电子元件	万只	109.94	-54.8
化肥（折100%）	万吨	108.62	3.3
发动机	万千瓦	16973.37	1.5
汽车	万辆	209.23	11.9
铁合金	万吨	488.39	3.3

全年规模以上工业中,农副食品加工业增加值比上年增长9.8%;木材加工和木竹藤棕草制品业增长19.6%;通用设备制造业增长2.9%;专用设备制造业增长3.4%;计算机通信和其他电子设备制造业增长30.4%;电气机械及器材制造业增长10.7%;汽车制造业增长12.6%。六大高耗能行业增加值比上年增长9.3%。其中,非金属矿物制品业增长9.9%;化学原料及化学制品制造业增长7.8%;有色金属冶炼及压延加工业增长15.3%;黑色金属冶炼及压延加工业增长13.3%;电力热力生产和供应业增长2.5%;石油加工炼焦及核燃料加工业增长0.3%。

全年规模以上工业经济效益综合指数361.6,比上年提高9.9点;主营业务收入18455.1亿元,增长10.1%;利税总额1874.9亿元,增长8.7%,其中利润总额963.8亿元,增长9.9%。

表4 2014年广西规模以上工业企业利润总额及其增长速度

单位：亿元

指 标	利润总额	比上年增长%
规模以上工业企业	963.8	9.9
其中：国有控股企业	191.3	17.6
其中：大中型企业	606.1	6.8
其中：国有企业	19.3	-14.7
集体企业	13.8	-8.2
股份合作企业	5.4	7.8
股份制企业	632.9	14.7
外商及港澳台投资企业	227.4	3.5
其他经济类型企业	65.0	2.9
其中：轻工业	306.3	-5.5
重工业	657.4	18.9

分行业看,农副食品加工业实现利润98亿元,比上年下降4.5%;汽车制造业实现利润94.2亿元,增长18.7%;非金属矿物制品业实现利润23亿元,增长14.6%;电力热力行业实现利润75.8亿元,增长63.6%;专用设备制造业实现利润26.5亿元,增长32.3%;有色金属冶炼及压延加工业亏损0.6亿元,减亏43.27%;化学原料及化学制品制造业实现利润62.8亿元,增长12.5%;黑色金属冶炼业实现利润69.6亿元,增长32.6%。

全年全社会建筑业增加值1274.56亿元,比上年增长10.0%。

广西具有资质等级的总承包和专业承包建筑业企业实现利润44.84亿元,比上年增长0.9%;上缴税金84.72亿元,增长17.7%

四、固定资产投资

全年全社会固定资产投资13843.21亿元,比上年增长16.3%,扣除价格因素,实际增长14.5%。其中,固定资产投资(不含农户)13287.60亿元,比上年增长16.7%;农户投资555.61亿元,比上年增长6.1%。

在固定资产投资(不含农户)中,分管理渠道看,基本建设投资5418.23亿元,比上年增长20.4%;更新改造投资5038.93亿元,增长16.7%;房地产开发投资1838.49亿元,增长13.9%;其他投资304.48亿元,下降2.9%。分投资主体看,国有投资4287.33亿元,比上年增长11.3%;非国有投资9000.27亿元,增长19.5%,其中民间投资8707.29亿元,增长19.9%。分产业看,第

一产业投资520.16亿元,比上年增长12.7%;第二产业投资5721.65亿元,增长18.7%,其中工业投资5460.79亿元,增长14.2%;第三产业投资7045.79亿元,增长15.5%。

图5　2014年广西固定资产投资(不含农户)增速

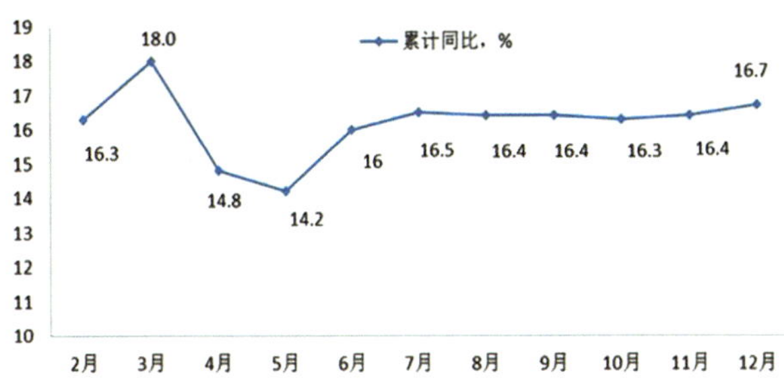

全年房地产开发投资1838.49亿元,比上年增长13.9%。其中,住宅投资1292.63亿元,增长10.8%;办公楼投资70.90亿元,增长37.2%;商业营业用房投资254.00亿元,增长45.2%。商品房施工面积17472.15万平方米,增长8.9%,其中住宅13065.65万平方米,增长5.2%。商品房竣工面积1865.98万平方米,增长9.0%,其中住宅1441.84万平方米,增长4.1%。商品房销售面积3156.55万平方米,增长5.4%,其中住宅2869.32万平方米,增长3.8%。

表5　2014年广西分行业固定资产投资(不含农户)及其增长速度

单位:亿元

行　业	投资额	比上年增长%
总计	13287	16.7
农、林、牧、渔业	520.16	12.7
采矿业	338.03	-1.6
制造业	4518.09	16.3
其中:农副食品加工业	286.21	5.9
造纸及纸制品业	115.07	2.6
石油加工、炼焦及核燃料加工业	48.51	-43
化学原料及化学制品制造业	237.20	3.6
非金属矿物制品业	761.03	26.8
黑色金属冶炼及压延加工业	175.24	-4.4
有色金属冶炼及压延加工业	146.93	-15
金属制品业	185.84	34.1
通用设备制造业	153.53	22.2
专用设备制造业	222.85	27.6
交通运输设备制造业	306.81	16.9

续表

行　业	投资额	比上年增长%
电气机械及器材制造业	170.55	26.8
通信设备计算机及其他电子设备制造业	143.50	43.3
电力、燃气及水的生产与供应业	604.67	10.0
其中:电力、热力的生产与供应业	410.26	18.2
建筑业	260.86	18.2
交通运输、仓储和邮政业	1274.14	16.1
信息传输、计算机服务和软件业	134.42	21.6
批发和零售业	469.87	23.8
住宿和餐饮业	228.47	-1.8
金融业	45.20	15.5
房地产业[3]	551.37	18.6
租赁和商务服务业	230.00	51.9
科学研究、技术服务业和地质勘查业	68.32	35.9
水利、环境和公共设施管理业	1394.97	12.7
居民服务和其他服务业	64.28	24.3
教育	288.13	14.8
卫生、社会保障和社会福利业	132.45	13.6
文化、体育和娱乐业	150.65	18.0
公共管理和社会组织	175.01	-0.4
国际组织	—	—

表6　2014年广西房地产开发和销售主要指标完成情况及其增长速度

指　标	单　位	绝对数	比上年增长%
投资额	亿元	1838.49	13.9
其中:住宅	亿元	1292.63	10.8
其中:90平方米及以下	亿元	408.20	14.1
房屋施工面积	万平方米	17472.15	8.9
其中:住宅	万平方米	13065.65	5.2
房屋新开工面积	万平方米	1438.43	11.4
其中:住宅	万平方米	2958.26	1.9
房屋竣工面积	万平方米	1865.98	9.0
其中:住宅	万平方米	1441.84	4.1
商品房销售面积	万平方米	3156.55	5.4
其中:住宅	万平方米	2869.32	3.8
本年资金来源	亿元	2410.75	11.9

续表

指　标	单　位	绝对数	比上年增长%
其中：国内贷款	亿元	340.03	4.8
其中：个人按揭贷款	亿元	360.22	7.9
本年购置土地面积	万平方米	610.01	41.2
土地成交价款	亿元	160.94	41.4

五、国内贸易

全年社会消费品零售总额5716.6亿元，比上年增长12.5%，扣除价格因素，实际增长10.9%。按经营地统计，城镇消费品零售额5033.11亿元，增长12.5%；乡村消费品零售额683.49亿元，增长12.4%。

在限额以上企业商品零售额中，汽车类零售额比上年增长8.6%，家用电器和音像器材类增长0.9%，通讯器材类下降11.6%，体育娱乐用品类下降11.3%，文化办公用品类下降0.3%，家具类增长23.9%，建筑及装潢材料类增长6.7%，日用品类增长7.5%，粮油、食品、饮料、烟酒类增长8.8%，服装、鞋帽、针纺织品类增长0.7%，化妆品类增长17.9%，金银珠宝类下降7.2%。

图6　2014年广西社会消费品零售总额增速（累计同比，%）

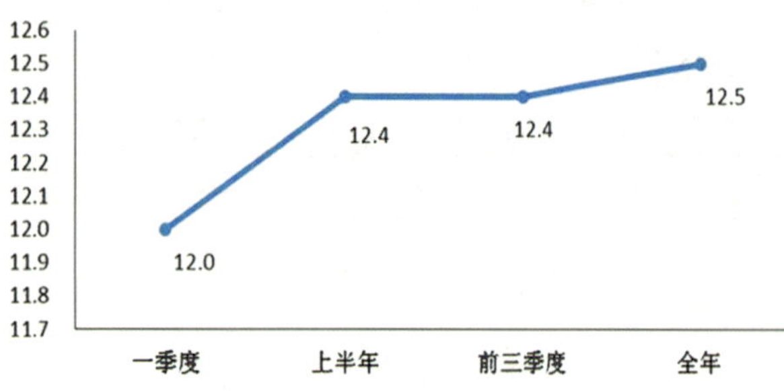

六、对外经济

全年货物进出口总额405.53亿美元，比上年增长23.5%。其中，货物出口243.30亿美元，比上年增长30.2%；货物进口162.23亿美元，增长14.8%。进出口差额（出口减进口）81.07亿美元。从出口企业性质看，国有企业出口30.95亿美元，比上年增长29.7%；外商投资企业出口43.71亿美元，增长19.2%；私营企业出口167.37亿美元，增长33.6%。

表7　2014年广西货物进出口总额及其增长速度

单位：亿美元

指　标	绝对数	比上年增长%
货物进出口总额	405.53	23.5
其中：一般贸易	146.62	-1.6
其中：货物出口额	243.3	30.2
其中：一般贸易	49.82	-0.4

续表

指　标	绝对数	比上年增长%
来料加工	14.83	195.7
进料加工	30	24.1
边境小额贸易	140.09	33.8
货物进口额	162.23	14.8

图7　2014年广西货物进出口总额及其增长速度

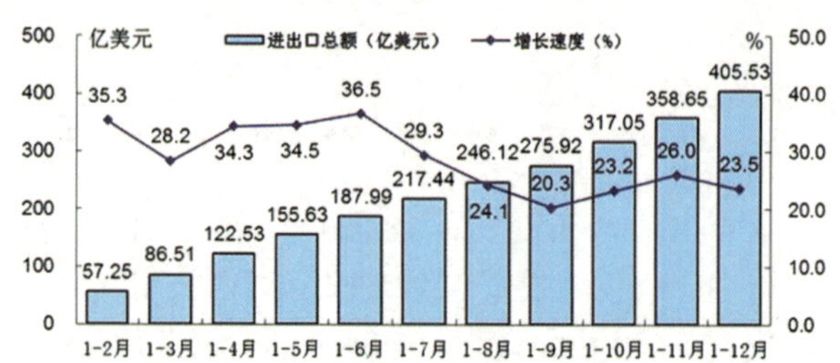

表8　2014年广西对主要国家和地区货物进出口总额及其增长速度

单位：亿美元

国家和地区	货物出口额	比上年增长%	货物进口额	比上年增长%
亚洲	208.96	36.6	65.04	13.6
其中：东盟	170.73	35.7	28.13	-15.6
其中：越南	152.99	33.8	10.39	-17.7
其中：中国香港	25.82	57.8	0.64	-49.3
日本	3.41	4.6	2.77	24.1
韩国	2.29	35.2	2.21	1.3
非洲	3.79	2.8	17.13	114.5
欧洲	9.73	-3.9	9.58	-35.5
其中：欧盟	7.89	5.7	6.26	-37.9
拉丁美洲	3.72	-21.1	28.98	61.1
北美洲	14.97	16.2	18.38	-14.6
其中：美国	14.05	18.5	10.73	-16.8
大洋洲	2.13	-16.1	13.12	-157

全年批准项目合同外资额（商务部口径，下同）19.17亿美元，比上年下降11.2%；外商直接投资额10.01亿美元，比上年增长43.0%。

全年对外承包工程和劳务合作完成营业额8.77亿美元，比上年增长5.7%。

七、交通、邮电和旅游

全年交通运输、仓储和邮政业增加值714.37亿元，比上年增长4.9%。

表9 2014年广西旅客、货物运输量及其增长速度

指 标	单 位	绝对数	比上年增长%
旅客运输总量	万人	53880	4.5
旅客运输周转量	亿人公里	652.68	6.8
货物运输总量	万吨	163040	7.9
货物运输周转量	亿吨公里	4089.65	6.0

全年港口完成货物吞吐量3.11亿吨，比上年增长5.9%，其中外贸货物吞吐量1.29亿吨，增长10.1%。港口集装箱吞吐量173.01万标准箱，增长16.8%。

全年新增公路里程3516公里，公路总里程达114900公里。其中，高速公路里程3722公里，比上年新增417公里。全年新增铁路营业里程728公里，铁路营业总里程达4711公里，其中，高速铁路营业里程715公里，比上年新增492公里。

2014年末全区民用汽车保有量319.48万辆，比上年末增长14.2%，其中轿车151.52万辆，增长19.4%。年末私人汽车保有量269.64万辆，增长19.2%。

全年完成邮电业务总量503.24亿元，比上年增长15.5%。其中，邮政业务总量36.23亿元，增长22.5%；电信业务总量467.01亿元，增长15.0%。全年局用交换机（含接入网设备）总容量1765.30万门。年末固定电话用户达到499.85万户。其中，城市电话用户336.91万户，农村电话用户162.95万户。新增移动电话用户268.19万户，年末达到3553.78万户。年末全区固定及移动电话用户总数达到4053.63万户，比上年末增加221.79万户。电话普及率达到85.9部/百人。

全年入境过夜游客421.18万人次，比上年增长7.6%；国际旅游（外汇）收入17.28亿美元，增长11.7%。接待国内旅客28564.93万人次，增长17.7%，国内旅游收入2494.99亿元，增长27.2%。旅游总收入2601.99亿元，增长26.5%。

八、金融

全年金融业增加值876.73亿元，比上年增长14.9%。

年末金融机构本外币各项存款余额20298.54亿元，比年初增加1898.06亿元，其中人民币各项存款余额20078.97亿元，增加1811.72亿元。年末金融机构本外币各项贷款余额16070.95亿元，比年初增加1954.93亿元，其中人民币各项贷款余额15585.46亿元，增加1897.15亿元。

表10 2014年广西金融机构本外币存贷款余额及其增长速度

单位：亿元

指 标	年末数	比上年末增长%
各项存款余额	20298.54	10.3
其中：单位存款	9152.65	9.2
个人存款	10532.76	10.5
各项贷款余额	16070.95	14.1
其中：短期贷款	4689.54	9.7
中长期贷款	10803.27	13.9

图8 2014年广西金融机构本外币个人存款金额

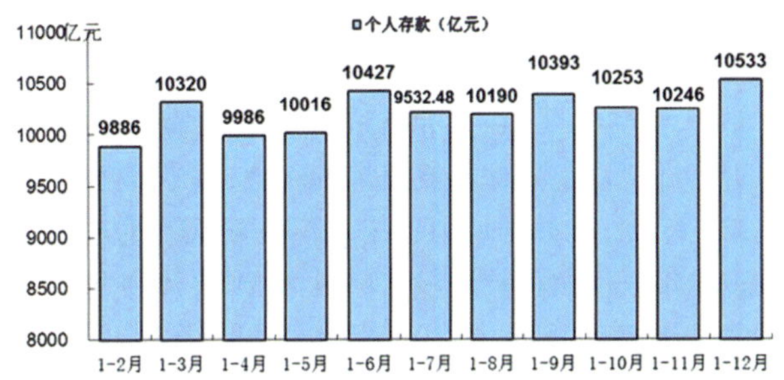

年末上市公司（A股）数量32家，市价总值2345.9亿元，比上年末增长71.6%。

全年保险公司原保险保费收入[4]313.3亿元，比上年增长13.7%。其中，财产险业务原保险保费收入130.62亿元，增长16.5%；寿险业务原保险保费收入143.79亿元，增长6.2%；健康险和意外险业务原保险保费收入38.89亿元，增长39.4%。支付各类赔款及给付109.15亿元，增长20%。其中，财产险业务赔款67.53亿元，增长23.4%；寿险业务给付31.47亿元，增长8.7%；健康险和意外险业务赔款及给付10.14亿元，增长39.7%。

九、教育和科学技术

全年研究生教育招生0.92万人，在校研究生2.59万人，毕业生0.8万人。普通高等教育招生22.77万人，在校生70.19万人，毕业生17.41万人。各类中等职业教育（含技工）招生32.31万人，在校生89.66万人，毕业生26.06万人。普通高中招生30.46万人，在校生83.82万人，毕业生25.33万人。普通初中招生66.44万人，在校生195.08万人，毕业生61.86万人。普通小学招生74.97万人，在校生431.81万人，毕业生67.54万人。特殊教育招生0.13万人，在校生1.32万人，毕业生0.04万人。幼儿园在园幼儿197.34万人。

表11　2014年广西各类教育发展情况

单位：万人

指　标	招生人数	在校生人数	毕业生人数
研究生	0.92	2.59	0.8
普通高等教育	22.77	70.19	17.41
中等职业教育	32.31	89.66	26.06
普通高中	30.46	83.82195	25.33
普通初中	66.44	195.08	61.86
普通小学	74.97	431.81	67.54
特殊教育	0.13	1.32	0.04

全年自治区安排科学研究与技术开发计划项目1890项，资助经费5.31亿元。其中，技术研究与开发经费35900万元；科技成果转化资金10200万元；自然科学基金6500万元；自治区主席科技资金500万元。取得省部级以上登记科技成果666项，其中，应用技术成果617项；软科学研究成果20项；基础理论成果29项。全年获广西科技进步奖项目160项，其中，特别贡献奖2项；自然科学奖10项；技术发明奖10项；科学技术进步奖138项。全年专利申请量32294件，同比增长38.9%，其中发明专利申请量22235件，同比增长54.6%。全年授权专利9664件，同比增长22.6%，其中授权发明专利1933件，同比增长49.3%。2014年末全区拥有有效发明专利5655件，每万人口发明专利拥有量为1.21件，同比增长52.0%。全年共签订技术合同2348项，技术合同成交金额11.58亿元。

年末广西共有产品检测实验室（指全区获得省级实验室资质认定的检验检测实验室）897个，国家级质检中心10个，自治区级质检中心30个。广西现有产品质量、体系认证机构3个，累计完成产品认证企业个数（有效期内）480个。广西共有法定计量技术机构87个，全年强制检定计量器具118.26万台（件）。累计制、修订地方标准1165个，有效期内广西名牌产品数265个，地理标志保护产品42个。广西共有地震台站137个，地震监测台网7个。全年广西各级气象台共发布气象预警信号7110次，全年自治区气象台发布预警136次。广西共有海洋观测站5个。

十、文化、卫生和体育

年末广西共有县级以上公共图书馆112个，文化馆123个，博物馆112个，国有艺术表演团体16个，娱乐场所3374个，互联网上网服务营业场所（网吧）4478个。年末广西共有49个项目列入国家级非物质文化遗产名录，424个项目列入自治区级非物质文化遗产名录。文化产业示范（试验）园区和产业示范基地国家级8个、省级103个。按机构分，年末广西共有广播电台8座，电视台7座，广播电视台83座。有线广播电视用户638.74万户，有线数字电视用户429.03万户。年末广播综合人口覆盖率为96.6%；电视综合人口覆盖率为98.2%。全年出版各类报纸6.6亿份，各类期刊0.5亿册，图书3.38亿册。年末广西共有档案馆126个，已开放各类档案82.3万卷又150.3万件。

年末广西共有医疗卫生机构（含村卫生室和计生机构）34669个，其中，医院486个，乡镇卫生院1270个，社区卫生服务中心269个，诊所（卫生所、医务室）8933个，村卫生室21917个，疾病预防控制中心113个，卫生监督所（中心）112个，妇幼保健院（所、站）104个。卫生技术人员25.86万人，其中执业医师和执业助理医师8.65万人，注册护士10.40万人。医疗卫生机构床位20.19万张，其中医院12.94万张，乡镇卫生院5.83万张。全年广西甲乙丙类法定报告传染病52.08万例，报告发病率1103.62/10万，报告死亡率6.43/10万。

2014年全年运动员在世界三大赛中获金银铜牌12枚，其中金牌3枚，银牌4枚，铜牌5枚。有1人创1项世界青少年纪录，有1人创1项亚洲运动会纪录。

十一、人口、人民生活和社会保障

年末广西户籍总人口5475万人，比上年末增加53万人。年末常住人口[5]4754万人，比上年末增加35万人，其中城镇人口2187万人。全年出生人口72万人，出生率14.07‰；死亡人口30万人，死亡率6.21‰；自然增长率7.86‰。

表12　2014年广西常住人口及其主要构成

单位：万人

指　标	年末数	比重%
全区常住人口	4754	
其中：城镇	2187	46.01
乡村	2567	53.99
其中：男性	2470	51.95
女性	2284	48.05
其中：0~14岁	1026	21.58
15~64岁	3268	68.75
65岁及以上	460	9.67

城乡居民收入继续增加。全年广西居民人均可支配收入15557元，比上年增长10.5%，扣除价格因素，实际增长8.2%。按常住地分，城镇居民人均可支配收入24669元，比上年增长8.7%，扣除价格因素，实际增长6.5%；城镇居民人均可支配收入中位数[6]为23263元，增长11.7%。农村居民人均可支配收入8683元，比上年增长11.4%，扣除价格因素，实际增长9.3%；农村居民人均可支配收入中位数为8447元，增长14.4%。全年农村居民人均纯收入为7565元。

广西居民人均消费支出10247元，比上年增长7.1%，扣除价格因素，实际增长4.9%。按常住地分，城镇居民人均消费支出15045元，增长4.0%，扣除价格因素，实际增长1.9%；农村居民人均消费支出6675元，增长10.6%，扣除价格因素，实际增长8.5%。农村居民家庭食品消费支出占消费总支出的比重（即恩格尔系数）为36.9%，城镇为35.2%。

表13　2013~2014年广西城乡居民生活改善情况

指标	2013年	2014年
城镇居民人均可支配收入（元）	23305	24669
农村居民人均纯收入（元）	6791	7565
城镇居民家庭恩格尔系数（%）	37.9	35.2
农村居民家庭恩格尔系数（%）	40	36.9
城镇职工基本养老保险人数（万人）	538.37	557.59
城乡居民基本养老保险人数（万人）	—	1720.98
新型农村合作医疗参合率（%）	98.9	99.03

按常住地分，农村居民人均居住住房面积43.25平方米，比上年增加2.76平方米，增长6.8%。城镇居民人均住房建筑面积37.72平方米，比上年增加1.64平方米，增长4.6%。

年末广西参加城镇职工基本养老保险人数557.59万人，比上年末增加19.22万人。其中，参保职工377.31万人，参保离退休人员180.28万人。参加城镇基本医疗保险的人数1067.35万人，增加36.37万人。其中，参加城镇职工基本医疗保险人数482.62万人，参加城镇居民基本医疗保险人数584.73万人。参加城镇基本医疗保险的农民工21.34万人，减少5.24万人。参加失业保险的人数258.98万人，增加6.72万人。参加工伤保险的人数338.22万人，增加12.6万人，其中参加工伤保险的农民工52.78万人，减少3.63万人。参加生育保险的人数280.25万人，增加10.01万人。

参加城乡居民基本养老保险的人数1720.98万人，增加40.29万人。年末领取失业保险金人数为6.07万人。

年末广西共有111个县（市、区）开展了新型农村合作医疗试点工作，新型农村合作医疗参合率99.03%；新型农村合作医疗基金支出总额为162.38亿元，受益人数5915.75万人。城乡居民基本养老保险参保人数1720.98万人，其中城镇居民参保人数40.68万人，农村居民参保人数1680.30万人。年末领取失业保险金人数为6.07万人。

年末广西共有提供住宿社会服务机构564个，床位4.02万张，年末在院（站）人天数632.45万人/天。广西孤儿收养数23509人，其中集中供养孤儿2592人，社会散居孤儿20917人。儿童收养登记1692件，其中涉外收养120件。各类社区服务机构（含五保村）9714个，其中社区服务中心174个，社区服务站511个。广西共有44.80万城镇居民得到政府最低生活保障，329.80万农村居民得到政府最低生活保障，28.95万农村居民得到政府五保救济。全年民政部资助参保人数21.32万人，资助参合人数243.05万人，直接医疗救助人次数38.59万人次。在残疾人群体中，纳入城镇最低生活保障范围的有6.79万人，纳入农村最低生活保障范围的有39.90万人，纳入五保供养的有4.43万人。

十二、资源、环境和安全生产

全年广西国有建设用地供应总量1.98万公顷，比上年下降13.2%。其中，工矿仓储用地0.29万公顷，下降29.5%；住宅用地0.23万公顷，下降11.4%；基础设施等其他用地1.35万公顷，下降6.3%。

全年平均降水量1422毫米。全年总用水量290.9亿立方米，比上年下降5.6%。其中，生活用水增长2.4%，工业用水减少30.2%，农业用水下降0.1%，生态补水下降23.0%。万元地区生产总值用水量[7]185.6立方米，万元工业增加值用水量64.3立方米，人均用水量611立方米。

全年完成造林面积299万公顷，其中人工造林146万公顷。广西已获批准的国家级生态示范区25个。全区建成自然保护区达到77个，其中国家级自然保护区22个。自然保护区面积135.27万公顷。森林覆盖率62.1%。活立木蓄积量6.8亿立方米。森林蓄积量6.47亿立方米。新增水土流失治理面积329.65平方公里。

全年平均气温为21.0℃，共有4个热带气旋直接影响广西。

初步核算，全年能源消费总量比上年增长4.6%。万元地区生产总值能源消耗[8]比上年下降3.7%。规模以上万元工业增加值综合能源消耗比上年下降9.3%。

285个水质监测断面中，Ⅰ～Ⅲ类水质断面比例占95%，劣Ⅴ类水质断面比例占2%。

在监测的14个城市中，空气质量均达到二级以上（含二级）标准。在监测的14个城市中，城市区域声环境质量较好的有8个，占57.1%，轻度污染的有6个，占42.9%。

年末城市污水处理厂日处理能力达405.5万立方米，比上年末增长6.0%；城市污水处理率达到86.5%，提高2.1个百分点。建成区绿地覆盖率达到35.7%，提高1.1个百分点。

全年各类生产安全事故共死亡2641人，比上年下降3.4%。亿元地区生产总值生产安全事故死亡人数为0.17人，下降0.1%；工矿商贸企业生产安全事故死亡人数为318人,下降12.6%;道路交通万车死亡人数为2.07人,下降3.7%;煤矿百万吨死亡人数为1.62人。

注释:

[1]本公报中2014年数据均为初步统计数。部分数据因四舍五入的原因,存在与分项合计不等的情况。

[2]地区生产总值、各产业增加值绝对数按现价计算,增长速度按不变价格计算。

[3]房地产业投资除房地产开发投资外,还包括建设单位自建房屋以及物业管理、中介服务和其他房地产投资。

[4]原保费收入主要是与再保险保费收入进行区分的,国家规定保险公司必须按照一定比例进行分保,接受保险分出的公司收取的保费就是再保费收入,而由公司自己做的业务得到保费收入就是原保费收入。

[5]常住人口指在广西居住半年以上的人口,以及户口在广西、外出广西不满半年或在境外工作学习的人口。

[6]人均收入中位数是指将所有调查户按人均收入水平从低到高顺序排列,处于最中间位置的调查户的人均收入。

[7]万元地区生产总值用水量、万元工业增加值用水量按现价计算。

[8]万元地区生产总值能耗和规模以上万元工业增加值能耗增速按2010年不变价格计算。

资料来源:本公报中城镇新增就业、登记失业率、社会保障数据来自自治区人力资源和社会保障厅;户籍总人口数据来自自治区公安厅;财政数据来自自治区财政厅;物价、城乡居民收入和支出、恩格尔系数、部分农业数据来自国家统计局广西调查总队;进出口数据来自南宁海关;外商直接投资、对外承包工程和劳务合作等数据来自自治区商务厅;金融数据来自中国人民银行南宁中心支行;保险数据来自中国保险监督委员会广西监管局;旅游数据来自自治区旅游局;公路里程,港口数据来自自治区交通运输厅;旅客、货物运输量和周转量、高速铁路数据来自自治区交通运输厅、南宁铁路局和广西机场集团;汽车保有量数据来自自治区交警总队;邮政业务数据来自自治区邮政管理局;电信业务数据来自自治区通信管理局;教育数据来自自治区教育厅;安排科技计划课题、专利数据、技术合同等数据来自自治区科技厅;质量检验、标准制定修订数据来自自治区质量技术监督局;地震数据来自自治区地震局;艺术表演团体、博物馆、公共图书馆、文化馆、娱乐场所、互联网上网服务营业场所(网吧)、非物质文化遗产、文化产业示范(试验)园区和产业示范基地数据来自自治区文化厅;广播电视数据来自自治区广播电影电视局;报纸、期刊、图书数据来自自治区新闻出版局;档案数据来自自治区档案局;卫生、新农合数据来自自治区卫生厅;体育数据来自自治区体育局;社会服务、孤儿情况、低保和五保供养数据来自自治区民政厅;残疾人数据来自自治区残疾人联合会;安全生产数据来自自治区安全生产监督管理局;交通事故数据来自自治区公安厅;气象预警、平均气温、登陆台风数据来自自治区气象局;国有建设用地供应数据来自自治区国土资源厅;水资源、新增水土流失治理面积数据来自自治区水利厅;林业数据来自自治区林业厅;自然保护区、环境监测数据来自自治区环境保护厅;城市污水处理、建成区绿地覆盖率来自自治区住房和城乡建设厅;其他数据均来自自治区统计局。

索 引

说 明

一、本索引是《广西环境年鉴·2015》的内容分析索引。正文(包括条目、文献、图片、表格等)中凡具独立检索意义的完整资料,均可以通过本索引进行检索。

二、索引按汉语拼音字母升序(同音字按声调)排列。类目、分目作索引款目有黑体字排印,其余款目有宋体字排印。表格、图片在其款目后分别注明“图”“表”。

三、索引款目后的数字表示内容所在的页码,数字后的拉丁字母(a、b)表示内容所在页码的栏别(即版面的一、二栏)。

四、空两格起排的款目为上一主题的“附见”。同一主题的“参见”只标明页码,置于款目之后。内容有交叉的款目,为便于检索在本索引中可重复出现。

A

B

C

F

J

M

N

P

Q

R

S

T

W

X

Y

Z